中国蒙学名著鉴赏辞典

主编 谢宝耿

副主编 李似珍 吴洁英

上海辞书出版社

中国蒙学名著鉴赏辞典

主　编　谢宝耿
副主编　李似珍　吴洁英
撰稿者（以姓名笔画为序）
　　　　丁佳音　乔亦丽　劳　谐　李似珍　李雨杭
　　　　李婷婷　吴洁英　辛　勤　辛志海　张　邻
　　　　陈爱军　胡孟浩　洪玲玲　骆　蓉　景　珠
　　　　谢宝耿　楼燕春

中国蒙学名著鉴赏辞典

目录

前言 /1

全文鉴赏篇

三字经 /2
百家姓 /22
千字文 /56
弟子规 /70
弟子职 /103
神童诗 /116
朱子家训 /142

分类鉴赏篇

勤学惜时篇 /154
修身励志篇 /198
爱众从善篇 /230

敬老尊师篇　/280
明辨达理篇　/351
交友处世篇　/407
举止仪态篇　/489
诚信德行篇　/554
"分类鉴赏"引书简介　/605

附录：韵语蒙书

龙文鞭影（附二集）　/624
声律启蒙　/645
笠翁对韵　/662
训蒙骈句　/679

后记　/693

前 言

一

蒙学，就是启蒙之学，而启蒙是人生最关键的一步，在一个人什么都不懂的时候，就像在一张白纸上首先画什么，对于这人的成长至关重要。常言道："良好的开端，等于成功的一半。"古希腊哲学家柏拉图还指出："每个人最初所受教育的方向容易决定以后行为的性质，感召的力量是不小的。"(《理想国》)可见启蒙教育是人们成功的重要基础。

从古至今，中国人就十分注重启蒙教育，中华蒙学教育一直是教育中的首要环节。中国传统蒙学历史悠久，而相关的蒙学教程都是从字书发轫的。根据青铜器上的铭文记载，早在奴隶社会的周朝就有了供孩童识字、习字用的字书。《汉书·艺文志》载"《史籀篇》者，周时史官教学童书也"，并注明"周宣王太史作"，可见《史籀篇》应该就是早期的蒙学识字课本。《礼记·学记》记载了周代蒙学教育的情况："古之教者，家有塾，党有庠，术有序，国有学。比年入学，中年考校。"即古代的教育，家中有塾（旧时私人设立的教学场所），党（500家为党）中有庠，遂（遂即"术"，12500家为遂）中有序，国都有学（庠、序、学，皆学校名）。每年都有新生入学，隔一年考试一次。可知在周朝，不仅有官方的学府，还有家庭的私塾。当然，这些启蒙教育仅限于贵族子弟，一般家庭的孩子无法接受正规的启蒙教育。

春秋战国时期，诸侯战争频繁，社会动荡，秘藏于官府的典籍文物流散于民间，掌握着一定文化知识的官员也流落到下层。此时，一种新兴的社会阶层"士"应运而生，他们"不治而论"，纷纷通过创办"私学"这一途径来宣传自己的思想和主张。孔子最早创办私学，提倡"有教无类"，打破了"学在官府"的教育垄断局面。之后，教育逐渐走入民间，在不少地方设立了"书馆"、"乡学"、"家塾"、"冬学"等教学场所，有些非贵族的下层子弟也能跻身其中接受教育。私学教育把受教育者的道德培养作为其教育理念和培养目标，儒家所倡导的"以德育人"的教育理念，更是贯穿在私学教育过程之中。

至汉朝初年，教写字课时已有《仓颉篇》这本教材，它是由闾里塾师把秦时丞相李斯作的《仓颉》、车府令赵高作的《爰历》、太史令胡母敬作的《博学》三书合编而成，约3300余字，可惜此书约在唐宋时期就已亡佚。以后又有文人如汉武帝时的辞赋家司马相如撰《凡将篇》、汉元帝时黄门令史游撰《急就章》、汉平帝时语言学家扬雄撰《训纂篇》等书籍，在民间作为蒙学的教材。汉代蒙学之书大多以三个字、四个字或七个字为一句，每句押韵，以几句为一章，分别列入姓氏、衣着、农艺、器具、自然、人事等实用文字，供孩童在识字、习文过程中记诵。

魏晋南北朝时期，楷书、行书、草书盛行，而秦汉时期流行的篆书、隶书很少为时人使用，故秦汉的识字、习字的蒙学之书也就不免受到冷落。在此情况下，《千字文》在蒙学著作中的地位愈显重要。与此同时，蒙学读物内容日渐丰富，它们各自独立，涉及历史、地理、伦理等方面，并将文字分为常用字、难字、奇字等数种，分编成册，以便学生阅读。

隋唐时期的孩童教材开始采用"开蒙"、"蒙求"的题名，其义取自《周易·蒙卦》的"匪我求童蒙，童蒙求我"，意为孩童处在毫无知识的幼稚阶段，蒙学就是给孩童启蒙的学问，而"启蒙之师"就是启发蒙稚、问疑求决的人。这里紧扣了"教"与"学"两端，体现了"尊师敬学"的思想，由此点明了"蒙学"这一说法及其内涵。

至宋代，理学家、教育家朱熹进一步推广为："人生八岁，则自王公以下，至于庶人之子弟，皆入小学，而教之以洒扫、应对、进退之节，礼、乐、射、御、书、数之文。"（《大学章句序》）即宋代以后，直至元、明、清三代，孩童自八岁入小学，已成学规，并有固定的蒙学读本。有些蒙书力求适应社会下层广大群众的实际需要，由文言型向改良型转化，后来甚至大量使用浅近的口语化文字，且用字不避重复，以教孩童广识名物字词为主要宗旨。随着人们对启蒙教育的愈发重视，大量著名学者如宋代的朱熹、吕祖谦、王应麟，元代的郭居敬、祝明、陈栎，明代的吕坤、王守仁、方孝孺，清代的张履祥、张伯行、陈宏谋，乃至民国时期的章太炎等大家，都曾编撰蒙学之书，这样使蒙学教材在质量与社会地位上都得到很大的提高，其体裁也因各学科领域学者的加盟而多样化。

倘若对以上历代蒙学发展作一个粗略的划分，则西周、东周、秦汉时期，应是蒙学的奠基期，这个阶段形成了识字读本体系；魏晋南北朝至隋唐五代时期，是蒙学的发展期，这个阶段不但发展了识字读本，还形成了读经读本体系；宋、元、明、清时期，就是蒙学的成熟期，这个阶段所问世的蒙书已逐渐成熟，并在此前基础上，大力发展琅琅上口的韵语读本；清代后期至民国初期，是蒙学的嬗变期，这个阶段不断地对流传下来的较多蒙书进行修订、增补和更新，从而适应时代发展的需要，后阶段又因西学东渐使传统蒙学发生嬗变而受到冷落。

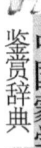

二

　　中国的蒙学，自周、秦经汉、唐、宋、元、明、清到民国，可谓源远流长；历时三千多年的创建、发展与沿续，流传下来大量的著作，据有关统计文献可知，已达1300多种。但是，真正作为民间经常传诵的蒙学名著则不满百种，可见蒙学遗产虽然十分丰厚，而其利用率则并不高，经久不衰的名著更显得弥足珍贵。蒙学名著涉及的内容相当广泛，包括经学、史学、子学、文学，以及识字、伦理、名物和科技等多方面，总括起来，大致可归纳为七大类。

　　一为识字类。属于文化学习的基础，也是孩童首先开始学习的内容。以识字教育为主要目的，往往采自民间的日常生活用字与词汇分类编排而成，使孩童能通过阅读或描红习字来认识与辨别字形和字音。开始常以已规范化的文字本为教材，并不注意文字的内容和连贯性。至汉代《仓颉篇》问世后，行文以四字为一句，每段也有一定的表述内容。此后，所撰各种文本除较注意在内容上有所教喻之外，尽可能不出现重复之字，并能押韵，使之读来琅琅上口，便于背诵。其中魏晋南北朝时期的蒙学名著《千字文》最为典型，此书做到了以1000个基本上不重复的字，汇集成一篇语义连贯的文本，且全文通顺富有文采，被称为经久不衰的绝妙佳作。

　　二为知识类。这是关于日常生活基本知识的蒙学著作，内容涉及文化、天文、地理、数学、医学、艺术等多方面。它能传播一些生活常识，使孩童自小就具备一定的对生存环境的适应能力。这类蒙书大多出现于唐代之后，起初以综合论述的形式出现，后来有专论某一方面知识的著述问世。如蒙学名著《名物蒙求》，以专科的方式传授天文、地理、山川、城邑、职官、农事、时令、饮食、服饰等方面的知识，对孩童教育产生了较好的影响。

三为训诫类。实际上这是知识类的内容扩展，不过侧重于训诫方面的知识，是一种较轻的强制措施或命令式的规定，明确告诉孩童什么该做、什么不该做，这类蒙书强调为人处世的伦理道德、行为规范和处世原则。正如宋代吕陶的《明任策上》所说："其言皆出于恳诚，而其道各务于训戒。"其中影响较大的蒙学名著有《弟子规》、《闺训千字文》等。

四为讲史类。读史使人明智，鉴古方能知今。历史就像一面镜子，不仅记录了人类在社会发展中的成功与失败、兴盛与衰退、辉煌与悲怆，而且隐藏着无数盛衰和存亡的道理、成败和得失的奥秘、学习和借鉴的智慧，更预示着人类的未来走向。所以，在蒙学发展的成熟期宋、元、明和清初时期出现了专门讲述历史的蒙学著作，对传播史学知识起到了很大的促进作用。这类蒙学著作影响较大的有《历代蒙求》、《五字鉴》等。

五为思想类。此为向孩童灌输传统的理想人格、思维方式、思想修养类蒙学著作。由于中国经历了漫长的封建社会，并长期由儒家思想占据主导地位，所以在中国传统的蒙书中，也以儒家思想为其正宗。特别是宋朝时期以朱熹为首的理学思想，对以后成书的蒙学读本影响更为深刻。这类著作也可细分为两种情况：一种以传授儒学基本理论为宗旨，总体介绍儒家经典或某一经书、某一学派理论等，如《十一经问对》、《论语训蒙口义》、《训蒙绝句》，这类著作曾流行一时，但是随着封建社会日益走向没落，儒家正统思想特别是宋明理学思想受到人们的抵制，其启蒙读物自然而然地被社会逐渐淘汰；另一种注重于宣传中国传统道德伦理中有关敬老爱幼、和睦待人、好学向上等美好品质的蒙学著作，则在社会上受到好评，成为名著并代代相传，流行极广。其中影响较大的有《三字经》、《增广贤文》等。

六为典故类。这是向孩童教学有些深度的蒙学著作，其中包括格言、成语等。典故是中国古代文化成果中的璀璨珠玑，精彩的典故往往寥寥数字，就能形象地阐明历史人物的生动故事，或者深刻揭示人生哲理；有的典故载述了中华民族的传统美德，有的典故反映了古代社会的多彩生活。孩童若能了解典故的前因后果，就可通过极其精练的文字，领会深刻丰富的思想内涵，日后作文引述典故可使论证更加强劲有力，写诗引用典故可使作品更加熠熠生辉。这类蒙学著作影响较大的有《幼学琼林》、《蒙求》等。

七为韵语类。从最初的集中识字教学到使用整齐的韵语，或者使用对偶，是一个非常有效的深化启蒙教学的办法。事实上，不仅孩童喜欢韵语，成人也充分利用这个办法，如学中医的有脉诀、学绘画的有画诀、学武术的有拳诀，几乎各行各业都有自己一些便于记诵、传授的韵语之诀。韵语类蒙学著作的特点，正如清代经学家阮元在《揅经室集·文言说》所云："是必寡其词，协其音，以文其言，使人易于记诵。……古人歌、诗、箴、铭、谚语，凡有韵之文，皆此道也。"也就是说，韵语之学不仅能帮助孩童记诵，只要多读、多听、多练，还能掌握其音律、锤炼文字、应对诗词。反之，如果让孩童对一个一个的表音单字去死记硬背，那学习音韵就会十分困难，且枯燥乏味、引不起学习兴趣，即使勉强学了，也不容易记住，而韵语类蒙书有力地化解了这种弊端。这类蒙学著作影响较大的如《龙文鞭影》、《声律启蒙》、《千家诗》等，只要"讲、读、背、练"——先由蒙师讲解，然后学童反复熟读和背诵，经过不断操练，就能自然而然地了解音韵格律，领会吟诗作词的平仄对仗，所以这类蒙学读本往往作为学诗、作词的入门书而风靡全国。

以上七项分类只能作为大致概括，也许还可细分，也许不必分得这么细，如著名学者余嘉锡认为，中国蒙书分为三类，即"一曰字书"、"二曰蒙求"、"三曰格言"（见《余嘉锡论学杂著》，中华书局1963年版），这只能智者见智、仁者见仁了。

三

中国蒙学名著的特点可归结为内容的丰富性、形式的适应性、类型的多样性和思想的时代性，其价值无可估量、影响非常深远，对现今的教育有极大的借鉴作用。

首先，德教为先，先成人后成才。在蒙学教育的目的上，处理好德与才的关系，以德为先、德教为先的教育理念启示我们，在未成年人中应注重德育早教以固本。中国古代历来重视孩童的道德教育，它几乎贯穿了整个中国古代教育的主线。

古代蒙学教育的重心在于"人"，在于塑造"礼乐"之下的"性近习远"之人，在于使孩童增加见识并培养其恭敬之心，形成一定的道德观念和理想，这与当下的素质教育理念是相通的。《论语》记载，孔子为学生开设"文、行、忠、信"四门课程，其中三门属于思想道德教育的范畴，并对孩童成长的不同阶段施行不同的养成教育内容，力求"养正"，以免"惑乱其志"。在当今道德底线模糊的状况下，更有必要重新拾起那些精练且寓意深刻的蒙学名著，作为经典传统文化提供孩童诵读，潜移默化地影响他们，从孩童时期开始培养良好的道德品质。

其次，博文广志，寓启智于求知。在蒙学教育内容上，处理好本与末的关系，从蒙学的知识取向，应看到"启智"的借鉴意义，要按照孩童"精气日足，筋力日强，聪明日开"的发展顺序，循序渐进地达到知而获智、智达高远。而对蒙学名著中囊括天文地理、人文世故、自然景象、教人育才等内容的书，诸如《幼学琼林》、《蒙求》等，可以使孩童在快乐阅读时获得各种各样的知识，比起现在一些枯燥单调、华而不实的书来说是个更好的选择。

再次，以道为重，志到"六艺"。在蒙学教育方法上，处理好道

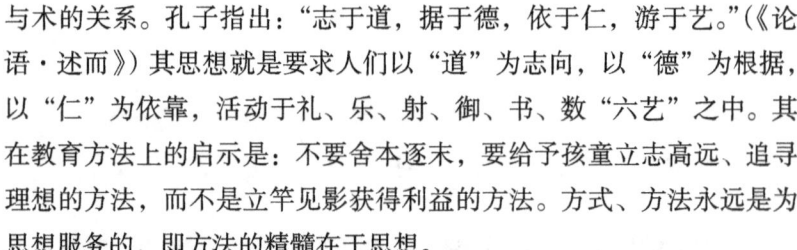

与术的关系。孔子指出:"志于道,据于德,依于仁,游于艺。"(《论语·述而》)其思想就是要求人们以"道"为志向,以"德"为根据,以"仁"为依靠,活动于礼、乐、射、御、书、数"六艺"之中。其在教育方法上的启示是:不要舍本逐末,要给予孩童立志高远、追寻理想的方法,而不是立竿见影获得利益的方法。方式、方法永远是为思想服务的,即方法的精髓在于思想。

此外,环境濡染、教育氛围不可忽视。孔子认为,择邻不在风俗仁厚的地方,就非明智之举。"孟母三迁"的故事,就是注重环境对孩童品德形成作用的典范。这一思想与实践被荀子概括为"蓬生麻中,不扶自直;白沙在涅,与之俱黑。……故君子居必择乡,游必就士,所以防邪僻而近中正也。"(《荀子·劝学》)中国传统处世箴言、家训教诲中对人都有告诫:君子居住时必须选择乡邻,子弟交友时必须接近贤士,这是防止自己误入邪途而接近正道的方法。同时,古人也注意到家庭教育与学校教育、社会教化的相互配合以凝成合力的问题,认为"父兄教之于家,师长教之于塾,内外夹持,循循规矩,非僻之心复何自入哉!"(陈宏谋《养正遗规》)当今未成年人的学习、生活环境要比古人复杂得多,社会风尚、现代传媒、法制环境,以及受成年人示范、熏染的人际关系环境等,对孩童品德培养的影响作用日渐增大,因而更应该在少年儿童的教育中增强德育环境意识,加大净化社会文化环境亦即未成年人成长环境的力度;作为家长,也应加强责任意识,自觉以身立教,为孩子树立好的榜样。

当然,在肯定中国古代蒙学著作的价值和意义的同时,也不可忽视其糟粕的一面。由于蒙书毕竟是封建社会的产物,其内容中难免夹杂一些服务于当时统治阶级需要的思想意识,特别是宋代以后广为流传的蒙学教材,充满了对封建统治阶级伦理道德的说教,渗透着封建文化中腐朽的思想毒素。例如:书中充满了以"三纲五常"为中心的"男尊女卑"的观点,散布以封建迷信思想、因果报应为中心的唯心论和听天由命的宿命论,提倡读书做官、光宗耀祖、唯我至上的利己主义思想,灌输鄙视劳动、轻视劳动人民的剥削阶级意识，等等。总之，书中神权、君权、父权、夫权四大封建精神枷锁一应俱全。这些糟粕的混杂，与当今时代的要求格格不入，必须予以剔除。弃其糟粕，取其精华，以使中国古代这些优秀的文化遗产能更好地为现代社会的精神文明服务。

四

　　蒙学书籍的版本繁多，流传使用的年代久远，可谓浩瀚又无章绪，要想收于一书是不现实的，也是不科学的。因本书为统一格式的"鉴赏系列"，篇幅有一定的限制，即使选定有限的质量较高和影响较大的蒙学名著，要全部进行鉴赏解析也难以容纳。在此情况下，又要最大限度地包容最多的内容，确实是一件勉为其难的事情。经过反复思考和研讨，决定采用"条块结合"的办法进行撰写。所谓"条"，就是将所选定的蒙学名著，根据内容"析条"按类进行解读、鉴赏，大致划分了八类内容，即勤学惜时篇、修身励志篇、爱众从善篇、敬老尊师篇、明辨达理篇、交友处世篇、举止仪态篇和诚信德行篇；所谓"块"，就是原汤原汁地对蒙书全文进行解读、鉴赏，这里选择了七部短小精悍、影响很大、流传极广、经久不衰的蒙学名著，即《三字经》《百家姓》《千字文》《弟子规》《弟子职》《神童诗》和《朱子家训》。这种"条块结合"的撰写方法，其好处是：首先，突出重点（即全文鉴赏），去除糟粕或重复的内容（即分类鉴赏），使之主次分明，齐而不杂。众所周知，很多蒙学著作存在相互重复现象，特别是著名的格言、警句更易重复，如"得宠思辱，居安思危"，不仅《重订增广贤文》中有载录，而且在《一法通》等蒙书中也有出现。同时，有些蒙学名著虽然价值不菲，但也存在不少糟粕，或不适合当今社会的说教，如《增广贤文》中的"今朝有酒今朝醉"等，宣扬消极的醉生梦死。而我们这样"条块结合"进行撰写就可以去其糟粕、扬长避短，将最精华的内容奉献给读者。其次，在相同的篇幅中，能网罗较多的蒙学名著，最大限度地容纳最多的蒙学内容，并可根据内容需要按类检索，又不失重要蒙学名著的全貌呈现。由此，本书所涉及的蒙学著作，远超当前出版的蒙学"大全"、"全集"所收之书，因这些书一般收集蒙书都在30部以内，而本书则收罗了44部蒙学名著。此外，为了弥补不足，对有较大参考价值的韵语类蒙书，如《龙文鞭影》、《声律启蒙》等，安排在附录中，便于有兴趣的读者进行研读。

在撰写特色方面，本书不仅首创"条块结合"，而且是迄今第一部"鉴赏"类蒙书作品。以往出版的蒙书，大多采用注音、注释、题解、译文之类的方法，而对内容进行"讲析"、"解读"的，属凤毛麟角。而本书不但包罗了上述撰写方法，还紧扣蒙书内容进行深入浅出的"鉴赏"议论，目的是使读者对蒙书有更深刻的理解、开拓更远的视野，其撰写不仅要吃透原文、熟悉时代背景，还要触类旁通、引经据典、借题发挥，难度和艰辛是不言而喻的。

蒙学著作虽属启蒙之书，但涉及文史哲经、典章制度、天文地理、名物典故、风俗人情、礼仪道德、人生哲学、处世方略、勤勉故事、优秀诗歌等，大多出经入史、集百家之精华，关联多方面的丰富知识，范围较广，且要求易学易懂、琅琅上口，这是一件看似简单而实际不易做好的事情。故在古代由于社会重视蒙学教育，那些蒙学名著无不出自文章大家、学界巨擘之手，如流传久远而广泛的《三字经》，就出自宋朝大学问家王应麟之手。社会知名人士或著名学问家亲自动手编撰蒙书，不仅有利于保证蒙书的高质量，更有助于提高蒙书的声誉和权威性，便于扩大蒙书的影响。

但是，到了晚清特别是民国以后，由于西学东渐、新潮流行，西方教育影响了中国，传统蒙学渐渐退出社会教学的主导地位，不太被人重视了。于是出现了学界所说的"大家不愿做，小家做不来"的尴尬局面。近年来，国学热的兴起，使蒙学这一独具特色的古代教育方式慢慢地被人们再度发掘、研究、继承，蒙学之书也如雨后春笋，充满书市。然而由于市场经济的制约，不少蒙书出版仓促，不同程度地存在着这样或那样的问题，诸如版本不择、校对粗劣、标音不准、解释错讹、引文失核、史实不确，甚至臆改典故等瑕疵，这不但对读者不负责任，也有误人子弟之弊。为此，我们不揣浅陋，以极端认真的态度，以"大家"的风范为榜样，努力撰写好这本蒙学鉴赏书。本书的作者不敢自充"大家"，但称"小家"也非事实，因撰稿者中不乏教授、博士、硕士等人才，忝为"中家"也许勉强可以充当，而"中家"要做"大家"之事，可能有点力不从心，加之撰稿者水平参差不齐，所出成果也有高低差异，尽管主编们努力修改或弥补，但仍有美中不足之感。不过，我们已尽最大的力量，使此书尽量完美，实际是否做好，只能由读者来掂量了。

总之，这是一本集体智慧的产物，每个作者都尽最大的努力闪耀了自己的光亮。本书因博采众长，充分吸取各种蒙学研究的最新成果，故也反映了现阶段的最新水平。限于篇幅和体例，对有些吸收的成果无法一一注明出处，在此谨致歉意和谢忱。由于学识有限，可能会有疏漏错讹、辑注议评等不当之处，敬请读者和方家不吝赐教。

谢宝耿　李似珍　吴洁英
2014年冬于上海

中国蒙学名著鉴赏辞典

全文鉴赏篇

三字经

[南宋]
王应麟

劝 教

原文

人之初,性本善①。性相近,习相远。苟不教,性乃迁。教之道,贵以专。昔孟母,择邻处。子不学,断机杼②。窦燕山,有义方,教五子,名俱扬。养不教,父之过。教不严,师之惰。子不学,非所宜。幼不学,老何为。玉不琢,不成器,人不学,不知义。

注释

①性本善:性,人的本性,即人性及身体所具备的素质;性本善,特指刚出生的婴儿平等对待万物没有差别,像未受污染的水一样纯净。②机杼:指织布机;机,织布用的木架子;杼,织布用的梭子。

鉴赏

《三字经》是中国古代的孩童识字课本,也是最具代表性的蒙学综合性教材。它与《百家姓》、《千字文》合称"三百千",为三大国学启蒙读物。《三字经》虽然成书最晚,但仍被尊为"蒙书之冠",称为"经",而以《千字文》垫底称为"文"。《三字经》仅1000多字,却有"袖里《通鉴纲目》"、"千古一奇书"之美喻,获得了崇高的文化地位。全书大致可分为劝教、启蒙、伦理、典籍、历史、勉学六个部分,每一部分都有独立的中心,但又合成一个整体,似江河之水风起浪涌、层层推进。在编排顺序上极有章法,体现了作者一以贯之的启蒙思想,涵盖了道德规范、名物要领、天文地理、朝代次第、勤学典范、民间传说、经史子集等中国文化的基本常识,故有"熟读《三字经》,便可知天下事,通圣人礼"的说法。书中陈述善于概括,文字简洁,深入浅出,且三字一句,用韵文写成,读来琅琅上口,便于记诵。自问世后立即被大众接受,成为一部脍炙人口的蒙学读本。至明、清时期已相当普及,"初入社学八岁以下者,先读《三字经》"(吕坤《社学要略》)。受此书影响,社会上还出现不少模拟《三字经》形式的读物,诸如《文物三字经》、《养生三字经》、《医学三字经》、《西学三字经》、《地理三字经》、《工农三字经》、《军人三字经》、《老年三字经》、《佛教三字经》、《道教三字经》等等,层出不穷,风靡天下。《三字经》还有蒙汉对照本、满汉对照本,供各民族孩童启蒙之用,并很早传到了日本、韩国;清雍正五年(1727年)被译成俄文流传到俄国,此后陆续被译成英、法等多种文字。20世纪末,联合国教科文组织又将《三字经》列入"世界儿童道德教育丛书",在世界各国发行。可见这部书早已走出国门,成为世界的文化瑰宝和遗产。

  关于此书作者,历来有不同的看法:有人认为是宋末学者区适子或明代学者黎贞,但一般认为是南宋著名学者王应麟。王应麟(1223—1296),字伯厚,号深宁居士,历官太常寺主簿、通判台州、礼部尚书等职。其为人正直敢言,屡次冒犯权臣,后辞官回乡,专意研著20年,涉猎经史百家,著述甚丰,计有《困学纪闻》、《玉海》、《玉堂类稿》、《深宁集》等20余种、600多卷。清代夏之翰《〈小学绀珠〉序》云:"追年十七,始知其《三字经》作者自先生(王应麟),因取文熟复焉,而叹其要而该也。"清代贺兴思《〈三字经〉注解备要叙》载:"宋儒王伯厚先生《三字经》一出,海内外子弟之发蒙者,咸恭若球刀(古代天子宝器)。"明确认定《三字经》为王应麟所撰。由于他是通古博今的大儒,举重若轻的大家手笔写出这部《三字经》,理所当然非同凡响,故在其所有著作中,这部启蒙孩童的"小书"反而知名度最高,这可能是他做梦也想不到的事。此书约问世于距今700多年的南宋时期,后经元、明、清三朝到民国初,都有与时俱进的续补,故有很多版本。本书以清朝康熙五年(1666年)王相的单行本《三字经训诂》为蓝本,并参考其他善本略作修正。

开篇"人之初"至"不知义",主题是劝教,认为教育和学习对孩童的成长十分重要,后天教育及时、方法正确,可以使儿童成为有用之材。首句"人之初,性本善",为大多数中国人耳熟能详。它说的是人在生下来时从人性及身体所具备的素质来看,应当都是一样的,但由于后天的自身努力及生长环境不同,养成了不同的习惯,就会出现完全不一样的发展方向。这里提出先天的"善"很重要,而后天的教化更为重要,对于孩童来说,对他性格形成产生作用的首先是家庭,所以家庭在孩子的教育中是最重要的。良好的家庭环境是培养完美人格的摇篮。

作者举了两个例子来说明自己的观点。首先提到的是战国时期孟子的母亲,孟子(名轲,字子舆)是先秦著名哲学家,被尊为儒家亚圣。他幼年丧父,母亲因此承担了对他教育的责任。她为给儿子创造良好的学习环境,曾三次搬家,直至搬到了学官旁边,孟子学习兴趣大增,孟母才高兴地定居了下来。待孟子稍稍长大,又出现了逃学的情况,正在织布的孟母又割断织机的布来教子,说:织布有个"积丝成寸,积寸成尺,尺寸不已,遂成丈匹"的过程,学习也是如此,半途而废,就如"织布未成而自断其机",将一事无成。孟子听后十分惭愧,从此发奋勤学,终成一代大儒。

另一例子是五代后晋人窦燕山（名禹钧），他以身作则，教育孩子有很正确的方法，并注重他们的品德修养，后来他的五个儿子都考取了功名，成为宋朝初期的名臣。当时有诗称赞窦燕山："燕山窦十郎，教子以义方。灵椿一株老，丹桂五枝芳。"其中"丹桂五枝芳"，就是对窦燕山"五子登科"的颂扬。

通过这些例子，《三字经》要说明的是：仅仅是供养儿女吃穿，而不好好教育，就是父母的过错；只是教育，但不严格要求就是做老师的懒惰和失职；孩子不肯好好学习，是很不应该的。一个人不趁年少时用功学习，长大后总是要后悔的，应该让孩子懂得"少壮不努力，老大徒伤悲"的道理，以珍视自己生命的黄金时刻。一个人的成才之路如同雕刻玉器一样，玉在没有打磨雕琢以前和石头没有区别，人也是一样，只有经过刻苦磨练才能成为一个有用的人。

上述这些话在今天也是很有教育意义的。当代中国养育的多为独生子女，家长因为小孩稀罕而宠养、贵养，明明在道理上懂得这么做不妥，而实际做起来还是狠不下心来，又容易随着大流走，其后果往往使好苗子变坏。还有好多家长或老师，片面以分数划分人群，过多注重智力开发，对孩子的行为规范、礼乐性情、品德修养等却较少注意，由此造成现在的新一代生活习惯差、以自我为中心的缺陷，待他们从学校毕业后却因无法适应社会甚至不具社会生存能力，只能在家里"啃老"。可见我们还是要有针对性地进行教育，使他们通过打磨、雕琢而获得全面的发展。

原文

为人子，方少时，亲师友，习礼仪。香九龄，能温席。孝于亲，所当执。融四岁，能让梨。弟于长，宜先知。首孝弟，次见闻。

鉴赏

作者在讲了关于学习重要性的道理之后，马上转入有关如何学习的论述。按照中国人先学做人、再学做事的思路，提出做儿女的，从小时候起就应该亲近老师和朋友，以便从他们那里学到更多为人处世的礼节和知识。《三字经》又介绍黄香、孔融两位小朋友的行动，作为实行孝悌的榜样。

东汉著名孝子黄香，9岁时母亲去世，就更孝敬父亲。夏天炎热时他将父亲床上的席子扇清凉，才让父亲去睡；冬天寒冷时他先睡下替父亲暖被窝。长大后，他德才兼备，官至尚书令，事迹被收入《二十四孝》中。东汉末著名文学家孔融，系孔子第二十代孙、"建安七子"之一，在他4岁时，就知道把大的梨让给哥哥吃，自己吃小的。作者认为"百善孝为先"，这与中国自古以来的观念一致。按《说文》的解释，孝是一个会意字，上为"老"、下为"子"，其本意为"善事父母者"。将"孝"上升为一种理论则始于孔子。他认为孝"为仁之本"（《论语·学而》），即要实行仁，必须从孝做起。到了汉代，孝道已由家庭伦理扩展为社会政治伦理，提出"以孝治天下"，并以"孝廉"为标准选择官吏等。这也成为此后贯彻两千多年帝制社会的治国纲领。由于历代帝王的倡导，《孝经》等典籍得到了推广，而尊老、敬老、养老、送老等观念，在民间也得到广泛传播和空前普及。

《三字经》内容的排列顺序极有章法，体现了作者的教育思想。作者认为教育孩童要重在礼仪孝悌，端正孩子们的思想，知识的传授则在其次，即"首孝弟（悌），次见闻"。《礼记·祭义》载"众之本教曰孝"。中国人常常将"孝"和"敬"连用，也就是提倡一种持敬的应世态度，这与在对待兄长中提倡"悌"的主旨也是一致的。古人认为这些道德规范的遵守，是人类得以生存、延续的重要条件，故古人有"羊有跪乳之恩，鸦有反哺之义"的说法，这也是人类社会得以维持安定、和谐发展的基础，在当代社会条件下仍有其积极意义。根据第六次全国人口普查数据，中国是世界上唯一老年人过亿的国家，到2013年底已达到2亿。与西方一些发达国家基本做到全覆盖的社会养老模式不同，我们这个"未富先老"的发展中国家，尤其在农村，现在还只能以家庭养老为主，这是短期内很难改变的一个现实。所以在广大青少年中，持续进行尊重长辈、孝顺父母的教育，至为紧迫。

另外，由于实施独生子女政策，中国现在家庭关系中同辈的兄弟姐妹减少，他们面临着独自面对社会关系的问题。为此，当将"孔融让梨"的精神扩展到对待社会上的每个人，使他们具有如此的谦让、友爱精神，使社会充满温暖。

启 蒙

原文

知某数，识某文。一而十，十而百，百而千，千而万。三才者①，天地人。三光者②，日月星。三纲者，君臣义，父子亲，夫妇顺。曰春夏，曰秋冬，此四时，运不穷。曰南北，曰西东，此四方，应乎中。曰水火，木金土，此五行，本乎数。曰仁义，礼智信，此五常，不容紊。稻粱菽，麦黍稷，此六谷③，人所食。马牛羊，鸡犬豕④，此六畜，人所饲。曰喜怒，曰哀惧，爱恶欲，七情具。匏土革，木石金，丝与竹，乃八音⑤。

注释

①三才：为天才、地才、人才的总称。②三光：是日光、月光、星光的总称。③六谷：即稻、粱、菽、麦、黍、稷，是人们日常生活中的主要粮食。稻，稻子；粱，古称粟，通称"谷子"，去壳后称"小米"；菽，豆类；麦，大麦、小麦、燕麦等；黍，玉米，去壳后叫黄米；稷（jì季），黍的一种，通称黄米。④鸡犬豕：豕（shǐ史），即猪。古人将六畜中的马、牛、羊作为上珍三品，将鸡、狗、猪作为下珍三品。⑤八音：匏、土、革、木、石、金、丝、竹八种乐器演奏的声音。匏，指可吹出音乐的笙器；土，陶土制的乐器；革，皮革制的鼓；木，木制的乐器；石，玉石做的乐器；金，铁、铜等金属制的乐器；丝，用丝弦发声的乐器，如琵琶、琴、瑟；竹，指管、箫之类乐器。

鉴赏

此篇在启蒙教育中，涉及的是值得学习之日常基本知识，包括一些基本的数学知识，以及有关自然界及人类社会的常识。

首句为"知某数，识某文"。现在看来，每个人都会数数，不觉得数学的学问有多大，但是人类早期为此经历了漫长的实践过程。原始人开始用绳子打结表示数字，一个结头表示一，后来结绳不够用了，于是便发明一、十、百、千、万等数目。这些数字看似简单，但变化起来却无穷无尽，此后这门学问越发展越深奥，几乎各个科学门类都离不开数学，所以必须认真地从简单的数目学起，为将来学习其他知识打好基础。

《三字经》是被作为孩童入学的启蒙书来读的，所以在文字上要求简短易懂。学生在学会数字后，作者自然而然地将数字运用到人际关系之中。"三纲"，即指人与人之间关系应该遵守的三个行为准则，就是君王与臣子之间的言行要合乎义理，父母与子女之间要相亲相爱，丈夫与妻子之间要和顺相处；"五常"是指人类所当遵行的仁、义、礼、智、信五种不变法则，是处世做人的标准。

关于自然界，文中提到了三才、三光、四时、四方、五行，以及六谷、六畜、七情、八音等方面。天地间万物群生，但人是万物之灵，人类繁衍，生生不息，与天地共存，所以与天地合称为"三才"，而宇宙中代表光明的三种东西则是太阳、月亮和星辰。这里涉及了天人关系、时间（春、夏、秋、冬四季）、空间（东、南、西、北四方）和构成世界物质的基本元素（金、木、水、火、土五行）等形而上的内容，也有在农业社会条件下人们接触最多的种地、养殖等生产活动。"稻粱菽，麦黍稷，此六谷，人所食"，告诉孩童：人要吃饭就得耕耘播种，当我们吃到香喷喷的饭菜时，千万不要忘了辛勤耕种的农民，"谁知盘中餐，粒粒皆辛苦"，要爱惜每一粒粮食。在精神方面，人有喜、怒、哀、惧、爱、恶、欲七情，这是人类与生俱有的，谁也不可能抹杀它，但作为一个有志者，决不能被感情牵着走。人的感情非常复杂，要学会妥善处理自己的感情，才能活得安乐而有意义。书中还列举陶冶精神所需的乐器（匏、土、革、木、石、金、丝、竹八音），兼及精神与物质两个方面，给人以天人一体的感受。人类只有认识世界，才能改造世界。世界太大了，只有不断学习，才能运用掌握的知识去改造世界。

伦 理

原文

高曾祖，父而身，身而子，子而孙。自子孙，至玄曾，乃九族，人之伦。父子恩，夫妇从，兄则友，弟则恭。长幼序，友与朋。君则敬，臣则忠，此十义，人所同。

鉴赏

在人伦社会方面，《三字经》除了上节论述"三纲"、"五常"外，又对"九族"、"十义"作了概括介绍。从这里可以看到作者除了对伦理基本精神的解释之外，还有一种善于总结、化繁为简的陈述方式示范。文中说到，所谓"九族"，是指自高祖父、曾祖父、祖父、父亲、自身、儿子、孙子、玄孙、曾孙这样的九辈人。当然由此衍生的是各式的亲属及各式辈分、称谓等。人类的繁衍，一代接着一代，生命的延续永无止境，我们每个人都担负着承上启下的责任和义务。"九族"代表着人的长幼尊卑秩序、家族血统的承续关系，更是一种血浓于水的亲情。在家庭中，每个成员都认识到自己应负的责任和义务，家庭才能和睦。

社会是复杂的，每个人有各种亲属关系和社会关系，故作者又提出"十义"，即父慈、子孝、夫和、妻顺、兄友、弟恭、朋信、友义、君敬、臣忠十种相处原则，也就是历史上所说的"五伦十义"，这是处理各种相互关系的准则。时至今日，虽然有些原则已随时代变化而有所改变，但从总体来看，这些准则仍是维持社会和谐、推动社会发展的保证，体现了中国人根据实际需要来调整人际关系、保持社会良好秩序的生存智慧。

——— · 典　籍 · ———

原文

凡训蒙，须讲究，详训诂，明句读。

鉴赏

"典籍"部分着重介绍了以儒家为主的传统文化经典,说明学习它们的步骤与方法。使学生明白好的开始是成功的一半,读书的时候必须打下良好扎实的基础。首先讲读发音要正确,辞意要清楚,要学会句读,这样才能领会文章中所表达的含义和观点。句读相当于现在标点的句号和逗号,即文章语气结束之处用圈(句号)来标记,称为"句",而语气没有结束之处用点(逗号)来标记,称为"读"(dòu 逗)。倘若句读错了便会闹笑话,甚至意思相反,如古代有个人去朋友家中,恰逢下雨意欲留宿,而朋友不想留他,又不便启口,于是写了一张没有句读的纸条"下雨天留客天留我不留",原意是:"下雨(虽然是)天留客,(但是)天留我不留。"此人看了纸条,很生气地搞起恶作剧,把纸条上的字用句读改成为意思完全相反的内容:"下雨天,留客天,留我不(?),留。"可见句读的重要性。

原文

为学者,必有初。《小学》终①,至四书。《论语》者,二十篇,群弟子,记善言。《孟子》者,七篇止,讲道德,说仁义。作《中庸》,子思笔,中不偏,庸不易。作《大学》,乃曾子,自修齐,至平治。《孝经》通,四书熟,如六经,始可读。《诗》《书》《易》,《礼》《春秋》,号六经,当讲求。有《连山》,有《归藏》,有《周易》,三《易》详。有《典》《谟》,有《训》《诰》,有《誓》《命》,《书》之奥。我周公,作《周礼》,著六官,存治体。大小戴,注《礼记》②,述圣言,礼乐备。曰《国风》,曰《雅》《颂》,号四诗,当讽咏。诗既亡,《春秋》作。寓褒贬,别善恶。三传者,有《公羊》,有《左氏》,有《穀梁》。

注 释

①《小学》：古代文人编写的讲字形、字音、字义方面知识的孩童教材。②《礼记》：汉朝的戴德（大戴）和戴圣（小戴）两位学者，都整理并注释《礼记》，以阐扬先圣和先贤的言论和主张，使后代人了解前代的典章制度和有关礼乐的情形。

鉴赏

作为学生，求学的初期除了要学会句读之外，对学习内容也要循序渐进，即先把《小学》知识学透了，然后再读"四书"与"六经"。所谓"四书"，是指《论语》、《孟子》、《中庸》、《大学》。其中《中庸》是儒家经典之一，原为《礼记》中的第三十一篇，作者相传为子思，即孔子之孙孔伋。"中"的意思是不偏，而"庸"是不变的意思。《大学》也是儒家经典之一，原为《礼记》中的第四十二篇，相传是孔子的学生曾参所著。书中提出格物、致知、诚意、正心、修身、齐家、治国、平天下的主张，成为南宋后理学家讲伦理、政治、哲学的基本纲领。

"六经"是指《诗经》、《尚书》、《易经》、《周礼》、《春秋》、《乐经》（已失传）。其中《诗经》包含了"四诗"，即《国风》、《大雅》、《小雅》、《颂》。《国风》是当时俚俗的歌谣诗章，《大雅》、《小雅》为朝廷礼仪的正乐，《颂》则是宗庙祭祀的乐曲。这几种诗经的体裁，因为内容丰富、情感真切，有歌颂，有讽刺，所以广为世人歌咏称颂。由于周朝的衰落，《诗经》也就跟着被冷落了，所以孔子就作《春秋》，在书中隐含着对现实政治的褒贬以及对各诸侯国善恶行为的分辨。文中的"三传者"，是指公羊高所著的《公羊传》、左丘明所著的《左传》和穀梁赤所著的《穀梁传》，是专为解释《春秋》的书。《尚书》又称《书》、《书经》，是一部十分有价值的历史资料，类似现在国家的政府档案，从中可了解当时的历史，获取许多有益的知识。《书经》的内容分为六个部分：一是《典》，即立国的基本原则；二是《谟》，即治国计划；三是《训》，即大臣的态度；四是《诰》，即国君的通告；五是《誓》，起兵文告；六是《命》，国君的命令。《易经》有三种版本：《连山易》，相传为伏羲氏著作；《归藏易》，相传为黄帝著作；《周易》，相传是周文王或周公、孔子的著作，是现在最流行的《易经》。"三易"是用"卦"的形式来说明宇宙间万事万物循环变化道理的书籍。《周礼》由西周初期政治家周公旦著作，书中将当时辅政的六官——天官冢宰、地官司徒、春官宗伯、夏官司马、秋官司寇、冬官司空逐一规定了具体的职务权力，以及下设的不同官职，由此奠定了中国的政治体制和行政体系。

这里特别强调把《论语》、《孟子》放在首要地位。因为《论语》一书是有关孔子经典言论的著作，而孔子是中国古代伟大的思想家和教育家，又被称为"孔圣人"，是儒家思想的代表人物。该书核心内容是如何"做人"，以及"做人"的道理，对后世影响极大，曾有"半部《论语》治天下"的美称。《孟子》这本书是亚圣孟轲所作，内容也是有关品行修养、发扬道德仁义等优良德行的言论。孔子常讲仁，很少讲义，而孟子则仁、义并重，其名句有"舍生取义"等。这些书是古代中国官方学府中的规定教材，汉代武帝时收集整理"五经"，作为太学中的必读课本，此后又发展成以"六经"、"九经"、"十三经"为教材。到元代形成四书五经的经典定本，一直保留到明、清时期。

原文

经既明，方读子，撮其要，记其事。五子者，有荀扬，文中子，及老庄。

鉴赏

"四书"、"六经"、"三传"这些重要典籍熟读之后，作者还要求

学生涉猎诸子之学。其中列出《荀子》(先秦荀况)、《扬子法言》(西汉扬雄)、《文中子》(隋代王通)、《老子》(先秦老聃)、《庄子》(先秦庄周)等书,作为诸子百家的代表进行介绍,前三部书当属儒家学派中的开辟新思路者,后两书则为道家思想的代表作。其提出的研读方法为选取精华、辩证观世,在民间流传很广。作为启蒙典籍,选择这些书目是很有道理的。

历 史

原文

　　经子通,读诸史,考世系,知终始。自羲农,至黄帝,号三皇①,居上世。唐有虞,号二帝②,相揖逊,称盛世。夏有禹,商有汤,周文武,称三王③。夏传子,家天下,四百载,迁夏社。汤伐夏,国号商,六百载,至纣亡。周武王,始诛纣,八百载,最长久。周辙东④,王纲坠,逞干戈,尚游说。始春秋,终战国,五霸强,七雄出⑤。嬴秦氏,始兼并,传二世,楚汉争。高祖兴,汉业建,至孝平,王莽篡。光武兴,为东汉,四百年,终于献。魏蜀吴,争汉鼎,号三国,迄两晋。宋齐继,梁陈承,为南朝,都金陵⑥。北元魏,分东西,宇文周,与高齐。迨至隋,一土宇⑦,不再传,失统绪。唐高祖,起义师,除隋乱,创国基。二十传,三百载,梁灭之,国乃改。梁唐晋,及汉周,称五代⑧,皆有由。炎宋兴,受周禅,十八传,南北混。十七史⑨，全在兹，载治乱，知兴衰。读史书，考实录，通古今，若亲目。

注 释

①三皇：即伏羲、神农和黄帝。在远古时代，他们在位时皆能勤政爱民、体恤民意，所以被尊称为"三皇"。②二帝：指尧和舜。尧的国号为唐，故又称"唐尧"；舜的国号为虞，故又称"虞舜"。尧是一位很贤德的帝王，他把帝位禅让给贤能的舜做继承人，当然舜也不负众望，在他们所处的阶段，被后人看作是中国上古历史中的黄金时代。③三王：指夏朝的开国君主禹、商朝的开国君主汤以及周朝的开国君主文王和武王，夏、商、周在中国历史上合称"三代"，这几个德才兼备的君王被后人称为"三王"。④周辙东：指周平王将都城东迁。因周王室衰落，东迁之后对诸侯国失去了控制力，各方诸侯都想要称王称霸，于是战争连年不绝，以游说为业的人到各诸侯国去献计献策，成为时代的主流。⑤五霸强，七雄出：东周分为两个阶段，即春秋和战国，春秋时期前后出现五个霸主，分别是齐桓公、宋襄公、晋文公、秦穆公和楚庄王；战国时期有七个诸侯国实力最强，历史上称为"战国七雄"，分别为齐、楚、燕、韩、赵、魏、秦。⑥为南朝，都金陵：南朝，即宋、齐、梁、陈四朝，其中宋的开国皇帝是刘裕，也称刘宋，与后来赵匡胤建立的宋不可混淆；都，建立国都；金陵，今南京。⑦一土宇：指统一天下。隋文帝杨坚起兵东征西伐，结束了南北朝分裂混乱的局面，重新统一中国，建立了隋朝，可惜他的儿子隋炀帝不善治国，使隋朝步向灭亡之途。⑧五代：即后梁、后唐、后晋、后汉和后周五个朝代的更替时期。唐朝自高祖起共传位20位帝王，享国300年，到了哀帝时被朱温吞灭，改立国号为后梁，开启五代。这是五个很短的朝代，一共只有54年。⑨十七史：《旧唐书·经籍志》乙部正史类，有《史记》、《汉书》、《后汉书》、《三国志》、《晋书》、《宋书》、《南齐书》、《梁书》、《陈书》、《后魏书》、《北齐书》、《周书》、《隋书》、

共十三史；宋人加《南史》、《北史》、《新唐书》、《新五代史》，乃有十七史之名。

鉴赏

《三字经》也是一部高度浓缩的中国通史纲要，它认为"经子通，读诸史"，即在经书和子书读熟以后，就可进入读史阶段。读史必须考究各朝各代的世系，明白其间盛衰的原因，才能从历史中汲取教训。书中系统介绍了自伏羲氏、神农氏、黄帝等三皇五帝开天辟地，中经夏商周三代、秦汉、魏晋南北朝、隋唐至宋代的历史，使读者通过对历史的学习，了解各朝各代的治乱兴衰，并从中领悟到许多有益的东西。由于作者王应麟是南宋时代之人，其历史只能写到宋代，于是后人随着历史的进展，代有增补，至民国时期，国学大师章太炎撰《重订三字经》，"增入者三之一，更定者亦百之三四"。将原书从十七史扩展到二十五史，增加内容为："辽与金，皆夷裔，元灭之，绝宋世。莅中国，兼戎狄，九十年，返沙碛。太祖兴，称大明，纪洪武，都金陵。迨成祖，迁燕京，十六世，至崇祯。权阉肆，流寇起，自成入，神器毁。清太祖，兴辽东，金之后，受明封。至世祖，乃大同，十二世，清祚终。凡正史，廿四部，益以清，成廿五。史虽繁，读有次。"这样使《三字经》的历史部分更全面、更完整，仅用三百多字便概括了中华数千年的历史变迁，且文笔自然流畅、朴实无华、深入浅出，备受人们赞誉。

中国史学起源很早，史官修史可追溯到商周时期，周王室有大史、小史、内史、外史、御史五种史官。公元前841年即西周时便有编年史书记载；汉朝出现的《史记》，标志着中国史学的成熟；以后历代出现了26部承续其纪传体通史风格的正史，以及体现各种专论性质的《史通》、《通典》、《资治通鉴》、《通鉴纪事本末》等巨著；《四库全书》中史学共分15类，为经史子集中分类最多者。故20世纪著名史学家、思想家梁启超说："中国于各种学问中，惟史学为最发达。史学

在世界各国中，惟中国为最发达。"(《中国历史研究法》)

阅读中国历史，可领略《史记》作者司马迁"究天人之际，通古今之变，成一家之言"的意义。从了解历史事实的过程中，总结其中的经验教训，为今人的治国处世提供借鉴。

勉 学

原文

口而诵，心而惟，朝于斯，夕于斯。昔仲尼，师项橐，古圣贤，尚勤学。赵中令，读《鲁论》，彼既仕，学且勤。披蒲编，削竹简，彼无书，且知勉。头悬梁，锥刺股，彼不教，自勤苦。如囊萤，如映雪，家虽贫，学不辍。如负薪，如挂角，身虽劳，犹苦卓。

鉴赏

本篇又回到说理部分，强调勤奋刻苦是接受教育的基础。《三字经》用古代圣贤勤学苦练的例子，来勉励孩童发奋读书。其中第一层意思，是对如何持之以恒地读书做总体的要求，要学生"口而诵，心而惟。朝于斯，夕于斯。"口诵心惟，也就是读书学习不但要有恒心，还要大声朗读加上专心的思考，只有早晚反复学习、把心思都用到学习上，才能真正学好。这种方法对于初学者来说，确实行之有效，它

能达到孔子所说的"温故而知新"的效果。

《三字经》用典较多，文章举了大量典故和典型例子来说明观点。第一个例子是著名大学问家孔子不耻下问的故事。传说是春秋时期鲁国的神童项橐（tuó驮），博学聪颖，7岁时就会回答孔子的疑难问话，于是孔子不因对方年幼而轻视他，虚心请教，甚至拜其为师。读此使人体会古代圣贤的勤学好问，自然生出普通人更应发奋努力的感叹。另外的例子是文中所说的"赵中令，读《鲁论》"。宋朝的赵普（因官至中书令，故又称赵中令），每天手不释卷地阅读《鲁论》（这里指《论语》，其有三种流传版本，即《鲁论》、《齐论》、《古论》）。相传赵普曾说自己以半部《论语》辅佐宋太祖赵匡胤定天下，半部《论语》辅佐宋太宗赵光义达到太平。赵普认为这本书虽然通俗却蕴含着大道理，故可常学常新，有助于治国平天下，甚至有"半部《论语》治天下"的奇效。他本人也因勤奋学习而成为后人的榜样。这里举的都是身为圣贤仍刻苦学习的事例，说明终身学习的必要性。

此外，西汉时路温舒把《尚书》借来抄在编织的蒲草上，公孙弘把借来的《春秋》抄在削成的竹简上，即文中所说的"披蒲编，削竹简"。这两个古人都因贫穷没有书读、又买不起书，却想办法进行刻苦学习。据史书记载，这两个人后来都大有作为，特别是公孙弘，不仅做过宰相，还封了侯。这里讲的是不畏环境的困苦，创造条件解决困难，从而获得成功的事例。

《三字经》又用几句话、几个字概括含义深刻的故事：其一"头悬梁"，指汉朝孙敬读书时把自己头发拴在屋梁上，以免打瞌睡。其二"锥刺股"，说的是战国时苏秦勤读兵法之书，每当夜深昏昏欲睡时，就用锥子刺大腿，使自己清醒后再读，他不用别人督促而自觉勤奋苦读。其三"囊萤"，指晋朝人车胤，喜欢读书，家贫没钱买油点灯，他就用纱囊（袋）装着萤火虫，当照明工具进行夜读。其四"映雪"，指晋代孙康，因家贫利用积雪的反光来读书。其五"负薪"，指汉朝的朱买臣，以砍柴维持生活，每天边担柴、边读书。其六"挂角"，指隋朝李密放牛时把书挂在牛角上，有时间就读。这些人都是家境贫苦者，却能在艰苦环境中创造条件进行学习、坚持读书。他们的事迹体现了其不受外界条件的影响，坚定信念、不懈努力的精神。他们因读书学习而获得成功，成为励志的榜样。

原文

苏老泉，二十七，始发愤，读书籍。彼既老，犹悔迟，尔小生，宜早思。若梁灏，八十二，对大廷，魁多士。彼既成，众称异，尔小生，宜立志。莹八岁①，能咏诗。泌七岁②，能赋棋。彼颖悟，人称奇，尔幼学，当效之。蔡文姬，能辨琴。谢道韫，能咏吟。彼女子，且聪敏，尔男子，当自警。唐刘晏，方七岁，举神童，作正字。彼虽幼，身已仕，尔幼学，勉而致。有为者，亦若是。犬守夜，鸡司晨，苟不学，曷为人。蚕吐丝，蜂酿蜜，人不学，不如物。幼而学，壮而行，上致君，下泽民。扬名声，显父母，光于前，裕于后。人遗子，金满籯③；我教子，惟一经。勤有功，戏无益。戒之哉，宜勉力。

注释

①莹八岁：即北齐时祖莹，8岁就能咏诗，后来当了秘书监著作郎。②泌七岁：指唐朝时李泌，7岁时就能以下棋为题而作出诗赋。③遗（wèi 魏），留给，赠与；籯（yíng 营），竹笼，竹子编的箱子。

鉴赏

此篇告诉人们，不要畏惧自身条件不佳、只要努力都会成才的道理。《三字经》选择了不少名人事例进行说教，其中四位更为突出：一是"苏老泉"，即苏洵，年轻时不曾苦读，到了27岁时在妻子程氏的

劝告下，才开始发愤读书，经过十多年的闭门学习，成了著名的文学家；他与两个儿子（长子苏轼、次子苏辙）被文坛称为"三苏"，也是唐宋八大家里的三位人物。二是北宋人梁灏，传说他屡次参加科举考试都不能录取，苦读至82岁时才考中状元（按：这里有误，梁灏实际上20岁出头登第，41岁暴病而卒）。三是蔡文姬，后汉著名学者蔡邕的女儿，通音律；传说蔡邕因获罪将处死刑，之前在家弹琴，蔡文姬就从琴声中知道他将有死难；她还以琴音作《胡笳十八拍》。四是谢道韫，晋朝宰相谢安的侄女，心灵聪慧，极好读书，能出口成诗，曾吟出描绘大雪的"未若柳絮因风起"（《世说新语·言语》）的传世佳句。上述两人说明，在"女子无才便是德"的封建社会，女子要读书学艺非常困难，而蔡文姬和谢道韫都是女子，可以想见她们在当时学习是多么不容易。这也告诉孩童凡是勤奋上进的人，都会有好的收获的道理。反之，只图眼前玩乐，浪费大好时光，是一定会后悔的，这就是古训所言："少壮不努力，老大徒伤悲。"

《三字经》在此基础上讲述了接受教育的孩童应该有的求学态度和人生志向，认为读书是为了做事、对社会做出贡献，对自己而言也是发挥才能的机会。书中指出狗在夜间会替人看守家门，鸡在天亮时报晓，蚕能吐丝以供人们做衣料，蜜蜂可以酿制蜂蜜供人食用，人要是不懂得学习，用自己的知识、技能来实现自己的价值，那就连动物都不如了。倘若我们能在幼年时不断充实自己，那长大后就能够学以致用，替国家效力，为人民谋福利。如唐玄宗时名为刘晏的小孩，只有7岁就被推举为神童，做了负责刊正文字的官，为国家治理担当责任。我们只要勤奋好学，也可以和刘晏一样成为有用之才。如果你为世人做出贡献，人们就会赞扬你，而父母会因你的荣耀而高兴，也是给祖先增添了光彩，为后代留下了好的榜样。

最后，作者对全书做了总结，也是送给所有父母和孩童的警句："人遗子，金满籯；我教子，惟一经。"即人们留给子孙后代的往往是满箱金银钱财，而我留下来的只有这本教育孩子的《三字经》，这是有关修身、齐家、治国、平天下的书，是千金难买、取之不竭的财富。反之，做父母的再有钱，如果子孙不求长进，又有什么用呢！钱总有用完的一天，到那时一无所长什么也不会干，反而害了他们。后来社会上流传有"遗子黄金满籝，不如教子一经"的说法，可看作是对《三字经》中相似思想的另一种表述，也是希望孩子们能精于读书学习，长大后做个有所作为的人。

《三字经》看似一部简单的启蒙教材，但是通读全书可知它包含了"天人性命之微，地理山水之奇，历代帝王之统绪，诸子百家著作之原由"等内容，所涵盖的知识十分丰富和广博。文中的精辟思想对人生具有不可估量的指导价值，值得人们去细细品读和体味。

（吴洁英、李似珍）

百家姓

［北宋］
佚名

原文

赵钱孙李，周吴郑王。冯陈褚卫，蒋沈韩杨①。

注释

①赵、钱、孙、李：见下文"鉴赏"所释。周：周姓祖先为后稷，定居在周原（今陕西省中西部），唐代为避玄宗名讳，姬姓大臣改姓周。吴：周太王亶父之子太伯、仲雍建立吴国（今江苏省无锡市东），其子孙称为吴氏。郑：周宣王分封其母弟于郑国（今陕西省华县），是为郑桓公，其后代以此为姓。王：源出有七，其一出自姬姓，为周文王第十五子毕公高的后代；其二出自妫姓，为古帝虞舜之后；其三出自子姓，为商朝比干之后；其四秦灭六国后，各国王族避难散居，至汉朝初年纷纷易姓为王氏；其五赐姓，如战国燕王丹的玄孙嘉被王莽赐姓王；其六源于外族姓氏；其七冒姓。冯：以周文王的第十五个儿子毕公高的封地冯（今河南省荥阳市）为姓。陈：周武王建立周朝后，封虞舜后代胡公满于陈国（今河南省睢阳县），后代以国名为姓。褚：春秋时宋国的公子恭段，受封于褚邑（今河南省偃师市），其子孙以地名为姓。卫：以周文王第九子康叔的封地卫（今河南省淇县）为姓。蒋：以周文王第三子伯龄的封地蒋（今河南省淮滨县）为

姓。沈：以周文王第十子季载的封地沈（今河南省平舆县）为姓。韩：源出有三，其一以周成王之弟唐叔虞受封的韩原（今山西省河津市）为姓；其二战国时韩国被秦国吞并，原韩国王族世代姓韩；其三鲜卑族汉化时，大汗氏改姓为韩。杨：以周宣王之子尚父受封的杨侯为姓。

鉴赏

《百家姓》是中国源流较长、流传较广的一种蒙学教材，它的成书和普及要早于《三字经》。该书将常见的姓氏编成四字一句的韵文，虽内容无文理可言，但宛如四言长诗，韵律和谐，音调优美，便于背诵，并能帮助幼童快速认字，故备受历代文人与孩童的喜欢和推崇。明代著名学者吕坤在《社学要略》中说："初入社学，八岁以下者，先读《三字经》以习见闻，《百家姓》以便日用，《千字文》亦有义理。"其中"以便日用"，就是通过识字熟悉姓氏，便于日常人际应酬交往。

《百家姓》是中华姓氏的泛指和总称，冠以"百家"之名，表示数量众多、涵盖广博，实际上中国人的姓氏远远超过百家。中国许多姓氏的起源，虽可上溯到商周时期甚至更远，但是作为一种完整的姓氏体系，则在秦汉之际形成。西汉史游的《急就篇》，作为当时的一种识字读本，列出汉代常见的姓氏100多个；东汉应劭的《风俗通义》，设专篇记载当时的近500个姓氏；唐朝林宝的《元和姓纂》收录的姓氏1400多个；至《百家姓》问世，所辑录的姓氏，都体现了中国人对宗脉与血缘的强烈认同感。姓氏文化，或谱牒文化，是中国文化的重要组成部分。

据南宋学者王明清考证，《百家姓》姓氏排列第一的赵，是指宋代国君之姓；第二为钱，是五代十国中吴越国王的姓；第三为孙，是当时五代国王钱俶正妃的姓；第四为李，是因为南唐皇族为李氏之故。据此可判断出《百家姓》的撰成当在北宋初年，而作者似为"两浙钱氏有国时小民"。所谓"有国"是指吴越在宋太祖开国后，还存在

一段时间，至宋太宗太平兴国二年（977年）才率土归降。不过也有人认为，这个《百家姓》在宋代之前就有底本，那位钱塘士大夫不过是在此基础上进一步编辑加工罢了。但是经他加工后的《百家姓》很快得到流传，南宋爱国诗人陆游的《秋日郊居》诗云："儿童冬学闹比邻，据案愚儒却自珍。授罢村书闭门睡，终年不著面看人。"自注："农家十月，乃遣子弟入学，谓之冬学。所读《杂字》、《百家姓》之类，谓之村书。"元代时专门为它刻版印刷，并在汉字以外用蒙古字进行注音，可见在少数民族地区也得到了传播。同时，一些模仿它的改编本或少数民族版本也相继出现，如《女真字母百家姓》、[明]黄周星《百家姓新笺》、[清]《御制百家姓》、[清]丁晏《百家姓三编》等即是其中的代表。目前发现的最早的印刷体《百家姓》是在元朝（14世纪初）出版的，它根据汉字和蒙古字的语音、笔画对应而成。但是元朝的版本并不完整，流传已久的《百家姓》直到明朝才算收录完整，总共记录了438个姓氏，其中复姓38个。清朝后期又出现了另外一本有关百家姓的书——《增广百家姓》，书中记录了444个单姓，60个复姓。现存的清朝版本《百家姓》，既有文字又有图画，每页上方除了记录历史名人的名字和其所属家族外，旁边还有其图像；每页下半部是由4个字或姓氏组成的短句，读起来很像古时的四句诗词。本书依据清康熙《御制百家姓》版本，并作考订后进行微调。

"赵钱孙李"中的赵姓，放在《百家姓》的首位，并非因为"赵"为天下第一大姓。如前文所说，因为该书问世于北宋初年，而宋代的皇帝姓赵，"赵"自然成为那时"天下第一姓"，不排在首位就会有"欺君之罪"，甚至有杀头的危险。赵姓起源于西周时期，为周穆王驾车人造父的后裔，以受赐的封地赵城（今山西省洪洞县）为姓。春秋时造父的后代建立了赵国，使这一姓因之强盛。以国名为姓的还有诸如卫姓、宋姓、蒋姓、沈姓、曹姓等等。而"钱"姓因祖先在商、周时所任官职为"钱府上士"，就以此为姓，系彭氏的一个支脉。作为一个支脉重新选姓的情况，还有冯氏、陈氏等等。"孙"姓的来源是多样的：起初为周文王后代惠孙的孙辈，为纪念祖父而以其名为姓；后来又有人被封赏赐与、或因避难而改姓"孙"者。类似他们那样以受封邑名改姓的，还有韩氏、杨氏、秦姓等等。"李"姓以商代官职"理官"为姓。

从这些姓氏的由来看，多以祖先的名字、官职、国名、封地为姓，这反映了自先秦时期以后中国人姓氏的主要来源。

原文

朱秦尤许，何吕施张。孔曹严华，金魏陶姜①。

注释

①朱：周武王封曹侠到邾（今山东省曲阜市），后代以地名为姓。秦：周孝王封善养马的非子为秦地（今甘肃省张家川回族自治县）首领，后代以此为姓。尤：由沈姓而来，五代时闽人沈姓者为避与闽王"审"字同音，去掉三点水改姓为尤。许：以周武王后代文叔受封于许地（今河南省许昌市）为姓。何：韩为秦国消灭，公族中有一支迁移至江淮，为避秦迫害，又因当地韩与何读音相同，遂改成何。吕：以炎帝的后代伯夷受封的吕地（今河南省南阳市）为姓。施：以夏朝诸侯国施国（今湖北省恩施市）国名为姓。张：见下文"鉴赏"所释。孔：以宋微子之后孔父嘉之孔字为姓。曹：以周文王第十三子叔振铎受封于曹国（今山东省定陶县）为姓。严：由庄姓改变而来，东汉时明帝为刘庄，庄姓人避讳改姓严。华：以西周时宋国公子受封华地（今河南省新郑市）为姓。金：黄帝的儿子少昊统治天下，用金属做标志称金天氏，后代就以金为姓。魏：以春秋时晋国大夫毕万受晋献公之封于魏邑（今山西省芮城县）为姓。陶：源出有二，其一以唐尧受封之地陶邑（今山东省定陶县）为姓；其二，善制陶器的工匠或掌管制作陶器的官员，以陶为荣，遂以陶为姓。姜：详见下文"鉴赏"。

鉴赏

姓氏在现代汉语中是一个词,但在秦汉以前,姓和氏有明显的区别。姓源于母系社会,同一个姓表示同一个母系的血缘关系。中国最早的姓,大多从"女"旁,如本节中的姜姓即是一例。此外还有姚、姒、妫、嬴等姓,它表示这是一些不同的老祖母传下的氏族人群。而氏的产生则在姓之后,是按父系来标识血缘关系的结果,这只能在父权家长制确立后才有可能。因此,当我们读到"黄帝轩辕氏,姬姓",以及"炎帝列山氏,姜姓"时,就可以明白,中华民族共同始祖炎、黄二帝原分属两个按母系血缘关系组织起来的部落,一个姓姜,一个姓姬,而他们又分别拥有表示自己父权家长制首领的氏称:列山、轩辕。姓和氏有严格区别又同时使用的情况表明,母权制已让位于父权制,但母系社会的影响还存在,这种影响一直到春秋战国以后才逐渐消亡。

周代贵族有姓,但只有女子才称姓,未婚女子如齐姜、宋子,齐、宋为国名,姜、子为姓。已出嫁女子,如江芈、栾祁,江、栾为夫家国、氏名,芈、祁为女子本人的姓。当时有同姓不婚的习俗,故称贵族女子的姓以示与夫家之姓有所区别。周代实行宗法制,有大、小宗之别。一个氏的建立,表示一个小宗从大宗(氏)分裂出来,另立门户。建立诸侯国要经周王认可,卿大夫立新家要得到君主允许,称之为"胙之土而命之氏"。正由于有如此多的讲究,所以一个小宗的支脉为自己取姓氏时,必须注意让别人便于区分于同族,又好记好认。

本节中的姜姓,以及后面的姬姓,由于姓氏产生十分古老,故其后裔传承也十分的复杂,《国语·晋语》中记载了炎、黄二帝得姓的传说,其中说到炎帝居住姜水之旁(今陕西省岐山县西),以水名为姓,后代扩展到今天的河南、山西、山东、河北、湖北、安徽等地,又分出申、许、齐、高、吕、赖、谢、于、贺、卢、乐、纪、向、黄、焦等氏，每一氏又发展为姓，共计有247个姓。传说黄帝住姬水之滨，故以姬为姓。而黄帝有25个儿子，后代更是人丁兴旺，后来发展为25宗、12个姓：姬、酉、祁、己、滕、箴、任、荀、僖、姞、儇、依等，有的姓现在已经很少用了。由黄帝直接发展而来的姓氏相传十分可观，有人认为有800多个。当然由于各个姓氏的具体情况不同，与黄帝的关系也不完全一样，如张姓，相传出自黄帝的儿子挥，因为发明了弓箭，担任弓长的职务，进而合弓、长而为张。黄帝后代伯益因协助大禹治水有功，被帝舜赐姓嬴，到战国时其后代被分封于马服，后人便以封地第一字为姓，于是就有了马姓。

姜和羌虽同韵而不同声，但音特别相近。且两字都有"羊"字头：一个从羊从女，一个从羊从人。从"羌"字的组成看，羌即"羊人"。上古时代晚期，羌族居住在中国的北部，其部族或氏族的图腾可能是羊；而姜族则是羌族的一支，或许因为语音的讹误而化"羌"为"姜"，或许是母系氏族的母权影响，羊下之"人"，化作了羊下之"女"。炎帝以"姜"为姓，恰恰是古羌族支系氏族部落的首领。

许慎《说文解字》卷二四"女部"云："姓，人所生也，从女、生，生亦声。"班固《白虎通德论》卷九曰："姓者，生也，人禀天气所以生者也。"《左传·隐公八年》载："天子建德，因生以赐姓。"这都说出了"姓"的本义是"生"，因此人们普遍认为，姓最初是代表有共同血缘、血统、血族关系的种族称号，简称族号。作为族号，它不是个别人或个别家庭的，而是整个氏族部落的称号。据文献记载，我们的祖先最初使用姓的目的是为了"别婚姻"、"明世系"、"别种族"。

中国人是世界上"寻根意识"最浓的族群。《百家姓》在历史的衍化中，为人们寻找宗脉源流，建立血亲意义上的归属感和认识传统的血亲情结，提供了重要的文本依据。它使中国人确信炎、黄是我们中华民族的共同祖先，它成为中国人认识自我与家族来龙去脉不可缺少的文化基础蓝本。

原文

戚谢邹喻，柏水窦章。云苏潘葛，奚范彭郎①。
鲁韦昌马，苗凤花方。俞任袁柳，酆鲍史唐②。

注释

①戚：以周朝的卫国大夫孙林父受封戚地（今河南省濮阳市）为姓。谢：以周宣王舅父申伯受封谢地（今河南省南阳市）为姓。邹：以周武王分封颛顼后裔曹侠的邹地（今山东省曲阜市）为姓。喻：俞姓后裔中有俞樗，在南宋建炎时受赐喻姓，后人以此为姓。柏：古时东方部族首领伯皇氏，其子孙依所住皇柏山（一作柏地国，今河南省西平县）为姓。水：源于姒姓，大禹治水时水工之后以职业为姓。窦：出自姒姓，为夏帝少康之后；另一支是少数民族之姓，古氏族中有窦氏。章：齐太公的子孙受封地鄣（今山东省东平县）被灭后，去邑旁以章为姓。云：以黄帝时官名为姓。苏：以颛顼祝融的后代昆吾所受封的苏地（今河南省温县）为姓。潘：以周文王后代毕公高之子季孙所受封的潘地（今河北省境内）为姓。葛：以夏代葛国（今河南省宁陵县）国名为姓。奚：以黄帝时所受食邑奚地（今山东省滕州市）为姓。范：尧的后裔士会以采邑的范地（今山西省屯留县）为姓。彭：以颛顼的后代陆终所受封地大彭（今江苏省徐州市）为姓。郎：以鲁懿公之孙费伯所居之郎地（今山东省鱼台县）为姓。

②鲁：以周公之子伯禽所受封的鲁地（今山东省曲阜市）为姓。韦：以颛顼之孙大彭的封地豕韦（今河南省滑县）为姓。昌：以黄帝之子昌意之名为姓。马：以所封爵名马服君为姓。苗：以楚国贲皇受封之苗地（今河南省济源市）为姓。凤：以帝喾时掌管历法之官凤鸟氏为姓。花：见下文"鉴赏"所释。方：以神农氏后代受封的方山（不详，疑在今陕西、宁夏一带）为姓。俞：黄帝时名医曰跗，精于脉经，故称俞跗，其后以俞为姓。任：以黄帝少子禺阳受封的任地（即

商任,在今河北省任县)为姓。袁:舜的后裔孙伯爰,因爰与袁同音,其后人以袁为姓。柳:以鲁孝公之孙受封地柳下(今河南省濮阳县)为姓。酆:以周文王的少子受封的丰地(今陕西省西安市)为姓。鲍:以夏禹的后裔受封的鲍地(今山东省济南市)为姓。史:周朝太史佚之后世代为史官,其后以史为姓。唐:以周成王之弟虞受封的唐地(今山西省太原市)为姓。

鉴赏

在现实生活中,有些姓氏与花卉树木同名,如本节中的柏姓、苗姓,以及前后文中出现过的杨、柳、梅、桐、竹、兰、菊、荷、花、叶等姓。同时,有些姓氏也与自然风景有关,如此节中的云、水,以及后文中出现的江、河、湖、海、泰、华、恒、衡、嵩等姓,这些字从原先出处来看,有的是从地名等转化而来,然而当时做如此的选择则暗含着对自然界美好事物的认同与向往。

值得注意的是,有的姓氏出现得较晚,随着某些字的创制而出现,如"花"字,〔清〕段玉裁《说文解字注·华》注:"起于北朝前此书中花字,出于后人所改。"是说在南北朝前中国尚无"花"字,此意以"华"代指,以后才从"华"字中分出一意作"花"。故人们考证古书记载姓花者较早的是南北朝时的女英雄花木兰,而正史中出现花姓人名则最早在唐代。因该姓由华姓改变而来,是随着"花"字的产生而出现的,有着当时人们的寓意,与中国人崇尚自然、借景寓意的思维习惯有一定的关联。

原文

费廉岑薛,雷贺倪汤。滕殷罗毕,郝邬安常[1]。
乐于时傅,皮卞齐康。伍余元卜,顾孟平黄[2]。

注释

①费：以鲁桓公之子季友受封的费地（今山东省费县）为姓。廉：以颛帝之子大廉的名字为姓。岑：以周武王堂兄姬渠受封的岑地（今陕西省韩城市）为姓。薛：以黄帝后代孙奚仲居住的薛地（今山东省滕州市）为姓。雷：以黄帝大臣雷公的名字为姓。贺：原为庆姓，为避东汉安帝父亲的名讳而改姓。倪：郳武公子孙为避仇而改为此姓。汤：商朝有成汤，其庶支以此为姓。滕：以周武王之弟叔秀受封的滕地（今山东省滕州市）为姓。殷：商朝自从盘庚迁都后，国号改为殷，武王克商后，商民四散，以原国号殷为姓。罗：以祝融后代在春秋时受封的罗地（今湖北省宜城市）为姓。毕：以周文王之子受封的毕地（今陕西省咸阳市）为姓。郝：以商朝的帝乙之子受封的郝地（今山西省太原市）为姓。邬：以春秋时期陆终第四子求言之后受封的邬地（今河南省偃师市）为姓。安：古代有安息国（亚洲西部古国），其人来中国后，便以国名中的"安"为姓。常：以黄帝的大司空常先的名字为姓。

②乐：以西周初期乐正官职为姓。于：周武王封其第三子于邘州（今河南省沁阳市），子孙去邑旁为姓。时：以春秋时宋国大夫来受封的时地（今安徽省阜南县）为姓。傅：以黄帝后裔孙大由受封的傅地（今山西省平陆县）为姓。皮：以周朝卿士樊仲皮的名为姓。卞：以周朝曹叔受封的卞地（今山东省兖州市）为姓。齐：以周朝的太公望受封的齐地（今山东省淄博市）为姓。康：以春秋时卫国康叔的封号为姓。伍：以黄帝时大臣伍胥为姓。余：以秦穆公的上卿由余为姓。元：以战国时魏武侯的儿子受封的元邑（今河北省大名县）为姓；另一支是北魏孝文帝时下诏将复姓"拓跋"改为"元"；还有一支源于鲜卑族，属于汉化改姓。卜：以周朝主持卜卦的官名为姓。顾：见下文"鉴赏"所释。孟：鲁桓公之长子庆父，按排行称为孟孙，其后代即以孟为姓。平：以战国时韩哀侯之子受封的平地（今山西省临汾市）为姓。黄：以颛顼帝曾孙陆终后代受封的黄地（今河南省潢川县

鉴赏

以职业为姓，是中国姓氏的又一来源。前文中已经提到钱、李、张之姓均与职业有关，本节中的顾姓，也出于此种原因。顾在古代与"雇"字相通，甲骨文中的雇字像鸟飞出户，雇就是晏鸟，也就是鹌鹑的"鹌"字。古代时养蚕习惯将蚕放在桑树上，为防有鸟雀啄食，便雇人饲养鹌去驱赶雀鸟，保护蚕桑，顾姓便由养鹌人的后代形成，他们以鹌为图腾，并发展为国号（顾国，在今河南省范县）和顾姓。

与职业挂钩的姓，还与掌握一种专门技术有关，如有以占卜算卦为生的卜姓，以善制陶器的陶姓，以制作瓶器为生的甄姓，以宰杀家畜为生的屠姓，以善于铸剑的干将姓，等等。

这种命名的习惯，往往又与上古时官职的实务挂钩，如那时把掌管财政的官员称为度官，把主管天文、观察星象的官员称为保章，把掌管土地、人口分封的官员称为封人；周代把整治道路和迎送宾客的小官称为候人，把记录帝王言行的官员称为史官，楚国有环列之尹，负责宫廷警卫工作。故南宋郑樵《通志·氏族略》中载以官为姓且与职业有关联的至少有度、保、仓、罗、封、环、候、宫、符、史、库、乐正、席、酒、粟、厨人、宰、公牛（管牛的官员），等等。

以职业为姓说明当时执政者并非像我们现在想象的那样"重道轻技"，而是对两者都有足够的重视。据史书记载，周武王克商后，曾分商朝遗民六族给鲁国，七族给卫国，这十三族中至少有九族是"工"，并以技为姓：索（绳工）、繁（马缨工）、长勺与尾勺（酒器工）、陶（陶工）、施（旗工）、锜（锉刀工）、樊（篱笆工）、终葵氏（椎工）。这些姓是百工中的一部分，属于百姓中的百执事一类，是与民对立的下属贵族阶级。

原文

和穆萧尹，姚邵湛汪。祁毛禹狄，米贝明臧①。

计伏成戴,谈宋茅庞。熊纪舒屈,项祝董梁②。

注释

①和:以掌管天地的官名和仲、和叔为姓。穆:见下文"鉴赏"所释。萧:以商朝帝王帝乙的后裔大心受封的萧地(今安徽省萧县)为姓。尹:以少昊之子受封的尹城(今山西省隰县)为姓。姚:见下文"鉴赏"所释。邵:以周召公的名号为姓。湛:出自夏王朝的一支斟灌氏,其后代去斗去蘿,合二字为湛姓;另一支为尧帝的第三子大节之后裔,以属地湛地(即礁阳,今河南洛阳)为姓。汪:出自上古诸侯汪芒氏之后;另一支以鲁成公之子受封的爵名汪侯为姓。祁:以帝尧所姓伊祁为姓。毛:以周文王第八子受封的毛地(今陕西省岐山县、扶风县一带)为姓。禹:夏禹的支庶以禹为姓。狄:以周成公母弟孝伯受封的狄城(今山东省高青县)为姓。米:西域米国中的一支归于中国,子孙以米为姓。贝:周文王支庶子孙有封于郥国(今河北省巨鹿县),后代去邑旁为姓;另一支以召康公之子受封的贝丘(今山东省博兴县)为姓。明:燧人氏的四佐之一名明由者,后人以其名为姓。臧:以鲁孝公子驱受封的臧地(今山东省郯城县)为姓。

②计:周武王封少昊后代于莒地,莒定都于计斤,后人以计地(今山东省胶州市)为姓。伏:伏羲氏的子孙以此为姓。成:周文王第五子郕叔武的子孙去"郕"的邑旁为姓。戴:宋戴公子孙以追封的谥号为姓。谈:以殷帝后裔谈君之名号为姓。宋:以周武王之臣微子启受封的宋地(今河南省商丘市)为姓。茅:以周公第三子茅叔受封的茅地(今山东省金乡县)为姓。庞:以周文王之子毕公高受封的庞地(今河南省南阳市)为姓。熊:黄帝有熊氏的后代。纪:以炎帝后代受封的纪地(今山东省寿光市)为姓。舒:以颛顼后代受封的舒地(今安徽省庐江县)为姓。屈:以楚武王之子瑕受封的屈地(今湖北省秭归县)为姓。项:以楚公子燕受封的项城(今河南省项城市)为姓。祝:周武王封黄帝后裔于祝(今山东省肥城市),后代以此为姓;另一

支以古代掌握祭礼的祝官为姓。董：黄帝后代叔安之子董父，为帝舜饲养龙，舜赐其姓为董，子孙因袭其姓。梁：以周平王之少子康受封的梁山（今陕西省韩城市）为姓。

鉴赏

中国的姓氏中也有一部分与少数民族相关，如本节中的穆姓，原先是以春秋时宋穆公的谥号为姓，但也有北魏时鲜卑一族中的丘目陵氏改为汉姓而姓穆。中国的五千年历史，本身是一个汉族与少数民族的融合交流史，而互相借用姓氏也是这种交流融合的一个组成部分。这种姓氏方面的融合、交流大致起始于秦汉时期，特别是在汉朝，中国的疆域广大，各民族之间的文化交流频繁，西汉武帝曾向匈奴休屠王的太子赐姓"金"，汉朝时，西域一个少数民族国家所派出的太子在河西走廊等候朝见汉朝皇帝，在当地娶妻生子，因居住地康居国而以康为姓，成为康姓的又一支脉。

赐姓做法在隋唐时期较为流行，隋朝时赐姓多为杨，而唐朝赐姓多为李。唐代李克用系沙陀族首领朱邪赤心之子，曾率沙陀兵助唐击败黄巢于长安，被赐姓为李，改名为国昌，并任河东节度使，封为晋王。唐末，其子李存勖率"李"姓起兵，建立后唐王朝，可为其中著名例子。宋朝执政者赐姓多为赵，但辽国的耶律氏则被赐为萧姓。金朝天子赐姓完颜，亡国后女真皇族改姓完，后定居在安徽省肥东县一带。明代皇帝也对少数民族赐姓，但不再赐本族之朱姓，往往给蒙古族以金姓、霍姓、薛姓，给回族以黑姓，等等。

北魏时改姓曾形成一定规模，当时孝文帝下诏，谓"夫土者黄中之色，万物之元也"，于是将自己所属的拓跋氏改为元姓。又改拔拔为长孙，纥奚改为嵇，贺赖改为贺，贺楼改为楼，独孤改为刘，步六孤改为陆，胡古口引改为侯。受其影响，又有纥骨氏改为胡姓，直勒氏改为谢姓，乌桓氏改为王姓，来源于高句丽的娄氏、真羽氏改为高

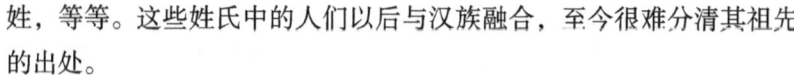

姓，等等。这些姓氏中的人们以后与汉族融合，至今很难分清其祖先的出处。

北魏孝文帝改姓后几十年，权臣宇文泰又下令恢复原姓，还要求汉人改姓鲜卑姓，如周姓改为车非氏，南姓改为宇文氏，辛姓改为普屯氏，等等。这样一来，使得汉人也有了改成少数民族之姓者。

百家姓的部分姓还从某姓衍生出来，比如本节中的姚姓，据2004年在湖南省永州市零陵区召开的全球华人公祭舜帝大会上的最新统计，由姚姓衍生出的姓氏达60个之多，流布于世界40多个国家和地区。五帝之一的舜生于姚墟（今山东省鄄城县），其子孙承袭为姚姓。舜在当帝之前，曾搬到妫河边居住，他们的子孙有留在那里居住的，便以妫为姓。舜登帝位后，仁德荣耀，有的子孙便以帝名舜为姓。夏禹封舜的长子商均于虞，至始祖四十三世孙妫满封于陈，官拜陶正，谥胡公，其子孙或以国号陈称姓，或以谥号胡称姓，或以尊讳满称姓。演变至汉朝，姚氏衍生出妫、舜、虞、陈、胡、田、袁、王、孙、陆、车等60种，繁姓同根，异氏同源，是一家亲。在中华姓氏中，妫、陈、田、姚、胡五姓同根同源，其血缘先祖同为舜帝姚氏。郑樵《通志·氏族略》载："虞有二姓，曰姚曰妫。因姚墟之生而姓姚，因妫水之居而姓妫。"因而史称妫、陈、田、姚、胡为"妫汭五姓"。

原文

　　杜阮蓝闵，席季麻强。贾路娄危，江童颜郭①。
　　梅盛林刁，钟徐丘骆。高夏蔡田，樊胡凌霍②。
　　虞万支柯，昝管卢莫。经房裘缪，干解应宗③。

注释

①杜：帝尧后裔移居杜城（今陕西省西安市），便以城名为姓。阮：以殷商时阮国（今甘肃省泾川县）国名为姓。蓝：以战国时秦王

之子向受封的蓝地（今陕西省蓝田县）为姓。闵：以周大夫闵子马为姓。席：周朝大夫籍谈的后代，为避讳项羽之名籍而改为席姓。季：以鲁桓公之子季友为姓。麻：以楚国大夫居住的麻地（今安徽省砀山县）为姓。强：以齐国大夫孙强之名为姓。贾：以周康王封唐叔虞少子公明于贾地（今山西省临汾市）为姓。路：黄帝封炎帝的后人于潞地（山西省长治市一带），后人以封地之潞去水旁为姓；另一支是帝喾孙子玄元因功封路中侯，后人以爵号为姓。娄：以春秋时邾娄国（今山东省邹城市）国名为姓。危：虞舜时三苗国，后改为三危国（今甘肃省敦煌市），后人以国名为姓。江：以伯益后代所受封的江陵（今湖北省江陵县）为姓。童：以祖先颛顼之子老童名字为姓。颜：颛顼后裔邾武公名夷父、字颜，子孙以其名字为姓；另一支以春秋时鲁侯伯禽支庶受封的颜地（今山东省邹城市）为姓。郭：以周文王季弟虢叔的后裔序的名号郭公之郭为姓。

②梅：以商王太丁封其弟于梅地（今安徽省亳州市）为姓。盛：以周穆王时盛国（今河南省境内）为姓。林：商代比干因谏遭害，其子坚避难于长林山，子孙以林为姓。刁：以祖先齐大夫竖刁之名为姓。钟：以楚国大夫族建受封的钟吾（今江苏省新沂市）为姓。徐：以夏代大臣伯益之子若木受封的徐地（安徽省凤阳县）为姓。丘：以齐太公受封的营丘（今山东省淄博市）之"丘"为姓。骆：以齐太公的后代公子骆之名为姓。高：以齐太公六世孙文公所居住的高地（又称高氏，今河南省禹州市）为姓。夏：周武王伐商后，封夏禹的后代于杞地，而未受封的则以祖先名夏为姓。蔡：以周文王第五子受封的蔡地（今河南省上蔡县）为姓。田：春秋战国时期陈完因陈国内乱，到齐国后改称田姓，也有说以食采之田为姓。樊：以周文王之子虞仲支孙受封的樊地（今陕西省西安市，一说在今河南省济源市）为姓。胡：以帝舜后裔胡公满的谥号为姓。凌：以卫国康叔之子在周朝时所任"凌官"为姓。霍：以周文王之子霍叔武的名字为姓。

③虞：以传说中远古部落有虞氏为姓，居于蒲坂（今山西省永济

市)。万：以晋代毕万的名字为姓。支：舜时嬴姓有支父者，其子孙以其名为姓；另一支源于古月支国（秦汉时游牧在今甘肃省敦煌市一带），其百姓以国名中支字为姓。柯：以春秋时吴国公子柯卢之名为姓。昝（Zǎn 攒）：商朝宰相昝单子孙在其"咎"字的口中添一横成"昝"为姓。管：以周文王第三子叔鲜受封的管地（今河南省郑州市）为姓。卢：以齐太公之孙傒受封的卢地（今山东省济南市长清区）为姓。莫：颛顼造鄚城（今河北省任丘市），城中居民去"邑"旁以莫为姓。经：汉朝太守京房为奸臣所害，死于狱中，其子孙为避仇人，改"京"为"经"姓。房：帝舜封尧的儿子丹朱为房邑侯，其子孙便以封号为姓。裘：以卫大夫的封地在裘地（今河南省东北部）为姓。缪：以秦穆公的谥号为姓。干：以古邗国（今江苏省扬州市一带）国名为姓；另一支，以春秋时宋国大夫干犨的名字为姓。解：以唐叔虞后代的封地解（今山西省运城市）为姓。应：以周武王的儿子受封于应（今河南省鲁山县）为姓。宗：以周大夫宗伯的官名为姓。

鉴赏

观读中国之姓文字，会发现许多有趣的地方，如本节中的蓝，涉及了颜色，而夏则涉及四时的季节，高姓涉及方位，路、田则根据人们对地形地貌知识的运用。据统计，中国的姓至少可以分为以下几个类别：

其一，代表数字之姓，也被称为数目姓。如一、二、三、四、五、六、七、八、九、十、壹、贰、叁、肆、伍、陆、柒、捌、玖、拾、零、百、千、万等。其中"一"姓在汉族、傈僳族中都有；《明清进士题名碑录索引》中记，清代所出的四个"千"姓进士中，三个为河南省武陟县人，一个是江西省星子县人。周文王的儿子毕公高有后代叫毕万，毕万后代中有人以其祖先名字中的"万"字为姓。另外，还有像第一、第二、第三、第四、第五、第六、第七、第八这样的姓氏，其中较有影响的是"第五"姓，汉代有第五伦，唐代有第五琦，宋代有第五宁远等。

其二，表示时令、节气、气象之姓。如春、夏、秋、冬、阴、阳、日、月、年、岁、季、时、分、秒、风、云、雷、电、雨、雪、冰，等等。

其三，表示方向、方位、位置之姓。如东、南、西、北、上、下、左、右、前、后、高、低、东方、西门、北宫、南郭等。在现实生活中，天津、山东、河北、甘肃、云南等省市都可找到姓东的人。至于"左"、"右"之姓出现得很早，《左传》说齐国的公族有左右公子，后来都变成姓，清代的左宗棠知名度比较高，先秦鲁国有左丘明，是《左氏春秋》的撰写者。

其四，表示各种颜色之姓。如赤、橙、黄、绿、青、蓝、紫、红、黑、白、灰、乌、丹、朱，等等。

其五，表示天干地支之姓。如甲、乙、丙、丁、戊、己、庚、辛、壬、癸、子、丑、寅、卯、辰、巳、午、未、申、酉、戌、亥。

其六，表示五行、五常之姓。如金、木、水、火、土、仁、义、礼、智、信等。

其七，表示五音、五金之姓。如宫、商、角、徵、羽、金、银、铜、铁、铝等。

其八，表示人体部位之姓。如头、骨、耳、目、口、舌、齿、胆、足、皮、毛，等等。

其九，表示五谷、百果之姓。如麻、黍、稷、麦、豆、桃、李、杏、梨、果，等等。

其十，表示动物属类称谓之姓。如熊、狼、虎、蛇、鱼、鸡、鸭、鹅、牛、马、驴、猫、鹿，等等。其中的熊姓，有上古五帝之一颛顼（姬姓）之后；牛姓为西周宋征子之后，有任司寇的牛文，其后辈以其中的字"牛"为姓；鱼为春秋时宋襄公弟弟的后代，因其名"司马子鱼"（司马是官职，子鱼为其字），后人以字中的"鱼"为姓。

此外，姓中还有表示各个历史朝代，中国各省、市、自治区地名简称，中国各民族称谓，各行业、人伦亲属类的，等等，在此不再一一列举了。

原文

丁宣贲邓，郁单杭洪。包诸左石，崔吉钮龚①。
程嵇邢滑，裴陆荣翁。荀羊於惠，甄麴家封②。
芮羿储靳，汲邴糜松。井段富巫，乌焦巴弓③。
牧隗山谷，车侯宓蓬。全郗班仰，秋仲伊宫④。
宁仇栾暴，甘钭厉戎。祖武符刘，景詹束龙⑤。
叶幸司韶，郜黎蓟薄。印宿白怀，蒲邰从鄂⑥。
索咸籍赖，卓蔺屠蒙。池乔阴鬱，胥能苍双⑦。

注释

①丁：见下文"鉴赏"所释。宣：以宋宣公的谥号宣为姓。贲：鲁国有贲父者，其后代以其名为姓。邓：以商王武丁封其叔父之邓国（今湖北省襄阳市）为姓。郁：以春秋时吴国大夫采邑之郁地（今江苏、浙江省之间）为姓。单：以周成王少子臻的封地单（今河南省济源市）为姓。杭：夏禹封其子于禹航，后传为余航（今浙江省杭州市余杭区），后世子孙将"航"改成"杭"为姓。洪：共工氏的后代将"共"字加水旁，喻崇尚水德，并以此为姓。包：以楚大夫申包胥的名字为姓。诸：以春秋时鲁国大夫食采的诸邑（今山东省诸城市）为姓。左：以周穆王时左史戎夫官名为姓。石：以春秋时卫国大夫石蜡的名字为姓。崔：以春秋时齐丁公伋的嫡子叔乙受封的崔地（今山东省章丘市）为姓。吉：黄帝孙子封于南燕，赐姓白吉，后改为吉姓；另一支以周大夫尹吉甫的名字为姓。钮：以春秋时吴国专门从事钮柄制作的职业为姓。龚：黄帝时共工之后，避难加龙字为姓。

②程：以颛顼后裔的封地程（今陕西省咸阳市）为姓。稽：夏王少康封其子季抒于会稽（今浙江省绍兴市），其子孙以封地简化为姓。邢：以周公第四子的封地邢（今河北省邢台市）为姓。滑：以春秋时滑国（今河南省睢县）国名为姓。裴：以秦非子后代的封地裴乡（今山西省闻喜县）为姓。陆：以国名陆乡（今山东省平原县）为姓。荣：以周成王的卿士受封的荣邑（今河南省巩义市）为姓。翁：以周昭王的庶子受封的翁地（今浙江省舟山市）为姓。荀：周文王之子郇伯，其后代去邑旁为姓。羊：以周代晋国羊舌封地（今山西省洪洞县一带）为姓。於：以远古时期黄帝的大臣於则的名字为姓。惠：以周惠王谥号为姓。甄：以皋陶的次子仲甄的名字为姓。麴：周朝有麴人，为负责酿酒之官，子孙以官职为姓。家：以周孝王之子家父的名字为姓。封：以炎帝裔孙钜的后代所封国名封父（今河南省封丘县）为姓。

③芮（ruì 瑞）：以周文王时芮国（今陕西省大荔县）国名为姓。羿（yì 艺）：以夏朝东夷族首领后羿之名为姓。储：春秋时齐大夫，字储子，后代以祖字"储"为姓。靳：以战国时楚国大夫靳尚的后代食采于靳，以邑为氏。汲：以春秋时齐宣公之子受封的汲地（今河南省卫辉市）为姓。邴：以周朝邴地（今山东省费县）的地名为姓。糜：夏朝专门种植糜的部族，后代以职业为姓。松：秦始皇巡幸遇雨避于松下，封松为"五大夫"，有人以松为姓。井：以祖先周朝大夫井利的名字为姓。段：以春秋时郑武公少子共叔段的名字为姓。富：以周朝大夫富辰的名字为姓。巫：以黄帝时善医术的臣子巫彭的名字为姓。乌：以上古少昊氏的乌名官职为姓。焦：以神农氏之后受封的焦国（今安徽省亳州市）为姓。巴：以周朝巴国（今四川、重庆一带）的国名为姓。弓：以少昊第五子挥所任官职弓正为姓。

④牧：以黄帝时大臣力牧的名字为姓。隗（wěi 伟）：以商汤封夏桀后代之地隗（今湖北省秭归县）为姓。山：以祖先任周朝山师之官名（掌管山林）为姓。谷：以颛顼后代受封的秦谷（今甘肃省天水市）为姓。车：以黄帝时车区官职为姓。侯：以夏王启之后裔封地侯国

（在今山西省境内，一说在陕西省境内）为姓。宓：以伏羲氏为姓，因宓与伏古音相同，伏羲也称宓羲。蓬：以周成王封子的蓬州（今四川省蓬安县）为姓。全：以周朝管理钱财之官泉府的泉为姓，后来有一部分人改泉为全姓。郗：以周武王封少昊之后的郗国（今河南省沁阳市）国名为姓。班：以春秋时楚令尹斗班之名字为姓。仰：以虞舜时大臣仰延的名字为姓。秋：以周朝管理刑狱的秋官（即司寇）的官名为姓。仲：古高辛氏有八元（即才子八人），其中仲堪、仲熊之仲被后代作为姓。伊：唐尧生于伊水（今河南省中西部），姓伊祁，其后支系子孙以伊为姓。宫：以周朝掌宫门之官职为姓。

⑤宁：以周朝卫康叔后代受封的宁邑（今河南省获嘉县）为姓。仇：以春秋时宋大夫仇牧的名字为姓。栾：以春秋时晋靖侯之子姬宾所封的栾国（今河北省赵县）国名为姓。暴：以商朝的诸侯暴辛公之谥号为姓。甘：以殷王武丁之臣甘盘的名字为姓。钭：战国田氏代齐之后，原国君齐康公被放逐，居洞穴食野菜，以钭器烹煮食物，其子孙以钭为姓。厉：以周朝齐厉公谥号为姓；另一支以西周时所封的厉国（今湖北省随州市）国名为姓。戎：以周朝所封的戎国（为齐国附庸）国名为姓。祖：殷朝祖甲、祖乙、祖己、祖丁族所附属的百姓以祖为姓。武：以春秋时宋武公的谥号为姓。符：鲁倾公之孙雅仕秦为符节令，后代以官名为姓。刘：以帝尧后代所封的刘国（今河南省偃师市）国名为姓。景：以春秋时齐景公的谥号为姓。詹：以虞封黄帝之后于詹国（今地不详，据说是于镐京筑城，赐地南至于京，北达于燕。）的国名为姓；另一支以周宣王之子封为詹侯的封号为姓。束：汉宣帝时重臣疏广的曾孙孟达为避难，改"疏"为"束"姓。龙：以黄帝时大臣龙行的名字为姓；另一支夏朝御龙氏刘累的后裔中，有的子孙以龙为姓。

⑥叶：春秋时楚庄王封周文王之后沈诸梁于叶邑（今河南省叶县），后代以叶为姓。幸：始于古代帝王亲近的幸臣；另一支是周成王赐其叔姬偃姓幸，后代相袭。司：神农氏时有司巫，负责占卜之

事，其子孙以官名为姓。韶：虞舜时有韶官，管理乐器，其子孙以官名为姓。郜：以周文王之子所封的郜地（今山东省成武县）为姓。黎：出自古老民族九黎；另一支以帝尧后代所封的黎国（今山西省长治县，一说为山东省郓城县）国名为姓。蓟：以周武王封黄帝后代于蓟地（今北京市）为姓。薄：以春秋时宋大夫受封的薄地（今山东省曹县）为姓。印：以春秋时郑穆公之子印为姓。宿：以周武王追封伏羲之后的宿地（今山东省东平县）为姓。白：以春秋时秦大夫白乙丙为姓。怀：出于古代帝王无怀氏；另一支是以周朝大臣微子后代以邑名为氏，在今河南省商丘市；此外，周武王封文王子叔虞于怀邑（今河南省武陟县），后代以邑为姓。蒲：夏时封舜的后代于蒲坂（今山西省永济市），子孙以此为姓。邰：以帝尧时大司农后稷的封地邰（今陕西省武功县）为姓。从：以周平王封幼子的爵号从侯为姓。鄂：以春秋时晋哀侯光的原封地鄂（今山西省乡宁县）为姓；另一支是以战国楚怀王之弟的封地武昌鄂地（今湖北省鄂州市）为姓。

⑦索：源于殷民七族之索氏。咸：黄帝时代有神巫，称为巫咸，其子孙便以职业别名为姓。籍：春秋时晋襄公之孙伯黡，为晋国管理书籍和典籍，其子孙以官名为姓。赖：周武王弟叔颖受封于赖国（今湖北省随州市），以国名为姓。卓：以春秋时楚大夫卓滑之名为姓。蔺：以春秋时晋国韩厥的支系受封于蔺地（今山西省柳林县）为姓。屠：黄帝逐蚩尤，迁其民于邹地者姓邹，迁其民于屠地者姓屠；另一支以屠宰职业为姓。蒙：高阳氏之后封于蒙双城，后以封邑名为氏；另有周朝东蒙主负责主持蒙山祭祀，以官职名为氏；还有蒙古及其他少数民族以蒙为姓者。池：春秋时有居于池畔者，便以池为姓。乔：因黄帝葬于桥山，原为桥姓，后有一部分族人去木旁为姓。阴：管仲七世孙管修为楚国阴大夫，其子孙以官名为姓。鬻：以玄帝姬颛顼后裔、楚国先祖鬻熊的名字为姓。胥：以晋国大夫胥臣为姓。能：楚熊挚之后，因避祸，去"熊"四点改为能姓。苍：高阳氏的才子八人中有仓舒，子孙以其名为姓。双：以颛顼后代封于双蒙城（今山东省中部）之名为姓。

鉴赏

元代中叶以后，回族人往往把本名音译中的某一音转化成汉字与汉音，来作为本人以至本家族的姓，如本节中的丁姓，以及赛、马、麻、买、白、鲁、沙、哈等均属此类。少数民族中人之所以要改姓，大致可分为因事改姓、避祸改姓、自愿改姓、因姓氏讹传改姓等数种原因。丁姓来源除了上述之外，还有四个方面：第一，出自姜姓，姜太公之子伋，谥号为齐丁公，子孙以其谥号为姓；第二，出自丁侯的后裔，丁侯为殷商诸侯，虽被周武王伐殷时所灭，但其部族仍以丁为姓；第三，出自子姓，周朝封商朝遗民微子启于宋国（今河南省商丘市），国人宋丁公的子孙以其字号为姓；第四，依附于权贵而改姓，据《枫窗小牍》载，宋代人于庆依附于权贵丁谓，遂改成丁姓。此外，明代西域人名中以"丁"为末字者，进入中原汉化后，有改姓丁者。如《灵山房集高士传》云："鹤年西域人也，曾祖阿老丁，祖父苦思丁，父为乌禄丁，又有从兄士雅漠丁，鹤年知自曾祖以下其名末一家皆丁字，不知何义，后世遂以鹤年为丁姓。"

有些姓氏或许从图腾演变而来，如本节中的羊姓，包括有些以动物命名的熊、马、牛、龙、凤等姓氏，但目前尚未有确切的资料可以佐证，故只能作为推测而已。由于年代久远，史前无据可考，到底哪些姓氏源于图腾崇拜，已不得而知。有学者认为，黄帝与蚩尤大战于涿鹿之野，曾率领"熊、罴、貅、貔、虎"等，这些动物可能就是图腾氏族的名号。但这些氏族的名号究竟有哪些传承下来成为其后裔的姓，也已很难查考。

原文

闻莘党翟，谭贡劳逢。姬申扶堵，冉宰郦雍①。
郤璩桑桂，濮牛寿通。边扈燕冀，郏浦尚农②。

温别庄晏，柴瞿阎充。慕连茹习，宦艾鱼容③。
向古易慎，戈廖庚终。暨居衡步，都耿满弘④。
匡国文寇，广禄阙东。欧殳沃利，蔚越夔隆⑤。
师巩厍聂，晁勾敖融。冷訾辛阚，那简饶空⑥。
曾毋沙乜，养鞠须丰。巢关蒯相，查后荆红⑦。

注释

①闻：上古闻人氏的后代，以复姓简化成"闻"为姓。莘：以夏启封支子之莘地（今陕西省合阳县）为姓。党：以周公之后鲁国大夫党氏为姓。翟：以黄帝后代所居之翟地（今甘肃省临洮县）为姓。谭：以周朝谭国（今山东省章丘市）为姓。贡：以孔子学生子贡之字为姓。劳：居于东海崂山的人，归化汉朝赐为劳姓。逄：以炎帝子孙逄伯陵所封之逄国（今山东省临朐县）为姓。姬：黄帝生于寿丘、长于姬水，一说是关中中部武功一带的漆水河，另一说是位于陕西黄陵县附近的沮河，其后裔以地名为姓。申：以神农之后申吕所封的申地（今河南省唐河县）为姓。扶：以夏禹大臣扶登氏之官名为姓。堵：以郑大夫洩伯受封之堵地（今河南省方城县）为姓。冉：以周文王之子季载被封于聃地，子孙以国为氏，去耳为冉（今湖北省荆门市）为姓。宰：周卿士宰孔的子孙，以其祖先官名为姓。郦：以黄帝之后所封的郦地（今河南省南阳市）为姓。雍：以周文王之子雍伯受封之雍地（今河南省焦作市）为姓。

②郤：以晋公族大夫受封之郤地（今山西省沁水下游一带）为姓；一说为楚国郤宛的后代。璩：以春秋卫国上大夫蘧伯玉的名字简笔为姓。桑：以少昊氏之穷桑一脉为姓；另有一支以秦国大夫公孙枝（字子桑）之字为姓。桂：本为姬姓，周朝末年有季桢为秦博士，遇害后其弟季眭为避祸而命子改姓为桂。濮：以虞舜之子散所封的濮地（今河南省濮阳市）为姓；另有一支以卫大夫受封之濮地为姓。牛：宋微子之后司寇牛父，子孙以王父字为氏。寿：以春秋时吴王寿梦为姓。

通：以巴国大夫受封之通川（今四川省达州市）为姓。边：以宋平公之子御戎（字子边）之字为姓。扈：以夏朝有扈氏之国名为姓。燕：以召公封地燕（史称北燕，今北京市）为姓。冀：以周武王封唐尧之后之冀国（今山西省河津市）为姓。郏：周成王定鼎于郏鄏（今河南省洛阳市），当地居民以此地名为姓。浦：以姜太公后代中有封号浦氏者为姓。尚：以周太师尚文尊号为姓。农：以神农氏尊号为姓。

③温：以周成王之弟唐叔虞的后代受封之温地（今河南省温县）为姓。别：周天子诸侯长子以外的儿子称别子，其后以此为姓。庄：以楚庄王封号为姓。晏：以尧时掌音乐之官晏龙为姓。柴：以齐大夫孙高柴为姓。瞿：以商朝大夫瞿父为姓。阎：以周武王封太伯曾孙仲奕之阎乡（今山西省夏县）为姓。充：以周官充人官名为姓。慕：以鲜卑慕容氏简化为姓。连：以陆终三子惠连之字为姓；另有一支以战国连尹、连敖官名为姓。茹：主要来源于古代柔然部族、鲜卑族如姓等。习：一支以上古诸侯国习国（今陕西省商洛市）国名为姓；另一支因春秋时有少习山（今陕西省商洛市），居民以地名为姓。宦：一支以官宦为姓；另一支是战国时期舜之后裔陈梅林，因从鬼谷子学习星象占卜，求官不第，临终前嘱咐其子改为宦姓，以慰此念。艾：以夏少康之臣汝艾名字为姓。鱼：以宋襄公之弟子鱼之字为姓。容：以古容氏国（今河北省容城县）国名为姓；另一支以周朝礼乐之官容官为姓。

④向：以宋桓公之后向父的名字为姓。古：周太王迁岐山后自称"古公"，其后代中以此称号为姓。易：以祖先齐桓公之臣易牙之名为姓。慎：以春秋时楚国白胜公所封的慎地（今安徽省颍上县）为姓。戈：以夏禹之后受封的戈地（今河南省郑州市一带）为姓。廖：以商封黄帝之后叔安的廖地（今河南省唐河县）为姓；另一支以周文王之子伯廖的名字为姓。庚：以唐尧时掌庚大夫官名为姓。终：以颛顼之子陆终的名字为姓。暨：以颛顼之后彭伯的封邑暨为姓。居：以晋卿先轸之子且居的名字为姓。衡：以商汤时贤臣伊尹尊号阿衡为姓。步：

以春秋时晋大夫叔虎之后所封的步邑为姓。都：以春秋时楚公子田所封的都邑为姓。耿：以西周时姬姓小国耿之国名为姓。满：以舜的后代胡公满之名为姓。弘：以春秋时卫国大夫弘演的名字为姓。

⑤匡：以春秋时鲁国句须所封的匡地（今河南省长垣县）为姓。国：周天子命齐之卿族为辅国正卿，齐国国君赐以国姓，子孙以赐为姓；另一支以郑穆公的儿子子国的名字为姓。文：以周文王之称号为姓。寇：以周朝司寇官名为姓。广：以西汉大臣李左车所封广武君之封号为姓。禄：以殷纣王之子禄父的名字为姓。阙：以春秋时鲁大夫所封的阙党（又名"阙里"，今山东省曲阜市）封地为姓；另一支以春秋时孔子居住的阙里（今山东省曲阜市）为姓。东：以伏羲之后、舜七友之一的东不訾的名字为姓。欧：以越王无疆之次子所封的欧余山为姓。殳（shū抒）：为一种竹制的兵器，古有殳仗队，其将领后代以兵器名为姓；另一支以炎帝后裔伯陵之子获帝尧所封的殳侯为姓。沃：以商太甲之子沃丁的名为姓。利：以楚公子受封的利邑地名为姓。蔚：以郑公子翩受封的蔚地（今山西省平遥县）为姓。越：以夏少康之子所受封的越国为姓。夔（kuí葵）：尧舜时有叫夔的乐正，后代以其名为姓；另一支以春秋时楚君熊绎的六世孙熊挚后代受封的夔城（今湖北省秭归县）为姓。隆：以春秋时鲁国隆地（今山东省德州市）地名为姓。

⑥师：以周朝名人师尹为姓；另一支是古代掌管音乐的官为师，后代以官名为姓。巩：以周公族大夫所封的巩地（今河南省巩义市）为姓。厍（shè摄）：以古代守厍（村、舍）大夫的官名为姓。聂：以春秋时卫大夫受封的聂城（今河南省清丰县）为姓。晁：周景王之子名朝，晁与朝同音，其子孙以晁为姓。勾：以伏羲时句芒（即勾芒）的官名为姓。敖：以颛顼的老师大敖为姓。融：以颛顼的后代祝融氏之名分为祝姓和融姓二支，故后世有祝、融同宗之说。冷：黄帝的大臣伶伦之子孙，以伶之同音冷为姓。訾：夏朝诸侯国中有訾陬氏，后简称为訾姓；另一支以春秋时訾地（今河南省巩义市）地名为姓。辛：

夏启封支子于莘地,莘辛相近,其子孙便以辛为姓。阚(kàn看):以春秋时齐国大夫止所封的阚地(今山东省汶上县)为姓。那:春秋时楚武王灭掉权国把权人迁往那地(今湖北省荆门市),后人以地名为姓;另一支以羌族、鲜卑族、蒙古族、满族在汉化过程中改姓为那者。简:以晋国大夫狐鞫居谥号简伯为姓。饶:以战国时齐大夫受封的饶地(今山东省青州市)为姓。空:以殷朝契后代受封的空桐(今河南省虞城县)地名为姓。

⑦曾:夏少康封子曲列于鄫,其子孙去邑旁为姓。毋:以帝尧之臣毋句为姓。沙:以神农氏时的夙沙氏之族名为姓。乜(niè聂):见下文"鉴赏"所释。养:以楚国邓大夫受封的养地(今河南省沈丘县)为姓。鞠:以后稷之孙鞠陶的名字为姓。须:以周初伏羲裔孙的封地须句(今山东省东平县)国名为姓。丰:以郑穆公之子丰为姓。巢:以有巢氏族号为姓;另一支以殷诸侯巢伯为姓。关:舜时董父善养龙,以服事舜,舜赐姓董,命为豢龙之官,后以官为氏;另一支以周大夫尹喜担任的函谷关关令为姓。蒯:以晋大夫蒯得之名为姓。相:以商汤的十世孙相土之名为姓;另一支以远古时盘古后裔中冉相氏帝号为姓。查:春秋时齐国君主齐顷公封儿子于楂邑(今山东省济阳县),后人将木字偏旁省去遂成为查姓。后:以太昊的孙子后照之名为姓;另一支以春秋时鲁孝公之子公子巩的封邑郈(今山东省东平县)去邑旁为姓。荆:春秋时代的楚国原名荆国,有些楚人以荆为姓。红:以春秋时楚公熊红之名为姓。

鉴赏

常言道,开门七件事:柴、米、油、盐、酱、醋、茶。有趣的是,这七件事也是七个姓。本节的柴姓,以及米姓分布较广,分别约占中国人口的0.058%和0.035%;油是傈僳族姓,山东省多此姓;盐姓在江苏省、四川省等地均有分布;酱姓源出不详,台湾省有此姓;

陕西省扶风县、四川省成都市、台湾省、上海市等地都有醋姓；茶姓大多分布在云南省，约占全国茶姓人口的95%。

还有一些姓，目前已很少见，但古代不是这样，如本节中的乜（niè聂）姓，在大陆和台湾都没有列入百家姓前一百位，而在宋代《百家姓》中乜列于关、岳、公等熟知姓氏之前，这说明乜姓在当时还较热门。据史料可知，乜姓一支以春秋时卫国大夫食采的乜城（今河南省清丰县南乜城）为姓；另一支为古代秦、陇，即西北少数民族之姓。《通志·氏族略》和《山左诗集》云："番姓，望出晋昌、赵郡。""山东之乜，系也先后所改。"由此可看，乜姓为"番姓"，即今藏族之姓，其发源地是晋昌郡（今甘肃省西北地区）、赵郡（今河北省境内地区）。山东省也有乜姓，是明代瓦剌首领也先的后代改姓而来的。乜姓至今已十分稀有，今青海省贵德县乜姓是世居者，因该地区在秦汉时为先零羌活动地区，即藏族的原始族源地。1962年出版的《贵德县简志》中说："（贵德）乜纳寺主持和遗老乜生华说，尹等初到斯地识有一人，本羌族，西羌无弋爱剑之苗裔到贵德最早。尔时此地被水淹没，一片汪洋，人不能住，乜纳族住东山麦浪相卡。不知经多少年，水渐下去，变为桑田，半数迁到化隆县属秋杂族，半数人移到贵德。元、明间未筑城时，住在隍庙街、训导衙门地，到明洪武七年（1374年），因筑城，一半人移到城外东北乜纳村，一半人移到城西拉萨村。乜氏所建弘善寺（今大佛寺），不妨碍筑城，故未迁移。"这里对贵德县乜氏的来龙去脉说得一清二楚，确为今藏族的远祖羌族首领无弋爱剑之后裔。故《安多政教史》载："当年吐蕃赞普赤热巴巾率兵北征时，曾在此处唐蕃交界地区，以他的头发为内藏修建了一座宝塔，并在塔顶安装了金光闪闪的鎏金铜日月"，称之为"乜纳塔"。因此弘善寺、乜纳塔、乜纳寺，均以乜姓乜纳族名而命名，亦为该族所建或其族活佛主持管理。今乜纳村及乜姓也是乜纳寺的香火庄及管理者之一。现在青海省以乜姓命名的村庄只有贵德县河阴镇城东村所辖乜纳自然村，村中多为乜姓，此外城西村所辖拉萨村有许多乜姓。其族人是举世公认的汉化藏族，绝大多数会汉语并提倡学汉文，故族人的文化素质高，其中百分之六七十为知识分子。如今该县牧区常牧乡还有乜纳亥部落族，也称木雅族。

原文

游竺权逯，盖益桓公。万俟司马，上官欧阳①。
夏侯诸葛，闻人东方。赫连皇甫，尉迟公羊②。
澹台公冶，宗政濮阳。淳于单于，太叔申屠③。
公孙仲孙，轩辕令狐。钟离宇文，长孙慕容④。
鲜于闾丘，司徒司空。亓官司寇，仉督子车⑤。
颛孙端木，巫马公西。漆雕乐正，壤驷公良⑥。
拓拔夹谷，宰父穀梁。晋楚阎法，汝鄢涂钦⑦。
段干百里，东郭南门。呼延归海，羊舌微生⑧。
岳帅缑亢，况後有琴。梁丘左丘，东门西门⑨。

注释

①游：以郑穆公之子子游的名字为姓。竺：以夏、商、周三代有孤竹国，后人以国名为姓，汉代因避仇改为竺姓；另一支是古代印度天竺国的僧人来华后以国名为姓。权：以商代武丁裔孙受封的权国为姓。逯：以战国时秦国大夫受封的逯邑（今陕西省咸阳市）为姓。盖：以战国时齐国大臣王欢受封的盖地（今山东省沂源县）为姓。益：以春秋时伯益的名字为姓。桓：以黄帝大臣桓常的名字为姓。公：以鲁昭公之子公衍的爵号为姓。万俟（mò qí 墨琪）：见下文"鉴赏"所释。司马：见下文"鉴赏"所释。上官：以楚庄王少子兰的上官大夫官名为姓。欧阳：越王勾践后裔中有封于乌程欧余山南部者，被称为欧阳亭侯，其支庶子孙据封地山名和封爵名，形成了欧、欧阳、欧侯三个姓。

②夏侯：夏禹之后投奔鲁公，受封为侯，子孙以夏侯为姓。诸葛：商朝诸侯葛伯，其子孙迁入山东诸城，后又迁往阳都，为与当地葛姓相区别，遂以诸葛为姓。闻人：春秋时少正卯为人闻达，在鲁国成为闻人，其子孙便以"闻人"之号为姓。东方：伏羲位主东方，子孙便以此方位为姓。赫连：汉代匈奴右贤王之后自制的复姓，意为"王者辉赫，与天连接"。皇甫：春秋时宋戴公之子充石字皇父，后人以祖先字为姓氏，称皇父氏，西汉时后裔改父为甫。尉迟：见下文"鉴赏"所释。公羊：以春秋时鲁国公孙羊孺之名为姓。

③澹台：以孔子弟子灭明所居住的澹台湖（今江苏省苏州市）为姓；一说以居于澹台山（今山东省嘉祥县南）山名为姓。公冶：以春秋时鲁国大夫季冶之字公冶为姓。宗政：以汉朝刘邦之后刘德的宗正官名为姓，且将"正"改为"政"。濮阳：以郑国公族大夫居于濮水之南（今河南省濮阳市）的地名为姓。淳于：周武王封斟灌国国王为淳于公，号淳于国（今山东省安丘市）后代以此为姓。单于：汉时东部少数民族单于投于华夏，便以部落名为姓。太叔：以郑穆公孙太叔仪之名为姓。申屠：周朝的申侯，其子孙居于屠原（今陕西省合阳县），便以姓和属地合称为姓。

④公孙：春秋时各诸侯之孙称公孙，其后以此为姓；另一支是上古轩辕帝初姓公孙，后改姓姬，其后有的以公孙为姓。仲孙：春秋时鲁桓公之子庆父谥号共仲，子孙以此姓仲，或仲孙。轩辕：以黄帝曾居住的轩辕丘（今河南省新郑市）地名为姓；另一支以黄帝号轩辕的号为姓。令狐：见下文"鉴赏"所释。钟离：以周朝伯益受封的钟离（今安徽省凤阳县）为姓。宇文：见下文"鉴赏"所释。长孙：北魏朝皇族宗室的长门原姓"拓跋"，孝文帝时被赐姓为"长孙"。慕容：见下文"鉴赏"所释。

⑤鲜于：周朝大臣箕子之子子仲的封地在于地（今朝鲜忠清北道），子孙遂合鲜、于二字为姓。闾丘：以春秋时齐国大夫闾丘婴后代

的居住地间丘（今山东省邹城市）为姓。司徒：见下文"鉴赏"所释。司空：见下文"鉴赏"所释。亓（qí笄）官：以春秋战国时期掌管笄礼（亓与笄同，笄礼为少年正式成为成年人的仪式）的官职为姓。司寇：见下文"鉴赏"所释。仉督：西周时期设置的主管指定区域内行政事务之官，称党督，后演变为掌督、仉督，其后裔以官职为姓；也有后代简化为单姓仉、督、党，世代相传至今，而仉督复姓却不再相传。子车：以春秋初期秦国公族子车氏名字为姓。

⑥颛孙：以周朝陈国公子颛孙之名为姓。端木：以孔子弟子端木赐之名为姓。巫马：以周代掌管治疗马匹的官职为姓。公西：春秋时鲁国公族季孙氏的支系改为公西之姓。漆雕：西周初期吴国开国君主吴太伯之后，有漆雕部落，后代以此为姓；另一支是古代油漆饰工称漆雕，子孙以职业为姓。乐正：以周代掌管音乐之事的官职为姓。壤驷：以春秋时秦国贵族壤驷赤的名字为姓。公良：周代陈国公子名良，其后人以其爵位与名合称为姓。

⑦拓拔：以黄帝后裔鲜卑族拓跋部落之名为姓，属于部落名汉化改姓。夹谷：以女真族夹谷部落之名为姓，属于部落名汉化改姓。宰父：以周朝官吏宰父官职为姓。榖梁：古代将谷子称为梁，善于种植梁的氏族首领就以榖梁为族名，并演化为"榖梁氏"，以此为姓；另一支以古代榖梁城的地名为姓。晋：周成王分封其弟叔虞于晋国（今山西省翼城县一带），子孙以国名为姓。楚：周成王封高阳氏之裔熊绎于丹阳（今湖北省秭归县），国号为荆，后迁都于郢城（今湖北省江陵县），改国号为楚，后世以国名为姓。阎：以春秋时晋成公之子懿受封的阎邑（今山西省夏县）为姓；另一支以周武王封太伯曾孙仲奕的阎乡（今山西省翼城县）为姓。法：以战国时齐襄王法章之名为姓。汝：以周平王幼子所封的汝州（今河南省汝州市）为姓。鄢：以古鄢国（今河南省鄢陵县）国名为姓。涂：以晋国涂水大夫的封邑为姓。钦：汉末渔阳地区（今北京市、天津市、河北省部分地区）乌桓部有任钦差御使者，其后人简化官名为姓；另一支以古代赣地之钦山（今江西

省抚州市）地名为姓。

⑧段干：见下文"鉴赏"所释。百里：虞国姬姓人百里奚入秦后受封于百里（今山西省平陆县），以邑为姓。东郭：见下文"鉴赏"所释。南门：上古时期负责掌管观测天文之官员的后代，以南门星座名称为姓，后多简化为单姓南、门；另一支以商朝大臣南门蠕名号为姓。呼延：属汉化改姓，匈奴四族之一的呼衍氏在东晋时改姓呼延。归：春秋时胡子国（今安徽省阜阳市）国王姓归，其后代以此为姓。海：以春秋时卫灵公的大臣海春之名为姓；另一支是黄帝之子禺阳为东海神、其孙禺强为北海神，后代以海为姓。羊舌：以春秋时晋国公族靖侯受封的羊舌（今山西省临汾市）采邑为姓。微生：以春秋时鲁国（今山东省曲阜市）公族微生氏为姓。

⑨岳：以尧舜的部落首领四岳为姓。帅：晋代尚书师昺为避晋景帝司马师的名讳而改此姓。缑：以春秋时周卿士受封的缑邑（今河南省偃师市）为姓。亢：以春秋时齐国亢父邑（今山东省济宁市）的邑名为姓；另一支以卫国大夫三伉之名去人旁为姓。况：以舜之后所封的况地（今山东省境内）为姓。後：以共工氏之子句龙在黄帝时担任後土的官职为姓。有：以圣人有巢氏为姓。琴：以周代制琴或弹琴者职业为姓。梁丘：以春秋时齐国大夫姜据的封地梁丘（今山东省成武县）的邑名为姓。左丘：以齐国都城临淄附近的左丘（今山东省淄博市临淄区）地名为姓。东门：见下文"鉴赏"所释。西门：见下文"鉴赏"所释。

鉴赏

《百家姓》中还有不少是复姓，其来源大致有以下几个方面：其一，以职业或官职为姓。例如本节中的司马、司徒、司空、司寇。其中的司马，为古代军事长官，后人以此官职为姓；司徒为古代主管民事之官，据传尧、舜时已设，有人以此官职为姓；司空是古代专管土地、水利和工程建设之官，帝尧时大禹的官职就是司空，大禹的子孙中有人以此为姓；司寇为掌管刑狱、纠察等事之官，后人以此官职为姓。

其二，以部落的名称为姓。例如本节中的万俟、尉迟、宇文、慕容等。其中的万俟，本为鲜卑族部落名，东晋时，万俟部落进入中原，后人以部落名为姓；尉迟也是鲜卑族的一个部落，南北朝时鲜卑族拓跋珪建立北魏，改尉迟部族人姓尉迟；宇文为鲜卑部落名，鲜卑族呼天为"宇"，宇文为"天之子"之意，东晋时宇文部落进据中原便以宇文为姓；慕容为鲜卑族的一个部落，三国时鲜卑族首领莫护跋率族人迁居辽西，在棘城以北（今辽宁省义县）建国，自言慕二仪（天、地）之道，继三光（日、月、星）之容，故以"慕容"为自己部落的名称，后人便以此为姓。

其三，以住地的方位为姓。例如本节中的东郭、南门、东门、西门等。其中的东郭，为外城的东墙附近（古人在城的外围加筑的一道城墙称为郭）；齐桓公的后裔中有住在临淄城东外一带的，被称为"东郭大夫"，后人便以东郭为姓。东门的出处为：鲁庄公有子叫公子遂，字襄仲，家住曲阜城东门旁，人称"东门襄仲"，其后人就以东门为姓。西门的出处是：春秋时，齐国和郑国都有公族大夫住在都城的西门附近，人称"西门氏"，有的人便以西门为姓了。

其四，以封邑为姓氏。例如令狐氏，周朝时有个名叫魏颗的人屡立战功，受封于令狐邑（今山西省临猗县），后人遂以令狐为姓；又如段干氏，老子裔孙李宗受封于段、干两邑（今山西省夏县），其后人遂以段干为姓。此外，还有梁丘、上官、羊舌、钟离等复姓，都属于这种情况。

其五，以父亲之字、爵为姓。例如公羊、子阳等复姓由父亲之字而来；公孙、仲孙等复姓由爵系而来。

其六，复姓也有变成单姓的。例如，司马迁因为"李陵案"而受宫刑，他的两个儿子司马临与司马观怕被株连，就改名换姓隐居乡里；兄弟俩各取"司马"中的一个字：哥哥在"马"字左边加两点，改姓

"冯",弟弟在"司"字左边加一竖,改姓"同"。又如欧阳这个复姓,有的简化为姓欧,有的简化为姓阳;钟离简化为钟,公孙简化为孙,等等。

原文

商牟佘佴,伯赏南宫。墨哈谯笪,年爱阳佟①。
第五言福,《百家姓》终②。

注释

①商:商朝被周武王灭后,其贵族后裔以国名为姓;另一支以秦朝丞相商鞅采邑的商地(今陕西省商洛市商州区)为姓。牟:以春秋时牟国(今山东省莱芜市)的国名为姓。佘:汉代之前无佘姓,只有余姓,余姓后人因变故改为佘姓;另一支由佘丘氏简化为佘姓。佴(nài 耐):来源于黄帝后裔,因负责设计和制作宫廷爵冠旁的弼珥而得姓;另一支以东汉光武帝左相佴茂之名为姓;还有一支来自云南少数民族的姓。伯:以古代嬴姓祖先伯益为姓;另一支以商末孤竹君长子伯夷为姓。赏:春秋时晋国大夫因参赛得胜获赏,其子孙以纪念此事而为姓;另一支是西夏国国姓为赏,其后代以国姓融入汉姓之中。南宫:以周代贤士南宫括为姓;另一支以春秋时鲁国大夫仲孙阅居于南宫而为姓。墨:孤竹君之后姓墨台,后改为单姓"墨"。哈:蒙古族都尔哈氏,世居喀喇沁(今内蒙古自治区喀喇沁旗),明初赐姓"哈";另一支是女真族、回族、满族等少数民族汉化改姓"哈"。谯:以周代周召公姬奭之子盛受封的谯侯爵位为姓。笪:"笪"为建州的一个郡,后来改称建安(今福建省建瓯市),居民以地名为姓。年:以春秋时齐太公之后夷仲年的名字为姓。爱:源于回鹘族,唐朝西域回鹘国相爱邪勿的后代,受帝王赐改姓为爱。阳:阳为古国名,子孙以此为姓;另一支以周景王幼子受封的阳地(今河南省济源市)为姓。佟:夏朝太史终古归顺商朝,其后改为佟姓;另一支是满族先世居满洲佟

佳，后代以地名为姓。

②第五：见下文"鉴赏"所释。言：以春秋时孔子的弟子言偃之名为姓。福：以春秋时齐国大夫福子丹之名为姓。

鉴 赏

姓氏也反映出中华民族的历史及文化，有些姓氏现在看来有些奇怪，实际上它有不平凡的经历，例如本节中的"第五"。第五出自田姓，汉高祖刘邦建立汉朝后，为了消灭各地豪强的残余势力，曾把战国时的齐、楚、燕、韩、赵、魏六国国王的后裔和豪族名门共10万多人迁徙到关中房陵（今湖北省房县）一带定居。在迁徙原齐国田姓贵族时，因族大人众，故改变了他们原来的姓，以次第相区别，分列为第一到第八。首迁者往第一门，为第一姓；田广之孙田登迁往第二门，为第二姓；田广之孙田癸为第三姓，以此类推，田广之孙田英最后迁徙，往第八门，为第八姓。随着历史的变迁，第一至第八之姓，后来大多改为单姓"第"，现在复姓只有第五存在，主要聚居在陕西省泾阳县，至今还有个"第五村"，据说目前台湾省也有人姓第五。

百家姓何止百家！据中国科学院遗传研究所学者统计和国家统计局第三次人口普查的结果，已发现的中国人姓氏（包括少数民族和元清时代蒙古族、满族两族译改的姓氏）多达11939个（按：新版《中国姓氏大辞典》已收集到23000多个姓），其中单字姓5313个、双字姓4311个、三字姓1615个、四字姓571个、五字姓96个、六字姓22个、七字姓7个、八字姓3个、九字姓1个。汉族人现在使用的姓氏约3600个，平均每个姓30万人。全国前一百名之姓，以人口多少排序为：李、王、张、刘、陈、杨、黄、赵、周、吴、徐、孙、朱、马、胡、郭、林、何、高、梁、郑、罗、宋、谢、唐、韩、曹、许、邓、萧、冯、曾、程、蔡、彭、潘、袁、于、董、余、苏、叶、吕、魏、蒋、田、杜、丁、沈、姜、范、江、傅、钟、卢、汪、戴、崔、任、陆、廖、姚、方、金、邱、夏、谭、韦、贾、邹、石、熊、孟、秦、阎、薛、侯、雷、白、龙、段、郝、孔、邵、史、毛、常、万、顾、赖、武、康、贺、严、尹、钱、施、牛、洪、龚。其中前三个大姓李、王、张，人口之和达2.7亿，分别占总人口的7.9%、7.4%、7.1%。2009年，《百家姓》被世界纪录协会收录为中国最早的姓氏书。

中国姓氏来源及其类别虽然千头万绪、五花八门，但加以概括，大致可归结为四大特色：

其一，地域性。以人类出生、居住、生活的地方为姓的来源，如以古国、封邑、居地为姓等。

其二，纪念性。以先祖或部族的图腾、名讳、徽号、谥号、称呼为姓的来源，如以字为姓、以族为姓、以谥为姓、以爵为姓等。

其三，职业性。以先祖所从事的工作、官职、技艺等为姓。

其四，历史性。先祖或部族的图腾崇拜，或与生活、生存发展紧密相关的古老的姓、少数民族的姓，历代相传承，由此在姓中留下印迹。

姓氏文化在中国拥有几千年的传承历史，不论中外、古今、贫富，我们每个人都拥有一个姓。这是我们的先辈、祖宗遗留给子孙的一份极其可贵的遗产，它使每个氏族、每个民族具有鲜明的并能区别于其他氏族、民族的烙印。中国人可以通过姓氏的溯源，从各个角度共同证明我们都是龙的传人。

（吴洁英、李似珍）

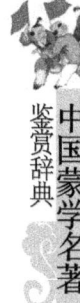

千字文

[南朝·梁]
周兴嗣

原文

天地玄黄,宇宙洪荒。日月盈昃,辰宿列张①。寒来暑往,秋收冬藏。闰余成岁,律吕调阳②。云腾致雨,露结为霜。金生丽水,玉出昆冈③。剑号巨阙,珠称夜光。果珍李柰,菜重芥姜④。海咸河淡,鳞潜羽翔。

注释

①昃:月光圆满;昃(zè侧):太阳西斜;宿(xiù袖):中国古代天文学家将天空中某些星的集合体叫做"宿"。②律吕:中国古代将一个八度分为十二个不完全相等的半音,从低到高依次排列,每个半音称为一律,其中奇数各律叫做"律",偶数各律叫做"吕",总称"六律"、"六吕",简称"律吕"。相传黄帝时伶伦制乐,用律吕以调阴阳。③丽水:即丽江,又名"金沙江",出产黄金;昆冈:昆仑山。④巨阙:越王允常命欧冶子铸造了五把宝剑,第一把剑称"巨阙",其余依次名为"纯钩"、"湛卢"、"莫邪"、"鱼肠",全都锋利无比,而以巨阙为最。夜光:《搜神记》中说,隋侯救治了一条受伤的大蛇,后来大蛇衔了一颗珍珠来报答,那珍珠夜间放射出的光能照亮整个殿堂,人称"夜光珠"。柰(nài耐):苹果的一种。通称"柰子",亦称"花红"、"沙果"。

鉴赏

《千字文》是由一千个汉字组成的四字韵书，因对仗工整、条理清晰、文采斐然，且语句平白如话，易诵易记，很适于孩童诵读，在民间影响极大，成了中国古代教育史上最早、最成功的承上启下的启蒙教材。

中国很早就出现了专门用于启蒙的识字课本，秦代有《仓颉篇》、《爰历篇》，汉代则有司马相如的《凡将篇》、贾鲂的《滂喜篇》、蔡邕的《劝学篇》、史游的《急就章》，三国两晋南北朝时期有《埤苍》、《广苍》、《始学篇》等等，这些被称为"字书"的作品多数影响不大，只有《急就章》对后世产生了影响。《急就章》虽然是《仓颉篇》之后较突出的小学之书，但由于篇章过长等原因，在流传中出现了问题，故到南北朝时已大不如前，而这一时期出现的一些启蒙读物如《庭诰》、《诂幼》之类，可读性有限。就是在这样的背景下，急需有一种新的启蒙读物问世，于是《千字文》就应运而生了。

相传《千字文》成书于南朝梁武帝时代，当时鉴于宫廷教学中没有合适的启蒙读物，梁武帝萧衍令学者周兴嗣（？—521）从王羲之书写的碑文中拓取不重复的一千个字，编纂成文以供皇子们学习。周兴嗣本为贵族后裔，13岁开始到南朝齐的京师建康（今江苏省南京市）游学，十几年后，精通经史，下笔成章，一生中撰有《梁皇帝实录》、《皇德记》、《起居注》、《职仪》等百余卷。公元502年，梁武帝萧衍代齐建梁，周兴嗣上奏《休平赋》，文章非常优美，受到梁武帝重视，聘用他任"安成王国"侍郎，后又升为员外散骑侍郎。周兴嗣接受任务后，由于字字孤立，互不连属，苦思冥想了一整夜，据说因用脑过度，以致第二天鬓发皆白，但终于将这一千个汉字串联成一篇内涵丰富的四言韵书。梁武帝读后拍案叫绝，即令送去刻印，刊之于世，这就是流传至今已1500年的《千字文》。《千字文》与《三字经》、《百家姓》相比，基本不存在原著被后人反复修改增补等问题，因而版本清楚，面貌原始，这给我们的阅读带来了许多方便。

《千字文》虽然只用了有限的一千个汉字，但并不是简单的文字堆砌，而是组成通俗的能够表达一定意义的250个句子，每句四字。这些句子的安排前后连贯、音韵谐美，以儒学理论为纲，熔各种知识于一炉，有条不紊地介绍了天地、自然、修身、处世、道德、地理、历史、农耕、祭祀、园艺、饮食、起居等方面的丰富内容，并通篇贯穿以统一的思想，脉络清晰，语言洗练，在文采上独领蒙学读物风骚，其长处是此前读物所缺少的。明代古文大家王世贞称此书为"绝妙文章"，清之褚人获赞其"局于有限之字而能条理贯穿，毫无舛错，如舞霓裳于寸木，抽长绪于乱丝"（《坚瓠五集》）。总括全书，大致可分为四个部分的内容：第一部分从天地开辟讲起，第二部分重在讲述人的修养标准和原则，第三部分讲述与社会政治有关的情况，第四部分主要描述恬淡的田园生活和对民间温馨的人情向往。

旧有打油诗云："学童三五并排坐，天地玄黄喊一年。"现代著名学者胡适曾经说过：他5岁时就读过"天地玄黄，宇宙洪荒"，可是当了10年大学教授后，还是不理解这两句话的意思，可见《千字文》这一千个字看似不多，但其中蕴含的道理十分深刻。从"天地玄黄"开始，至"赖及万方"，是《千字文》的第一部分，即从天地开辟讲起：谓天是青黑色的，地是黄色的，宇宙形成于混沌蒙昧的状态中。有了天地，就有了日月、星辰、云雨、霜雾和四时寒暑的变化。积累数年的闰余并成一个月，放在闰年里；古人用六律六吕来调节阴阳。这是我们祖先对自然规律的总结，也是我们为生存必须明白的要顺应气候变化的道理。宇宙天地的存在，为人类孕生了金玉、铁器、珍宝、果品、菜蔬，以及江河湖海、飞鸟游鱼等宝藏。其中黄金产在金沙江，玉石出在昆仑山冈。最锋利的宝剑叫"巨阙"，最贵重的明珠叫"夜光"。海水是咸的，河水是淡的，鱼儿在水中潜游，鸟儿在空中飞翔。连最不起眼的李子和苹果、芥菜和生姜，也是值得珍惜的自然赏赐。

中国物产丰富，文中列举的只是其中很小的一部分，但也足以使人们因之而产生对这个世界的热爱。

原文

龙师火帝，鸟官人皇①。始制文字，乃服衣裳。推位让国，有虞陶唐②。吊民伐罪，周发殷汤。坐朝问道，垂拱平章。爱育黎首，臣伏戎羌。遐迩一体，率宾归王③。鸣凤在竹，白驹食场。化被草木，赖及万方④。

注释

①龙师：相传伏羲氏用龙给百官命名，故称"龙师"；火帝：神农氏用火给百官命名，故称"火帝"；鸟官：少昊（hào 号）氏用鸟给百官命名，故称"鸟官"；人皇：传说中远古部落的酋长，三皇之一。②有虞：有虞氏，传说中的远古部落名，舜是首领，这里指舜，又称"虞舜"；陶唐：陶唐氏，传说中的远古部落名，尧是首领，这里指尧，又称"唐尧"；让国：尧死前把君位让给了舜，舜死前又把君位传给了禹，史称"禅让"。③遐迩（xiá ěr 霞尔）：远近；率宾：这里意为四海百姓。④驹：小马；被：覆盖，恩泽。

鉴赏

在这部分中，《千字文》还讲述了人类的早期历史和商汤、周武王时的盛世。人生于此天地之间，也因此出现人和时代的变迁。上古时代的帝皇官员龙师、火帝、鸟官、人皇，带领着中国人形成部落群体，仓颉创制了文字，嫘祖制作了衣裳，功绩彰著。唐尧、虞舜英明无私，主动把君位禅让给贤人。周武王姬发和商王成汤则安抚百姓，讨伐暴君，治理国家，使天下太平。他们爱抚、体恤老百姓，使四方各族人俯首称臣。普天之下统一成一个整体，所有的老百姓都归顺于他的统治。吉祥的凤凰在树上欢乐地鸣叫，小白马在谷场吃草。英明君王的化育使草木都沾受恩惠，天下的百姓都仰赖天子的恩泽。这样一种百姓安居乐业、社会祥和的美好景象，怎能不激发起人们对祖国美好山河的爱惜之情？这里可以看出以孔子为代表的儒家对周朝的德治和礼治充满无限的崇拜和向往，儒学并没有提出建立什么新的社会制度，而是一心想恢复周朝初期的"样板"统治。因为从个人角度出发，儒家认为在那样的统治下，每个人都能够找到自己合适的位置，能够最大限度地实现个人的价值，"君君、臣臣、父父、子子"，每个人该干什么事，该负什么责，都说得明明白白，这样既可以避免职责混乱，又可以免于推卸责任。

《千字文》实录一千个不重复的汉字，然而随着文字的历代变迁，以及中国大陆实行简化字之后，在简体中文版《千字文》中只剩990余个相异汉字（具体数量因异体字的归属而有不同说法）。如本节的"周发殷汤"与"盖此身发"中的"发"，成了相同的汉字；又如"玉出昆岗"与"昆池碣石"中的"昆"，"戚谢欢招"与"亲戚故旧"中的"戚"，"云腾致雨"与"禅主云亭"中的"云"，"百郡秦并"与"并皆佳妙"中的"并"，以及"剑号巨阙"与"巨野洞庭"中的"巨"，"女慕贞洁"与"纨扇圆洁"中的"洁"，都成了相同的汉字。

原文

盖此身发，四大五常①。恭惟鞠养②，岂敢毁伤。女慕贞洁，男效才良。知过必改，得能莫忘。罔谈彼短，靡恃己长。信使可覆，器欲难量。墨悲丝染，诗赞羔羊。景行维贤，克念作圣。德建名立，形端表正。空谷传声，虚堂习听③。祸因恶积，福缘善庆。尺璧非宝，寸阴是竞。资父事君，曰严与敬。孝当竭力，忠则尽命。临深履薄，夙兴温凊④。似兰斯馨，如松之盛。川流不息，渊澄取映。容止若思，言辞安定。笃初诚美，慎终宜令。荣业所基，藉甚无竟⑤。学优登仕，摄职从政。存以甘棠，去而益咏⑥。乐殊贵贱，礼别尊卑。上和下睦，夫唱妇随。外受傅训，入奉母仪。诸姑伯叔，犹子比儿。孔怀兄弟，同气连根。交友投分，切磨箴规。仁慈隐恻，造次弗离。节义廉退，颠沛匪亏。性静情逸，心动神疲。守真志满，逐物意移。坚持雅操，好爵自縻⑦。

注释

①四大：佛家称地、水、风、火为四大；五常：儒家谓仁、义、礼、智、信为五常。②鞠养：抚养，养育。③习：这里指长期反复地做，逐渐养成的自觉行动。④夙兴："夙兴夜寐"之略。夙，早晨；兴，起来；清：清凉。⑤笃：忠实，诚信；藉甚：盛大。⑥学优：即《论语》名句"学而优则仕"的缩写；摄：代理；甘棠：即棠梨树。《史记·燕召公世家》载：召公巡行乡邑，曾在一株甘棠树下停留，人们因其爱民而感激他，不忍砍伐该树，后遂以"甘棠"称颂官吏的美政和遗爱。⑦縻：牵系，拴住。

鉴赏

第二部分内容着重讲述人的修养标准和原则，即修身功夫。指出人要孝亲，珍惜父母传给自己的身体，这是因为人体分属于"四大"，由地、水、风、火四者组成：毛发爪齿、皮肉筋骨、脑髓垢色属于地；唾涕脓血、涎沫津液、痰泪精气、大小便溺属于水；暖气归火；动转归风。诚敬地想着父母养育之恩，不敢对它有半点的毁坏损伤，一言一行都要符合仁、义、礼、智、信的"五常"。女子要仰慕那些持身严谨的贞妇洁女，男子要仿效那些有才能有道德的人。知道自己有过错，一定要改正；适合自己干的事，不要放弃。不要谈论别人的短处，也不要依仗自己有长处而不思进取。应牢记："好说己长便是短,自知己短便是长。"能够扬长避短的才是真正的聪明人。

"信使可覆,器欲难量。"即讲信用,使自己经得起检验;器度要大,大到难以衡量。"信"是一个人立身处世的基点,其含义有两方面:一是信誉,取得他人对自己的信任;二是诚信,说话、办事对他人讲信用,说到做到不失信。要树立良好的形象和信誉,仰慕圣贤的德行,克制私欲,努力仿效圣人。

"墨悲丝染,诗赞羔羊。"战国思想家墨子悲叹白丝被染上了杂色再难复原,《诗经》赞颂羔羊能始终保持洁白的毛色。据《墨子》记载,墨子见白丝放进染缸,染于黑则黑,染于黄则黄,因生悲切地说:"不可不慎也。"即一旦染了色,任你怎么漂洗,也无法恢复到原有的本色。实际上这也是感叹人的本性像羔羊的皮毛一样清白纯正,告诫人们不要被邪恶污染,强调人要注意抵御不良环境的影响。养成好的道德,就会有好的名声;就如形体端庄了,仪表也随之肃穆一样。空旷的山谷中呼喊声传得很远,宽敞的厅堂里说话声非常清晰。灾祸是因为多次作恶积累而成,幸福则是由于常年行善得到的回报。让自己的德行像兰草那样清香,像松柏那样茂盛。

《千字文》谈到"资父事君"方面,要求"曰严与敬。孝当竭力,忠则尽命"。也就是说,奉养父母亲、侍奉君主,要做到认真、谨慎、恭敬。要懂得时间的宝贵,在家人的有生之年尽孝。为此,孝顺父母应当竭尽全力,早起晚睡地侍候父母,让他们感到冬暖夏凉;对待姑姑、伯伯、叔叔等长辈,要像是他们的亲生子女一样;兄弟之间也要相互关心,因为同受父母血气,如同树枝相连。上下要和睦相处,夫妇要一唱一随,协调和谐。在家遵从父母的教导,在外接受师傅的训诲。结交朋友要意气相投,学习上切磋琢磨,品行上互相告勉。仁义、慈爱,对人的恻隐之心,无论在何时何地都不能抛离。

此外,还要"节义廉退,颠沛匪亏"。即气节、正义、廉洁、谦让这些品德,即使在最穷困潦倒的时候也不可亏缺,视名节为生命的必须。疾恶如仇的正义感、自重自爱的廉耻之心和豁达大度的胸怀，应该成为我们毕生的追求。同时，要懂得：保持内心清静平定，情绪就会安宁舒展，倘若心为外物所动，精神就会疲惫困倦；保持自己天生的善性，愿望就可以得到满足，倘若追求物欲享受，善性就会转移改变。只有求好向善，才能利己利人，延及子孙。

原文

都邑华夏，东西二京。背邙面洛，浮渭据泾①。宫殿盘郁，楼观飞惊。图写禽兽，画彩仙灵。丙舍傍启，甲帐对楹②。肆筵设席，鼓瑟吹笙。升阶纳陛，弁转疑星。右通广内，左达承明。既集坟典③，亦聚群英。杜稿钟隶，漆书壁经。府罗将相，路侠槐卿。户封八县，家给千兵。高冠陪辇，驱毂振缨④。世禄侈富，车驾肥轻。策功茂实，勒碑刻铭。磻溪伊尹，佐时阿衡。奄宅曲阜，微旦孰营。桓公匡合，济弱扶倾。绮回汉惠，说感武丁。俊乂密勿，多士寔宁⑤。晋楚更霸，赵魏困横。假途灭虢，践土会盟⑥。何遵约法，韩弊烦刑。起翦颇牧⑦，用军最精。宣威沙漠，驰誉丹青。九州禹迹⑧，百郡秦并。岳宗泰岱⑨，禅主云亭。雁门紫塞，鸡田赤城。昆池碣石，巨野洞庭。旷远绵邈，岩岫杳冥⑩。

注释

①都邑：国都，京城；邙：邙山，在今河南省。②丙舍：泛指古代王宫中正室旁的别室；甲帐：汉武帝时所造的帐幕；楹：大厅堂的前柱。③坟典：《三坟》，《五典》，泛指图书。④辇（niǎn 捻）：古时用人拉的车，后多指皇帝坐的车；毂：车轮。⑤俊乂（yì 义）："千人之英曰俊，百人之英曰乂"，泛指才德出众的人物；密勿：勤勉；寔：同"实"。⑥横：连横，战国时，苏秦说合六国联合拒秦，史称"合

纵";张仪主张拆散合纵,使六国服从秦国,称为"连横",由于连横,秦国采取远交近攻政策,首先打击赵、魏,所以说"赵魏困横"。虢(guó国):春秋时的一个小国。⑦起:白起;翦:王翦;颇:廉颇;牧:李牧。这四人均为战国时名将。⑧九州:指冀、兖、青、徐、扬、荆、豫、梁、雍州,相传禹平水土,分天下为九州,后又以"九州"代中国。⑨岳:指五岳;岱:泰山的别称,也称"岱宗"、"岱岳"。⑩巨野:湖泽名,在今山东省巨野县;岩岫:山中洞穴;杳(yǎo咬):深幽。

鉴赏

　　第三部分内容着重讲述与统治有关的各方面问题。首言京城形胜,极力描绘都邑的壮丽。"都邑华夏,东西二京。……宫殿盘郁,楼观飞惊。"读此文可知中国古代都城华美壮观,有东京洛阳和西京长安,它们都依山傍水;有宫殿楼台,其中的回环曲折、凌空欲飞,使人心惊。而建筑艺术又是中国传统文化的重要部分,且宫殿里画着飞禽走兽、天仙神灵,还有豪华的帐幕与高高的楹柱,更是引人注目。宫殿里摆着酒席,弹琴吹笙,一片欢腾。官员们上下台阶互相祝酒,珠帽转动,像满天的星斗,气势宏伟壮观。

　　接着,《千字文》叙述了上层社会的豪华生活和他们的文治武功:宫廷里收藏着很多典籍名著,又集合了成群的文武英才。里边有汉代书法家杜度的草书手稿和三国时书法家钟繇的隶书真迹,有从汲县魏安厘王冢中发掘出来的漆写古书,以及汉代鲁恭王在曲阜孔庙墙壁内发现的古文经书。宫廷内将相依次排成两列,宫廷外大夫公卿夹道站立。他们每家都有八个县以上的封地,还有上千名的侍卫武装。戴着高大帽子的官员们陪着皇帝出游,驾着车马,帽带飘舞着,好不威风。周文王磻溪遇吕尚,尊他为"太公望";伊尹辅佐时政,商汤王封他为"阿衡"。周成王占领了古奄国曲阜的地方,如果不是周公旦辅政,怎能治理得那样好？齐桓公九次联合诸侯主持盟会，都打着"帮助弱小"、"拯救危亡"的旗号。汉惠帝做太子时靠绮里季等才幸免废黜的命运，商王武丁通过梦境感应而得到了贤相傅说。贤才的勤奋谨慎，换来了百官的各安其位。晋文公、楚庄王先后称霸，赵国、魏国受困于连横。晋国向虞国借路去消灭虢国，之后又将被借道者虞国灭掉，晋文公在践土召集诸侯歃血会盟。萧何遵奉汉高祖的"约法三章"，制定了汉朝法律，韩非惨死在他自己所主张的苛刑之下。秦将白起、王翦，赵将廉颇、李牧，用兵作战最为精通。他们的声威远扬到北方的沙漠，美名和肖像永远流传在千古史册之中。九州大地都留下了大禹治水的足迹，全国各郡在秦并六国后归于统一。

最后几句话是对祖国辽阔疆域和秀美风景的描述：五岳以泰山为尊，历代帝王都在泰山脚下的云云山和亭亭山主持禅礼。名关有北疆雁门，要塞有万里长城，驿站有边地鸡田，奇山有天台赤城。赏池赴昆明滇池，观海临河北碣石，看泽去山东巨野，望湖上湖南洞庭。这样写的目的是要教育孩童努力学习，将来建功立业，就会获得美好生活，并光宗耀祖。

原文

治本于农，务兹稼穑。俶载南亩，我艺黍稷。税熟贡新，劝赏黜陟①。孟轲敦素，史鱼秉直。庶几中庸，劳谦谨敕。聆音察理，鉴貌辨色。贻厥嘉猷，勉其祗植②。省躬讥诫，宠增抗极。殆辱近耻，林皋幸即③。两疏见机，解组谁逼。索居闲处，沉默寂寥。求古寻论，散虑逍遥。欣奏累遣，戚谢欢招。

注释

①黜（chù 处）：处罚，革职；陟（zhì 至）：登高、晋升。②猷：谋、计划；祗（zhī 知）：恭敬。③皋（gāo 糕）：水边的高地。

鉴赏

《千字文》最后部分主要描述恬淡的田园生活,赞美那些甘于寂寞、不为名利羁绊的人们,对民间温馨的人情向往之至。如果说前面是讲述上层社会的话,那么这里则是讲述民间生活。

文中讲到中国的土地辽阔遥远、没有穷极,名山奇谷、幽深秀丽、气象万千。把农业作为治国的根本,一定要做好播种与收获。年初种植小米、黄米等庄稼,收获季节则用新谷交纳税粮。必须勤劳谦逊,谨慎检点,懂得规劝告诫自己。

亚圣孟子崇尚朴素,史官子鱼秉性刚直。做人要不偏不倚,听人说话要审察其中的道理,观人外貌要辨别他的心情。要给人家留下正确高明的建议,勉励别人谨慎地立身处世。听到别人的告诫、甚至讥讽,要反省自身;受到恩宠不要得意忘形,要提防乐极生悲。如果知道有危险、耻辱的事快要发生,就要立刻退隐山林,这样可以幸免于祸。宠辱不惊特别是文中所言"宠增抗极",是一种较难达到的境界,即既要能够承受挫折和失败带来的折磨和痛苦,更要能够避免掌声和鲜花带来的骄傲和狂妄。要想达到这种境界,必须通过生活锤炼,使自己产生巨大的承受能力,如此才能宠辱不惊、坦荡做人。此外,探求古人古事,翻阅至理名言,可以排除杂念、自在逍遥。做些力所能及的事情,消除不尽的烦恼,就能获得无限的快乐。

生活方面,《千字文》要求"具膳餐饭,适口充肠",即平时吃饱三餐,饭菜适口,无论是大鱼大肉还是粗菜淡饭,都持满足之情,这实际上是教导人们生活要简朴,而简朴则是中华民族的传统美德,古人崇尚节俭,甚至以俭为荣。例如孔子的学生颜回每顿只吃一小竹筐饭,只喝一瓢清水,居住简陋的房子,却仍能欣然问道。北宋史学家司马光不仅自身生活简朴,还经常教育儿子:"食丰而生奢,阔盛而生侈。""君子寡欲则不役于物,可以直道而行。"唐代诗人李商隐在《咏史》中直言俭朴的重要性:"历览前贤国与家,成由勤俭破由奢。"同时,《千字文》

还指出："饱饫烹宰，饥厌糟糠。"就是说酒足饭饱的时候，即便面对大鱼大肉也不会有胃口；饥肠辘辘的时候，即便粗菜淡饭也会觉得美味无比。这就是谚语所说："饿了吃糖甜如蜜，饱了吃蜜也不甜。"它告诉人们：人处在不同的状况中，对物质的需求是不同的。

在亲友交往方面，《千字文》要求热情款待亲属、朋友，关照老人、小孩的不同饮食习惯。管理好家务，把家布置得温馨洁雅。日作夜寐，过着快乐、安康的日子。关注子孙的传续及对祖先的虔诚祭祀。衣带穿着要整齐端庄，举止从容，高瞻远瞩。礼仪要周全恭敬，给人的书信要简明扼要，回答别人的问题时要审慎周详。并列举人们生活中的榜样：吕布善于射箭，宜僚善玩弹丸，嵇康善于弹琴，阮籍善于撮口长啸；蒙恬制造了毛笔，蔡伦发明了造纸，马钧发明了水车，任公子善于钓鱼，他们或者善于为人解决纠纷，或者善于发明创造有利于社会，这些都是我们应该学习的。

原文

渠荷的历①，园莽抽条。枇杷晚翠，梧桐蚤凋。陈根委翳，落叶飘摇②。游鹍独运，凌摩绛霄。耽读玩市，寓目囊箱③。易輶攸畏，属耳垣墙④。具膳餐饭，适口充肠。饱饫烹宰⑤，饥厌糟糠。亲戚故旧，老少异粮。妾御绩纺，侍巾帷房。纨扇圆洁，银烛炜煌⑥。昼眠夕寐，蓝笋象床。弦歌酒宴，接杯举觞。矫手顿足，悦豫且康。嫡后嗣续，祭祀烝尝。稽颡再拜，悚惧恐惶。笺牒简要，顾答审详。骸垢想浴⑦，执热愿凉。驴骡犊特，骇跃超骧。诛斩贼盗，捕获叛亡。布射僚丸，嵇琴阮啸。恬笔伦纸，钧巧任钓。释纷利俗，竝皆佳妙⑧。毛施淑姿，工颦妍笑。年矢每催，曦晖朗曜。璇玑悬斡，晦魄环照⑨。指薪修祜，永绥吉劭。矩步引领，俯仰廊庙。束带矜庄，徘徊瞻眺。孤陋寡闻，愚蒙等诮。谓语助者，焉哉乎也⑩。

注释

①的历：光彩鲜艳的样子。②蚤：通"早"，指月初或早晨；委翳（yì意）：枯死。③囊：口袋。④辀（yóu由）：一种轻便的车子；易辀攸畏：意为说话最怕旁若无人、毫无禁忌；垣：矮墙，也泛指墙。⑤饫（yù玉）：饱食。⑥绩纺：即纺绩，泛指纺纱、绩麻诸事；帷房：内房；纨（wán丸）：很细的丝织品。⑦骸（hái孩）：形骸，身体。⑧竝："并"的异体字。⑨璇玑（xuán jī悬机）：古代称北斗星的第一星至第四星。悬斡（wò卧）：旋转；晦魄：月亮。⑩诮：讥讽、嘲讽；焉哉乎也：为文言文常用的几个语气助词。

鉴赏

文中还从自然界说到人生：池塘中的荷花开得多么鲜艳，园林内的青草抽出嫩芽；到了冬天枇杷叶子还是绿的，梧桐一到秋天叶子就凋了；老树根蜿蜒曲折，落叶在秋风里四处飘荡。只有远游的鹍鹏独立翱翔，直冲布满彩霞的云霄。青春易逝，岁月匆匆催人渐老，只有太阳的光辉永远朗照。高悬的北斗随着四季变换转动，明晦的月光洒遍人间每个角落。顺应自然，修德积福，永远平安，多么美好。如此心地坦然，方可以昂头迈步，一举一动都受到乡里百姓的尊重。

《千字文》说天道地，探讨人生，可以说是经典，并因其文学价值极高，在中国文化史上也有独特地位，历来受到文人墨客的喜爱，是各流派书法家进行书法创作的重要载体。隋唐以后，凡著名书法家均有不同书体的《千字文》作品传世。隋唐之际的智永和尚是王羲之的七世孙，他用30年的时间，摹写了800本真草《千字文》分赠浙东各寺庙。他的举动，既保存了王羲之的书法艺术，又使《千字文》得到了广泛的传播。智永之后，著名书法家怀素、宋徽宗、赵孟頫、文徵明等的《千字文》书法作品流传很广，书体与风格各异，可谓千字千姿，影响也很大，这无疑又大大促进了《千字文》在民间的传播，提高了《千字文》的知名度，而且也为世人留下了这些伟大的艺术瑰宝。

此外，古代一些需要用较大数字编号的项目，大多采用《千字文》，这是作者周兴嗣始料不及的。宋代真宗时编成的一部4359卷的《道藏》，分装在400多函中，每一函都按《千字文》的顺序编号，起于"天地玄黄"的"天"字，终于"宫"字，所以人称这部《道藏》为《大宋天宫道藏》。明、清时期，用于科举考试的贡院，每一间考试的号房也都用《千字文》来编号。早年台湾用"天地玄黄，宇宙洪荒"八个字，代表八个地区，如"天"代表台北，"玄"代表台南，"宇"代表高雄。还有社会上商人账册编号之类也会以《千字文》字序为序。《千字文》里的从"天"到"水"的44个汉字，被逐一记录在了朝鲜王朝时代的货币"常平通宝"的背面。

继周兴嗣《千字文》版本之后，相继出现了《续千字文》、《新千字文》等不同版本的《千字文》。这种《千字文》形式还被人们广泛地加以采用和学习，出现了一大批以《千字文》为名的作品，如唐朝僧人义净的《梵语千字文》，宋人胡寅的《叙古千字文》，元人夏太和的《性理千字文》，明人卓人月的《千字大人颂》、吕裁之的《吕氏千字文》，清人吴省兰的《恭庆皇上七旬万寿千字文》以及太平天国的《御制千字诏》等等。宋以后直至清末，《千字文》与《三字经》、《百家姓》一起，构成了中国人民最基础的"三、百、千"启蒙读物，不仅汉民族用作孩童启蒙教材，一些兄弟民族也使用，甚至涉洋渡海，传播到世界各地。日本有多种版本的《千字文》，而且出现了很多内容各异但都以《千字文》为名的作品。1583年，朝鲜出版了以朝语释义注音的《石峰千字文》。1831年，《千字文》被译成英文。此后数十年中，又出现了《千字文》的法文本、拉丁文本、意大利文本。这些千姿百态的众多作品，都以《千字文》为名，足见其影响之大。

（吴洁英、李似珍）

弟子规

[清] 李毓秀

―― • 总　叙 • ――

原文

弟子规①，圣人训。首孝弟②，次谨信，泛爱众③，而亲仁④。有余力，则学文⑤。

注释

①弟子规：弟子（或学生、青少年）处世行事、学文等应有的礼仪和规则。②弟：通"悌"，敬爱兄长。③泛爱众：博爱众人；泛，广泛。④亲仁：亲近有德行、有仁爱的人；仁，儒家思想的核心，爱人爱物的基本道德。⑤学文：学习文化典籍、研究学问。孔子说："行有余力，则以学文。"（《论语·学而》）主张德育重于智育，要先养成良好的品德，还有时间才学习其他各种学问。

鉴赏

《弟子规》原名《训蒙文》，作者李毓秀（1662—1722，有学者考证为1647—1729），字子潜，山西绛州（今山西省新绛县）人，清朝康熙年间的秀才。《弟子规》是他根据宋代朱熹的《童蒙须知》，以《论语·学而》篇"弟子入则孝，出则弟，谨而信，泛爱众，而亲仁，行有余力，则以学文"的文义为中心，仿照《三字经》，采用三字一句、合辙押韵而写成的学童守则。全书共360句，计1080字，内容来自中国伦理基本道德，核心思想是孝、悌、仁、爱、信，涵盖七个方面的内容，即"入则孝"、"出则弟"、"谨"、"信"、"泛爱众"、"亲仁"、"余力学文"，涉及113个细则，包罗了古代传统的家训、家规、家教，列述弟子在家、出外、待人、接物和学习上应该恪守的规范。后经清朝儒生贾存仁修订《训蒙文》，并改名为《弟子规》，是启蒙养正、教育弟子敦伦尽分、存诚防邪、培育忠厚家风的较佳范本。《弟子规》有几十种版本，本书以清代贺瑞麟所辑的《西京清麓丛书续编·养蒙书九种》为底本，并参考民国石印本进行校改。

历代的一些教育家为了传播和普及儒家伦理思想和德育思想，曾经编写了许多通俗读物，作为孩童道德教育的启蒙教材。其中《弟子规》以精练易懂的语言、浅显典型的故事、琅琅上口的文字，讲述了中华民族在几千年发展历史中形成的丰富多彩的伦理文化，对少年儿童进行早期启蒙教育、灌输儒家文化的精髓起到了良好的借鉴教育作用，得到社会广泛的欢迎，其影响之大、读诵之广，仅次于《三字经》。如果说《三字经》偏重于知识学习，那么《弟子规》则偏重于处世规矩。故《弟子规》一经问世，便被列为私塾、书馆、茶楼，甚至庙堂劝善必读之书。李毓秀做梦也不会想到，他搞了不少学术文章，其影响远远不及这篇仅千字的启蒙读物那么巨大。

《弟子规》"总叙"这章点明了全书的总纲，指出全书是依据至圣先师孔子的训教而编成的处世规范，并认为在所有规范中首先要做到孝敬父母、友爱兄弟姊妹。其次，在一切日常生活言语行为中要小心谨慎，讲求信用。接着依次是：与大众相处时要平等博爱，并亲近有仁德的人，向他人学习，这些都是很重要的非做不可的事。此外，还有多余的时间、精力，就应该努力地学习文化典籍，包括儒家六艺等其他有益的学问。

"总叙"共八句，其中特别提到"泛爱众，而亲仁"，即对大众要平等相待、随缘随分随力爱护，也就是孟子所言"老吾老以及人之老，幼吾幼以及人之幼"，把大众看成是自己的亲人，彼此和睦共处。如能这样，社会上你争我夺的暴戾之气就会消退，至少可以减少。

"有余力，则学文。"强调一有"余力"，就要立刻"学文"。孔子曾说"质胜文则野"，即一个人本质虽好，若缺少礼仪才艺的熏陶，就难免粗野鄙陋。学生子路问孔子："南山有一种竹子，天生很直，砍下来做箭，可以射穿犀牛皮。由此可见，本质好就行，何必再学习呢？"孔子说："倘若箭尾再加上羽毛，箭头装上箭镞，射入皮革不是更深更准吗？"这说明有好的本质，再加上学习——羽毛、箭镞的修饰，就会更有成绩、更有力量。

应该说，《弟子规》是我们的祖先用那个年代自己的人生经历写成的书，是箴言、是教诲、是人生的启蒙，也是基本规范、基本道德、基本伦理。作为一本简明、通俗的启蒙教材，在教导青少年怎样做人、怎样行事、怎样求学等方面，是有其积极作用的，其大部分内容，至今仍有现实意义，也是当今社会值得提倡的，因此它仍然可供老师、家长参考，供中小学生作为课外读物翻阅学习。当然，由于此书产生于中国封建社会，受历史局限性影响，其中有些内容已不太适合当今社会的青少年需要，这就要采取"弃其糟粕，取其精华"的态度来对待。

入则孝

原文

父母呼,应勿缓。父母命,行勿懒。父母教,须敬听。父母责,须顺承①。冬则温,夏则清②,晨则省,昏则定。出必告,反必面。居有常,业无变③。事虽小,勿擅为;苟擅为,子道亏。物虽小,勿私藏;苟私藏,亲心伤。

注释

①顺承:顺从的接受。②清(qìng庆):凉爽。③业:职业,世业。

鉴赏

该书开篇就谈孝,古人说"百善孝为先",可见人们对孝的重视。无可厚非,今天你作为小辈不孝敬长辈,你能指望自己成为长辈后被小辈孝敬!俗话说:"教儿初孩,教妇初来。"在孩童天性未受染污之前进行孝的灌输,就是重视孝的表现,也是传承孝的有效办法。

"入则孝"整篇几乎是白话文,只要识字大致能看懂。文中将孝的行为具体化,如:父母有事叫唤时,我们要马上回答,不可拖延;父母吩咐做事,我们应立刻行动,不可偷懒;父母教导我们做人做事

的道理,我们必须恭敬聆听,牢记在心;父母指责纠正我们的过错,我们必须顺从接受,坦承错误,不可顶嘴争辩,掩饰过错。简言之,作为小辈首先须倾听父母的需要;其次须尽量按照父母的需要努力去做,尽管不一定能做到,但在态度上要努力做到。

《礼记·祭义》云:"众之本教曰孝,其行曰养。养,可能也,敬为难;敬,可能也,安为难;安,可能也,卒为难。"即孝是人们最基本的教养,孝是有层次的:孝的最基本层次是养,其次是敬,再次是安,最后是对待父母死后之事。换言之,孝道的出发点是赡养父母,孝道的最重要内容是敬爱父母,让父母一生都处于安乐之中。因此,要达到大孝境地,除了赡养父母、敬爱父母之外,还必须把自己的孝行深化。

为了加深弟子的学习印象,"入则孝"篇章还运用了《二十四孝》等典故。"冬则温,夏则清",说的就是东汉黄香扇席暖褥的故事。黄香九岁时,因母亲去世,与父亲相依为命,他虽然年纪较小,却知道孝敬长辈。夏天炎热,每天晚上他都用扇子扇凉父亲的枕头、席子,以便父亲安歇;冬天寒冷,他每晚都先上床,用自己的体温把父亲的被褥焐热。黄香的孝心,也使他在做人、求学上有所成就。后来他当了官,成为以孝闻名、以孝施政的榜样,也成为著名的"二十四孝"之一,其事迹被历代颂扬。今天看来,黄香事迹没有必要机械模仿,但其孝顺长辈的精神仍值得学习。

此外还应看到,中国传统教育还带有小农社会的保守色彩,如希望子女生活起居要有规律,日常秩序不要任意改变,不要经常搬家,即"居有常",以免父母失去老邻居而感到寂寞;在就业方面也一样,选定了职业特别是祖辈的世业,不要任意改变、见异思迁,即"业无变",以免父母忧虑。

原文

亲所好,力为具;亲所恶,谨为去。身有伤,贻亲忧;德有伤，贻亲羞①。亲爱我，孝何难。亲憎我，孝方贤。亲有过，谏使更，怡吾色②，柔吾声；谏不入，悦复谏，号泣随，挞无怨。亲有疾，药先尝，昼夜侍，不离床。丧三年，常悲咽，居处变，酒肉绝。丧尽礼，祭尽诚。事死者，如事生。

注释

①贻：遗留，留给。②怡：温和愉悦。

鉴赏

文中的"挞无怨"，也是"二十四孝"之中的故事，即"闵子骞芦衣顺母"。孔子的学生闵子骞，小时候常受后母的虐待，但他对后母仍很孝顺。冬天到了，后母给自己生的两个儿子穿着用棉絮做的棉衣，却给闵子骞穿着用芦花做的棉衣。一天，父亲叫闵子骞帮他驾车，子骞被冻僵了，行动不便老是使不上劲。父亲很生气，以为闵子骞偷懒，就用鞭子打他。子骞并无怨言，也没为自己辩解。直至鞭子把棉衣抽破了，露出了不太保温的芦花，父亲这才明白了真相，感到很悲痛，要把后母赶走。闵子骞泪如雨下，跪求父亲说："母亲在，只有一个人受冻；母亲如果离开，那么我们兄弟三人都会孤单。"父亲听他说得有理，就打消了休妻的念头；后母听了也深受感动，终于悔改，如慈母般公平地对待三个儿子。闵子骞的孝子之名也因此传遍天下。当今社会不提倡长辈以鞭挞的方式教育小辈，还是以理说服为好。其实儒家也不认同打人教子，提出以"小（轻）杖受，大（重）杖走"的办法对付一时发怒的长辈，并认为"大杖"不走的结果是害父母打出人命而犯罪。

至于"二十四孝"中的"汉文帝亲尝汤药"，是"亲有疾，药先尝，昼夜侍，不离床"的典型写照。汉朝时，汉文帝刘恒贵为皇帝，却很孝敬母亲薄太后。虽然每天都要处理很多公务，但他从没忘记到母亲的房间进行问候。有一次薄太后生病，汉文帝不分昼夜地尽心服侍，以此当作一件大事来做，又怕宫女不够细心，对于母亲的汤药必定亲自尝一尝，确定合适的热度和甘苦，才放心地端给母亲服用。这样用心服侍了三年，薄太后的病体才好转过来。常言道，久病无孝子。汉文帝的孝事感动了文武百官和天下百姓，成为千古传颂的佳话。汉初"文景之治"，与以孝治国、皇帝带头行孝不无关系，难怪西汉大多帝王的谥号都带"孝"字，如孝文、孝景、孝武等，可见当时孝在社会上的崇高地位。

　　当然，汉代行孝与其开国皇帝刘邦身体力行不无关系。据《西京杂记》记载：刘邦夺取政权后，建立西汉王朝，首都设在长安（今陕西省西安市），并立即把老家的父亲接来共享胜利成果，以尽儿子之孝。尽管长安各种物质条件大为改善，但父亲并不开心，甚至还有抱怨，因为老家丰地（今江苏省丰县）有很多风土人情使老人难以忘怀、留恋不已。"亲所恶，谨为去。"于是刘邦拿出了皇帝的实力和孝子的诚意，下令在长安的城边按照丰地的街道、房舍等模样克隆了一座城市，再派人专门从老家接来了不少乡亲，甚至包括各自养殖的鸡鸭牛羊，这就是著名的新丰。清代严遂成《歌风台》云："鸡犬新丰乐故乡，万岁千秋魂渺茫。"可见刘邦父亲的欢乐了，但是这样的事也只有皇帝才能办到，而皇帝如此操办也为后代做出了一个尽孝榜样。

　　"亲爱我，孝何难。亲憎我，孝方贤。"父母疼爱我，尽孝不难；而父母不喜欢我甚至憎恶我，我还能尽孝，这种孝才称得上是孝道、贤德之为。《左传·隐公元年》记载"郑伯克段于鄢"的故事就是典型的释例：春秋时期的郑庄公，因其母姜氏在生他时难产受了惊吓，所以一直不喜欢这个儿子，而特别宠爱其弟共叔段。郑庄公即位后，共叔段千方百计想篡位，姜氏则不断替他说话，甚至为其袭击郑国首都做内应。共叔段不守做弟弟的本分，有违君臣之道，被郑庄公发兵平定叛乱。在愤怒之余，郑庄公对助纣为虐的母亲也发下了狠话："不到黄泉永不相见！"不久，郑庄公反思自己有娘不见的不孝行为有损形象但又不能收回已说的话，于是找到行孝典范颍考叔，两人想出了一个聪明的办法，即挖了一条深及地下水的隧道，来了个母子"黄泉相见"，算是把先前犯的不孝之错弥补过来，从此恢复了母子的亲敬关系。可见遇到"亲憎我"的事情是较难处置的，而能处理得当则不愧为是有孝道的贤德之人。

在"入则孝"篇章中还特别强调："身有伤，贻亲忧；德有伤，贻亲羞。"即父母时常挂念子女的身体，担心子女受到伤害，比如子女外出时，不断提醒要注意安全，注意增减衣服，怕子女受凉或中暑，总之子女的一切似乎占满了父母的心，所以作为小辈必须保护好自己的身体，这就是孝顺的开始，故《孝经·开宗明义章》有言："身体发肤受之父母，不敢毁伤，孝之始也。"除了身体不受损伤，品德也不能缺失，否则父母会感到羞辱而抬不起头。反之，让父母得到好名声，他们一定会感到欣慰，这也是孝顺的表现，正如《孝经·开宗明义章》所说："立身行道，扬名于后世，以显父母，孝之终也。"

—— 出则悌 ——

原文

兄道友①，弟道恭。兄弟睦，孝在中。财物轻，怨何生？言语忍，忿自泯②。

注释

①兄道：为兄之道；道，道理、法则。友，友爱。②忿：愤怒；

泯：消除。

鉴赏

"出则悌"篇章，主题是"兄弟情"，即要友爱兄弟姐妹，互相团结，互相照顾；出外要友爱朋友、友爱身边相处的人。其实，孝与悌是一回事，就是对长辈为孝，对平辈和友人为悌、要和睦。据分析，兄弟不友爱或不和睦的原因大致是：第一，为钱财、权力较劲；第二，言语不善，话不投机。最典型的事例是三国时代的魏文帝曹丕与其弟曹彰、曹植的故事。他们兄弟仨都是卞太后所生，曹丕继承魏王曹操的王位后，因任城王曹彰勇武强壮，恐威胁自己权益，诱骗他吃毒枣而死，太后解救不及。曹丕又要加害东阿王曹植，太后说："你已杀我儿子任城，不得再杀我儿东阿。"于是魏文帝只得用计加害：你曹植既然有才，就命令他七步内作诗，不成就处以大法（处死）。但这并没难倒曹植，他立刻在七步内作诗响应，这便是千古广传的《七步诗》："煮豆燃豆萁，豆在釜中泣；本是同根生，相煎何太急？"诗中虽无一字直言兄弟间的逼迫，然寓意一目了然。据说曹丕听后"深有惭色"，因为此诗不仅体现了曹植的非凡才华，使曹丕自感不如；而且此诗以浅显生动的比喻说明兄弟本为手足，不应争权夺利、互相猜忌，并晓以大义，故令曹丕羞愧。此诗千百年来也成了劝人避免兄弟阋墙、自相残杀的用语。

与此相反，"孔融让梨"是兄弟友爱的感人故事。东汉著名文学家孔融，据说四岁时就懂得谦让。有一次，亲友给他家送来一筐梨，他和几个哥哥吃梨，孔融挑了最小的一个。父亲问他为什么不拿大的？孔融说："哥哥年纪大，应该吃大的；我年纪小，应该拿小的。"父亲连连点头称赞。这种尊敬兄长的孝悌之情，是中华民族的传统美德，应该发扬光大。

只要为兄者友爱，为弟者恭敬，兄弟和睦，孝道也就在其中了。

如何达到这样？首先，要把财物包括权力看得淡薄些，这样怨恨就无从产生。西汉时期的著名贤士卜式，就是这方面的榜样。他对自己的弟弟很友爱，体贴周到。父母去世后，兄弟俩分家，卜式把家中的财产都让给了弟弟，自己只要了一百多头羊。十多年过去了，卜式的羊群繁殖到上千头，他买了房屋，置办了土地。这时弟弟因经营不善而破产，于是卜式又把自己的财产分了一半给弟弟。卜式的悌行在当时成为美谈，大家都称赞他是重亲情、不爱财的君子。其次，说话不要太冲动，更不要火药味太浓，伤感情的言语要忍住，这样忿恨就会消除。唐朝贤士张公艺家中五代同堂，全家上下和睦相处、其乐融融。皇帝路过，知他治家有方，问他有何妙法？张公艺一连写了一百个"忍"字，并揭示他的大家庭就因人人都能互相忍让，才使冲突怨恨消失无踪。这就是有名的"百忍之家"。要看轻财物，要注意言语，或肯忍受逆耳言语，就必须时时省察自己的心灵，看看有否偏离圣贤之道。只要这样，自然会乐于轻财物、忍言语。

原文

或饮食，或坐走，长者先，幼者后。长呼人，即代叫，人不在，己即到。称尊长，勿呼名，对尊长，勿见能。路遇长，疾趋揖①，长无言，退恭立。骑下马，乘下车，过犹待，百步余。长者立，幼勿坐，长者坐，命乃坐。尊长前，声要低，低不闻，却非宜。进必趋，退必迟，问起对，视勿移。事诸父②，如事父；事诸兄③，如事兄。

注释

①疾：快速；趋：快步上前；揖：拱手行礼。②诸父：父亲的兄弟，父之兄称伯父，父之弟称叔父，泛指父亲的同辈。③诸兄：堂兄，表兄；伯父、叔父的儿子称堂兄弟，姑母、姨母的儿子称表兄弟。

鉴赏

良好的生活教育要从小培养,"出则弟"篇还规定用餐、就座、行走等应该谦虚礼让,长幼有序,让年长者优先,年幼者在后。长辈叫人,要立刻代替其叫唤;被叫的人不在,自己到长辈这里帮忙。特别是在长辈面前,说话要轻声细语。这方面的传统现在似乎被国人忽视,而外国人反而比我们做得好,例如我们在国外饭店用餐,凡声音较响的餐桌大多是中国人,这就需要我们加强修养,迎头赶上。

"出则弟"篇的最后四句:"事诸父,如事父;事诸兄,如事兄。"实际上是这章的总结。能做到对父母尽孝道,友爱兄弟姐妹,进而以事奉父兄之礼对待伯父叔父、堂表兄弟姐妹,以及一切亲朋好友。这是儒家"能近取譬"行仁的方法,从最亲近的父母开始学习如何尽孝道,再扩展为善待所有人。这种从近而远、由亲而疏的行仁方法,使亲情更亲、友情更深,这样和谐的关系,就能保护我们的家、安定我们的社会。

—— • 谨 • ——

原文

朝起早,夜眠迟,老易至①,惜此时。晨必盥,兼漱口,便溺回②,辄净手。冠必正,纽必结,袜与履,俱紧切;置冠服,有定位,勿乱顿,致污秽。衣贵洁,不贵华,上循分,下称家。对饮食，勿拣择，食适可，勿过则。年方少，勿饮酒，饮酒醉，最为丑。步从容，立端正，揖深圆③，拜恭敬。勿践阈④，勿跛倚⑤，勿箕踞⑥，勿摇髀⑦。缓揭帘，勿有声。宽转弯，勿触棱⑧。执虚器，如执盈。入虚室，如有人⑨。事勿忙，忙多错。勿畏难，勿轻略。斗闹场，绝勿近，邪僻事，绝勿问。将入门，问谁存。将上堂，声必扬。人问谁，对以名，吾与我，不分明。用人物，须明求，倘不问，即为偷。借人物，及时还，人借物，有勿悭⑩。

注释

①易至：很快就到。②便溺：指上厕所。③深圆：指弯腰鞠躬的姿势到位。④践阈：踩门坎；践，踩踏；阈，门下的横木。⑤跛倚：身体歪斜，站立不正；跛，脚有残疾而走路姿势不正；倚，偏斜。⑥箕踞：张开两腿而坐，形如畚箕，是一种不守礼节或态度傲慢的坐法。⑦摇髀（bì 必）：摇晃大腿；髀，大腿。⑧棱：这里指墙角，本意是指物体的直角。⑨"执虚器"四句：语本《礼记·少仪》："执虚如执盈，入虚如有人。"执，拿；虚，空的；器，器具、器皿等用具的总称；盈，充满；室，房屋的内部。⑩悭（qiān 千）：吝啬。

鉴赏

"谨"之篇章，要求弟子谨慎，不可放逸。诸葛亮《出师表》中有"知臣谨慎"的表述，畏、敬、恭、俭、让、勤等一系列概念，都从"谨"中发生，可见"谨"在人生中的重要性。此篇要求弟子养成良好的行为习惯，在日常点滴中培养耐心、细心、小心，以及自律习惯，使之成为有道德、有教养的人。总体概括有三层意思：第一，弟子行为要谨慎，不给自己、家人以及亲朋好友增添麻烦；第二，弟子言语谈吐、举止行为以及穿着服饰，要符合自己的身份，不走极端，从小养成谨慎的习惯；第三，与朋友交往，要接受社会规则的约束，懂得有所为、有所不为。

开头四句："朝起早，夜眠迟，老易至，惜此时。"看似平淡，实际含义深刻。它告诉弟子：早上要早点起床，晚上要晚点睡觉。因为人生的岁月很有限，光阴容易消逝，少年人转眼就会成为老年人。东晋著名文学家陶渊明有诗云："盛年不重来，一日难再晨。及时当勉励，岁月不待人。"就是勉励人们少壮要努力，免得"老大徒伤悲"。历史上著名的"闻鸡起舞"故事，是"朝起早"最好的释例。东晋名将祖逖，少年时性格豪迈、为人侠义，常救济贫苦人家，所以很受人们敬重。当时国家内忧外患，祖逖立志为国尽力、平定动乱。他与好友刘琨因志同道合，两人便住在一起，相互勉励。每次祖逖在天还没亮时听到鸡啼声，就把睡在一旁的刘琨叫醒，说："听到鸡叫声了吗？我们得赶快起床，把握时间练武吧！"于是两人无惧夜里的凉意，到院子里舞剑锻炼，每天都不间断，练就了一身好武艺。后来祖逖受到皇帝的赏识，被任命为将军，带兵平定动乱，收复许多失土，一偿报效国家的心愿。而刘琨则做了都督，兼管并、冀、幽三州的军事，也充分展现了他的才能。

古人对"早起"看得很重。俗话说："早起三光，迟起三慌。""一年之计在于春，一日之计在于晨。"清代重臣曾国藩在给儿子曾纪泽、曾纪鸿的信中，多次提醒他们要早起，以保持祖先传下来的优良家风。《曾国藩家书》说："晏起，为败家之凶德"，"治家以不晏起为本"，"勤字工夫，第一贵早起，第二贵有恒"。曾氏认为，看一个家庭是否兴盛，就看其弟子是不是能早起。现代文学家鲁迅也很看重"早起"，他在课桌上刻了个"早"字，认为迟到的话，会引来许多不必要的麻烦。提早起来学习和工作，不仅空气好，精神抖擞，并拥有从容的心情，开启美好的一天，所以一定要珍惜。

《弟子规》因是弟子的启蒙教材，所以对起床以后必做之事又作了细致交代：必须要洗脸、漱口；上完厕所之后，一定要洗手；戴帽子时，要把帽子戴正，衣服的纽子要扣好；袜子和鞋子都要穿得贴切，鞋带要系紧，防止绊倒，一切穿戴以稳重端庄为宜。服饰穿戴，是人类文明和社会进步程度的重要标志，一个人的穿戴可以展示其气质和修养，反映其爱好和追求。这些古人都有身体力行的示范，最著名的就是"结缨而死"。孔子的学生子路，虽然性情粗鲁，但很讲究仪表。有一次卫国发生内乱，正在国外的子路闻讯后，急忙往回返。有人劝他："现在国内十分危险，去了可能遭受灾祸。"子路说："我拿了国家的俸禄，就不能因有灾祸而躲避。"子路进城以后，立即投入战斗，结果因寡不敌众，被敌人击中，帽子被打歪，帽上缨带被割断。子路自知难逃一死，立即停止搏斗，大呼道："君子虽死，但不能让帽子脱落而失礼。"于是从容地戴正帽子、系好帽带而死。由此可见，古人对冠服十分讲究，甚至于不惜以生命来捍卫它的庄重。

"谨"之篇还叮咛：脱下的帽子、衣服，要放在固定的位置，不要乱丢乱放，以免弄皱弄脏并导致家里环境零乱。对于日常生活细节也不厌其烦地说教：穿衣服需注重整齐清洁，不必讲究昂贵、华丽、时尚；穿着应该先考虑自己的身份及出席的场合，并要衡量家中的经济情况。日常饮食要注意营养均衡，不要挑食；三餐要适可而止，不要暴饮暴食。特别指出，不要喝酒，因为喝醉酒会胡言乱语、丑态百出。要求弟子坐有坐相（坐如钟）、站有站相（站如松）；脚不可踩门坎，身体不可歪斜；坐下不可张开双腿，不可摇晃抖动大腿，因为这是轻浮、不礼貌的举动，有失君子风范。倘若手里拿着空的器具，也要像拿着装满了东西的器具一样谨慎；进到空无一人的屋子，要像屋内有人一样，不能随随便便。如果外出，容易打架闹事的不良场所，绝对不要接近，免得惹是生非；一些邪恶荒诞的事，绝对不听、不看，更不要好奇地追问，以免污染善良的心灵。此外，使用别人的物品，必须先讲明，如果没征求同意，擅自拿走就等于偷；借用他人的东西，用完要赶紧归还，这样以后若急用，再借就不难了；别人向自己借东西，如果有就不要吝啬。这些生活习惯，看似平常，却很容易疏忽，而这则是"谨"的起点,只要点点滴滴做得中规中矩,将来就能更好地处世、更好地在社会中立身和创业。

信

原文

凡出言,信为先,诈与妄①,奚可焉?话说多,不如少,惟其是,勿佞巧②。刻薄语,秽污词③,市井气④,切戒之。见未真,勿轻言,知未的,勿轻传。

注释

①妄:胡说,乱讲。②佞巧:善于花言巧语巴结的人;佞,巧言善辩,谄媚;巧,狡诈,虚伪。③秽:肮脏,不干净。④市井气:小市民习气;市井:古代做买卖的地方。

鉴赏

"信",从字义看,从人,从言,即人的言论应当是诚实的。《说文·言部》释:"信,诚也。"曾国藩的"观人四法"——讲信用、无官气、有条理、少大话,首条就是"讲信用"。"信"的伦理范畴在春秋时期已经出现,当权者以此处理上下等级关系,所以作为"五常"之一,经常"忠、信"并称,要求下级对上级讲诚信。孔子对诚信思想有很大的突破：他认为人与人交往必须"谨而信"，"人而无信，不知其可也"（《论语·为政》）。这里的"信"，已拓展为人与人之间必须讲的"信誉"，不限于下级对上级，而是上下级都应遵守，这在当时是一种新思想。所以其学生感到很新鲜，纷纷论述自己对"信"的理解。子夏说："与朋友交，言而有信。"有子说："信近于义，言可复也。"曾子更把"信"作为每日三省的内容之一："与朋友交而不信乎？"（见《论语·学而》）可见在孔学中，"信"与"孝、悌"相同，也是实践"仁"这一最高道德原则的一个重要的基础道德规范。

"信"之篇开头四句就点明了主题："凡出言，信为先，诈与妄，奚可焉？"即开口说话，诚信为先，答应他人的事情，一定要遵守承诺，没有能力做到的事不能随便答应，至于说话欺骗别人或随便胡说，这怎么可以呢？古人为了立信曾付出过巨大的代价：战国时期改革家商鞅，为了使秦国富强，他辅佐国君秦孝公进行变法。商鞅为了取得官员和百姓的信任，做到有令则行、有禁则止，使改革顺利进行，想出了一个取信于民的办法。一天，在国都的南门立起了一根三丈高的木杆，商鞅宣布，谁能把它扛到北门，赏赐"十金"。民众觉得很奇怪，到了下午也没人敢搬。于是商鞅又宣布，有能把木杆搬走的赏赐"五十金"，这时有一个胆大的人把木杆扛到了北门，商鞅当众把"五十金"奖赏给那人。由于商鞅说到做到，威信陡立，以后推行什么政策，民众都积极响应，商鞅变法于是取得了巨大成功。这个历史上著名的"立木为信"故事，充分说明了信对治国理政有巨大的促进作用。

信对为人处世同样很重要。明代文学家宋濂，早年家里贫穷，买不起书，为了学习知识，他常常借书阅读。有一次，宋濂到一家藏书较多的富豪家借书，这家人不太愿意借给他，所以借书时有意规定十天内必须归还，而十天根本就读不完那套书。到了第十天早晨，天下着大雪，那家人以为宋濂不会来还书，可是宋濂却冒雪把书送了回来。

主人很感动，告诉宋濂，以后可以随时来借书，不再给他限定归还时间了。"宋濂借书"说明，要得到别人的信任，首先自己要讲诚信。诚信是个人最好的无形资产，也是一个人在社会上立足的前提，只有得到人们的信任，办事才容易成功。

"信"之篇还要求弟子"话说多，不如少"。话多不如话少，话少不如话好。说话要恰到好处，该说的就说，不该说的绝对不说。当代著名学者南怀瑾有"做人六字诀"：一"静"：少说话，多倾听；二"缓"：稳着做事，不急不躁；三"忍"：面对不公，别气愤，别宣泄，忍让是智慧；四"让"：退一步，海阔天空；五"淡"：一切都看淡些，很多事情随着时间会变成云烟；六"平"：是平凡、平淡、平衡。其中第一条就是"少说话，多倾听"，以此作为做人的最重要诀窍。"言多必失"的教训实在太多，因为你说得越多，你所能控制的就越少，说愚蠢话的可能性就越大，其被他人的重视率也就越低。俗话说：青蛙整天号叫无人理会，雄鸡一唱天下白。可见关键不在多说，而在说的质量，其质量包括不要花言巧语，好听却靠不住；更不要说奸诈取巧的语言和下流肮脏的话，以及街头无赖粗俗的口气。

同时，任何事情在没有看到真相之前，不要轻易发表意见，对事情了解得不够清楚明白时，不可任意传播，以免造成不良后果。这方面苏东坡最有体会。北宋著名文学家苏东坡有一天去拜访宰相王安石，当时王安石恰好接待客人，于是家人把他安置在书房等候。苏东坡在书桌上看到王安石未写完的诗，其中两句是："昨夜西风入园林，吹落黄花满地金。"不禁轻蔑地哈哈大笑，认为诗人连秋天菊花不落都不知，于是在纸上写下两句："秋花不比春花落，说与诗人仔细吟。"后来苏东坡因以诗歌讪谤朝政，被贬为黄州团练副使。一年秋天，苏东坡推窗突然看到菊花落满庭院，这才知道错怪了王安石。这就是"见未真，勿轻言"最好的实例解释。为此今人曾总结"说话三要素"：第一，不该说时不说是聪明；第二，该说时会说是水平；第三，知道何时该说、何时不该说是高明。

原文

事非宜，勿轻诺①；苟轻诺，进退错。凡道字②，重且舒，勿急疾，勿模糊。彼说长，此说短，不关己，莫闲管。见人善，即思齐，纵去远，以渐跻③。见人恶，即内省，有则改，无加警。惟德学，惟才艺，不如人，当自励。若衣服，若饮食，不如人，勿生戚④。闻过怒，闻誉乐，损友来，益友却。闻誉恐，闻过欣，直谅士，渐相亲。无心非⑤，名为错；有心非，名为恶。过能改，归于无，倘掩饰，增一辜⑥。

注释

①诺：答应。②凡道字：凡，概括词，指所有的；道字：说话，念书。③跻：赶上，与领先者平齐。④戚：忧伤。⑤无心：不是故意的；下文"有心"与此相反，意为故意。⑥辜：罪过。

鉴赏

"信"之篇还提醒人们，不合义理的事不要轻易答应，如果轻易允诺，会造成做也不是、不做也不好，使自己进退两难。讲话时要口齿清晰，咬字应该清楚，慢慢地讲，不要太快，更不要模糊不清。遇到他人来说是非，要用智慧判断，不要受其影响，更不要介入是非，多管闲事。

"信"之篇特别强调，看见他人的优点或善行义举，要立刻想到学习看齐，纵然目前能力相差很多，也要下定决心，逐渐赶上。看到别人的缺点或不良的行为，要反躬自省，检讨自己是否也有这些缺失。每一个人都应当重视自己的品德、学问和才能技艺的培养，如果感觉到有不如人的地方，应当自我惕励、奋发图强。至于外表穿着，或者饮食不如他人，则不必放在心上，更没有必要忧虑自卑。如果一个人听到别人说自己的缺失就生气,听到别人称赞自己就欢喜,那么坏朋友就会来接近你,而真正的良朋益友会逐渐疏远退却。反之,如果听到他人的称赞,不但没有得意忘形,反而自省,唯恐做得不够好,并继续努力;当别人批评自己的缺失时,不但不生气,还能谦虚接受,那么正直诚信的人就会喜欢与你亲近。另外还须明白:无心之过称为错,若是明知故犯、有意犯错便是罪恶。知错能改,是勇者的行为,错误也会慢慢地减少、乃至消失;如果为了面子,死不认错,还要去掩饰,那就是错上加错了。

泛爱众

原文

凡是人,皆须爱,天同覆,地同载①。行高者,名自高,人所重,非貌高;才大者,望自大,人所服,非言大。已有能,勿自私;人所能,勿轻訾②。

注释

①覆:遮盖;载:承受。②訾(zǐ):诽谤,诋毁。

鉴赏

"泛爱众"篇章,主要训导弟子如何广泛地去爱众人。孔子政治思想中有一项非常重要的内容，就是"爱人"。《论语·学而》云："道千乘之国，敬事而信，节用而爱人，使民以时。"主要讲国君和执政者必须注意和做到的几个方面的问题，其中"爱人"不仅是他们的政治品质，而且应是他们的政治措施，要尽可能去施民济众。虽然这里所爱的"人"主要指官吏、有地位的人，但《弟子规》之"泛爱众"篇已将其演绎为爱一切人，要求弟子怀有一颗仁爱之心，不仅对自己的亲人，而且对天地万物都应该如此。

开头四句："凡是人，皆须爱，天同覆，地同载。"就体现了仁爱的精义，即只要是人，不分好人、坏人、聪明、愚笨、富贵、贫贱、种族、国界，都须相亲相爱。天覆盖着万物，给其滋润；地承载着万物，让其生长。同是天地所生万物滋长的，应该都一样给予保护和承载。这正是"天同覆，地同载"的大同境界。有人也许会问："对于坏人，还要保护他，岂不天下大乱？"应该看到，坏人大部分是后天学坏的，他做了坏事，理应受到适当的处罚，但作为以仁爱为本的我们应怜悯他因未得到好的教育、控制不住自己而做了错事，应该让他有改过自新的机会。倘若以做父母的心情，何尝不愿看到学坏的子女走上正道呢？天地如同我们的父母，我们要学天地的博爱无私，关爱所有子民，天地间自然呈现祥和的气氛。

至于德行高尚者，名望自然高超。大家所敬重的是他的德行，不是外表容貌。才能出众的人，处理事情的能力卓越，名望自然不凡。人们佩服一个人，主要是看他的本领，而不是看他会不会说大话。"晏婴使楚"故事很能说明这些道理。晏婴是春秋时期齐国的相国，但他个子矮小且其貌不扬。一次，齐王派他出使楚国，楚王想羞辱个子矮的晏婴，就在城墙下开了一个又低又小的门让他进。晏婴不卑不亢地说："我是前来访问的，这是狗洞，不是国门，如果我访问的是狗国，我就从这里进去。"楚王听报，马上令人打开国门让晏婴从正门进去。见到晏婴，楚王故意问："齐国没人了吗？怎么派你来了？"晏婴回答说："我国派人出访有个规矩：上等国派上等人去，我最不中用，所以就派我到楚国来了。"楚王听后，觉得晏婴很有才能、很了不起，对他肃然起敬，并马上向他致歉。这就是："人不可貌相，海水不可斗量。"评判一个人不能看外貌，而要注重内涵、德行。这个故事充分诠释了"行高者，名自高，人所重，非貌高；才大者，望自大，人所服，非言大"。

"泛爱众"还要求弟子做到：当你有能力可以服务众人的时候，不要自私自利只考虑到自己，舍不得付出；对于他人的才华，应当学习、赞美，而不是嫉妒、诋毁。事实说明，对他人才华进行诋毁、嫉妒的，其结果大多不妙。战国时期，李斯和韩非是同门师兄弟。秦王看到韩非写的《说难》之文，非常欣赏，恨不得早日见到作者。直到韩王派遣韩非出使秦国时，秦王才见到这位心仪已久的人。他与韩非交谈后，更加喜欢。李斯自知才能不及韩非，怕他得宠而影响自己的前途，于是故意诋毁韩非，陷他入狱，并假借王命，赐毒药要他自杀。韩非想要陈述冤情，可是已没有机会表白，就这样枉死狱中。后来李斯被赵高诬陷，也同样没有机会申冤，被腰斩而死。常言道"天道好还"，种恶因，岂能得善果！

原文

勿谄富①，勿骄贫。勿厌故，勿喜新。人不闲，勿事搅。人不安，勿话扰。人有短，切莫揭；人有私，切莫说。道人善，即是善，人知之，愈思勉。扬人恶，既是恶，疾之甚，祸且作②。善相劝，德皆建。过不规，道两亏③。凡取与，贵分晓，与宜多，取宜少。将加人，先问己，己不欲，即速已④。恩欲报，怨欲忘，报怨短，报恩长。待婢仆，身贵端⑤，虽贵端，慈而宽。势服人，心不然；理服人，方无言。

注释

①谄（chǎn产）：巴结，吹捧。②疾之甚，祸且作：意为对不仁

之人痛恨太甚，也会引起祸害。③道两亏：双方的道德都会受到损害。④速已：赶快停止。⑤身贵端：自身贵在品行端正。

鉴赏

"泛爱众"特别要求弟子不要去讨好巴结富有的人，也不要在穷人面前骄傲自大，或者轻视他们；更不要喜新厌旧，对于老朋友要珍惜。因为物质、人情皆有新旧，喜新厌旧就会造成薄浇寡恩的风气，所以古人曾说："与其结新交，不如敦旧好。"东汉初年，光武帝的姐姐湖阳公主因刚丧夫，看上了朝中德才高、有威容的大司空宋弘，要光武帝为自己做媒说亲。不久，光武帝召见宋弘，让湖阳公主躲在屏风后偷听。于是光武帝试探性地对宋弘说："谚语说，地位变高贵时要改换朋友，富裕之后要另娶妻子，这是人之常情吧？"宋弘回答说："贫贱之知不可忘，糟糠之妻不下堂。"这就是说，贫贱时交的朋友，高贵时不能忘记；穷困时娶的妻子，富裕后不能抛弃！光武帝听后，回头对湖阳公主说："这个事，我是没法办成了。"宋弘的不攀权贵，体现了厚道君子念旧的高尚品德；他的两句答词，成了流传千古的佳话。

要广泛地去爱众人必须注意：对于正在忙碌的人，不要去打扰他；当别人心情不好、身心欠安的时候，不要闲言碎语干扰他，以免增加他的烦恼与不安。别人的缺点，不要直截了当地去揭穿，而要学一些纠错的技巧；对于他人的隐私，则切忌去张扬。要懂得：赞美他人的善行，就是行善，因为通常情况下对方听到你的称赞之后，就会更加勉励自己。唐朝著名诗人贺知章就善于赞美鼓励后学。他性格直爽、豁达健谈、爱才若渴，当时的达官贤士都很仰慕他，都愿意和他交谈。他名气很大，当他在京城身居要职时，李白还是一个初露头角的诗人，贺知章读了李白的《蜀道难》一诗后，赞叹不已，称李白是"谪仙"。两人见面后，虽然年龄相差40多岁，但一见如故，成了忘年

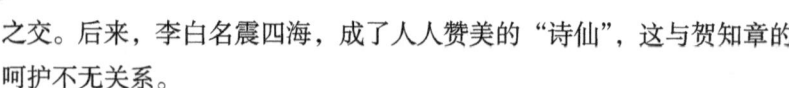

之交。后来，李白名震四海，成了人人赞美的"诗仙"，这与贺知章的呵护不无关系。

　　与此相反，张扬他人的过失或缺点，就是作了一件坏事；如果指责批评太过分了，还可能给自己招来灾祸。朋友之间应该互相规过劝善，共同建立良好的品德修养。如果有错不能互相规劝，两个人的品德都会有缺陷。

　　同时，与他人有财物上的往来，取得和给予应当分辨清楚，宁可多给别人，自己少拿一些，这样才能广结善缘、与人和睦相处。托人做事或有话要和人说，先问一问自己是否喜欢，如果连自己都不喜欢，就要立刻停止，这就是孔子的教诲："己所不欲，勿施于人。"这句名言对世界也产生了巨大影响，联合国大厦墙上所刻箴言，其中就有它。

　　此外，受人恩惠，要时时想着报答；别人有对不起自己的事，应该宽大为怀、把它忘掉；怨恨不平的事不要停留太久，过去就算了，不要老放在心上，处罚自己，苦恼自己！对待家中的婢女、仆人，要注重自己的品行端正庄重并以身作则，若能进一步做到仁慈、宽厚，那就更完美了。如果仗势强逼别人服从，对方难免口服心不服；唯以理服人，别人才会心悦诚服而没有怨言。战国时期的军事家吴起在这方面做得很好。吴起不但能征善战，而且很爱护属下的士卒。有一次，一名士兵身上生疮化了脓，吴起亲自用嘴给他吮脓。这位士卒的母亲听说后，哭了起来。别人问她为什么哭，她说："我丈夫就曾让吴起将军吮过身上的脓疮，结果他在战场上英勇杀敌而战死了。我儿子现在又这样，恐怕离战死不远了。"吴起百战百胜，不只是军事谋略高人一筹，爱护部下也是很重要的原因。在当今，虽然已不再有人用婢仆，但是上下尊卑的关系仍然处处可见，不少家庭中还雇用保姆、钟点工，所以我们应该学习仁德君子的"泛爱众"，多为他人着想，共同营造一个相互关怀、相互体谅的温馨社会。

　　爱因斯坦曾说："生命的意义在于设身处地替人着想，忧他人之忧，乐他人之乐。""泛爱众"的君子，心中有人我一体的观念，故肯放下私心杂念、关怀大众，处处仁厚待人，这样的人一定能做出一番有利于百姓的事业。

亲 仁

原文

同是人，类不齐，流俗众，仁者稀①。果仁者②，人多畏，言不讳，色不媚③。能亲仁，无限好，德日进，过日少。不亲仁，无限害，小人进，百事坏。

注释

①流俗众，仁者稀：普通人多，贤德者少。②果：果真。③言不讳，色不媚：说话直言不讳，不去谄媚逢迎。

鉴赏

"亲仁"篇是《弟子规》中最短的章节，一共只有十六句、四十八个字。但是这绝不意味着这个部分不重要，恰恰相反，这部分尽管简短，却非常重要。"亲仁"，意为要亲近有仁德、讲仁义的人。朱熹《论语集注》云："亲，近也；仁，谓仁者。""仁"是儒家传统中最具核心价值的内容，但在"亲仁"篇中所讲的"仁"，并不是一个抽象的概念，而是指非常具体的人。什么样的人呢？是有仁德的人，即在品德方面具备了"仁"这样一个核心价值的人物。具体而言：第一，要有博爱的情怀、无私的精神、仁众的爱心。第二，能够克制自己的私欲，依照社会秩序和道德规范来要求和约束自己。第三，具备崇高的境界和道德的修养。第四，智、勇、言兼备，并遵循中庸之道，其中智，要有智慧、有知识；勇，要有勇气、有担当、有责任感；言，要会表述、会表达，即按圣人之言来表述、来弘扬仁义的思想，推广仁义的道德。第五，除此以外，仁德之人还要有具体的行动，不能光说不练、不实践，即要有行为，要努力建立伟大的功业，这就是修齐治平。

历史上仁德之人的行为，大致表现为四种类型：第一类是"仁者待人"，如王烈。三国时期有一位声望很高的学者名叫王烈，在他所居住的家乡，很多人听到王烈的名字都不禁升起敬畏之情。一天，有个人偷了同村一户人家的牛，被失主捉住，偷牛人说："我一时鬼迷心窍偷了牛，你们怎么惩罚我都行，只是千万别告诉王烈。"不久，王烈知道了这件事，立即托人赠给偷牛人一匹布。很多人不理解王烈不但不责怪偷牛人，反而送他一匹布。王烈解释说："那个贼不想让我知道他偷牛的事，说明他还有羞耻之心，有羞耻感的人必定会改过自新，我送布给他是为了激励其浪子回头。"后来那个做贼的人果然金盆洗手，不仅改掉了以前的坏毛病，还变成一个乐于助人、拾金不昧的好心人，受到人们的欢迎。王烈的仁者之仁，一般人都很难想象，所以其造诣和德化也是很多人难以达到的。

第二类是"仁者无畏"，如狄仁杰。唐朝宰相狄仁杰，是武则天时期最敬信的名臣。一次，武则天对他说："虽然你政绩突出，可还有许多人说你办事有失公允，甚至说你不配做宰相，你想知道他们是谁吗？"狄仁杰说："臣本不才，别人批评臣，正是对臣的监督和爱护。倘若陛下认为臣做得不对，臣愿意明白自己的过失并接受处分；如果陛下明察，认为臣并没有那些人所说的错误，不轻信流言，那是臣的荣幸。既然如此，臣也不必追究那些话是谁说的了！"武则天听后，大为赞叹，认为狄仁杰确有无畏的仁臣风度。

第三类是"仁者不俗"，如谢览。南朝皇帝萧衍，文武大臣都为其歌功颂德，他自己也志得意满，十分高兴。只有一个年轻人，虽然官职卑微，但从来不在皇帝萧衍面前谄媚恭维，也不自卑拘束，见面也只是按常规行君臣礼，然后就默默离开。一天，萧衍跟这个年轻人照面之后，觉得他与众不同，就向旁人打听他的名字和官职，得知此人名为谢览。从此，萧衍记住了这个名字，并很器重这个年轻人。当然，谢览也没有让皇上失望，在自己的任职范围内做出了卓越的业绩，后来官至吏部尚书。谢览的不随流俗、不卑不亢、坦然自若的"仁者不俗"，很值得赞赏。

第四类是"仁者宽怀"，如刘宽。东汉时期的丞相刘宽，以宽厚待人闻名于世，不仅对待同朝官员，就是对待犯错误的人，乃至仆人丫鬟，从不对他们耍威风、发脾气。有一次，他的夫人想考验一下刘宽，看他到底有多大胸怀，就安排丫鬟在他穿好朝衣准备上朝时，特意端来一碗鸡汤给他喝，并故意失手将汤碗撞在他的朝服上。丫鬟赶紧揩擦，然后低头站在一边准备挨骂。此时刘宽不仅不生气，反而关心地问："你的手烫伤没有？"丫鬟很感动，夫人对他的涵养和德行也十分佩服。刘宽宽厚的仁德、宽宏的气度，受到了人们的颂扬。

"亲仁"篇教导弟子从小要有意识地亲近仁德之人，而要达到此目的，生活环境则非常重要，作为家长要注意孩子从小交友的情况，诸如跟哪些长辈玩，与哪些同辈交往、游戏，这些都是至关重要的。所以此篇开头就讲："同是人，类不齐，流俗众，仁者稀。"即大家同样都是人，但善恶邪正、心智高低等类别却是良莠不齐的，一般来说，跟着潮流走的凡夫俗子占了大部分，而有仁德的人却显得稀少。故有仁德之人出现，大家都敬畏他；这样的人说话公正无私、没有忌讳，也不去谄媚讨好别人。孔子说：一个人说话时，如果故意在言辞上修饰得很巧妙，脸色也显得格外美好，一味向人谄媚示好，这样的人很少有仁心的呀！《礼记》也说："礼不妄说人。"合于礼的君子不会随便取悦于人，从平常言行中，仁德的君子必然心口合一，绝无暧昧求荣的态度。故发现仁德君子，就要千方百计亲近他，尊他为师，向他学习，这样对自己有莫大的好处，有助于进德修业，促使"苟日新，日日新，又日新"，一天比一天进步，过错也会日益减少。反之，不肯亲近仁人君子，则品质恶劣的小人就会趁虚而入，围绕身旁，日积月累，我们的言行举止都会受到影响，不管什么事都会趋坏，就会有无穷的祸害。正因如此，才有"孟母三迁"的事例出现。孟轲是战国时期著名思想家、仅次于孔圣人的亚圣。相传他少儿时，父亲就去世了，母亲承担起教育孟轲的职责。孟母为了教育儿子，曾经三次搬家。起先，孟家曾在墓地附近居住，小孟轲经常模仿大人的挖坑、抬棺、送葬、烧纸、摆供品等动作，与邻里的小孩一起玩耍，有时入迷而忘了回家吃饭。孟母怕儿子误入歧途，就把家搬到了城郊集市附近。这里过往的商人很多，掂斤播两、讨价还价、高声叫卖等杂音不绝于耳，加之邻居是个屠夫，整日杀猪宰羊，使小孟轲不能集中精力学习，甚至经常在集市上东奔西跑，回家后不是学商人的叫卖，就是模仿大人杀猪、宰羊的动作，在言行举止方面时时流露出屠夫和商人的习气。孟母担心儿子不能受到良好的环境熏陶，更怕影响儿子的学业，最后迁居到一家学馆附近。这里来来往往大多是读书人，个个文质彬彬，学堂里琅琅的读书之声清晰可闻。这时小孟轲也跟着学子们读起书来，渐渐把过去的种种陋习改正了，孟母终于满意地定居下来。从此，孟轲发愤笃志，朝夕勤学，终于成了儒家学派的著名学者。"近朱者赤，近墨者黑"，年幼的心灵，更具有可塑性。"孟母三迁择居"之所以传为佳话，就是因为蕴含着一定的育人哲理。在这方面有人甚至认为，与谁在一起便会有什么样的人生：与勤奋的人在一起，你不会懒惰；与积极的人在一起，你不会消沉；与智者同行，你会不同凡响；与高人为伍，你能登上巅峰。

综观"亲仁"篇，让我们领悟到：如果亲仁，品德会天天进步，错误会日日减少；反之，倘若不亲仁，就会亲近小人，导致整个人生的失败。同时，它告诫我们：人的内在一定要以道德作为基础，明辨善恶，亲近仁者，结交君子，用仁德之人的智慧，来巩固我们内在的道德思想及修养，以增强明辨是非的能力，使自己在种种诱惑面前不受干扰。

余力学文

原文

不力行，但学文，长浮华，成何人？但力行，不学文，任己见，昧理真。

鉴赏

《弟子规》一共讲了七个方面内容，前六个方面讲孝、悌、谨、信、泛爱众、亲仁，这些都是让弟子去努力落实并提升自己修养品德的，是讲力行这方面（即实践，尽力去做），而学文就是要学习圣贤经典，通过学习帮助我们力行，这样力行就有了正确的方向，所以文不可不学。所谓文化，就是要用"文"来化我们，学文的目的就是化自己，变化自己的气质，把"文"化到自己的一举手一投足，化到点点滴滴的生活中去。所以学文和力行是相辅相成、缺一不可的，力行帮助弟子学文，学文指导弟子更好地去力行。弟子学到了圣贤教诲，帮助指导弟子去生活、工作、处事、待人、接物，这是在力行；真正力行了，对于圣贤的教诲，就会有新的感悟，就会有更深入的体验。力行是行门，学文是解门，解行要并重。

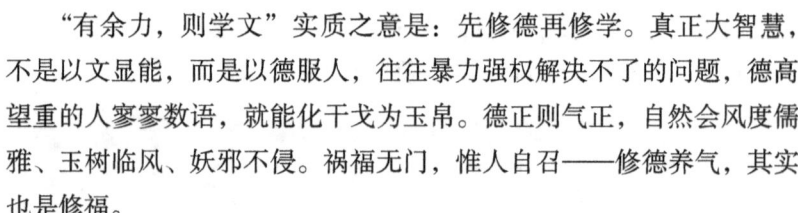

"有余力，则学文"实质之意是：先修德再修学。真正大智慧，不是以文显能，而是以德服人，往往暴力强权解决不了的问题，德高望重的人寥寥数语，就能化干戈为玉帛。德正则气正，自然会风度儒雅、玉树临风、妖邪不侵。祸福无门，惟人自召——修德养气，其实也是修福。

修德养气，就要不断地提升自己的内涵，就要好好地用功读书，并抓住空暇时间来充实自己。"余力学文"篇告诉弟子应该用什么态度来读书、用什么样的心态来学习，才会取得最佳效果。故开头就指出："不力行，但学文，长浮华，成何人？"即弟子不能身体力行孝、悌、谨、信、泛爱众、亲仁这些本分，只管埋头读书，纵然有些知识，也只是增长自己浮华不实的习气，怎能成为一个真正有用的人呢？如此读书又有何用？正如清代名臣林则徐所言："行止不端，读书无益。"据说上海有一个家庭，家长全力培育自己的小孩，儿子不到六岁已学了超过常人的文化，而且学会弹钢琴、说英语，每当家里来了客人，家长都会叫儿子为客人表演。一天，他表演了才艺后，正当大家都赞不绝口时，他却骄傲地说了一句语惊四座的话："外婆是个大笨蛋，什么都不会！"客人愕然。这个例子说明：家长不能一味地培养孩子的技能，而要让他知道学习技能的目的是什么？不是为了让他表演，而是为了让他有一技之长，将来更好地做事，服务于社会。可他连做人的起码道理都不懂，怎么去做事？一个连自己的家长都瞧不起的孩子，怎么会虚心向别人学习？

反之，"但力行，不学文，任己见，昧理真"。通俗地说，就是只顾低头拉车，不知抬头看路。只重力行、一味地凭经验去做，而不读书、不去学习圣贤教诲，那就不会博采众长，容易变得经验至上、自以为是、固执己见、违背真理，这也是不对的。人应当活到老，学到老，学用结合。在中国历史上，凡是有成就的名人志士，无一不是学用结合的楷模。历史上"吴下阿蒙"就是最好的事例。三国时期吴国大将吕蒙，深受吴主孙权的重用；但他出身贫寒，没念过什么书，被同朝大臣视作一介武夫。孙权见吕蒙常凭经验处理事务，怕误大事，就对他说："你现在掌握了大权，负责处理国家大事，但要处理好政事，就要以史为鉴，不能不学习啊！要多读书、多增加知识，会大有好处的。"起初吕蒙不以为然，认为自己勇猛能干，不必非要从古人那里学习，便推托说："每天练兵、调遣等军务很忙，哪有时间去学习？"孙权耐心地说服："磨刀不误砍柴工，不要总是推托忙，每天挤些时间学习还是可以办到的！光武帝年轻时无论怎么忙，都要抽时间静心看书，学习先祖遗留下来的治国良策，取得了显著成效。你怎么可以推托忙而放松自己呢？"吕蒙听了孙权的劝告，开始发奋读书学习。在坚持不懈的努力下，吕蒙成了文武双全的能臣，吴国名臣鲁肃赞叹说："至于今者，学识英博，非复吴下阿蒙。"

原文

读书法，有三到，心眼口，信皆要。方读此，勿慕彼；此未终，彼勿起。宽为限①，紧用功，工夫到，滞塞通。心有疑，随札记，就人问，求确义。房室清，墙壁净，几案洁，笔砚正。墨磨偏，心不端，字不敬，心先病。列典籍，有定处，读看毕，还原处。虽有急，卷束齐。有缺坏，就补之。非圣书，屏勿视，蔽聪明②，坏心志。勿自暴，勿自弃，圣与贤，可驯致。

注释

①宽为限：制订读书计划时要宽裕，从长打算。②屏：同"摒"，扔掉；蔽：蒙蔽。

鉴赏

中国许多有成就的古人认为，读书在某种意义上来说是养心。朱熹的《训学斋规》讲："读书有三到，谓心到、眼到、口到。心不在此，则眼看不仔细，心眼既不专一，却只漫浪诵读，决不能记，记亦不能久也。三到之中，心到最急，心既到矣，眼口岂不到乎？"这些话就是对"读书法，有三到，心眼口，信皆要"的最好解释。"心到"即用心思考，"眼到"即仔细地看，"口到"即认真地读，心到、眼到、口到三者缺一不可，如此方能收到事半功倍的效果，是提高学习效率的三个关键。但是，三到之中，心到最为重要，一旦心到了，眼和口自然就会到。有很多孩子读书很卖力，可是成绩却非常差，原因就是没有掌握读书要领。读书最重要的在于心，如果眼睛在看，口也在读，但心没有专注在课业上，决不可能记下来，即使记下来也不会长久。故古人培养孩子从小就重视其专注力，就是让他背书，这样心脑就能集中。

明白了学文"三到"和读书的重要性，这还不够，还要弄懂读书的方法。清代名臣曾国藩曾说："桌上不可多书，心中不可无书。"书桌上只摆一本现在要读的书，则注意力全都会集中在这本书上。有不少人，书桌摆满了书，这本书读了几页又去翻另一本，这样不仅心定不下来，而且也学不好。几小时下来，尽管每本书都碰过，结果没有一本书读深读好。古今善于读书的人，一书在手，通本读完、读透，正是把握住"方读此，勿慕彼；此未终，彼勿起"的读书原则。读书重在掌握纲领、真正落实，最忌贪多、贪快。所谓"样样通样样松"，因为多就会乱，杂了就学不扎实，到最后哪一样也没学精。学东西、求学问甚至于求世间的技能，要专而不杂、精益求精，切忌一知半解。同时，在制订读书计划的时候，不妨宽松一些，这样心里没有压力，但是实际执行时，又要加紧用功、严格执行，不可懈怠偷懒，日积月累功夫深了，原先窒碍不通、困顿疑惑之处，自然而然就都迎刃而解了。

求学之中，心有疑问，应随时记录，一有机会就向良师益友请教。弟子要养成勤学好问的习惯，因为知识是学来的，也是问来的，只有在学中问、在问中学，并与观察思考结合起来，才能求得真知。务必搞清疑问点的真义，一定要得到正确的答案方才通过，这是认真学习的态度。

　　至于读书环境也不能马虎，诸如书房要整理清洁，墙壁要保持干净，给自己创造一个良好的读书环境。桌面上的笔、墨、纸、砚等文具要放置整齐，不得凌乱。触目所及皆是井井有条，这样才能静下心来读书。写字前先要耐心磨墨，倘若心不在焉，墨就会磨偏了。写出来的字如果歪歪斜斜，就表示你浮躁不安，心没定下来。古人说："意在笔先，心正则笔正。"所谓"字如其人"，写得一手工整的好字，就会予人恭敬不苟的印象。唐朝著名书法家柳公权，书字挺直苍劲，有一股正气澎湃的气势，这与他安守本分、正直不阿的个性有关。有一次皇帝唐穆宗问他："如何用笔才能达到尽善的境界？"柳公权回答说："用笔的重点在心，心如果正，用笔自然就能正。"唐穆宗平日生活散漫，施政邪僻不正，听了柳公权的一番话后，知道这是劝谏自己的意思，便立刻端正仪容，此事就是有名的"笔谏"。这正说明写出来的字，与内心息息相关。

　　此外，书籍课本应分类，排列整齐，放在固定的位置，读诵完毕须归还原处。即使有急事，也要把书顺手合上，放回书架原处，要养成这种良好的习惯。还要爱惜书籍，遇到书有损坏时，应立即修补好——特别是古代，一书难求，故有修补之举，使书保持完整。这方面孔子的"韦编三绝"为我们树立了榜样。孔子是中国春秋时期著名的大思想家，少年时就勤奋好学，17岁就因知识渊博而闻名鲁国，这当然与他刻苦读书是分不开的。当时还没有发明纸张，书都是书写在竹子制成的竹简上，在一根竹简上多则几十个字，少则几个字。一部书要用许多竹简，通过牢固的牛皮绳子按次序穿起来才最后成书。据说孔子到了晚年，喜欢阅读《周易》，因为每天翻阅，穿竹简的牛皮绳断了多次。每磨断一次，孔子就整修一次，一直使书保持完好。这一方面反映了孔子的刻苦，另一方面我们也可以看到，孔子在读书的过程中十分爱护书籍。

"余力学文"篇还特别提醒，读书要有选择，不是阐述圣贤道理的著作和有害身心健康的不良书籍，都应该摒弃不看，以免身心受到污染、智慧遭受蒙蔽、心志变得不健康。尤其是现在，不健康的电脑网络画面、电影电视节目，以及不良的出版物刊载的杀盗淫秽的小说、故事等，污染特别严重，必须要防止孩子受到污染。因此，孔子说的"非礼勿视，非礼勿听，非礼勿言，非礼勿动"是非常科学的。另外，倘若遇到困难或挫折时，不要自暴自弃，也不必愤世嫉俗，而应该发奋向上、不怕挫折，要明白任何美好的结局都要经过艰辛的努力才能达到。圣贤的境界虽高，但并不是尧舜等圣贤的专利，普通人只要循序渐进、持之以恒，也能登入圣贤行列，即《孟子·滕文公上》所记："舜何人也，予何人也，有为者亦若是！"

（谢宝耿）

弟子职

[春秋] 管仲

—— 学 则 ——

原文

先生施教,弟子是则①。温恭自虚,所受是极②。见善从之,闻义则服。温柔孝悌,毋骄恃力。志毋虚邪,行必正直。游居有常③,必就有德。颜色整齐,中心必式④。夙兴夜寐,衣带必饰。朝益暮习⑤,小心翼翼。一此不解⑥,是谓学则⑦。

注释

①弟子是则:谓弟子应以老师的教导作为效法的榜样;则:效法。②极:穷尽,指既受师教,就要穷其本原、最大限度地学好。③游居有常:外出与居家,都要遵守纲常;常:纲常,法度。④中心必式:内心必须诚敬;式:法式,规范。⑤朝益:古时学生对今天早上所授新课有所不解,第二天请求进一步讲解;暮习:晚上复习一天的功课。⑥一此不解:专一于此而不懈怠;解:通"懈",松懈,怠惰。⑦学则:学习的准则。

鉴赏

《弟子职》与《弟子规》，虽然只有一字之差，但两书产生的时间却相距两千多年，因为《弟子职》是《管子》中的一篇，而《管子》的作者相传是春秋时期的政治家管仲。管仲（？—前645），齐国颍上人，名夷吾，字仲。相齐改革，使国君齐桓公成为春秋五霸之首。现存《管子》七十六篇，内容极丰，素有"论高文奇"之赞，是先秦诸子时代百科全书式的巨著，包含道家、名家、法家等思想，以及天文、舆地、经济和农业等方面的知识，其中《弟子职》是一部非常真实、非常完整、非常宝贵的研究中国教育史的著作。

现行本《管子》"杂篇"中的《弟子职》，《汉书·艺文志》明定为"管仲所作"。但据后代学者考证，《管子》一书并非管仲所作，应是战国时期齐国稷下学者托名管仲所作，其中且有汉代附益者。古代，《弟子职》被认为是塾师教育弟子之法则而作单行本传习，在汉代就受到重视，而自宋儒朱熹将其编入《仪礼经传通解》并加以注解之后，其在蒙学教育方面的作用为人们进一步发掘。至清代，著名书法家邓石如用篆体书写《弟子职》，其入笔简洁凝重、行笔朴实无华、收笔不作雕饰，并有飞白之笔，益显老辣精浑，可见其在当时既是书法字帖，又是学习课本。

本书以民国期间世界书局印行的《诸子集成》为蓝本，并以《丛书集成初编》等书校考，略作修改。全书记述弟子事师受业、道德言行、容止服饰、馈馈应客、洒扫执烛、进退之礼、服侍先生、复习功课等，是中国古代的一部内容最全面、篇章最完整、记述最明晰、年代最久远的校规学则，并成为后世官学、私学、书院制定学规、学则的范本。它不但对弟子的学习和修养具有重要意义，对人的一生发展起到奠基的作用，而且具有珍贵的史料价值，其注重学用结合、提倡质疑讨论、主张寓教于日常行为等教育观点和教学方法，至今仍有借鉴意义。

该书可分11章,即"学则"、"早作"、"受业"、"对客"、"馔馈"、"乃食"、"洒扫"、"执烛"、"请衽"、"退习"、"结语"。首章"学则",兼言学业与德行,可视为总则。具体地说,先生施行教诲,弟子遵照学习,倘若保持谦恭虚心的态度,受到的教益自能达到最大的限度。见到善良的,就跟着去做;听到正义的,要努力奉行。性情应温柔孝悌,不可骄横而依仗勇力。心志不能虚伪邪恶,品行必须正派直率。外出、居家都要遵守常规,必须接近有德君子。外表要端正庄重,内心须合乎规范。早起晚睡,衣带必须整齐;早学新,晚温旧,小心翼翼地对待学业。专心于此而不懈怠,这就是学习规则。

可见,《弟子职》对学生的要求相当全面、具体而严格,甚至有些苛刻。今天看来,有些观念有着明显的奴役性,甚至有着片面性或严重错误,绝不能照搬使用。但它以四言对仗的形式编写成章,便于记诵,这种使学规与教学相结合的特点是值得肯定的。我们如能一分为二,用客观公平的历史眼光去考查、去分析,认真吸取古人思想之精华、弃其糟粕,那么《弟子职》所阐述的培养学生基本行为规范、尊师重教的教育思想,仍有不少内容值得我们去借鉴、继承和发展。

早 作

原文

少者之事,夜寐蚤作①。既拚盥漱②,执事有恪③。摄衣共盥④，先生乃作。沃盥彻盥，汛拚正席⑤，先生乃坐。出入恭敬，如见宾客。危坐乡师，颜色毋怍⑥。

注释

①蚤：通"早"；作：起身。②拚（fèn奋）：扫除；盥漱：洗手漱口。③执事有恪：办事谨慎恭敬；恪（kè克）：谨慎，恭敬。④摄衣：提起衣襟，以示恭敬；共盥：侍奉先生盥漱，共同"供"，供奉。⑤沃盥：浇水洗手；彻盥：彻通"撤"，洗手后撤去盥具；汛拚（xùn fèn 训奋）：意为洒水打扫、抹干净；正席：摆正先生坐席的主坐方向。⑥危坐：端坐；乡师：面向老师，乡同"向"；怍（zuò坐）：改变。

鉴赏

当代历史学家郭沫若等学者认为，《弟子职》是战国时期稷下学宫的学则而收入《管子》。当时齐国国力强盛，统治者为了成就霸业，在都城大办教学，因为地处临淄稷门（今山东省淄博市），故称稷下学宫，它是中国教育史上第一所高等学府。由于稷下学宫实行兼容并包、学术自由的办学方针，并在物质上对学者实行优待，因而吸引了许多学派领军人物云集于此，如齐威王和齐宣王时，儒、法、道、阴阳等各家各派到此著书立说、论学授徒的，有著名学者孟子、荀子、邹衍、田骈、慎到、宋钘、淳于髡、接予、环渊、鲁仲连等。齐王对这些学者隆礼有加，曾授76人为"上大夫"的官爵。各派弟子有上千人，齐湣王时多至数万人。稷下学宫既是向政府提供咨询的议政机构，又是一所由政府创办的高等学府，它集教育与研究于一体，是当时全中国最大的活动中心，充分体现了齐文化的开放、吸收、互补、交融与创新的特点，对当世和以后的学术文化产生过巨大影响。而作为官办的高等学府，它存在的先决条件是必须具备施教者和受教者两个因素，稷下的"祭酒"（学官）、"先生"、"弟子"的配备不仅齐全，而且师生总数达到了"数百千人"。在规模宏大，堂室寝厨数目众多、设置齐全，先生与弟子的年龄、文化程度、风俗习惯参差不齐的高等学府里，如果没有一套统一、完善而且严格的学规，学府里的管理与教学秩序势必难以维持下去。《弟子职》这一学规正是因时制宜、因地制宜的产物，它比较全面地阐述稷下学宫中学生的学习、生活规则和纪律，详细规定了在各种场合下学生对老师的举止行为和语言的规范要求，是中国第一个学生守则，也是世界上最早的学生守则。诸如这里的"早作"章，要求学子注意晚睡早起，起床之后盥洗漱口，完毕后，要恭敬谨慎、轻提衣襟为先生摆设盥洗之器，服侍先生洗完便撤下盥器，又清扫擦抹室屋、摆正讲席，请先生入座，便开始讲学。弟子出入都要保持恭敬，其情景如同会见宾客，一个个端正地坐着面向老师，不可随便地改变容色。这些充分体现了学生对老师的尊重，也可从中窥见，尊师是中国教育史上的一个传统美德。

———— • 受业·对客 • ————

原文

受业之纪，必由长始。一周则然，其余则否①。始诵必作，其次则已。凡言与行，思中以为纪②。古之将兴者，必由此始。后至就席，狭坐则起③。

若有宾客,弟子骏作④。对客无让,应且遂行,趋进受命。所求虽不在,必以反命,反坐复业。若有所疑,奉手问之。师出皆起。

注释

①一周则然,其余则否:受业由长及幼以轮流一圈为限,以后则不从此例。②中:适中,不偏不倚;纪:法则。③后至就席,狭坐则起:有后来的学子,因席狭无座,则受业先毕者起而让之。④骏作:迅速站起迎客。

鉴赏

这里有两章内容,即第一自然段为"受业"章,第二段为"对客"章。前者"受业"章,即接受先生讲课的次序,一定要从年长的学子开始。老师讲授一圈之后,其余就不再按年龄。首次向老师诵读必须站起身来,以后也无需如此。一切言语、行动,都以中和之道为准则,古之将成大事者,必定由此开始。后到的学子入席就坐,旁边坐着的人应站起让行,这是古代学生较详细的受业方面的规则。简言之,弟子聆听先生教导时要谦恭虚心,按礼节行事,并积极发挥主观能动性;学生言谈举止方面的规则是中和之道,并且要培养良好的道德品质和情操修养。由于受业的学生中年龄大小及文化程度高低各不相同,稷下学宫采用的是复式教学法,老师对学生因材施教。

后者"对客"章,要求学生在上课期间若遇宾客来到,要迅速起立,对客人不可拒绝,边答应边迎接,并快步进去向先生请示。即使来宾所找的人不在,也必须回复客人,然后回原位继续学习。学习中若有疑难,便举手询问。先生下课走出,学生都应起立。《弟子职》十分重视对学生尊师的教育,以及待客的礼貌,要求学生在教师教学之时必须知书达礼、虚心受教,努力探求知识本原,尽力奉行以上准则。

今天我们的学校教育要求学生在课堂上要好好学习，认真听讲，掌握知识的系统性，与《弟子职》这些规定是一致的。

馔馈·乃食

原文

至于食时，先生将食，弟子馔馈①。摄衽盥漱，跪坐而馈。置酱错食，陈膳毋悖②。凡置彼食：鸟兽鱼鳖，必先菜羹。羹胾中别③，胾在酱前，其设要方。饭是为卒，左酒右酱。告具而退，奉手而立。三饭二斗，左执虚豆④，右执挟匕⑤，周还而贰，唯嗛之视⑥。同嗛以齿，周则有始，柄尺不跪，是谓贰纪。先生已食，弟子乃彻，趋走进漱，拚前敛祭。

先生有命，弟子乃食。以齿相要，坐必尽席。饭必奉擥⑦，羹不以手。亦有据膝，毋有隐肘。既食乃饱，循咡覆手⑧。振衽扫席，已食者作，抠衣而降⑨。旋而乡席，各彻其馈，如于宾客。既彻并器，乃还而立。

注释

①馔（zhuàn 撰）：饭食；馈（kuì 溃）：为人送食。②置酱错食，陈膳毋悖：置放各种食品和调料，先后左右都要有一定次序，不可杂乱无章；错同"措"，安放。③胾（zì 字）：切成的大块肉。④虚豆：即空碗；豆：古代食器。⑤挟匕：筷子与饭勺；匕：勺，匙。⑥唯嗛

之视：意为只要看到有人吃完，就为之添益；嗛（qiàn欠）：不满，指食尽。⑦奉擥：以手捧持，擥同"揽"。⑧循咡覆手：古人饭后用手抹嘴以去不洁，表示餐毕；咡（èr二）：口旁，口耳之间。⑨抠衣：提起衣襟，以免脚踩。

鉴赏

这里两章的内容主要是规定老师用餐、学生伺候和学生用餐等与生活有关的礼仪。即到了用餐时，老师将要吃饭，弟子先把饭食送上。挽袖洗漱之后，跪坐着把饭菜进奉给师长。置酱摆菜，陈列膳食，不可违背规矩。一般上菜的程序是，送上鸟兽鱼鳖这类荤菜之前，必先送上蔬菜羹汤。羹汤与肉食相间摆置，肉摆在酱的前面，摆设的形式要方正。饭要在最后上，左右再放酒和酱。饭菜上全后退下，拱手站立一旁。一般是三碗饭和二杯酒。弟子左手端着空碗，右手握着箸匙，巡回添加酒饭，用心注意杯碗将空的情况。若是多人空了杯碗，就要按年龄分别先后添加，周而复始，用柄长一尺的饭勺添饭，就不必多礼，这些就是添加酒饭的规矩。老师食毕，弟子便撤去食具，快步奔走供奉洗漱，然后清扫席面，收拾干净。

老师吩咐之后，弟子才能进餐。按年龄入座，尽量靠近席面端坐。吃饭须用手捧碗，汤羹不能直接用手取用。可以双手紧靠膝盖，但不能两肘上桌。吃饱之后，要用手揩净嘴边，轻抖衣襟，搬开坐垫起身，提衣离席。不久又要回到席前，各自撤去席面，如同为宾客所做那样。撤席之后，各自收拾好食器，然后再回来立着待命。

总之，学生在老师的生活起居方面要温恭尽职，待师如宾。这些规定，详细具体，便于操作实行。

洒 扫

原文

凡拚之道，实水于盘，攘臂袂及肘，堂上则播洒，室中握手。执箕膺揲①，厥中有帚。入户而立，其仪不忒。执帚下箕，倚于户侧。凡拚之纪，必由奥始。俯仰磬折，拚毋有彻。拚前而退，聚于户内。坐板排之，以叶适己，实帚于箕。先生若作，乃兴而辞。坐执而立，遂出弃之。既拚反立，是协是稽。

注释

①执箕膺揲：拿畚箕时箕口向着自己；揲（yè叶）：箕舌。

鉴赏

这一章是具体阐述洒扫的守则：将清水装入盘中，挽起衣袖到肘部，堂屋可以扬手洒水，内室只宜掬水轻滴。手提畚箕时，要把箕口对着自身，畚箕中放有扫帚。进门时要站立片刻，礼仪不要有差错。拿起扫帚，就要同时放下畚箕，把畚箕靠在门侧。打扫的顺序是，必须从西南角开始。打扫时，要低头弯腰，不要触动屋内陈设。由前往后，边扫边退，把垃圾聚到门角。再蹲下来用木板把垃圾推入畚箕里，并注意将畚箕口面向自己，把扫帚放在畚箕上。此时老师若来帮忙，就要起身辞谢。再蹲下拿起箕帚站起来,出门倒掉垃圾。洒扫完毕之后,回来听候老师吩咐,这才符合洒扫规范。

《弟子职》的"洒扫"章,以及此前的"馔馈"章、"乃食"章,对学生日常的饮食起居之道、洒扫应对之节、坐立行卧之法等作了细致入微的规定。稷下学宫把这些作为道德教育的基本内容,并同教学融为一体,两者相辅相成、相得益彰。实践表明,这是当时道德教育的一条有效途径。

执 烛

原文

暮食复礼。昏将举火,执烛隅坐。错总之法,横于坐所。栉之远近,乃承厥火①,居句如矩,蒸间容蒸②。然者处下,奉椀以为绪③。右手执烛,左手正栉。有堕代烛,交坐毋倍尊者。乃取厥栉,遂出是去。

注释

①栉(zhì至)之远近,乃承厥火:视火炬烧余部分的长短,换上新的;栉:这里指燃烧所存的残烛;远近:此指长短。②蒸间容蒸:为了便于燃烧,点火时两炬之间应留有空隙;蒸:细木柴,即指火炬。③然:"燃"的本字;奉椀以为绪:用盘子来承接火炬的灰烬,椀同"碗";绪:火炬的残烬。

鉴赏

这一章以及下面几章,主要阐述师生一天教学之后的活动规则:进晚餐时,要再行礼仪。黄昏降临,便要举火照明,弟子手执柴束火炬,坐在屋室的一角。安放柴束火炬的方法是,把柴束横摆在所坐的地方。要根据未烧尽的柴束长短,来进行火种的接续。接火时新旧火炬构成直角,并要留有通风空隙;燃烧的火炬放在下面,还要捧碗来装火炬残灰;右手握持火炬,左手整理残灰。有谁疲劳了就由另一个人接替举炬,轮番交替时不可背向老师。最后收拾火炬的残柴余灰,走出门去倒掉。这就是晚餐礼仪和"执烛"活动。

————• 请衽·退习·结语 •————

原文

先生将息,弟子皆起。敬奉枕席,问所何趾。俶衽则请①,有常有否。

先生既息,各就其友,相切相磋,各长其仪。

周则复始,是谓弟子之纪。

注释

①俶衽则请:初次安设卧席一定要询问清楚;俶(chù触):开始,初次;衽(rèn任):卧席。

鉴赏

这部分文字虽短,但包含了三章内容,即"请衽"、"退习"和"结语",主要阐述老师就寝、弟子"退习"等情况:到了晚上,老师准备寝息,弟子都应起身服侍。恭敬地捧来枕席,问明老师睡时脚的朝向再铺床布席;第一次需问清楚,以后没有变化也就不必再问。老师寝息之后,弟子还不能休闲,应当寻找学友,互相切磋商讨,发挥各自所学的义理,取长补短。最后一章是结语,简要地概括为两句话:将以上各项周而复始地坚持遵守,这就是弟子的守则,即强调遵守学则要持之以恒。

以上是稷下学宫住宿师生的教学和学习生活的概况,充分体现了稷下学派之间相互吸收、相互融合的学术风气。教育对形成良好的社会道德风尚有着重大作用,《管子》有关篇章甚至认为国家的治乱兴废在很大程度上是教育、教化进行的好与坏的结果。《牧民》篇说:"四维(礼、义、廉、耻)不张,国乃灭亡。"强调了礼、义、廉、耻的教育问题对国家政治统治的重要性,并极力劝导统治者予以高度重视。唯其如此,才能确保国家长治久安。同时,它也承认政治对教育有着制约作用。

总之,《弟子职》反映了当时事事为课程内容、处处是课堂、时时是学习时机的思想,把学习贯穿于课堂管理、待人接物、洒扫应对、饮食起居等平常生活中的一举一动;全面系统地提出了学生的思想品德、尊师重道、学习生活、课余交游、行为规范等多方面必须遵循的基本要求和常规准则。同时也体现了四方面的道德教育精神:首先是反倦怠,即要求学子在接受道德教育时应有积极主动的精神,不能懒惰,正如《管子·形势解》所说:"解惰简慢,以之事主则不忠,以之事父母则不孝,以之起事则不成。"怠倦者是根本培养不出道德意识的。其次是忌伐矜,即反对骄傲自满、居功自伐,积极提倡谦虚处世,并认为独擅其美、自恃其盛、自奋其能,以骄傲放荡的姿态去欺凌他人，失败就会从这里开始。再次是从小处做起，即一个人要想培养好道德情操，最重要的是时时刻刻从小处严格要求自己，这样经过日积月累，最终才能修成大德；如果道德教育不从小处做起，不去防微杜渐，那么"微邪"就会变成"大邪"，"大邪"最终也会危害到国家。最后是自我反省，即要经常反思自己的所作所为，从各方面严格要求自己；同样，还要从"绝理者"（即弃绝事理者）身上汲取教训，从"不及者"身上取得借鉴，从"同学者"身上取长补短，以能更清楚地反思自我，这样才能不断地提高个人的道德修养、文化学识。

（谢宝耿）

神童诗

[北宋] 汪洙

── 劝学（一）──

原文

1. 天子重英豪，文章教尔曹；万般皆下品，唯有读书高①。

注释

①尔曹：你们，这里指学童们。

鉴赏

《神童诗》是中国古代流行很广的一本诗歌形式的启蒙读物，着重对孩童进行文化知识和努力方向的教育，对于从小培养其发奋读书、习作诗文具有积极意义。据明末学者朱国祯考证，该书作者为北宋学者汪洙。汪洙，字德温，浙江鄞县（今浙江省宁波市）人，宋哲宗元符三年（1100年）进士，曾任明州教授，著有《春秋训诂》，历官至观文殿大学士，曾主管台州崇道观，筑室西山，召集诸儒讲学，乡人称其室为"崇儒馆"。

据说汪洙9岁时便善赋诗，因此获得"神童"的美称。后人将他童年时的诗作搜集起来，并杂采唐代李白、五代陈后主等人之诗，诠补成集，题名为《汪神童诗》，作为训蒙之书，而在流传过程中遂被改为《神童诗》。《神童诗》的版本较多，相传全书原为34首诗，后经增补，有的版本多达60余首诗，但内容基本相同。清代江宁书坊针对《神童诗》缺乏对学童道德品行方面的教导，以"培育性情，开豁心地"为目的编撰了《续神童诗》（有说为近代著名慈善家、戏曲作家余治所撰），尽管文采欠佳，但也曾流行一时。

本书以清末民初的石印本《神童诗》为蓝本，并从实际出发，用其他版本整理充实，对个别地方进行了合理的校正。全书共有48首诗，皆为五言绝句，按内容分为：劝学（15首）、状元、言忠、帝都（2首）、四喜、早春、春游、暮春、寒食、清明、纳凉、秋夜、中秋、秋凉、七夕、登山、对菊、立冬、冬初、季冬、除夜、清风、桃花、梨花、李花、牡丹、梅花（2首）、翠竹、四时、消遣、幽居、四季等32类。概而言之，全书内容可归并为三个部分：第一部分为前15首《劝学》诗，内容都是劝学，极力宣扬读书的好处；第二部分从《状元》到《四喜》5首诗，以励志、教化为目的，描述科举及第的得意；第三部分从《早春》到《四季》28首诗，通过四时景致的描写，表达读书人的喜悦心情。尽管从现今观念来看，有些内容值得商榷、甚至应该扬弃，但大多数内容还是有其价值，对为人处世不乏教益，应予以弘扬，特别是每首诗通俗易懂、清新纯真、情趣盎然，且格律严谨、音韵和谐、对仗工整、琅琅上口，很适合孩童背诵，便于流传。

《神童诗》的首篇讲的是："天子重英豪，文章教尔曹；万般皆下品，唯有读书高。"在社会上流传十分广泛。因其中对儒家传统的"学而优则仕"观念阐释得十分传神，故被冠之以《劝学》篇名。读书，最起码有助于识字，在人生的青少年时期，长知识、打基础是最重要的任务。刻苦读书、努力掌握科学文化知识，是为将来走上社会、从事工作奠定基础的头等大事。从这个意义上说，在孩童阶段提出"万般皆下品,唯有读书高"还是有道理的。当然这个说法不能推之于极端,理解为一生只求"读书至上",在学习过程中,应当讲求学以致用,把读书与实践结合起来。

劝学(二至五)

原文

2. 少小须勤学,文章可立身;满朝朱紫贵,尽是读书人①。
3. 学向勤中得,萤窗万卷书;三冬今足用,谁笑腹空虚②?
4. 自小多才学,平生志气高;别人怀宝剑,我有笔如刀。
5. 朝为田舍郎,暮登天子堂;将相本无种,男儿当自强③。

注释

①立身:自立成人;朱紫:指达官显贵,唐制规定,官员五品以上穿红色的官服,三品以上穿紫色官服。②萤窗:晋人车胤,家贫无钱买灯油,捕捉许多萤火虫放在丝囊中,供夜读时照明,后世便以萤窗、萤案比喻刻苦读书。三冬:指三年,类似三春、三秋。③田舍郎:农夫,村夫。

鉴赏

阅读《神童诗》的第一感觉是,其中的励志成分十分强烈。比如第2首诗中的"少小须勤学",提出了勤学的要求。第4首中的"平生志气高",用白话的方式言及立志,都成为后人口口相传的警句。第5首中的"将相本无种,男儿当自强",典故出自《史记·陈涉世家》,原文是秦朝末年陈胜对起义战士所说:"王侯将相,宁有种乎?"意思是王侯将相之人并非天生的。以后,他们振奋起斗志,推翻了秦王朝的统治。此话充满了对自身命运的信心,对通过读书改变命运的人来说,有着很大的激励作用。在等级制度下的封建社会能有这样的觉悟,是很不容易的。在两汉、魏晋等时代,中国虽然已经有了儒家"学而优则仕"的说法,但是真正实施起来并不那么容易,还是要看有无贵族出身的背景,两汉的举贤良制度、魏晋的九品中正制,都无法摆脱这些框框。隋唐以后,中国实行科举制度,才真正使贫苦人家子弟通过读书的阶梯,步入上层从政的行列。而宋代在科举制度上的修正、完善,则使得这一追求变得更为切实可行。因此,"万般皆下品,唯有读书高",是当时不争的事实。而今,社会的进步与发展提供了更为广阔的成才之路,读书只为做官的理念已成为历史的遗迹或少数人的追求。但读书对当今正处于学习阶段的孩童来说确实很重要,因为掌握前人积累下来的书本知识,可以增强我们的生存能力,获得前进的力量。

  当然,由于过分强调读书的目的在于治国安邦,而不是搞科学研究、科学实验、创造发明,也不是去学经商理论,目的只有一个就是做官,以至于绵延几千年的中国传统文化,多半是官场文化,都是为官之道,从事实际的科学活动或做单纯学问者,地位十分卑微,也在某种程度上抑制了中国古代科学研究的发展。与此同时产生的是知识分子的优越感,从"满朝朱紫贵,尽是读书人"的说法中可以看出,当时人们以当官执政并留名于后世为自豪。这一思想用另一种方式表达,便是"立德、立言、立功",中国儒家这一思想作为人生的理想目标并不错,不过我们看到的是对个人利益的过分关注。

  但是话说回来,时过数百年,这些劝学、励志的诗句仍不乏借鉴意义，它使人们相信只要善于把握时间、精力，持之以恒，努力地去付出，我们及其孩子们同样可以成为出色的政治家、科学家、理论大师，成为对社会、对人类有贡献的人。从这个意义上可以说，汪洙的诗篇是具有积极意义的作品。《神童诗》能历朝历代盛行不衰，自有它的魅力所在。

劝学（六至九）

原文

6. 学乃身之宝，儒为席上珍；君看为宰相，必用读书人①。
7. 莫道儒冠误，诗书不负人；达而相天下，穷亦善其身②。
8. 遗子黄金宝，何如教一经；姓名书锦轴，朱紫佐朝廷③。
9. 古有千文义，须知后学通；圣贤俱间出，以此发蒙童④。

注释

①席上珍：宴席上的珍品，比喻儒生具有美善的才德。②儒冠：古代读书人所戴的一种帽子，借指以读书为业；相天下：当宰相治理天下；穷：事业不发达；善其身：使本身具有良好的修养。③锦轴：用锦缎装饰的卷轴，指华丽的文书，因古代书籍不分页，用轴卷成一卷来展读。④千文：即周兴嗣的《千字文》，或可理解为千种文章即各种文章；间出：相间出现；发：启发；蒙童：智慧还没有得到开发的幼童。

鉴赏

《神童诗》中的思想性也值得关注，如第7首诗中的"达而相天下，穷亦善其身"，很值得回味。这里涉及的是穷达观念："穷则独善其身，达则兼善天下。"语出《孟子·尽心上》，它是儒家的人生观，也是做人的最基本的要求，意为如果一个人发达了，要想着去帮助别人、匡扶世界；如果没有发达，要以儒家的信条要求自己，使自己成为一个积极向上的君子。一个人在穷困潦倒时虽然不能对社会做什么贡献，也应该坚守个人的节操，努力做到道德上的自我完善；一旦摆脱困境，取得显贵地位，就应该努力使天下人也能完善，也能过上好日子。这体现了一个人不能只顾自己、还要兼济天下的积极入世思想。这是儒家思想的精华所在，被视为中华民族的宝贵精神遗产。这一句话中的意思还包含着人们在遭遇困境时会想办法去改变，有改变才有可能继续发展，才有可能获得成功。现在也可以把这句话理解为人只有发展，才能保证生存的可能，它与《论语·雍也》中"己欲立而立人，己欲达而达人"的意思是相通的。

第9首诗中的"须知后学通"，也很值得回味。此话涉及学习的方式方法，讲到了阅读获取一般知识的重要性。我们知道知识的获得有一个逐渐积累的过程，在人类的孩童时期，我们主要通过阅读、记诵等方式来得到对知识的初步积累。从现代科学的角度讲，阅读是通过视觉感知语言符号后大脑处理、加工与理解信息意义的心理过程。在这过程中，人们慢慢得到在语言（词汇、语法等语言结构）、文化（历史、政治等）和情感（作者的观点、态度等）方面的信息，然后才可以通过抽象与概括，正确解读材料中的语言、文化和情感意义，通过融会贯通，获得判断事物、运用规则、处理问题的能力。本节中虽然没有讲得那么高深透彻，但把阅读、背诵的意义和作用进行了提示。

劝学(十)

原文

10. 神童衫子短,袖大惹春风;未去朝天子,先来谒相公①。

注释

①惹:引;春风:即春风得意;谒(yè夜):拜见;相公:宰相,这里泛指各级监考的学官。

鉴赏

配合第10首诗有一个流传很广的故事。据说汪洙的"神童"称呼,始于觐见县令:一天,鄞县县令带领全县举人、秀才去孔庙参拜孔子圣像。在三跪九叩之后,忽然发现大殿墙壁上,用木炭写有一首诗:"颜回夜夜观星像,夫子朝朝雨打头。多少公卿从此出,何人肯把俸钱修。"下边落款是九龄童汪洙。县令环视大殿,不光殿宇破败不堪,孔子和颜回圣像也都缺臂少腿,实在有损尊严,自觉羞惭。但转而一想,9岁之人怎能写出这样诗来?怕是有人假冒孩童之名,故意讽刺我。于是便吩咐差役:"速去打听,这汪洙是何等样人,叫他前来见我。"汪洙因家境清贫,从小就帮家里牧鹅,并利用晚上和牧鹅空隙读书写字。一天汪洙赶着一群白鹅到野外放牧,恰逢大雨从天而降，便把鹅群赶进孔庙避雨。一进庙门，只见殿堂破败，圣像破碎，心想朝廷官员都是崇拜孔夫子的人，如今夫子坐在这样的破庙里，却谁也不肯拿出点银子来修理，触景生情便拿起殿角烧剩的木炭，在墙上题了这首诗，不料被县令发现。县令查问汪洙："你为何要写这样的诗？"汪洙不慌不忙地回答："只要老爷看看这庙，还能不知写这诗的用意吗？"县令见他对答如流，心中暗喜，但仍有怀疑。便说："如此说来，这诗果是你写的了，那可是神童啊！"县令见汪洙穿着短小的衣衫，便嘲笑道："只是神童的衣衫好短哟，老爷我还没见过穿这样短衣衫的神童哩！"汪洙听出县令还不相信诗是他写的，眼珠一转，诗上心来，当着众人之面，向县令鞠了一躬，脱口吟道："神童衫子短，袖大惹春风；未去朝天子，先来谒相公。"县令一听，果然有才华，大喜道："好诗，果是神童！将来定成大器。有赏！有赏！"从此，汪洙神童之名在宁波一带流传开来。

　　从诗中的表述方式来看，虽然说教的痕迹明显，但因是孩童的作品，明显带有形象性、情节性强等儿童诗的特征。时至当今，仍有不少读者称赞此诗笔调轻松调皮，意思表达具有分寸，读后一个绝顶聪明顽童的可爱形象跃然纸上。

―――● 劝学（十一至十五）·状元 ●―――

原文

11. 年纪虽然小，文章日渐多；待看十五六，一举便登科。

12. 大比因自举，乡书以类升；名题仙桂籍，天府快先登①。
13. 喜中青钱选，才高压俊英；萤窗新脱迹，雁塔早题名②。
14. 年少初登第，皇都得意回；禹门三汲浪，平地一声雷③。
15. 一举登科日，双亲未老时；锦衣归故里，端的是男儿。
16. 玉殿传金榜，君恩赐状头；英雄三百辈，随我步瀛洲④。

注释

①大比：古代科举制度规定三年一次在省城举行的乡试，考取者为举人；乡书：乡试中选；以类升：逐级上升；仙桂籍：指进士的名册；天府：天官，这里比喻皇官、朝廷。②青钱选：古时的铜钱以色青为贵，故人们挑选铜钱都先选青钱，此处比喻科举考试时文才出众；雁塔：即大雁塔，在今陕西省西安市南四千米的慈恩寺内；雁塔题名：唐代新科进士都到大雁塔题上姓名，作为一种荣耀。③禹门：即龙门，在山西省河津市区西北的黄河峡谷中，相传为大禹所凿，神话传说鱼若能跃过龙门就能变成龙，后人将科举考试中选比喻为登龙门；三汲浪：三次跃出波浪，比喻在乡试、会试、殿试中屡次中选。④金榜：公布科举及第者姓名的布告；状头：即状元；三百辈：三百人，每次科举考试录取进士的名额一般为三百名；瀛洲：传说中神仙所居的山名，考中进士的人全国仰慕，称为"登瀛洲"、"步瀛洲"。

鉴赏

中国是诗歌大国，从唐、宋时期出现的大量著名诗人及其脍炙人口的作品就可得知。当时虽然没有专门的儿童诗之名称，但这类作品还是存在的。儿童诗笔下的诗歌兼有咏物、写景、叙事几个方面，在写作手法上，大多采取细致的物态描摹和场面描写，并伴随有丰富的想象。除了第10首诗歌外，在第13首诗中的"喜中青钱选"、"萤窗新脱迹，雁塔早题名"；第14首诗中的"皇都得意回"、"禹门三汲浪,平地一声雷";第15首中的"锦衣归故里",都较形象化,并略有夸张。如以"青钱"比喻科举考试时文章写得好,用"鲤鱼跳龙门"来说明考取进士的不易,用"平地一声雷"比喻考试中举引起的震动,都非常生动形象。另外,"皇都得意回"、"锦衣归故里"等,神情、色彩都历历再现,留给人们鲜明的画面感。俄国文学评论家别林斯基曾说过:"童年时期,幻想乃是儿童心灵的主要本领和力量,乃是心灵的杠杆,是儿童的精神世界和存在于他们自身之外的现实世界之间的首要媒介。"(《文学的幻想》)这是因为在孩童们的世界里,感性的认识处于活跃阶段,他们多注重外部特征和外部联系,容易为显眼的色彩、响亮的声音、奇特的形状和充满趣味的情节所吸引,而不喜欢简单的交代、抽象的说理或者静止的时空。而《神童诗》中的表现方式,恰也体现出这样的特点。

言忠·帝都(二首)·四喜

原文

17. 慷慨丈夫志,生当忠孝门;为官须作相,及第必争先。
18. 宫殿岧峣耸,街衢竞物华;风云今际会,千古帝王家①。
19. 日月光天德,山河壮帝居;太平无以报,愿上万年书。
20. 久旱逢甘雨,他乡遇故知;洞房花烛夜,金榜挂名时。

注释

①岧峣（tiáo yáo 条摇）：高大峻峭的样子；衢（qú 渠）：四通八达的街道；物华：景物的光彩，这里指各种精美的货物。

鉴赏

这节从神童少年得志转而议论人当怀大志，仍以励志、教化为目的，除了具有说理显豁、形象生动、易为孩童接受的特点之外，还以宫殿之雄伟、货物之丰富、山河之壮丽来烘托各地英杰汇集京城的欢乐。如第18首诗"宫殿岧峣耸，街衢竞物华；风云今际会，千古帝王家"便是突出的例子。类似的溯源，在《楚辞·七谏·谬谏》中有"虎啸而谷风至兮，龙举而景云往"；《后汉书·耿纯传》中的"以龙虎之姿，遭风云之时"，其本意都指英气杰出之士，以英豪的姿态，在足以大显身手的风云岁月中创造伟业。诗中的表述，显现了作者的用典、发挥和概括。另外，第19首诗中的"愿上万年书"也属用典，是从陈后主《入隋侍宴应诏》中化出。原文中的"东封书"在本文中改为"万年书"，所谓"东封"，是指帝王行封禅事，昭告天下太平；现在改成"万年书"，仍旧是指使国家能长治久安、永远兴盛的施政方案，但更为通晓明白。

第20首诗中的内容，据说是出自汉代无名氏的《四喜诗》，南宋洪迈的《容斋四笔·得意失意诗》中有同样的内容。其中"洞房花烛夜"诗句，在北周庾信的《和咏舞》诗中也有类似的描述："洞房花烛明，燕余双舞轻。"古代传说尧王与鹿仙女在姑射仙洞完婚，一时祥云缭绕，百鸟和鸣。到了傍晚结鸾之时，一簇神火燃于洞顶，耀眼夺目，光彩照人。从此，世间也就有了把新郎、新娘的房子称作"洞房"，把新婚之夜称作"洞房花烛夜"的习俗。以此铺垫"金榜挂名时"，更显出其在人生乐事中的地位。

与前几节略有不同的是，这节的几首诗除了讲到以忠孝报国的主旨之外，还把读书中举与美好的生活享受联系起来，体现了作者务实的生活理念。据传北宋真宗皇帝赵恒有《励学篇》，曰："富家不用买良田，书中自有千钟粟；安居不用架高楼，书中自有黄金屋；娶妻莫恨无良媒，书中自有颜如玉；出门莫恨无人随，书中车马多如簇；男儿欲遂平生志，《五经》勤向窗前读。"这首诗把读《五经》的好处说得淋漓尽致。这里的千钟粟，是指五谷丰登、良田千顷、粮食满仓；颜如玉，是形容女子之美、冰清玉洁；黄金屋，是指富甲一方、家财万贯、琼楼玉宇。这种将读书考举的人生设计与官员的俸禄即高官厚禄、美女、华屋密切联系，展示了中国古代读书成才、改变人生的美好前景。而《神童诗》的作者将金榜题名与其他人生美事相提并论，大致的思路也源出于此。这个观念，用现代理念去解释，就是读书接受教育，在掌握知识才能、投身社会、服务人群的同时，也能得到"千钟粟"、"黄金屋"、"颜如玉"等实惠。当然这也为后人植下了功利思想的阴影，于是利益至上、厌恶劳动成了读书人即知识分子最典型的表现，这是封建思想中的一种糟粕，应引以为戒。

早春·春游·暮春·寒食·清明

原文

21. 土脉阳和动，韶华满眼新；一枝梅破腊，万象渐回春①。
22. 柳色侵衣绿，桃花映酒红；长安游冶子，日日醉春风②。
23. 淑景余三月，莺花已半稀；浴沂谁氏子，三叹咏而归③。

24. 数点雨余雨,一番寒食寒;杜鹃花发处,血泪染成丹④。
25. 春到清明好,晴天锦绣纹;年年当此节,底事雨纷纷⑤?

注释

①土脉:土地的气脉,或称"地气";阳和:温暖和畅之气,即春气;韶华:大好时光,这里指春天的景象;梅破腊:梅花初放冲破了寒冬腊月而开放;腊:腊月,农历十二月。②侵:即染、映;长安:今陕西省西安市,这里作京都的代称;游冶:也称"冶游",意为春天外出游玩。③淑景:美好的景色;余三月:这里指暮春;莺花:莺鸣花放,比喻春天景色的繁华;已半稀:指春花凋谢,莺鸣稀落;沂:沂水,在今山东省南部,江苏省北部沂河,仅下游古今略有变迁。④寒食:即古代寒食节,在清明节前一天,节日期间,家家熄火种,不得举火,故名"寒食"。杜鹃花发处,血泪染成丹:古代神话传说,蜀国国王杜宇,死后化为杜鹃,鸣声凄厉如泣,啼至血出乃止,而杜鹃花色红如血,相传是杜鹃的血泪染成。⑤底事:何事,为什么。

鉴赏

中国古代的儿童诗从形式、结构类型来看,可区分为歌谣诗、格律诗和自由诗三类,汪洙撰写的《神童诗》可归于格律诗,这些儿童诗的共同特点是短小精悍,浅显易懂。儿童正处于学习语言、积累词汇的初级阶段,尚不具有熟练驾驭词汇的能力,因此多数儿童诗都是以"娃娃腔"写作,幼嫩之痕随处可见,而宋代《神童诗》运用五绝的基础已十分厚实,不仅平仄符合规范,读起来琅琅上口,富有感染力,而且对仗也很见功力,如前节中的"日月光天德,山河壮帝居",显得工整平稳;又如本节第24首诗的"数点雨余雨,一番寒食寒",则运思十分奇巧。若作者真的是少年,那确实显得早熟。他在体裁选择方面十分高明,遣字造句精美,用典奇妙,使得全篇富有灵气,见之者不能不发出"神童"的赞叹。

《神童诗》作为流传极广的诗歌读本，实际上在进行着两个方面的启蒙：一方面是人生启蒙，另一方面是诗歌启蒙。作为诗歌启蒙的《神童诗》，主要表现在后半部分由《早春》到《除夜》的16首诗中，即本节与下节两部分。这些诗描写了春夏秋冬四个季节景物的变异，以及人们面临自然景物变化时心态的变化。与前边的《劝学》诗不同，诗人不再充当说教者，而是自然的朋友，他以敏锐的感觉，发现了一般人尚未觉察的自然景物的微细变化，并且寥寥几笔，即把这个季节的特点勾画出来。如用"一枝梅破腊"暗示冬去春来，用"柳色侵衣绿，桃花映酒红"渲染盎然的春意，用"莺花已半稀"点明暮春季节，均抓住了诗善于通过客观景物的变化展示时间流动的特点。

瑞士发展心理学家皮亚杰（Jean Piaget，1896—1980）曾在研究中发现，儿童在心理发展的某些阶段，存在着泛灵论的倾向。他们把无生命的物体看作是有生命、有意识的，低龄儿童更是习惯把许多外界事物都看成和人一样具有生命、有品格、活的东西，常把身边的玩具、自然界的动植物当作可以交流的伙伴，与它交谈与玩耍。从这个角度看，将景物纳入儿童视野，是能够得到接受的。由此可见，《神童诗》的流传，固然有旧时代主流意识形态的支持与提倡，同时也与作者善于把握儿童心理特征有关。

不过从内容来看，其他儿童诗中往往有着拟人化的样态，如《鹅》，诗文曰："鹅鹅鹅，曲项向天歌。白毛浮绿水，红掌拨清波。"就十分形象有趣。与此相比，本文中的景物描写显得十分中规中矩、毫无天真烂漫存在，有其不足之处。

这就引出另一个方面的问题，即这几首诗的作者是否与前面几首诗是同一个人？中国古代的儿童诗，有儿童自己创作的诗歌、有成年人为儿童创作的诗歌两个部分，本节与以下数十首诗，从行文较少童趣的画面、诗味较为寡淡等判断，创作者更像是成年人，联想学界对后几十首诗系自其他诗文中摘录的猜想，似乎也不无道理。不过，不管作者为谁,作为其读者的儿童从小吟咏这些作品,自然会得到美的熏陶,进而从生活中发现诗意,所以它的启蒙意义还是不容置疑的。

纳凉·秋夜·中秋·秋凉·七夕·登山·对菊

原文

26. 风阁黄昏后,开轩纳晚凉;月华当户白,何处芰荷香①?
27. 漏尽金风冷,堂虚玉露清;穷经谁氏子,独坐对寒檠②。
28. 秋景今宵半,天高月倍明;南楼谁宴赏,丝竹奏清音。
29. 一雨初收霁,金风特送凉;书窗应自爽,灯火夜偏长③。
30. 庭下陈瓜果,云端望彩车;争如郝隆子,只晒腹中书④。
31. 九日龙山饮,黄花笑逐臣;醉看风落帽,舞爱月留人⑤。
32. 昨日登高罢,今朝再举觞;菊花何太苦,遭此两重阳⑥。

注释

①风阁:四面开窗,夏天用以纳凉的楼房;芰(jì技):菱。②金风:秋风;檠(qíng晴):台灯、灯。③霁:雨后或雪后转晴。④此诗写七夕节,农历七月七日是七夕节,相传每年的七夕夜晚,银河两岸的牛郎星和织女星登上由喜鹊临时架成的桥在银河中相会;郝隆:晋代名士。⑤黄花:菊花;舞爱:这里指在月下舞蹈。⑥觞(shāng伤):酒杯;两重阳:重阳后的一天再次宴会赏菊,故九月初

十有"小重阳"之称。

鉴赏

本节与上下两节联系起来看，大致涉及了一年中所经过的四季风景与相应的风俗、物候，并引用名人之诗进行阐述，如第31首诗，引自唐代诗人李白《九日龙山饮》诗；第32首诗为李白《九月十日即事》诗。李白的两首诗都与秋景有关，在前一首诗里，记载李白在九月初九重阳节之际像古人历来所作的那样，登上了当地的名胜之地龙山，与好友痛饮菊花酒，借吟诗来倾泻胸中之情。在登山之际联想起曾经上演过的名士清流之事，以"逐臣"自比的李白，暂时忘却了政治上的不得意，把自己比作被风吹落帽子的名士孟嘉，表达了对名士的向往和对自然的热爱。诗的最后一句"舞爱月留人"，巧妙地将月亮拟人化，以"月留人"收尾，显得生动别致，表面上是说月亮挽留诗人，而实际上是诗人留恋这脱俗忘尘的自然之境，不愿割舍而去，表现出一些文人既向往精神自由又难弃功名事业的矛盾心态。后一首诗作于九月初十，史称"小重阳"。《岁时广记》卷三五引《岁时杂记》云："都城士庶，多于重九后一日再集宴赏，号小重阳。"李白借此吟诗，说菊花两次遭到采撷，发问它为什么要遭到"两重阳"的重创？其实对于赏菊的人们来说，重阳节的欢乐情绪意犹未尽，所以九月初十还要继续宴饮；但菊花作为一种生命的个体，却要忍受两遭采撷之苦。诗人以其极为敏感、幽微的灵秀之心，站在菊花的立场上，发现了这一诗意的空间。实际上，诗人是借菊花之苦来寄托自己内心的极度苦闷，是对人生遭际的一种怨叹。

同时，《神童诗》有些诗句引入的典故颇为发人深思，如第30首诗中"争如郝隆子，只晒腹中书"，就是用了魏晋时期郝隆的故事。据《世说新语·排调》载：七夕那天，人们都晒衣物，郝隆却仰卧庭中。有人问他干什么，他答道："我在晒肚子里的书。"在这个典故中我们能够感受到作者的生活情怀，表现的是读书人对拥有知识的一种自负。而上节第23首诗中的"浴沂谁氏子，三叹咏而归"，则本于《论语·先进》："莫（暮）春者，春服既成，冠者五六人，童子六七人，浴乎沂，风乎舞雩，咏而归。"意为春夏之交，约五六个成年人，六七个小孩，在沂水中洗洗澡，在舞雩台上吹吹风，一路唱着歌，一路走回来。这是孔子与四个弟子谈论志向时，其中弟子曾点说的话，受到孔子的赞赏。这里隐喻着对礼乐兴邦、弦歌盛世的向往，是孔夫子等中国儒家毕生奋斗追求的理想，以后人们便以"沂水弦歌"来指代此等生活态度。

立冬·冬初·季冬·除夜

原文

33. 北帝方行令，天晴爱日和；农工新筑土，共庆纳嘉禾①。
34. 帘外三竿日，新添一线长；登台观气象，云物喜呈祥②。
35. 时值嘉平候，年华又欲催；江南先得暖，梅蕊已先开。
36. 冬去更筹尽，春随斗柄回；寒暄一夜隔，客鬓两年催③。

注释

①北帝：指主管冬季的天神；纳嘉禾：庄稼丰收。②新添一线长：冬至日太阳最为偏南，过后就一天比一天升高一些；云物：天上的云彩，古人以为云彩的颜色能预报吉凶，在冬至那天有登上高台观

察云色的礼仪。③更筹：亦称更签，古代在夜间用来计时的竹签；斗柄：北斗七星状若斗勺，其第五、六、七三星似斗勺之柄，故称斗柄，斗柄随季节的推移在空中转动，立春时斗柄指向东方，立秋时指向西方，周而复始；暄：温暖。

鉴赏

《神童诗》文中涉及的民间节日十分完整，如上节第21首诗中的"一枝梅破腊，万象渐回春"，大致关涉了春节、立春这样的节日；第24首诗中的"数点雨余雨，一番寒食寒"，是寒食节——为纪念春秋时期拒受封赏、执著人生准则的介子推而列之节，到了唐朝时，寒食节与清明节合并，寒食禁火习俗逐渐消失；第25首诗中的"春到清明好"，涉及的是清明节——大约有2500多年的历史，是一个很重要的节气，因清明一到，气温升高，正是春耕春种的大好时节，故有"清明前后，种瓜种豆"的说法；第30首诗中的郝隆"只晒腹中书"，讲的是七夕；第31、32首诗中的李白两首诗，涉及重阳节；而第36首诗则引自唐人李德裕（一说宋人李福源）的《岭外守岁》诗，则言及岁末的守岁，即今天的"除夕"。通过阅读这些诗歌，了解中国最古老的节日，或许能使孩童懂得时令变化，从而获得融入自然、寻找快乐的契机。

同时诗中还表述了诗人因节日而受到意外遭遇：《岭外守岁》是唐宣宗大中二年（848年）除夕李德裕在赴崖州途中的守岁之作，他由潮州（今广东省潮安县）司马再贬为崖州（今海南省海口市琼山区）司户参军，于次年正月才到达贬地。全诗抒发岭外守岁的凄苦心境，在构思中从除夕之夜在时间、季节转换上的这个特点出发，以艺术表现的对比手法——诗的前三句，都是在反衬末尾一句之意，即除夕之夜隔开寒暖新旧两年，旅客离乡在外，过此一夜就经历了两个不同的年份，思乡之情更加急迫，且催人老去。正是有了前面三句"冬去更筹尽，春随斗柄回；寒暄一夜隔"的有力衬托，末尾一句"客鬓两年

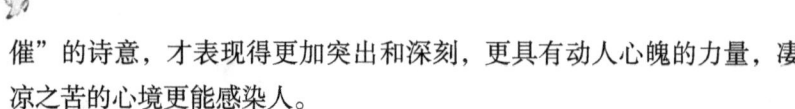

催"的诗意,才表现得更加突出和深刻,更具有动人心魄的力量,凄凉之苦的心境更能感染人。

这些文字大多有着文人的人生观念,所抒发的并非从事体力劳动、为生计发愁者的情感,所以较多为"士"即知识分子阶层所欢迎,也就变成了情理之事。

清风·桃花·梨花

原文

37. 解落三秋叶,能开二月花;过江千尺浪,入竹万竿斜①。
38. 人在艳阳中,桃花映面红;年年二三月,底事笑春风②?
39. 院落沉沉晓,花开白雪香;一枝轻带雨,泪湿贵妃妆。

注释

①解:懂得;二月花:指秋天的枫叶,典出唐代诗人杜牧《山行》诗:"霜叶红于二月花"。②此四句出自唐代诗人崔护的《题都城南庄》,原诗是:"去年今日此门中,人面桃花相映红。人面不知何处去,桃花依旧笑春风。"

鉴赏

这些诗中又有对前人诗歌的引用,似在量上更多于前文,如第37

首诗出自唐代诗人李峤的《风》，第38首诗为唐代诗人崔护的《题都城南庄》诗，第39首诗出自唐代大诗人白居易的《长恨歌》诗。

李峤的《风》是一首描写风的小诗，它是从动态上对风的一种诠释和理解。风无形，空气流动形成风，但它又是有形的，一阵微风掠过，小草含笑向人们点头，花儿在风中摇曳着，变着法儿撒欢儿，炊烟随着风的节奏跳起直上重霄的舞蹈，纤细的柳枝轻拂着树下游人的脸庞。风也有自己的思想和感情，当它欢欣的时候，往往伴着细雨洋洋洒洒飘落。春天来临的时候，春风吹醒冬眠的柳条，送来翩飞的燕子，吹绿了千沟万壑，摇醒了小草的青春，也在人们心中播下了盎然的春意。而二月春风似剪刀，像"飞天"的裙裾在梳理着；当它发怒的时候，过江卷起漫天狂澜，引发海啸，将参天大树连根拔起，狂笑着、轻蔑地看着人们对它束手无策；当它悲哀的时候，也会发出呜呜咽咽的声音，似在诉说心中的悲怨与委屈，听之也不得不为之动容。风是神奇的，有着千变万化；风是柔弱的，又是强悍的。敏感的风，多情的风，凄婉的风，千姿百态的风，你是人类的朋友，却也给人类带来无尽的灾难。风，你让人不得不爱，同时也让人惧之又惧。

崔护的《题都城南庄》见于《全唐诗》（卷三六八），这首诗提到诗人去年曾经有过寻春遇艳的好事，即在盛开的桃花相映下，见到了一位少女——光彩映红的"人面桃花"，诗人目注神驰、情摇意夺，双方脉脉含情却未进一步发展。于是，今年春天诗人又来此地重寻旧梦，还是春光烂漫、百花吐艳的季节，还是花木扶疏、桃花掩映的门户，然而使这一切增光添彩的"人面"却不知"何处去"，只剩下门前一树桃花仍旧在春风中凝情含笑。桃花在春风中含笑的联想，本从"人面桃花相映红"得来，尽管这首诗有某种情节性，但它并不是一首叙事诗，而是一首抒情诗。它抒写了某种人生体验：在偶然、不经意的情况下遇到某种美好事物，而当自己去有意追求时，却再也不可复得。这也许正是这首诗经久不衰的艺术生命力的原因之

一吧。

第39首诗有人命其题为《梨花》，倒也贴切。诗中的"一枝轻带雨，泪湿贵妃妆"句，形容正在哭泣的美人杨贵妃的脸。诗句套用了唐代白居易《长恨歌》中的"玉容寂寞泪阑干，梨花一枝春带雨"句子。《长恨歌》中的这两句诗，是通过视觉形象来描写杨贵妃的痛苦心情。杨贵妃是著名的美人，当年李白曾在《清平调》中把她比作艳丽的牡丹花；现在她处在十分痛苦的境地，白居易便以带雨的梨花来比喻她。经过这一比喻，尽管她泪流满面，神情凄然，但给读者看到的仍是很美的艺术形象。

李花·牡丹·梅花（二首）·翠竹

原文

40. 枝缀霜葩白，无言笑晓风；清芳谁是侣？色间小桃红①。
41. 倾国姿容别，多开富贵家；临轩一赏后，轻薄万千花②。
42. 墙角一枝梅，凌寒独自开；遥知不是雪，惟有暗香来。
43. 柯干如金石，心坚耐岁寒；平生谁结友？宜共竹松看。
44. 居可无君子？交情耐岁寒；春风频动处，日日报平安。

注释

①霜葩：色白如霜的花；色间：花色间杂在一起。②倾国姿容别：暗指牡丹花像倾国倾城的美人，颂其姿态、容貌与众不同。

鉴赏

这些诗中不少像前诗一样，对前人诗歌有所引用，如第42首诗引用了北宋文学家王安石的《梅花》诗，不同的是王诗的"一"作"数"，"为"作"惟"；第44首诗是金代文学家元好问的《丐论》。

古人吟唱梅花的诗中，有一首相当著名，那就是北宋诗人林逋的《山园小梅》。尤其是诗中"疏影横斜水清浅，暗香浮动月黄昏"两句，更被赞为咏梅的绝唱。林逋这人一辈子不做官，也不娶妻生子，一个人住在西湖湖畔孤山山坡上，种梅养鹤，称"梅妻鹤子"，过着隐居的生活。所以他的咏梅诗，表现的不过是脱离社会现实、自命清高的思想。而第42首诗则不同，"惟有暗香来"，巧妙地借用了林逋的"暗香浮动月黄昏"诗句，却能推陈出新。你看他写的梅花，洁白如雪，长在墙角但毫不自卑，远远地散发着清香。此诗通过对梅花不畏严寒的高洁品性的赞赏，用雪喻梅的冰清玉洁，又用"暗香"点出梅胜于雪，说明坚强高洁的人格所具有的伟大魅力。作者在北宋极端复杂和艰难的局势下，积极改革，而得不到支持，其孤独心态和艰难处境，与梅花自然有共通的地方。这诗意味深远，而语句又十分朴素自然，没有丝毫雕琢的痕迹。

第44首诗告诉人们居住的地方不可没有君子，故应种植松、竹、梅等像君子那样耐得住风霜寒冷的有节操的植物，来作为长久相交的朋友。《酉阳杂俎》载李德裕言，北都童子寺有竹一窠，每日竹报平安。第43首诗的"宜共竹松看"，是说梅花适宜与竹、松等量齐观，中国古代称松、竹、梅三种耐寒的观赏植物为"岁寒三友"，这里也暗示了此句有咏梅含义。

《神童诗》中的这节与上节的内容，涉及了动态的清风及桃花、梨花、李花、牡丹、梅花和翠竹等，体现出各自的风骨，是其美好的显现。特别是泛写岁寒三友，更富有人文的意趣。由于松、竹经冬不凋，梅花则迎寒开花，当寒冬来临，万木萧条，于寒风霜雪中唯此三友玉洁冰清、昂然挺立、傲骨铮铮，所以在传统文化中成为高尚人格的象征。中国古代曾有大量吟咏岁寒三友的诗歌，到宋代更是达到高峰。在人们的赞赏中，松、梅、竹又被赋予常青不老和旺盛生命力的蕴意，也有人借以比喻忠贞的友谊，传到日本后又加上长寿的意义，而岁寒三友也逐渐演变成为雅俗共赏的吉祥图案，流传至今。总之，本节诗文虽然在行文上多沿袭前人的诗句，与儿童诗浅显易懂的特征有一定差距，但所及事物具有美感，在内容上展现文人的美好情怀，所以还是值得孩童诵读和流传。

—— 四时·消遣 ——

原文

45. 春水满泗泽，夏云多奇峰；秋月扬明辉，冬岭秀孤松①。
46. 诗酒琴棋客，风花雪月天；有名闲富贵，无事散神仙。

注释

①泗泽：河流和沼泽；泗：泗河，在今山东省西南部；夏云：夏天的云朵大多状如奇形的山峰；秀孤松：孤立的苍松，一株独秀。

鉴赏

此节第三次出现以四季为主题的诗歌结构运思。在第一层面，作者主要以读书中的人所面临的四时变化及其与之相应的物候、风俗演变，文人在其中享受这些自然界的馈赠，并于不同的时节有不同的活动安排，此属外在的行为。第二层面的涉及，大多讲风月景象，以景物喻内在的情怀，尊崇清朗、坚贞的情操，蕴含着对美好事物的向往。本节还是涉及自然物景，然较为简捷，如第45首诗，在一首诗中出现春夏秋冬四景，并以明确的方式提示季节对山水月松等景色变化的影响。

四季的循环往复是一种自然现象，中国虽然幅员广大，但在古代的政治、文化中心——黄河流域，还是属于四季分明的区域。作为以农业生产为主的国家，很自然地把认识四季作为主要的知识来看待。当然，认识四季的活动还有其他的意义，主要在于培养人们认识大自然和自己周围环境的积极态度，学习如何与大自然和谐相处，获得在不同环境中健康乐观生活的能力。为此，了解四季时还应当充分感知自然物的特性、自然现象的变化和影响。从这个角度而言，《神童诗》中反复地提到春夏秋冬的四季变化，以自然界的运动变化贯穿人的活动，就显得具有独特的意义。在第46首诗中，出现"诗酒琴棋客"句，是指古代文人以弹琴、下棋、作诗、饮酒为风雅高尚的娱乐活动，体现出继承中国古代知识分子文化艺术修养的一面；下句的"风花雪月天"，是指古人以夏季的风、春季的花、冬季的雪、秋季的月作为四季风光的典型事物，概括的是四季的景象。这里的"琴棋"，当是琴棋书画的简称，本指琴瑟、围棋、书法、绘画四种古代艺术性文化或技艺，又称"雅人四好"。琴棋书画均起源于文献所称的"三皇五帝"时期，人们认为善琴者通达从容、善棋者筹谋睿智、善书者至情至性、善画者至善至美，这些艺术修养能使人的性情变得完美。后人还加上了诗酒的爱好，并以为善诗者韵至心声、善酒者情逢知己，这些都能起到陶冶情操的作用，是人生品性怡然的标志。而"有名闲富贵"，是说高名远扬又悠闲富贵，这是古代文人心目中的理想境界。

幽居·四季

原文

47. 道院迎仙客，书堂隐相儒；庭栽栖凤竹，池养化龙鱼①。
48. 春游芳草地，夏赏绿荷池；秋饮黄花酒，冬吟白雪诗。

注释

①道院：有道之士所居住的院落；仙客：像仙人一样高雅脱俗的宾客；栖凤竹：形容高洁美好的竹林，相传凤凰以竹实为食物；化龙鱼：形容硕大的鲤鱼，相传鲤鱼跃过龙门就变化为龙。

鉴赏

本节之诗仍然涉及自然物景，如第48首诗，它与上节第45首诗一样，都是在一首诗中出现春夏秋冬四景，并描述游冶的快乐场面，可以看作是作者对人生观念的阐述。与前文不同的是，本节还出现了有关儒、道生活方式的评价内容。其中讲到的"儒"，本在于书堂，孕育着成龙栖凤的理想，这与前文中的励志目标具有一致性。而"无事散神仙"、"道院迎仙客"的诗句，则又引出了接纳道家观念的一面，这里也揭示了作者人生观念中的双重性。在中国古代社会中受到官方支持、位居意识形态主流的是儒家思想，如前文中所提倡的读书→中举→入仕→报效国家的观念,便是来自于儒学一派。在人和自然关系问题上,儒家讲天人合一,要求对天即自然界有所敬畏;道家则要求掌握"道"即规律,做到顺势而为。以孔子、孟子为代表的儒学是关注群体相处之道,要求通过实施仁爱化解人际矛盾;以老子、庄子为代表的道家则讲简、俭、不为天下先,持隐退自保的人生态度。在解决人的自身和谐问题上,儒家要求修身,即学会怎样做人;道家则比较注重个人自保的养生之道。中国传统中向来有"穷则独善其身,达则兼善天下"的说法,而本文中的崇道意识,应当也是在这种心态引导下的产物。

本节诗中论及的是自然美景下的情怀寄托、人生情趣的展现,以及出入进退自如的处世原则,其中饱含着的人生历练,似乎与儿童诗相去甚远,但细读下来,还是能找到与其相关之处,那就是通篇贯穿的乐观精神。中国古典的诗歌大致承担着"可以兴,可以观,可以群,可以怨"(《论语·阳货》)的职责,按照这一常理,诗中产生悲剧意识在所难免。但是在《神童诗》中,古典诗的哀怨、悲愤等情绪并没有出现,而是始终萦绕以快乐、平和的气氛。这里的原因可能有两个:第一,作为本是孩童的作者,他们尚未涉及太多的世故,往往以纯真的赤子之心面对所遇见的世事,故尚不曾丧失乐观的天性。第二,作为成年人的作者,出于对孩童的爱护、怜惜之情,也不愿意让孩子过早承受生活现实的沉重,能够理解孩子们天生就有趋向快乐的本能,因此总是会更加理智地用乐观和积极的态度来对待他们,希望其能保持乐观向上的性格。苏联作家高尔基曾说"儿童文学是快乐的文学"(《高尔基论儿童文学》),这句话对儿童世界中快乐的原生性、本位性进行了提示,对我们理解《神童诗》的乐观基调有所帮助。

(李似珍)

朱子家训

[清] 朱柏庐

原文

黎明即起，洒扫庭除①，要内外整洁；既昏便息，关锁门户，必亲自检点。一粥一饭，当思来处不易；半丝半缕，恒念物力维艰②。宜未雨而绸缪③，毋临渴而掘井。自奉必须俭约，宴客切勿留连。器具质而洁，瓦缶胜金玉；饮食约而精，园蔬胜珍馐。勿营华屋，勿谋良田。

三姑六婆④，实淫盗之媒；婢美妾娇，非闺房之福。童仆勿用俊美⑤，妻妾切忌艳妆⑥。祖宗虽远，祭祀不可不诚；子孙虽愚，经书不可不读。居身务期质朴，教子要有义方。勿贪意外之财，勿饮过量之酒。

与肩挑贸易，毋占便宜；见贫苦亲邻，须加温恤。刻薄成家，理无久享；伦常乖舛⑦，立见消亡。兄弟叔侄，须分多润寡⑧；长幼内外，宜法肃辞严。听妇言，乖骨肉⑨，岂是丈夫？重资财，薄父母，不成人子！嫁女择佳婿，毋索重聘；娶媳求淑女，勿计厚奁⑩。

注释

①庭除：庭院，这里包含庭堂内外、门前台阶。②恒念：常常想

到；物力维艰：物产资财来之不易。③未雨而绸缪：语出《诗经·豳风·鸱鸮》，原意是趁天还未下雨，先修补和捆绑好屋舍的门窗，后比喻凡事要预先做好准备；绸缪（móu谋）：紧密缠缚，引申为修补。④三姑六婆：三姑，旧指尼姑、道姑、卦姑（相命卜卦者）；六婆，旧指牙婆（以介绍人口买卖为业的妇女）、媒婆（婚姻介绍人）、师婆（女巫）、虔婆（妓院的鸨母）、药婆（买草药兼治病的老媪）、稳婆（接生婆）；这里泛指社会上不正派的女人。⑤童仆：家童和仆人，泛指仆人。⑥艳妆：梳妆打扮过于浓艳。⑦伦常：指伦理纲常，是封建社会每个人应遵守的行为准则；乖舛（chuǎn喘）：谬误，差错。⑧分多润寡：财产多的要资助财产少的，在钱物的收入和付出上力求公平。⑨乖骨肉：疏远、离间骨肉之情。⑩厚奁（lián帘）：丰厚的嫁妆。

鉴赏

《朱子家训》亦称《朱柏庐治家格言》、《朱子治家格言》，简称《治家格言》。它与《三字经》、《百家姓》、《千字文》、《弟子规》一样，都是家喻户晓的启蒙家教名著。由于书名是《朱子家训》，不少人误认为它是宋代理学家朱熹的著作，其实作者是明末清初的大儒朱用纯（柏庐）。

朱用纯（1617—1688），字致一，因敬仰晋人王裒攀柏庐墓之义，自号柏庐，昆山（今属江苏省）人，明末生员（习惯上亦称"秀才"）。清顺治二年（1645年）其父朱集璜在守昆山城抵御清军时遇难，他的心灵受到很大震动，决心像父亲那样，坚持民族气节，决不屈膝事敌，故入清后隐居不仕。清初居乡教授学生，潜心治学，以程朱理学为本，提倡知行并进，躬行实践。生平精神宁谧，严于律己，坚拒地方官举荐的乡饮大宾，不与官吏豪绅应酬，痛恶官场中虚伪阿谀之风。朱柏庐临终前留给其弟子的遗嘱是："学问在性命，事业在忠孝。"死后被私谥为孝定先生。著作有《愧讷集》、《大学中庸讲义》、《春秋五传酌解》、《困衡录》、《朱子家训》等。本书以《东听语堂刊书》为底本，并以三友实业社民国二十四年影印朱弃尘所藏善本等进行校订。

《朱子家训》用骈体撰写，全文500多字，堪称"经典诵读口袋书"。通篇以格言警句的形式，以"修身"、"齐家"为宗旨，言及勤俭、诚信、谦和、向善、自省、无争、安全、饮食、教育、读书、交友、卫生、婚嫁、体恤、祭祖、房田、财酒、纳税、为官、有备、顺应、安分等诸多内容。其精妙之处在于，采用循循善诱、步步深入的笔法进行说教，先谈"治家"，然后联系"修人"，再推广到"治国"，颇多生活经验总结，要求子女勤劳、节俭、安分守己，几乎涉及方方面面，思想植根深厚，含义博大精深，耐人寻味，且点到为止，文质并美。其中许多内容继承了中国传统文化的优秀特点，比如尊敬师长、勤俭持家、邻里和睦等，在今天仍然有现实意义。因有韵脚，易于琅琅上口，300多年来传颂全国，上至文人雅士，下至乡村野老，差不多都能熟诵，是一部集儒家做人处世方法之大成的经典启蒙著作。当然，其中封建性糟粕，如迷信报应、因循守旧、对女性的某种偏见等，是那个时代的历史局限，我们不能苛求于前人，应辩证地对待，有所选择地吸收或借鉴。

从当前来看，《朱子家训》最有价值且仍具现实意义的名教、格言很多，现选择本文中影响较大的四句进行鉴赏。

一曰："黎明即起，洒扫庭除，要内外整洁。"此为《朱子家训》的首句，说了两层意思：第一，要早起，即天刚亮时就起床；第二，要整洁，打扫庭院，不论室内、屋外都要整齐清洁。这里看似普通，做到却难；看似是家务清洁之事，其实是教导人勤奋向上。早起的重要性在《弟子规》中已有详释，这里不再赘言。古人对早起十分重视，故俗话说："早起三光，迟起三慌。"至于整洁，古人也很重视，如《曾国藩家书》说："诸弟不好收拾洁净，此是败家气象。一代疏懒，二代淫佚，则必有昼睡夜坐、吸食鸦片之渐矣。"以小见大，防微杜渐，非深谋远虑，不会如此说教。实际上，整洁就是要创造一种田园般的悠然意境，很多人都憧憬恬然自若的生活，其实很简单，即如朱柏庐所说，每天清晨早起，整理环境，干干净净地迎接新的一天，这样就能使自己保持宁静的心态，开启一天良好的生活。

二曰："一粥一饭，当思来处不易；半丝半缕，恒念物力维艰。"此已成为脍炙人口的格言。我们吃的每一粒饭或每一口粥，都要想到它来之不易，即"谁知盘中餐，粒粒皆辛苦。"我们穿的半丝半缕的布匹，也要想到它制造出来需要花费很多工夫和材料，要珍惜物力制造的艰难。任何一件不起眼的物品都是大自然的赐予与人类劳动的结晶，都有它独特的价值，不可浪费；生产劳动区别了人和动物，是人类生存的必须，因此节俭与勤劳是人最基本的美德。这句话告诫人们养成勤俭节约的美德要从日常生活、穿衣吃饭做起，不要铺张浪费；切莫把日常微小的事物看轻了，从而不知珍惜。勤俭是中华民族的传统美德，即使在物质生活有了极大改善的今天，也不能丢弃这样的美德。在这方面，五代前蜀诗人韦庄堪称模范。他做饭时总是一粒粒数完米再下锅，生炉子也总是先将柴称好分量再烧火，烤肉时如果少了一块他也会发觉。他的朋友、书画家贯休在《和韦相公见示闲卧》诗中说他"修补乌皮几，深藏子敬毡"，也可以看出，韦庄是个十分节俭的人。当然，韦庄的节俭有点极端，我们今天只学其精神而不必仿照。

三曰："宜未雨而绸缪，毋临渴而掘井。"这句格言的前半句是古诗新用，后半句源出《内经·素问》。古诗《诗经》之《豳风·鸱鸮》云："迨天之未阴雨，彻彼桑土，绸缪牖户。今女下民，或敢侮予！"意思是说：趁着天还没有下雨的时候，赶快用桑根的皮把鸟巢的空隙缠紧，只有把巢坚固了，才不怕人的侵害。此为寓言诗，传说是西周初期政治家周公所作，表面描写一只失去了自己"小孩"的母鸟，仍然在辛勤筑巢的情形，实际上周公以大鸟自比，谏劝周成王及时制定措施，以止叛乱阴谋。当时，周武王灭纣后，封管叔、蔡叔及霍叔于商都近郊，以监视殷遗民，号三监。武王薨，成王年幼继位，由叔父周公辅政，致三监不满。管叔等散布流言蜚语，周公为避嫌疑，远离

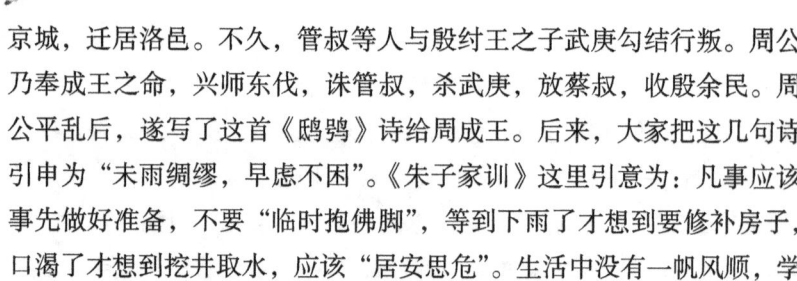

京城，迁居洛邑。不久，管叔等人与殷纣王之子武庚勾结行叛。周公乃奉成王之命，兴师东伐，诛管叔，杀武庚，放蔡叔，收殷余民。周公平乱后，遂写了这首《鸱鸮》诗给周成王。后来，大家把这几句诗引申为"未雨绸缪，早虑不困"。《朱子家训》这里引意为：凡事应该事先做好准备，不要"临时抱佛脚"，等到下雨了才想到要修补房子，口渴了才想到挖井取水，应该"居安思危"。生活中没有一帆风顺，学会思考，卓有远见，才能确保事业成功。

四曰："子孙虽愚，经书不可不读。"这两句是写育人。也许你觉得其子孙非常愚笨，但是作为其家长，明知自己的子孙愚笨，也照样要求他们去品读儒家的经典著作，这是做人的基本准则，也是育人的基本要求。也就是说，不论什么人，即使先天条件不足，也应该千方百计地让他们接受良好的教育，以促使其成才。这句格言实际上也是阐明读书的重要性，因为人们都懂得，读书可以扩充知识面，增加人的涵养，甚至可以改变人生；爱读书的人，可以从书中悟出许多道理和做人的方法，从而获取读书的乐趣。英国伟大戏剧家莎士比亚曾说："生活里没有书籍，就好像没有阳光；智慧里没有书籍，就好像鸟儿没有翅膀。"由此我们想到清代重臣曾国藩，尽管他是中国历史上最有影响的人物之一，然而他小时候的天赋却并不高。有一天他在家读书，对一篇文章重复读了不知多少遍，还在继续读，因为他还没有背下来。这时候他家来了一个小偷，潜伏在屋檐下，希望等读书人睡觉之后偷点东西。可是等啊等，就是不见他睡觉，还是翻来覆去地读那篇文章。小偷大怒，跳出来说："这种水平读什么书？"然后将那文章背诵一遍，扬长而去！小偷很聪明，至少比小曾国藩聪明，但是他只能成为贼，而曾国藩却最终成为中国近代政治、思想界的重要人物。可见，不要怕子孙愚，就怕书不读。

联系到下文的"读书志在圣贤，非徒科第"，则是指出了读书的目的，即读书是为了做一个道德高尚、学识渊博的人，达到圣贤的目标，不只为了科举做官。古往今来，多少人把读书当作跳板、当作手段，当作获取权力金钱的筹码，读书的动机是"书中自有千钟粟，书中自有黄金屋，书中自有颜如玉"等等，像朱柏庐这样将"学以致用大济苍生"作为读书目的之人少而又少。所以，要将这句话变为现实，需要有高度的自觉，更需要有无私的勇气，就是在当前这个看重文凭的社会要做到这样也是有一定的难度。话说回来，古代真正的圣贤，有几个是为了科第而读书？他们都从书中参悟了一些道理，有着自己的理想，诸子百家是，各代名人是。古代的才子大家更多的是官场失意，当沉浸在他们的文章中，体会的将是别样的滋味。

原文

见富贵而生谄容者，最可耻；遇贫穷而作骄态者，贱莫甚。居家戒争讼，讼则终凶；处世戒多言，言多必失。勿恃势力而凌逼孤寡，毋贪口腹而恣杀牲禽。乖僻自是，悔误必多；颓惰自甘，家道难成。狎昵恶少①，久必受其累；屈志老成②，急则可相依。轻听发言，安知非人之谮诉③，当忍耐三思；因事相争，焉知非我之不是，须平心暗想。

施惠勿念，受恩莫忘。凡事当留余地，得意不宜再往。人有喜庆，不可生妒忌心；人有祸患，不可生喜幸心。善欲人见，不是真善；恶恐人知，便是大恶。见色而起淫心，报在妻女；匿怨而用暗箭④，祸延子孙。

家门和顺，虽饔飧不继⑤，亦有余欢；国课早完⑥，即囊橐无余⑦，自得至乐。读书志在圣贤，非徒科第；为官心存君国，岂计身家。守分安命，顺时听天。为人若此，庶乎近焉。

注释

①狎昵（xiá nì 匣逆）：过分亲近；恶少：品行恶劣的少年。②屈志老成：恭敬自谦，结交阅历多而练达世事的人。③谮诉：诬蔑

人的坏话。④匿（nì 逆）怨：对人怀恨在心，而面上不表现出来。⑤饔飧（yōng sūn 拥孙）：饔，早饭；飧，晚饭；这里泛指一日三餐。⑥国课：国家的赋税。⑦囊橐（tuó 驼）：大袋为囊，小袋为橐，泛指口袋。

鉴赏

这里特别采用循循善诱、步步深入的笔法进行说教，较突出的有以下三个方面。一曰："施惠勿念，受恩莫忘。"这句格言含义深刻、修养颇深，旨在教导人们不仅要施恩不图回报，而且要学会感恩，常存感恩之心。它对有文化、有涵养、有爱心的人来说，是很自然的事；但对于文化素质差、自私自利的人来说却很难做到。施恩勿念——他们经常对那些遇到困难的人进行帮助，伸出援助之手，让对方渡过难关；作为施恩施惠的人来说，不要在被施恩施惠的人面前常表功，你帮助他人，是你的善良之举，是道德君子的表现。退一步说，如果你发现被你施恩过的人不像话，有忘恩负义之举，你也不必去计较，更不要用你施恩的事情刺激他（她），因为这样做，对方会很反感，甚至恨你。从另一方面说，感恩是一种心态。一个人如果常存感恩之心，"受人滴水之恩，当思涌泉相报"，就会保持积极良好的心态，对自己的所得感到满足，而不会过多地挑剔，也不会饮水忘源，更不会过河拆桥；对自己的所失也会处之泰然，而不会有过多的失落感；对自己的付出会感到自然，而不会认为是吃亏。因此，一个人常存感恩之心，无论对他人、对社会，还是对自己，都非常有益。也许因为这样，上海市的许多学校都把"学会感恩"写入学生守则，教育学生要感谢父母的养育之恩，感谢老师的教育之恩，感谢亲友的关爱之恩，感谢大自然的慷慨之恩。中国古代的贤哲和现代的智者都非常注重修炼感恩之心，他们留下了许多知恩图报的动人故事。如东汉末年，刘备三顾茅庐，不顾关羽、张飞等亲信的反对，请出了隐居乡村的诸葛亮，并对诸葛亮敬重信任，充分让其施展才能。一直在等待明主的诸葛亮，当然对刘备的知遇之恩心存感激，辅佐刘备可谓是尽心竭力，后来也屡建奇功，使弱小的蜀汉三分天下有其一。特别是刘备兵败白帝城一病不起后，将太子刘禅托付给诸葛亮，并说刘禅扶得起就扶，扶不起则让诸葛亮取而代之，而诸葛亮当众发誓要竭尽所能地扶助幼主刘禅。刘备死后，诸葛亮知恩图报、言而有信，尊重刘禅、保护刘禅，可谓鞠躬尽瘁、死而后已，将回报刘备的知遇之恩演绎得淋漓尽致，充分体现了"受恩莫忘"的高尚品德。金钱可以买到很多东西，但却买不来一颗感恩的心，因为感恩之心是无价的。

二曰："善欲人见，不是真善；恶恐人知，便是大恶。"这是对善与恶进行界定，提出了衡量善恶的两条标准——欲人见，恐人知，前者非真善，后者是大恶，此说很有见地。一个人真正做了好事，是无须自己张扬的；做了好事，想让他人看见，实质是沽名钓誉，不是真正的行善。而干了坏事，又恐他人知道，就是有意为恶，不是偶然做了坏事，而是错上加错、罪大恶极。简言之，善欲人知，大善转小善、无善；恶恐人知，小恶转大恶、极恶。作恶之可怕，不在于别人发现，而在于自己知道；作善之可嘉，不在于别人夸赞，而在于自己安详。"善欲人见，不是真善"，就是在当今的社会，真正的善也是比较缺乏的，不少是假善甚至伪善。什么是真正的善？除了上述之外还要有一颗美好的心，那样的人心里总是平和的，总是乐呵呵地面对生活中的一切矛盾与是非，遇到事情总是先为别人着想；他们心里的那个世界，是人们可以互相关心的，每个人都可以帮别人变得更好，人与人之间就是一种互相促进、互相提高的关系。我们要做的就是不断去除自己的假善、伪善之心，用更高的标准要求自己，使之成为更好的人。这样的事情每个人都可以做，谁做了谁就能拥有更好的未来。常记他人之恩，以感恩之心看待周围的人与所处的环境，则人间即是天堂；以忘恩负义之心看待周围的人与事，则人间即是地狱。

三曰："家门和顺，虽饔飧不继，亦有余欢。"即家里能够和气平安，虽然缺衣少食，也觉得快乐。这句格言主要说一个家里能不能得到欢乐，与物质条件的优劣，关系并不是很大，最重要的是能否和顺。所谓家和万事兴，以和为贵，和气生财。家里的父子、兄弟、夫妇、长幼等，都能够和气、互相恭顺，那么这个家必定没有怨恨和争吵。大家团结和睦，也就能够共建美好的事业、创造更多的财富。而当今有不少人，一到分财产的时候，往往是兄弟相争、父子反目。而且钱愈多，家里愈富有，那种亲情反而愈淡薄；交通愈发达，反而人与人之间愈疏远；富足的人家，富贵的人家，反而不如贫苦的人家骨肉情深、手足和睦。这是为什么？就是被一个"利"字害了。人如果重利，必定轻义；倘若为富，往往不仁。这是因为把物质、钱财看重了，就会把仁德丢弃，为富不仁也就成为必然。所以，和顺就是要家里的人都把利字放下，把心放到情义、道义上，只有这样，才能家庭和睦，才能和气生财，子孙才能有出息。其实"家门和顺"没有特别诀窍，只要人品多一些忠厚，互相多讲一些恩德、多含一些忍耐、多行一些谦让，那么和顺就会降临。和顺是要从我心做起，不能要求别人：首先我要跟人和顺，不能先要求别人跟我和顺；当我愿意跟人和好，而别人未必能够跟我和好的时候，我们一定要把心放宽，不要与他计较。要知道，我以好意对人，别人迟早会知道；可能当时不知道，以后必将知道；纵然他本人不知道，旁边的眷属也会知道。你真有德行，在这个家里，大家就能够尊敬你、爱戴你。明代文学家方孝孺的《家人箴》云："家处穷约时，当念守分二字；家处富盛时，当念惜福二字。"其"守分"、"惜福"的忠告，十分中肯，即对穷家来说，要守住本分，贵于安宁，和睦相处；对富家来说，惜福与修福同样重要，要知足，要珍惜，要有吃亏是福的气度。

《朱子家训》虽只有寥寥数百字，却以通俗易懂的文体表达了深刻的治家之道。通观全书，人们还可以品味到除上述鉴赏之外更多的格言警句，诸如"自奉必须俭约，宴客切勿留连"，教人生活上节俭节制；"勿营华屋，勿谋良田"，教人物质上勿奢勿侈；"勿贪意外之财"，教人道德上勿生邪念;"嫁女择佳婿,毋索重聘;娶媳求淑女,勿计厚奁",教人婚嫁勿索互谅;"见富贵而生谄容者,最可耻,遇贫穷而作骄态者,贱莫甚",教人处世勿爱富嫌贫;"勿恃势力而凌逼孤寡",教人待人正直从善;"狎昵恶少,久必受其累",教人交友避恶择良;"凡事当留余地,得意不宜再往",教人做事睿智知足;等等。当然,时代在变,《朱子家训》中有些封建思想、不符现代潮流的理念等应该摒弃,但其中更多的内容却是发人深省的。特别是那些格言警句,虽然离我们有一段岁月,且家庭色彩较重,但今天读来并不过时,这就是中华美德,最能炼就人的意志、培养人的情操。《朱子家训》以理服人、用德教人,既告真善美,又无假大空,且切实可行、平易近人,人们可以先从这里入手获取有益的营养。当代著名学者胡适先生有一篇关于诵经的文章,说他在读私塾的时候,也是天天死背四书五经之类的文章,当时对他而言颇为头痛,好在人小只需要背诵、不用理解,但在走漫漫人生路的过程中,才发现那些枯燥的东西竟成了指点人生的明灯,可见启蒙之书的潜移默化作用。

(谢宝耿)

中国蒙学名著鉴赏辞典

分类鉴赏篇

勤学惜时篇

　　爆竹一声除旧，桃符万户更新①。……新岁曰王春，去年曰客岁②。……二月朔为中和节，三月三为上巳辰③。冬至百六是清明，立春五戊为春社④。寒食节是清明前一日，初伏日是夏至第三庚⑤。四月乃是麦秋，端午却为蒲节⑥。六月六日，节名天贶⑦；五月五日，序号天中⑧。……畴昔、曩者，俱前日之谓；黎明、昧爽，皆将曙之时。

　　　　　　——［明］程允升《幼学琼林·岁时》

注 释

　　①桃符：古人以为桃木有压邪驱鬼的作用，故辞岁迎新之际，在桃木板上画上主管鬼之出入的二神——"神荼"、"郁垒"图像，悬挂于门首，意在祈福避祸。②王春：新年；客岁：去年。③朔：农历的每月初一；中和节：古代以二月初一为中和节，取居春之中，得中和之意，人们在这天互相赠送瓜果百谷；上巳辰：即上巳节，三月上旬的巳日，后来定为三月三日，据传这天不吉利，大家要到水边洗濯以除不祥，实际是一种迷信的传说。④冬至百六是清明：即冬至后106天是清明节；五戊：立春后的第五个戊日是春社；春社：春天祭祀土地神的活动。⑤寒食节：在清明节前一天，春秋时晋文公为纪念功臣介子推而设的禁火一天的节日；初伏：第一个伏日，按中国古代历法这

是夏天的开始;庚:天干的第七位。⑥麦秋:指农历四月,此时麦子成熟;蒲节:即端午节,古人在端午节时将菖蒲泡在酒中,饮之可以避瘟疫。⑦天贶:即以六月六日为天贶节;贶(kuàng况):赏,赐。⑧天中:古人认为五月五日正是中夏,故称此为"天中节"。

鉴赏

　　这节主要讲述与时间有关的事情,而时间观念是人类通过抽象思维获得的一种理念,它不能通过实际的物质体而得到把握,人们之所以要具有这样的观念,是出于衡量自身生命的需要。正因如此,中国古人多以人的存在为出发点,考量与时间相关的问题。到了现代社会,科学学科里的时间,一般被理解为具有持续性、不可逆性的物质状态,它是一个有着各种变化的过程,具有不受外界影响的周期变化的规律性。不过,出于农耕活动的需要,中国古人的时间认识更多地采取了非线性的思维方式。如东汉许慎的《说文解字》中解释"时"为"四时",三国魏张揖的《广雅》中释:"时,期也,物之生死,各应节期而止也。"这些在当时是对时间的权威解释,而这样的时间概念也在明代学者程允升的《幼学琼林》中得到了体现。

　　《幼学琼林》中《岁时》篇的内容,自然与普及孩童认识时间概念有关。从文中的第一段看,其时间都围绕着节气及相关的节日活动而展开。如在一月份提到的是迎接新年的活动,二月份提到了中和节,三月有初三的上巳春浴之风俗,四月则有寒食、清明、春社等节日,四五月间有麦秋,五月有端午、天中节,六月初六是天贶节,七月初七有牛郎织女渡河相会,八月有中秋节,九月有重阳节,等等。

　　由于面对的是孩童,所以作者并没有板着脸做纯知识性的讲解,而是以对各节气相关的节日为介绍重点。这样的介绍通过图式画面来传递有关时间更替的信息,使读者有了形象的概念,便于人们记识"时间"这一抽象的观念。人类在具备了"时间"意识以后,对它的更替与流逝有着不同的表现。有的人采取积极面对的态度,要求珍惜时间带来的丰富人生,通过参与活动来把握时机,得到生命价值的提升;也有人采取了消极的应世态度,哀叹时光飞逝、人生无常,因此得过且过,丧失人生目标。《幼学琼林》的作者采取的是第一种态度。这从他面对时间带来变化的喜悦心情中可以得到充分的体现。如本节讲一年的开首,以"爆竹一声除旧,桃符万户更新"为说明,这是对王安石《元日》诗中句子的改造引用。在中国民间,逢年过节或喜庆宴会,素有放爆竹的习俗。先秦《诗经》里即有"庭燎之光"句。所说的"庭燎"就是把用松枝和竹子扎成的火把放在门前燃烧。后来形成在每年除夕晚上把竹子截段放入火里烧,使之发出"哔剥"爆炸声响的习俗。通过爆竹"哔剥"的声响,不仅表达了人们"去祸求福"的愿望,也有振奋精神、引发喜悦心情的作用,故本句显然有着对新年欢乐氛围的渲染,带给人们的是积极向上的乐观情怀。其他有关时日的仪式也多有感恩人的生存含义,所有的祝愿,都围绕着驱除瘟疫百病,获得灵巧、长寿宗旨而进行。而紧接着的一年中日、月、时辰划分及相关的节气风俗也是以同样的风格来介绍的。当我们对所经历的时日留有欢愉的回忆、对将要来临的日子有所期待的话,那么随之而来的必然是对时间的珍惜之情。于是,惜时这样的观念也就自然地产生出来了,这是作者对惜时教育所采取的寓教于乐的方式。

我们知道,中国古代的时间观念是与农作物的生长周期联系在一起的。《说文·禾部》中说:"年,谷熟也。"表达的就是这个意思。我们的祖先因此利用土圭实测日晷,将每年日影最长定为"日至"(又称"冬至"),日影最短为"日短至"(又称"夏至")。在春秋两季各有一天的昼夜时间长短相等,便定为"春分"和"秋分"。在商朝时只有四个节气,到了周朝时发展到八个,到秦汉年间,二十四节气已完全确立。公元前104年,由邓平等制定的《太初历》,正式把二十四节气订于历法,明确了二十四节气的天文位置。这是一种把天文与历法结合在一起认识时间的方式,其中有着诸多的人文情感成分。这也是《幼学琼林》作者试图在《岁时》篇里传授给孩童们的观念。同时，又对时间中的一些术语作解释，如"畴昔、曩者，俱前日之谓；黎明、昧爽，皆将曙之时"等。

原文

学足三余，夜者日之余，冬者岁之余，雨者晴之余。以术愚人，曰朝三暮四；为学求益，曰日就月将。焚膏继晷，日夜辛勤；俾昼作夜，晨昏颠倒。自愧无成，曰虚延岁月。与人共语，曰少叙寒暄。……春祈秋报，农夫之常规；夜寐夙兴，吾人之勤事。韶华不再，吾辈须当惜阴；日月其除，志士正宜待旦。

——[明]程允升《幼学琼林·岁时》

鉴赏

以惜时观念为前提，作者自然而然地提出了"学足三余"的观念，即做好学问要充分利用"三余"的时间，这"三余"是指夜晚是白昼之余、冬季是一年之余、下雨天是晴天之余。由于在农耕社会中，人们日出而作、日落而息，晴天外出、雨天休息，而四季中春种、夏长、秋收，唯有冬天歇息在家，所以"三余"便是劳作之后的空闲。作者认为学习就要利用这些别人休息娱乐的时间，使得自己获得比别人进步更快的机会。

本节还用了五个与时间有关的成语来说明作者要传授的思想。其一是"朝三暮四"，此成语出自《庄子·齐物论》，说的是：有一位养猴人给猴子分橡子，当说早上分给三颗、晚上分给四颗时，猴子们听了非常愤怒；而当他改口说"早上四颗、晚上三颗"时，猴子们竟都高兴了起来。作者认为"以术愚人"，如同"朝三暮四"一样，用欺骗的手法愚弄人，实质未变。其二是"日就月将"，语出《诗经·周颂·敬之》："日就月将，学有缉熙于光明。"指每天有成就，每月有进步，形容精进不止。将"为学求益"比喻为"日就月将"，既形象又恰当。其三是"焚膏继晷"，唐代韩愈《进学解》云："焚膏油以继晷，恒兀兀以穷年。"其中的膏指灯烛，晷指日影，"焚膏继晷"形容夜以继日地勤奋学习、工作的状态，实即"日夜辛勤"。其四是"俾昼作夜"，语出《诗经·大雅·荡》："式号式呼，俾昼作夜。"是指把白天当夜晚，形容"晨昏颠倒"，生活不正常。其五是"自愧无成"，实际就是文中所说的"虚延岁月"。总之，作者以"朝三暮四"形容欺人之诈术，而提出为学要求日益进步、下真功夫，而不能做表面文章；要珍惜时光，日夜辛劳如《诗经》上说的"日就月将"那样，"焚膏继晷"夜以继日地勤奋学习；而"俾昼作夜"的不正常生活方式令人虚延岁月，一事无成到头来将会因此后悔。

最后作者语重心长地指出："春祈秋报，农夫之常规；夜寐夙兴，吾人之勤事。韶华不再，吾辈须当惜阴；日月其除，志士正宜待旦。"春天祈求甘雨、丰年，秋天实现谷物成熟、丰收，这是农夫的平常愿望和努力；而睡晚起早，这是读书人应当勤勉的事情。时光一去不复返，美好的年华不会再来，故人们应当珍惜光阴；日月很快就会逝去，有志之士应该随时准备建功立业。这里反复阐明时光容易流逝的道理，强调珍惜光阴、持续努力、勤勉做事的重要性。

原文

望开茅塞，是求人之教导；多蒙药石，是谢人之箴规。芳规芳躅①，皆善行之可慕；格言至言，悉嘉言之可听。

——[明]程允升《幼学琼林·人事》

注释

①芳规：美好的规范；躅（zhú竹），足迹。

鉴赏

这里采取了两两相对、构成既相互关联又处于相互矛盾关系的介绍方式，这样使得读者从中获得更为深刻的印象。第一对矛盾关系体现在"望开茅塞"与"多蒙药石"之中。"望开茅塞"从"顿开茅塞"中转意而来，其中的茅塞，喻人思路闭塞或不懂事；顿，立刻。"顿开茅塞"语出《孟子·尽心下》："山径之蹊，间介然用之而成路；为间不用，则茅塞之矣。今茅塞子之心矣。"是说山径之蹊，即很窄的山间小路，若有一段时间无人行走的话，马上就会被茅草堵塞。只有经常不断的行走，才能使道路畅通。后人把思想忽然开窍，形容为"顿开茅塞"。这里的"望开茅塞"，是说一个人原来心里好像有茅草堵塞着不明事理，希望得到"人之教导"、旁人的指点，使堵塞的心思被豁然打开。"多蒙药石"中的药石，是指治病的药物和砭石，泛指药物，其出处在《左传·襄公二十三年》："臧孙曰：'季孙之爱我，疾疢也。孟孙之恶我，药石也。美疢不如恶石。'"是说季孙的溺爱，只会使我处于病患而不能自拔；而孟孙的批评则如治病的良药，能使人改正错误。所以文中认为，若能听到别人的"箴规"，即批评规劝，当恭敬地致谢。这里把学习的范围加以拓展，除了从书本上学习之外，还包括向别人的请教。这种请教，包括正面的指点与负面的挑剔、责难。由此可知，真正的勤学不仅在于抓紧时间读书写字，还包括向别人请教，以及从各种反馈的意见中捕捉信息，使自己得到正确的认识，从而获得进一步发展的动力。

第二对相互关联的举例也与学习有关。"芳规芳躅"，是指美好的规范、美好的行为；"格言至言"，是指名辞佳句、美好言论。结合当时学习过程，应该既关注隽永的佳句名言，又注意相从于好的行为规范，这是知行结合的认识方式。关于知行关系问题，在中国历史上早已受到关注，如孔子就曾提出"听其言而观其行"（《论语·公冶长》）的考察标准，同样这也成为人们培养人才的要求。

原文

隐逸之士，漱石枕流；沉湎之夫，藉糟枕麹①。昏庸桀纣，胡为酒池肉林；苦学仲淹，惟有断齑画粥②。

——［明］程允升《幼学琼林·饮食》

注释

①藉糟枕麹：枕着酒曲，垫着酒糟，谓嗜酒、醉酒。②齑：细碎菜末。

鉴赏

《幼学琼林·饮食》中的两段对举，是通过对饮食的不同态度来体现不同的人生格调，又对不同人生结局的分析提示其因果关系。其中"漱石枕流"，是说晋代孙楚不愿做官，用石子漱口，用流水当枕头，是想砺齿洗耳。历史上曾经有过"洗耳朵"的事情，发生在尧担任帝王的时期，当时尧想让天下于许由，许由逃跑了。后来帝尧又想召他做九州长，许由不愿听这种话，便跑到颍水之滨去洗自己的耳朵，以为听了这种话，污染了耳朵。所以孙楚的回答也可以说是对这一典故的巧用。后世遂有了"枕流漱石"这个成语，以表达不随流俗的意志。"藉糟枕麹"同样说的是晋朝的事情。《晋书·刘伶传》记载，刘伶爱喝酒，用酒糟当席子，用酒曲当枕头，他每天"捧罂承槽，衔杯漱醪，奋髯箕踞，枕麹藉糟，无思无虑，其乐陶陶"。以醉酒的方式避世。刘伶这一行为虽然是对抗社会黑暗的一种方式，但后人还是认为过度喝酒使他不能很好地发挥出才华，这种生活方式断送了他的人生，在历史上也没有留下有影响的著作，这不能不说是他的悲哀。文中将这两个人相提并论是认为，同样处于晋代社会乱世、对社会现象抱有不满，但两个人采取了不同的处世态度，孙楚能坚持自己的道德原则，是一种对自己负责的表现，而刘伶却因不能积极面对现实，采取了消极、颓废的态度，结果虚度了自己的年华。作者因此劝勉孩童要吸取前人的经验教训，积极地去规划人生。

"酒池肉林"载于《史记·殷本纪》，说的是商王朝的纣王是淫暴之主，一味追求享受安乐。他曾"以酒为池，县（悬）肉为林，使男女倮相逐其闲，为长夜之饮"。纣王肆无忌惮，朝纲不整，昏庸奢靡，最终导致商代的灭亡。取代他的周王室，因此在商人的聚集地发布严厉的禁酒令，以避免重蹈覆辙。"断齑画粥"说的是北宋名臣范仲淹的故事。《湘山野录》记载：其"少贫，读书长白山僧舍，作粥一器，经宿遂凝，以刀画为四块，早晚取两块，断齑数十茎啖之，如此者三年"。范仲淹因父亲早逝、母亲改嫁，生活十分贫困。他在长白山上的醴泉寺寄宿读书之时，每天只煮一锅稠粥，凉了以后划成四块，早晚各取两块，拌几根腌菜，调半盂醋汁，吃完继续读书。他对这种清苦生活却毫不介意，而用全部精力在书中寻找自己的乐趣，终于成为当时的著名大儒，并在担任宰相期间为朝政的改革作出贡献。他的"断齑画粥"甘于清苦的生活态度与"酒池肉林"的奢侈荒唐生活方式形成鲜明的对照，而后的不同人生轨迹与社会作用，也能使后人深刻反思。

原文

多才之士，才储八斗；博学之德，学富五车。《三坟》、《五典》乃三皇五帝之书；《八索》、《九丘》是八泽九州之志。《书经》载上古唐虞三代之事，故曰《尚书》；《易经》乃姬周文王、周公所系，故曰《周易》。二戴曾删《礼记》，故曰《戴礼》；二毛曾注《诗经》，故曰《毛诗》。孔子作《春秋》，因获麟而绝笔，故曰《麟经》。

——［明］程允升《幼学琼林·文事》

鉴赏

本节对如何成才、特别在文学上如何取得优异成绩作了详细的介绍，列举了要成才必须攻读的书。文中主要介绍有《三坟》、《五典》、《八索》、《九丘》，以及《诗经》、《尚书》、《周礼》、《周易》、《春秋》五经。其中《三坟》，是指伏羲、神农、黄帝的书；《五典》，指的是少昊、颛顼、高辛、尧、舜的书；《八索》是有关八卦研究的书；《九丘》是九州之志、地理文集。这些书相传都是中华民族最古老的典籍，在先秦时期曾被列为必读经典，如《左传·昭公十二年》中记载，楚灵王称赞左史倚相"能读《三坟》、《五典》、《八索》、《九丘》"，所以才成为了良史。可见其在传递传统文化信息中的重要作用。这些书籍的地位在汉代以后有所改变，到作者生活的明代更不被纳入必读教材，然而作者却为儿童教育重新提及它们，体现他要求从源头追寻中国文化传统的意向，自有其不同于世俗观念的见解。

文中认为，五经中《尚书》记载着上古尧、舜、三代之事，从今天的眼光来看，它有着中国历代统治者治理国家的"政治课本"和理论依据的作用。从文体上看，它在作为历史典籍的同时，又被称为中国最早的散文总集，但因其中绝大部分属于当时官府处理国家大事的公务文书，被认为是一部体例比较完备的公文总集。

《周易》，据《左传》记载为周文王囚于羑里期间所作。它总结了夏商两代八卦的精华，将伏羲八卦演绎成六十四卦，三百八十四爻，每卦有卦辞，爻有爻辞，遂成《易经》。可用以探索人生、宇宙变化的原理，推演其变化的规律。这部经典通过八卦形式（象征天地雷风水火山泽八种自然现象），推测自然和社会的变化，认为阴阳两种势力的相互作用是产生万物的根源，富有朴素的辩证思想，对后世自然观念的形成产生了很大的影响。

五经中的《礼记》，是中国古代一部重要的典章制度书籍。它早在周代时就已完成，但历经春秋战国原文散乱不齐，在汉武帝时得到了重新整理。其主要编订者为西汉礼学家戴德和他的侄子戴圣,其中戴德选编的85篇本叫《大戴礼记》,在后来的流传过程中若断若续,到唐代只剩下了39篇;戴圣选编的49篇本叫《小戴礼记》,即我们今天见到的《礼记》。这两种书各有侧重和取舍,各有特色。东汉著名学者郑玄为《小戴礼记》作注解,成为定本逐渐确认为经典,在唐代被列为"九经"之一,宋代被列入"十三经",明时取代《仪礼》成为"五经"中的《礼》,成为士者的必读之书。该书在中国儒家思想史上占有重要地位,为后人研究和发展儒家思想文化提供了重要资料。

《诗经》是中国的第一部诗歌总集,共305篇,经孔子删定,并教习弟子,后大行于天下。经西汉时鲁国毛亨和赵国毛苌所辑和注的古文《诗》,称为《毛诗》,其每一篇下都有小序,以介绍本篇内容、意旨等。而全书第一篇《关雎》下,除有小序外,另有一篇总序,称为《诗大序》,是古代诗论的第一篇专著。东汉经学家郑玄曾为《毛传》作"笺",更多地发挥了各篇诗的背景和历史。至唐代孔颖达作《毛诗正义》,使之在理论上得到进一步加强。汉人讲经传《诗》的有鲁诗(申培公所传)、齐诗(辕固生所传)、韩诗(韩婴所传)三家,加上毛诗本则为四家,称为"四家诗"。前三家皆采用今文文本,在东汉之学馆称为"今文经学",《毛诗》因采用古文而被称为"古文经学"。但是毛诗后来逐渐取代三家诗地位,至唐代《毛传》和《郑笺》成为官方承认的《诗经》注释依据,受到后世推崇,今本《诗经》即由毛诗流传而来。

《春秋》是鲁国的编年史,据传由孔子修订。由于相传孔子作《春秋》至春秋鲁哀公十四年(公元前481年)猎获麒麟事辍笔,故此书又被称为《麟经》,记载了从鲁隐公元年(公元前722年)到鲁哀公十四年的历史,是中国现存最早的一部编年体史书。《春秋》中的文字非常简练,事件的记载也很简略,但242年间诸侯攻伐、盟会、篡弑及祭祀、灾异礼俗等都有较详细的记载,可见这些事在当时的重大意义。它所记鲁国十二代的世次年代,完全正确;所载日食与西方学者

所著《蚀经》比较，互相符合的有30多次，足证《春秋》并非古人凭空虚撰，可以定为信史。书中用于记事的语言虽然极为简练，然而几乎每个句子都暗含褒贬之意，被后人称为"春秋笔法"。《幼学琼林》介绍这些书籍，都是孩童在学习中国传统文化中的最为重要的经典。

原文

锦心绣口，李太白之文章；铁画银钩，王羲之之字法。雕虫小技，自谦文学之卑；倚马可待，美人作文之速。称人近来进德，曰士别三日，当刮目相看①；美人学业精通，曰面壁九年，始有此神悟。五凤楼手，称文字之精奇；七步奇才，羡天才之敏捷。誉才高，曰今之班马；美诗工，曰压倒元白。汉晁错多智，景帝号为智囊②；王仁裕多诗，时人谓之诗窖。骚客即是诗人，誉髦乃称美士③。自古诗称李杜，至今字仰钟王。……唐李贺才七岁，作《高轩过》一篇。

——［明］程允升《幼学琼林·文事》

注释

①士别三日，当刮目相看：称誉别人近来道德学业进步很快，应另眼相看。语出《三国志·吴书·吕蒙传》。②汉晁错多智，景帝号为智囊：汉文帝时，晁错因文才出众任太常掌故，后历任太子舍人、博士、太子家令（太子老师）等职。在任博士期间他写了《言太子宜知术数疏》，指出君主能够建立留传后世的功业，关键就在于通晓"术数"，即治国的方法和策略。他建议汉文帝选择圣人之术中在当今切实可用的，赐给皇太子学习，并经常让太子在文帝面前陈述自己的看法。文帝采纳了晁错的意见，拜他为太子家令。由于晁错善于分析问题，提出中肯的意见，深得太子刘启的喜爱和信任，被太子刘启（即后来的汉景帝）尊为"智囊"。③王仁裕多诗：有的版本为"高仁裕多诗"，

经考辨，王仁裕史据可靠，故采用此人；骚客：亦称"骚人"，是诗人的别称，源于屈原的《离骚》；美士：形体美或才德好的士人。

鉴赏

此节延续上节讲述了文学成才的模式，文中所举例子是多方面的：一是博学多才的事例，即上节所说的"才储八斗"与"学富五车"的代表。"才储八斗"自"才高八斗"转意而来，语出《南史·谢灵运传》。南朝宋国的谢灵运，是中国古代著名的山水诗作家，宋文帝很赏识他的文学才能，特地将他召回京都任职，并把他的诗作和书法称为"二宝"，常常要他边侍宴，边写诗作文。自命不凡的谢灵运受此礼遇之后更加狂妄自大，一次竟边喝酒边自夸道："魏晋以来，天下的文学之才共有一石（一种容量单位，一石为十斗），其中曹植独占八斗，我得一斗，天下其他人共分一斗。"从话中可以看出，他除了佩服曹植以外，其他人的才华都不在他眼里，自我评价非常高。后人因而以"八斗之才"、"才高八斗"形容人的才气超群。"学富五车"最早出自《庄子·天下篇》，原文是"惠施多方，其书五车，其道舛驳，其言也不中"。这些话是在批评惠施，原义是惠施这人会很多方术，虽然他读的书够装五车了，但是他说的道理却有许多是舛误与杂乱的，他的言辞也有不当之处。其中的"五车"本指书多，喻学识渊博。《幼学琼林》里的这两句话大致意思是：多才的文士应是多才多艺，博学的儒生应是学贯古今。这是作者为学子们树立的奋斗目标，无论是"才储八斗"的多才之士，还是"学富五车"的博学之儒，都是一种理想化的形象，是为学子们树立的楷模。

二是才思横溢的事例。作者以"锦心绣口"与"铁画银钩"为代表。"锦心绣口"语出唐代柳宗元《乞巧文》："骈四俪六，锦心绣口，宫沉羽振，笙簧触手。"其中的锦，是指有彩色花纹的丝织品；绣指绣有花纹的纺织品。这是对才思横溢、文辞优美的形容。作者认为唐代著名诗人李白当得上这样的美誉。"铁画银钩"语出唐代欧阳询《用笔论》："徘徊俯仰，容与风流，刚则铁画，媚若银钩。"其中的画指笔画，钩谓勾勒，形容的是书法家的运笔，其点画刚健柔美得当，亦作"铁画银钩"。晋代著名书法家王羲之的书法，可以以此来赞美。在中国古代，写毛笔字是最基本的文化交流手段，故书法虽被称为"雕虫小技"，但因实际作用不小，也被看作是与写诗作文同样重要的才能之一，故两种才能都是学文者所达到的高级阶段。由此，作者在后文中又有了"自古诗称李杜，至今字仰钟王"的称赞。这里的李杜是指诗仙李白和诗圣杜甫，他们是中国唐代诗歌乃至中国古代文学的两座高峰。"字仰钟王"中的钟繇，是三国时期曹魏著名书法家、政治家，也是楷书的创始人，王羲之等后世书法家都曾经潜心学习钟繇书法。"字仰钟王"中的王羲之，有"书圣"之称，其楷、行、草、隶、八分、飞白、章草皆入神妙之境，成为后世崇拜的名家和学习的楷模。

三是神悟精奇的事例。作者以"面壁九年"、"五凤楼手"、"机杼一家"为代表。前者中的面壁，为佛家语，指面对墙壁默坐静修。宋释普济《五灯会元》卷十七中云："惆怅洛阳人未来，面壁九年空冷坐。"说的是中国佛教禅宗始祖达摩在少林寺面壁静修了九年。作者以此比喻在学习上工夫深入，就能获得神悟。"五凤楼"原为皇宫建筑，其特征是屋顶轮廓线不是直线，而是像鸟翼般展开的曲线，建筑学上通称为"翼角"。五凤楼共有十个翼角，而且是成五对展翅，就像五对欲飞的凤凰。由于五凤楼高大巍峨，建造工艺极其复杂，非能工巧手不能建，于是后人又把能写文章的人称之为"五凤楼手"，主要是对构思精巧者的形容。宋代杨大年《杨文公谈苑》记载，时人有将"五凤楼手"与"绳缚草舍"相对举，来说明文章的高下悬殊。"机杼一家"是指文章能独立经营，自成一家，出自《魏书·祖莹传》。历史上的祖莹，自幼喜欢读书，8岁时就能背诵《诗》、《书》，12岁时能背《尚书》，《三字经》中"莹八岁，能咏诗"，指的就是祖莹。后以才名拜太学博士，提出："文章须自出机杼，成一家风骨，何能共人生活焉?"是要求做文章的人有自己的悟性，写出独到见解，不能只拾别人的牙慧。结合三者来看，可知"面壁九年"之"神悟"与"五凤楼手"之"精奇"，是从意境的提高和结构的奇巧方面树立的标准。它们都与"机杼一家"一样，以独思巧运为写作的理想境界。

四是文思之快的事例。作者以"倚马可待"、"七步成诗"为代表。这里的"倚马可待"，语出《世说新语·文学》，说的是晋代袁虎的事情。东晋豫州刺史谢尚发现袁虎文才很好，就把他推荐给大司马桓温，桓温让他负责府内文书起草工作。他跟随桓温北伐前燕，在前线桓温让他写讨伐檄文，他靠在马背上很快就写完一篇得体的檄文，且有七页纸之多。后来人们以此来形容文思敏捷的写作之快手。《世说新语·文学》中还记了曹植"七步成诗"的故事：曹植在长兄曹丕的逼迫下，在行走七步的时间内完成了著名的《七步诗》(详细内容前文有述)，化解了同胞骨肉被残害的险情。另外，在后文中作者还提到"文不加点"的典故，语出《初学记》卷十七引汉代张衡《文士传》："吴郡张纯，少有令名，尝谒镇南将军朱据，据令赋一物然后坐，纯应声便成，文不加点。"是指写文章水平极高，一气呵成，无须修改。这些一气呵成、无须修改的文章，都是写作技巧纯熟、平时多有知识积累、加之文思敏捷的结果。

五是才高诗工的事例。作者以"班马"、"元白"为代表。"班马"，是汉代的班固与司马迁的并称。《晋书·陈寿徐广等传论》云："丘明既没，班马迭兴。"即做史书《春秋》注的左丘明之后，又有班固和司马迁著作问世。宋代洪迈《〈班马字类〉序》解释："今之为文者必祖班马。马史无善注，厘殆至于不能读。故班书显行。"意思是说，司马迁写了中国第一部纪传体通史《史记》，班固写有断代史《汉书》，这两部著作是"前四史"之一，直到宋代仍产生深远的影响。"元白"，是指唐代大诗人元稹和白居易。二人同科及第，同为新乐府运动的倡导者，并结为终生诗友。他们强调诗歌的讽喻作用，写有大量反映现实的作品，都擅长于新乐府、七言歌行、长篇排律等诗体，注意诗歌语言的平易浅切和通俗性。他们都强调语言须质朴通俗，议论须直白显露，写事须绝假纯真，形式须流利畅达，具有歌谣色彩，被称为"元白体"，这也就是元白的"诗工"。

六是作品之多、之早的事例。作者以"诗窖"和李贺为代表。"诗窖"是指五代时文豪王仁裕，据《五代史补》记载："生平有诗万余首，蜀人呼为诗窖。"《十国春秋·王仁裕传》也有类似记载。《新五代史·杂传四十五》还说他为人俊秀，以文辞知名秦、陇间。有诗万余首集成百卷，名《西江集》。写作之早的李贺是唐代诗人，据《唐摭言》记载，他7岁时见到了韩愈和皇甫湜，"总角荷衣"出迎，并作《高轩过》答谢。整首诗分成三个部分：第一部分写韩愈、皇甫湜来访时的气派，先从他们的服装、马饰写起：那华丽的服装织锦如翠，浮青飞绿，虽然官品不高，但显得如此华贵高雅；第二部分写他们车马装饰的豪华，金环装在马辔上，马颈上金铃在摇动着，玲珑悦耳，声音清脆，把韩愈、皇甫湜下马入门的情景突现出来；第三部分刻画了二位名公的内在之美，以及作者对他们的敬佩之情。文章以大笔渲染、浓墨重彩地赞颂二位当代名公，更是对诗人所追求的理想人格的称赞，因此受到韩愈、皇甫湜的赞赏。不过也有学者考证，此诗中的内容与颓伤情感，不应该出于小孩之口，可能是他18岁赴京应试时所作。不过即使是其10年后所作，一位青年人在"文章巨公"、"才子"的面前，文不加点，一口气写下了这样一首气象万千、结构谨严、想象丰富、新奇瑰丽的诗歌，在诗史上也有其独特地位。

原文

涉猎不精，是多学之弊；咿唔呫毕，皆读书之声。连篇累牍，总说多文；寸楮尺素，通称简札①。以物求文，谓之润笔之资；因文得钱，乃曰稽古之力②。文章全美，曰文不加点；文章奇异，曰机杼一家。应试无文，谓之曳白；书成绣梓，谓之杀青③。袜线之才，自谦才短；记问之学，自愧学肤。裁诗曰推敲，旷学曰作辍。文章浮薄，何殊月露风云；典籍储藏，皆在兰台石室④。……开卷有益，宋太宗之要语；不学无术，汉霍光之为人。

——［明］程允升《幼学琼林·文事》

注释

①牍：文书；寸楮：小块的纸；尺素：泛指简札、书信。②润笔之资：指为请人家写文章、写字、作画的报酬。稽古：研习古事。③曳（yè页）白：作文写不出来，只牵动白纸，谓考试交白卷；绣梓：将写成的书刻在梓木上付印；杀青：古人把书写在竹简上，为防竹青含油水成分不易刻字且易被虫蛀，于是放到火上炙烤后再刻字，这一工序就叫"杀青"。④兰台石室：泛指古代收藏图书及档案的处所，也是当时名儒著述的地方。

鉴赏

这里讲的是成才过程中应当避免的负面状态。这是作者对孩童应当规避的不良学习方式的提醒，其中包括有"涉猎不精"、"连篇累牍"、"袜线之才"、"记问之学"、"不学无术"等。"涉猎不精"，是指学问驳杂、没有专攻；"连篇累牍"，是指文字拖沓、不精简；"袜线之才"，语见宋代孙光宪《北梦琐言》卷五："韩昭仕王氏，至礼部尚书、文思殿大学士。粗有文章，至于琴棋书算射法，悉皆涉猎。以此承恩于后主。时有朝士李台嘏曰：'韩八座事艺，如拆袜线，无一条长。'"后谓艺多而无一精者，亦比喻才学短浅；"记问之学"，指只知记诵书本，无真知灼见、融会贯通及成体系的学问，《礼记·学记》有云："记问之学，不足以为人师。"是说只有复述，没有自己的创新见

解，不足以为人之师；"不学无术"，原指没有学问因而没有办法，现指没有学问、没有本领，出自东汉班固在《汉书·霍光传》中对霍光的评价："然光不学亡术，暗于大理。"即尽管霍光是汉武帝、汉昭帝、汉宣帝的三朝重臣，但他不读书，没有学识，不明白关乎大局的道理，又因族党满朝、妻子干预朝政等问题，结果落得满门抄斩的下场。以上这些负面状态应当避免的提示，非常有针对性，对孩童学文成才大有裨益。

不过，虽然读书学习中会有某些不足，或产生一些弊病，但总体而言，还是如宋太宗所说的那样，是"开卷有益"的。当年宋太宗在每天忙完政事之后，还制订了日阅《太平御览》这部综合性类书三卷的计划，若有哪天因事有阙，便定在其他时间补上。有臣子劝说不必太过劳累，他回答说："开卷有益，朕不以为劳也。"（参见宋王辟之《渑水燕谈录·文儒》）。他从《太平御览》中读到大量史实，经常和群臣讨论历史上的帝王得失，因此使朝政得到了很好的治理。这一事例应当是树立惜时观念、勤奋学习的最好示范。

原文

进学莫如谦，立事莫如豫，持己莫若恒，大用莫若畜。……方今多事，举业之外，更当进所学。碌碌度日，少年易过，岂不可惜。

——［明］吴麟徵《家诫要言》

鉴赏

这节仍从珍惜时间观念出发，讲述如何利用好时间、认真学习的问题。值得注意的是，文中有大量对《周易》中思想观念的运用。如"谦"，从字义上看比较容易理解，是指虚心、不自满、不自高自大，然它进入了《周易》，则是六十四卦中的第十五卦。从卦中的行文来看，其中说到了君子谦让将会有好结果。《象辞》说：本卦外卦为坤为地，内卦为艮为山，地中有山，内高外卑，居高不傲，这是谦卦的卦象。君子观此卦象，以谦让为怀，截取多余的，增益缺乏的，衡量财物的多寡而公平施予。君子当从谦让入手进行自我修养。明智的谦让，是吉祥的占象；勤劳刻苦的谦让，使君子有好结果；勤劳而谦让的君子，万民敬服。由于《周易》的内容原本就是中国人对生活经验的总结，并在汉代以后就列入官方学府的必读教材，所以会使孩童对卦象产生联想，使他们对惜时、勤学的认识不断深化。这样也为日后学习经典如《四书》、《五经》等，打下良好的基础。

"立事莫如豫"中的"豫"，根据《周易》中《豫卦》的解释，当为"喜豫说乐之貌"。《象辞》说：本卦上卦为震，震为雷，下卦为坤，坤为地。春雷轰鸣，大地震动，催发万物，这是豫卦的卦象。先王观此卦象，取法于声满大地的雷鸣，制作音乐，歌功颂德，光荣归于上帝，光荣归于祖考。故又有预计、干预、参与等意思。在具体展开说明时，卦象中也提示了做事犹豫不决的凶险，思想迟钝糊涂足以让人后悔，行动缓慢不定更使人后悔莫及。它还引申出津津乐道于荒淫享乐，其人意志必消退，身名必败裂；晚上反复考虑事情的成败及其各种变数，才能使得事情向好的方面发展。此卦前三爻讲到犹豫不决的坏处，后三爻说的是行动前要反复考虑，要求三思而后行。思想上明确之后，就要坚决及时地付诸行动。作者显然不赞成游移不定、没有主见以致影响到行动和结果，这是一种现实主义的态度，也是使学习取得成效的方法。

"持己莫若恒"中的"恒"，是指持之以恒的毅力，坚持达到目的或执行某项计划的决心、持久不变的意志，等等。恒卦的《象辞》说：本卦上卦为震，震为雷，下卦为巽，巽为风，风雷荡涤，宇宙常新。君子观此卦象，从而立于正道，坚守不易。其中提到把"恒"理解为挖土不止，那在占问中得到的是凶兆，这是因为冒险求深，必遭崩塌之祸。不过这并不意味着常常陷于悔恨之中,因为能坚守中正之道,是获得成功的基本条件。联想到学习问题上,则提示我们既要有持之以恒的决心,又不能盲目冒进。

"大用莫若畜"借助的是"畜"卦。在《周易》中有"大畜"与"小畜"两个卦象与之有关。畜有畜养、积聚之义。大畜卦的主卦是乾卦,卦象是天;客卦是艮卦,卦象是山。总的意思是主方应当把客方像动物一样畜养起来,驯服它,但不是消灭它。大畜即大的蓄积。不在家吃饭,而是食禄于朝,《象传》以为其中对社会政治活动的参与,能够"养贤"即培养出能人,所以是吉利的卦象。爻辞中还用小牛加木架套角作比喻,涉及教育社会化的问题。告诫人们从孩童的教育问题入手抓人的社会化问题,那就能大吉大利。

《家诫要言》再三告诫人们:"方今多事,举业之外,更当进所学。碌碌度日,少年易过,岂不可惜。"苦口婆心地要孩童珍惜时间,不要碌碌无为、虚度年华,到后来抱恨终身。总之,趁年少时要抓紧时间学习。同时,如果想在学习上有所进步,就要做到谦虚谨慎,并事先制订出相应的计划,做好充足的准备,坚持不懈地提高自己的思想和文化修养,做好各方面的知识积累,为将来发挥自己的聪明才智、更好地报效国家打好扎实的基础,这就是此文给人们的思想启示。

原文

长江后浪推前浪,世上新人赶旧人。近水楼台先得月,向阳花木早逢春。古人不见今时月,今月曾经照古人。先到为君,后到为臣。……一年之计在于春,一日之计在于寅。一家之计在于和,一生之计在于勤。……人生一世,草长一春。黑发不知勤学早,转眼便是白头翁。月过十五光明少,人到中年万事休。儿孙自有儿孙福,莫为儿孙做马牛。人生不满百,常怀千岁忧。

——[宋]佚名《增广贤文》

鉴赏

　　首句"长江后浪推前浪，世上新人赶旧人"见于宋代刘斧《青琐高议》："我闻古人之诗曰：长江后浪推前浪，浮事新人换旧人。"虽然文中说有古人之诗涉此，但目前还没有更前代的这方面资料可供查询。遵循中国古代自然与人情融合的思维方式，文中以长江的江浪相推来比喻世事中的新老更替。对此文句的理解可以多角度、多方位，但元代王子一的《误入桃源》第二折词中却是："水呵抵多少长江后浪推前浪，花呵早则一片西飞一片东，岁月匆匆。"也就是把这一景象与岁月的匆匆流逝联系在一起。故它可与后文中的"人生一世，草长一春"、"人生不满百，常怀千岁忧"等有着呼应的关系。正因为光阴飞逝，事物不断前进，所以才使人有着对自身努力的激励，对世事更替的急迫感。从此感受出发也就引出了太多的勤学、惜时的感悟。以"长江后浪推前浪"来比喻世间的新旧交替，显然是中国古人的共识，所以在历史上成为一个俗语，在不同的场合得到了重现。近似的说法至少有："长江后浪推前浪，一代新人胜旧人"、"长江后浪推前浪，世上今人胜古人"、"长江后浪推前浪，一代更比一代强"、"长江后浪推前浪，江山代有才人出"等等，这样的理解甚至延续到现代，可见其影响之大，说服力之强。

　　文中关于惜时、勤奋方面给人印象最深的句子，无疑是"一年之计在于春"。此文的出处可追寻到南朝梁萧绎《纂要》中的"一年之计在于春，一日之计在于晨"。另外如《女论语》中也有"一年之计惟在于春，一日之计惟在于寅"的说法，与本文中的说法非常接近。此话应是中国劳动人民在千百年的生产实践中总结出来的经验，故可作为农业谚语来看。它强调的是一年开首季节春季在四季中所占的重要位置，古今中外许多文人墨客对春的赞美诗更是比比皆是。的确，中国的春季始于立春，止于立夏，这个季节大自然的阳气升发，一切都显得春意盎然，展现出了勃勃生机，人也随着气温的回升和万物的苏醒而更加富有朝气。人们还将人的年轻时期称为"青春",歌颂春的创造力,强调春的宝贵。同时,"一年之计在于春",讲到了一年的计划要在春天考虑安排,含有凡事要早做打算,开头就要抓紧的意思。也要求在一年开始时多做并做好工作,为全年的工作打好基础。这是个适用于各个领域中的观念,对国家、社会、集体、个人都有积极意义。人们在新年初始就拟定统领一年的工作计划,为全年的工作作出一个总体的方案,之后就可对照此计划加以实施,不致使光阴虚度。从一年开端制订的计划能使人们对一年的工作充满憧憬与期待,从而找到新动力而为之付出辛劳;经过辛勤播种、耕耘之后,换来的便是累累的硕果。这是作者为惜时、勤奋所描绘的事业成功蓝图,也确实对人有促进作用。

"近水楼台先得月"一句,出自宋代俞文豹的《清夜录》:"范文正公镇钱塘,兵官皆被荐,独巡检苏麟不见录,乃献诗云:'近水楼台先得月,向阳花木易为春。'"说的是宋朝政治家、文学家范仲淹,曾多次在朝廷担任要职,也曾镇守过地方。在他镇守杭州期间对手下的人都有所推荐,不少人得到了提拔或晋升,大家对他都很满意。不过有一个叫苏麟的官员,因担任巡检常常在外与范仲淹不熟而没有得到提拔,为此写了这两句诗呈给范仲淹。"近水楼台先得月,向阳花木易为春"的意思是,靠近水边的楼台因为没有树木的遮挡,能先看到月亮;而迎着阳光的花木,光照自然好得多,所以发芽、成长就好,最容易形成春天的景象。这两句诗写得很含蓄,它借自然景色来比喻因靠近某种事物而获得优先的机会。范仲淹很有学问,一看这两句诗自然明白了苏麟的心思和言外之意,立即对他进行推举,使他如愿以偿。这两句诗很快流传开来,经过压缩也形成了成语"近水楼台",不过带有贬义成分,它往往用来讽刺那种利用某种方便而获得照顾、率先牟利的情况。在流传中"易为春"也常常写作"早逢春",比喻由于相处近便而获得优先的机会。不过《增广贤文》将此句与"长江后浪推前浪"相联属,也有易逝、要抓紧时机的意思。当然机会是不等人的,人生不能坐等机会的降临，而要早早立志，勤奋学习，具备"走遍天涯如游刃"的本领，这样当机会出现时，就能及时地加以把握了。

原文

但行好事，莫问前程。钝鸟先飞，大器晚成。千里不欺孤，独木不成林。贫居闹市无人问，富在深山有远亲。人情似纸张张薄，世事如棋局局新。……日勤三省，夜惕四知。博学而笃志，切问而近思。少年不努力，老大徒伤悲。惜钱休教子，护短莫从师。须知孺子可教，勿谓童子何知。……养子不教如养驴，养女不教如养猪。有田不耕仓廪虚，有书不读子孙愚。仓廪虚兮岁月乏，子孙愚兮礼义疏。……世间好语书说尽，天下名山寺占多。积德百年元气厚，读书三代雅人多。

——［清］周希陶《重订增广贤文·平韵》

鉴赏

《重订增广贤文》讲述学习的意义，除了说出"少年不努力，老大徒伤悲"这样的道理外，还说到"惜钱休教子，护短莫从师"。这里要求家长对孩童的教育要有足够的投入，在教育态度上也要端正，不能听任感情左右。此外，文中讲到的"养子不教如养驴，养女不教如养猪"，说到了读书受教育男孩、女孩都不例外，这个思想更有教育平等的含义存在。

关于学习的内容，文中也有较好的概括，那就是"日勤三省，夜惕四知。博学而笃志，切问而近思"。其中的"三省"，语出《论语·学而》："吾日三省吾身：为人谋而不忠乎？与朋友交而不信乎？传不习乎？"意为：我每天多次反省自身：替人家谋虑是否不够尽心？与朋友交往是否不够诚信？老师传授的知识是不是自己还不精通熟练

呢？"四知"，语出《后汉书·杨震传》，即后汉大将军邓骘听说杨震贤明就推举他任职，杨震后来从荆州刺史升任东莱太守。在他赴任途经昌邑时，昌邑县令王密夜里前来拜见，并带着十斤金子赠送杨震，说："送金之事在夜里没有人会知道。"杨震说："天知、神知、我知、你知，怎说没人知道呢！"王密只得拿着金子羞愧地出去了。杨震的"四知"，是本性公正廉洁的表现，他的子孙常常粗茶淡饭，步行出门，他的朋友劝他为子孙置办些产业，杨震不肯，说："让后代被称作廉洁守正的官员的子孙，也是优厚的馈赠。"这两段话是要求读书的人学会谨慎自律，在道德修养上有严格的要求。

"博学而笃志，切问而近思"，语出《论语·子张》，即既要广博地学习，又要坚守自己的志趣；既要恳切地发问，又要多考虑当前的事情以及与自己的实际情况密切相关的事情，用今天的话来说，就是要理论联系实际。这样的学习方法总结，突出的是儒家传统思想的地位，与前人讲学习时多引《五经》的思路又有所不同。

原文

学须静，才须学。非学无以广才，非静无以成学。行义要强，受谏要弱。生于忧患，死于安乐，闲时不烧香，急时抱佛脚。不患老而无成，只怕幼而不学。咬得菜羹香，寻出孔颜乐。……满招损，谦受益。百年光阴，如驹过隙。世事明如镜，前程暗似漆。有麝自然香，何必当风立。良田万顷，日食三餐；大厦千间，夜眠八尺。

——［清］周希陶《重订增广贤文·入韵》

鉴赏

这里讲述学习的意义，还强调要珍惜时间，认为"百年光阴，如驹过隙",指出"不患老而无成,只怕幼而不学"的道理。文中又进一步提出:"非学无以广才,非静无以成学。"此文来自三国诸葛亮的《诫子书》:"夫君子之行,静以修身,俭以养德。非淡泊无以明志,非宁静无以致远。夫学须静也,才须学也,非学无以广才,非志无以成学。淫慢则不能励精,险躁则不能治性。年与时驰,意与日去,遂成枯落,多不接世,悲守穷庐,将复何及!"有道德修养的人,以静思反省来使自己尽善尽美,以俭朴节约财物来培养自己高尚的品德。清心寡欲能使自己的志向明确坚定,安定清静能为实现远大理想而长期刻苦学习,要学得真知必须使身心安宁平静。人们的才能是从不断的学习中积累起来的,如果不下苦功学习就不能增长与发挥自己的才干,如果没有坚定不移的意志就不能使学业成功。纵欲放荡、消极怠慢就不能勉励心志使精神振作,冒险草率、急躁不安就不能陶冶性情使节操高尚。如果年华与岁月虚度,志愿随时日消磨,最终就会像枯枝落叶般一天天衰老下去。这样的人不会为社会所用而有益于社会,只有悲伤地困守在自己的穷家破舍里,到那时再后悔也来不及了。这既是诸葛亮一生经历的总结,更是对他儿子的要求。"非淡泊无以明志,非宁静无以致远"用的是"双重否定"的句式,以强烈而委婉的语气表现了诸葛亮对儿子的教诲与无限的期望。这里的淡泊、宁静是学有所成的心理条件,反映了作者对读书学习时心无杂念、凝神安适、不限于眼前得失的长远宽阔境界的追求。"淡泊"是一种古老的道家思想,《老子》就曾说:"恬淡为上,胜而不美。"后世一直赞赏这种"心神恬适"的意境,如白居易在《问秋光》诗中说:"身心转恬泰,烟景弥淡泊。"可见其对各家思想的兼收并蓄。

  文中的"生于忧患,死于安乐",语出《孟子·告子下》:"舜发于畎亩之中,傅说举于版筑之间,胶鬲举于鱼盐之中,管夷吾举于士,孙叔敖举于海,百里奚举于市。故天将降大任于是人也,必先苦其心志,劳其筋骨,饿其体肤,空乏其身,行拂乱其所为,所以动心忍性,曾(增)益其所不能。人恒过,然后能改;困于心,衡于虑,而后作;

征于色，发于声，而后喻。入则无法家拂士，出则无敌国外患者，国恒亡。然后知生于忧患而死于安乐也。"这是说，舜曾在田间种地，傅说从事过筑墙的工作，胶鬲贩卖过鱼盐，管夷吾从狱官的手里被释放，孙叔敖隐居滨海，百里奚从奴隶市场被赎回。他们都从卑微的社会地位上被发现任用，以后成为出名的贤臣。所以忧患能激励人，勤奋使人生存发展，而安逸享乐却会使人委靡死亡。这里涉及了生存、发展与灭亡的关系，引用了生死这样的概念。人类通过目睹死亡而意识到人生的无常，因此关注于如何度过一生、设想人生的途径，其中的启示也是以"惜时"作为内在动力的。孩童读到此文，当自然地想到，人的一生中逆境和忧患不一定都是坏事，他们是生命的一种体验，因此往往是人生的一笔宝贵财富。有过挫折、磨难体验的人，将对前人书中的教导有更深的领悟，也能使所学到的东西运用于实际生活之中，这也就是学习的价值所在。

  本节中还有涉及佛教文化的内容，如"闲时不烧香，急时抱佛脚"是佛教俗谚。唐代孟郊《读经》诗中有"垂老抱佛脚，教妻读黄经"句，谓年老信佛以求保佑，有临渴掘井之意，后称平时无准备而事急时仓猝张罗为"临时抱佛脚"。明代张谊《宦游纪闻·抱佛免罪》记其语出处：谓东南亚一带小国民众都是信仰释迦牟尼的佛教徒，有一犯罪应诛者受到追捕，其人急奔寺中抱住佛脚，愿削发为僧不蹈前非，竟被赦免，让他入寺剃发当了和尚。后来当这个国家的僧人进入中国传播佛教时，将这个故事和所产生的惯用语"临时抱佛脚"带入中国，成了我们的俗语。本文以此作为学习中切忌仓猝张罗、临渴掘井的用语，十分传神贴切，体现出他在文化上儒道释融和的风格。联系到上节文中的"世间好语书说尽，天下名山寺占多"，又说明寺庙能为高山增添景色及文化韵味，故往往成就名山的产生。

  《重订增广贤文》有的内容为前代蒙书中思想的继承，如"咬得菜羹香"，与范仲淹"断齑画粥"的事迹大致相类，并以"良田万顷，日食三餐；大厦千间，夜眠八尺"等观念对它做出呼应。这一思想一直延续到现在，如古人云："咬得菜根香，则百事可做。"这些可看作是读书学习的心理基础。而"寻出孔颜乐"，又是《论语》中孔子与弟子所谈到的人生理想、最大的乐事。《论语·述而》载："子曰：'饭疏食，饮水，曲肱而枕之，乐亦在其中矣。不义而富且贵，于我如浮云。'"孔子说，吃着粗粮，饮着白水，弯着胳膊当枕头，这也充满乐趣；而用不义的手段得到富贵，对于我好像浮云那样转瞬即逝、无足轻重。孔子曾描述自己："其为人也，发愤忘食，乐以忘忧，不知老之将至云尔。"发愤学习和教学，是最大快乐，自觉年轻多了，忘了自己渐渐地老了。《论语·雍也》载："贤哉，回也！一箪食，一瓢饮，在陋巷。人不堪其忧，回也不改其乐。贤哉，回也！"这是孔子对学生颜回的赞扬，说颜回用非常简陋的竹器吃饭，用瓢饮水，住在陋巷，别人受不了这种困苦，颜回却不改变乐观态度。也就是说，对于孔子、颜回这样品德高尚的人来说，快乐不在于物质享受，而在于精神情操的追求。因此，"孔颜乐处"是儒学关于人格理想与道德境界的命题，作者把儒家那种安贫乐道、达观自信的处世态度也纳入学习的范围，并指出这是勤学的最高境界。

原文

儿好何须父业，儿若不肖空积，不知教子一经，只要黄金满室。君子名利两得，小人名利两失，试看往古来今，惟有好人便益。厚时说尽知心，提防薄后发泄，恼时说尽伤心，再好有甚颜色？事到延挨怕动，临时却恁慌忙，除却差错后悔，还落前件牵肠。往日真知可惜，来日依旧因循，若肯当年一苦，无边受用从今。……德行立身之本，才识处世所先，孟浪痴呆自是，空生人代百年。谦卑何曾致祸？忍默没个招灾，厚积深藏远器，轻发小逞凡才。俭用亦能够用，要足何时是足？可怜惹祸伤身，都是经营长物。未来难以预定，算够到头不够，每事常余二分，哪有悔的时候？火正灼时都来，火一灭时都去，炎凉自是通情，我不关心去住。何用终年讲学，善恶个个分明，稳坐高谈万里，不如蹴踔一程①。万古此身难再，百年转眼光阴，纵不同流天地，也休浣了乾坤②。

——［明］吕坤《续小儿语》

注释

①蹴踔（chěn chuō 碜戳）：跛者行路状，引申为迟滞。②浣（wò 卧）：沾污，弄脏。

鉴赏

开头的后两句"不知教子一经，只要黄金满室"似由《三字经》中的"人遗子，金满籯；我教子，惟一经"引出，将"黄金满室"与"教子一经"看作为两种不同的教育方式，由此引出其教育孩童的宗旨。不过作者在讲了一些为人处世的道理之后，马上将话题转到"试看往古来今，惟有好人便益"上，这样就使他的思想具有了历史感，也就与时间观念有了一层联系。

后几句的内容虽然落实于为人处世，但运用了时间的坐标系，如"事到延挨怕动，临时却恁慌忙，除却差错后悔，还落前件牵肠"，是从一件事的发生角度来讲预先准备的重要性，涉及的是时间长线中的一个点。而"往日真知可惜，来日依旧因循，若肯当年一苦，无边受用从今"，则从过去与现在的相互关联中考察问题。后面一句中的"德行立身之本，才识处世所先，孟浪痴呆自是，空生人代百年"，则以人生百年经历作为考察的背景。三句话中所考察的对象在时间段上逐渐拓展，将"惜时"的重要意义与人生价值做出有机的联系。

对时间意义的体悟，也能使人获得对事物变化、世情流转的理解，文中也有这样的认识深度。在下面文中作者讲到了对世事的看法，提出"炎凉自是通情，我不关心去住"的思想。这里的意思为：世事有变化、人情有冷暖本是常情，故当以同情之心来对待。面对如此现实，还是不必陷入消极的状态，而应当仍然以积极的心态处之。这样的理解不应只表现于言论上，还应当落实于行动之中，这就是文中所说的"稳坐高谈万里，不如踯躅一程"的意思。最后还从宇宙人的角度来发表对人生价值的看法，说"万古此身难再，百年转眼光阴，纵不同流天地，也休涴了乾坤"。作为生存于乾坤、宇宙中的一名成员，或许凭自身的努力能够为世界做出的贡献有限，即便如此，还是应当竭尽已能努力去做，并记住不以自己的言行去为历史、为社会添加负面的东西，也就是不因此而使乾坤受到污染。这几句话体现出作者高远之立意及广大之心怀。

从上述内容来看，本节的书名虽然为《续小儿语》，却比其他的蒙书来得成人化，所叙述的内容、所思考的角度也不局限于孩童视野，有很多只有大人才能理解的人生经验和处世哲学。这样的文字若能通过大人来加以辅导、进行解释，那就会起到深入浅出的作用，所以也是有价值的文本。

原文

爆竹声中一岁除，春风送暖入屠苏。千门万户曈曈日，总把新桃换旧符。

——《千家诗·元日》（王安石）

鉴赏

这里选择《千家诗》中有关勤学惜时内容的六首诗，利用诗歌形式对孩童进行启蒙教育，便于背诵和记忆。现分别鉴赏如下。

第一首诗《元日》，作者王安石是北宋时期的政治家、思想家、

文学家。这是一首写古代迎接新年的即景之作,取材于民间习俗。作者敏感地摄取老百姓过春节时的典型素材,抓住有代表性的生活细节:点燃爆竹、饮屠苏酒、换新桃符,充分表现出年节的欢乐气氛,富有浓厚的生活气息。首句表达了在响亮的鞭炮声中送走旧岁、迎来新年的喜悦。第二句描写人们迎着和煦的春风,开怀畅饮屠苏酒,并以屠苏酒作为"春风送暖"之对象,更渲染了迎新年的浓重气氛。第三句"千门万户曈曈日",承接"送暖"而来的诗意,描写家家户户都沐浴在初春朝阳的光照之中;"曈曈日",指由暗转明的朝阳。结尾一句在描述当时的民间习俗后转发议论,以桃符的更换揭示出"除旧布新"的主题。其实,这首诗表现的意境和现实,还是有它的比喻象征意义,它是以辞旧迎新来比喻和歌颂新法的胜利推行,赞美新事物的诞生如同"春风送暖"那样充满生机,含有深刻的哲理,指出新生事物总是要取代没落事物的这一规律。

原文

春眠不觉晓,处处闻啼鸟。夜来风雨声,花落知多少?

——《千家诗·春晓》(孟浩然)

鉴赏

第二首诗《春晓》,作者为唐代诗人孟浩然,曾在太学赋诗名动公卿,与王维交谊甚笃。这是一首惜春诗,看似极为口语化,却既有优美的韵致,又行文跌宕起伏。作者以"不知——知,知——不知"的句式,将春天的景物展现给读者:不知清晨,但是却知道报晓的鸟儿鸣叫;知道春风、春雨的光顾,却不知道落英多少,诗人就是这样在煞费周章的句式中来描写大好春光的。全诗短短二十字,以清新活泼、明朗畅晓的语言表述了春风、春雨、春花、春鸟,描写出一幅美丽的春晓图，抒发诗人内心萌发的深厚春意，墨淡而意浓，景美而情切，并且给人留下鸟啼无意而落花有情的不尽韵味。

原文

胜日寻芳泗水滨，无边光景一时新。等闲识得东风面，万紫千红总是春。

——《千家诗·春日》（朱熹）

鉴赏

第三首诗《春日》，作者朱熹是南宋著名的理学家、思想家、教育家，也是孔子、孟子以来最杰出的弘扬儒学的大师。这是一首富有哲理的写景记游诗，首句中的"胜日"，指晴日，点明天气；"泗水滨"，点明地点；"寻芳"，即是寻觅美好的春景，点明了主题。次句"无边光景一时新"，写观赏春景中获得的初步印象；用"无边"形容视线所及的全部风光景物；"一时新"既写出春回大地、自然景物焕然一新，也写出了作者郊游时耳目一新的欣喜感觉。第三句中的"等闲识得"，是说春天的面容与特征很容易甚至不经意就可以辨认的。第四句"万紫千红总是春"，准确生动地描绘了春光的特征，因而成为脍炙人口的千古名句。从字面上看，这诗好像是写游春观感，但细究寻芳的地点是泗水之滨，诗中的"泗水"实是暗指孔门，因春秋时期孔子曾在洙、泗之间弦歌讲学，教授弟子，因此所谓"寻芳"，就是指寻求圣人之道；"万紫千红"也比喻孔学的丰富多彩。诗人将圣人之道比作催发生机、点染万物的春风，实际上这是一首寓理趣于形象之中的哲理诗。孩童在学习此诗时，通过老师的解释了解到这样一种暗喻的表示方式，并对孔子之学有了形象化的了解，此诗的作用也就无法估量了。

原文

春宵一刻值千金,花有清香月有阴。歌管楼台声细细,秋千院落夜沉沉。

——《千家诗·春宵》(苏轼)

鉴赏

第四首诗《春宵》,作者苏轼是北宋时期的文学家,为"唐宋八大家"之一,词开豪放一派,对后世有巨大影响。《春宵》的首句抒情议论,以一刻之短时与价值之大相比较,突出光阴之珍贵。第二句从花和月两方面具体描述:花朵盛开,散发清香;月色醉人,播洒清辉。前两句不仅写出了夜景的清幽和夜色的宜人,更是在告诉人们光阴的宝贵。后两句写的是官宦贵族阶层尽情享乐的情景:夜已经很深了,院落里一片沉寂,他们却还在楼台里尽情地享受着歌舞和管乐,对于他们来说,这样的良辰美景更显得珍贵,作者的描写不无讽刺意味。全诗写得明白如画却又立意深沉,在冷静自然的描写中,委婉地透露出作者对醉生梦死、贪图享乐、不惜光阴的人的深深谴责,诗句华美而含蓄,耐人寻味。特别是"春宵一刻值千金",成了千古传诵的名句,人们常常用来形容良辰美景的短暂和宝贵。

原文

无花无酒过清明,兴味萧然似野僧。昨日邻家乞新火,晓窗分与读书灯。

——《千家诗·清明》(魏野)

鉴赏

第五首诗《清明》，作者是北宋诗人魏野（有的版本署名王禹偁，有误），他的诗风清淡朴实，苦力求工；一生清贫，却又不求仕进、不随波逐流，为后人称道。这首诗，写自己过清明时的凄凉，选取了"无花无酒"、"似野僧"等典型事例，形象地把自己的清苦描绘了出来。后两句说到自己向邻居家乞求新的火种（因清明节前的寒食节禁火，已将火种熄灭），但自己却是用以"晓窗分与读书灯"，即用新火点燃油灯在拂晓的窗下读书。"读书灯"三字一出，就把前面似老僧般的愁苦扫到了一边，表现出自己非同一般的意趣。此诗写寒士过清明时的凄凉及独特的过节方法，选取了典型的事例，稍作点染，就把自己日常生活的清苦勤奋刻画得入木三分，也把诗人的情趣表现了出来，用笔十分传神。《宋史》说魏野"为诗精苦，有唐人风格，多警策句"，这诗正体现了这一特点，符合他隐士的身份。孩童们能从诗中读到隐士的作品，也对中国"士"阶层即知识分子的各个层面有所了解，这应是读此诗获得的独特体验。

原文

三月残花落更开，小檐日日燕飞来。子规夜半犹啼血，不信东风唤不回。

——《千家诗·送春》（王令）

鉴赏

第六首诗《送春》，作者是北宋诗人王令，他不求仕进，以教授生徒为生，后获王安石赏识，结为知己，遂以文学知名。这首诗写暮春三月的景象，说花落了又重开，燕子离去了还会回来，然而那眷恋春光的杜鹃，却半夜三更还在悲啼，不相信"东风"唤不回来。诗人用"子规夜半犹啼血，不信东风唤不回"来表达竭尽全力留住美好时光的意愿，既表达惜春的心情，又寄寓了诗人对终将复归的美好事物的信念，显示了自信和努力的态度。此诗的特点在于寓情于物：花开花落、燕子飞来、子规夜啼都是自然现象，本来都是受客观规律支配的，而客观规律又不以人的意志为转移。面对遍地的落花残花，诗人不仅没有发出"无可奈何"的叹息，反而抒发了"不信东风唤不回"的豪情壮志。这里体现出诗人相信人能够认识规律、利用规律，并能运用对规律的认识去改造世界；诗人的坚定信念和积极向上的精神，难能可贵，催人奋进。

　　从以上六首诗可以看出，古人在面对一年中最重要的季节春季时有着共同的爱惜、留恋的心情，他们用各种方式表达自己的情感，并表现出在美好时光里有所作为的志向。虽然文中也出现了残花败落、杜鹃啼血，这些也容易引起岁月不待、好景难长的联想，但诗人以"不信东风唤不回"结尾，留给小读者的是一个光明的憧憬。孩童从小阅读并背诵这样的诗歌，一种自信、积极的心态便由此而生，这不愧是寓教于乐的好诗篇。

原文

　　匡衡凿壁，孙敬闭户。……陵母伏剑，轲亲断机。……王充阅市，董生下帷。……德润佣书，君平卖卜。

——［唐］李瀚《蒙求》

鉴赏

　　《蒙求》以列举历史上著名人物的事迹为形式，表达作者的说教意图。文中八位名人侧重说明了如何惜时勤学，以及母亲在子女勤学成才中的作用。

首先，如何不畏艰苦、创造条件实现惜时勤学，文中用三对人物的事例进行讲述。

第一对人物是匡衡与孙敬：文中用了"匡衡凿壁"与"孙敬闭户"两个典故来说明。"匡衡凿壁"，典出东晋葛洪的《西京杂记》卷二："匡衡字稚圭，勤学而无烛，邻舍有烛而不逮。衡乃穿壁引其光，以书映光而读之。"是说匡衡小时家贫，因家中没有蜡烛照明，见邻家有灯烛，就把墙壁凿了一个洞引来邻家的光亮，解决了晚上看书的困难。匡衡专攻《诗经》，由于刻苦勤奋，对《诗经》的理解十分透彻，《汉书·匡衡传》记当时曾传有"无说《诗》，匡鼎来。匡语《诗》，解人颐"之语，即听匡衡解说《诗经》，能使人眉头舒展，心情舒畅，可见匡衡对《诗经》理解之深。以后他成为西汉著名的经学家，以说《诗经》著称，元帝时位至丞相。"孙敬闭户"中的孙敬为汉时人，据《楚国先贤传》云："孙敬字文宝，常闭户读书，睡则以绳系头，悬之梁上。尝入市，市人见之皆曰：'闭户先生来也。'"孙敬为珍惜时间，常年闭门谢客，攻读诗书，人称"闭户先生"。他苦读诗书，常常通宵达旦，困倦得眼皮都睁不开了，就弄根绳子把头发绑起来吊在房梁上；打盹垂头的时候，头发一揪就惊醒了，继续读下去。以后他凭借苦读精神，终于通今博古、满腹经纶，成为晋时知名的大儒。《三字经》里把他与战国时苏秦"读书欲睡，引锥刺其股"等故事并谈，以后成为脍炙人口的孩童教育事例。

第二对人物为王充与董仲舒，这两个人都为汉代著名的儒学大家。"王充阅市"是王充出名的起点，据《后汉书·王充传》载，东汉时期会稽人王充幼年丧父，因孝顺受到乡人的称赞，后被推举到京师洛阳的太学读书。王充喜欢广泛地阅读书籍，由于家贫没有多少藏书，他就常在洛阳的书铺上翻看人家卖的书，看过一次后就能记住并背诵，藉此广泛地通晓了众多流派的各家学说。他的"阅市"经历也被认为是勤奋好学的典范。王充后来回到乡里，隐居从事

教学。所撰《论衡》一书，对当时社会受到董仲舒"天人感应"思想影响引出的认识错误提出批评，对由此而形成的社会颓风陋俗进行了针砭，被后世学者称为"汉世三杰"之一。他的刻苦努力精神也藉"阅市"故事而得到流传。"董生下帷"讲的是董仲舒的故事，据《汉书·董仲舒传》载，他发奋读书，专精一思，连家里的园圃都顾不上去看，故史书中有"三年不窥园"的记载。另据《故城县志》载，故城县坊庄乡是董仲舒讲学的地方。因为教室紧张，他们就在空场上用竹竿或木桩插起地盘，再用布单围起，以帷帐为墙，董氏为集中注意力还在讲台前挂一帷帐，不直面学生。他在讲课时声调高昂有力，言辞振聋发聩，学生听得兴高采烈。该村原名"十里长村"，因董子"下帷讲诵"之故，又名"董学村"、"下帷村"。董氏所作的"天人三策"深得汉武帝赞赏，他所提出的"罢黜百家，独尊儒术"不但得到当时朝廷的遵行，还影响了中国封建社会数千年。

第三对人物为"佣书"之德润与"卖卜"之君平。德润为三国时阚泽的字，据《三国志·吴书·阚泽传》载，阚泽家境贫寒但好学上进，为了追求学问"常为人佣书，以供纸笔，所写既毕，诵读亦遍"。即阚泽通过给别人抄书的机会，赚点买纸笔的钱，并取得了学业的进步，终于"究览群籍，兼通历数，由是显名"。以后他官至中书令、太子太傅，封都乡侯，著有《乾象历注》。像他这样的做法在中国历史上不乏其人，如战国时纵横家的代表人物张仪，年轻时也曾替人家抄书，他在遇到没有见过的好句子时，就把它写在手掌中或大腿上。晚上回到家中就折竹刻写，久而久之集成册子，这就是他以后成为雄辩家的学问积累。这些例子都说明，人在艰苦的环境下自学上进，是惜时勤学精神的很好体现，也是人能获得成功的前提条件。"君平卖卜"，君平为西汉时严遵的字，事见《汉书·王贡两龚鲍传》："君平卜筮于成都市，……裁（才）日阅数人，得百钱足自养，财闭肆下帘而授《老子》。博览亡（无）不通，依老子、严周之指著书十余万言。"严君平居住成都,以卖卜为生,只要收入能自养,便闭门读书,人们遂用"君平卖卜"典故比喻隐居自给的生活。后来君平博览群书、无所不通,依老庄之旨著《老子指归》书十余万言,使道家学说更加条理化。他在面临生存困难时仍不改其操守,在学术上作出贡献,故受到蜀人敬爱,当地为纪念严遵,把他居住过的街道命名为"君平街"。

其次,母亲在子女勤学成才中的作用,文中用两件事例进行讲述。

第一件事例是"陵母伏剑",事见《汉书·王陵传》:秦朝末年,王陵在县里已经小有名气,刘邦在沛县起义,王陵聚合了数千人坐拥南阳,并未投奔刘邦。与刘邦敌对的楚霸王项羽捉到了王陵的母亲,通知王陵前来受降。王陵的母亲强忍着眼泪,偷偷地对王陵派来的人说:你回去代我对王陵说,好好地服侍刘邦,刘邦做人谨慎厚道,将来一定能够成大事业,接着就用宝剑自刎了。项羽得知非常生气,就把她放在锅子里煮了。王陵为报杀母之仇终于跟定刘邦打天下,后来刘邦建立了西汉王朝,他官至宰相,被封为安国侯。

第二件事例是颇为有名的"轲亲断机":传说战国时的孟轲,在年少上学期间逃学回家,正在织布的母亲,见此就拿刀割断织机上的线,并对儿子说:你废弃学业,就像我割断织线一样。君子通过学习才能增长知识,立身扬名,现在你废弃学业,将来免不了一事无成,难以逃避祸患。小孟轲听了很震动,从此勤奋学习、努力上进,后来成为孔子儒家学说继承者,被人们尊为亚圣。

本文的作者认为,这两位母亲都是激励孩子向上努力的榜样,并用自己行动做出示范,促使子女获得成功,体现了母爱的强大力量。

原文

读必端身,置书宜正,对字朗读,不可错认。眼到口到,还须心到，有此三到，易熟易晓。……圣贤之道，全在书中，若明义理，堪学圣功。

——［民国］周秉清《养蒙便读·读书》

习字二法，曰摹曰临，临学其神，摹效其形。形在结构，神在用笔，临池贵多，古碑今帖。

——［民国］周秉清《养蒙便读·习字》

十六曰勤，戒惰与逸。学业而勤，资生有术；服务而勤，无惭报国。当惜分阴，尽瘁尔职。

——［民国］周秉清《养蒙便读·修德》

鉴赏

本节是有关读书态度、学习方法的内容，即对勤学的讲述。首先，文中讲到了眼到、口到、心到的"三到"，南宋朱熹的《训学斋规》曰："余尝谓，读书有三到，谓心到、眼到、口到。心不在此，则眼不看仔细；心眼既不专一，却只漫浪诵读，决不能记，记亦不能久也。三到之中，心到最急。心既到矣，眼口岂不到乎？"这里强调了"三到"之中最重要的是心到，因为心思不在课本上，那么眼睛就不会看仔细；既然思想不集中，就只能随随便便地诵读，绝对不能记住，即使记住了也不能长久。《养蒙便读》说到的"有此三到，易熟易晓"，基本上就是朱熹思想的引用。确实，高度集中的注意力不仅加快阅读速度，而且能够加深理解，古今中外这样的例子可以举出很多。如列宁的读书速度和理解深度异常惊人，别人询问是什么原因，列宁的夫人克鲁普斯卡娅回答说："当他阅读时，精神非常集中，所以阅读极快。"有一回，一位摄影师走进列宁的办公室，列宁正聚精会神地读报纸。这位摄影师不慌不忙地安装好很笨重的摄影机，拍了好几张照片，然后拆掉机器出门。后来报纸上登了这些照片，列宁才惊奇地说："他们是从哪儿弄来的？"正是这种精神上的高度集中，才使列宁能一下子掌握和记住所读的内容。这些事例都说明，善于聚精会神地工作，保持大脑的紧张状态，这是保证学习质量的重要因素，而读书时的"三到"正是以这个原理为依据的。

其次，练习写字的方法应"临学其神，摹效其形"。这也是过去中国人学习的重要组成部分。临，是照着原作写或画；摹，是用薄纸（绢）蒙在原作上面写或画；"临摹"，是指按照原作仿制书画的过程，广义的临摹，所仿制的不一定是原作，也可能是碑、帖等。临和摹各有长处，也各有不足。古人说："临书易失古人位置，而多得古人笔意；摹书易得古人位置，而多失古人笔意。"即临容易学到笔画，而不易学到间架结构；摹容易学到间架结构，而不易学到笔画。从难易程度来说，摹易临难。不管是临还是摹，都要以与范本"相像"为目标，从"形似"逐渐过渡到"神似"。此外，光临摹也还不够，还要会背、核、用。背，就是不看帖，背着帖写，做到不看帖也能把帖上的字写出来，力求形神毕肖；核，就是将背写的字与帖上的字进行核对，看有无差错，要善于发现自己的不足，从而改正缺点；用，就是实践，把学了的东西，用到实际生活中去，在实践中巩固和提高所学的东西。过去的有关临摹的方法，在中国古代就有研究，也有这方面的著作与文章，但是作为蒙学教材中的一部分，还是比较少见，《养蒙便读》能将这方面的知识加以介绍，并作为孩童启蒙教学的一个组成部分，体现了作者对学习内容方面视野的开拓，且所说的内容也十分精到，是值得了解的部分。

原文

年少力强，急须努力，错过少年，老来着急。……只怕不勤，只怕不精，只怕无恒，不怕无成。……不能则学，不知则问，耻于问人，决无长进。……饥而食粥，粥可省费，因而读书,书可益智。以书益智,智在明理,理之大常,礼义廉耻。……自高者危,自满者亏。自晦莫自明,自重莫自轻。非平淡无以养性,非贞静无以定命。命是自然之命,理是当然之理。

——[清]李西沤《老学究语》

鉴赏

这里说的是对生活和学习态度的选择。《老学究语》从感慨人生的易逝而讲到勤学的重要性,也以安贫、持恒、不自满、自明自重为学习进步之道德基础,指出"自高者危,自满者亏"。特别提到了"以书益智,智在明理",并以"礼义廉耻"、"理之大常"为理之根本。在体现其理论深度的同时,"老学究"的面目也因此一展无余。

"非平淡无以养性,非贞静无以定命。命是自然之命,理是当然之理。"文中的平淡、贞静套用了诸葛亮《诫子书》中"非淡泊无以明志,非宁静无以致远"的话,不过作者以此联系到的是"养性"与"定命",似有寓意上的深度,其在哲理上有所拓展。应当说,讲性、命关系,早在先秦时期就是儒家学者思考过的命题。《孟子·尽心下》曰:"口之于味也,目之于色也,耳之于声也,鼻之于臭也,四肢之于安佚也,性也;有命焉,君子不谓性也。仁之于父子也,义之于君臣也,礼之于宾主也,知之于贤者也,圣人之于天道也,命也;有性焉,君子不谓命也。"即对于人能通过感官接触外物获得的感性认识,不是人类独有的事物属性,对于这种人类与其他生命体共有的属性我们统称之为"命";而仁爱、忠义、礼法、尚贤、用能、道德神圣这些人类的社会行为,是使人类有别于其他事物的个性和特殊性,所以它被称之为"性"。这是人对自身所具有的自然属性与社会属性关系作出的探讨。以后的宋明理学家又把这两者与"理"做出相关的思考。北宋二程(程颢、程颐)提出天理与人性的贯通,这就把整个世界看作是由一理贯通的整体。南宋理学之集大成者朱熹进一步提出："至于天下之物，则必各有所以然之故，与其所当然之则，所谓理也。"把理对人性的贯穿称之为"当然之则"，就是应当如何去做的原则。也就是说道德人伦的制定并不是因某个圣人的发现，而是由于人结成了社会以战胜自然，为维持这种社会关系的良好运行便需要有相处准则的规定，而这种规定依据于人的生存条件需要及人性的本质。从这个意义上说，"当然之则"是依据于"理"这一规律性的东西。这是宋明理学家用以规劝世人要明理的原因所在，也是宋代以后儒家学说的核心观念。一般童蒙书籍作者顾及到孩童接触社会尚少，对他们只讲到"当然之则"，即应当做什么和如何去做，至于其背后的道理则留待其读经书时来解决。然而《老学究语》却本着对学术的兴趣，也在文中讲到了这些东西，虽然讲得深了一点，但大致有个印象，为孩童今后去体会其中之意打下一些基础，起到潜移默化的作用。

原文

相争告人，万种无益。礼下于人，必有所求。敏而好学，不耻下问。

——[南宋]佚名《名贤集》

鉴赏

《名贤集》提示人们"相争告人，万种无益"，是说为了某件事跟人发生争执时，诉说这人如何如何不好，这样做没有任何益处。"礼下于人，必有所求"，即恭维别人、给人送礼，或降低身份礼遇待人，一定是对别人有所求助。"敏而好学，不耻下问"，就是聪慧且喜欢学习，不以向不如自己的人求教而感到羞耻，形容谦虚好学。这个成语来源于《论语·公冶长》，说的是春秋时代儒家学派创始人孔子的事情。当

时的孔子因从事民间教育而受到人们的尊奉,然而他认为,无论什么人包括他自己,都不是生下来就有学问的。一次孔子去鲁国国君的祖庙参加祭祖典礼,他不时向人询问,差不多每件事都问到了,有人在背后嘲笑他,说他不懂礼仪,什么都要问。孔子听到这些议论后说:"对于不懂的事,问个明白,这正是我要求知礼的表现。"那时,卫国有个大夫叫孔圉,虚心好学,为人正直。当时社会有个习惯,在有地位的人死后,可给他一个谥号以概括其功绩。按照这个习俗,孔圉死后被授予"文"的谥号,孔子的学生子贡听到后不甚服气,认为孔圉也有不足的地方,于是就去问孔子。孔子答道:"敏而好学,不耻下问,是以谓之'文'也。"即孔圉聪敏又勤学,不以向职位比自己低、学问比自己差的人求学为耻辱,所以可以用"文"字作为他的谥号。孔子的这句话,引出了"不耻下问"这个成语。这句话也可从惜时勤学的角度来加以理解:由于时间宝贵,所以要勤学努力;而学习之勤并不意味着仅仅是耗费大量的时间在读书上,还有着如何巧学、提高学习效率的问题,故又提出了要如孔子般地做到思学统一、学与问的结合,这样在学习效率上会得到提高,间接的也是更好地利用了时间,是惜时的更好表现。

原文

少壮不努力,老大徒伤悲。时来风送滕王阁,运去雷轰荐福碑。有名岂在刊玩石,路上行人口似碑。……一日不读口生荆棘,一日不写手生荆棘。

——[清] 吴獬《一法通》

鉴赏

文中"时来风送滕王阁,运去雷轰荐福碑"两个典故,不是出于正史或经典，而是与流传于地方的民间故事、地方戏剧有关系。前句讲的是唐朝诗人王勃的故事：王勃为隋末大儒王通的孙子，与杨炯、卢照邻、骆宾王一起被称为"初唐四杰"。滕王阁始建于公元653年，是唐太宗之弟李元婴任洪州都督时所建，因李元婴被封为滕王，所以得名"滕王阁"，在今江西省南昌市内。它与湖北的黄鹤楼、湖南的岳阳楼并称为中国南方的三大名楼。滕王阁历经1300多年，经久不衰，闻名遐迩，是因为王勃的《滕王阁序》一文，故有"文以阁名，阁以文传"之说。《滕王阁序》全名为《秋日登洪府滕王阁饯别序》，作于公元675年，此时的王勃年届25岁，虽然年纪尚轻，却也饱经风霜，数次因作文不慎而受到磨难。他因此颠沛流离、浪迹天涯，深切地感受到世道炎凉、人情险恶。但又不肯轻易放弃自己的理想和抱负，仍然寄希望于皇上的圣明和朝廷的恩赐。在他去交趾探望做县令的父亲，途经马当（今江西省彭泽县境内）时，遇狂风暴雨，滞留于此。时遇一道人告诉他，九月九日洪州都督阎伯屿要在新修的滕王阁中大宴宾客，要他务必参加。可是此地离洪州还有700多里，哪能赶得上呢？正在王勃无可奈何之际，道人驾船送他，一路上船借风速，风助船行，须臾之间已到南昌，而道人却不知去向。据说这位道人是中原水神，他以佛法相助，日行700里，让王勃顺利地抵达南昌，如期参加滕王阁盛会。宴会上达官显贵济济一堂，文人墨客灿若群星。酒兴正酣，阎伯屿请各位嘉宾行文赋诗以记欢宴之盛况，其实他是想借此机会让其颇有诗名的女婿孟学士扬名，孟学士也已将诗文准备好了，只等当场吟诵。所以，文人们一一谦让，不敢造次。临至王勃，他却不谙此道，踌躇应允，使得满座愕然。王勃行文习惯小酌，然后蒙头少睡。阎公和宾客们见王勃不紧不慢，于是托"更衣"之名离席，登阁赏景，吩咐小吏随时通报情况。王勃小憩片刻，便文采飞扬，一挥而就。当小吏报来第一句"豫章故郡，洪都新府"时，阎都督不以为然。在报来"襟三江而带五湖，控蛮荆而引瓯越"时，阎都督沉吟不语。当报至"落霞与孤鹜齐飞，秋水共长天一色"时，阎都督出立于勃侧而观，拍手称赞"天才之笔"。遂亟请宴所,极欢而罢。酒酣辞别,阎公赠送王勃一百匹缣,他便告辞后扬帆离去。不幸所乘之船沉入大海,王勃被淹死,时才27岁。此事部分内容见载于唐末王定保的《唐摭言》,但"风送滕王阁"之事则并无史书上的出处。

"雷轰荐福碑"事见元马致远的《荐福碑》,全名为《半夜雷轰荐福碑》,写的是穷秀才张镐历尽千辛万苦才得以中状元的故事。全剧共四折一楔子,剧情是:秀才张镐寄居张家庄庄主张浩处,以教学童为生。好友范仲淹前来探访,将张镐所写万言长策带回朝廷,并写了三封信让张镐去找黄员外、刘仕林和宋公序这三人,可得资助。但黄员外、刘仕林偏在这时死了,找人不着的张镐在庙里躲雨时又求得下下签,不禁写诗发泄怒气,因此得罪龙神。同时范仲淹带回的万言长策被皇帝看中,任命张镐为吉阳县令,结果被张浩冒充。张浩后又命手下人赵实去杀张镐,张镐诉说情由打动了赵实而被放。张浩欲杀赵实灭口时,被范仲淹好友宋公序撞见,宋将他们带回京城。张镐流落荐福寺内,长老同情他遭遇,准备让小和尚拓写寺中颜真卿碑文卖了钱供他进京赶考,谁知龙神因报复而夜里雷轰荐福碑。张镐自感生存无味,欲撞树自杀,被赶来的范仲淹救下,并带他同回京师。皇帝因见了张镐长策,让他做了头名状元,冒充者张浩受到惩罚。

这两个故事都说明了文人才子的命运多变,但只要坚持努力、发挥才能都会给命运带来改变。王勃自己虽然一生困顿,却留下《滕王阁序》这样的好文章,被人们千古传诵;而受尽磨难的张镐也终于在范仲淹、宋公序等正人君子的帮助下得到头名状元,实现了建功立业的理想。这些蒙书中的故事无疑能给孩童以积极向上的信念。

"有名岂在刊玩石,路上行人口似碑。"引用了《五灯会元·宝峰文禅师法嗣太平安禅师》:"劝君不用镌顽石,路上行人口似碑。"顽石即玩石,这里指碑石;"刊玩石"、"镌顽石"即刻碑,也就是树碑立传、纪功颂德。从"刻碑"又延伸出"口碑",喻指众口颂扬。《中国成语大辞典》对成语"口碑载道"的解释是:"群众口头的称颂,像文字刻在碑上一样。形容满路都是称颂的声音。"此说在后来逐渐被百姓口语化为"口碑相传"。文中提出：自己有名望、有成就、有贡献，不一定要刻在碑上，在老百姓心目中不朽、有好的口碑，同样能在历史上留名。同时也告诉孩童要抓住时间学习、书写，并告诫"一日不读口生荆棘，一日不写手生荆棘"，只有这样努力，将来才能为社会作出贡献、才能有名望，实质上这是将"惜时"的主题作了进一步的拓展。

（洪玲玲、胡孟浩）

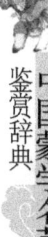

修身励志篇

原文

韩信将兵,多多益善;毛遂讥众,碌碌无奇。……苻坚自夸将广,投鞭可以断流;毛遂自荐才奇,处囊便当脱颖。……君子之身,可大可小;丈夫之志,能屈能伸。

——[明]程允升《幼学琼林·武职》

鉴赏

文中叙述了发生在三个古代人物身上的四个故事。首先,毛遂自荐的故事还是比较深入人心的。战国时,秦国出兵围困赵国都城邯郸,赵王派平原君赵胜赴楚求救。平原君想在三千门客中选出文武俱备的二十人陪他同去,左看右看,也只能选出十九人。正在他犹豫之时,毛遂自愿请往。但他来此已三年之久,却未曾做出过任何惊人之举,故平原君对此人表示不屑,而这次出使楚国关系到赵国存亡的大问题,于是否定了他的同往请求。毛遂却道:"我是因为没有展示才华的机会,故无法脱颖而出。若是有了机会,我必定像锥子那样,锋芒毕露。"平原君对他的回答感到惊奇,又因当时正缺一人,便准予他一同前去。这就是自告奋勇、自我推荐的著名成语"毛遂自荐"的故事。

接着是毛遂在楚国发生的故事。他跟平原君到了楚国之后,楚王只接见平原君一人，两人从早上谈到中午还没有结果。这时候，毛遂按剑历阶而上，陈述利害得失，终于以理说服了楚王，即刻出兵，秦国不得不退兵，解了赵围。而另外十九人在这次活动中没能出力，甚至连一句话都未曾说过，毛遂回到楚国之后，便讥笑他们，认为这十九人没他一个人的作用大，这就是"毛遂讥众，碌碌无奇"。

　　第三个故事就是成语"投鞭断流"的故事。《晋书·苻坚载记》载，前秦皇帝苻坚，手中兵多将广，又统一了北方，在不断的胜利带来的极度自信之下，他决心乘势一举灭晋。一日，苻坚召集大臣，将自己的计划全盘道出。但令他不满的是，绝大多数大臣并不赞成他的意见，尤其是大臣石越劝他说："从星象来看，今年不适合南进。更何况，晋王又深得人心。我们大可等晋国内部松动之后，再伺机进攻。"石越所言有理，将局势分析得头头是道。但苻坚则刚愎自用，完全听不进劝告，说："朕有近百万大军，仅仅将每人手中的马鞭投入长江，便足以截断长江，怕他作甚！"

　　苻坚和毛遂有一个共同之处，那就是两人都在不被他人看好的情况下，执意去做一件事，结果如何呢？苻坚不顾群臣劝阻，坚持下令发兵进攻，遭到晋军反击，从此兵败如山倒，导致了亡国的下场。毛遂到了楚国现出了"奇迹"，由此楚国出兵援救，解赵国于困境。苻坚的刚愎自用成了他一蹶不振的导火线，毛遂的"毛遂自荐"使他成为了令赵国转危为安的有功之臣。

　　第四个故事是"韩信将兵，多多益善。"韩信是西汉王朝的开国功臣，楚汉相争期间，汉王刘邦封他为大将军。有一天，刘邦和他闲聊："你看我能带多少兵？"韩信说："不过十万。"刘邦又问："那你呢？"韩信回答："兵当然是越多越好，多多益善。"刘邦心中不满，但还是笑着问他："你既然比我更善于带兵，那为什么还要在我手下？"韩信便道："你不善于带兵，但善于统领将帅；我只是善于带兵，无论数量多少，但兵是兵，将是将，我统帅再多的兵马，也终究归你管。"韩信的自信使刘邦对他更为信任。

　　而"毛遂讥众"使毛遂发展为自傲，触怒了平原君的门客，他们向平原君推荐毛遂去统帅将领，做他并不擅长的事。最终，毛遂输得一败涂地，自刎而死。以上四个故事，充分诠释了本节的最后几句话："君子之身，可大可小；丈夫之志，能屈能伸。"前文的苻坚只是盲目的自信，过分地夸大了自己的实力，想要去完成自己力所不能及的事，结果自然是失败了。毛遂一开始的自信使他获得成功，但他刚取得一点点成就，便带来了自傲，最终使自己陷入了绝境。

　　我们应该自信，不应该自傲。自信，是只完成自己力所能及的事，对于自己能力范围之外的事则量力而行，或向他人直述自己能力上的不足。自傲，则是对自己能力估计不足，盲目高估自己的能力，结局唯有失败。就像童话故事"龟兔赛跑"那样，若不是兔子对自己的速度太过自信，发展成为自傲，谁又能想得到，快步如飞的兔子竟会输给慢步爬行的乌龟！在历史中这样的事例也比比皆是，如三国时期的关羽，出师北进取得了显赫的成就，因此自傲起来，看不起吴国的无名之辈、新上任的大将陆逊，结果败走麦城，终遭杀害，关羽为他的自傲与轻敌付出了沉重的生命代价。自信，作为一种流传了千百年的美德，无论何时何地都能令你受益无穷；而自傲，只能令我们变得狂妄无知，遭人讥笑，甚至付出惨痛的代价，抱憾终生。

原文

　　无功食禄，谓之尸位素餐；谄劣无能，谓之行尸走肉①。老当益壮，宁知白首之心；穷且益坚，不坠青云之志②。一息尚存，此志不容少懈③；十手所指，此心安可自欺。

　　　　　　　　——［明］程允升《幼学琼林·身体》

注释

①尸位：古代祭祀时让一人端坐不动，充当祭主，称尸位。素

餐：吃白食。谫劣：浅薄无能。②白首之心：白发老人之心。不坠：不放弃。③不容少懈：不允许稍有懈怠，即坚持理想的意志品质。

鉴赏

这里着重对古代一些词汇进行诠释，并教育孩童识别哪些是褒义词、哪些是贬义词，以便修身处世、提升思想涵养。其一，"无功食禄，谓之尸位素餐；谫劣无能，谓之行尸走肉"。这是贬义词，即没什么功劳却吃着国家的俸禄，这就叫"尸位素餐"；浅薄低劣的人，可以称为"行尸走肉"。作为有远大志向的人，应对社会贡献自己的力量，千万不能"行尸走肉"，更不能"尸位素餐"。

其二，"老当益壮，宁知白首之心；穷且益坚，不坠青云之志"。这是褒义词，出自于范晔的《后汉书·马援传》："丈夫为志，穷当益坚，老当益壮。"说的是东汉名将马援，他少年时就胸怀大志，后来在扶风郡任督邮，新莽末任汉中太守，王莽政权倒台后归附刘秀（即东汉光武帝），屡建战功，先后被封陇西太守、伏波将军、新息侯。他常对朋友说："做个大丈夫，总要'穷当益坚，老当益壮'才行。"就是说，越穷困，志向越要坚定；越年老，志气越要壮盛。唐朝王勃《滕王阁序》中也有："老当益壮，宁移白首之心；穷且益坚，不坠青云之志。"

其三，"一息尚存，此志不容少懈；十手所指，此心安可自欺"。这句话出于《论语·泰伯》："死而后已，不亦远乎？"朱熹注："一息尚存，此志不容少懈，可谓远矣。"意思是，只要还存在一口气，心里的志愿就不应松懈；一个人的言论和行动总处于众人的监督之下，绝不能在心里欺骗自己。

以上这些励志名句，蕴含着深厚的哲学精神，这种精神就是中华民族的自强不息的进取精神，是先哲们留给我们的十分宝贵的文化遗产,它代表着我们的民族精神,对于我们中华民族的形成、生存、发展起着积极的指导作用,它帮助中华民族度过了重重艰难险阻,还将帮助中华民族坚忍不拔地迈向繁荣富强的未来。但是,这些励志名句看似简单,容易理解,却行之维艰,尤其在现今社会,外来文化泛滥,多种价值观冲撞,不少人重物质、轻精神,追逐"唯利是图"的潮流,这就需要我们更加重视和弘扬先哲们留给我们的文化遗产,以抵制不符国情的外来潮流。

原文

智欲圆而行欲方,胆欲大而心欲小。

——[明]程允升《幼学琼林·人事》

鉴赏

中国传统文化的辩证法思想极其丰富,关于变异发展、对立统一、相反相成、物极必反、整体联系、生化日新等问题,历代哲学家都有精彩的论述。其中"智欲圆而行欲方,胆欲大而心欲小"就是明显一例,即智能要圆通,行为则要端正;胆识要大,而心思却要缜密。强调智圆行方,也就是方圆并用:一方面必须坚持原则,以正气正行、毫不妥协来维护自己的人格;另一方面也需要以圆通的手段去应付艰难、复杂的局面。这样做的人是最有智慧的。因为胆大,能够"做"事;而心细,则能够"成"事。胆大,体现在闯劲十足,勇往直前;心细,则体现在思考周详、布置缜密。如果胆大而心不细,就会鲁莽草率,以致事与愿违;倘若心细而胆小,做事就会前怕狼后怕虎,以致一事无成。所以办事一定要胆大心细、方圆并用。正因为如此,古人在这方面有较多议论,如《淮南子·主术训》云:"凡人之论,心欲小而志欲大,智欲圆而行欲方,能欲多而事欲鲜。"又如《旧唐书·孙思邈传》载:"胆欲大而心欲小,智欲圆而行欲方。……如临深渊,如履薄冰,谓小心也;赳赳武夫,公侯干城,谓大胆也。"《朱子语类》卷七六曰:"如云胆欲大而心欲小:至健恒易以知险,如胆欲大;至顺恒简以知阻,如心欲小。"等等。

原文

临渊羡鱼,不如退而结网;扬汤止沸,不如去火抽薪。

——[明]程允升《幼学琼林·饮食》

鉴赏

注重实践是传统哲学的另一个鲜明的特点。"知行之辩"历来为中国文人所热衷,儒家创始人孔子就提出"知行"关系,认为"行"是学习知识的目的,主张学以致用;墨家也重行,主张"言必信,行必果",言行一致;老子的"道"就有"行道"之意。"临渊羡鱼,不如退而结网",意思是站在水边想得到鱼,不如回家去结网。比喻只有愿望而没有措施,对事情毫无用处。此句出自《汉书·董仲舒传》:"古人有言曰:'临渊羡鱼,不如退而结网。'"《淮南子·说林训》也有记载:"临河而羡鱼,不如归家织网。"

"扬汤止沸,不如去火抽薪",意为把锅里的开水舀起来再倒回去,阻止水的沸腾,还不如从锅底抽掉柴草来灭掉火源,从根本上解决问题。汉代枚乘在《上书谏吴王》中也说:"欲汤之凔,一人炊之,百人扬之,无益也;不如绝薪止火而已。"指出从根本上解决问题的重要性。这句话充分彰显了中国传统文化对本末关系的辩证认识:釜底抽薪——把锅底的柴拿走,以根本方法解决问题,多有智慧啊!

原文

笃志业儒，曰磨穿铁砚；弃文就武，曰安用毛锥①。

——[明]程允升《幼学琼林·器用》

中状元，曰独占鳌头；中解元，曰名魁虎榜②。琼林赐宴，宋太宗之伊始；临轩问策，宋神宗之开端③。同榜之人，皆是同年；取中之官，谓之座主。应试见遗，谓之龙门点额；进士及第，谓之雁塔题名④。贺登科，曰荣膺鹗荐；入贡院，曰鏖战棘闱⑤。金殿唱名曰传胪，乡会放榜曰撤棘⑥。攀仙桂，步青云，皆言荣发；孙山外，红勒帛，总是无名⑦。英雄入吾彀，唐太宗喜得佳士；桃李属春官，刘禹锡贺得门生⑧。

——[明]程允升《幼学琼林·科第》

注释

①毛锥：毛笔。②独占鳌头：唐宋时期，皇宫殿前有一块雕刻巨鳌的石碑，科举考试后发榜时，规定状元站在这里迎榜，故称中状元为"独占鳌头"。名魁虎榜：名字在龙虎榜上居首位，这里指乡试第一名的解元。③临轩问策：皇帝亲自策问考试；亲临殿前提问应试的新进士，是从宋神宗才开始的。④应试见遗：考试被遗漏，指没有考中；龙门点额：据《水经注·河水》载，鲤鱼三月游到龙门，跳跃过去的就成为龙，没有跃过去的额头便撞到石壁而还，后以此喻指仕路失意或科场落第；雁塔题名：唐代科举考中的新进士，常在慈恩寺内的雁塔上题写自己的名字。⑤荣膺鹗荐：荣幸地被推荐；鹗荐：汉代孔融曾向皇帝推荐祢衡，称赞他为鹗鸟，意为一百只鸷鸟不如一只鹗鸟，比喻祢衡才能出众；贡院：科举时代考试的地方；鏖战棘闱：在考场激烈战斗；棘闱：古代用棘木将试院围起来，以防士子喧哗。⑥传胪：殿试后金銮殿上传唱新科进士名次的典礼叫做"传胪"；撤棘：乡试会试后贴榜公布结果叫做"撤棘"。⑦攀仙桂，步青云：比喻获得

功名、荣耀发达；仙桂：神话传说月中的桂树；孙山外：意为考试落榜，苏州才子孙山和同乡之子一同去参加考试，只有孙山考取最后一名，回家后，乡人打听其子考得如何，他说："解名尽处是孙山，贤郎更在孙山外。"红勒帛：原指红帛制的腰带，这里比喻考试没有中榜，据《梦溪笔谈》记载，宋代刘几写文章常说过头话，考官欧阳修十分厌恶，用红笔在试卷上将其文章打一个大横杠，全部抹掉，判为不合格，后称用红笔涂抹文章为"红勒帛"。⑧英雄入吾彀：唐太宗于贞观初发榜日，曾经登上端门，看到新进士一个个从榜下走出，高兴地说："天下英雄，入吾彀中矣。"后以"英雄入吾彀"指人才被笼络网罗；入彀（gòu够）：进入弓箭射及范围之内。桃李属春官：唐代刘禹锡曾写"满城桃李属春官"的诗句，庆贺礼部侍郎选拔了一批新门生。

鉴赏

中国几千年封建社会的"官"，是所谓的人上人。那么，怎样才能当官呢？常言道："学而优则仕"，即走向仕途的途径是学习。历史上，从儒家开始，就极力宣扬和倡导"万般皆下品，唯有读书高"。"读书"成了旧时代文人追求功名利禄的必由之路。文中"中状元，曰独占鳌头"至"桃李属春官，刘禹锡贺得门生"，就是向孩童普及、介绍"科第"的名称以及有关常识。诸如"中状元，曰独占鳌头；中解元，曰名魁虎榜"、"同榜之人，皆是同年；取中之官，谓之座主"、"金殿唱名曰传胪，乡会放榜曰撒棘"等。文中还展示了"登科"的辉煌："琼林赐宴"、"雁塔题名"、"荣膺鹗荐"、"攀仙桂，步青云，皆言荣发"等；科考失败的耻辱："孙山外，红勒帛，总是无名"；皇帝得到人才的喜悦："英雄入吾彀"；以及成功后老师的荣耀："桃李属春官，刘禹锡贺得门生"。

当然，学习的过程很艰苦："笃志业儒，曰磨穿铁砚；弃文就武，曰安用毛锥。"就是借人说事：五代时桑维翰因其姓与"丧"谐音，屡

次应试不中,于是铸了一个铁砚,发誓铁砚磨穿才改业,后来果然中了进士,说明要想学习好,取得成功,就必须勤奋。现在学校老师为抓教学业绩,也经常教育孩子们:"书山有路勤为径,学海无涯苦作舟。"学生在家长望子成龙的愿望促使下,也重蹈"唯有读书高"的覆辙。

客观地说,"唯有读书高"有其两面性:从积极面来看,首先读书是获得知识的重要途径,而知识是从事任何工作的重要基础;其次,读书是获得资源的重要手段,读书就是挑战现状、完善和实现自我,即通过努力读书,能提高修养和境界,改变自己的现状和实现人生价值,特别是那些社会地位不高、没有社会关系的人,读书成就了力求上进的需求。当然,"唯有读书高"也有极其错误的一面:读书不能解决一切问题,读万卷书,还要行万里路。社会需要人才,会读书不等于是人才。谁都明白,学历、学位不能与能力画等号,综合能力的要求是多方面的。而在现今市场经济条件下,教育存在着严重的功利主义倾向,商业性质的社会办学热也应运而生,鱼龙混杂,严重影响了教育的健康发展。

"唯有读书高"的观点是否正确,并不是十分重要的,而重要的是:什么是人才?怎样培养人才?这不仅是教育的难题,也是教育迫切需要解决的重要课题;这不仅要依靠社会的宣传和教育工作者、家长们的自省来解决,更重要的应从制度层面上思考、改革、创新,这样才能培养社会需要的德才兼备的人才,服务于当今社会。

原文

秀才本等,只宜暗修积学,学业成后,四海比肩。如驰逐名场,延揽声气,爱憎不同,必生异议。秀才不入社,作官不入党,便有一半身分。熟读经书,明晰义理,兼通世务。世乱方殷,八股生活,全然冷淡。农桑根本之计,安稳著数,无如此者。诗酒声游,非今日事。才能知耻,即是上进。

——[明]吴麟徵《家诫要言》

鉴赏

《家诫要言》中从"秀才本等"至"即是上进"这段文字,意思是:默默地修养德行、不懈地研求学问是秀才的本分,学成后与天下著名文人齐名,可以光宗耀祖;如果进入了官场,去追逐名利,势必各取所好,滋生事端,所以秀才不必涉足带有政治色彩的宗教派别,即"不入文社"。如果做官也不要结党结派、行苟且营私之事,这样至少留有一半纯真的身份。作为读书人,应熟读经书、明晰义理、兼通世务。现在的世道非常混乱,用于考功名的八股,索然无味,农桑业才是生存之根本、安稳之手段,不要把时光浪费在诗、酒、声以及游玩上,知耻才能后勇,可谓上进也。

从这段话中,我们看到了中国古代文人所崇尚的"文人气质"和"文人气节"。所谓"气节",具体地讲,就是要有志气、节操和信念。《史记·汲郑列传》言:"(汲黯)好学,游侠,任气节,内行修洁,好直谏。"宋代陆游《有所感》诗云:"气节陵夷谁独立,文章衰坏正横流。"清代唐甄《潜书·主进》也说:"世尚气节,则为直士;世尚功业,则为才士。"显然,这些都要求人们有坚定的气节,并在非常艰难的情况下也能坚持自己的信念。有句话形容"气节"最恰当了:"富贵不能淫,贫贱不能移,威武不能屈"(《孟子·滕文公下》)。因此,不管你是富贵还是贫穷、顺境还是逆境,"气节"千万不能丢;守住了"气节"就等于守住了人格、守住了尊严!

原文

有钱堪出众,无衣懒出门。为官须作相,及第早争先。苗苗从地发，树向枝分。

——佚名《增广贤文》

志从肥甘丧，心以淡泊明。有钱堪出众，遭难莫寻亲。远水难救近火，远亲不如近邻。两人一般心，有钱堪买金；一人一般心，无钱堪买针。

——[清]周希陶《重订增广贤文·平韵》

鉴赏

《增广贤文》作者无名，显然此文来自民间。"有钱堪出众，无衣懒出门。为官须作相，及第早争先。苗从地发，树向枝分。"意思是，有钱人愿意抛头露面，没有好衣服穿的人连门都不愿出；做官要有做官的样子，考取功名要越早越好；幼苗是从地里发出来的，树枝是从树上分杈出来的。这里告诉孩童，任何事情都是有因果关系的，对其有充分认识才能见怪不怪。

第二段文字出自清代周希陶的《重订增广贤文》。"志从肥甘丧，心以淡泊明。"人会因为肥美的食物（良好的条件）而丧失志向，却因淡泊名利而明确志向。这句话可以理解为：能接受粗茶淡饭的人，大多具有冰清玉洁的品格；而追求锦衣玉食的人，往往会丧失志向，甚至甘心卑躬屈膝。所以，人的高尚志向可从淡泊名利中表现出来，而人的节操也可以在贪图奢侈享受中丧失殆尽。

"有钱堪出众，遭难莫寻亲。"它告诉人们一个简单的常理：有钱时，深受大家欢迎，自己也愿意抛头露面；遭难时，大多数亲戚朋友躲得远远的，所以寻找和依赖他们是不可靠的。可见，在《重订增广贤文》描述的世界里，人是自私的，嫌贫爱富、趋炎附势成了世俗，因此它提醒人们在这方面要有充分的思想准备。

"两人一般心，有钱堪买金；一人一般心，无钱堪买针。"如果两个人一条心，就有钱买金子等贵重的东西；如果在一个团队里各打各的鼓、各吹各的号，一人一心眼，就连买一枚针的钱都没有。这就说明同心协力的可贵。

从上述文句中可知，一定的文化是一定的社会政治、经济在思想观念上的反映，此文也不例外，必然打上封建社会的印记，反映出封建的伦理和道德观念。它对人性的描述主要是以"人性恶"为前提的，看世界的态度是冷眼但不旁观，它把社会诸多方面的"阴暗面"高度概括出来，冷酷地陈列在读者面前，认为社会、人生、亲情被金钱所污染，法律和正义为金钱所操纵，友情只是一句空话或谎言，人性被利益扭曲，世故导致人心叵测，人的尊卑由金钱来决定，等等。书中还有："贫居闹市无人问，富在深山有远亲"；"有酒有肉多兄弟，急难何曾见一人"；"衙门八字开，有理无钱莫进来"等，不失为对当时社会现象的客观反映。这些对世情的负面揭示，反衬出洁身自好，守节励志的重要性。

原文

气是无明火，忍是敌灾星。但存方寸地，留与子孙耕。……名利是缰锁，牵缠时，逆则生憎，顺则生爱。富贵如浮云，觑破了，得亦不喜，失亦不忧。

——［清］周希陶《重订增广贤文·平韵》

鉴赏

中国文化有这样一个传统，就是十分重视"人事"问题的研究，也即"以人为本"，这是与西方文化传统相区别的特征之一。有人说：古希腊文化把目光投向自然，印度文化把目光投向超越的彼岸，中国传统文化则把目光投向人类自身。《重订增广贤文》就印证了这种说法，因为其核心内容是讲如何做人以及如何与人交往，即讲人生哲学。

文中对"忍让"多有描述,认为忍让是消除烦恼祸患的方法,这是沿袭了道家思想。比如:"气是无明火,忍是敌灾星。"即气对于自己来说是愚昧的怒火,忍则是敌人的恶运和灾难。"但存方寸地,留与子孙耕。"这是直白地告诉人们,要给子孙后代留下一些可耕之地,而它的隐含之意是留下一颗善良的心(即心地、方寸地),教育子孙,传给后代。

文中还告诉人们:"富贵如浮云,觑破了,得亦不喜,失亦不忧。"南朝江淹《效阮公诗》中也有"富贵如浮云,金玉不为宝",即富贵利禄变幻无常,不足看重,且生不带来,死不带去,看破了,想开了,豁达超脱了,就会"得亦不喜,失亦不忧",有利于保持心灵的宁静。

原文

知足常足,终身不辱;知止常止,终身不耻。君子爱财,取之有道;小人放利,不顾天理。悖入亦悖出,害人终害己。人非善不交,物非义不取。

——[清]周希陶《重订增广贤文·上韵》

鉴赏

这节延续上节讲述的人生哲学,但侧重于"义利观",这基本上也是道家思想的继承,即认为人应该"知足常足,终身不辱;知止常止,终身不耻"。其实质是如何摆正理想的价值追求和现实利益需求的关系问题。中国先秦时期就涉及这个问题,一直到现在对这个问题依然意犹未尽。道家、儒家都极力主张"重义轻利",有的思想家甚至表现出过分贬抑利益需求的倾向,如"存天理,灭人欲";法家则"重利轻义",墨家则"义利协调"。当时道家、儒家占主导地位,是主流思想，社会影响最大。"名利是缰锁，牵缠时，逆则生憎，顺则生爱。"即指出名利是缰绳和锁链，唐代白居易《闲坐看书贻诸少年》诗云："书中见往事，历历知福祸。多取终厚亡，疾驱必先坠。劝君少干名，名为锢身锁。劝君少求利，利是焚身火。"宋代秦观的《水龙吟》亦有"名缰利锁"句，都是反对贪图个人名利，甚至见利忘义，否则名利就会成为捉弄自己的缰锁，顺则生爱，逆则生憎。文中主张淡泊名利，视名利为身外之物，但同时又赞扬依靠奉献赢得名利，并以国家利益为重的人们"名利淡于水，事业重如山"，正是那些杰出人物的写照。

这句话实际上也是人们常用的规劝之话，因为知道满足的人可以长期保持快乐，一生都不会觉得羞辱；懂得廉耻的人可以马上停止，一生都不会觉得羞耻。老子也说过："罪莫大于可欲，祸莫大于不知足；咎莫大于欲得。故知足之足，常足矣。"即罪恶没有大过放纵欲望的了，祸患没有大过不知满足的了；过失没有大过贪得无厌的了，所以知道满足的人，永远是幸福快乐的。

至于"君子爱财，取之有道。"这是做人的基本准则。钱财，每个人都需要、都想拥有，没有它，人无法生存，更谈不上发展和享受。但"取财"一定要正道，损害国家、社会、他人的不义之财不能去取，这是道德底线，触碰不得。历史上有这样一则故事：齐王派人送了一百斤金给孟子，孟子拒绝了。第二天，薛国也送来五十斤金，他却接受了。孟子的学生陈臻十分奇怪，问道："如果说昨天不接受齐国的金子是对的话，那么今天接受薛国的金子就应该是错的，反过来，如果今天是正确的，那么前一天就是错误的。这里是什么道理呢？"孟子说："在薛国的时候，当地发生了战争，国王要我为之考虑设防的事，所以我应该接受我劳动所得的报酬。至于对齐国我没有做什么事，却赠金给我，显然是想收买我，你在哪里见过君子是可以用金钱来收买的呢？所以，或辞而不受，或受而不辞，对我来说，都是根据道义来确定的。"

而"小人放利，不顾天理"，为了钱财会铤而走险，忘记其中的

危险,这种人迟早要大吃苦头。纵观古今,芸芸众生,或为名所迷,或为利所惑,或为官所动,把"利"放在"义"前头,到头来只落个一场空。人要利益,但要"取之有道,用之有度"。人,只有通过诚实劳动来换取钱财,才能活得坦然、获得幸福;人,不能成为利益的奴隶、受利益的摆布,否则只会使你深陷泥潭、难以自拔。

原文

休向君子谄媚,君子原无私惠;休与小人为仇,小人自有对头。

——[清]周希陶《重订增广贤文·平韵》

量入为出,凑少成多;溪壑易填,人心难满。用人与教人,二者却相反,用人取其长,教人责其短。打人莫伤脸,骂人莫揭短。

——[清]周希陶《重订增广贤文·上韵》

鉴赏

这里的"休向君子谄媚,君子原无私惠;休与小人为仇,小人自有对头"简单易懂,一目了然。"谄媚",指的是卑贱地奉承,讨好别人;"私惠",指的是私人的恩惠。全句告诫人们:不要向光明磊落的君子去讨好献媚,因为君子不会徇私情而给予恩惠;也不要与那些行为不正的小人结下仇怨,因为小人自然有他的冤家对头。这话充满智慧,既涵盖了与人交往的尺度,也体现了做人的原则,当然不乏有庸俗的实用主义之嫌。特别对待小人较为实在:在生活和工作中,不要忽视小人,更不要得罪小人。小人不帮你,他会坏你,如果不小心得罪了小人,他们会处心积虑地对付你,甚至不惜血本算计你,所以要与小人保持距离,不要试图消灭他们,因为小人是一种人性现象,亘古存在，只能心平气和地对待他。

至于"量入为出，凑少成多；溪壑易填，人心难满"，也是旨在劝诫人们的处世之道。特别指出人类的软肋："人心难满"，即溪流和河沟容易填满，而人的欲望是永远都无止境的，应该对自己的欲望进行节制。

"用人与教人，二者却相反，用人取其长，教人责其短。"就是说用人和教人是相反的，用人要用别人的长处，就是用优点、有天赋的方面；教人则要指出他的不好的地方，以促其改正。并提醒人们"打人莫伤脸，骂人莫揭短"，这对防止矛盾扩大有实用价值。

上述内容我们应该用一分为二的精神来看待，既要摒弃以个人为中心、自私自利的思想，又要吸取其有营养的成分，从"平和适度"的为人处世之道中汲取合理成分，古为今用，学会"扬弃"，这样就会有颇丰的收获。

原文

为人要学大莫学小，志气一卑污了，品格难乎其高；持家要学小莫学大，门面一弄阔了，后来难乎其继。……传家二字耕与读，防家二字盗与奸，倾家二字淫与赌，守家二字勤与俭。作种种之阴功，行时时之方便。不汲汲于富贵，不戚戚于贫贱。素位而行，不尤不怨。

善有善报，恶有恶报，若有不报，日子未到。水不紧，鱼不跳。年年防饥，夜夜防盗。祸福无门，惟人自招。好义固为人所钦，贪利乃为鬼所笑。贤者不炫己之长，君子不夺人所好。……种麻得麻，种豆得豆。天网恢恢，疏而不漏。见官莫向前，做客莫在后。会数而礼勤，物薄而情厚。大事不糊涂，小事不渗漏。内藏精明，外示浑厚。

——［清］周希陶《重订增广贤文·去韵》

鉴赏

这节的要义是修身励志中关于"节俭"与"命运"的说教。节俭与行善,是其倡导和积极宣扬的思想,对当今社会仍有着积极作用。

首先议一议节俭观。勤俭持家、治国,乃至平天下,是中华民族的传统美德,不论儒家、道家,还是历代封建皇族统治,勤俭持家是传统的、主流的文化内容。诸如"为人要学大莫学小,志气一卑污了,品格难乎其高;持家要学小莫学大,门面一弄阔了,后来难乎其继",即有此含义。这就是教诲孩童,应学习君子的气度,千万不要学习小人,志气一旦被侮辱了,品格就难以达到一个更高的高度。而持家要勤俭,低标准,严要求,不能骄奢淫逸,富贵奢侈不会永久下去,并指出:"传家二字耕与读,防家二字盗与奸,倾家二字淫与赌,守家二字勤与俭。"节俭是美德,也应该成为现代人的一种信念,牢记于心。只有每个人都形成节俭意识,践行节俭行为,与大自然和谐相处,才能保持生态的平衡、社会的健康发展。

其次论一论人的"命"。《重订增广贤文》的内容除了谈人及人际关系、如何处世、对读书的看法外,还谈到"命",宣扬因果报应,劝解人们要多行善、少作恶,所谓"人在做,天在看",就是这个意思。强调命运和报应的内容,诸如:"善有善报,恶有恶报,若有不报,日子未到";"种麻得麻,种豆得豆。天网恢恢,疏而不漏"。这些贤文警句都是历史典故和名人经历的总结,对善与恶做了多方面的论述,给人以深刻的教益,对于我们如何做人是有启迪作用的。当然,强调"作恶必遭报应"、"善出者善返,恶往者恶来"等,则要辩证的看待,它带有明显的唯心主义和宿命论。一定的文化是一定的社会政治、经济在观念形态上的反映,由于时代和历史的局限,上述内容必然打上那个时代的印记,甚至带有明显的封建迷信和宿命论的色彩。这些内容虽然有其消极的一面,但无论如何,倡导行善、做好事则是值得肯定的。

原文

眼界要阔，遍历名山大川；度量要宏，熟读五经诸史。先读经，后读史，则论事不谬于圣贤；既读史，复读经，则观书不徒为章句。读经传则根底厚，看史鉴则议论伟，观云物则眼界宽，去嗜欲则胸怀净。

志之所趋，无远勿届，穷山距海不能限也；志之所向，无坚不入，锐兵精甲不能御也。

不虚心，便如以水沃石，一毫进入不得；不开悟，便如胶柱鼓瑟，一毫转动不得；不体认，便如电光照物，一毫把捉不得；不躬行，便如水行得车、陆行得舟，一毫受用不得。

读书贵能疑，疑乃可以启信；读书在有渐，渐乃克底有成。看书求理，须令自家胸中点头；与人谈理，须令人家胸中点头。爱惜精神，留他日担当宇宙；蹉跎岁月，问何时报答君亲。

——［清］金兰生《格言联璧·学问类》

鉴赏

这里讲述了四个关联的问题。首先，要开阔眼界、扩展胸襟，除了"遍历名山大川"外，还要"熟读五经诸史"等。文中指出"先读经，后读史，则论事不谬于圣贤；既读史，复读经，则观书不徒为章句"，即先读经书，后读史籍，那么评论事理就不会与圣贤的观点相违背了；已经读了史书再去读经书，则读书就不只是为了文章的章节与句读了。看经书，阅传注，就为治学打下坚实基础；看史籍，鉴古今，就使宏论滔滔不绝切中要点；而游山川、看风云，就会使眼界开阔；戒嗜好、弃私欲，就会使胸怀磊落。读经明史，观景静心，古人对读经与读史的关系的论述，也可为如何修身励志提供启迪。

其次，文中讲述了人须有志向："志之所趋，无远勿届，穷山距海不能限也；志之所向，无坚不入，锐兵精甲不能御也。"即一个人如果有足够的志向，他想要到达的地方不论多远，最终都能到达，穷山距海不能限制，精锐之师也不能阻挡。故一个人必须树立远大的志向，并有为实现理想而不断奋斗的进取精神。

再次，做人须虚心、开悟、体认和躬行："不虚心，便如以水沃石，一毫进入不得；不开悟，便如胶柱鼓瑟，一毫转动不得；不体认，便如电光照物，一毫把捉不得；不躬行，便如水行得车、陆行得舟，一毫受用不得。"即不虚心学习，就好像用水浇石头，水一点都进不去；对事理不能领悟，则拘泥而不变通，一点都转动不得；读书不体验认识，就好像闪电照物，一点都抓不到；读书不能身体力行，就像水中行车、陆上行舟，一点用处都没有。所以愈是有才能的人，愈要懂得求知的无止境，愈会感觉到成才之路的高远，也就愈加虚心好学、求知如渴，并且一门心思地充实自己，一腔赤诚地投身实践，绝不会把精力用在卖弄自己、贪图浮名上。

最后，"读书贵能疑"、"读书在有渐"、"看书求理"。也就是说，读书要带着问题去读，有疑问才能增进对事物的了解；同时，读书要循序渐进，这样才能取得成效；读书既要发现问题，又要思考问题，还要解决问题，更要读懂书中的道理。此外，与人交谈，要用自己的学识说服别人，令其首肯。还要爱惜精神，不虚度年华，以备日后担当大任，而虚度时光何以报父母之恩？这些说法会引起你思考、引发你斗志，感慨于古人的智慧、惊叹于其读书方法在某些方面与现代许多教学理论的相契合度，比如"躬行"、"能疑"、"有渐"、"求理"、"谈理"等，强调读书在于追求真理或理性认识，而认识来源于实践，其目的在于服务实践，知识的获得和创新源于疑惑解惑等，细细品味它，会穿越时空，与圣贤对话，尽享读书之乐趣！

原文

以虚养心，以德养身，以仁养天下万物，以道养天下万世。涵养冲虚，便是身世学问；省除烦恼，何等心性安和。

喜怒哀乐而曰未发，是从人心直溯道心，要他存养；未发而曰喜怒哀乐，是从道心指出人心，要他省察。存养宜冲粹近春温，省察宜谨严近秋肃。

无欲之谓圣，寡欲之谓贤；多欲之谓凡，徇欲之谓狂。人之心胸，多欲则窄，寡欲则宽；人之心境，多欲则忙，寡欲则闲；人之心术，多欲则险，寡欲则平；人之心事，多欲则忧，寡欲则乐；人之心气，多欲则馁，寡欲则刚。

——［清］金兰生《格言联璧·存养类》

鉴赏

《格言联璧》的《存养类》篇似乎是为那些渴望成功的人而撰写，文中以儒家思想为根本，以贤文警句为形式，主要观点是如何做人、做事、做对国家社会有用之人，实质是儒家的"修身、齐家、治天下"。文中讲到，做人要有仁心、要虚心、要有忍人之心，要清心寡欲、淡泊名利，要有智慧、戒骄戒躁等，可见这里的"做人"，主要是修炼品德，而有品德的人才能成就大事，所谓"先做人，后做事"。为此，作者从以下几个方面进行说教。

首先，什么是有德之人？即要从修养"仁心"、"虚心"和"忍心"入手。文中指出"以虚养心，以德养身，以仁养天下万物，以道养天下万世。涵养冲虚，便是身世学问；省除烦恼，何等心性安和"。虚养心，便是虚心；德养身，便是有德之人；以仁德之心对待天下万物万事，以正确的法规作为行为准则。虚心涵养，便是做人的学问；去除烦恼，心性自然祥和。

其次,要学会控制自己的情绪和欲望。"喜怒哀乐而曰未发,是从人心直溯道心,要他存养;未发而曰喜怒哀乐,是从道心指出人心,要他省察。"即喜怒哀乐之情不外露,这是由自然人性直接追溯到道心——道德观念,学习圣贤克制人性固有的欲念。没有什么事发生,却要做出喜怒哀乐之表情,这是道心指出人性的缺失的一面,要人自我省察。而存养人性的功夫,要像春天一般温和;省察自己的缺失,要像秋天般严肃。

再次,作者对各种欲望的人的表现和后果进行分析。即能够做到无欲之人,可以称为圣人;其次是寡欲之人,可称为贤人;而多欲之人,只能称为凡人;至于纵欲之人,那就是狂人。从心胸看:多欲之人,其心胸必然狭窄;少欲之人,则心胸必然宽广。从心境看:多欲之人,必然烦忙;少欲之人,则必然悠闲。从心术看:多欲之人,必然险恶;少欲之人,则必然和平。从心态看:多欲之人,必然忧愁;少欲之人,则必然快乐。从心气(心之气象)看:多欲之人,必然软弱;少欲之人,则必然刚强。所以做人宜静默、宜从容、宜谨严、宜俭约、宜控制自己的情绪和欲望。

原文

古之学者,在心上做工夫,故发之容貌则为盛德之符;今之学者,在容貌上做工夫,故反之于心则为实德之病。只是心不放肆,便无过差;只是心不怠忽,便无逸志。处逆境,心须用开拓法;处顺境,心要用收敛法。世路风霜,吾人炼心之境也;世情冷暖,吾人忍性之地也;世事颠倒,吾人修行之资也。

谦退,是保身第一法;安详,是处事第一法;涵容,是待人第一法;洒脱,是养心第一法。喜来时,一检点;怒来时,一检点;急情时,一检点;放肆时,一检点。自处超然,处人蔼然,无事澄然,有事斩然,得意淡然,失意泰然。静能制动,沉能制浮，宽能制褊，缓能制急。天地间真滋味，惟静者能尝得出；天地间真机括，惟静者能看得透。有才而性缓，定属大才；有智而气和，斯为大智。气忌盛，心忌满，才忌露。有作用者，器宇定是不凡；有智慧者，才情决然不露。意粗性躁，一事无成；心平气和，千祥骈集。

——［清］金兰生《格言联璧·存养类》

鉴赏

延续上节内容，作者提出要做到少欲、有涵养必须不怕艰辛、勇敢磨练。"古之学者，在心上做工夫，故发之容貌则为盛德之符；今之学者，在容貌上做工夫，故反之于心则为实德之病。"即古时候的学者，修身养性在内心里下功夫，发奋志气，所以表现在容貌上便是盛德的标志，实为内在品质的外化。而现在的学者则相反，只在外表下功夫，而对于内在的心性则不重视，实为德性之诟病。作者还指出，身处逆境时，要有开拓的志气，并为之努力；身处顺境时，要谨慎检点，约束身心。风雨人生，是我们修炼心性的环境；炎凉世态，是我们忍耐心性之所在；世事颠倒，是我们修炼操行的资源。

同时，修养身心要心平气和、戒骄戒躁，具体方法为：谦退、安详、涵容、洒脱、检点、超然等。"谦退，是保身第一法；安详，是处事第一法；涵容，是待人第一法；洒脱，是养心第一法。"文中还提出："喜来时，一检点；怒来时，一检点；怠惰时，一检点；放肆时，一检点。"即喜、怒、怠惰、放肆都要注意省察和控制自己。尤其是独处时，要超然红尘外，保持心灵宁静；与他人相处的时候要和蔼对待，保持心灵平静。没有任何事情的时候，要保持心灵干净、自然从容；有事情发生时，崭露自己的本领，不要犹豫；得意时，要处于平淡的心态，不要得意忘形；失意时，要处之泰然，不要看得过重。天地间的真谛，只有心静的人才能体会；天地间的玄妙，只有心静的人才能

看明白。

有道是"处难处之事愈宜宽,处难处之人愈宜厚,处至急之事愈宜缓,处至大之事愈宜平,处疑难之际愈宜无意"。说起来容易,做起来难啊!自古以来,尘世的名利难以摆脱,有人甚至深陷其中不能自拔。在物欲横流的今日,要保持清心寡欲,心平气和,甚至无欲无求、超然物外的心态,更是难上加难。其实,冷静想想,那些不择手段攀高位、丧尽天良聚金银、厚颜无耻沉声色者,百年之后还能留下什么?一抔黄土、千古骂名而已!让我们多学学老祖宗的智慧,并认真思考,加以分析,用辩证的观点看待它,从中汲取养分,我们必将获益良多。

原文

聪明睿知,守之以愚;功被天下,守之以让;勇力振世,守之以怯;富有四海,守之以谦。不与居积人争富,不与进取人争贵,不与矜饰人争名,不与少年人争英俊,不与盛气人争是非。富贵,怨之府也;才能,身之灾也;声名,谤之媒也;欢乐,悲之渐也。浓于声色,生虚怯病;浓于货利,生贪饕病;浓于功业,生造作病;浓于名誉,生矫激病。

不让古人,是谓有志;不让今人,是谓无量。……经一番挫折,长一番识见;容一番横逆,增一番器度;省一分经营,多一分道义;学一分退让,讨一分便宜;去一分奢侈,少一分罪过;加一分体贴,知一分物情。不自重者取辱,不自畏者招祸,不自满者受益,不自是者博闻。有真才者必不矜才,有实学者必不夸学。

毋毁众人之名,以成一己之善;毋没天下之理,以护一己之过。大著肚皮容物,立定脚跟做人;实处著脚,稳处下手。读书有四个字最要紧,曰阙疑好问;做人有四个字最要紧,曰务实耐久。事当快意处须转，言到快意时须住。物忌全胜，事忌全美，人忌全盛。尽前行者地步窄，向后看者眼界宽。

四海和平之福，只是随缘；一生牵惹之劳，总因好事。花繁柳密处，拨得开方见手段；风狂雨骤时，立得定才是脚跟。……安莫安于知足，危莫危于多言，贵莫贵于无求，贱莫贱于多欲，乐莫乐于好善，苦莫苦于多贪，长莫长于博谋，短莫短于自恃，明莫明于体物，暗莫暗于昧几。能知足者，天不能贫；能忍辱者，天不能祸；能无求者，天不能贱；能外形骸者，天不能病；能不贪生者，天不能死；能随遇而安者，天不能困；能造就人材者，天不能孤；能以身任天下后世者，天不能绝。

心志要苦，意趣要乐，气度要宏，言动要谨。心术以光明笃实为第一，容貌以正大老成为第一，言语以简重真切为第一。……聪明者戒太察，刚强者戒太暴，温良者戒无断。勿施小惠伤大体，毋借公道遂私情。以情恕人，以理律己。以恕己之心恕人则全交，以责人之心责己则寡过。……以媚字奉亲，以淡字交友，以苟字省费，以拙字免劳，以聋字止谤，以盲字远色，以吝字防口，以病字医淫，以贪字读书，以疑字穷理，以刻字责己，以迂字守礼，以狠字立志，以傲字植骨，以痴字救贫，以空字解忧，以弱字御悔，以悔字改过，以懒字抑奔竞风，以惰字屏尘俗事。对失意人，莫谈得意事；处得意日，莫忘失意时。

——［清］金兰生《格言联璧·持躬类》

鉴赏

本节主题仍然是如何做人，其观点既有崇尚儒家"修身、齐家、治天下"的担当意识，又与道家学派的"做人主张"颇为相合。

其一，作者认为做人要"敬以持躬，恕以待人"，敬则小心翼翼，事无巨细,皆不敢忽;恕则凡事留有余地以处人,功不独居,过不推诿。文中"聪明睿知,守之以愚;功被天下,守之以让;勇力振世,守之以怯;富有四海,守之以谦。不与居积人争富,不与进取人争贵,不与矜饰人争名,不与少年人争英俊,不与盛气人争是非",就是要"大智若愚",以"愚笨"保持聪明智慧,以"忍让"保持盖世的功劳,以"守怯"保持振世的勇力,以"守谦"保持巨大的财富。同时要人们做到:不与屯积财物的人争富裕,不与有企图的人争权贵,不与重视外表的人争名声,不与年轻的人争外貌,不与脾气暴躁的人争是非。作者指出,富贵,是引起怨恨的渊薮;才能,是招致嫉妒进而致祸的根由;名声,是遭受毁谤的媒介;欢快,是走向悲凉的开始。而纵情于声色会生出虚怯病,热衷于财货会生出贪心病,嗜好功名会生出虚伪病,偏重名誉会生出矫情偏激之病。

其二,要超越古人的成就、不甘输给古人,那是有志气的表现,而不知谦让之人,那是没度量。要懂得:经历一番挫折,才能增长一分见识;经过一番磨难,才能增一分度量;省一分利益的经营,则多一分道义;能学一分退让,可得一分便宜;去掉一分奢侈,则减少一分罪过;对事物多一分关怀,就会多知一分物情。自重者才能得到尊重,否则自取其辱;谦虚者能受益、能博闻;有真正才能的人不依恃才能,有真正学问的人不夸耀学问。

其三,做人应避免的和应掌握的要点:"毋毁众人之名,以成一己之善;毋没天下之理,以护一己之过。"即不要诋毁众人的成就而归功于自己,不要埋没天下的事理以掩饰自己的过失。要有宽宏大量的气概容纳周围的人与事,要在踏实之处站立、稳当之处着手。做人最要紧的就是实实在在、持之以恒;而读书最要紧的就是勤学好问。做事要适度,该转则转,该住则住,事物忌讳到达极点,避免极尽完美、物极必反;人则忌讳登峰造极,进一步路窄,退一步海阔天空。

其四,人要知足、忍辱、无求、不贪、不刻意追求、随遇而安,这样才能立住脚跟。这就是文中所说:"四海和平之福,只是随缘;一生牵惹之劳,总因好事。花繁柳密处,拨得开方见手段;风狂雨骤时,立得定才是脚跟。"作者反复强调:"能知足者,天不能贫;能忍辱者,天不能祸;能无求者,天不能贱;能外形骸者,天不能病;能不贪生者,天不能死;能随遇而安者,天不能困;能造就人材者,天不能孤;能以身任天下后世者,天不能绝。"这里突显了知足常乐、乱言招危,人贵于无求、贱于贪欲。人们的苦楚,往往都是贪婪成性所造成,因此必须引以为戒。

其五,志向要高远,要有一颗坚韧的心去实现理想。"心志要苦,意趣要乐,气度要宏,言动要谨。"当然实现高远志向的过程肯定是艰苦的,为此心胸气量要宽宏,切不可斤斤计较。同时,要谨言慎行,要经过思考再发表言论,思虑周全才能有所行动,切不可莽撞。心境以光明诚实为最重要,仪容外貌以老成持重为最重要,说话以简洁诚恳为最重要。作者还针对不同的人提出不同的注意要领:聪明的人戒明察,刚强的人戒暴躁,温和的人戒优柔寡断。对亲人要以真心爱他们,要以善行或美德愉悦他们;与朋友交往要淡泊无求,这样才能持久;要像聋子一样对待诽谤,那么诽谤自然消失;要像瞎子一样对待女色,那么尤物的任何魅力只能等于零;病从口入,祸从口出,所以吝口;而读书则用贪字,用疑问穷事理;并用苛刻般的严厉对待自己,在遵守礼仪方面宁可刻板一些;以狠字立志,不达到目的决不罢休;用惰字屏俗尘事,这样就不生闲气。

总之,本文游刃于世俗社会,总结出做人的智慧,提出做人要"严于律己,宽以待人",不攀比,不赌气,不计较,不狭隘;要心怀高远,以天下为己任,报效社会,不失为难得的人生指南。

原文

慎风寒,节饮食,是从吾身上却病法;寡嗜欲,戒烦恼,是从吾心上却病法。

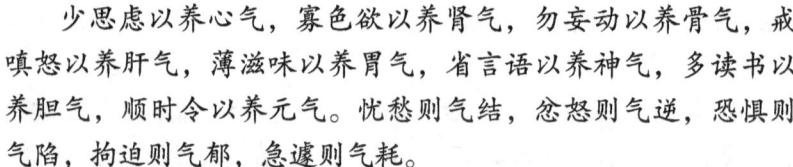

少思虑以养心气，寡色欲以养肾气，勿妄动以养骨气，戒嗔怒以养肝气，薄滋味以养胃气，省言语以养神气，多读书以养胆气，顺时令以养元气。忧愁则气结，忿怒则气逆，恐惧则气陷，拘迫则气郁，急遽则气耗。

行欲徐而稳，立欲定而恭，坐欲端而正，声欲低而和。心神欲静，骨力欲动，胸怀欲开，筋骸欲硬，脊梁欲直，肠胃欲净，舌端欲卷，脚跟欲定，耳目欲清，精魂欲正。多静坐以收心，寡酒色以清心，去嗜欲以养心，玩古训以警心，悟至理以明心。宠辱不惊，肝木自宁；动静以敬，心火自定；饮食有节，脾土不泄；调息寡言，肺金自全；恬淡寡欲，肾水自足。道生于安静，德生于卑退，福生于清俭，命生于和畅。

言语知节，则愆尤少；举动知节，则悔吝少；爱慕知节，则营求少。欢乐知节，则祸败少；饮食知节，则疾病少。

闹时炼心，静时养心，坐时守心，行时验心，言时省心，动时制心。

木有根则荣，根坏则枯；鱼有水则活，水涸则死；灯有膏则明，膏尽则灭；人有真精，保之则寿，戕之则妖。

——［清］金兰生《格言联璧·摄生（附）》

鉴赏

中国古人特别注重养生，他们通过实践和积累，总结出许多养生法，至今仍然有许多值得我们借鉴和学习的财富。《格言联璧·摄生（附）》中的养生之道，可称精华。摄生的"摄"是多意字，既有统筹、引领之意，又有保养之意。因为"摄"字有"手"有"耳"，"手"用来做各种动作，是动；"耳"用来听各种声音，是静，"摄"强调了动静结合的养生之法。它从身、心角度出发，提到了静神、动形、调气、养心、节饮食、顺时令、固精等各方面的养生之法，并把养生和做人结合起来，对我们现代人也大有教育意义。

其一，养生需保身心。文中提及"慎风寒，节饮食，是从吾身上却病法；寡嗜欲，戒烦恼，是从吾心上却病法"的摄生之法，要而言之，一是保身，一是养心：保身者，不受六淫（风、寒、暑、湿、燥、火）之侵；养心者，戒七情（喜、怒、哀、乐、爱、恶、欲）之扰。

其二，养生需养元气。"少思虑以养心气，寡色欲以养肾气，勿妄动以养骨气，戒嗔怒以养肝气，薄滋味以养胃气，省言语以养神气，多读书以养胆气，顺时令以养元气。"就是要人们减少思虑烦恼以养心气，少色欲以养肾气，不乱动以养骨气，不发怒以养肝气，少吃喝以养胃气，少说话以养精神，多读书以养胆气，不逆时令以养元气。并指出：忧愁则气郁结，愤怒则气受阻，恐惧则气陷逆，压抑则气闷，急速则耗气。

其三，养生需静神、动形、动静相结合。"行欲徐而稳，立欲定而恭，坐欲端而正，声欲低而和。"就是提倡人们行要缓而稳重，站要直而恭敬，坐要端正，说话声音要低而温和。具体做到："心神欲静，骨力欲动，胸怀欲开，筋骸欲硬，脊梁欲直，肠胃欲净，舌端欲卷，脚跟欲定，耳目欲清，精魂欲正。"因为常静坐可以收心，少酒色可以清心，省嗜好可以养心，鉴古训可以警醒，悟道理可以明心。宠辱不惊可以肝宁，动静皆诚敬可以心定，饮食有节制可以脾不病，调整呼吸少说话可以保肺，平淡少欲可以肾水足。其原理是：道生于安静，德见于谦让，福生于清俭，命生于平和。并指出：天地不能一日没有和气，人心不能一日没有喜悦的神情。这些都是"立人"的要点，应当成为每个人的目标。

其四，养生需节制。"言语知节，则愆尤少；举动知节，则悔吝少；爱慕知节，则营求少。欢乐知节，则祸败少；饮食知节，则疾病少。"就是要人们说话有分寸则少得罪人，行为有节制则少悔恨，爱慕有节制则要求少，快乐有节制则祸败少，饮食有节制则疾病少。

其五，养生需养心。"闹时炼心，静时养心，坐时守心，行时验心，言时省心，动时制心。"古人认为，心是生命的主宰，保持心灵清静，心理平稳，可保养元气，使五脏安和，并有助于预防疾病、增进健康和延年益寿。

其六，养生需固精。因为树木离开了根则枯，鱼儿离开了水则死，明灯燃尽了油则灭，人贪欲则亡，保持好精血则寿。这实际上是道家的所谓固精养生。古人认为，精血是人体营养物质中的精华部分，是生命的物质基础，五脏六腑得精血的供养，才能保持其正常功能。如性欲无节、精血亏损过多，就会造成身体虚弱、病变百出、减损寿命，而保养真精则可延缓衰老。

总之，本节从社会生活的实践和经验入手，把养生和做人结合起来，认为做人需兼养身心。无论什么人，无论遇到什么事，阅读此书都会静下心来，躬身自省，受到启迪甚至激励。

原文

欲做精金美玉的人品，定从烈火中锻来；思立揭地掀天的事功，须向薄冰上履过。

——［清］金兰生《格言联璧·敦品类》

天下无不可化之人，但恐诚心未至；天下无不可为之事，只怕立志不坚。

——［清］金兰生《格言联璧·处事类》

我不识何等为君子，但看每事肯吃亏的便是；我不识何等为小人，但看每事好便宜的便是。律身惟廉为宜，处世以退为尚。以仁义存心，以勤俭作家，以忍让接物。

——［清］金兰生《格言联璧·接物类》

静以修身，俭以养德，入则笃行，出则友贤。读书者不贱，守田者不饥，积德者不倾，择交者不败。……养德宜操琴，炼智宜弹棋，遣情宜赋诗，辅气宜酌酒，解事宜读史，得意宜临书，静坐宜焚香，醒睡宜嚼茗，体物宜展画，适境宜按歌，阅候宜灌花，保形宜课药，隐心宜调鹤，孤况宜闻蛩，涉趣宜观鱼，忘机宜饲雀，幽寻宜藉草，淡味宜掬泉，独立宜望山，闲吟宜倚楼，清谈宜剪烛，狂啸宜登台，逸兴宜投壶，结想宜欹枕，息缘宜闭户，探景宜携囊，爽致宜临风，愁怀宜伫月，倦游宜听雨，元悟宜对雪，辟寒宜映日，空累宜看云，谈道宜访友，福后宜积德。

——［清］金兰生《格言联璧·惠吉类》

庄敬非但日强也，凝心静气，觉分阴寸晷，倍自舒长；安肆非但日偷也，意纵神驰，虽累月经年，亦形迅驶。……多事为读书第一病，多欲为养生第一病，多言为涉世第一病，多智为立心第一病，多费为作家第一病。……贫不足羞，可羞是贫而无志；贱不足恶，可恶是贱而无能；老不足叹，可叹是老而无成；死不足悲，可悲是死而无补。

——［清］金兰生《格言联璧·悖凶类》

鉴赏

这里主要向孩童描述高品质的人应是什么样？如何才能做到高尚人品？修身养性有哪些忌讳、不同的做法有哪些不同的结果？作者从这三个方面入手，弘扬高尚人品，提倡艰苦奋斗，议论待人接物、为人处世之道。有些内容还颇有辩证思想，这是值得借鉴吸收的地方。

首先，做什么样的人？文中说："我不识何等为君子，但看每事肯吃亏的便是；我不识何等为小人，但看每事好便宜的便是。"即君子是什么样的人，我不知道，但事事总想着别人、自己每每吃亏的人，肯定是君子；小人是什么样的人，我不知道，但事事总想着自己、每每占便宜的人，肯定是小人。古时贤人临终前，子孙请遗训，常有语：

"无他言,尔等只要学吃亏。"听之令人讶异,但却发人深省,实质上就是告诉他们"吃亏是福"。同时,作者还教诲孩童,欲做人品高尚、有价值的人——如同精金美玉一样的人,必定是从艰难困苦中磨练而来,就像在熊熊烈火中锻造而来;要想成就惊天动地的伟业,必须经历艰难险阻,要有如履薄冰一般的谨慎。

其次,如何做到人品高尚?一是诚心、恒心。"天下无不可化之人,但恐诚心未至;天下无不可为之事,只怕立志不坚。"也就是说,成功需要诚心和立志坚定。二是勤俭、忍让。"律身惟廉为宜,处世以退为尚。以仁义存心,以勤俭作家(持家),以忍让接物。"同时,要以静思反省修养身心,以俭朴节约培养品性,在家要勤奋努力学习,在外要结交贤良朋友,这样才能成就人生,如是读书之人素质自然就高,如是种田之人自有饭吃,因此积德行善会有好报,慎重择友会立于不败。三是"修齐治平",修身第一。"养德宜操琴,炼智宜弹棋,遣情宜赋诗,辅气宜酌酒,解事宜读史,得意宜临书……谈道宜访友,福后宜积德。"文中所列均为具体修身之道,只要逐条努力做到,定能齐家、治国、平天下,反之一屋之不扫,何以扫天下?!

再次,修身养性多忌讳,不同的做法会有不同的结果。"庄敬非但日强也,凝心静气,觉分阴寸晷,倍自舒长;安肆非但日偷也,意纵神驰,虽累月经年,亦形迅驶。"即端庄恭谨地面对人生,每天都精神壮健、充满朝气、心平气和地思考问题,即使是片刻寸阴,也觉得倍加绵长;而安逸放纵地打发日子,不仅每天都苟且怠惰、萎靡不振、心浮气躁,造成思想混乱,即便是累月经年,也会飞驰而过,白白浪费时光。同时要注意:闲事太多,是读书求学最大的毛病;情欲过多,是保养身体最大的毛病;说话太多,是社会交往最大的毛病;心眼太多,是道德培养最大的毛病;浪费太多,是理财管家最大的毛病。作者还指出,贫穷并不值得羞愧,可羞的是贫穷却胸无大志、浑浑噩噩;卑贱并不值得憎恶,可憎的是卑贱却缺乏才干、庸庸碌碌;年老并不值得嗟叹,可叹的是年老却一事无成、无所作为;死亡并不值得悲伤,可悲的是死亡却毫无价值、窝窝囊囊。

总之，本节内容丰富、涉猎广泛，且言简意赅、意味隽永，教人积极向上，给人有深刻的启迪，虽个别地方有因果宿命论之嫌，但瑕不掩瑜，仍不失为雅俗共赏的醒世恒言。

（陈爱军、丁佳音、骆蓉）

爱众从善篇

原文

以德行仁者王,以力假仁者霸。天子天下之主,诸侯一国之君。官天下,乃以位让贤;家天下,是以位传子。……天子尊崇,故称元首;臣邻辅翼,故曰股肱。

——[明]程允升《幼学琼林·朝廷》

鉴赏

中国的德行观念往往以儒学为正统,而儒家讲求"学而优则仕",以参政建功为人生目标。故在面对孩童讲"爱众从善"时,也会以立足国家、政事的论说为起点。本节中的"以德行仁者王"和"以力假仁者霸",原文出自《孟子·公孙丑上》,其意指依仗武力而假借仁义之名进行征伐的,可以成就霸业;而依靠道德来施行仁政的,则可以成就王业。王霸之辩,是中国古代关于两种不同的统治方法和政治理想的争辩,以儒家和法家的对立观点最为典型。"王"指先王之王道,即上古贤明君王之正道,以道德和仁义为基础;"霸"指霸道,即凭借武力、假行仁义以征服别人的政治方法。简言之,王道施行仁政,以德服人;霸道显扬武备,以力服人。

孟子继承并发展了孔子"仁者爱人"的思想,提出行仁政而王天下的政治纲领,认为只要施行"仁政"就能无敌于天下,而单纯依靠武力征伐，只能成就暂时的霸业，别国对他的屈服，也只是慑服于其强大的武力，并非心悦诚服。一旦其式微，自然就会群起而攻之，最终霸业颠覆，故倡导王道，而反对霸道。与之相反，以韩非为代表的法家，则提倡霸王之道，利用武力征服他国。反观历史，秦始皇采用法家之观点，对外横扫六国之后又北伐匈奴、南平百越，建立秦帝国，对内则严刑峻法，最终历二世而亡。汉武帝虽名为"罢黜百家，独尊儒术"，实则也是儒表法里，穷兵黩武，终致国力虚耗。司马光在《资治通鉴》卷二十二中评之曰："孝武穷奢极欲，繁刑重敛，内侈宫室，外事四夷。"可谓一语中的。自汉武以降，这种儒表法里的治国之术被后世君王所沿袭。事实上，成汤立商，文王兴周，是由政治、经济等各种主客观因素造成的。孟子只是简单地归结为"以德行仁者王"，并以此作为论证他的王道学说的标本，是有片面性的，但其所倡导的统治者应该仁政爱民、以德服人的思想，亦未尝不是至理，这与我们现在提倡的"以人为本"理念有相合之处。

  尧舜时实行禅让制度，君主挑选贤良之人继承君位，称为"公天下"。后至禹时，将君位传给儿子，实行世袭制，称为"家天下"。公天下是儒家的理想，属于一种民主制思想，但是其与封建君主专制的现实相冲突，注定了它只能是一个政治理想，于是家天下也成为儒家公天下理想的一个现实折中。但儒家又绝非无原则地支持现实的统治秩序，维护君主威权，他们试图最大可能地实现两者的相一致，于是在向君权妥协的同时又试图为家天下的君主设限，强调君主虽贵为天子，但其在施政上也要体恤百姓、以民为本，成为明君，在这一前提下，儒家会支持家天下。一旦君主的施政精神与之背离，则成为暴君独夫，儒家又重申公天下的理想，这就为改朝换代的合法性提供了理论依据，商汤灭夏和武王伐纣便是史证。在君臣关系上，"君乃臣之元首，臣乃君之股肱"。股肱，即大腿和手臂，比喻臣子像腿和手一样有辅佐君主的责任和义务，但同时君主又要爱惜民力、体恤臣子，两者构成一个相互联系、相互作用的统一体。作者之所以要提起这些往事，正是要说明"以德行仁"在成就事业中的关键作用。

原文

初到任曰下车,告致仕曰解组。……民爱邓侯之政,挽之不留;人言谢令之贪,推之不去。

——[明]程允升《幼学琼林·文臣》

鉴赏

这里重点讲述了为官爱众从善之道。"初到任曰下车,告致仕曰解组。"官吏到任,称为"下车";官员辞职或退休,称为"解组"。组,是指系官印的绳子;解下印绶,谓辞去官职。这里列举了好坏不一的两位官员:"民爱邓侯之政,挽之不留;人言谢令之贪,推之不去。"邓侯即邓攸,在晋朝时曾担任吴郡太守,为官期间政风清廉、法纪严明、不分贵贱、百姓欢悦,成为东晋中兴时期著名的好太守。在他离职时,郡中为其置备送迎官员的钱数百万,他一钱不受。百姓数千人牵住邓攸的船进行挽留,使船无法行驶,直到半夜时才得以开船离去。而他的前任,一位姓谢的太守则贪财唯利、鱼肉乡里,吴郡百姓都希望其赶紧离任而不得。后来人们作歌唱道:"邓侯挽不留,谢令推不去。"两者形成尖锐的对照,一正一反,高下立判。自古以来,群众的眼睛都是雪亮的,为官一任,是造福一方还是祸害一方,百姓自有口碑。悠悠千载,真正能够被历史铭记的,都是那些利国家、顺民心、济苍生的人与事。

其实,为官与为人具有一致性,为官必先从为人开始,要修身立德,养己浩然正气,倘若己身不正,焉能正人?但为官又需比为人具有更高尚的品质:为人可以独善其身,为官则不仅要独善己身,还应兼济天下。因为人民生活水平之提高和百姓福祉之促进与否,无不与该地官员的为人是否正派、为官是否有道、施政是否清明，有着极大而不可分的直接关系。正如郑板桥之诗所言："衙斋卧听萧萧竹，疑是民间疾苦声。些小吾曹州县吏，一枝一叶总关情。"（《潍县署中画竹呈年伯包大中丞括》）作此诗时，郑板桥在潍县（今山东省潍坊市）任知县，恰逢此地灾荒，救灾便成了其主持潍县政事的重要内容，他开仓赈贷，令民俱领券供给，要求县里的富户开厂煮粥供食，尽封积粟之家，最后使得大量灾民得以存活，所以郑板桥的良好口碑在民间代代称颂，成为爱众从善的典范。

原文

一人之所需，百工斯为备。但用则各适其用，而名则每异其名。

————［明］程允升《幼学琼林·器用》

王者聘贤，束帛加璧；真儒抱道，怀瑾握瑜。

————［明］程允升《幼学琼林·珍宝》

鉴赏

但凡每个人生活中所使用的各种物品，都需要各行各业的工匠为其制造出来，而所造物品各有各的用处，名称也各不相同，这就是"各适其用"、各有专功。倘若换个角度来看，人的需求是多种多样且永无止境的，但在一定时期和范围内，社会能够给以利用的资源有限，这就要求人们尽可能实现两者的统一，做到物尽其用。所以他人通过劳动制造的物品，即使是生活中看似极其平常的每一种物品，都含有他人的辛勤付出，桩桩件件均来之不易，我们应秉持节俭之心，珍惜人力、物力，莫要暴殄天物，"一粥一饭，当思来处不易；半丝半缕，恒念物力维艰"（《朱柏庐治家格言》）。

233

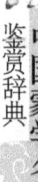

但另一方面，贵重的物品则常常用来比喻高尚的人，如《幼学琼林》所说的"真儒抱道，怀瑾握瑜"。这里的瑾和瑜，都是指贵重的美玉，此处比喻品德高洁，即真正的儒者坚守真理、道义，就像怀里拥着瑾玉、手中握着瑜玉一样认真谨慎。

贵重的物品常常在特殊场合起特殊作用，如文中所说的"王者聘贤，束帛加璧"，即君王聘请贤才，要用丝帛加上美玉这样的贵重礼物。这是汉代的礼节，起源于汉武帝召迎申培到朝廷任职，为表爱贤之意，以"束帛"和"玉璧"作为聘礼一事。君王之所以对贤才礼遇有加，是因为其有真才实学、品德高洁，即使这个贤人出身低微，抑或是年迈衰残，也无碍于其得到君王的礼遇。汉武帝时期的这位申培，是西汉初期的儒家学者、经学家，西汉今文《诗》学中"鲁诗学"之开创者。汉武帝即位后，欲更张政治，议立明堂以朝诸侯，公车召迎时已80多岁的申培入京，委以重任，封为太中大夫。

倘若君王能知遇贤才，人们往往称之为"明君"。明君与贤臣的相遇，也常成为历史佳话。周文王姬昌向姜太公请教治国兴邦的良策时，姜尚曾提出了"三常"之说："一曰君以举贤为常，二曰官以任贤为常，三曰士以敬贤为常。"即要治国兴邦，必须以贤为本，重视发掘、使用人才。这样一个求贤若渴、尊重人才、尊重知识的时代是个开明的社会，也往往是一个中兴盛世。事实上，贤才也是希求被君王所发现和赏识的，所谓良禽择木、贤臣择主。明君与贤臣，一个象征权力，一个代表智慧，两者相辅相成，在一定意义上又相互牵制和促进。明君能够发掘身边的贤臣良将，同时给予其施展雄才大略的平台，最终造福国家社稷。反之，若是君王胸无大志、刚愎自用，那么，即使有贤臣辅佐，也无济于事。明君辅以贤臣，两者良性互动，方可使国富民强、社会进步。

然而，寄望于明君横空出世而主动造访，显然不是很现实，历史上依此类方式成功的屈指可数，因此成功者才那么容易被后人铭记而津津乐道、大肆宣传。管窥历史，更多发出的声音往往是生不逢时和

"千里马常有，而伯乐不常有"之类的感叹。唏嘘也好，同感也罢，这些现象背后的原因或许更值得我们反思。究竟是人才自我埋没，还是社会埋没人才？显然，用人制度或者说是人才选拔和晋升的渠道是否畅通，这一问题更值得我们深思。质言之，只有改革用人制度，拓宽用人渠道，不再以出身门第、裙带关系和单一的科考取士作为用人标准，转而唯才是举、任人唯贤，恰如清代龚自珍所言"不拘一格降人才"，方可减少一些遗珠之憾。以史为鉴，前人之言对于时下常见诸报端的"拼爹"、"富二代"、"官二代"等现象，也不失其借鉴意义。

原文

将相头顶堪走马，公侯肚内好撑船。富人思来年，穷人思眼前。世上若要人情好，赊去货物莫取钱。生死有命，富贵在天。

——佚名《增广贤文》

鉴赏

这里的"将相头顶堪走马，公侯肚内好撑船"，就是说，社会上地位较高的人，要以平和的心态看待身边的一切，在内心承认人的思维多元性，不要以一己之见强加于人，要有求同存异的"肚量"。当代人对这句话略有改变，即说成"宰相肚里能撑船，将军额头能跑马"，其意思大致相同。明代叶盛的《水东日记·杨大理诗谑》中记："盖谚有之'宰相肚里好撑船'。"由此可见，此话当时已经是流传于民间的谚语了。目前此话已被收入成语词典，在社会上进一步得到认同与流传。"宰相肚里好撑船"，还告诉当官者特别是大官，要有"肚量"，也即度量。何谓"度量"？度量，原本是计量长短和容积的标准，后来人们拿它比喻人的气度胸襟。历史上有许多这样的故事，如《史记》中

记载的廉颇与蔺相如的"将相和"故事即是其中一例。蔺相如因屡建功业而升任上大夫,位在老将廉颇之上,由此廉颇心中不服气,屡次挑衅羞辱于他,而蔺相如以社稷为重,胸襟宽阔、处处忍让,最终使廉颇负荆请罪,被世人交口称赞,认作为人有度量的榜样。当然,并不是所有人都能做到"度量"大,有的人心胸狭窄,不能容人容事。如西方近代天文学奠基者弟谷就曾是一个度量很小的人,他年轻时,因为一个数学问题与同学发生争执,竟决定与人决斗。在决斗中,弟谷的鼻子被对方削掉,他只好戴着个假鼻子度过下半辈子。一个人度量的大小,根本原因在于他是否志存高远。有远大抱负的人,不会计较眼前的得失、个人的荣辱,只有胸怀大志,才能胸襟开阔。

与"宰相肚里好撑船"相类似,作为普通百姓,也要有一定的度量,即"世上若要人情好,赊去货物莫取钱。"这就是说,要与各种人处理好关系、要有好的人缘,应度量大、以肯吃亏为前提,让别人因为我的存在而感到幸福,而不是痛苦,这样就能人见人爱。但是,作为富人和穷人这两类人,由于经济条件不相同,所以考虑问题也不一样,"富人思来年,穷人思眼前",这就是明显的区别。从辩证法而言,应该眼光长远,不要斤斤计较于眼前,这样无论对个人或对社会,都是有积极作用的。当然,穷人吃了上顿愁下顿,不考虑眼前的实际问题,怎么能生存?故这又该另当别论了。

那么为什么有人成为富人,有人成为穷人?不少人会说:"生死有命,富贵在天。"此语典出《论语·颜渊》,篇中记载:司马牛曾为自己没有兄弟、身世孤单而心情不好。孔子的学生子夏对他说:我听说过"死生听之命运,富贵由天安排"的话,但是君子只要对待工作严肃认真、不出差错,对待别人辞色恭谨、合乎礼节,那么天下之大,"四海之内,皆兄弟也"——到处都有你的好兄弟!从子夏与司马牛的对话看,"生死有命,富贵在天"就是要人面对现实,坦然于命运的安排。这是一种懂得变通的观念,与前后句联系起来看,还是教人要有宽容、大度之心,不要计较眼前的我穷、你富等问题。

> 原文

世事如明镜，前程似暗漆。万事如棋动局，一世如驹过隙。良田万顷，日食一升。大厦千间，夜眠八尺。千经万典，孝义为先。

——佚名《增广贤文》

> 鉴赏

对于世界上的事情，可以洞察得如明镜一样清楚透彻，而对于自己的前程却似漆黑的夜晚无法预知。面对这种情况，作为君子应该踏踏实实地行好事、走自己的路，莫问前程，特别要多做孝义之事、多做善事，立足当下，大度对待，而不要去牵挂日后的发展，被未来的各种欲念所蒙蔽。君子应该明白："万事如棋动局，一世如驹过隙。"人生一世犹如白驹过隙，一闪即过，而所遇万事万物，就像弈棋一样，棋局不断变化，再年轻的媳妇，转眼就变成婆婆，所以要珍惜时间，并且心态要平和。对那些忙碌于敛财之人来说，应该懂得："良田万顷，日食一升。大厦千间，夜眠八尺。"即纵有良田万顷，每天也只能吃一升米而已；纵有大厦千间，晚上睡觉也只不过占用八尺之地。故应该知足常乐，不要忘乎所以。道家始祖老子有言："罪莫大于可欲，祸莫大于不知足，咎莫大于欲得。故知足之足，常足。"也正是此意。而对于那些确有大厦多幢、钱财超众的富者，则应如杜甫所言，"安得广厦千万间，大庇天下寒士俱欢颜"（《茅屋为秋风所破歌》），给那些饥寒受冻的天下寒士们予以庇护，广济苍生、造福社会，这是他们最好的选择。所谓"天上人间，方便第一"，多行善事，与人方便，也就是与己方便。

> 原文

贤乃国之宝，儒为席上珍。农工与商贾，皆宜敦五伦。……

钱财如粪土，仁义值千金。作事须循天理，出言要顺人心。心术不可得罪于天地，言行要留好样与儿孙。……诸恶莫作，众善奉行。知己知彼，将心比心。责人之心责己，爱己之心爱人。再三须慎意，第一莫欺心。宁可人负我，切莫我负人。

——［清］周希陶《重订增广贤文·平韵》

人生在世，方便第一，力到便行，错过可惜。一毫之善，与人方便；一毫之恶，劝人莫作。

——［清］天谷老人《小儿语补》

仁义礼智信，为人当体贴。慎之在一心，言行要修饬。大者在五伦，君臣尊卑别，父母即是天，兄弟如手足。夫妇要谐和，朋友忠信切。五伦果然敦，天地一气接。

——［清］刘沅《蒙训》

鉴赏

在中国儒家伦理范畴里面，处理人与人之间关系的原则之一就是"忠恕"之道。孔子自喻"一以贯之"的践行之道即是"忠恕"。"忠恕"，是以待自己的态度对待别人，既做到"己欲立而立人，己欲达而达人"，又做到"己所不欲，勿施于人"。此文中所言"知己知彼，将心比心"、"责人之心责己，爱己之心爱人"正是儒家忠恕之道的具体体现。"知己知彼"，语见《孙子·谋攻》："知己知彼，百战不殆；不知彼而知己，一胜一负；不知彼，不知己，每战必殆。"即在军事斗争中，既了解敌人，又了解自己，百战都不会有危险；不了解敌人而只了解自己，胜败的可能性各一半；既不了解敌人，又不了解自己，那就每场战争都有危险。当然，本文所言的"知己知彼"并非针对战争而言，而是指在与人交往中，要认识自己，了解他人。"将心比心"，此话汤显祖的《紫钗记》也有记述："太尉不将心比心，小子待将计就计。"即在对待他人、了解他人的时候，要以自己的切身感受与体验去理解别人的感受和体验。这是在别人遭受不公正待遇、处境艰难或偶有失误时，提倡应抱有的心态。这种宽大为怀、善解人意的生活态度，与儒家文化中孔子所说的"己所不欲，勿施于人"有相通之处。总之，在人际交往的过程中，遇到事情不但要了解自己，还要了解别人；将自己的心理比别人的心理，为人要心地豁达，能设身处地地为别人着想、体谅别人，能做到这样的人也是善良的人。

"责人之心责己，爱己之心爱人"，语出《中庸》第十三章注引："张子所谓'以爱己之心爱人则尽仁'……'以责人之心责己则尽道'。"意为要用责备别人的心思来责备自己，用爱护自己的心思来爱护别人，做到严于律己而宽以待人。与此相对应的话就是："再三须慎意，第一莫欺心。"即做事情要再三考虑，慎重对待，做人最重要的是不要欺骗自己的良心。语出朱熹注《大学》："意者，心之所发也。实其心之所发，欲其一于善而无自欺也。"相传春秋时代，吴国公子季札，有一年他奉命出使别国，路过徐国的时候，受到徐君的热情招待。季札随身佩戴着一把宝剑，徐君看到这把宝剑，心里非常喜欢，他嘴上虽然没说，但还是被季札看出来了。季札打定主意，回国时一定要把宝剑送给徐君。几个月以后，季札回到徐国。这时徐君已经去世了，埋葬在郊外。季札来到徐君的墓地，解下宝剑，挂在墓地旁的树上。随从急忙劝阻他。季札说："那天我发现徐君很喜欢这把宝剑，便在心里许诺，回来时要把宝剑送给他。如今他虽然不在人世了，但我要是不送宝剑，就等于欺骗了自己，也辜负了别人，这不是正直的人应该做的。"这是"季子挂剑"的故事，也告诉我们为人处世要体察他人之心，成人之美，这也是爱众的体现。

具有"季子挂剑"品质的人，必定奉行"宁可人负我，切莫我负人"的做人宗旨。但也有些人与此相反，据罗贯中的《三国演义》中描述，曹操在误杀其父的好友吕伯奢一家之后遭陈宫责怪，不仅毫无愧意，反而大言不惭地说："宁教我负天下人，休教天下人负我。"自此，曹操的这句处世名言，遭到后世数不尽的口诛笔伐，冠之以"奸

雄"之名号。当然，其故事的真实性和准确性也曾被众多专家质疑，认为并非出自曹操之口。这段历史的真伪有待史学家去考证，但从中我们应该清醒地看到此话的严重后果，以及极端利己思想的不可取。正确的态度则是"宁可人负我，切莫我负人"，尽管真正做到并不容易，但可以作为我们追求的目标。要做到不负天下人，就要不断修行，从点滴小事做起，日积月累，甘愿吃亏、吃苦，耐得住寂寞，多反省自己、修正自己、提高自己，把自己锤炼成一个勇于改正错误、不断上进的人。

所以，为人处世应"一毫之善，与人方便；一毫之恶，劝人莫作"。做一件小小的善事，也会给人带来方便；任何细小的坏事，都不要去做。这告诫后人要重视积善成德，除恶于萌芽，一念之非即遏之，一念之妄即改之。据《三国志》载，蜀主刘备临终在白帝城托孤时，给其子刘禅的遗诏中说："勿以恶小而为之，勿以善小而不为。惟贤惟德，能服于人。"劝勉刘禅要进德修业，有所作为。好事要从小事做起，积小成大，也可成大事；坏事也要从小事开始防范，否则积少成多，也会坏大事。故不要因为好事小而不做，更不能因为不好的事小而去做，故《易经》有言："善不积，不足以成名；恶不积，不足以灭身。"正是此理。

总之，"人生在世，方便第一，力到便行，错过可惜"。助人为善，是人们乐行之事。如果有能力去做善事，却被自己的种种私心杂念所阻而不去行，任其错过，那很可惜。急人所急，帮人所需，积德行善，是中华民族的传统美德，我们也应该多些同情心、多些助人为乐的思想，以爱自己之心爱他人，最重要的便是不违背良心，让自己无愧于心，做一个善良的人。

此外，处理人与人之间关系还要恪守五伦的原则。《重订增广贤文》云："贤乃国之宝，儒为席上珍。农工与商贾，皆宜敦五伦。"是说志行高洁、才能出众的贤士是国家的珍宝，读书明理、德才兼备的儒生就像是席上的珍品。至于普通百姓，无论是农夫、工匠，还是商人，也应该像儒者一样恪守五伦。应视金银财宝如同粪土，而将道德仁义看得价值千金。一举一动都必须遵循天性与伦理，一言一语则要顺从大众的意愿。心中所想不可违背天地伦常，言行举止应当为后代子孙留下好榜样。士农工商，为古人所谓"四民"，这一划分始自春秋时期的管仲，《管子·小匡》记载："士农工商四民者，国之石（柱石）民也。"一直被后世所沿袭，这种划分次序也是四类不同职业群体在社会秩序和地位上的体现，中国封建社会把商人排在最后，与中国古代的小农经济形态以及与之相适应的重农抑商政策相关联。到了后期，"士"则成为儒家学者的专属，正因为这样，此文中将贤士和儒生并举。所谓"五伦"，即五种伦常，指君臣、父子、夫妇、兄弟、朋友之间的五种道德关系。孔子在《论语·颜渊》中提出"君君、臣臣、父父、子子"，明确了君臣父子的道德伦常；孟子又在其基础上概括为："父子有亲，君臣有义，夫妇有别，长幼有序，朋友有信。"（《孟子·滕文公上》）指出人伦双方：为臣者要忠于职守，为君者要以礼待臣；为父者要慈祥，为子者要孝顺；为妇者要主内，为夫者要主外；为兄者要照顾弟弟，为弟者要敬重兄长；为友者要讲信义。"五伦"作为中国传统伦理道德中的对人们的五种行为规范，是处理人际关系的行为准则，虽然封建统治者曾把它作为一种道德律令以维护和加强封建的宗法等级制度，但我们不能一味的将其视为封建思想糟粕，其中亦有一些思想值得现代人去借鉴和思考，如关于诚信的道德规范，就仍不失现实意义。

　　至于后段《蒙训》中的文字，从内容上看还是与《重订增广贤文》的意思接近，着重强调的也是"五伦"的遵守，不过作为《蒙训》即开蒙之书，更注意内容上的规范及语句方面的齐整。

原文

　　美不美，乡中水；亲不亲，故乡人。割不断的亲，离不开

的邻。

——［清］周希陶《重订增广贤文·平韵》

远水不救近火，远亲不如近邻，平日没些情分，左右都是仇人。

——［清］天谷老人《小儿语补》

鉴赏

"亲不亲，故乡人。"这里强调了邻里关系的重要性。因为传统中国的社会是一个家族社会，是从血缘关系推衍而出的社会，家人、族人、近亲、远亲、同乡、同学、同事等这些关系延伸出去，就构成了一个关系复杂的社会。在聚居状态下，如果他们世代为邻，就形成一种仅次于血缘关系的人际交往关系，有修好邻里关系的强烈愿望和内在需求，这就是我们所说的"亲不亲，故乡人"的实质内涵。所以，要主动与邻里搞好关系，就离不开亲仁善邻的道德态度。虽然在现代社会，邻里关系发生了很大的变化，出现了诸多与传统社会不同的新特点，但传统中国社会处理邻里关系的历史经验和道德传统仍然值得我们批判继承。由于故乡之情，必然会产生"美不美，乡中水"，对家乡山水之美的向往和留恋，即使水的味道不美，但情感上家乡的水还是好喝的；尽管不是亲戚，情感上故乡的人都是亲人。"割不断的亲，离不开的邻。"是亲就割不断，是邻就离不开，这就是人们对故乡的深厚感情。

"远水不救近火，远亲不如近邻。"发生了火灾，从远处取水是无法及时扑灭的；同样道理，亲戚如果相隔太远，还不如隔壁邻居更能帮你解决困难。所以搞好邻里关系，不仅基于互利互助的实用功能，而且邻里和睦，自己也心情愉快，有归属感和认同感，从而才会有快乐家园之感。反过来想一想，如果邻里关系像仇人，那么居住在这种环境里的人怎么会有好心态和生活质量呢？《左传·隐公六年》说："亲仁善邻，国之宝也。"把与邻为善看作是国家之宝，这从政治治理的角度把善邻提到了一个很高的地位，政治治理要达到一个良序和谐社会，自然离不开百姓居住生活共同体的和睦相处。有句成语叫"以邻为壑"，出自《孟子·告子下》，原意是讲上古之时，白圭与大禹治水所采取的不同方法。白圭治水高筑堤防重在堵塞，却把水堵塞后流向邻国，导致大水泛滥。而大禹治水则顺应水性重在疏导，将水导入四海，最终造福人民。白圭以邻为壑、损人利己，拿邻国当做大水坑，把本国的洪水排泄到那里去，后人以此比喻只图自己一方的利益，把困难或祸害转嫁给他人。以邻为壑之风一旦形成，其后果必然是每个"邻"都成了"壑"，害人终害己，导致邻里关系日渐冷漠、渐行渐远，成为"最熟悉的陌生人"，甚至成为仇敌而兵戎相见。

为此，我们似乎比以往更需要去从传统文化中寻找失去的精神家园。邻里关系的回归或许正是时代的诉求。毕竟，"远亲不如近邻"式的和谐邻里关系，一直都是传统文化价值中最温暖、最具人性化的一抹亮色。因而，重视邻里关系更是建立人际信任的开始，只有融洽的居住环境，才有安定的幸福家园。我们所需要做的，只是放开信任的胸怀，摒弃前嫌，以和为贵，以让为德。此处不妨举安徽桐城"六尺巷"的故事以为范例。据《桐城县志》记载：清代康熙年间，文华殿大学士兼礼部尚书张英的家人与邻居吴家在宅基地界的问题上发生了争执。两家大院的宅地都是祖上的产业，因时间久远了，难做勘定，争执多年，各执其理，谁也不肯相让。官司打到县衙，由于牵涉朝廷重臣，官府也未敢决断。纠纷越闹越大，张家便派人飞书京城，想让张英以权施压、"摆平"吴家。张英阅过来信，释然一笑，回信作诗曰："千里修书只为墙，让他三尺又何妨？万里长城今犹在，不见当年秦始皇。"家人收到书信后，按照张英的要求向自己界内退后三尺修了围墙。邻居不解，后了解到实情后被张英一家的忍让行为所感动，也向自家界内后退三尺建了围墙。于是，两家的院墙之间出现了一条宽六尺的巷道，供人行走，既便利了交通，两家人也因各让三尺而了断多年的恩怨，"六尺巷"由此闻名。这条巷子虽短，留给人们的思索却很长。桐城的"六尺巷"在中国传统文化里也许是被"和"字哲学充盈得最宽阔的街巷之一了。它的"宽"不是宽在"六尺"上,而是"宽"在人们的心灵境界与和谐礼让精神上。"六尺巷"如今早已远远超出其本意,其所折射出的"大度做人,克己处事"的为人准则,成为彰显中华民族与邻为善之谦让美德的见证。

原文

毋私小惠而伤大体,毋借公论而快私情。毋以己长而形人之短,毋因己拙而忌人之能。勿恃势力而凌逼孤寡,勿贪口腹而恣杀牲禽。倚势凌人,势败人凌我;穷巷追狗,巷穷狗咬人。
——[清]周希陶《重订增广贤文·平韵》

鉴赏

在纷繁的社会上,人们必定要与各种各样的人打交道,作为一个有修养的人,其中有三方面的讳忌必须注意:一是"毋私小惠而伤大体,毋借公论而快私情"。意思是说不能为了施小恩小惠笼络人心而损伤了整体大局,更不能假借公众舆论的力量来满足自己的个人欲望、发泄个人不满。这告诫我们,一个人能力的大小表现为能否辨是非、识大体。识大体,就是不损害社会共同的利益。社会为个人的生存提供了物质条件和精神条件,同时也要求个人必须服从社会的秩序安排。个人可以维护自己的权利,但是绝不能滥用自己的权利,甚至谋取私利。倘若如此,就会受到社会的惩罚。这里有个"张释之坚持原则"的故事。张释之是汉文帝时代人,他在做廷尉时,据理执法,从不枉屈逢迎。一次,汉文帝出游经过渭河大桥,有个人从桥下走出,惊了驾车的马,汉文帝大怒,命卫士抓来,交给张释之治罪。张释之审问时,那人回答说,他从长安县来,路过渭河大桥。恰逢皇帝过桥,慌忙躲入大桥下面。很长时间后，他以为皇帝已过了，便钻了出来，哪知还是惊动了皇帝。张释之认为如实，定这个人有惊驾之罪，依法判处罚金若干，并将判处结果报告皇帝。汉文帝大怒说："此人大胆包天，惊动御马，幸亏我的马性情驯服柔顺，不致出事，若是其他马，肯定要了我的命！而廷尉你执法不严，只判罚金就算了事！"张释之说："法律人人都要遵守，皇帝也不能例外。陛下既然信任我，让我负责，我就应该行其职责，秉法办事，以维护法律的威严和公正，否则，随意枉法，滥用生杀予夺之权，就会使法律失信于民，而且上行下效，为下面的官吏开一个不好的先例。希望陛下明察！"汉文帝无言以对，沉默良久说："就按你说的办吧！"张释之坚持原则，坚持符合事理的主张，不因私情而废了公正质朴的心性，时至今日仍值得颂扬。

二是"毋以己长而形人之短，毋因己拙而忌人之能"。意为不要拿自己的长处来对照别人的短处，更不要因自己的不足而妒忌别人的长处。一个人以自我为中心，不顾及身处的环境，是造成任性妄为的原因。这样的人，往往自以为是，只凭自己的感觉行事，心性已失偏颇，心理必不平衡，完全不考虑客观实际和环境变化，到最后吃苦头的还是他自己。因此要做到：对于比自己弱的人要宽容，对于比自己强的人不嫉妒。一般来说，诚恳、谦虚的品性往往表现在修养好的人身上，而浮夸、嫉妒的品性则往往表现在修养差的人身上。

三是"勿恃势力而凌逼孤寡，勿贪口腹而恣杀牲禽"。即不要依仗自己的势力凌辱和逼迫孤儿寡女，欺负弱者；不要为了满足个人的食欲而随意杀宰牲畜和家禽，不要随便杀生。否则，"倚势凌人，势败人凌我；穷巷追狗，巷穷狗咬人"。倚仗势力欺压别人，失势后将被别人欺负；往死胡同里追狗，赶到巷子的尽头就会被逼急的狗转身咬到。这话也常用来劝人凡事莫过分，得让人处且让人。在军事上有一个策略叫"围而不歼"，就是根据这些道理而制订的。如果无须或无力全歼敌人，在布置包围圈的时候，有意留下一个缺口，让敌人从那里逃走，这样就可以避免鱼死网破，其实这也是一种智慧。常言道"困兽莫扰，穷寇莫追"，把人逼急了，会作出有悖常理的行动，会使你处于不利的地位。相传楚庄王在一次大宴群臣的时候，命他的爱妃许姬为大臣们敬酒，忽然，一阵风把灯烛吹灭了。有人趁黑暗摸了一下许姬的手。许姬立即把那无礼之人结冠的带子扯断了，并报告楚庄王。而楚庄王不但不追究，反而命令在场的人都把结冠的带子扯断，然后点灯继续饮宴，尽欢而散。几年以后，在一次战斗中，有人救了庄王一命，而那人就是当年被许姬扯断冠带的人。正因为庄王的宽宏大量，他知恩图报，报答了楚庄王的不杀之恩。所以，让与不让，会得到两种不同的结果：得理让人会天宽地阔，得理不让人会使路越走越窄。

原文

养心莫善于寡欲，无恒不可作巫医。狎昵恶少，久必受其累；屈志老成，急则可依。心口如一，童叟无欺。

——[清]周希陶《重订增广贤文·平韵》

鉴赏

"养心莫善于寡欲"，语见《孟子·尽心下》。外物改变人的本性，感官之欲减损人的善心，所以欲望太多的人，往往利令智昏，做了欲望的奴隶，其结果是使人失去控制，欲壑难填，坠入深渊。因此，修养心性的最好办法就是减少欲望，寡欲清心。"无恒不可作巫医"，语见《论语·子路》："南人有言曰：'人而无恒，不可以作巫医。'"巫医，指用卜筮为人治病的人。在中国古代，行医的地位并不高，与算卦、唱戏的一样，属于百工之列，在史书上列入"方技"而不入"儒林"。虽然名为"大夫"，但是为真正的士大夫所轻视。孔子此言，意为人若没有恒心和恒德，连巫医这种君子不齿的职业也做不了，更无法成就大事业。这是他对自己的要求，也是对学生们的告诫。

"狎昵恶少，久必受其累；屈志老成，急则可相依。"这虽然是讲交友，但宗旨是劝人远离恶少，因为过分亲近那些流氓少年，时间久长后必然会受到他的连累之害。如果能够虚心接近那些做事老成、年老德重的人，不仅能帮助你成长，在你急难的时候还能依靠一下。相传墨子在经过一家染坊时，看见工匠们将雪白的丝织品分别放进染缸里，浸泡后取出就变成了不同颜色的丝织品。墨子仔细地观察后，有所感悟，不禁长叹一声说："本来都是雪白的丝织品，现在放到青色颜料的染缸里浸泡后就变成了青色，放到黄色颜料的染缸里浸泡后就变成了黄色。所用颜料不同，染出来的颜色也随之不同。如此看来，染丝的时候，人们不能不谨慎从事啊。"由雪白的丝变得五颜六色，墨子深深地感到外界的成长环境、客观因素对人们的影响是何等重要。对于一个涉世未深的青少年来说，当你身处复杂多变的社会大环境之中时，一定要牢记"近朱者赤，近墨者黑"的道理，应择善而从，让自己健康地成长。当然，作为做人的本分，还应"心口如一，童叟无欺"。心里怎样想，嘴里就怎样说，不论是幼童还是老人都一样对待，做人要表里如一，诚实正直。

原文

施惠勿念，受恩莫忘。刻薄成家，理无久享；伦常乖舛，立见消亡。

——［清］周希陶《重订增广贤文·平韵》

鉴赏

文中提出，做人的本分还应"施惠勿念，受恩莫忘"。换言之，不仅要施恩不图回报，而且要学会感恩，常存感恩之心。我们生活在社会中，小到衣食住行，大到工作事业，谁都离不开他人帮助。我们每一天都要与他人打交道，总会得到熟悉的人或陌生人的帮助，特别是在我们命运的转折关头、在我们身处逆境时，得到他人的鼎力相助，我们怎么能不由衷地感谢他们？中国人的传统观念是注重感恩的，"滴水之恩，涌泉相报"的佳话被后人传颂。相反，"忘恩负义"、"恩将仇报"的行为则为世人所耻。中国古代的贤哲给后人留下了许多知恩图报的动人故事，例如"鲍叔荐贤，管仲报恩。"春秋时期的齐桓公能够成为五霸之首，与管仲的辅佐有很大关系，而管仲又得益于鲍叔牙的举荐。当初，管仲辅佐公子纠，为了帮助公子纠争夺齐国王位而箭射公子小白（即后来的齐桓公），小白登上王位之后，不计前嫌，任用管仲为相，总理齐国朝政，终于称霸诸侯。管仲功成名就之后，也始终未忘报答老朋友鲍叔牙的知遇之恩。当他走向生命尽头的时候，齐桓公请教在他之后谁能继任宰相之位，管仲问齐桓公有什么想法，齐桓公说准备让鲍叔牙接任宰相之位。可是管仲却建议齐桓公不要让鲍叔牙继任相位。齐桓公听得一头雾水，心想管仲既然要感激鲍叔牙，为什么又不让他继任宰相呢？其实，管仲不愧是一位智者，考虑问题比一般人要远得多。作为鲍叔牙真诚的好朋友，管仲太了解当时的局势和鲍叔牙的个性了。他不让鲍叔牙继任宰相，是真心对鲍叔牙报恩。因为管仲知道，自己一死，齐桓公也就完了，如果让鲍叔牙继任宰相，一定会死于非命，而不得善终，那他就对不起这位好朋友了。于是，管仲对齐桓公说："鲍叔牙是君子，因为他喜欢良善，嫉恶如仇，只要见到恶人就会非常忌恨，这样就会树敌太多，容易陷入敌手。因此，鲍叔不适合继任相位。"管仲的真实意思是不想让鲍叔牙将命送到小人手里。历史的演绎果然不出管仲所料，管仲死后不久，齐桓公也死了，王室中为争位闹得不可开交，如果鲍叔牙继任相位，肯定难得善终。

　　感恩是一种心态。一个人如果常存感恩之心，就会保持积极良好的心态，对自己的所得感到满足，而不会过多地挑剔；对自己的所失也会处之泰然，而不会有过多的失落感；对自己的付出会感到自然，而不会认为是吃亏。有感恩之心的人永远是谦逊谨严、爱岗敬业，小心翼翼看待自己的职责,旨在让自己在今后的人生过程中有所提高。与此相反,"刻薄成家,理无久享;伦常乖舛,立见消亡"。靠刻薄他人、坑害他人起家,是不可能长久地享受荣华富贵的。如果违背伦常,乖戾叛逆,则很快就会家败人亡。我们无论对人对事,都应该做到敦厚淳良,这样才能光明磊落、问心无愧、生活安宁。

原文

千里送毫毛,礼轻仁义重。骨肉相残,煮豆燃萁;兄弟相爱,灼艾分痛。以身教者从,以言教者讼。

——[清]周希陶《重订增广贤文·去韵》

鉴赏

中国自古就是礼仪之邦,很注重礼尚往来。《礼记·曲礼上》言:"往而不来,非礼也;来而不往,亦非礼也。"送礼也就成了人们之间最能表情达意的一种方式。"千里送毫毛,礼轻仁义重",就是不讲礼物轻重贵贱,但念这份情意的深厚。唐朝时,云南有个地方官得到一只白天鹅,想把它献给皇帝唐太宗,以表达赤诚之心。于是他派一个叫缅伯高的下属带着白天鹅前往京城。缅伯高抱着白天鹅就上路了,他晓行夜宿,非常辛苦,有一天走到鄱阳湖边,想给白天鹅洗个澡。他刚一松手,白天鹅就猛地翅膀一振,长鸣一声,远远地飞走了。缅伯高惊慌失措,却又无计可施,突然发现空中掉下一根鹅毛,只好带着这根鹅毛上路了。他历尽艰辛,终于来到京城,跪倒在唐太宗面前,献上鹅毛,吟诗道:"将鹅贡唐朝,山高路途遥。沔阳湖失宝,倒地哭号号。上奉唐天子,可饶缅伯高?礼轻情意重,千里送鹅毛。"唐太宗听了,连声说:"难能可贵!难能可贵!千里送鹅毛,礼轻情意重!"不但没有怪罪他,还给了他奖赏。这个故事体现着送礼之人诚信的可贵。送礼的礼品本身并不重要,关键在于送礼背后所代表的心意,以及何时何地去送。只要投其所好,再小的礼物,都能让人惊喜不已。值得注意的是,《重订增广贤文》将"礼轻情意重",改成"礼轻仁义重",由此也就更贴近儒家重"仁"、"义"的核心思想。

送礼是了加强友谊和情感,而宫廷的争权夺利则与此相反。"骨肉相残,煮豆然(燃)萁",就是典型的亲骨肉相互残害的例子。据《世说新语·文学》记述:曹操死后,曹丕终于继位当上了魏王,因为担心曹植的才能会动摇其王位,出难题要他在七步之内作出表达兄弟内容之诗,而诗中不可有兄弟二字,否则为无才华、杀无赦。曹植于是作了著名的《七步诗》:"煮豆燃豆萁,豆在釜中泣;本是同根生,相煎何太急?"曹丕听后也有所触动,为了保住名声,以安天下,最后只得放过了曹植。后世常以此比喻兄弟反目、同室操戈的现象。

与上述相反,则是"兄弟相爱,灼艾分痛"。典故来自《宋史·太祖纪》:北宋初期,宋太祖赵匡胤的弟弟赵匡义患病,太祖去探望他并亲自为他灼艾治病。赵匡义感到很疼痛,叫了出来。太祖于是将热艾往自己身上灼烧,的确很痛,他这样做希望分担弟弟的痛苦,赵匡义看到此举,十分感动。后世遂以成语"灼艾分痛"来比喻兄弟之间相互爱护的情意。纵观历史,曹氏兄弟和赵家兄弟虽同为帝胄,然而在权欲与情义的天平上,却出现分化,令后人叹息。曹丕利欲熏心、同室操戈,似乎也为曹魏政权的迅速覆灭埋下了伏笔。这告诉人们,兄弟之间、朋友之间的正确态度应重情义、尊礼节,和睦相处,而不应见利忘义、相互猜忌、欲壑难填,否则终将招致众叛亲离的局面。

要使人们和睦相处,每个人特别是当头的必须以身作则,明白"以身教者从,以言教者讼"。其中讼,是指争辩是非,即以自己的实际模范行动教导百姓,百姓就会接受你的教化;若只流于言论,说一套做一套,百姓不仅不接受你的教化,反而会生出是非。该名句说理深刻而通俗平易,反映了中国传统的教育思想——身教重于言教。它强调教育要从自身的德化与自身的行动做起,并从正、反两个方面论述了不同的做法所得到的迥然相异的效果，使道理一目了然。历史上在这方面留下很多动人的故事，例如"许衡不摘梨"。元代大学者许衡有一天外出，因为天气炎热，感到口渴难忍，而路边恰好有一排梨树，同行的人纷纷去摘梨，唯独许衡不为所动。"何不摘梨解渴呢？"有人问许衡。许衡回答说："不是自己的梨，岂能乱摘？"那人笑他迂腐，说："世道这样乱，梨树的主人是谁都不知道，还有必要顾忌吗？"许衡正色说："梨虽无主，我心有主。"我们当今社会较之许衡所处的时代，物质上不知丰富了多少倍，但那些贪赃枉法、追名逐利之徒与许衡这种内化于心的道德操守和外在于行的自觉自律相较，未免相形见绌。"以人为鉴，可明得失。"我们现代人在物欲横流、灯红酒绿面前，也应如许衡一样做到"我心有主"、身正为范，在内心构建起道德法庭，自觉抵制各种非分之念和不正之风。

原文

和气致祥，乖气致戾。玩人丧德，玩物丧志。福至心灵，祸至心晦。受宠若惊，闻过则喜。创业固难，守成不易。

——[清]周希陶《重订增广贤文·去韵》

鉴赏

这里作者要人们懂得两个方面的修养：其一，"福至心灵，祸至心晦。受宠若惊，闻过则喜。创业固难，守成不易"。即好事来了，会令人神清气爽；祸事到了，会使人心慌意乱。有道德的人受到嘉奖的时候，会感到惊喜不安；听到自己的过错，应该高兴。要知道创业本来不易，而守业则更加艰难。其二，"和气致祥，乖气致戾。玩人丧德，玩物丧志"。即待人和气，就会事事如意，带来吉祥；与人怄气，则会事事不顺，招致灾祸。戏弄和欺骗他人，就违背了做人的道德；

沉迷于所喜爱的事物，就会失去进取的志向。特别是"玩人丧德"其后果十分严重，最典型的是"烽火戏诸侯"的故事。西周时期，周幽王宠爱的妃子褒姒自进宫以后从未笑过，周幽王想尽办法博其一笑，都没有成功。有个叫虢石父的臣子对周幽王说："您把骊山的烽火点燃，骗来诸侯的兵马，娘娘看到一定会笑的。"原来，周朝为防备犬戎进攻，在骊山一带造了20多座烽火台，每隔几里地就有一座。如果犬戎打过来，守兵点着烽火，附近的诸侯见到，就会发兵来救。于是，周幽王真的在骊山上点起了烽火，待诸侯们匆匆领兵赶来，连一个犬戎兵的影子也没有见到，得知真相后愤愤离去。褒姒见到他们的样子，果然展颜一笑。周幽王见褒姒嫣然一笑，大感受用，回味无穷。之后又故技重施，三戏诸侯，导致众叛亲离。后来，申侯串通西戎、戎狄攻打周朝，幽王连忙下令点燃烽火，可是诸侯因屡屡被戏，这次干脆不来了。最后，周幽王被大军杀死在骊山脚下。这种"玩人丧德"的惨痛教训十分深刻，对后世有较大的警示作用。

原文

家庭和睦，疏食尽有余欢；骨肉乖违，珍馐亦减至味。观过知仁，投鼠忌器。爱而知其恶，憎而知其善；贫而无怨难，富而无骄易。

——［清］周希陶《重订增广贤文·去韵》

鉴赏

家庭能够和睦，则"疏食尽有余欢"；反之，骨肉乖违，"珍馐亦减至味"。一家人和睦相处，即使是粗茶淡饭，也吃得有滋有味，欢欢喜喜；至亲骨肉明争暗斗，纵然是珍馐佳肴，也会吃得一肚皮气，索然无味。这里重点是向孩童宣扬古代的传统美德，让他们知道，一个家庭的幸福美满，重要的不在于财产的多寡，而在于是否和睦；一个和谐的家庭比什么都重要，只有做到宽容，万事皆有度，才会有亲人、有知己。只有这样，人们才能避免"贫而无怨难，富而无骄易。"孔子说此话的原意是：一个人贫穷而不生怨恨很难，富贵而不骄奢容易些。人一旦贫困，往往就会生怨，为什么？因为他不能不与周围的人进行比较，别人都比自己好，或者有些人比自己强很多，再加上社会的不公平、不公正、不合理现象，怨气在不知不觉之间已由心生，所谓怨天尤人，牢骚也就来了；人穷气大，积久了就会生事。所以儒家教育人要"安贫乐道"，但是真正做到贫而能安，绝非易事，这就需要修养和毅力，颜回堪称是一个典范。相比较而言，孔子认为"富而无骄"则容易做到。其实这也不容易，现实社会中，膏粱恶少、纨绔子弟骄横无礼的例子并不罕见。总之，家中贫寒不要怨天尤人，要自强不息，凭奋斗去赢得未来；家中富贵也不要骄奢淫逸，应严于律己、宽以待人，谨记"成由勤俭败由奢"的古训。无论身处顺境，抑或是逆境，都应努力做到无骄和无怨，秉持宠辱不惊、安贫乐道的人生态度。

接着，文中又教导孩童如何用二分法看待人和事："爱而知其恶，憎而知其善。"即爱这个人也要知道其缺点，讨厌这个人也要看到其优点。人们的理智往往受到感情的干扰，甚至完全为感情所控制，正所谓"爱之欲其生，恨之欲其死"。在这种情况下，他所作出的判断，便很难具有正确性。我们都有喜欢的人，也有不喜欢的人，甚至有憎恨的人。我们喜欢一个人的时候，常常觉得他的一切都是美好的，理智容易被蒙蔽；我们讨厌一个人的时候，又会觉得他的一切都是不好的，容易失去公正的评价。应该懂得，人和事物一样，都有两个方面，而我们的感情让我们只看到一面，难免失之偏颇。《新唐书·魏徵传》中写道：魏徵过世以后，太宗找到他没有写完的文章，里面有这么几句："天下之事，有善有恶，任善人则国安，用恶人则国弊。公卿之内，情有爱憎，憎者惟见其恶，爱者止见其善。爱憎之间，所宜详慎。若爱

而知其恶，憎而知其善，去邪勿疑，任贤勿猜，可以兴矣。"看人和做事情要一分为二，如果爱一个人并且知道他的缺点，从而接纳他的缺点，不以为他一切都是很美好的、完美的，期望少一点，或者惊喜就会多一点；如果恨一个人，又知道他的优点，那么我们就会对周围的人平和许多。对于不喜欢的人，能够了解其优点；对于喜欢的人，能够察觉其缺点。如此明智，就难能可贵了。

此外，还要"观过知仁"。此语典出《论语·里仁》："人之过也，各于其党，观过，斯知仁矣。"是说人们的错误，各有不同类型，所以察看一个人所犯过错的性质，就可以知道他有没有仁德，从而了解他的为人。也就是从他人或自身社会生活实践的失误中认识人性、认识人生、认识自己。这就要求用心去体验生活，以求提升自己的品格。在现实生活中观察他人，以史为鉴、以人为鉴，见贤思齐、见不贤而内自省。与"观过知仁"相联系的还有"投鼠忌器"，此话出自《汉书·贾谊传》，是指老鼠靠近器具，想用东西去打老鼠，可又恐怕打坏了器具。比喻想打击坏人而又有所顾忌，不敢放手干。《汉书》里有这么一个故事：有个有钱人，很喜欢古董，家中收藏了很多古玩，其中一件稀有玉盂，他十分喜爱。一天晚上，一只老鼠跳进了这个玉盂里，躲在里边偷吃剩菜，正好被这个有钱人看见了，他十分恼火，盛怒之下，他拿了块石头砸向老鼠，老鼠被砸死了，但是那个珍贵的玉盂也被打破了。这件事让有钱人很难受，他非常后悔自己的一时鲁莽带来了无法挽回的损失。这警示世人，不要只考虑眼前，而忽视后果，否则将会带来不可挽回的损失。

原文

言忠信，行笃敬。君子安贫，达人知命。惟圣罔念作狂，惟狂克念作圣。爱人者，人恒爱；敬人者，人恒敬。……损友敬而远，益友亲而近。善与人交，久而能敬。过则相规，言而有信。

——［清］周希陶《重订增广贤文·去韵》

鉴赏

此节主要从正反两方面讲述爱众从善的具体做法：一是"言忠信，行笃敬"。语见《论语·卫灵公》："子曰：'言忠信，行笃敬。'"即说话要诚实而有信用，做事要踏实而恭敬懂礼节。春秋时期，晋国有个大夫叫祁黄羊，很善于举荐人才。有一天，晋公问他："你觉得谁适合做南阳县令？"他说："解狐。"晋王奇怪地问："解狐不是你的仇人吗？"他说："我只推荐合适的人，不管他是不是我的仇人。"解狐上任以后，非常称职，百姓们都很满意。后来，晋公又问他："谁做京城的尉官合适呢？"他说："祁午。"晋王又问："祁午不是你的儿子吗？"他还是说："我只推荐合适的人，不管他是不是我的儿子。"祁午上任以后，果然也很称职。孔子知道这件事以后，称赞他说："祁黄羊推荐人只看才能，不论亲仇，说出的话经得起事实的考验，真是个诚实可信、大公无私的人啊！"

二是"君子安贫，达人知命"。语见唐代王勃的《滕王阁序》："所赖君子安贫，达人知命。"有德行的君子能安于贫困，又不会因此动摇道德信念；对世事看得很透彻的豁达大度之人则通晓天命。

三是"惟圣罔念作狂，惟狂克念作圣"。语见《尚书·多方》，意为惟圣人无念于善则为狂人，惟狂人能念于善则为圣人。古人以心思通明为圣，以昏愚倨慢为狂。但是即使是圣人，不时时想着行善，也会成为狂人；而狂人如能时时想着行善，也会成为圣人。

四是"爱人者，人恒爱；敬人者，人恒敬"。语出《孟子·离娄下》，意思是爱护别人的人，别人会常常爱护他；尊敬别人的人，别人会常常尊敬他。人际关系实际上始终是互动的过程，人总是希望别人能接受自己、喜爱自己和帮助自己。但须明白，在人际交往过程中，是没有无缘无故的接受、喜爱和帮助的；通常情况下，喜欢自己的人，自己也会去喜欢他；拒绝自己的人，自己也会去拒绝他。整人害人，或许能占有财富、夺得权势；但若要想得到别人由衷的敬爱，则必须以一颗炽热的爱心去呵护别人，以一腔诚挚的敬心去尊重别人。正所谓人同此心，心同此理。

五是"损友敬而远，益友亲而近"。意为对坏的朋友要敬而远之，对好的朋友应当亲密相处。对每个人来说，结交的朋友中有好的、有凑合的，还有坏的。好朋友会给自己带来很多鼓励和很大帮助，甚至会改变自己的命运、影响自己的一生；而坏朋友往往诱导自己误入歧途，给自己造成感情上的伤害，或事业上的挫折、经济上的损失。因此，我们一定要擦亮眼睛，交友要识别好坏、择人而交，结交好朋友，避开坏朋友。那么怎样选择朋友呢？《论语·季氏》中孔子早就提醒人们："益者三友，损者三友。友直，友谅，友多闻，益矣。友便辟，友善柔，友便佞，损矣。"即益友有三种：一是正人君子，对你坦白直率；二是对你真诚宽容有信用；三是博学多闻有学问。你与他们做朋友，一定可以帮助你提升道德水平。相反，损友也有三种：一是碍于情面怕得罪人不肯对你实话实说，善于奉承巴结的；二是很会讨好人，拍你马屁骨子里却不诚心，用花言巧语把你说得心花怒放的；三是胸无半点墨水，凭道听途说的话就夸夸其谈，甚至颠倒是非、混淆黑白的。这些损友与你在一起，就会把你拖下水，使你不知不觉地就和他一样，也成了小人。我们记住了先哲的话，就可多交益友，不交损友。

六是"善与人交，久而能敬。过则相规，言而有信"。即善于和人家交朋友，相交久了，就能得到别人的尊敬。别人有过错要善意地指出、规劝他改正，一旦做出了承诺，就要守信用。总之，仁德是一种内在的修养，它可通过人的言行自然表露出来。一个有仁德的人，要言语忠信诚实，行为真诚谨慎。要以善良的心灵与人交往，时间长了就会得到尊敬；别人做错了要进行规劝，说话要讲究信用。

原文

积功累仁，百年必报；大出小入，数世其昌。……知其善而守之，锦上添花；知其恶而弗为，祸转为福。

——［北宋］陈抟《心相编》

积善之家，必有余庆。积恶之家，必有余殃。……积善有善报，积恶有恶报。报应有早晚，祸福自不错。

——［南宋］佚名《名贤集》

鉴赏

这里所述是行善的后续效应。"积功累仁，百年必报；大出小入，数世其昌"，意思是长年累月地积功行仁的善行必然会得到善果，即使等上一百年，也必然会得善报，谁也抢不走；帮助别人多，所得利益少，这样的家道一定会世代昌盛，也就是"积善之家，必有余庆"。"积功累仁"是修善，善行必得善果。反过来，如果"积恶不仁"，一定有恶报，既然是你的，绝对逃不过，也就是"积恶之家，必有余殃"。宋代道书《太上感应篇》说："善恶之报，如影随形。"即使死了，你做的善恶业也跟定了你，这叫做"积善有善报，积恶有恶报"，"万般皆不去，唯有业随身"。所以才有"百年必报"之说。当然，"报应有早晚，祸福自不错"，即善报恶报，报应的时间可能有早有晚，但报应不会错的。中国历史上流传着许多报应的事例，这里略说一例。清朝晚期，海南文昌县有一位非常有德的长者韩鸿翼，是崇尚儒学的商人。因为过于热心慈善，经常赈济当地的穷苦人，以致渐渐地把家财耗尽了。当他步入晚年时，韩家已经渐趋穷困潦倒。韩鸿翼老先生有个儿子名叫韩教准，小时候被过继给无子女的舅父，改姓宋，名耀如。宋耀如后来成为一名牧师，经商变得十分富有，是孙中山先生的有力支持者。宋耀如生了六个子女：宋霭龄、宋庆龄、宋子文、宋美

龄、宋子安、宋子良,宋氏家族的这些人物,大家耳熟能详,在此就不再赘述了。一位富足的商人,不为自己及子孙后代的享受而积财,却把财富捐助给了穷苦乡民,韩鸿翼老先生行善积德,可称得上是大善人,他的一生虽然默默无闻,但他生前可能未曾想到,"上天"赐给他的孙辈,却个个都是建树显达、闻名世界的能人。这就说明了"积功累仁,百年必报","积善之家,必有余庆"。

据调查,一个以善为本、乐于助人且和他人相处融洽的人,其寿命明显延长。相反,心怀恶意、损人利己且与他人相处不融洽的人死亡率比正常人高出1～2倍。因为以善为本的人,情绪比较稳定,压力比较小,大脑中枢神经和内分泌系统调节正常,生物钟运转有条不紊;同时人体还会分泌有益的激素和酶类,促使各脏器充分发挥生理功能,血液循环畅通无阻,新陈代谢加快,促使体内废物的排出,有利于体内微生态环境的稳定,从而能提高人体免疫系统功能,避免血压升高,降低心脏病和中风发作几率。所以古人说:"人为善,福虽未至,祸已远离;人为恶,祸虽未至,福已远离。"这是有一定道理的。

在这样的思想指导下,本节又提出:"知其善而守之,锦上添花;知其恶而弗为,祸转为福。"即知其善而守住善道,有福之人可以锦上添花;知其恶而不去做,有祸之人可以转祸为福。祸与福是一体两面、相对共存的关系。老子说:"祸兮福之所倚,福兮祸之所伏。"人为什么会有祸?因为积恶,是小恶的不断积累;为什么会有福?因为积善。所以,善恶的积累过程,就是事物的量变阶段,这个阶段还可以自己控制,一旦到了祸福临头的质变阶段,就非自己所能控制了。山顶上的小石头连小孩子都能挪动,一旦石头滚下山来,巨汉也挡拦不住。人的祸福都是自己的行为招来的,都是"自作自受"。怨天尤人是没有用的,所以要赶快转变你的心地,用一分为二的观点来认识人和事物,明白福祸相依的道理,我们就会在生活和生命的历程中把握好自己、做好自己。

这句话还告诉我们应该怎样正确对待逆境。世上任何事物的发展往往是有其先兆的,因此要用发展的眼光去思考问题,"塞翁失马,焉知非福",应积极创造条件,变阻力为动力,这是走向成功的必由之路。身处逆境中,切不可气馁、意志消沉、妄自菲薄,不要因此而乱了阵脚。对于突如其来的变故,要冷静思考,静观其变,以不变应万变。等到时机成熟,事情的发展出现了新的转机,自会转危为安、化险为夷。《列子·说符篇》记载了这样的故事:宋国有个累世行善的人家,一天家里的黑牛莫名其妙地生了头白犊,让人觉得很像一种灾异妖孽的征兆,而且祸不单行,没有过多久,父子俩的眼睛无缘无故瞎了。一年后,那黑牛又生了一头白犊,全家人又一次惊慌了,就在大家迷惑绝望的时候,宋国发生了楚国入侵的战争,城中所有健壮男丁都去守城,死伤惨重。当然,瞎子是没法上阵的,也就逃过这一劫。战争结束后,只过了几天,父子俩的眼睛竟复明了。可见,祸是挫折、是失败,然而祸又是宝贵的教训和锻炼,故是否有可能转祸为福,就看能否吸取其教训和经受其锻炼。同理,福是顺利、是成功,然而福又是醉人的烈酒和麻药,因而往往可能由福招祸,就看能否消除其矫情和不陷于沉醉。总之,遇祸而善于冷静,致福不远;得福而不致陶醉,避祸不难。反之,因祸而陷入颓丧,求福无门;享福而得意忘形,逃祸无路。

　　每个人都希望避祸趋福,然而祸与福并没有一个具体的处所,如何才能增福增寿? 得"知其善而守之";如何才能转祸为福? 得"知其恶而弗为"。这样,有福之人可以锦上添花,好上加好;有祸之人可以转祸为福,趋吉避凶,改造命运的理想就真正实现了。所以善恶是因,福祸是果,儒家、佛家、道家都有相通之处,强调自求多福、深信因果,告诫人们要"诸恶莫作,众善奉行"。

原文

　　心要慈悲,事要方便;残忍刻薄,惹人恨怨。手下无能,

从容调理；他若有才，不服事你。遇事逢人，豁绰舒展；要看男儿，须先看胆。休将实用，费在无功；蝙蝠翅儿，一般有风。一不积财，二不结怨，睡也安然，走也方便。要知亲恩，看你儿郎；要求子顺，先孝爷娘。别人性情，与我一般，时时体悉，件件从宽。都见面前，谁知脑后，笑着不觉，说着不受。人夸偏喜，人劝偏恼，你短你长，你心自晓。

——［明］吕坤《续小儿语》

鉴赏

一个人在成长过程中会逐渐接触到各种人和事，此节是教导孩童如何从以下几个方面学会思考，学会识人、做人。

一是："心要慈悲，事要方便；残忍刻薄，惹人恨怨。"指做人要怀有一颗慈悲的心，心肠要好，要富有同情心，做事要尽量与人方便；如果为人残忍刻薄，就会惹来他人怨恨，他人也不会放过你。

二是："手下无能，从容调理；他若有才，不服事你。"是说如果遇到手下人无能无才，要从容不迫地安排、训练他们；倘若他们本来就有才能的话，也不会在此俯首帖耳、听命于你。对待这些人和事，都要有充分的思想准备。

三是："遇事逢人，豁绰舒展；要看男儿，须先看胆。"是指遇事见人要从容大方；看一个人是不是男子汉大丈夫，先要看看他的胆识如何，然后才能考虑他能否担当大任。

四是："休将实用，费在无功；蝙蝠翅儿，一般有风。"意思是不要将实实在在的东西花费在没有意义的地方，蝙蝠翅儿（即便宜的扇子）与昂贵的扇子一样也能扇出风来。这就是说，生活应力求勤俭，不能"儿卖爷田不心疼"，不能将祖辈辛勤劳动所获财富浪费在无用之处；日常用物应讲求价廉物美、实用大方，比如扇子，雕翎之扇虽然名贵，但扇出之风与"蝙蝠翅儿"没有多大差别。

五是:"一不积财,二不结怨,睡也安然,走也方便。"即为人处世一不聚敛钱财,二不与人结怨,这样睡也睡得安稳,走路也走得坦然。这也是奉劝:人生在世,吃用有限,"生不带来,死不带去",不必太贪婪,这样可以活得坦荡、自然,否则反而被物所累。

六是:"要知亲恩,看你儿郎;要求子顺,先孝爷娘。"这就是说,要想知道父母是怎么疼你的,看看你是怎么疼自己的孩子就知道了;要想让孩子孝顺,先要孝顺自己的爹娘,好给孩子做出榜样。有人总以为,只须待好子女而无须待好老人,其实恰恰相反——倘若对老人不孝不敬,哪怕对子女再好,将来也不会得到子女的孝敬,因为你的行为就是子女的榜样,这也就是人们常说的"一报还一报",而等到那时再后悔,已经为时晚矣。一个人在幼年所受父母之影响,显然对其日后的成长具有深远的乃至决定性的意义,正如"孝顺还生孝顺子,忤逆还生忤逆儿"一样,孝顺父母的人,其子女耳濡目染、朝夕熏陶,自然生发孝敬之心,日后成人也以孝敬父母为本分。反之,忤逆之人,其子女同样耳濡目染,甚至"青出于蓝而胜于蓝",变本加厉地以忤逆之行还报其父母。可见为人父母者首先要孝敬老人,自己的孩子才能潜移默化地学会怎样孝敬父母。孝敬父母、孝敬老人是中华民族的传统美德,应该代代相传。

七是:"别人性情,与我一般,时时体悉,件件从宽。"意指别人和我一样,也有喜怒哀乐等脾气,应能时时明了、体谅他人,多换位思考,做到待人宽、律己严,凡事不要太计较。

八是:"都见面前,谁知脑后,笑着不觉,说着不受。"即人们都只看见别人当着自己面时的表现,谁知道转过身别人会说什么,他们笑你或是说你,你都不会知道。这就要求自己的言行必须检点,有闻过则喜之心,这样倘若朋友指出你的缺点,就不至于"笑着不觉",也不至于"说着不受"。

九是:"人夸偏喜,人劝偏恼,你短你长,你心自晓。"意思是一听到别人的夸奖就高兴,一听到别人的规劝就生气,但你有什么优势和不足，你自己心里应该明白。这也告诉人们，要有自知之明，不要只想听好话，听不进尖锐的批评，要牢记："良药苦口利于病，忠言逆耳利于行"。

原文

第五曰仁，爱众为本，富之教之，天下己任。民胞物与，己饥己溺，仁之至者，即圣即佛。……第十曰慈，勿杀微命，毋结孽缘，恒有恻隐。救济苦难，施助勿吝，提倡疏食，挽回劫运。……廿一曰宽，心捐逼迫，容人之过，隐人之恶。善善从长，罚罪无虐，宽则得众，从化而乐。廿二曰达，贵通事理，勿尚拘牵，当澈宗旨。识须观远，功无贪近，达变通权，义不失正。……廿六曰施，舍己利人，令众安乐，福德称尊。衣食财药，及余善举，是名财施，救人功溥。以善率众，以德诲人，是名法施，号无尽灯。扶危济困，温语霭容，名无畏施，霁月光风。……三十曰慧，究竟觉悟，云何宇宙，圣凡异趣，是有是空，云何应住，成此圆觉，乃菩提路。凡此诸德，心识所依，仁慈智慧，互用交资。以之淑身，贤圣可希；推化天下，一以贯之。德完功满，成佛所基，愿尔诸生，信受行持。

——［民国］周秉清《养蒙便读·修德》

鉴赏

《养蒙便读》中"修德"篇，内容涉及仁、慈、宽、达、施、慧等诸德问题，由于都是白话文，读者一看就能明了，故这里不再逐字逐句解释原文内容，而是着重谈谈有关的理解和鉴赏。

纵览上述四言文句可知，在对孩童启蒙教育之外，本节文字还对传统的伦理道德做出了概括，较有新意之处在于儒学之中加入了佛学的内容。如文中讲"仁之至者",不再是"成圣成贤",而是"即圣即佛",也就是圣佛的结合体。另外,从所列的"从善"条目来看,除儒家常言的仁、义、礼、智、信之外,还提出了慈、宽、忍、施、慧等的要求。因作者周秉清为民国时人,这里体现了在时代进步中,世人对传统道德观念的改造。

自鸦片战争受到外族的入侵以后,中国人开始反省自身,这种反省也包括了传统理念的部分。随着五四运动打倒"孔家店",中国人对居主流意识形态的儒家学说加以了否定,于是对新思想、新道德的探求成为时代潮流。大多数人采取吸纳西方文化的方式以求进步,而有些人则认为西学的某些理论和方法包含在佛学中,而佛学更为中国人民所熟悉,被认为是除儒学以外我们国学的第二源泉,又与"西学"理论具有某种连接点,故在当时形成一波学习佛教的潮流。在中国近代史上,许多著名的进步思想家、学者都对佛学研究饶有兴趣,并受到很深的影响。正如梁启超在《清代学术概论》中所说:"晚清所谓新学家者,殆无一不与佛学有关系。"作者周秉清的思想转变显然与这种社会思潮的影响有关。确实,与儒学相比,佛学的某些理论和方法有它的新意,较之西学来得更容易为中国人所熟悉,因而可用于改造和发展中国的传统哲学思想。

受到时代思潮启示的周秉清,在有关从善德行中着重强调了佛学应务救世的实际作用。早期佛教侧重于个人的解脱,消极避世,出世主义比较明显。大乘佛教兴起后,开始宣传佛祖慈悲救世、普度众生的宗旨,于是出现了佛法既为出世而又不离世间的矛盾问题。在中国近代佛学的发展中,除少数学佛者借以遁世外,大部分倡导佛学者均向往着从佛学中求得某些应时救世的精神武器。从文中我们可以看出,作者采取的佛教学说为"救济苦难"、"挽回劫运"、"达变通权"、"义不失正"等,这些明显都为服务于现世之论,而与佛学蹈空、出世之谈关系不大。

梁启超曾评论当时的佛教说:像禅宗应用的佛教、世间的佛教,"的确是表现中国人的特质,叫出世法与入世法并行不悖"(《治国学的两条大路》)。以此观点看待周秉清的此书之文,也是合适的。

此外,末段中有关"慧"的陈述,作者没有如传统儒家那样地讲"智",而是以"慧"发论;并提出这里的"慧"即是"觉悟"、"圆觉"和"智慧",需要通过"菩提路"才能获得,这样就直接以佛教中的境界为最终极的追求了。佛学中的"慧"即"智慧",是梵语"般若"的意译,佛教谓其为超越世俗虚幻的认识,以及达到把握真理的能力。作者认为贯通天人,涵盖了宇宙精微,这样就从人与自然和谐的角度来解释善行的意义。如此立意,也许较之原先的儒家学说思想更为高远。

原文

心不妄念,身不妄动,口不妄言,君子所以存诚。内不欺己,外不欺人,上不欺天,君子所以慎独。不愧父母,不愧兄弟,不愧妻子,君子所以宜家。不负天子,不负生民,不负学,君子所以用世。

——[清]金兰生《格言联璧·持躬类》

勤俭,治家之本;和顺,齐家之本;谨慎,保家之本;诗书,起家之本;忠孝,传家之本。天下无不是底父母,世间最难得者兄弟。以父母之心为心,天下无不友之兄弟。以祖宗之心为心,天下无不和之族人。以天地之心为心,天下无不爱之民物。

——[清]金兰生《格言联璧·齐家类》

不痛不痒,一彼一此,将心比心,知己知彼。

——[清]李西沤《老学究语》

鉴赏

这节虽然出自不同人手,但因作者均为清代人,许多道理前人已经讲过，故作者的着力点放在通俗易懂，话大道理在常识之中。强调"心不妄念，身不妄动，口不妄言"，是"君子所以存诚"的必要前提；而"内不欺己，外不欺人，上不欺天"，又是君子独处时也能谨慎的必然结果。至于"不愧父母，不愧兄弟，不愧妻子"，以及"不负天子，不负生民，不负所学"，则是君子无愧于家庭和致力于社会的责任心使然。这里的三个"不妄"、三个"不欺"、三个"不愧"、三个"不负"，实际上是对君子的起码要求，因为只有做到这些，君子才能"存诚"、"慎独"、"宜家"、"用世"。

"天下无不是底父母，世间最难得者兄弟。"这是自古以来的共识。因为父母生养子女辛劳，所以天底下没有一无是处的父母，而人世间兄弟之情也是最宝贵的。另外"以父母之心为心"、"以祖宗之心为心"、"以天地之心为心"，也有着换位思考的意思，因为只有这样，才能"天下无不友之兄弟"、"天下无不和之族人"、"天下无不爱之民物"。

《老学究语》所说的"不痛不痒"，原义是毫无感受，现在常用来比喻做事深度不够，摸不着边际或措施不力，没切中要害，不解决问题。"一彼一此"，出自《左传·昭公元年》："疆场之邑，一彼一此，何常之有？"指一时那样，一时这样，局势或情况等随时间变化而变化。联系前后句，"不痛不痒，一彼一此，将心比心，知己知彼"，意思是：在人际交往中，如果不关注别人的心情，毫无感受，一是别人，一是自己，人际沟通就很难顺畅；如果既将自己的心比作他人的心，也将他人的心比作自己的心，这样就能既知道自己，也了解别人。这句话旨在教育人们不能一切以个人利益为中心，只顾及自身的感受，而忽略了他人的感受，要设身处地为他人着想，关注他人的心情，只有将心比心，说出的话、做出的事才能为他人所接受，才能创造和谐的人际关系。其实此话是孔子的"己所不欲，勿施于人"思想的演化。孔子所强调的是，人应该宽恕待人，应提倡"恕"道，唯有如此才是仁的表现。它所揭示的是处理人际关系的重要原则，人应当以对待自身的行为作为参照来对待他人，这是尊重他人、平等待人的体现。

"将心比心，知己知彼。"是说一个人要懂得体谅别人的心，要换位思考，设身处地为他人着想；一个人要知道自己是怎么想的，也要知道别人是怎么想的。将心比心实质是一种品德，能够将心比心的人，一定是善良的人。做到了将心比心，就会尊重他人、理解他人，在与他人交往中处处体现出真诚。而知己知彼，是将心比心的延伸，也就是要正确地认识自己与他人的共性、共同的本质、共同的需求、共同的弱点。比如，我们都希望得到他人的重视，都喜欢听到顺耳的赞扬，都讨厌被人视而不见等，做到了知己知彼，我们就不会唯我独尊，也不会妄自菲薄，我们的行为就会充满人性，而不会故作姿态，与他人产生距离。知己知彼是一种智慧，故有些人将知己知彼作为百战不殆的前提，作为克敌制胜的法宝；而善良的人们，则将知己知彼用作将心比心，目的是与他人和谐相处、共享人生。世上种种与人交往的技巧和准则必须建立在将心比心、知己知彼的基础之上，离开了这样一种人生哲学，交往的技巧便会因缺乏真诚而变得毫无生气，微笑会显得虚情假意，赞扬会变成花言巧语。只有心中树立了将心比心、知己知彼的人生态度，一切与人交往的技巧才会透着自然和真诚，才会与他人建立起真正的友谊。

原文

在家者不知有官，方能守分；在官者不知有家，方能尽分。君子当官任职，不计难易而志在济人，故动辄成功；小人苟禄营私，只任便安而意在利己，故动多败事。

执法如山，守身如玉，爱民如子，去蠹如仇。陷一无辜，与操刀杀人者何别？释一大憨，与纵虎伤人者无殊！

吾爵益高，吾志益下；吾官益大，吾心益小；吾禄益厚，吾施益博。安民者何？无求于民，则民安矣；察吏者何？无求于吏，则吏察矣。不可假公法以报私仇，不可假公法以报私德。天德只是个无我，王道只是个爱人。

——［清］金兰生《格言联璧·从政类》

鉴赏

对于中国人来说，做官、从政是读书人都绕不过去的话题，这是因为作为主流意识的儒家思想讲究"学而优则仕"，读书的目的在于为国、为家出力，而在这方面要有所贡献的话，就要走仕途，即走为官之道。所以讲究爱众、从善，就自然地要涉及这一个问题了。

早在春秋时期孔子那里，就因感悟上古时期尧、舜、周文王、周武王的仁德贤明、天下为公，感叹当时的礼崩乐坏、攻占讨伐，而提出了"为政以德"、"为官以德"的思想宗旨。其中包括有士德、吏德和君德。其主要思想包括有"公忠为国"、"以民为本"、"立身持正"、"勤勉尽职"等等。这一思想一直延续到以后的历朝历代，如本节的作者已是清代之人，而他的文意仍然遵循孔子以来的原则。文中所说的"王道"，古时指以仁义统治天下的政策。《尚书·洪范》云："无偏无党，王道荡荡。"即是指公平正义的政治局面。以后儒家提出以仁义治天下的政治主张，与霸道相对，故《史记·十二诸侯年表》有"孔子明王道，干七十余君，莫能用"之说。"天德只是个无我，王道只是个爱人。"天德就是要求天子或当官者具有一种立意高远的德性，即要有无私的品质，所谓王道就是仁爱。

至于"执法如山，守身如玉，爱民如子，去蠹如仇"，则是说吏德，即一般的为官之道。其中"执法如山"、"去蠹如仇"，是指秉公去私的原则，这是古代为政的最高原则，也是衡量官吏道德水准的重要标尺。孔子说："政者，正也。子帅以正，孰敢不正？"（《论语·颜渊》）他把"政"解释为"正"，那就是不偏不倚，合符法则、规矩的意思。这种行为准则,要求当官者有正大光明、公正无私的作风,在办理公务时则要求能做到处事公正、行为端正。这也就是后文中"不可假公法以报私仇,不可假公法以报私德"说法的由来。古人十分称颂"尧有子十人,不与其子而授舜;舜有子九人,不与其子而授禹"(《吕氏春秋·去私》)的做法,认为只有抱着这样"至公"的情怀,才能将国家的事处理好,使得江山得以永葆,事业获得传承。而这才是真正的爱众即对民众的仁爱,也是大善的体现。"陷一无辜,与操刀杀人者何别?释一大憝,与纵虎伤人者无殊!"这则是从反面说明如不这样做带来的不良后果。

中国人讲"爱民如子"由来已久,我们常常可以在古代的公堂上见到这样的话语。早在《尚书·五子之歌》中就有"民惟邦本"的话,《诗经·大雅·假乐》中又有"宜民宜人"之说,其意思都是要求官吏懂得民众在国家治理中的重要性,做到爱民重民、敬德保民。以后孟子更是说出"民为贵,社稷次之,君为轻"(《孟子·尽心下》)的话,这是因为国君和社稷都可以改立更换,只有老百姓是不可更换的,所以百姓最为重要。后世因此概括此意为"民贵君轻",流传为至理名言。《格言联璧》的作者显然也是依照孔孟而来的思想,并在此基础上解释其道理。其中的一条是:"安民者何?无求于民,则民安矣;察吏者何?无求于吏,则吏察矣。"就是说若不以私利相求,而都以公事为先,则老百姓自然就能安心做事,而官吏也能尽到本分了。这也就是文中"君子当官任职,不计难易而志在济人,故动辄成功"的意思所在了。反之由于"小人苟禄营私,只任便安而意在利己",所以他们"动多败事"也在意料之中。从当今的角度来看,这些话也是很有道理的,不乏有警示的作用。当然时代在进步,我们理解的"爱民"也有了新的含义,若只讲"爱民如子",还是将自己处于"父母官"的位置,与民众并没有一种平等的地位,显然是不合理的。在现代社会里,个体的"民"有着更多的个体精神需要得到应有的尊重。

"守身如玉",对于官德而言涵盖面更广一些。文中的"吾爵益高，吾志益下；吾官益大，吾心益小；吾禄益厚，吾施益博"，当是此意的一种展开说明。这里所说的志下、心小，并不是失去志向或小心眼，而是要求人在位高权重的情况下，保持头脑的清醒，看到自己的不足，珍惜眼前的幸运。"在家者不知有官，方能守分；在官者不知有家，方能尽分。"这些话说的是对待官位的态度。当人不处官位时，应该仍有自尊与本分，过好平民的平静生活；而当身居官位时，又要能尽心尽职，忘却个人和家庭的利益，这应当也是"守身如玉"的不同表现。

《周礼》曾规定要从六个方面选拔、任用、赏罚官吏，即廉善（有德行）、廉能（有才能）、廉敬（不懈怠）、廉正（直躬职守）、廉法（奉公守法）和廉辨（明辨是非），为历代朝廷执政者所遵守。孔子曾经在回答学生子路如何为政时，说要做到："居之无倦，行之以忠。"（《论语·颜渊》）就是要求官吏在位时"谋其政"、"尽其职"。《格言联璧》中所讲的"在官者不知有家，方能尽分"的"尽分"，就是以上述勤政守职、敬业尽力等原则为出发点的。

原文

艺花可以邀蝶，垒石可以邀云，栽松可以邀风，植柳可以邀蝉，贮水可以邀萍，筑台可以邀月，种蕉可以邀雨，藏书可以邀友，积德可以邀天。……以积货财之心积学问，以求功名之心求道德，以爱妻子之心爱父母，以保爵位之心保国家。……一时劝人以口，百世劝人以书。

——［清］金兰生《格言联璧·惠吉类》

鉴赏

"一时劝人以口，百世劝人以书。"本意是就传道授业的方式差异

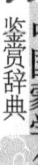

而言，后人多将其引申为劝人行善的两种不同方式，认为一时劝人行善以口，百世劝人行善则以书。故文中又把积德行善与"藏书邀友"加以有机结合，并将"积学问"与"积道德"进行对举。诚然，无论是从教育还是行善的方式来看，通过自己的言传身教，收效虽然容易，但其效果往往只在一时，且所及的范围也会受到时间和空间的限制，若是以著书传世的方式来劝人，则可流传百世，造福无量。譬如中国古代大教育家孔子，约从30岁时开始杏坛讲学，打破了教育垄断，开创了私学，在教学方法上讲究因材施教，教学对象上则是有教无类，教学实践上更是诲人不倦，但是他的"述而不作"犹如"劝人以口"，纵使周游列国、终其一生也不过是"弟子三千，贤人七十二"。所幸，孔门弟子最终将其教学内容以语录体和对话体的方式编撰成文本，才有了儒家经典《论语》的传世，也才有了后来影响深远的儒家思想。

这又让人联想到中国古代著名的"三不朽"命题，据《左传·襄公二十四年》记载："豹闻之，'大上有立德，其次有立功，其次有立言'，虽久不废，此之谓三不朽。"后世遂以春秋时鲁国大夫叔孙豹所称的"立德"、"立功"、"立言"为"三不朽"。"立德"，即树立高尚的道德；"立功"，即为国为民建立功绩；"立言"，即提出具有真知灼见的言论。无论是"德"也好，"功"、"言"也罢，要想真正百世流芳，都离不开以书传世。所以说，"艺花可以邀蝶"，而"藏书可以邀友"，这种精神、文化的传承与发展离不开物质性的载体，因此各种保存至今的史书典籍堪称中华文化一脉相传的重要见证。

曾几何时，社会上充斥着追名逐利的短期行为，熙来攘往竞奔于名利场上的人们根本无暇顾及"不朽"之名的诉求，取而代之的更多是形形色色的速成之法和"快餐式"的消费。这种现象值得我们去深思，毕竟先进文化的形成需要时间的积淀，虽历经沧桑，但其所熔炼而成的精神则会历久弥新。相反，那些追求什么都速成的结果，则往往难免乎速朽。

原文

积德于人所不知，是谓阴德；阴德之报，较阳德倍多。造恶于人所不知，是谓阴恶；阴恶之报，较阳恶加惨。……天堂无路则已，有则君子登；地狱无门则已，有则小人入。为恶畏人知，恶中冀有转念；为善欲人知，善处即是恶根。……行善如春园之草，不见其长，日有所增；行恶如磨刀之砖，不见其消，日有所损。

——［清］金兰生《格言联璧·悖凶类》

救人一命，胜造七级浮图；完人一家骨肉，乐于二十四考中书。

——［清］李西沤《老学究语》

鉴赏

中国是个宗教意识相对淡薄的国家，但是魏晋以后受到佛教思想的影响，也开始相信了"因果报应"、"三世轮回"的思想，本节的内容便体现了这个方面。"救人一命，胜造七级浮图"中的"浮图"，也作"浮屠"，解作佛塔。塔起源于印度，而印度是佛教的发源地，其最初塔的形状像坟墓，在方的平台上砌筑一座半球形的塔身，上面做成各种形状的塔尖，是一种供纪念、礼拜用的建筑物。这样的塔印度梵语的译音叫"浮屠"，意思是埋葬佛的坟墓，即佛塔，俗称"宝塔"。佛塔的层次一般为单数，如五级、七级、九级等，而以七级为最广泛，故有"七级浮屠"之称。由于造浮屠是为了求得来世的解脱，故体现的是因果报应的思想。在佛教大正藏经集部《佛说骂意经》中佛云："作百佛寺，不如活一人。活十方天下人，不如守意一日。人得好意，其福难量。"由于佛塔原是用来埋葬圣贤的身骨或藏佛经的，因此造塔的功德很大。然而作者认为给死去的人造塔，毕竟不如"救活人一命"的功德更大、更有意义。这句话其实来自于流传民间的俗语，意思是救人性命的功德无量，胜于为寺庙建造七层佛塔。旨在劝人行善，鼓励人们勇于去援救濒临死亡威胁的人。

佛教戒律有"止持"与"作持"两个方面，"不杀生"为"止持"，"救人命"为"作持"，这就是佛家常说的"诸恶莫作，众善奉行"。俗话说"人命关天"，在他人临危之际能够施与援助之手、救人性命是最大的善举，这远比捐钱造塔、进庙烧香要更具意义。其实，善行不一定要有多轰轰烈烈，也并不是要自身有多富裕、能捐多少钱，要紧的是应有善心去做。生活中的些许小事，尊老爱幼、扶伤助残、怜人孤贫等等，都是善行。如果无行善之心，纵使身居高位、家财万贯，也无济于事。

"二十四考中书"，据《新唐书·郭子仪传》记载，唐朝高官郭子仪长期担任中书令之职，共主持过对官吏的考绩二十四次，权倾天下而朝不忌，功盖一代而主不疑，后世便以此称颂秉政大臣的位高任久。作者认为："完人一家骨肉，乐于二十四考中书。"即保全别人一家骨肉相亲、团圆的行为，其快乐之情胜过担任位高任久的朝廷大员。宋代叶梦得《避暑录话》载"富郑公爱民忘祸"的故事：北宋名臣富弼，曾封郑国公，故称"富郑公"。富弼任枢密使时，因石守道写诗案受到牵连，被人谗言中伤，降职青州知州。这时正遇到河北严重饥荒，难民转道东来的有六七十万人，他都收容了，并动员当地大户出粮，亲自将饥民分片安置在州内，提供完备的饮食、医疗和住所。有人劝说他当前正处于贬谪和疑忌中，不要这样做，否则祸患难以预料，但他毅然不顾地说："我这不是用自己一条命来换六七十万人的命吗？"第二年河北两季麦子丰收，难民才都襁负而归。最后，当初中伤他的人莫不敬服，而朝廷的疑忌也因此渐消了。富弼之后在与好友的信中云："在青州二年，偶能全活得数万人，胜二十四考中书令远矣。"即自谓当年此举救活数万人性命，甚至比当主持过二十四届官员考核的中书令强多了。

"以人为鉴,可明得失。"当富弼实施爱民赈灾之举时,他已忘记了自身的安危,也不以来世为念,结果换来的是百姓的幸福安康,可见积德行善并不以自身及小家庭的回报为衡量标准,即不以一己之私为念。反观现今某些混迹官场专事中饱私囊、无视民间疾苦、只会瞒上欺下的"蛀蠹"们,莫不令人唏嘘。若他们有灵魂、有后世的话,会不会因所造的阴恶而追悔莫及呢?

《格言联璧》中讲到的阴德、阳德、阴恶、阳恶也与因果报应有关。这里的所谓阳德,是指在今世便能显现出来的德行回报,而阴德则要在来世或在家族、或在子孙后代中得到的回报。为此,作者还用了"天堂"、"地狱"的比喻,使他的阴阳德恶之喻有了境界上的依托。这是从后果吉凶的角度所讲的为何要"从善"的道理,虽然有点唯心论色彩,依据也不确切,但利用世人的避祸求吉心理,在警世方面还是能起到积极的作用。作者在此基础上,还进一步说:"天堂无路则已,有则君子登;地狱无门则已,有则小人入。"并认为"行善"应默默地、虔诚地去做,而"为善欲人知",那么这个善就不是真善,而成了"恶根";反之,"为恶畏人知,恶中冀有转念"。这里明显对"行善"者要求较高,而对"为恶"者则充满了宽容,期待其转恶为善,作者的良苦用心,由此可见一斑。

原文

帝尧陶唐氏,仁德宏天下。……唐高祖即位,策马收隋疆。曾因讨突厥,恐祸来相伤。其子劝父意,乘乱效蔫商。一鼓而西往,豪杰悉来降。由斯成大业,尊父为帝王。父老太宗继,天下为一宇。发狱出死囚,开宫放怨女。饥人卖子孙,分金赐其赎。亡卒有遗骸,散帛收归土。烧药赐功臣,杀身思报补。吮疮抚战士,衔恩铭肺腑。竭力劳万民,民各得其所。委

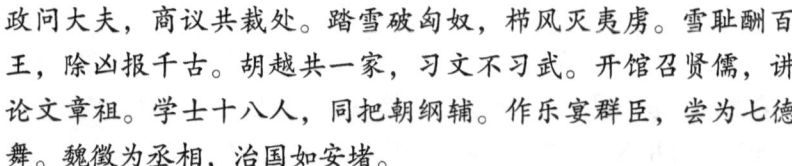

政问大夫，商议共裁处。踏雪破匈奴，栉风灭夷虏。雪耻酬百王，除凶报千古。胡越共一家，习文不习武。开馆召贤儒，讲论文章祖。学士十八人，同把朝纲辅。作乐宴群臣，尝为七德舞。魏徵为丞相，治国如安堵。

——［明］李廷机《五字鉴》

鉴赏

这里讲述了以德治理国家的重要性，认为上古时从帝尧开始的帝王就是以仁德平定天下、以"仁德宏天下"。到唐高祖李渊时，他虽然以武功征战而一统天下，但要坐稳江山，就要"习文不习武"、"发狱出死囚"、"开宫放怨女"、"烧药赐功臣"、"吮疮抚战士"，还要做出分金济人、归葬亡卒等仁慈之举。由于他的王朝"竭力劳万民"（这里的"劳"为慰劳之意），受其恩惠的民众便"各得其所"，因而怀有"衔恩铭肺腑"、"杀身思报补"之心。另外的"爱众"，还表现在"委政问大夫，商议共裁处"、"胡越共一家"等方面。这些都是先王"仁德宏天下"的具体表现。

文中还提到了魏徵的故事。魏徵，字玄成，少孤贫，隋末参加瓦岗军，李密兵败后降唐。太宗即位后，他任谏议大夫，后任秘书监，参与朝政，封郑国公。魏徵与李世民是封建社会中罕见的一对君臣：魏徵敢于直谏，多次拂太宗之意，而太宗竟能容忍魏徵"犯上"，所言多被采纳。因此，他们被称作理想的君臣。《资治通鉴》中记载了他与唐太宗的往事，其中有一则为唐太宗问魏徵说："历史上的人君，为什么有的人明智，有的人昏庸？"魏徵说："兼听则明，偏听则暗。"即多听听各方面的意见，就明智；只听单方面的话，就昏庸。他还举了历史上尧、舜和秦二世、梁武帝、隋炀帝等例子，说："治理天下的人君如果能够采纳下面的意见，那么下情就能上达，他的亲信要想蒙蔽也蒙蔽不了。"唐太宗连连点头说："你说得多好啊！"又有一天，唐太宗读完隋炀帝的文集，跟左右大臣说："我看隋炀帝这个人，学问渊博，也懂得尧、舜好，桀、纣不好，为什么干出事来这么荒唐？"魏徵接口说："一个皇帝光靠聪明渊博不行，还应该虚心倾听臣子的意见。隋炀帝自以为才高，骄傲自信，说的是尧舜的话，干的是桀纣的事，到后来糊里糊涂，就自取灭亡了。"公元 643 年，直言敢谏的魏徵病死了。唐太宗很难过，他流泪说："一个人用铜作镜子，可以照见衣帽是不是穿戴得端正；用历史作镜子，可以看到国家兴亡的原因；用人作镜子，可以发现自己做得对不对。魏徵一死，我就少了一面好镜子了。"《五字鉴》在回顾了这些往事之后得出了"魏徵为丞相，治国如安堵"的结论。

如果说前几节中涉及的是"爱众从善"道理的话，那么这节内容便是以先贤的事例说话了。常言道"榜样的力量是无穷的"，唐太宗是古代著名的明君，他在治理国家中建立了诸多的丰功伟绩，而文中举出他的事例，内容看似平凡简单，却能点燃许多人心中的激情与梦想，从而对爱众从善的作用、意义有更多的理解。

原文

瘟疫勤施汤药，凶荒普救饥寒。心头造只救生船，渡尽人间苦难。力壮便劳筋骨，财多莫吝银钱。若还财力两艰难，也用苦言募劝。

——［清］宫南庄《醒世要言·方便》

钱多正好行善，只要积而能散，积善也如积钱，一文凑到一串。

——［清］李西沤《老学究语》

鉴赏

"钱多正好行善，只要积而能散，积善也如积钱，一文凑到一串。"是说富裕要能施舍,钱多正好可以拿来行善积德,有钱人或自己有巨额财富时,可以做更多的慈善事业,积善也像积钱,积少成多。《圣经》提及富人进天堂比骆驼穿过针眼还难。将财富看成通往天堂的障碍,个人只有施善才能轻装上阵进入天堂。同时,富人通过慈善来获得社会美誉,也可以提升自己的精神品质。传统中国社会里,我们看到一些富甲天下者荣归故里时,大多能为故乡建造学校、铺路修桥,通过慈善来回报乡里,赢得了人们的尊重。

　　行善也不只是富人能做的事情,穷人同样可以做。《醒世要言》中说的"力壮便劳筋骨",而财多者施银钱;"若还财力两艰难,也用苦言募劝",即若"财"和"力"均不济,诸如身体瘦弱、钱财不宽裕的人,也可通过四处苦言劝募等方式参与救济,这说明人人都可以做慈善。我们也常看到一些平凡人物数十年如一日的捐助希望工程,或者以做义工的方式参与救援活动,这样的行为令世人动容。可见,行善与个人财富并无直接关联,富人捐百万,穷人捐一元,都是慈善行为,本质上并无高低之分。行善是一种信念,更是一种行动,只要心中有善、身体力行,方式如何并无相干。现实生活中,常有人言诸如欲行善而无门、行善之心有余而力不足之类的话语,其实,平常的一件小事、一个举动都可以行善,关键是从善心到善行的转化和践行,由少成多、由多而成为一种习惯,将行善变成一种内心的自觉。

　　当然,慈善不能逼捐,更不能攀比,也不能将慈善当成炫耀,慈善更多的是授人以渔而不是授人以鱼,慈善要怀一颗真诚的心,尊重受捐对象,将慈善看成自己的一种精神需要,表达爱心的需要;做慈善时不要让对方仰视自己,不要索取感谢与回报。另外,慈善也要根据对方的需要做到雪里送炭,如"瘟疫勤施汤药,凶荒普救饥寒"即是明例。当我们救助一个人,当我们捐出一份钱,使受助者得到改变,我们会有一种自豪感,内心会涌起一份欣慰。这种感受会净化自己的心灵,也会增加我们在社会上的参与度。所谓"心头造只救生船,渡尽人间苦难",正是说的这层意思。积善如同积钱,积少成多。发自内心的责任感，使许多人成为慈善者、成为志愿者，同时也成为一个有高尚道德追求的人，这也是爱众从善的动力所在。

原文

妄人最会怪人，奸人最会疑人，其势必至枉人，其心俱可杀人。称人之恶则喜，道人之善则忌，不愿人做好人，即此已为败类。

——［清］李西沤《老学究语》

鉴赏

"妄人最会怪人，奸人最会疑人，其势必至枉人，其心俱可杀人。"是指无知妄为的人最会责怪别人，奸诈的人最会怀疑别人，这样势必冤枉别人，猜忌心过重甚至可以坑杀人。无知妄为的人、疑心重的人，大多心胸狭窄，其显著的特点就是都不能容忍别人比自己强，这种自我自私的特性决定了他们的世界里只能有自己。如果有别人比自己强的话，他们就会感觉不舒服、感到自己成了别人的陪衬，这是万万不能接受的，于是就烦躁不安、心神不定。由这种不正常的状况，就会出现文中所说的情况："称人之恶则喜，道人之善则忌。"说起别人的缺点、不好之处就高兴，讲到别人的优点、别人的好就妒忌。对此作者指出："不愿人做好人，即此已为败类。"不愿别人做好人，光凭这一点，就已经是个败类了。

心胸狭窄的人，嫉贤妒能只是他们性格弱点的一个方面。心胸狭窄意味着不能包容别人优于自己，不能忍受别人对自己无意的触犯与伤害，不能以淡然开朗的心态对待问题。他们极度敏感、自尊心脆弱，对别人一些无心的举动、一些随意的言谈，都很恼恨，在心里形成挥之不去的阴影。例如曹操，虽自身能力出众，但是也免不了心胸狭窄的弱点。他成就了一番大事业，但也因心胸狭窄，而葬送了他手下一些杰出的人才，比如杨修。杨修为人恃才傲物，屡屡遭受曹操的嫉妒。有一次曹操建了一座花园，他看过之后不置可否，取笔在大门上写了一个"活"字就走了。大家都不明白这是什么意思，只有杨修说道："门字里面填一个'活'字，就是一个阔字，丞相是嫌大门建造得太阔了。"于是工匠重新修建了大门，又请曹操来看，曹操看过之后大喜，问道："是谁知道我的心意？"左右人说是杨修，曹操表面上称赞杨修聪明，但是心里却很嫉妒。又有一次，塞北有人送来了一盒酥，曹操在盒子上写了"一合酥"三个字，把盒子放在案上。杨修看见了，就拿勺子和大家把酥分食了。曹操问他原因，杨修说道："盒子上明写着一人一口酥，我怎敢违抗丞相的命令？"曹操虽然笑了起来，但是心里已经很讨厌杨修了。一次，曹操在与刘备征战的时候处于下风，兵退斜谷，进退不能，犹豫不决，恰好厨师端上鸡汤来，曹操看见汤中有鸡肋，不禁有感于怀。正在沉吟之时，夏侯惇进帐请示夜间的口令，曹操随口道："鸡肋，鸡肋。"夏侯惇便传令官兵，以"鸡肋"为号。杨修闻口令是"鸡肋"，就教随行的士兵收拾行装，准备归程。有人告诉夏侯惇，夏侯惇大惊，问杨修为什么要收拾行装。杨修道："通过今晚的口令，就知道魏王不几天就要退兵了。因鸡肋这个东西食之无味、弃之可惜。"于是寨里大小将士，无不准备归计。当夜曹操心乱，睡不着觉，就手提钢斧悄悄在营中巡视，只见将士们都在收拾行装，赶紧叫夏侯惇来问其缘故，夏侯惇便说主簿杨修知道大王想退兵的意思，曹操叫来杨修询问，杨修把鸡肋的意思告之，曹操大怒道："你怎敢胡言，乱我军心！"就命令刀斧手将杨修推出斩首示众。杨修的才能，引起了曹操的嫉妒，终于被曹操找个机会杀之而后快。这正应了《老学究语》中所说"其势必至枉人，其心俱可杀人"。

倘若是真正的强者，当他发现有人比自己强的时候，他会采取一种积极的态度，努力提升自己的实力，使自己成为更强者，他们的风格是激发自我潜能、通过对自我的超越来超越别人，使自己永远走在别人的前面，永远立于不败之地。但是一个心胸狭窄的人，他不能接受在自己的视野范围之内有人比自己强，若是发现有人强过自己的话，他就会心烦意乱，处心积虑地削弱对手，而不是提高自己。他们的风格就是压制别人，通过压制使得别人不能超过自己，使自己永远保住第一的位置。因此，要认识到狂妄、无端猜疑给人们带来的危害，它能使人陷入迷惘、混淆敌友，从而破坏事业，这样的人也是不可能交上真诚的朋友的。所以，我们要果断地克服狂妄、多疑的缺点，要用高度的理智、宽阔的胸怀、友善的态度对待身边的人。只要我们心境开阔，就不会为这些小事而斤斤计较，无端猜疑了。这些问题虽然只关涉个人性格缺陷，但会影响到"爱众从善"的成效，所以也值得提示与纠正。

（李雨杭）

敬老尊师篇

原文

负笈千里，苏章从师之殷；立雪程门，游杨敬师之至。弟子称师之善教，曰如坐春风之中；学业感师之造成，曰仰沾时雨之化。

——［明］程允升《幼学琼林·师生》

三人行，必有我师焉。择其善者而从之，其不善者而改之。……一字为师，终身如父。忘恩负义，禽兽之徒。

——佚名《增广贤文》

孝弟为先务，本立而道生。尊师以重道，爱众而亲仁。

——［清］周希陶《重订增广贤文·平韵》

圣贤之言，百症俱详，不得良师，不显良方。

——［清］李西沤《老学究语》

鉴赏

这里是《幼学琼林》、《增广贤文》、《重订增广贤文》和《老学究语》四部蒙学名著的节录，其核心内容是讲述尊师，涉及尊师的重要性、如何尊师和尊师的扩展三个方面。

首先，尊师的重要性。《重订增广贤文》云："孝弟为先务，本立而道生。尊师以重道，爱众而亲仁。"即孝顺父母、顺从兄长，这是做人的根本，确立了这个根本，然后才有一切道德伦理。而尊敬师长与孝顺父母同等重要，在此前提下，才有条件重视其所传之道，才可能做到博爱众生、亲近仁德之人。同时，也只有在良师的教学和指导下，才能知书达理。《老学究语》说："圣贤之言，百症俱详，不得良师，不显良方。"即圣贤的言论、著作和理论，将人生各种各样的得失利弊都讲得很清楚，但是如果得不到好的老师来教学和指导，就很难显示其正确，更难得知其中的奥妙。故尊敬师长既是做人的根本，也是十分重要的德行。

其次，如何尊师？《幼学琼林》云："弟子称师之善教，曰如坐春风之中；学业感师之造成，曰仰沾时雨之化。"即对老师不但要尊敬，还要有仰慕之心：学生称赞老师教得好，便说如坐春风之中；学生感谢老师栽培、成就学业，便说"仰沾时雨之化"——抬头分得了及时雨露的滋润感化。《幼学琼林》还列举了尊师的两个典型故事："负笈千里"和"立雪程门"。据《文苑英华》载：汉朝学子苏章"负笈求师，不远千里"。负笈千里，就是背着书箱到千里之外去求学，可见苏章拜师的诚恳。真正立志求学的人，都要有一颗诚挚之心，都要有对学问和老师的敬畏之心。立雪程门，又称"程门立雪"，据《宋史·杨时传》记载，宋朝学子杨时和游酢为了求学，专门去拜见理学家程颐，当时程颐正在闭目养神，他俩不敢打扰，下雪天站在程家门口等候。待程颐醒来察觉时，门外已积雪高一尺，两人还恭敬地站立在那里，没有丝毫疲倦和不耐烦的神情，可见向老师求教的诚意。元代谢应芳的《杨龟山祠》诗云："卓彼文靖公，早立程门雪。载道归东南，统绪赖不绝。""立雪程门"所宣扬的那种尊师重道、真诚求学的精神深深影响了莘莘学子，成为中华文化中尊师传统美德的典型事例。

再次，尊师的扩展。不管是谁，只要你比我行，就拜你为师，并尊敬之。《增广贤文》云："三人行，必有我师焉。择其善者而从之，其不善者而改之。"语出《论语·述而》，其意为：三个人同行，其中一定有值得我学习的老师，选择优点而学习，看到短处而改正自己。它包含了两个方面：一方面，择其善者而从之，见人之善就学，是虚心好学的精神；另一方面，其不善者而改之，见人之不善就引以为戒、反省自己，是自觉修养的精神。这样，无论同行相处之人善与不善，都可以为师。这告诉人们：学无常师，以能者为师，以善者为师，以不善者为反面教师。古代学问大家孔子还向老聃学习礼仪，向苌弘学习音乐；他的弹琴技艺已经很高了，但仍不满足，在50岁的时候，还主动向师襄学习弹琴。做事始终如一，不厌其烦。孔子周游列国，在收徒讲学的过程中，随时随地不忘向他人学习。这也体现了与人相处的一个重要原则，不仅有利于提高自己的修养，也有利于促进人际关系的和谐。此外，《增广贤文》还提出："一字为师，终身如父。忘恩负义，禽兽之徒。"即使有人教会或改正你一个字的点滴知识，也要称为老师，要终身像对待父亲那样尊敬他。倘若忘恩负义，乃是禽兽的作为。据《五代史补》卷三记载：唐末五代诗僧齐己作《早梅》诗云："前村深雪里，昨夜数枝开。"诗人郑谷以为"数枝"非早，不如改为"一枝"，齐己感到有理，不觉下拜。时人称郑谷为"一字师"。

　　早在三千多年前的西周时期，名臣姜太公在《太公家教》中就说："一日为师，终身为父。"强调哪怕只当了你一天的老师，你也要终身将他视为父亲那样敬重。至唐代，据《贞观政要·尊敬师傅》记载：唐太宗李世民还下诏令规定太子接待老师（三师）的礼节："出殿门迎，先拜三师。""三师坐，太子乃坐；与三师书，前名惶恐，后名惶恐再拜。"即老师光临，太子要出殿门迎接，并礼拜老师。老师坐下了，太子才可坐；太子给老师写信时，前面要称"惶恐"，结尾还要写"惶恐再拜"。蒙学著作完全继承了这些尊师的优良德育。中国自古以来就有"尊师重道"的观念，提倡将那些授予自己知识的人当作自己的长辈来看待，这不仅是对于为师者的尊敬，而且也是对知识的尊敬。

原文

缇萦上书而救父，卢氏冒刃而卫姑，此女之孝者。

——［明］程允升《幼学琼林·女子》

鉴赏

《幼学琼林·女子》中讲述了五类女子，即孝女、贤女、烈女、节女和才女，现逐一鉴赏。本节所说的缇萦和卢氏是孝女的典范。著名的"缇萦上书而救父"事例，记载于《史记·扁鹊仓公列传》。西汉文帝四年（公元前176年），山东太仓令淳于意，因不愿混迹官场，凭借医术高明辞官行医，又因拒绝为权贵治病，被诬下狱判决"肉刑"（残害肉体的酷刑），要把他押解到都城长安去受刑。淳于意生有五个女儿，没有儿子，在他被押解离家时女儿们跟随在后面哭哭啼啼，他很难过地说："可惜我没有男孩，遇到急难，一个有用的也没有。"只有最小的女儿缇萦又悲伤、又气愤。她想："为什么女儿偏偏没有用呢？"于是不顾家里人再三反对，一路风餐露宿随父亲来到长安。缇萦奋不顾身地上书朝廷说："我父亲做官的时候，齐地的人都说他是个清官。现在他犯了罪，被判处肉刑，我不但为父亲难过，也为所有受肉刑的人伤心。一个人砍去脚就成了残废；割去了鼻子，不能再接上去。纵然想改过自新，也没有机会再做个完人。我情愿以身充当官奴婢，来替父亲赎罪，使他有个改过自新的机会。"一向以孝治天下的汉文帝被缇萦的孝心所感动，也觉得她说得有道理，不但赦免了淳于意，还废除了在脸上刺字、割去鼻子、砍去双脚等肉刑，代之以鞭打之类的刑罚。缇萦不仅救了父亲，而且为百姓做了一件大好事，其孝行和胆识被载入史册，成为千古美谈。

在《幼学琼林》中，缇萦是与唐代冒着生命危险保护婆婆的孝女卢氏相提并论的，即"缇萦上书而救父，卢氏冒刃而卫姑"。据《新唐书·列女传》记载，唐朝时候，有个叫郑义宗的人，他的妻子卢氏知书达理，十分讲究为妇之道，侍奉公婆极为周到，很有孝顺的名誉。有一天夜里，突然有一伙强盗，手持刀枪棍棒翻过卢氏家的院墙，前来打家劫舍。家里的人，都四散奔逃，只有婆婆因年老腿脚不便无法逃跑，卢氏见状也放弃了出逃，与婆婆一起守在屋里。盗贼蜂拥而至，举着白晃晃的刀刃，刹那间就有被杀的危险，但是卢氏坚定地护卫在婆婆的身边，毫无惧色，被强盗拳打脚踢，几乎一命归天，但她仍尽力保护婆婆，不让婆婆受到伤害。后来强盗们抢完东西撤离了，有人就问她当时为什么在强盗的刀刃下不害怕？卢氏义正辞严地回答："人之所以为人，与禽兽有很大的区别，就是因为人具有仁爱正义之心。若是街坊邻居遇到急难之事，我们尚且能够帮助解救，更何况是自己应当侍奉的亲人婆婆呢？假如婆婆遭到强盗的杀害，我自己还活着，难道那不是苟且偷生吗？那样活在世上还有什么仁爱、正义之感呢！当时尽管危险得很，但我想到的是道义，如此又怎么会在刀刃之下害怕呢？"大家都被她大义凛然的言行所感动。"卢氏冒刃而卫姑"的事迹从此传开，卢氏成了人们所崇敬的孝女，成了中华民族孝敬父母公婆的典范。

原文

侃母截发以延宾，村媪杀鸡而谢客，此女之贤者。

——［明］程允升《幼学琼林·女子》

鉴赏

《幼学琼林》接着列举了贤女的典范："侃母截发以延宾，村媪杀鸡而谢客。"前者说的是东晋时代陶侃的母亲剪发换钱招待客人的故事。据《晋书·陶侃母湛氏传》等记载，陶侃是一代名将，在东晋的建立过程中颇有建树。但他因幼年丧父,家境贫寒,侃母湛氏拉扯着小陶侃,靠纺纱织麻维持生计,过着十分清苦的日子。有一天,陶侃的好友范逵等一帮人途经他家乡,见冰雪封道,且天色将晚,特来陶侃家借宿。可是家中空无一物,什么吃的也没有,拿什么来招待众多的客人呢?陶侃一时手足无措,很是过意不去,范逵等人也显得十分尴尬。侃母湛氏连忙热情招呼客人,同时要侃儿和客人聊天叙旧,自己便转过身去安排客人的食宿。家中早就没钱买米买菜了,怎么办呢?湛氏习惯地用手捋了一下鬓角,顿时想出了办法。她趁客人们闲坐寒暄之际,毫不犹豫地拿出剪刀,将自己的头发剪下,编成假发,立刻出门卖给邻居,换回了米油酒菜。但仍缺柴火、马料,在这冰天雪地里一时也难找到,湛氏便撬下几块旧楼板当柴烧,把垫在床上的禾草席子拿出来切碎喂马。一阵忙碌,到了傍晚,使得范逵等一行人马,都吃到了充裕的饭食。范逵知道以后,深为感动,十分敬佩陶母的过人才识。侃母"截发"延宾(迎接客人)的待人美德,也深深铭刻在陶侃心上,故陶侃当官以后,始终保持着"恭而好礼"、"引接疏远,门无停客"的待人作风。正是有了这样的母亲,才会培养出人品俱佳的儿子陶侃来。"截发延宾",树立了自古以来"先人后己"的最朴素的人文思想,不但成就了陶侃的丰功伟业,也启迪无数的后人。

后者"村媪杀鸡而谢客",事见《汉武故事》,说的是青年汉武帝微服私访,晚上到柏谷村(今河南省灵宝县)住宿,村里的人怀疑他是贼,眼看一场拼杀打斗难以避免,村中一位老妇人当即进行劝阻,说他不是平常之人,并杀鸡招待调和,平息了一场即将发生的冲突。不久,村妇突然被圣旨召往京都长安,没有料到坐在皇宫宝座上的皇帝竟然是自己杀鸡招待的人。汉武帝对她好言宽慰,还给她黄金等赏赐。村妇虽是一个没有什么文化的人,却能慧眼识人,及时劝阻众人不要冲动、贸然行事,避免了一场打杀流血的事件,更免去了杀身之祸,并且因为她的冷静处理、优待客人,还带来意想不到的好回报,确实可以称为贤女。

原文

韩玖英恐贼秽而自投于秽,陈仲妻恐陨德而宁陨于崖,此女之烈者。

——[明]程允升《幼学琼林·女子》

鉴赏

《幼学琼林》的烈女典范也列举了两位:"韩玖英恐贼秽而自投于秽,陈仲妻恐陨德而宁陨于崖。"前者据《古列女传》记载,唐朝财主韩仲成的女儿韩玖英一次路上遇见强盗,她唯恐遭到强盗的侮辱而损坏贞节,就跳进粪坑中,再喝几口粪汤,奇臭无比,强盗见状就放过了她,从而避免了遭受侮辱。

后者是说唐代人陈仲的妻子张氏在路上遇到强盗,她担心自己被盗贼玷污,损毁清白,于是就跳崖自尽。中国自古以来一直向女子灌输:所谓万代相传的光荣事迹无非是相夫教子、守身如玉、保身洁心、终身爱夫,封建礼教甚至要求女子以生命的代价为此去努力实践,认为这是女人的德、女人的根本所在。古往今来,多少女子感动天地的壮烈之举,令人悲哀而敬叹。

原文

王凝妻被牵断臂投地,曹令女誓志引刀割鼻,此女之节者。

——[明]程允升《幼学琼林·女子》

鉴赏

接着,《幼学琼林》又例举了两位节女的典范是:"王凝妻被牵断臂投地，曹令女誓志引刀割鼻。"前者据《五代史·冯道等传序》、《五种遗规·闺范》和《列女传·卷二》等的记载，五代虢州司户王凝在外做官，因病死在官任上，王凝妻子李氏带着儿子，拖带着灵柩准备回原籍安葬。路上经过开封，要投宿旅店，客店店主却拒绝接待。李氏看到天色已晚，不肯走，店主就扯着她的胳膊把她拉出店外。李氏哭着说道："我是女人，这只手被男人拉过了，还怎么守节呀？"于是，她找来斧子砍断自己被牵过的手臂丢在地上。在当时的封建社会，女人以守节为重，都视贞操名节为最高的做人境界，这种封建约束毁了李氏的一生。千年后的今天，妇女获得解放，李氏砍胳膊的历史不会重演。

　　后者"曹令女誓志引刀割鼻"，事见《三国志·魏书·诸夏侯曹传》裴松之注引《列女传》。曹令女即夏侯令女，是曹魏重臣曹爽的堂弟曹文叔的妻子，可惜不久曹文叔就病死，并未留下子女。丈夫死后，曹令女寄居在曹爽处。父亲夏侯文宁就劝女儿曹令女改嫁他人，曹令女为了坚持守寡，开始是断发，接着用刀割下自己双耳，以表明自己抗拒改嫁的决心！家里的人只好罢手。后来司马懿发动政变，诛杀曹爽，掌控了魏廷，大肆屠杀曹氏集团和异己，朝野笼罩在一片血腥恐怖之中。曹令女的家人就上书给司马懿，表明要跟曹爽和曹家断绝一切往来，包括曹令女的姻亲关系。接着，强迫曹令女回到娘家，并且旧事重提，再度逼曹令女改嫁。曹令女偷偷躲进自己的寝室，用刀割下自己的鼻子，血流满面。全家人看到这种惨状，都感到惊讶和心酸，心生怜悯地对她说："你何苦如此苛求自己！况且你丈夫家早已夷灭殆尽，你在替谁守寡守节呢？"曹令女答道："我听说，内心有爱的人不会因为对方的盛衰荣枯而改变自己的态度；有忠义之心的人，绝不会因其君主的存或亡而动摇自己的立场！过去曹氏一家鼎盛的时候，我已经守寡守节，而今天曹家衰败了，我更不能抛弃曹家而改嫁他人。如此禽兽行为，我绝不能做！"曹令女用这种骇人听闻的方式来保持名节、不愿听其族人之言改嫁的态度，可算是女中豪杰。司马懿得知曹令女的所说所为之后，心中顿时升起敬佩之意，下令允准曹令女可以任意领养儿子，作为曹家的后代。曹令女的家人再次逼她改嫁，无非就是想与失势的曹氏彻底割断关系，是政治表态；而曹令女的自残也是表态：为了"义"，绝不易节！如此坚贞，应该是人类所普遍认同和赞许的一种高尚情操；为了"情"，曹令女的截耳断鼻，也为的是能与深爱的过世丈夫长相守，故才有勇气作出惊天地、泣鬼神的壮举。柏杨先生在他的现代语文版《资治通鉴》中译到这一节时，禁不住议道："夏侯女士坚贞壮烈的行为，怀着何等高尚的情操，上惊天地，下泣鬼神。然而，一个妇女，为了自主，竟要付出如此可怖的代价，不禁一哭。为她的坚强哭，也为传统文化中占中国人口一半的妇女们的命运哭。"

原文

曹大家续完汉帙，徐惠妃援笔成文，此女之才者。

——［明］程允升《幼学琼林·女子》

鉴赏

最后，《幼学琼林》列举了才女的典范："曹大家续完汉帙，徐惠妃援笔成文。"前者曹大家就是班昭，即东汉史学家班彪之女、班固与班超之妹。班昭家学渊源，尤擅文采。她本人博学多才，深得汉和帝的器重，常被召入皇宫，让皇后和诸嫔妃拜她为师，向她学习儒家经典、天文、数学，由此声名大震。班昭嫁给同郡曹世叔为妻以后，人们又把她称为"曹大家"——当时人们把学识高、品德好的妇女尊称为"大家"（"家"在此读"姑"）。班昭的才学过人首先表现在帮她的哥哥班固修《汉书》，这书是中国的第一部纪传体断代史，与《史记》齐名，全书分纪、传、表、志等。早在班昭之父班彪的时候，就开始《汉书》的撰写，父亲死后，哥哥班固继续这一工作，不料就在快要完稿时，却因窦宪一案的牵连，死在狱中。班昭痛定思痛，决定继承遗志，续哥哥的未竟事业。终于在她40岁的时候完成了史学巨著《汉书》。班昭是一位品德俱优的中国古代女性，是位文才横溢的文学家，也是位优秀的史学家，千百年来一直受到人们的尊敬和喜爱。

后者"徐惠妃援笔成文"，据《旧唐书》、《新唐书》、《资治通鉴》等记载，徐惠妃（627—650），名惠，自幼天资过人，才思敏捷，被誉为神童。4岁时，无师自通已经能把《四书》、《五经》念得滚瓜烂熟了。8岁时，能出口成诗，且辞致清丽，颇有水准。唐太宗李世民知道后，于贞观十一年（637年）召11岁的徐惠入宫为才人（宫中女官，正五品）。进入皇宫对徐惠来说是一件难得的大好事，因为宫中的藏书超多，求知欲旺盛的她得以有时间和机会博览群书。唐太宗看到徐惠如此好学，十分高兴，把她晋升为充容（九嫔之一，正二品）。徐惠除了有较高的文学造诣，在政事上也颇有眼光，敢于劝谏而更受唐太宗的敬重和宠爱。唐太宗统治后期好大喜功，多次兴兵远征攻打高丽，同时修建了多处豪华的宫殿，劳民伤财，百姓因此怨声载道。贞观二十二年，徐惠写了一份奏疏给唐太宗，希望他能够多加节俭，不宜大兴土木，应该休兵罢战，还百姓以安宁。由于所论时政切中要害、见解精到，唐太宗看完后有所醒悟，称赞徐惠所说有理，对她重重奖赏了一番。徐惠多才、温情、幽默，给唐太宗留下了深刻的印象，两人可谓相知相敬、相亲相爱。唐太宗过世后，徐惠哀戚成疾，卧病不起，太医开方熬药，徐惠拒绝服用，决意随夫而去。就在唐太宗去世的第二年，徐惠终因思夫过甚而从容去世，终年24岁，陪葬在太宗昭陵石室，赠封贤妃。一代才女，这么年轻就弃世而去，为后人留下了诸多遗憾。

原 文

百岁曰上寿，八十曰中寿，六十曰下寿；八十曰耋，九十曰耄①，百岁曰期颐②。

——［明］程允升《幼学琼林·老幼寿诞》

树欲静而风不息，子欲养而亲不在。

——［明］程允升《幼学琼林·疾病死丧》

注释

①耋（dié迭）：70岁、80岁；耄（mào贸）：80岁、90岁；后以八九十岁老人为"耄耋之年"。②期颐：百岁。

鉴赏

此节主要是向孩童普及与岁寿有关的内容，以及敬老事宜。《幼学琼林》认为寿命的长短分为上中下三等："百岁曰上寿，八十曰中寿，六十曰下寿。"即人活到100岁称为上寿，80岁称为中寿，60岁称为下寿。《庄子·盗跖》所载与上述相同，但有些古籍记载则不同，如《论衡·正说》所载：上寿90岁，中寿80岁，下寿70岁；《左传·僖公三十二年》唐孔颖达疏文又认为：上寿120岁，中寿100岁，下寿80岁。古人之所以如此划分老人年龄，是长期经验积累的结果。尽管这些观点有差异，某些地方有点主观、片面，但总的来说，是符合人生规律的。父母到了80岁算高龄老人了，80岁老人向老境迈进，逐步有精力不支之难。人到一定年龄，再好的身体也难免要老化；年龄不饶人，这是不可抗拒的生命规律。家有80高龄老人，做子女的应当细心爱护。孔子说："父母之年，不可不知也，一则以喜，一则以惧。"这喜是指家里有高寿老人，这惧是指老人将走近终点站。所以《幼学琼林》又提醒人们："树欲静而风不息，子欲养而亲不在。"树木想要静下来不动，但是风却在不停地吹得它摇摆，风不止是树的无奈；子女想要赡养孝敬父母的时候，无奈父母双亲已不在人世，这则是人子的悲哀。据《韩诗外传》卷九记载：孔子出行前往齐国，途中听到有人哭得十分悲伤，马上敏感到必有贤事。于是循着哭声走去，看到一个名叫皋鱼的人在痛哭流泪，问他为什么哭泣。皋鱼回答说："我有三个过失：第一，年轻时为了学习，周游于诸侯国之间，没有把照顾亲人放在首位；第二，为了我的理想，加上为君主效力，没有很好地孝敬父母；第三，和朋友交情深厚却疏远了亲人。现在感到：树想静下来可风却不停，子女想好好赡养父母而他们却不在了！岁月流逝难以追回，父母过世无法再见。请允许我从此告别人世去陪伴逝去的亲人吧。"说完不久，他果真因哀伤过度而死了。孔子对弟子们说："你们都要引以为戒，这件事足以使你们明白其中的道理！"于是，孔子门徒辞行回家赡养双亲的就有13人。"树欲静而风不止，子欲养而亲不待"，这是皋鱼的叹息，也是在父母死后有感而发的，后人便以"风树之悲"来借喻丧亲之痛。皋鱼的叹息、追思和遗憾，也是今天我们每一个人需要认真思考对待的。这世间最不能等待的一件事，那便是孝顺父母！现实生活中有很多的无奈，有些事情错过了就无法重来，所以提醒所有的人，当父母健在时一定要好好地奉养，否则当你想尽孝的时候未必能如愿。特别是年轻人能孝敬父母的尽量早点，不要觉得时间还长，不要让自己的人生留下任何遗憾。

原文

童子十岁就外傅，十三舞勺，成童舞象①；老者六十杖于乡，七十杖于国，八十杖于朝。后生固为可畏，而高年尤是当尊。

——［明］程允升《幼学琼林·老幼寿诞》

注释

①舞勺：古代儿童所学习的文舞；舞象：古代少年所学习的舞动

兵器的武舞。

鉴赏

尊长敬老是中华优秀传统文化的组成部分。古人把尊敬老人提到了安邦治国的高度，《礼记·乡饮酒义》曰："民知尊长养老，而后乃能入孝弟。民入孝弟，出尊长养老，而后成教，成教而后国可安也。"既有如此认识，敬老就不仅仅是一般百姓的事情了，国家将其纳入社会制度的范畴，做出了种种细致的规定。如"老者六十杖于乡，七十杖于国，八十杖于朝"，这里的"杖"，指老年人拄的手杖，拄着拐杖的老人是受尊敬的人。60岁老人在乡里就会受敬重，70岁在城邑里会受到敬重，80岁时在朝廷里可受到敬重。杖于乡、国、朝之说，是表示随着年龄的增长，老人应该逐步受到更大范围人们的尊敬。这里所说的"杖"的使用，核心意义是突出表现优老之礼。政府的大力提倡，又得到了民间的积极响应，于是尊老敬老逐渐演变为一种民族的品德与文化传统。周代不仅倡导尊老敬贤的道德风尚，还要定期举行养老礼仪。周代的养老礼仪包括朝廷和地方两个层次：在朝廷，天子一般都要定期视察学校，亲行养老之礼，在太学设宴款待三老、五更及群老，以示恩宠礼遇；在地方，则每年都要定期举行乡饮酒礼，60岁以上的老人享有特殊的礼遇，甚至老人年过90岁，天子就要上门访问，还要带上珍味。在社会成员中划分出老年一族，用各种实际行为表达对他们的尊敬和优待，这充分体现了中华优秀传统文化的精华内涵。在当今，这种优秀传统美德更应发扬光大，社会与基层更须整体部署，面对人口老龄化，切实保障老年人的合法权益，让所有老人享受盛世阳光，做好老有所养、老有所医、老有所护、老有所学、老有所乐，使他们度过幸福、美满、安详、健康的晚年，共享人类社会发展的成果，这也是社会文明进步的重要标志。

"后生固为可畏,而高年尤是当尊。"老年人应该受到尊敬,上面已说;下面说说青年人也是值得敬畏的。孔子说:"后生可畏,焉知来者之不如今也?四十、五十而无闻焉,斯亦不足畏也已。"(《论语·子罕》)即青年人只要努力学习,怎么能断定他们的成就不如前人呢?如果不及时努力,到了四五十岁,他们的道德学问仍不为世人称道,那就不值得敬畏了。孔子所说的青年人值得敬畏,是指那些珍惜青春大好时光、努力学习、加强修养、积极向上的青年人。少而好学,就像初升的太阳,青年人正处在朝气蓬勃时期,精力充沛,头脑清晰,记忆力强,是学习知识、修养品德的黄金时期,可以说:学什么,会什么;学多少,会多少。只要努力学习,将来他们的成就一定会超过前人,正可谓青出于蓝而胜于蓝,一代更比一代强。

对孩童来说,《幼学琼林》认为:"童子十岁就外傅,十三舞勺,成童舞象。"即孩童年满10岁时就要外出拜师求学,有条件的家庭请外面的老师来教学。13岁时学乐、舞勺;15岁以上舞象、学射御了。这也就是要求孩童和青少年,应当及时学习,少壮须努力,老大不伤悲,以此勉励人们,并寄予厚望。社会在发展,人类在前进,后代一定会超过前人,这种今胜于昔的观念是正确的。在一个人有限的生命中,青少年时期是短暂的,又是最美好的。每个人从一生下来就带有各种义务和责任,只有为自己、为他人、为社会、为国家尽职尽责,才不算枉活一世。所以,我们都应该只争朝夕、努力学习。只有努力学习,才会大有作为,这样的后生才值得赞扬。

原文

一回相见一回老,能得几时为弟兄。父子和而家不败,兄弟和而家不分。乡党和而争讼息,夫妇和而家道兴。

——[清]周希陶《重订增广贤文·平韵》

鉴赏

  这节向孩童说教弟兄、父子和乡友的相处之道。首先,"一回相见一回老,能得几时为弟兄"。弟兄,尤其是老年弟兄之间见一次老一次,今后还能有多长的时间做弟兄呢?如有来世,是否能再做兄弟?这就告诉人们,兄弟之间是一种特别亲密的血缘关系,是陪伴我们一生最久的亲人,因父之生子,妻之配夫,一般要在20岁光景,只有兄弟在数岁之内,相继出世,自竹马游戏,一直到鲐背鹤发,相与周旋,有多至七八十年之久。在我们的有生之年,能有兄弟姐妹相伴,共同成长,是一件多么幸福的事啊!怎能不彼此互相珍惜呢?所以要懂得珍爱,相互勉励和扶持,切莫伤和气。常言道:"血浓于水",说的就是父子、兄弟之深情。当然,现实社会中,不乏为了争夺财产而不顾兄弟手足情深的人,这就需要我们理性、冷静地对待。《德育古监》里有兄弟争讼、借镜省悟的故事,说到马恭敏公当太守时,遇到两位年老的兄弟为争财产来到衙门打官司而争吵不休。马恭敏公命令属下拿出一面大镜子,叫争讼的俩兄弟一同照镜子。他俩兄弟看见彼此面貌相似、胡须和头发都已经白了,心中有所省悟,放弃了官司,互相哭泣而且交相让步地走出了衙门。古人说:"薄待了兄弟,便是薄待了父母啊!薄待了堂兄弟,便是薄待了祖宗啊!"这种追本溯源的道理,大家应该明白。处理好弟兄关系的准则是"兄友弟恭",即哥哥对弟弟友爱,弟弟对哥哥恭敬。兄弟间要互爱互敬。

  其次,"父子和而家不败,兄弟和而家不分"。说明父子、兄弟关系的和谐对家庭有着多么重大的意义。就是说,如果你考虑的是顾全一个大家的利益,那么就是父子和、兄弟和,如果任何一方考虑的是自己小家的利益,那么就是要分家了,慢慢的家也会败落了。"家和万事兴",这句话是至理名言!有这样一个故事:汉朝的时候,有位叫田真的人,家中共有兄弟三人,父母过世不久,兄弟三人就商议将父母遗留下来的财产平均分做三份，每人一份。连家中堂前种的那棵紫荆树，也决定明天动手把它分割成三份；说也奇怪，就在决定之后，这棵紫荆树突然就枯萎了。田真看到之后，感到非常的震惊，就跟两位弟弟说："树木同株，听到自己要被分割成三份，所以才憔悴枯萎了啊！难道我们人却不如树吗？"田真说着说着，忍不住哭了起来，于是兄弟三人决定不再分割紫荆树了。说也奇怪，这棵树似乎听到了不会分割就又活了过来。兄弟三人因此而感悟，再也不分家了；从此兄弟财产共有，而且愉快地生活在一起。邻居们都称赞："田真兄弟一家真是孝门啊！"古人将兄弟比喻作手足，而手足就有不相分离的意思，因为分离就会孤单，而孤单就会加速衰亡。

再次，"乡党和而争讼息，夫妇和而家道兴"。这里"乡党"是泛指乡友同事、社会组织，是家庭关系的向外拓展，古代500家为党，12500家为乡，合而称"乡党"。乡党关系和谐，矛盾纠纷就会平息；夫妇关系和谐，家庭就会兴旺。家庭是社会的细胞，社会是由一个个家庭组成的，要建设和谐社会，需要家庭和谐。同时，我们还要认识，人是社会关系的总和，除了在家庭中承担不同的角色之外，还要在社会上承担不同的角色，需要与不同的人打交道，而和气、和悦是人际关系的润滑剂，争吵、纷争是人际关系的腐蚀剂。因此，无论在对待家庭亲友还是对待乡里乡亲、同事朋友时，我们都应该和睦共处，彼此多关心，这样才能真正做到"父子和而家不败，兄弟和而家不分。乡党和而争讼息，夫妇和而家道兴"。让"和谐"在我们的家庭和社会生活中发挥其重要的作用。

原文

万恶淫为首，百善孝为先。妻贤夫祸少，子孝父心宽。事亲须当养志，爱子勿令偷安。不求金玉重重贵，但愿儿孙个个贤。却愁前面无多路，及早承欢向膝前。祭而丰不如养之厚，

悔之晚何若谨于前。

——［清］周希陶《重订增广贤文·平韵》

鉴赏

这里主要讲述了孝及其有关的六个问题。其一，"万恶淫为首，百善孝为先"。淫邪是一切罪恶行为的开始，而行孝则是所有善事中排在第一位的内容，也就是说心中常抱着孝心、仁心，那么天下任何不正当的行为，都不会去做；一个人心中一旦起了邪恶的淫念，那么平常很不愿做的事，现在就很想做，故邪淫是一切恶行的开始。古人为什么将淫视为比杀人抢劫、蒙骗欺诈等更严重的问题并居于恶行的首位呢？因为欲念是罪恶的根源，而淫念是人类本身最强大、最不可遏制的欲望！杀人、放火有很多是一时冲动造成的，或者是被动的；而淫邪是完全主动、有预谋的，明知道要造成的恶果，却仍然要去做，其影响不是一个地区，而是一个社会。如果能够压制淫邪，自然心里清净、淡泊名利，日常行为必然合乎伦理道德。

其二，"妻贤夫祸少，子孝父心宽"。妻子贤惠，丈夫就会少惹祸事；而儿女如果孝顺的话，父亲内心就会得到宽慰。男人这辈子能遇到一个贤惠的妻子，那是一种造化、一种运气，更是一种福气。贤妻良母，向来是百姓家庭所希望的典范。一个"贤"字赋予了作为妻子的女人太多的内涵：贤良、贤达、贤惠、贤淑等等，不一而足。可见，女性在家庭中的影响和作用是不能低估的。每个家庭都有生活中的不顺心，做妻子的要善于把握心情，不要一味指责丈夫，不要将自己的不良情绪发泄到丈夫头上，更不要在丈夫处于人生的低谷时期不断地去表现你的责怪、你的轻视、你的唠叨，这样往往会使丈夫的情绪和行为失控，甚至受到意外伤害。还是老百姓常说的话："男儿有福主自己，女人有福主全家。"这是很有道理的。同样奉劝男士，当与妻子不能沟通实在无法排遣、释怀时，那么回头想想父母、看看孩子，应该会对妻子充满感激之心。如果能利用妻子的偏激态度，来反省一下自己、修正一下自己，应该是最理想的选择。

妻贤能促进家庭和睦，能促进丈夫、孩子脚踏实地去孝顺父母。父母最希望的是什么？当然就是儿女能够有出息。孝顺首先要自强：努力学习，学业优秀，父母脸上有光；工作勤恳，事业有成，父母为你感到骄傲。总之，你学习、工作、生活顺利，父母少为你操心，这些是孝顺最基本的一面，也是父母最心宽的事。作为小辈，孝顺父母应是自己一生努力去做的事情。

其三，"事亲须当养志，爱子勿令偷安"。孝敬父母应该承顺父母的意志，让父母打心眼里感到高兴，爱护孩子千万不能让他们贪图安逸。前半句是来自于孟子的思想，后半句是来自于荀子的思想。《孟子·离娄上》云："若曾子，则可谓养志也。事亲若曾子者，可也。"《盐铁论·孝养》又云："故上孝养志，其次养色，其次养体。"孝亲之要在"养志"，孟子认为，真正的孝应当是使父母发自内心地感到幸福，这就要求为人子女者应对父母有深厚、诚挚的爱，应善察父母内心的意愿和感受，灵活机动地去侍奉父母，只要有诚、有爱、有德、有善，则德积善、明孝达。

作为长辈，即使疼爱儿女也不能让他们只图眼前的安逸。《荀子》、《围炉夜话》等书指出：纵容子孙偷安，其后必致耽酒色而败门庭；专教子孙谋利，其后必致争赀财而伤骨肉。不少人在相对舒适的生活环境中，养成了好吃懒做的坏习惯，正应了那句俗语："越呆越懒，越吃越馋。"更有甚者有了钱后，玩物丧志，拈花惹草……凡此种种，都是贪图安逸的恶果。贪图安逸的人注定是无所作为、没有活力和创造力的，在日趋激烈的竞争形势下必然被淘汰、被抛弃。只有不贪图安逸，才能走向成功。越王勾践卧薪尝胆，历尽三年艰辛苦难，终凭三千越甲而吞强吴；李长吉不慕富贵，呕心沥血，发奋著诗，终成诗鬼而照青史。曹雪芹不涉红尘，处心积虑，十载辛苦，一部红楼传千秋；海伦·凯勒不图安逸，勤学苦读，孜孜不倦，为世人树立了不朽的楷模……他们面对安逸，却毅然选择了苦难艰辛，而正是这些磨砺了他们高尚的人格和奋起的精神。正是不贪图安逸，他们才得以在历史的银河中星辉不灭。

其四，"不求金玉重重贵，但愿儿孙个个贤"。中国有句老话："可怜天下父母心。"为人父母，都想日后能为孩子留下点什么，好让他们生活得更幸福。就像《红楼梦》中《好了歌》所说："世人都晓神仙好，唯有儿孙忘不了。"道出了国人为子女着想的普遍心态。其实，父母不必去谋求许多的金银财宝留给子孙，应该主要将良好的品质和优秀的作风留给子孙。诺贝尔奖金获得者居里夫人不给女儿留金钱，而留下志向。近代民族英雄林则徐留给后代一副对联："子孙若如我，留钱做什么？贤而多财，则损其志；子孙不如我，留钱做什么？愚而多财，益增其过。"明末民族英雄袁崇焕曾说："心术不可得罪于天地，言行要留好样与儿孙。"唐朝姚思廉说："人遗子孙以钱财，我遗子孙以清白。"历史上很多贤臣名相、清官廉吏都很注重修身养德，同时在治家诫子方面亦能以身示教，立之以规、喻之以理、诫之以严，留下了弥足珍贵的精神财富。

其五，"却愁前面无多路，及早承欢向膝前"。承欢：旧指侍奉父母。这是说，与其为前途无望而发愁，不如早一点在父母身旁服侍，使双亲心情开朗、欢快。人生如月，得一寸圆满便失一分风情；月如人生，弃一段顺途才获精彩岁月。正如月有阴晴圆缺，人生的荣辱得失也在所难免。其实不必太在意成败得失，即使失去了锦衣华服、温逸舒适，也不要失去承欢膝下、享受天伦之乐。确实如此，承欢膝下，在父母身旁服侍老人的生活，嘘寒问暖，每时每刻都关注他们的生活，就是最大的孝道了。父母双亲含饴弄孙，安享天伦，不亦乐乎？如今，中年人各种负担重，工作压力更大，整天忙忙碌碌，这在很大程度上导致了对父母长辈的忽视。但忙碌不是理由，根源在于亲情缺失。我们要多抽时间陪陪父母，一起散散步、聊聊天，放松放松心情，尽到做子女的孝道。

其六,"祭而丰不如养之厚,悔之晚何若谨于前"。用丰厚的祭品祭祀先人,不如趁先人在世时多尽孝道;与其等到事后懊悔,不如事前考虑周全、谨慎侍奉。这两句古训意在反对祭祀的铺张,也是指责某些人对死者生前吝啬、死后却以厚葬丰祭来沽名钓誉的错误行径。孝敬父母一定要趁他们健在之时,在精神上给予无微不至的关怀,在生活上给予细心的照顾,哪怕是微薄的奉养,只要使他们多享受一些人生的乐趣就好。不要等到黄泉相隔,空留余恨,那将是一辈子无法抹去的伤痛。当然,清明扫墓,以寄托对先人、亲人的哀思,表达自己的一片孝心和敬意,是完全必要的。但是,我们在寄托哀思、怀念已故亲人的同时,更要孝敬健在的父母。如今有一首歌叫《常回家看看》,这首歌之所以一炮走红,是因为其用朴实的语言唱出了亿万百姓的心声,孝敬父母不在于能力大小、不在于金钱多少,常回家看看就是孝。

原文

重富欺贫,焉可托妻寄子;敬老慈幼,必然裕后光前。
——[北宋]陈抟《心相编》

鉴赏

文中着重讲述了敬老爱人有关的行事规则。首先,"重富欺贫,焉可托妻寄子"。即嫌贫爱富之人,心地刻薄,怎么能够把家中妻儿托付给他呢?"托妻寄子",是一个人在外出或危难之际,将心中最大的家庭牵挂——妻子儿女,委托给肝胆相照的朋友。他坚信即使自己遭遇不测,妻子、儿女也一定能得到妥善的照顾。什么样的人可以"托妻寄子"?当然是一言九鼎的大丈夫、堂堂正正的君子,而不是嫌贫爱富的小人。君子将"信义"二字看得比自己的生命还重要,答应别人的事就一定做到，所谓"一言既出，驷马难追"。受人信托，照顾朋友的家庭，是一件很麻烦的事，可不是脑袋一热辛苦几天，而是要无怨无悔地奉献。谁能做到？历史上享"托妻"盛名的是关羽。公元199年，刘备集团被曹操打败，全军覆灭，刘备只身逃往袁绍处，张飞也躲进了芒砀山中，只有关羽守卫着刘备的残军和家眷，面对强大的曹军准备以死相搏，对刘备可算是忠心之至。后因曹操爱慕关羽的武艺和人才，想招降关羽为其所用，才免于战死。《三国演义》第25回《屯土山关公约三事》一节，很精彩地描绘了关羽对汉朝大统和自己主公兼兄长刘备的忠心。关羽有条件降曹之后，曹操曾想方设法笼络和软化他，以图夺取他的忠贞之志。关羽"身在曹营心在汉"，长期护卫二位皇嫂。古时"严男女之大防"，在京都许昌，曹操为了破坏关羽和刘备之间的君臣之礼，故意把二位皇嫂和关羽安排在一间屋子里住宿。而关羽就独自站在屋外点上蜡烛，通宵达旦阅读《春秋》，毫无倦色。这更加彰显了关羽"君子慎独"、不欺暗心的光明磊落的品格，展现了他对二位皇嫂的尊崇与忠诚，使曹操佩服不已。曹操"又备绫锦及金银器皿相送，关公都送与二嫂收贮"。"又送美女十人，使侍关公。关公尽送入内门，令伏侍二嫂，却又三日一次于内门处躬身施礼，动问'二嫂安否'。二夫人回问皇叔之事毕，曰'叔叔自便'，关公方敢退回。"曹操又给关羽"封侯赐爵"，并且"三日一小宴，五日一大宴，上马一提金，下马一提银"地恩待关羽，但是面对曹操如此恩礼，关羽还是义无反顾地"斩关杀将"而去，平安地将二位皇嫂交给刘备。这种"富贵不能淫，贫贱不能移，威武不能屈"的道德贞操和修身养性的境界，及其对君主的竭诚忠心，正是关羽作为武圣人的优异素质之一。

  历史上享"寄子"美德的是诸葛亮，最有名的"临终托孤"可算是三国时期的刘备托诸葛亮照顾阿斗了。据《三国志·蜀书·诸葛亮传》记载，刘备在永安（今重庆市奉节县）白帝城一病不起，病危之时，召丞相诸葛亮托孤，命他辅佐其子刘禅。诸葛亮拜倒在地上说：

"望陛下好好安息，臣等一定全力效劳，辅助太子。"刘备叫左右的人扶起诸葛亮，一手掩盖眼泪，一手握住诸葛亮的手说："我现在快要死了，有心腹的话要说。阁下才干高于曹丕十倍，一定能办成大事，如果刘禅可以帮助就帮助，实在不行，你就作两川之主。"诸葛亮听到这话，立即哭拜在地说："臣一定尽力辅助太子，一直到死了为止。"这段话和事情的经过，就是被后世人所津津乐道、推举为君臣之间肝胆相照的千古佳话的白帝托孤。凄然"托孤"是古代"家天下"政治几乎不可避免的重大政治现象，它往往发生在先君早逝、嗣君年幼的情况下。因此，《论语·泰伯》云："曾子曰：'可以托六尺之孤，可以寄百里之命，临大节而不可夺也——君子人与？君子人也。'"曾子的意思是说"可以把年幼的君主托付给他，可以把国家的政权托付给他，面临国家生死存亡的紧急关头而不动摇屈服，这样的人是君子吗？当然是君子！一直以来，人们也以能够接受朋友"托妻寄子"的重托，作为个人操守品格的最高境界。

其次，"敬老慈幼，必然裕后光前"。能够敬老爱幼，关怀弱者，这样的人将来必定会立身扬名，光耀祖宗，福荫子孙。"敬老慈幼"，是人类慈悲心、恻隐心、仁爱心的表现，是人性的一部分。孟子说："老吾老以及人之老，幼吾幼以及人之幼。"天地间的规律，无外是因果循环而已。敬老者，自己老了必然受人尊敬；慈幼者，自己幼年时候也必然受人关爱。人间的事本来就是一报还一报，厌老、嫌老的果报是什么，就可想而知了。正所谓："莫嫌他人老，转眼黄昏至。"建立和谐社会，也应该从"敬老"这个根本做起。我们今天在关爱孩子的同时，更要教育小孩子从日常生活的一点一滴做到敬老。首先从饭桌上做起，全家人坐在一起吃饭，第一箸菜夹给谁？你儿子可在一旁看着。先夹给爷爷、奶奶，将来你儿子就会先夹菜给你；第一箸菜先夹给你儿子，将来你儿子就会先夹给他儿子。一报还一报嘛，这就是因果。

原文

处家孝弟无亏，簪缨奕世；与世吉凶同患，血食千年。

——［北宋］陈抟《心相编》

鉴赏

这里延续上文仍然讲述敬老爱人有关的行事规则。首先，"处家孝弟无亏，簪缨奕世"。"簪缨"，古代达官贵人的冠饰，借以指高官显宦；"奕世"，累世、世世代代的意思。这句话意为一个人在家认真做到孝顺父母、敬爱兄长，有这样的家风必然就会世代显贵。《论语·学而》中孔子的学生有子说："为人孝顺父母，尊敬兄长，而喜好冒犯长辈和上司的情况是很少的。不喜好触犯上级，却喜欢作乱的人是从未见过的。君子专心致力于根本的工作，基本的东西建立了，治国做人的原则由此也就形成。孝顺父母、尊敬兄长，这些'孝悌'准则，就是'仁'的根本啊！"有子所说的"孝悌"是仁的根本，对于理解孔子以仁为核心的哲学、伦理思想非常重要。因为孔子看到了"孝悌"与社会的安定有直接关系，所以他的全部思想主张都是由此出发的。自春秋战国以后的历代封建统治者和文人，都继承了孔子的"孝悌"说，主张"以孝治天下"，汉代即是一个显例。当然，"孝悌"说是为封建统治和宗法家族制度服务的，对此应有清醒的认识和分析判别，应抛弃封建毒素，继承其合理的内容，充分发挥道德在社会安定方面所应有的作用。

其次，"与世吉凶同患，血食千年"。"血食"，指杀牲取血以祭神，喻祭祀千年不断。这句话意为与大众患难与共的人，家中祖宗香火不断，子孙延绵不绝，会永远受到世人的爱戴、敬仰。因为那些心系人民疾苦、跟大众患难与共的人，不是独善其身，而是将天下事为己任，明知不可为而为之。孔子、孟子都是这样的人，凭他们的学问和修养，独善其身，做个隐士是易如反掌的。但是他们明知不可为而为之，竭尽自己的力量，为大众接受教育、为万世开太平，挑起了传承中国文化的重任。按照世俗功利的看法，孔子、孟子都没有成功。孔子周游列国，宣传仁德的思想，结果到处受到困辱，甚至还被困在陈蔡饿肚子；孟子在列强争霸的战国时代，坚持为人伦正义、道德政治奔走呼号、始终不渝。他们是不识时务的腐儒吗？变通一下，不就名利双收了吗？非不能也，实不为也。明知道挽救不了这个时代，还是尽自己的力量为后世立法，以期来者。这就是圣人，是万世师表，是与世人患难与共的、永远受人敬仰的，享有"血食千年"。

原文

女子在堂，敬重爹娘。每朝早起，先问安康。寒则烘火，热则扇凉。饥则进食，渴则进汤。父母检责，不得慌忙。近前听取，早夜思量。若有不是，改过从长。父母言语，莫作寻常。遵依教训，不可强梁。若有不谙，细问无妨。

——［唐］宋若莘《女论语·事父母》

孝顺父母，唯令是行。问安侍膳，垂手敛容。言辞庄重，举止消停。

——佚名《闺训千字文》

鉴赏

这节主要对未嫁在家的女子进行孝道教导。"女子在堂，敬重爹娘。"首句八个字是这一章的总纲领，即女子在家，还没有出嫁，要孝顺、侍奉父母，这是一切道德的根本，圣贤教诲也是从这里开始教起的。以下各句就是教导女子如何去做，讲得非常具体，诸如"每朝早起，先问安康。寒则烘火，热则扇凉。饥则进食，渴则进汤"。即女孩子每天早上不可睡懒觉，要早早起床，自己梳洗完了，还要看看父母有没有起来，如果还没有起来，你就要先准备早餐。父母起来了，去问父母安康，仔细探询父母昨晚睡得怎么样？如果是睡得不好，究竟是为什么不好？夏天是不是有蚊子？还是说天气太热了？冬天是不是太冷了？棉被是不是不够厚实？等等。向父母问清楚原因后，立刻加以解决。如果是天气寒冷了，要烧火炉取暖；如果是天气炎热了，就用扇子扇凉。这些都需要做女儿的去细心体恤父母的需要。中国传统社会里，女子嫁人之前要守的妇德比较简单，主要就是上面提到的"孝亲"，这是一切道德的根本。

倘若"父母检责"，"不得慌忙"，往往是自己在言行上有过错失误，所以不要显得慌慌张张、不知所措，而是要"近前听取，早夜思量"，有则改之，无则加勉，不允许有逆反心理。这"早夜思量"，就是曾子所说的"吾日三省吾身"，圣人君子之所以获得伟大成就，就是因为能够每天自我反省、改正错误。父母是我们身边最好的老师，人生阅历、知识丰富，他们能够随时提醒我们少犯或不犯错误。在我们的人生旅途中，只有两种人会无私地指出、严厉地批评我们所犯的错误，那就是父母和老师。要知道，如果没有人提醒、没有人来批评我们的过错，那我们的过错不能及时发现，更不要说改过以及进步了。为此，我们要感谢父母、孝顺父母，即使父母骂错了、责备错了，也是对自己的很好警示，所以应该乐于听取父母对我们的批评指正。其实父母都有一些失败的经验教训，只要凡事多问，就可以避免不必要的挫折和失败。这些不熟悉、不明白的地方，都要及时仔细地询问清楚，更为重要的是，你自己要虚心求教、虚心接受、细心体会、用心记住，然后活学活用，就会取得事半功倍的效果。

《闺训千字文》中更具体地提出女子未出嫁时，孝敬父母和一般日常生活上的言行举止，诸如"孝顺父母，唯令是行。问安侍膳，垂手敛容。言辞庄重，举止消停"。即在日常生活中，做女子的，无论做什么事，都要对父母亲恭恭敬敬，遵守父母亲的训诲。从问候父母起居，到陪同父母吃饭，都要言行举止恭敬、庄重，处处体现对父母的孝敬。优雅的言行举止与气质是人见人爱的，为此父母对于自己小孩的言行举止，要认真仔细地去教育，在日常生活中也要时时注意到自己的言行举止，那会对孩子有很大的潜移默化作用，绝不能疏忽大意任凭孩子无知的发挥。家庭的幸福，需要传统家教的回归，孩子的未来需要传统家教的扎根。

原文

床前明月光，疑是地上霜。举头望明月，低头思故乡。

——《千家诗·静夜思》（李白）

鉴赏

李白的这首诗可用"望月思乡"四个字概括，表达了作者在寂静的月夜思念家乡的感受，被称为"千古思乡第一诗"，感动了古今无数他乡流落之人。

此诗在写法上，能注意将心理刻画和行动举止描写相结合。诗歌第一句"床前明月光"，可谓平实朴素之极，以此清静之景来衬出诗人作客他乡的寂寞孤单。第二句"疑是地上霜"，一个"疑"字生动表达了诗人浓浓的思乡之情，而这种思乡之情又隐含着对家乡父老乡亲的思念深情。夜深人静，月明之夜，更是月色如霜的秋夜，泛起阵阵思念故乡亲人的波澜，因而导致了现实与梦幻的错觉交替，以至神思恍惚，眼目迷离，将照射在床前的清冷月光误作铺在地面的浓霜。而"霜"字用得更妙，既形容了月光的皎洁，又表达了深秋之夜的寒冷，还烘托出诗人漂泊他乡的孤寂凄凉之情。第三句"举头望明月"，一个"望"字，通过动作神态的刻画，深化思乡、思亲之情，描写了诗人从迷蒙、虚幻中转而清醒过来，仰望明月，似乎要从这明月里寻找家人从远方寄送来的美好祝愿。仰望既久，思念愈深。第四句"低头思故乡"，久久仰望明月，甚至望眼欲穿，依旧不能从明月那里得到一份真实慰藉，无奈之中，只得低下头来去思恋故乡的一切了。以无情言情则情出，从无意写意则意真。一个"思"字，给我们留下丰富的想象：那家乡的父老兄弟、亲朋好友，那家乡的一山一水、一草一木，那逝去的年华与往事等等，无不在思念之中。

明朝文学家胡应麟说李白的《静夜思》是"妙绝古今"。这首诗"信口而成"，平易浅近，纯正自然，是大儒大雅的完美结合。读此诗，幼童村妇不觉其深，文人学者不觉其浅。历代见月思乡、思亲的人，不管身处何处、处境如何，都借吟诵这首诗来抒发自己的感情。它超越个人、超越时代、超越国界，放射着永恒的艺术光芒。

原文

人子原当孝，还须新妇同。一门都孝顺，家道自兴隆。……兄弟最相亲，原来一本生，兄应爱其弟，弟必敬其兄。骨肉见天真，钱财勿计论，语言休急切，颜色要欣欣。长幼皆阿嗣，亲心总挂萦，同胞看亲面，切戒勿伤情。

——［清］谢泰阶《小学诗·明论》

鉴赏

文中讲述了儿媳、兄弟等家庭成员之间的孝道。首先，关于儿媳孝道："人子原当孝，还须新妇同。"做儿子的原本就应当孝顺父母，一旦娶了新媳妇还必须使她也一样要孝敬公婆。一家人都能做到孝顺，家道自然兴隆。实际上，"一门都孝顺，家道自兴隆"是家庭孝道的要领。

娶来的新媳妇原来是别家之人，既没血缘关系，也从未有过共同生活，要想使她一进男方家门就能孝顺父母，实在是十分为难的事情。

这方面的责任完全在于做丈夫的，新婚之后，要时刻诱导、使她能够遵行媳妇之礼。如果不是这样，放纵新妇在枕边耳语、举止不恭，或听信之、放任之，则必然导致媳妇不孝顺公婆的结果出现。孔子说过：五形之属三千，而罪莫大于不孝。孝顺这两个字，常常是连在一起的。有一句话说：孝顺孝顺，孝不如顺。这句话也许有些偏激，不过也有它的道理。有时候，顺本身也就是孝。一般而言，孝是指对父母和长辈而言，顺是指对妻子儿女而言。其实，在现实生活中"孝顺"不能绝对的分开。妻子对待丈夫父母是必须真心诚意的，只有用自己的一颗真心去对待别人，才会让人感动。其实父母亲要的真不多，诸如一句普通的问候、煮一顿家常晚餐、天冷帮他们添加衣服等等，都能使他们高兴温馨很久。人世间最难报的就是父母恩，愿我们都能：以反哺之心奉敬父母，以感恩之心孝顺父母！

其次，关于兄弟孝道："兄弟最相亲，原来一本生，兄应爱其弟，弟必敬其兄。"同胞兄弟是最亲的，兄弟原来同气连枝，为兄应该爱自己的弟弟，弟弟必须要尊敬自己的兄长。中国传统文化的基本理念是：五伦八德。五伦——父子有亲，夫妇有别，长幼有序，君臣有义，朋友有信；八德——孝、悌、忠、信、礼、义、廉、耻。中国在宋代以前，有"以家为本"的伦理道德观。随着中国农业社会的发展，以家庭为本位的农业经济日益稳定与发展，"家"对于农业经济的发展、对于社会的祥和与稳定等功能日益突出，因此家庭与家族的凝聚也就日益重要。多子女大家庭中的人伦关系，已经不仅需要纵向伦理的"孝"，更需要调整横向伦理的"悌"，有了纵向的"父慈子孝"，又有了横向的"兄友弟恭"，建构一个纵横交错的家庭伦理框架，就有可能实现"家和万事兴"。

原文

伯叔须尊敬，同堂谊最亲，居家推长上，相待贵殷勤。兄

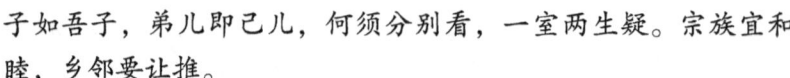

子如吾子,弟儿即己儿,何须分别看,一室两生疑。宗族宜和睦,乡邻要让推。

——[清]谢泰阶《小学诗·明论》

鉴赏

《小学诗》接着上文又讲述了伯叔等家庭成员之间的孝道:"伯叔须尊敬,同堂谊最亲,居家推长上,相待贵殷勤。"对伯父、叔父必须尊敬,出于同一祖父的关系是最亲的,在家时要以长辈为上,对待他们贵在殷勤。由此推论,要把兄弟的儿子看成自己的儿子,没有必要区别看待,以免一家人互相产生猜疑。家族之间应该和睦,乡亲邻里之间应该互相谦让。

在中国漫长的封建制度下,宗族、家族的封建父系家长制大家族始终存留着,不论大家族内部包罗的小家族、个体家庭有多少,始终保持着同姓一家族的观念。中国传统按家庭行辈制度,对父亲的兄长称"伯父",对父亲的弟弟称"叔父"。因为出自相同的血脉,关系也最为亲近。所以,这就有必要提倡同居在一起的长幼以"和睦"来对待家庭。长者有长者之风,幼者有幼者之态,各司其职,使日常生活杂而不乱,维护家庭机器的正常运转。必须强调的是对长辈的伯父、叔父必须礼貌尊敬、举止殷勤,对小辈的子侄要视同己出,贵在持有一颗公允之心,甚至扩展到整个乡里、邻居之间,这才符合做一个仁人的标准。唐朝韩愈的父母去世很早,他是由寡嫂抚养成人的。他与侄儿韩老成亲密无间,在日后为官的日子里,他依然没有忘记寡嫂对他的照料与关怀,忘不了韩老成如何与他朝夕相处。在韩老成去世的噩耗传来之时,韩愈几乎不能自抑地写了一篇名曰《祭十二郎文》哀悼文,感情真挚,凄婉动人,其中有几句话近于痛哭流涕:"呜呼!吾少孤,及长,不省所怙,惟兄嫂是依。中年,兄殁南方,吾与汝俱幼,从嫂归葬河阳,既又与汝就食江南,零丁孤苦，未尝一日相离也。吾上有三兄，皆不幸早世，承先人后者，在孙惟汝，在子惟吾，两世一身，形单影只。"真情实意多么令人感动呀！

原文

毛义捧檄，子路负米。江革忠孝，王览友弟。

——［唐］李瀚《蒙求》

鉴赏

这里记述了历史上四位行孝人物的动人事迹。其一是"毛义捧檄"。据《后汉书·刘平等传序》记载，毛义，字少节，家境十分贫寒，以孝著称于世。南阳人张奉久慕毛义贤孝之名，特意登门拜访。此时正好官差送来朝廷委任毛义做安阳县令的檄文（文书），毛义欢天喜地捧着文书向母亲报喜，母亲见了十分高兴。而张奉看到毛义那种得意忘形的样子，从心里瞧不起他，认为毛义徒有虚名，后悔不该来，便马上告辞而去。毛义在安阳令任上，政绩显著，被称为良吏。后来母亲病逝，朝廷派人专程前来看望，岂知毛义却跪拜于地，将原赏封安阳县令的文书双手捧还，表示不愿为官。安葬母亲后，毛义从此隐居山野，朝廷多次征召，他一概谢绝不应。张奉得知后十分佩服毛义的孝贤，并感叹地说："贤者深不可测，当年毛义喜动于色，捧文书向母报喜，不是为了名利，而是为了老母的欢心，他屈尊就任也是为了孝亲啊！"孝敬老人的方式多种多样，保证老人的温饱只是其中的一种，而毛义之尽孝顺，则是尽量让母亲高兴。在许多平凡人的眼中，光耀门庭是祖宗的荣耀，毛义之母也未脱俗。为了满足母亲这一心愿，以博母亲开心，毛义违心地接受了县令一职。等母亲去世后，他恢复了自己的价值追求，立即辞官而去，使张奉等知道他不是贪图名利的人，进一步了解到他为孝而付出的代价，于是对他更加崇敬。

其二是"子路负米"。据《百孝图说》记载，子路是春秋时期鲁国卞（今山东省泗水县）人，是孔子的得意门生。早年家中贫穷，但侍奉父母极尽孝心。有一天父亲告之家里已断粮，而当地粮价飞涨，子路听到百里之外的郰邑（今山东省曲阜市）粮价较便宜，就不辞辛苦地步行到那里买粮，并用肩扛着米袋赶回家来。两老吃着儿子长途奔波买来的大米，连声赞扬。子路听了心中十分高兴，但他自己则仍吃杂粮、野菜。百里之外在当时算是非常远的路程，也许现在有人也可以做到一次、两次，可是经常如此就极其不易，然而子路却甘之如饴。为了能让父母吃到米，一年四季，都不辞辛劳地坚持跑到百里之外买米，再背回家。后来，子路的父母先后过世，不久子路又被楚王聘为高官。当官后的子路今非昔比，列鼎而食，声势煊赫，抚今追昔，不禁悲感交加，泪如雨下。对人说："我现在算是富贵了，可我的父母在哪里？虽然我还想如当年那样肩扛米袋步行百里到家孝敬父母，可是已成为不可能的事了。"他唏嘘不止，旁观者无不为之感动。子路又说："'树欲静，风不息；子欲养，亲不在。'我现在才懂得，即使把整条的牛供奉在父母墓前，还不如在双亲生前用鸡肉侍奉他们。"孔子听了这些话后赞扬他说："子路孝顺父母，可以说是在双亲生前尽力，在双亲死后尽心了。他真是个大孝子！"

其三是"江革忠孝"。这就是"二十四孝"中《行佣供母》的孝行故事。东汉的江革，自幼丧父，母子两人相依为命，他侍奉母亲极为孝顺。那时各地战乱不断，盗贼四起，他背着母亲逃难。一路上，母亲渴了，江革马上到处讨水给母亲喝；母亲饿了，他想尽办法寻觅食物，只有母亲吃饱了，自己才舍得吃，在仓皇逃难的人群中，江革念念不忘的是母亲的安全，全然忘记了自己的饥饿和疲劳。在逃难的路上，许多人见到江革都肃然起敬。路上常常遇到盗贼，看到江革十分壮实想掳他入伙，江革哭着哀告：有老母年迈无人奉养，盗贼无奈只得作罢。江革背母转居到江苏邳县，在举目无亲的异乡，穷得衣不蔽体、脚没鞋穿，江革就给人家帮佣供养母亲。母亲所需要的东西，没有一件他不尽力备置。母亲死后，他又结庐于坟，守孝三年，故乡的人都赞扬他是"江巨孝"。

其四是"王览友弟"。据《晋书·王祥传附王览传》记载：王览，字玄通，西晋琅邪临沂（今山东省临沂市）人。他的母亲朱氏对异母之兄王祥十分刻薄无道。王览年仅几岁时，每见母亲鞭打王祥，就上前抱着哥哥，哭泣着请求母亲也惩罚自己。后母对王祥的虐待不仅在小的时候，到了成年娶了妻子以后，对王祥和他的妻子也是非常严厉。每一次母亲惩罚大哥，王览都带着妻子过来帮忙，尽心调和他们之间的关系，化解危机。朱氏看到兄弟如此情深，有了顾虑，只好罢休。后来知府县衙选官，朱氏不愿意让王览与王祥同去竞争做官，但是王览力争与哥哥一起读书去选官。王览的母亲为了阻拦，就想秘密用毒酒去毒杀王祥。有一次，朱氏斟酒让王祥喝，王览生怕母亲在酒中下毒，就抢着要先喝一下；王祥见状怀疑酒里真的有毒，抢回来要自己喝。朱氏一看不对，恐怕自己亲生的儿子被毒死，立刻夺过毒酒倒在地上。兄弟之情终于感化了后母，当场后母和两个兄弟抱在一起痛哭流涕。可见唯有德行、真诚能化解人生的灾难。王览就是著名书法家王羲之的曾祖父，祖辈的"孝行"，对王羲之等后代的道德素养，起了十分重要的影响。

原文

郑均白衣。……老莱斑衣，黄香扇枕。王祥守柰，蔡顺分椹。

——［唐］李瀚《蒙求》

鉴赏

《蒙求》接着上文又讲述了历史上五位行孝的典范。其一是"郑均白衣"。白衣，指没有取得功名的人，这里赞扬郑均淡泊名利，象征着洁白的品格。据《后汉书·郑均传》记载，郑均，东汉时人。他的哥哥在城县衙门里当职，虽然是个芝麻绿豆的小吏，却经常接受别人的馈赠礼物，郑均多次劝谏也没什么效果。劝说不成，郑均决心用实际行动教育哥哥，就外出给人家当佣工赚钱。辛辛苦苦干了一年多，将挣得的钱物全都交给哥哥，并说："钱物没有了，可以通过劳动再获得，可是做官的贪赃枉法，名誉被毁掉，那终身都难挽回。"贪婪的哥哥终于被弟弟的言行所感动了，从此洗心革面，成为了奉公守法的良吏。后来哥哥去世了，郑均又承担起抚养寡嫂和孤侄的责任，极尽自己的诚恳和礼节。郑均在哥哥身上赢得了个"廉"字，在嫂嫂身上赢得了个"孝"字，老嫂比母嘛！

其二是"老莱斑衣"。据《太平御览》卷四一三引《孝子传》等记载，老莱子，春秋时期楚国人，年届70时，父母亲都健在，但他在父母亲的面前从来不提"老"字，侍奉双亲非常孝顺。有一次为双亲取饮食，上堂不慎跌了一跤，他恐怕父母伤心，就躺在地上故意不起来，学着婴儿啼哭的种种娇态，让双亲高兴。又有一次，父母看着老莱子的花白头发，叹气说："连儿子都这么老了，我们在世的日子也不长了。"老莱子为了不让父母担忧，常常穿着五色多彩的衣服在双亲身边又蹦又跳地玩耍，真像是童心未泯的老孩童，父母看了乐开了怀。《礼记》中说："恒言不称老。"为人子女永远不要在父母的面前声称自己已经老了。一位孝顺的人，总是会想方设法，让父母觉察不到岁月的流逝、年纪的增长。为什么呢？因为如果连孩子都老了，那父母不就更为年迈了吗？他们该多么伤心啊。孟子曾说过："大孝终身慕父母。"老莱子就是这样的大孝之人。

其三是"黄香扇枕"。这就是"二十四孝"中《扇枕温衾》的孝行故事（具体内容详见前文《弟子规》）。它反映了儿童纯挚天真的孝性，是出自于一片赤子之心，故被人们传颂为："天下无双，江夏黄香。"

其四是"王祥守柰"。据《晋书·王祥传》等记载，西晋人王祥，为人孝顺，但不为继母所爱，并常在其父面前说他坏话，因此他很快又失去了父爱。他家红沙果树结了果子，继母让王祥看守，为了使继母高兴和放心、以尽孝心，他不分白天和黑夜，全力精心守护，特别是每次刮风下雨，他都会抱着树哭泣，怕果子会被吹下来而失责，而果树仿佛也有知觉，竟然不跌落下来，王祥笃深于孝心到了如此地步。尽管父母对他不好，他仍尽孝不已。父母有病，他彻夜不睡、衣不解带地守候，每次父母吃药之前，他必须亲自先尝。有一次，继母想吃鲜鱼，而此时正天寒地冻，河水结成硬冰，怎么能得到鲜鱼呢？为了满足继母的口味，王祥不顾寒冷，便脱去外衣，准备剖开冰冻去捉鱼。忽然冰层裂开，有两尾鲤鱼跳出冰上，王祥就拿到家里，烹调后给继母吃。《二十四孝》中说王祥"卧冰求鲤"行孝，这是故意夸大宣传。王祥尽心供养继母三十多年，到她死时，在居丧期间伤心得十分憔悴，要用木杖才能站起。可见他毫不计较继母如何苛待他，始终孝顺父母。

其五是"蔡顺分椹"。据《后汉书》卷三十九、《太平御览》卷九记载，东汉人蔡顺，少年丧父，与母亲相依为命，虽然年小，但十分孝顺懂事。在经常食不果腹的境况下，总能想办法找到一些可以充饥的食物，尽心奉养母亲。又是一年青黄不接的时候，蔡顺饥肠辘辘地跑到下午还是没能找到吃的。忽然，他发现一大片桑林，地上落有不少桑椹，忙捡拾起来。他把黑紫色的和青红色的分开放入篮中，欢欢喜喜地往家赶。不料回家途中他遇到一队赤眉军，军士们见他篮内的桑果按颜色分作两筐，好生奇怪，问其缘故。蔡顺说："黑紫色桑椹是成熟的果子，味道甜，带回家给母亲吃；青红色的发酸，留着自己吃。母亲年纪大了，眼睛不好使，分开来她好拿。"由于他对母亲流露出的那种孝敬，赤眉军十分感动，他们不但放了蔡顺，还送给他白米两斗、牛蹄一只，让其带回家孝敬老人，以表敬意。蔡顺母亲生前怕雷，每次打雷，他都赶回家陪母壮胆；母亲死后，雷雨天他还赶到墓地，唯恐母亲的阴魂受惊，并哭着说："蔡顺在您身边。"这里固然有点迷信，但其孝母之心至敬至诚，令人感动和敬佩。

原文

张敞画眉，……盛彦感蛴①，姜诗跃鲤。

——［唐］李瀚《蒙求》

注释

①蛴，就是蛴螬（qí cáo 脐曹），别名粪虫、地蚕，金龟子的幼虫，可制中药材，主治消肿止痛，破瘀血，明目。

鉴赏

接着，《蒙求》又列举了三位历史人物的行孝动人故事。其一是"张敞画眉"。张敞生活在汉宣帝时代，年轻时就胸怀大志，踏踏实实地从底层打拼，从乡里小吏、京兆尹到冀州刺史。张敞治政能够因势利导，处事快捷，赏罚分明，很有魄力，同僚们都非常佩服他。可是，张敞也有另类表现，即不摆官架子、不拘小节，在家给妻子画眉毛。张敞与夫人也不保密，甚至还引以为傲，闹得京城好事的大臣告他"轻浮"。汉宣帝特意把张敞叫来询问，他回答得十分奇妙："臣听说在闺房之中，夫妻之间的私生活，有比画眉更浪漫的。"皇帝一听，觉得也对，张敞真是个坦率人，他的爱不是"作秀"，而是发自内心，便没有责罚他。张敞画眉，实际上是画情，可以说是夫妻真爱的典范，搞好夫妻关系，相敬如宾，也属孝的范畴。在张敞的妻子看来，其夫身为朝臣，每天都要早朝，早朝前总要挤出时间来为自己画眉,自是感激,有感激就会加倍恩爱、体贴丈夫,竭尽全力去干好妇道、家道之类的事情。这必定十分有利于张敞在朝中供事,对于其成为西汉名臣不无关系。男人能对你的爱人好一点,诸如为妻子做"画眉"之类的事情,关心体贴,一切都要出自真情。如此,她的爱将会像潮水般地涌来回报丈夫。故后人常用"张敞画眉"来比喻夫妇恩爱之情。

其二是"盛彦感螬"。据《晋书·盛彦传》载,盛彦,是西晋时代人,小时候就以文才而闻名乡里。其母王氏因疾病缠身,眼睛也失明了,盛彦每当说到母亲患病的事,都泣不成声。于是,盛彦没有出去应试做官,而专门在家照顾母亲,其母每顿饭,盛彦都要亲自喂她吃,从不嫌麻烦。因为久病不愈的缘故,母亲的心情很不好,经常因小错鞭打照顾她的丫头,丫头怀恨在心,伺机报复。有一天,趁着盛彦有事出门,丫头到田地里收集了一把叫蛴螬的甲壳幼虫,把它捣碎后放在菜肴里面,然后端给母亲王氏吃。母亲吃了这盘"水煮昆虫"后,感到味道十分鲜美,就偷偷地留了一点藏起来,想给盛彦看看,让他以后经常做给她吃。盛彦回来后,看到这盘剩下的"水煮昆虫",立刻就明白了是怎么回事。看到母亲身患病痛,又被人作弄,悲痛莫名,他抱着母亲放声大哭,伤心过度,最后哭得昏迷过去。盛彦苏醒后惊奇地发现,母亲失明已久的眼睛能够看得见了。不久,母亲的疾病也慢慢好了。"盛彦感螬"这则故事,是歪打正着的特例,被世人认为是最具传奇色彩的孝事。

其三是"姜诗跃鲤"。据《后汉书·列女传》记载,东汉四川广汉人姜诗,很孝顺母亲,尽心侍奉,妻子庞氏尤其勤劳笃厚。母亲喜好喝江水,而江水离姜诗家有六七里路,姜诗妻常为此去江边盛水。姜母想吃鱼,虽然家中贫寒,但姜诗夫妇更加辛勤劳作,将所有积蓄用来买鱼孝敬姜母。姜母不喜欢一个人独吃,于是姜诗夫妇请邻人来陪她一起吃。一天夜里,狂风大作,雷雨交加,第二天姜诗起来经过院子,突然惊奇地发现地上有一个水桶大的窟窿,正汩汩地往外涌着泉水，顺着墙角流出了院外。在泉眼旁边，有两条活蹦乱跳的鲤鱼。姜诗喜出望外，又尝了尝泉水，跟六七里外的江水一个味。从此，每天早上都会从泉眼里跃出两条肥大的鲤鱼，供给姜诗夫妇做成佳肴来孝养母亲。姜诗夫妇的孝行告诉我们，有时老父母有特殊的嗜好，对子女提出了一些难办的事情，比如"好饮江水"、"更嗜鱼脍"，但是作为子女还是要尽可能地满足他们的要求，这样可以减少父母不在人世时的遗憾。

原文

欲修圣功，始于孝亲，谁无父母，木本水源。仁及天下，爱始于亲，酬恩报德，育我情深。德配天地，莫大于孝，奉养慕敬，乃孝之道。

——［民国］周秉清《养蒙便读·事亲》

鉴赏

文中"欲修圣功，始于孝亲，谁无父母，木本水源"，即要想修得最圣贤的功德，就要从孝敬父母开始。谁没有父母呢？父母就像树的根本、水的源头，没有父母就没有你的一切。尊老孝亲是人伦道德的基石，更是中华民族几千年灿烂文化的精华。"孝"是中国文化中最悠久、最基本、最重要、影响最深远的传统伦理观念。在《孝经》中，"孝"被开宗明义地肯定为"德之本"和"教之所由生者"，并被儒家视为"仁之内核"。其实，孝道的核心是要突出"感恩"思想，理解孝亲后面的价值取向才是真正重要的。把孝亲当作责任、义务，与从孝亲获得幸福，两者是可以统一起来的，前者正是后者的源头活水。对于具备起码道德水准的人来说，想到父母把自己拉扯成人所吃的千辛万苦、所负的担惊受怕、所投的真疼至爱，倘不能尽孝心，必深感负疾而痛苦。如能尽孝心，使父母衣食丰足、身体康健、精神愉快，一句话，生活幸福，自己难道不会因此感到欣慰和幸福吗？

孝亲，是人伦之根、仁爱之本。《左传·昭公九年》云："我在伯父，犹衣服之有冠冕，水木之有本原，民人之有谋主也。"孝是儒家文化的初始与源泉。《孝经·三才章》中说："夫孝，天之经也，地之义也，民之行也。"《孝经·圣治章》中也说："天地之性人为贵，人之行莫大于孝。"为什么呢？因为孝是人伦之根。在成"人"之前，人畜无异，真正构成人畜差异的，就是一种亲情，一种叫"孝"、"孝悌"的亲情。所以儒、释、道三教在教化民众的过程中，都倡导"孝道第一"。道家的《文昌孝经》中说："孝治一身，一身斯立；孝治一家，一家斯顺；孝治一国，一国斯仁；孝治天下，天下斯升；孝事天地，天地斯成。"所以，儒释道都将"孝"推崇为修心求道、立身治世所必须遵行的第一大道，就是因为孝为人伦之根、仁爱之本。孝亲敬老也应该是社会主义道德建设的题中之义，是社会进步的表现。让我们共同行动起来，在全社会大兴孝亲敬老之风。

"仁及天下，爱始于亲，酬恩报德，育我情深。"一个人要爱天下所有的人，首先是从爱父母开始的，要牢记酬谢报答父母的恩德和他们养育儿女的似海深情。"仁"是孔子在《论语》中使用频率最高的词之一，一部《论语》合计不过一万多字，其中仁字就出现109次。仁，不仅仅是儒家精神所宣扬的最高原则，同时也是儒家伦理哲学的基础，更是千百年来中华民族所信奉的道德准则。仁最通常的含义是"爱人"，而"爱人"不仅指"爱自己"、"爱他人"，更重要的是"爱一切人"，不论亲疏，不讲远近。孔子在教育其弟子时指出："泛爱众，而亲仁。"就是要广泛地爱广大人民，即博爱人，就是人与人之间要有同情心，要相互关心、相互尊重、彼此相爱。而要充分体现博爱人，首先必须从自己家里做起，孝敬父母，感恩报德。

"德配天地，莫大于孝，奉养慕敬，乃孝之道。"孝是中华传统伦理体系的始基与诸德之首，即"百善孝为先"。孝道，最基本的伦理意义指"善事父母"之意，即子辈对父母的一种伦理义务意识与行为规范，其中包含的伦理精神本质是爱、敬、忠、顺；或者说，孝道主要是由爱心、敬意、忠德、顺行构成的。爱生于自然之亲情，敬生于上下之伦理，爱之奉献与体现则为忠，敬之核心与践行则为顺。它不只是一种普遍存在的亲情之爱，还可以延伸为博爱，爱人民，爱祖国，孝于亲，忠于国。人的个体品德修炼，要从"孝"开始，不然，其他品德就失去了生成、发展的根基。孝，作为一种人性的体现，具有永恒性。

原文

父母生我，劬劳鞠育，子壮亲衰，思之当哭。亲衰老，当伏侍；亲病痛，当医治；亲贫困，当安慰；亲劳苦，当身替。

——[民国]周秉清《养蒙便读·事亲》

鉴赏

这里的"父母生我，劬劳鞠育，子壮亲衰，思之当哭"，是向孩童说明，父母生养我们子女，非常辛劳，养育的深恩，不能报恩德于万一；子女长大了，父母衰老了，每想到这里就会不由自主地想哭。"劬劳"，出自《诗经·小雅·蓼莪》："蓼蓼者莪，匪莪伊蒿。哀哀父母，生我劬劳。"这是一首儿子悼念父母的诗。诗人痛惜父母辛辛苦苦养育了自己，而他却不能报恩德于万一。子女赡养父母、孝敬父母，这是中国人民的美德之一，直至今日，仍然是一项必须提倡的公德，人人都应尽这个责任。这首诗前两章用比，表现"父母劬劳"；后两章用兴，象征自己遭遇不幸，首尾遥遥相对。中间两章一写儿子失去双亲的痛苦，二写父母对儿子的深爱。全诗情真意切，表现了作者对父母的深厚感情。父母爱子女，子女长大也要成为父母，也要爱其子女。所以父母之爱像是连心锁一般，代代相续，传继不绝。维护人类生命之最大的、最原始的、最美妙的、最神秘的力量莫过于父母的爱。让我们来赞颂、珍惜父母的爱！

至于"亲衰老，当伏侍；亲病痛，当医治；亲贫困，当安慰；亲劳苦，当身替"，是说父母衰老了，应当好好在身边服侍；父母有病痛，应当及时找医生医治；父母陷于贫困境地，应当好好安慰；父母干活劳苦，应当以身顶替。孔子说："不爱自己的亲人却去爱别人，这就是违反道德；不敬重自己的亲人而敬重别人，这就是违反礼法。君王教育百姓遵从父母，自己却违反道德礼法，这样百姓就会无所适从。凡是不敬重自己的父母，一味地违背道德礼法的人，即使再讲究德行，君子也不会去敬重他。一个人想爱护自己，却抛弃自己的宗族，那又怎么能够做到爱护自己呢？"孝顺、敬重父母是应该体现在日常具体的生活当中的。

原文

斗粟尺布，终贻后悔；煮豆燃萁，万世之耻。姜家大被，陈氏广席，但相爱好，不闻争夺。李勣姊病，煮粥须焚，岂无婢仆，爱姊心诚。温公事兄，饥寒时询，敬之如父，保之如婴。

——[民国]周秉清《养蒙便读·友爱》

鉴赏

这节记述了古代孝悌、不孝悌的正反六个故事，让人们从历史的镜子中辨别自己该怎么做。其一，"斗粟尺布，终贻后悔"。说的是西汉文帝刘恒和弟弟刘长的故事。据《史记·淮南衡山列传》记载，淮南王刘长，是汉高祖刘邦的小儿子，他性格刚硬，目中无人。在淮南封地上，刘长更是肆无忌惮，无法无天。中央政府安排在淮南国的官

员,全部被他赶走,擅自安排自己的人;大汉的法律也被他抛弃,自制法令;衣食住行的规格,全部与皇帝一样;上书皇帝时,言语放肆。汉文帝对他的胡作非为曾予警告,而刘长不但不听,还联络匈奴、闽越首领,图谋叛乱。事泄被拘,朝臣议以死罪,但汉文帝说:"淮南王虽然罪行严重,但他是我的弟弟,我不忍心将他处死。"最后决定赦免刘长死罪,废掉淮南王封号,发配蜀郡严道(今四川省雅安市),其余同谋者全部诛杀。刘长在路上对他人大发感慨:"都说我勇猛,勇猛个屁!我啊,太骄傲,不听别人劝,如今成这个样子了。人生一世间,不能像现在这个样子活!"于是绝食身亡。刘长死后,民间流传着这样一首歌谣:"一尺布,尚可缝;一斗粟,尚可舂;兄弟二人不能相容。"意思是:即使天下仅有一尺布,也还可以把它缝制成衣服,大家一起来穿;即使天下仅有一斗谷粟,也还可以煮好了大家一起来吃。这首民谣对封建统治集团内部因争权夺利搞得兄弟残杀的情况作了尖锐的嘲讽,有力地揭示权利之争胜过骨肉之情,乃人世的现实与罪恶。掩卷而思,中国历史上这种同室操戈、骨肉相残的事例何其之多!这首民谣用简单的几句话所指出的问题,值得人们深思。后来人们都习惯称兄弟不和为"斗粟尺布"。

其二,"煮豆燃萁,万世之耻"。说的是三国时期魏文帝曹丕逼迫弟弟曹植的事情,比喻兄弟间自相残杀,就会遗臭万年。据《世说新语·文学》记述,曹丕即位后,担心弟弟曹植会威胁自己的王位,就想害死他,于是要他在七步之内作出一首诗,以证明其写诗的才华。如果他写不出,就是犯欺君之罪,罪该处死。曹植又伤心又愤怒,强忍着心中的悲痛,终于在七步之内作了一首诗:"煮豆燃豆萁,豆在釜中泣。本是同根生,相煎何太急?"诗中的一"燃"一"泣",写出了"萁"、"豆"的尖锐矛盾,以及豆萁对豆子的残酷迫害。最后两句"本是同根生,相煎何太急!"画龙点睛提示诗歌主题,实际上是说自己与曹丕是同一父母所生,责问曹丕为什么要对同胞兄弟逼迫得这样急。虽然最终曹丕没杀害曹植,但这首诗生动形象地反映了封建统治集团内部的残酷斗争，而这类事在历史上层出不穷，留给了世人沉重的思考。

其三，"姜家大被"。上面讲述了两则孝悌的反面事例及其危害，让人们引以为戒；这里开始正面列举孝悌的典范，以供人们学习。据《后汉书·姜肱传》等记载，东汉处士姜肱，与弟弟姜仲海、姜季江都以孝行著名。兄弟三人友爱至深，形影不离，天天在一起读书，下课又一起温习功课、玩耍，还缝了一条大被经常睡在一起。长大之后，因为他们各娶妻室，不得已只好分开，但兄弟三人还经常相聚共被而眠。这样到成家之后感情还这么好，就凸显他们三兄弟的确是一条心，从而在历史上留下了佳话：姜家大被以同眠。

有一次，姜肱与弟弟姜季江一同去京城办事，但在半夜路上遇到强盗。月光下，强盗面目狰狞，手里的匕首寒光闪闪，看了直叫人打颤。强盗嚣张地步步逼近抱在一起的两兄弟，突然哥哥把弟弟推到后面，走上前说："我弟弟还小，我是做哥哥的，我可以死，希望你们放他一条生路。"这时，后面的弟弟也走上前来说道："不！你不可以伤害我哥哥，还是杀我吧！"兄弟俩都争着让对方活着，盗贼也不是铁石心肠，也是因饥寒才起盗心，他被兄弟俩的手足之情感动了，于是抢了一些财物便匆匆离开，放过了兄弟两人。到了京城，有人见到姜肱衣冠不整，就问他出了什么事，怎么如此落魄。姜肱用其他种种的言语搪塞，始终未说遇盗遭抢之事，因为他深盼盗贼能悔改。后来此事辗转传到盗贼那里，他非常感激，悔恨交加。于是隔天就去拜见姜肱，把所抢的财物还给了姜肱，并表明痛改之意。姜肱兄弟的孝悌甚至使盗贼感悔，可见孝道所起的作用。

其四，"陈寔广席"。说的是陈寔后裔众多族人同时在座席上用餐的故事。陈寔是汉初丞相陈平的第十四世孙，因反对宦官专权，遭党锢之祸下狱长达20年之久，未免心灰意冷，后遇赦回乡隐居。在乡期间，陈寔总是以平和的心态对待事物，乡人之间发生纠纷，经常找陈寔评理调解，他总力求裁决公正，百姓无不心悦诚服，可见他的威信之高。

陈寔的后裔陈旺一支于唐时徙居江西德安太平乡常乐里，开江州义门一派。他"以孝悌治家，撰家规，建书院，聚众三千余人。"可以说陈旺创建了中国历史上无与伦比的大家庭。江州陈氏族人孝道治家，满门重义尚德，敦行孝友，订立家法，创办书堂，家族日益兴旺。唐昭宗大顺二年（891年）敕赐"义门陈氏"。到南唐时历经五代不分家，宗族700余口同居共饮，每饭时设置长席，一堂聚食，时有"陈氏广席"之称。据《宋史》记载，义门陈氏家族合德同风，事无巨细。宋代陈氏，聚族而居已历19代，发展到3800人。当时义门陈氏震动朝野，朝臣因上疏奏请分析。嘉祐八年（1063年）江州义门陈氏进行首次大分析，同宗3000余口，按御赐12行派析居300余处，自此义门陈氏遍天下，因有"天下陈氏出江州"之说。"陈氏广席"、"陈氏义门"，创造了"聚居三千口人间第一，合饮五百年世上无双"的世界奇观，演绎出"但相爱好，不闻争夺"的和谐的历史典范。

其五，"李勣姊病，煮粥须焚，岂无婢仆，爱姊心诚"。据《资治通鉴·唐纪十七》记载，唐初大将、英国公李勣，虽身居高位，但对姐姐仍然恭敬侍奉。尤其在姐姐生病时，知道她胃口不好，特地抽闲亲自为她煮粥，因家务不熟练，火顺风向烧了他的胡须和鬓发。他姐姐见了，就劝说："家里婢女仆人多得很，何必这么亲自劳苦！"李勣回答道："不是因为没人使唤而亲自劳作，只是惦念姐姐现在年纪老了，我也老了，虽然一直想要替姐姐煮粥，也不知道还有多少机会了。"李勣深知"人生苦短"，想趁有生之年尽一点做弟弟的孝责，避免以后出现"子欲孝而父不待"的那种遗憾的景况，这是多么深厚的姐弟情呀！

其六，"温公事兄，饥寒时询，敬之如父，保之如婴"。温公即北宋大臣司马光，他一生孝顺父母、友爱兄弟、忠于朝廷。尤其对哥哥司马伯康，感情十分深厚。当时伯康已80岁了，而司马光也年事不小，但侍奉兄长就如同父亲一样尽心尽力，保护兄长就像保护婴儿一样细致周到。每当吃完饭不久，司马光总会亲切地问："哥哥吃得适合口味吗？要不要再吃点？"当季节交替，气候极其不稳、特别是天气转凉时，司马光常常抚摸着哥哥的脊背关切地问道："衣服会不会太薄吧？会不会冷？"司马光虽然身居高官显贵，但照料兄长从不委由仆人代劳，巨细靡遗，都亲自操持，这种至情至亲的手足之爱，与下人照顾是全然不同的。试想，两位白发苍苍的老人，相互扶持，相互照顾，那是何等感人的画面！

人的一生，与兄弟姐妹相处的时间往往超过父母，故应该彼此相互提携照顾，正所谓"同气连枝，骨肉相连"，"一回相见一回老，能得几时为弟兄"。因而，兄弟间真挚的友爱，是多么弥足珍贵，应当更加地珍重爱惜。

原文

万行庄严，德为总持，择要渐修，念兹在慈。第一曰孝，惟养与敬，爱亲以德，悦心从命。第二曰悌，惟和与让，兄友弟恭，子孙榜样。第三曰忠，作事尽心，或为戚友，或为众民。

——［民国］周秉清《养蒙便读·修德》

鉴赏

文中讲述了德、孝、悌、忠的地位及其内涵。其一，说明"德"的重要性。"万行庄严，德为总持，择要渐修，念兹在慈。"无论是佛教的三千威仪、八万细行，还是法律上、道德上、宗教上的善事、修行，都是庄重严肃的，而道德是总掌一切的，选择重要的内容循序渐进地修行，需要持之以恒、念念不忘。西周以来，中国传统文化重要内涵的"礼乐文明"中，"德"是核心。德被归纳为"勤朴古健、果义敢为、居安思危、善始善终"，就是对德的最好总结。孔子当年之所以念念不忘"克己复礼"，就是因为以德为核心的西周之礼是儒家思想最

为推崇的道德标准,而"厚德载物"仍然是中国传统文化中的优秀精神遗产。周人制作礼乐,隆礼重仪,确立了以"德"为先的价值原则。敬天、保民、明德、慎罚是周人基本的精神信仰,周人认为"皇天无亲,惟德是辅"。"德"是和"天"联系在一起的,个人、家族、国家有德,便能得到上天的垂顾,成为"受命之人"、"受命之族"、"受命之国"。周人认为殷之所以灭亡,是因为无德,天命转移到了有德的周人身上。所谓修德,不过是把眼前蒙蔽的障碍摘除而已,也就是说,修德的基础在于自己能够建立起对宇宙、对人生的种种认识思考,寻找、发现、认识客观和真实的内涵,即古人所谓的"道",由这个方向、这个思路的开始,而渐渐树立自己对世界的正确看法。

其二,说明"孝"的地位及其内涵。"第一曰孝,惟养与敬,爱亲以德,悦心从命。"天下第一重要的就是孝,只有养亲与敬亲,爱父母出于德的信念,才能心悦诚服地顺从父母之命。儒家将"孝"作为看人看事的第一标准和最大的否定标准。由孝的观念演化为孝道,是从孔子开始的。孔子继承并发展了他以前的孝的思想,提出了系统的孝文化观和关于孝的行为规范原则。他把养亲与敬亲结合起来,强调:"今之孝者,是谓能养。至于犬马,皆能有养。不敬,何以别乎?"(《论语·为政》)以敬把人与犬马之养区别开来,敬亲是人所独有的。孔子重视孝的现实人伦道德意义,重视孝作为家庭道德的伦理内涵,使"善事父母"这一伦理规范的孝完全凸显出来。养亲,就是子女对父母生活的赡养,是孝的最起码的要求。敬亲,就是孟子所说:"孝子之至,莫大乎尊亲。"(《孟子·万章上》)对父母还要在人格上对其尊重、敬重,思想上要让他们满足,才能使父母健康长寿。《礼记·内则》记:"父母之所爱亦爱之,父母之所敬亦敬之。至于犬马尽然,而况于人乎?"孔子还说:"小人皆能养其亲,君子不敬何以辨。"(《礼记·坊记》)又把是否"敬"父母,作为君子、小人的分界线。

其三,说明"悌"的地位及其内涵。"第二曰悌,惟和与让,兄友弟恭,子孙榜样。"悌,是会意字,一个"心"字,跟一个"弟"

字，心在弟旁，表示哥哥对弟弟妹妹的关心；心中有弟，就是兄弟间彼此诚心友爱。而弟又有"次第"的意思，即弟弟对哥哥要尊敬顺从。兄弟姊妹之间如能各尽其道，互相敬爱，自然和睦友爱，这就是儒家宣扬"兄友弟恭"式的友爱。悌，常与"孝"并列，称为"孝悌"。儒家非常重视"孝悌"，把它看作是实行"仁"的根本条件。《论语·学而》云："其为人也孝弟，而好犯上者，鲜矣。不好犯上，而好作乱者，未之有也。君子务本，本立而道生。"《孟子·滕文公下》也云："于此有人焉，入则孝，出则悌。"兄弟之间如果将利益放在第一位、亲情放在第二位，就大错特错了，不但有违兄弟之道，也有违孝道。所以兄弟之间要懂得珍爱，相互勉励、扶持，切莫伤和气。毕竟"一回相见一回老，能得几时为弟兄"。中国老式住宅的大门上往往有这样一副对联："忠孝传家久，诗书济世长。"有了孝悌的基础以后，然后再进行知识的传授。孔子说："入则孝，出则悌。"这句话的意思就是在家要好好孝敬父母，在外要尊敬师长，团结同事、同学。这种处事之道也叫"悌道"，这里悌的含义是尊重和尊敬，因此我们学习悌道的主要目的就是尊重和尊敬他人。

其四，说明"忠"的地位及其内涵。"第三曰忠，作事尽心，或为戚友，或为众民。"忠，《说文解字》解释为："敬也。从心，中声。"《玉篇》解释为："直也。"《六书精蕴》解释为："竭诚也。"《增韵》解释为："内尽其心，而不欺也。"《疏》："中心曰忠。中下从心，谓言出于心，皆有忠实也。"曾子说："夫子之道，忠恕而已矣！"这说明"忠"、"恕"在孔子心目中占有重要位置。而孔夫子倡导的教育，其目的在于让人学做"君子"，由此可见，"忠"和"恕"在君子人格里的重要性。曾子每日反省自己，首先就是"为人谋而不忠乎？"将"待人是否忠诚"作为每日第一件需要反思的事情，对"忠"的重视溢于言表。"忠"后来成为儒家思想的核心之一，也是中国古代的道德规范之一。原指为人诚恳厚道、尽心尽力做好本分的事，故有忠诚无私、忠于他人、忠于国家等多种含义；随着中国封建专制主义的形成和加强，

"忠"变成为特指臣民绝对服从于君主及国家的一种行为规范和道德义务。宋代以后，"忠"在一定程度上更是发展成为臣民绝对服从于君主的一种行为准则。

原文

十二曰敬，正念常存，专精正业，亲近正人。非礼勿思，天帝降临，敬则获福，人神共钦。

——［民国］周秉清《养蒙便读·修德》

鉴赏

《养蒙便读》在讲述德、孝、悌、忠之后，又说明了"敬"的地位及其内涵。"十二曰敬，正念常存，专精正业，亲近正人。"敬，本义是恭敬、端肃。恭在外表，敬存内心。无论对待什么人、什么事情，都应该保持谦虚谨慎、有理有节、内心和外表一致的恭敬态度。敬，原是儒家哲学的一个基本范畴，孔子就主张人在一生中始终要勤奋、刻苦，为事业尽心尽力。他说过"执事敬"、"事思敬"、"修己以敬"等话；北宋程颐更进一步说："所谓敬者，主之一谓敬；所谓一者，无适（心不外向）之谓一。"可见，敬是指一种思想专一、不涣散的精神状态。要做好"敬"，还须"正念常存"，就是说人要常存正念，要经常有正的念头，不要有邪的念头。如果没有正念，就如在茫茫大海上漂泊不定，找不到自我，这个人就会失去自我。另外要做好"敬"，还须"修行正念"，正念来自深层的觉知，与我们表面的感受不一样。我们要树立正念，一言一行都不应该随便，凡事要经过再三的考虑：这个行为会伤害到他人吗？这件事情会对别人不利吗？想清楚了，才可以有所行动。因此正人君子的行为必定合乎正道，起正直的念头，说正直的话，做正直的事，修正直的行。同时，要做好"敬"，还须"专精正业",即专一求精的正当行业。应当努力以正当的行业来维持生命,并且保持专一求精的态度,不做那些不道德的事业。专心致力于学业或工作,实际上就是敬业。敬业是一个道德的范畴,是一个人对自己所从事的工作负责的态度。中华民族历来有"敬业乐群"的传统,敬业是中国人民的传统美德。古往今来,事业上有所成就者,大凡离不开两条:一是有强烈的事业心和责任感,二是锲而不舍的勤奋和努力。这两条的有机结合,即为敬业精神。为此,还要"亲近正人",就是亲近正直的人,远离小人。《尉缭子·十二陵》中说:"祸在于好利,害在于亲小人。"做人要正直,做事要正派,堂堂正正,才是立身之本、处世之基。襟怀坦荡、光明磊落就会赢得他人的信赖与尊敬。一个人能够做到这样,必然会"非礼勿思"、"人神共钦",必然会"敬则获福",即在履行"敬"的行为中获得福祉。

原文

孝顺爹娘,不敢怠慢。爷爷奶奶,伺候当先。祖宗坟茔,祭扫必虔。伯母婶母,只得重看。要待继母,亲娘一般。

——佚名《四言杂字》

鉴赏

本节讲述孝敬父母、爷爷、奶奶、伯母、婶母、继母的具体做法,以及祭祖扫墓要求。首先,"孝顺爹娘,不敢怠慢。爷爷奶奶,伺候当先"。孝关乎着人们的精神生活,它让人的内心充满温暖,并把人提升到一个庄严和神圣的境界。孝是天经地义的,父母呼唤,要赶快答应;父母有命令,应赶快去做,不能怠慢,要诚心诚意,面带欢笑。《孟子·离娄上》说:"(在舜的眼中看来)儿子与父母亲的关系相处得不好,不可以做人;儿子不能事事顺从父母亲的心意,便不成其为儿子。"孟子还说:"只要人人各自亲爱自己的双亲,各自尊敬自己的长辈,那么,天下自然就可以太平了。"当今社会,在我们生活的天平里,父母、爷爷奶奶往往不如同事和朋友,更不要讲子女和领导了!领导交代的任务,更是会竭尽全力,生怕没做好而惹领导不高兴,从而影响进步。而父母、爷爷奶奶交代的事情或者提的要求我们常常不那么放在心上,甚至认为是累赘,很少考虑他们的感受。为什么在物质文明不断提高、生活水平日新月异的今天,我们有些人却漠视老人的存在而不孝顺呢?原因固然是多方面的,关键的一条还是缺乏孝敬老人的意识,把老人当做负担。殊不知生命是一代一代地繁衍,人都会有老的一天,今天你不孝,下一步落泪的可能就是你。

其次,"伯母婶母,只得重看。要待继母,亲娘一般"。伯父,就是父亲的哥哥,也叫伯伯,伯父的妻子称伯母;叔父,就是父亲的弟弟,叔父的妻子称婶娘或婶婶。中华文化注重血缘关系,有血浓于水的观念,对血缘的延续变化也极其看重,做事要对得起祖先等思想渗透到我们生活的每一个层面,影响着我们的许多行为。一个人的孝敬不但要敬爱生父,凡伯父、叔父皆当敬爱;不但要敬爱生母,凡继母、伯母、婶母等长辈皆当敬爱。不光是敬爱,还要"重看",甚至对待继母要像"亲娘"一样,只有这样才称得上真正的"孝"。为什么说要像对待亲娘一样对待继母呢?众所周知,当母亲的对于子女,一养一教,本不容易;而一旦母亲早逝或离异,父亲再继娶一位来,这就是继母;当继母更是不容易,本来在家是当姑娘的身份,一出嫁就给人当母亲,在名分上,还不能推辞。并且对前房子女,还得格外尽心,稍有差错,旁人便会说闲话。无论哪家若娶个继母来,全家老幼男女以及亲戚朋友,没有不注意的。对于前房子女的吃穿住行,往往背着继母去问孩子,你继母待你怎样啊?受委屈吗?等到继母有了自己的小孩,更有了比较,看看待遇上有没有区别,这是一般普通人的心理。作为继母,对前房子女,固然有偏心的,但也不可一概而论。家庭伦理,重在实行,关键在于凭良心做事。

至于"祖宗坟茔，祭扫必虔"，这个习俗在中国起源甚早。汉族和一些少数民族大多都是在清明节扫墓，至今已有2500多年历史。清明节是一个纪念祖先的节日，主要的纪念仪式是扫墓，扫墓是慎终追远、敦亲睦族及行孝的具体表现。唐代诗人杜牧的诗《清明》云："清明时节雨纷纷，路上行人欲断魂。借问酒家何处有？牧童遥指杏花村。"写出了清明节的特殊气氛。从2008年起，国家将"清明节"定为法定假日，放假一天，让人民群众祭奠祖宗、追念先烈，感恩和怀念逝去的父母。这一举措，对于弘扬民族文化、传承中华孝道有着十分重要的意义。

原文

妯娌相让，家务不散。……有马同骑，有饭同餐。你敬我爱，须要长远。恤孤怜贫，与人方便。

——佚名《四言杂字》

鉴赏

《四言杂字》接着上文，还对妯娌相处以及搞好家庭人际关系进行说教。首先，"妯娌相让，家务不散"。哥哥和弟弟结婚后，他们的妻子称"妯娌"。"妯"、"娌"二字同是女字旁，右边框架的组成部分也相似，但"由"和"里"就像两个对着干的女人，一个朝上，一个朝下。在我们的传统观念里，妯娌之间的关系非常难处，而一个大家庭里，妯娌关系是否融洽，对家庭的和睦、安宁很有影响。妯娌来自不同的家庭，过去互相并不了解，各有各的性格、脾气。在娘家她们是姑娘，到了婆家成为嫂子或弟妹，新的家庭环境有所变化，相互之间稍不注意容易产生误会。特别是在一些有关利害得失的问题上，如果各不相让，会引起矛盾和冲突。因此，帮助妯娌之间建立融洽关系，合情合理地解决好她们之间的矛盾，会有助于处理好兄弟关系和整个家庭关系。要想缓和妯娌之间的紧张状态，必须注意以下三点：一是帮助妯娌之间建立深厚感情，恰当地解决好她们之间的矛盾。这就要当兄弟的多做工作，教育自己的妻子开阔胸怀，不要斤斤计较个人得失，正确对待妯娌之间容易产生矛盾的问题。二是妯娌之间要将心比心、互相体谅，要与人为善，多为对方着想，贵在谦让。人都是有自尊心的，妯娌之间的自尊心则更强。如果都想讨便宜占上风，那就会出现针尖对麦芒的局面，必然会把关系搞僵；如果都能体谅谦让一些，事情就好办了。三是妯娌之间需要多沟通，过去在几代同堂的大家庭里，妯娌之间由于在家庭中的地位、经济利益、子女教育、家务分担上的诸多原因，大多不和。但是妯娌关系在家庭中起着举足轻重的作用，因为她们上有公婆，中有小叔小姑，下有侄儿侄女，面临纷繁复杂的家庭人际关系，需要逐一用心调适，以维护家庭团结、协调家庭关系，产生家庭的凝聚力。总之，为了家庭和睦、幸福和团结，妯娌应心心相连、共同持家。

其次，"有马同骑，有饭同餐。你敬我爱，须要长远。恤孤怜贫，与人方便"。在人际关系的海洋里，家庭关系是人际关系的起点。因此，为人处世不能忽略与亲人和邻里之间的关系，因为那是你的根基。家庭成员间，要同甘共苦、互敬互爱、有难同当、有福同享、有马同骑、有饭同餐，并且要保持恒久，才能营造一个幸福和谐的家庭。

我们在处理亲人、邻里关系时既要重亲情、人情，又要正视时代飞速发展给亲情关系带来的变化，处理好亲人之间在伦理、道德、价值观念上存在的差异、鸿沟，从而做到合情、合理、合法，赋予亲情以崭新的内涵，使今天的家庭更为和睦，亲戚、邻里之间关系更和谐。特别应重视"恤孤怜贫"，即怜悯贫穷的人，救济爱惜穷苦的人。要"与人方便"，实质也是给自己带来方便，因为一般来说，你付出的越多，日后自己有难，得到他人帮助的可能性就越大、机会就会更多。常言道"与人方便，与己方便"，赠人玫瑰，手有余香嘛！

原文

五行之属三千，罪莫大于不孝，世俗不孝者五，先要儿曹知道。

——［清］李西沤《老学究语》

鉴赏

在中国历史上，孝道不仅广泛应用于家庭道德、政治道德领域，有时甚至超出了道德范围而以法律形式加以保证，规定"不孝"要在法律上受到惩处，即"五行之属三千，罪莫大于不孝"。《孝经·五刑章》载："五刑之属三千，而罪莫大于不孝。"孔子曾说：国有常刑，用来制裁人类的罪行，使人向善去恶。五刑的条文，约有三千之多，详细加以研究，其中最大的罪，就是不孝。用刑罚惩处不孝之人，自然百姓都会惧怕，促使他们走上孝行的正道。历代在法律上对"不孝"的惩处，表明了"孝"在人类社会发展史上的重要作用，"孝"的理念逐渐成为国家意志。近代革命家孙中山说："《孝经》所讲孝字，几乎无所不包，无所不至。……所以孝字更是不能不要的。"（《孙中山全集·民族主义》）今天中国的《婚姻法》、《刑法》、《老年人权益保障法》等一系列法规，对含有不孝的罪名，都有详尽细致的处罚规定；而在《继承法》中，是否孝顺对继承权的取得和丧失有更明显的区别。

"不孝"既然这么罪重，为免孩童（儿曹）触犯，《老学究语》及早告知不孝的表现："世俗不孝者五，先要儿曹知道。"其中"不孝者五"在《孟子·离娄下》有详细的记载："世俗所谓不孝者五：惰其四支，不顾父母之养，一不孝也；博弈，好饮酒，不顾父母之养，二不孝也；好货财，私妻子，不顾父母之养，三不孝也；从耳目之欲，以为父母戮，四不孝也；好勇斗狠，以危父母，五不孝也。"即不孝有五种：四肢懒惰，不愿工作赚钱来赡养父母，是第一种不孝；只知道下

棋赌博，爱喝酒，从不理会父母日常衣食生活，是第二种不孝；财迷心窍，只偏爱妻子儿女，不顾及父母需要，是第三种不孝；纵情声色欲望，让父母蒙受耻辱，是第四种不孝；逞勇力好打架，使父母受到惊吓和伤害，是第五种不孝。这些对不孝行为的警告，至今仍有借鉴价值。

原文

寸金寸阴，寸草寸心。世少百年之人，家有白头之亲。屋无梁则折，田无水则裂，灯无油则灭，家无好人则绝。妻好不在姿色，儿好不在嘴舌。家庭有规矩，朝廷有法纪，官长要人远罪，爷娘要儿近理。

——［清］李西沤《老学究语》

鉴赏

人生在世犹如白驹过隙，所以要抓紧时间报答父母的恩惠。"寸金寸阴，寸草寸心"，即一寸光阴和一寸长的黄金一样昂贵，母爱如春天和煦的阳光，做子女的那点"寸草"般的微小孝心，是难以报答的。唐代诗人孟郊的《游子吟》诗中说："谁言寸草心，报得三春晖！"（谁能说子女像小草的那点孝心，可以报答春晖般的慈母恩惠！）即使这样，也必须抓紧去行孝，因为"世少百年之人"，而家家都有鬓发斑白的双亲。因此我们要珍惜光阴，珍惜和父母在一起的日子，珍惜每一分的孝道，让父母享受子女的孝顺，让父母不再缺乏关爱。对于春天阳光般博大的父母之爱，区区小草似的儿女怎能报答于万一呢。何况光阴似箭，报答、孝顺父母，又有多少时日呢？

尽孝重在行动而不在口头上，即"儿好不在嘴舌"，就像"妻好不在姿色"一样，要讲实实在在。子女对父母的爱不在嘴上而在心中，在我们日常时刻关爱父母的细小行动中，诸如经常陪伴父母上街买菜购物，给父母拿东西；尽可能花最多时间跟父母待在一块，因为父母最希望的就是享受跟子女在一起时的温馨。孝敬父母，这谁都会说，可是光说不练是假把式，真正的孝敬要用行动去证明，无论是轰轰烈烈的大事还是默默无闻的小事，只要你做了就是孝子。同样道理，妻子好坏不在于相貌姿态是否漂亮。一个好妻子，应该是丈夫风雨同舟的良师益友，在丈夫快乐时与他同享，在丈夫陷入困境时给他鼓励，在丈夫得意忘形时给予提醒。一个好妻子还应该懂得爱屋及乌，她爱丈夫也会爱及丈夫的父母，像孝敬自己的亲生父母一样去孝敬公公、婆婆。在好妻子面前，没有冷淡的婆媳关系，好妻子会用孝心、用爱去温暖婆婆，同样也赢得婆婆的爱。好妻子最重要的品质应该是为人善良，而且百善孝为先。成功男人背后必有一个好妻子，幸福男人的身边必定有一个好妻子。

"家庭有规矩，朝廷有法纪，官长要人远罪，爷娘要儿近理。"国有国法，家有家规，做官的要人远离犯罪，做父母的要子女通情达理。国法与家规同属社会控制系统，国法是治国平天下之具，而家规则是修身治家之道。没有规矩，不成方圆。每个家庭应该制订一些简单、必要的规定，让孩子从小在有规则的生活中养成良好的行为习惯，并学会自我控制。家规可包括以下几个方面：一是建立日常生活规则，家长要根据孩子的年龄制订一份作息时间表，把孩子一天的生活作出科学合理的安排；二是制订行为准则，家长可将良好的行为举止制订成必须遵守的行为准则，让孩子通过反复执行化成一种自然而然的习惯性行为；三是家中来客要懂礼貌，大人说话不插嘴，客人面前不哭闹，乐意把玩具、食品拿出来与小客人一同分享，随父母外出做客要主动叫人、问好等；四是做游戏、下棋要遵守既定的规则，不能因为怕输而耍赖；五是提出劳动要求，使孩子由此增长知识、锻炼意志、增强责任心。家规是一种文明和进步的体现，无论是东方文化还是西方思想，为人做事都要遵守一定的规则，所以家规应成为我们现在家庭必不可少的一种行为规范。

当然，作为家长则应该以身作则，为孩子树立好榜样。"官长要人远罪"，制定国法的官员，拟定家规的父母，出发点都是一样的，就是预防犯罪。因为只有有效预防了犯罪，才会有社会的和谐稳定。而教育者以身作则的榜样作用在预防犯罪中起着至关重要的作用，它通过"润物细无声"的方式而收到潜移默化之功，使受教育者自觉地远离犯罪，做一个奉公守法、与人为善的人。

原文

宋黄庭坚，元祐中为太史，性至孝。身虽贵显，奉母尽诚。每夕，亲自为母涤溺器，未尝一刻不供子职。

——［元］郭居敬《二十四孝·亲涤溺器》

鉴赏

"亲涤溺器"是《二十四孝》中的一则，说的是北宋黄庭坚的故事。黄庭坚（1045—1105），字鲁直，自号山谷道人，洪州分宁（今江西省修水县）人。著名诗人、书法家。英宗治平四年（1067年）进士，做文字管理方面的官员，元祐年间（1086—1094），他又做了太史官（掌管推算历法）。擅文章、诗词，尤工书法，与张耒、晁补之、秦观并称"苏门四学士"，书法与苏轼、米芾、蔡襄并称为"宋四家"。

黄庭坚是个孝子，侍奉父母极真诚而且无微不至，无论大事小事他都会认真努力做好。后来当官时，黄庭坚公务十分繁忙，虽家里也有仆人，但仍不辞劳苦，依旧亲自来照顾母亲的生活，从不懈怠。每天忙完公事回来，他一定会亲自陪在母亲的身边，以便时时感受母亲各方面的身心需要，力争事事都令母亲欢喜满意。黄庭坚的母亲有特别爱卫生的习惯，很讨厌便桶的异味。黄庭坚为了保证让年迈的母亲称心满意，避免因为仆人的卫生清洁不到位而导致母亲心生烦恼，所以他坚持每天亲自为母亲刷洗便桶，数十年如一日，从不间断。黄庭坚的做法曾引起了一些人的好奇和不理解，有人问他："您身为高贵的朝廷命官，又有那么多的仆人，为什么要亲自刷洗母亲便桶，做这样卑贱的事情呢？"黄庭坚回答说："孝顺父母是我的本分事，不可以委托他人之手，这同自己身份地位的高低没有任何关系，怎能让仆人去代劳呢？再说孝敬父母的事情，是出自一个人对父母至诚感恩的天性，又怎么会有高贵与卑贱的分别呢？"而当母亲病危的时候，黄庭坚更是衣不解带，日夜侍奉在病榻前，亲尝汤药，没有一刻未尽到人子的孝道。后人有诗称颂道："贵显闻天下，平生孝事亲。亲自涤溺器，不用婢妾人。"宋代大文豪苏东坡赞扬黄庭坚是："瑰伟之文，妙绝当世；孝友之行，追配古人。"这是说他的文章瑰伟，气韵超然，无可比拟；而他孝顺父母，友爱兄弟的行为，可以媲美古人。

原文

百骸未成人，十月居母腹。渴饮母之血，饥食母之肉。儿身将欲生，母腹如刀戮。父为母悲辛，妻对夫啼哭。……乳哺经三年，汗血计几斛。辛苦千万端，年至十五六。性气渐刚强，行止难拘束。朋友外遨游，酒色恣所欲。日暮不归家，倚门至昏旭。儿行千里程，母心千里逐。……勿以不孝身，枉著人衣服。勿以不孝口，枉食人五谷。天地虽广大，不容忤逆族。

——［唐］王刚《劝孝篇》

从来亲恩报当先，说起亲恩大如天。要知父母恩情大，听我从头说一番。十月怀胎耽惊怕，临产就是生死关。一生九死脱过去，三年乳哺受熬煎。生来不能吃东西，食娘血脉当饭餐。白天揣着把活做，到晚怀里揽着眠。左边尿湿放右边，右边尿湿放左边。左右两边全湿净，将儿放在胸膛间。偎干就湿身受苦，抓屎抓尿也不嫌。孩子醒了她不睡，敞着被窝任意玩。总（纵）然自己有点病，怕冷也难避风寒。孩子睡着怕他醒，不敢翻身常露肩。夏天结计蚊子咬，白天又怕蝇子餐。又怕有人来惊动，惊得强醒不耐烦。孩子欢喜娘也喜，孩子啼哭娘不安。这么拍来那么哄，亲亲吻吻蜜还甜。斗里攀着怀中抱，掌上明珠是一般。……三岁两岁才学走，恐有跌磕落伤残。五岁六岁离怀抱，任意在外跑着玩。一时不见儿的面，眼跳心慌坐不安。……十岁八岁快成人，送到南学读书文。笔墨纸张不惜费，束脩摊派不辞贫。……拍拍胸膛仔细想，孰轻孰重孰为尊。养儿准备防备老，养儿不知报娘恩。没有爹娘生下你，世上怎有你这身。没有爹娘养你大，怎在世间成个人。为儿若把爹娘忘，好比花木烂了根。如果不把亲恩报，扬头竖脑为何人。……如若你把亲恩报，下边定出好儿孙。

——佚名《劝报亲恩篇》

鉴赏

　　《劝孝篇》、《劝报亲恩篇》具体地讲述了母亲从十月怀胎，到子女长大成人所付出的艰辛、苦痛，以及父亲的焦虑、努力，以此诠释孝道的重要性，说明子女倘若不孝，天地不容！例如"百骸未成人，十月居母腹。渴饮母之血，饥食母之肉"，胎儿全身骨骼还未长成，呆在母腹中有十个月之久。嘴巴渴了就喝母亲的血，肚子饿了就吃母亲的肉。这形象地说明了胎儿的生命源自母体，若无母亲，则无生命的延续。母亲百般呵护，万种牵挂，大腹便便，行走蹒跚，并付出无穷心血。再如"儿身将欲生，母腹如刀戮。父为母悲辛，妻对夫啼哭"，孩子快出生时，母亲的腹部就像惨遭杀戮一样疼痛难忍。父亲为母亲感到悲痛辛酸，而妻子对着丈夫啼哭。"十月怀胎耽惊怕，临产就是生死关。"临产之时,如遇难产,或有大出血之类,更如在生死线上挣扎、在鬼门关上徘徊。

一朝顺利分娩之后,父母双亲心中一块石头落地,但更加艰巨繁难的育婴工作却刚刚开始。初生婴儿,既无基本的生存能力,也无法正常沟通,饥啼寒号,唯有母亲细心体察、呵护,千般辛苦,难以尽言。从《劝报亲恩篇》的描述可以看出,母亲的三年哺乳期间所经历的艰辛:婴儿生来什么都不能吃,光靠母亲的乳汁。母亲白天把孩子揣在怀里干着家务活,到了晚上揽在怀里睡觉;看到左边尿湿了就把孩子放到右边去,等到左右两边全湿透了,就将孩子放在自己的胸膛间,始终不让孩子受潮。母亲用自己的身体偎干孩子尿湿的地方,哪怕自己受苦,甚至抓屎抓尿也不嫌;再困再累,只要孩子醒了她就不睡,敞开被窝让孩子任意玩耍。即使母亲有点不舒服,为了顾及到孩子、生怕吵醒孩子,往往连翻身都不敢,以致常常加重自己的不适。母亲的担心无所不在:夏天担心孩子被蚊子叮咬,白天怕蝇子骚扰食餐;又怕有人来惊动,以致惊醒正在熟睡的孩子。做母亲的看到孩子欢喜自己也高兴,孩子一旦哭闹母亲就很是不安,采取各种办法——摇、拍、哄等来安慰孩子,那种亲吻孩子的感觉好像比蜜还要甜。母亲总是把孩子视如掌上明珠,怎么喜欢都感到不够。自打孩子出生以后,从此一颗慈母之心,就没日没夜地全部花在了养育孩子身上。"三年乳哺受熬煎",母亲为了哺乳孩子,尽心尽责,任劳任怨,耗尽了体能与心血,却从无半点怨言。"三岁两岁才学走,恐有跌磕落伤残。五岁六岁离怀抱,任意在外跑着玩。一时不见儿的面,眼跳心慌坐不安。""十岁八岁快成人,送到南学读书文。笔墨纸张不惜费,束脩摊派不辞贫。"父母为孩子操劳、奔波、花费,一切都在所不惜。等到孩子十五六岁了,不少孩子的性格脾气逐渐变得刚强起来,用现在的话说就是叛逆心增强,父母对其言行举止更难管教,其责任和艰苦更难想象。孩子与朋友在外面追逐游玩,随心所欲,是否会沾染上各种不良习气,这些都让父母担心、操心。父母的心,无时无刻不在孩子身

上,这就是父母对孩子的"深加体恤恩"。

到了孩子再长大些,一旦外出未归的时候,不管是白天还是夜晚,母亲就会倚靠在门前,向着远处眺望,等待着孩子的归来,这就是"儿行千里母担忧"。及至婚娶成家,子女的人生阶段哪一段没有父母的深情投入和心血耗费?正如唐代诗人孟郊所说的:"谁言寸草心,报得三春晖!"俗话说:"父母恩情有千万,万分难报一二三",完全是铁的事实。我们每个做子女的都应该拍拍自己的胸膛仔细想一想,在这世界上的事情什么为轻?什么为重?什么为尊?自古以来就是提倡"养儿防老",最悲就是作为子女不知报答母亲的养育恩情。没有父母生你、养你,你怎么可能生存于人世间?因此,做子女的如果忘记父母的养育之恩,就好比花木烂了根而难以在社会生存;做子女的如果不报答父母的养育恩情,那真是白白做人一回了;上行下效,如若做子女的能报答父母恩情,你的下一代也必定会培养出优秀、孝顺的子孙。所以,"勿以不孝身,枉著人衣服。勿以不孝口,枉食人五谷。天地虽广大,不容忤逆族"。千万不要以不孝的身体,白白穿着人的衣服;千万不要以不孝的嘴巴,白白去吃人间的五谷。天地虽然广大无垠,却容不下不孝敬的那种人。

原文

人生五伦孝当先,自古孝为百行原。世上惟有孝字大,孝顺父母为一端。……是耕是读是买卖,安分守己就是贤。每日清晨来相问,冷热好歹问一番。到晚莫往旁处去,奉侍爹娘好安眠。夏天爹娘要凉快,冬天宜暖不宜寒。爹娘一日三顿饭,三顿茶饭留心观。……为人诚心把孝尽,才算世间好儿男。……爹娘若是顾闺女,莫与姊妹结仇冤。爹娘若是偏兄弟,想是咱身有不贤。双全父母容易孝,孤寡父母孝难全。白日冷清常沉闷,黑夜凄凉形影单。亲儿亲娘容易孝,唯有继母孝更难。继母若是性子暴，柔声下气多耐烦。对人总说爹娘好，受屈头上有青天。有时爹娘身得病，谨慎调养莫等闲。……人子一日长一日，爹娘一年老一年。劝人及时把孝尽，兄弟虽多不可扳。若待父母去世后，想着尽孝难上难。总（纵）有猪羊灵前供，爹娘何曾到嘴边。不如活着吃一口，粗茶淡饭也香甜。

——佚名《劝孝篇》

鉴赏

这节先讲行孝的道理，然后讲行孝的具体做法。"人生五伦孝当先，自古孝为百行原。世上惟有孝字大，孝顺父母为一端。"人的一生所要遵循的"五伦"——"父子有亲、君臣有义、夫妇有别、长幼有序、朋友有信"，其中孝放在第一位，自古以来无论什么行为都要以孝的思想为主导。人世间只有孝字最大，孝顺父母就是最好的行为。

既然孝顺父母就是最好的行为，那么如何具体行孝呢？首先，"是耕是读是买卖，安分守己就是贤"。无论你是从事农业劳动还是读书，或是经商，能够做到安分守己就是有才德的人，就能让父母放心，就是一种孝行。清代康熙时扬州人石成金编撰的《传家宝》中有言："人生在世，惟读书、耕田二事是极要紧者。盖书能读得透彻，则理明于心，做事自不冒昧矣。用力田亩，则养赡有赖，俯仰无虑，若不读书，何以立身、行道、显亲、扬名？若不耕田，何以仰事父母？何以俯畜妻子？"说的也就是这个道理。

其次，上班之前、工作之后，"每日清晨来相问，冷热好歹问一番。到晚莫往旁处去，奉侍爹娘好安眠。夏天爹娘要凉快，冬天宜暖不宜寒。爹娘一日三顿饭，三顿茶饭留心观"。特别是突然热了突然冷了，刮风下雨，为此做子女的不可掉以轻心，随时关注天气情况，保证父母的起居能够冷暖适宜。怀着一颗感恩的心，去侍候父母，你将会发现自己是多么快乐、多么充实。也只有"为人诚心把孝尽，才算

世间好儿男"。

再次,"爹娘若是顾闺女,莫与姊妹结仇冤。爹娘若是偏兄弟,想是咱身有不贤"。倘若父母对待子女没有"一碗水端平"时,也不应该计较,作为子女本人,应多从自身找原因。老百姓常说,十根手指还长短不一样。做父母的,不可能做到一碗水端平。做父母的,一般都会偏袒小的或男孩;再就是一方不听话,总是惹父母生气而受到冷落。在一个家中,孩子吃不吃亏,这主要是一个心态问题。退一步说,父母不偏袒你也未必是坏事,也许能使你更早的成熟和独立,对你今后在社会上立足和为人有好处。俗话说,知足者常乐,常有一颗知足心,就会处处无烦恼,就会时时有快乐。

最后,对于单亲家庭,做子女的更应体贴长辈。"双全父母容易孝,孤寡父母孝难全。白日冷清常沉闷,黑夜凄凉形影单。"不少单亲妈妈或单亲爸爸,总有这样或那样的难言隐痛,如子女不孝顺,会使她或他痛上加痛,因此必须注意。总之,"人子一日长一日,爹娘一年老一年"。若不及时行孝,"若待父母去世后,想着尽孝难上难"。即使用丰盛的祭品供在灵前,爹娘何曾能到嘴边!"不如活着吃一口,粗茶淡饭也香甜。"因此,感恩报恩,孝在当下。孝道不在于轰轰烈烈,而在于平时的点点滴滴。应该做到有好吃的多让老人尝尝,时尚的东西多让老人试试,闲暇的时候多带老人到处转转,过节假日多领老人到外地看看,让他们过上幸福的晚年生活。

原文

孝为百行首,诗书不胜录。富贵与贫贱,俱可追芳躅。……人不孝其亲,不如草与木。孝竹体寒暑,慈枝顾本末。劝尔为人子,《孝经》须勤读:王祥卧寒冰①,孟宗哭枯竹。蔡顺拾桑葚②,贼为奉母粟。杨香拯父危,虎不敢肆毒。伯俞常泣杖,……父母即天地,罔极难报复。亲恩说不尽,略举粗与俗。

闻歌憬然悟，省得悲莪蓼。勿以不孝首，枉戴人间屋；勿以不孝身，枉着人间服；勿以不孝口，枉食人间谷。

——［清］王中书《劝孝歌》

注 释

①王祥卧寒冰：晋代王祥剖冰求鱼、行孝继母的故事，详见前文。②蔡顺拾桑椹：东汉蔡顺拾桑椹奉养母亲的故事，详见前文。

鉴赏

"孝为百行首，诗书不胜录。富贵与贫贱，俱可追芳躅。"芳躅，指前贤的遗迹。孝顺父母是世界上第一重要的事情，无论诗歌还是史书上都有无数的记载。富贵的、贫贱的、前贤的遗迹，都可以追寻得到。

随着时间的流逝，许多往事已经淡化了，可是在历史的长河中，有一颗星星永远闪亮，那便是亲情。不要让亲情在熙熙攘攘的现代社会变革中越来越脆弱地面对冲击，至少我们可以从自身做起，不要给自己留下遗憾，趁现在为自己的双亲送上一份不算奢侈的温馨问候！相反，倘若人不孝敬父母，还不如没有心的草和树木，就连子母竹也知道体谅冷热，伸出的主干弯曲下垂如钓丝状，好像母亲慈爱地照顾着孩子。为了更好行孝，《劝孝歌》提出"《孝经》须勤读"。《孝经》历来广受推崇，该书虽然只有1800字，却博大精深，全面精辟地阐述了"孝"的本质、内涵、作用和行孝的原则与要求，所以孔子曾说："吾志在《春秋》，行在《孝经》。"在《孝经·开宗明义》章里曰："夫孝，德之本也。"这是说，孝，是道德的根本。在该经《三才》章里进一步说："夫孝，天之经也，地之义也，民之行也。"配合《孝经》后人又撰写了《二十四孝》等行孝的故事，诸如"王祥卧寒冰，孟宗哭枯竹。蔡顺拾桑椹，贼为奉母粟。杨香拯父危，虎不敢肆毒。伯俞常泣杖……"其中不少故事前文已有详细介绍,不再赘述。这里值得一提的还有三人:一是"孟宗哭枯竹"。西晋时期的孝子孟宗,自小死了父亲,母亲年老,又病情严重。冬天,母亲想吃用笋煮的羹汤食物,而严冬竹子难以生笋。孟宗无法获得,心中十分焦急,只得跑到竹林中,双手抱着毛竹痛哭起来。也许是他的孝行感动天地,不一会,几根竹笋破土而出。孟宗喜出望外,马上拿回家,做成笋羹给母亲吃。母亲吃毕后,病情竟然有了好转。孟宗"哭竹生笋"的故事,虽带有神话色彩,但他对母亲的孝敬却是一种真挚的情感,《三国志》等史书所以记载他的孝敬之举,正是人们所向往和推崇的结果。

二是"杨香拯父危"。晋朝的杨香,14岁这年曾随同父亲杨丰去田里收割稻子,父亲忽然被蹿出的大老虎叼去。当时杨香手无寸铁,只想到父亲安危,忘了自身,奋不顾身、猛地跳上前去,用力死死地卡住老虎的头颈。老虎被卡得无法呼吸,倒向一边而逃走,他们父女才得以虎口余生。

三是"伯俞常泣杖"。汉朝的韩伯俞,生性十分孝顺,母亲很喜欢他。母亲家教很严,韩伯俞每每有点小过失,母亲都会用拐杖责罚他,以此督促他改正错误。每当这时,伯俞就弯下腰来,低头让母亲打,既不辩解,也不哭泣。直等母亲打完,怒气也逐渐消解了,伯俞仍旧像原来一样和颜悦色、柔声下气地请求母亲原谅,母亲也就转怒为喜了。后来有一天,母亲又因故举杖打他,但由于年高体弱,打在身上一点也不重,韩伯俞突然啼哭不止。母亲惊讶地问他何故,韩伯俞难过地回答:"以前娘每次打我都很痛,我知道母亲身体康健,所以不哭。现在娘打我,却一点也不觉得痛,可见身体越来越虚弱、气力不足,想到我奉养娘的时间越来越短,所以情不自禁地伤心落泪啊!"母亲听了,扔掉手杖,长叹一声,不再说什么。

从行孝故事中可知,"父母即天地,罔极难报复"。父母就是天和地,他们的恩德就像天地一样浩瀚无际,难以报答。所以"亲恩说不尽,略举粗与俗。闻歌憭然悟,省得悲蓼莪"。"蓼莪"即指《诗经·小雅》中的《蓼莪》，表达了子女追慕双亲抚养之德的情思，充分抒发"无父何怙，无母何恃"的孝子之思，而一旦失去父母，有生不如死的痛苦之感。为此《劝孝歌》告诫人们："勿以不孝首，枉戴人间屋；勿以不孝身，枉着人间服；勿以不孝口，枉食人间谷。"不孝之事，是人们所唾弃、所深恶痛绝的。

原文

在家敬父母，何须烧远香。家贫和也好，不义富何如。晴干开水道，须防暴雨时。寒门生贵子，白屋出公卿。……国正天心顺，官清民自安。……家贫知孝子，国乱识忠臣。

——［南宋］佚名《名贤集》

鉴赏

这里重点讲述家庭的贫与富、孝与德之间的关系。其一，"在家敬父母，何须烧远香"。意思是说与其到远处去烧香拜佛、积德行善，不如先在家孝敬父母。人们烧香是为了什么？大多是求佛拜神保佑自己幸福平安，更高的祈求也许是事业有成，多多发财。父母年纪大了，在世几十年的辛苦劳顿，时刻都在维护操劳儿女们的幸福平安，从这个意义上说孝敬父母就能达到你烧香拜佛所要期望的目的。所谓孝敬父母，就是能做到让他们每天都心情愉快、高高兴兴，这就是"孝"，在生活上不能总跟他们"呛着"、"顶着"，这就是"敬"，孝敬父母就是最大的积德。很多人都有这样的思想，等我以后怎样怎样了，我再好好地孝顺父母，殊不知到这个时候，你的父母也许等不及了！所以，趁父母还在的时候，尽你所能地去报答他们吧。

其二，"家贫和也好，不义富何如"。各个家庭贫富是不一样的，但只要家庭和睦，即使贫穷也是幸福的，反之家中很富裕，但你做人

不讲仁义道德，也不会有真正的幸福。孔子说："不义而富且贵，于我如浮云。"即用不义的手段得到富与贵，对于我，那些富与贵就如同天上的浮云。在中国古代尚且奉行"不义而富于我如浮云"、"君子爱财，取之有道"的行为准则和道德标准，在现代文明社会更应当弘扬这些传统的优秀的行为准则和道德标准。孔子强调将"义"置于"富贵"之上，这种思想对后世影响极大，直到今天仍有积极意义。

其三，"寒门生贵子，白屋出公卿"。任何人，无论出身多么贫寒、低微，只要通过努力，都能出人头地、功成名就，平民家庭也能出高官。贫寒之家出身的人，尝过人情冷暖、吃过苦，会更有进取心和奋斗力，遇到机遇会把握得更好，能获得较大的成功。尤其是那些出身寒微却遇到好父母的人，成功的机会就会比那些得不到父母关爱的人来得多。故家庭条件不富裕的爸妈要有信心：寒门生贵子，白屋出公卿！要教育子女懂得"少壮不努力，老大徒伤悲"。尽管咱家条件不好，更要努力学习、刻苦读书，有锲而不舍、金石可镂的精神，相信滴水穿石的道理。同时，随时做好抓住机缘的准备，"晴干开水道，须防暴雨时"，即晴天无雨时要开好排水道，以防暴雨来临造成水灾。要做到"未雨绸缪，有备无患"，做什么事情都要有目的性和规划性，有了准备之后，当事情处在关键的时候，我们就会应付自如，自然就会水到渠成了。

其四，"家贫知孝子，国乱识忠臣"。这是古人的至理名言，道出了一个深刻的道理——危难时刻可以看出一个人的人格品德。当家族家庭败落、陷于贫困之时，才能看出哪个子女是顶梁之人，而当国家面临危难之时，才能看到哪个人站出来成为中流砥柱。如果家里不缺吃少穿、经济宽松、家庭和睦、父子团结，这是自然的现象；如果一家人缺吃缺穿、没有经济来源、家庭同样和睦、父子依旧团结，这样的家庭不是父慈就是子孝，但是子孝占较大因素。家庭贫寒父之过没错，当然是子未当家前而言；父虽慈而子有怨气，就不可能做到家庭和睦；父子团结，孝是论心不论钱，贫寒之家的一碗稀饭孝敬父母与富豪之家的一碗人参汤孝敬父母，是不能以物品的价值来论高低的。当然，无论在家庭生活还是在政治生活中，没有摩擦、矛盾或危机是不可能的，而正是这些才能显现出一个人的高尚品德。依此类推，大到国家，只要"国正"必然"天心顺"，"官清"必然"民自安"。自古以来只有国家根正、为民，这样才能顺应天意、符合民心；只有当官的为政清廉，老百姓才能安居乐业。

原文

妻贤夫祸少，子孝父心宽。……妻贤何愁家不富，子孝何须父向前。心好家门生贵子，命好何须靠祖田。

——［南宋］佚名《名贤集》

鉴赏

这节延续上文，重点讲述家庭中妻子、儿孙与贫、富、孝、德之间的关系。其一，"妻贤何愁家不富"、"妻贤夫祸少"，妻子贤惠不用担心日子不富裕、丈夫的祸事也会减少。男人这辈子能遇到一个好女人，那是一种造化、一种运气，更是一种福气；贤妻良母，向来是百姓家庭所希望的。一个"贤"字赋予了为妻子的女人太多的内涵：贤良、贤达、贤惠、贤淑等等，不一而足。贤妻温柔贤惠、通情达理，不仅能勤劳治家、任劳任怨，而且还要能相夫教子、心胸豁达，有这样的妻子不用担心日子不富裕。可见，女性在家庭中的影响和作用是不能低估的。现代社会，男女同工同酬、同劳作、同生息，但不可否认的是男人做强者统治世界、主宰世界的传统依旧存在，因此就有了"每个成功男人的背后都有一个伟大的女人"的说法。

有个故事很能说明贤妻对丈夫的促进作用：春秋时期，齐国的宰相晏子坐车外出，给他驾车的"司机"得意洋洋，因他操纵的是宰相的四匹大马拉的拥有华盖的豪华车,于是他趾高气扬如入无人之境。"司机"的妻子虽说没什么文化,却是一个对世事有高度洞察力的聪明女人,是位真正意义上的贤妻,正好从门缝里看见了她丈夫在给宰相驾车时狐假虎威的样子,心里十分生气。晚上这位"司机"回到家,妻子便提出要跟他离婚。"司机"半晌没弄明白,问为什么呀?妻子回答说:"人家晏子做着齐国的宰相,名震天下,可是我看人家内敛低调,一副虚心谦恭的样子,感觉自己好像还有许多地方需要学习;再看看你,不过是给人家驾车的,却比宰相的谱摆得还要大,一脸的得意忘形,觉得了不起了。因此,我感到你这种人是不会有大出息的。"受到妻子这一顿教训,做丈夫的方才恍然大悟,从此变得谦虚起来。晏子发现了"司机"的这个变化,觉得奇怪就问他怎么回事?"司机"如实汇报了他妻子的教导,并表示妻子的提醒很有道理,晏子听了大加赞赏。后来,这位"司机"不光用心驾车,还留心学习文化,最终被晏子推荐做了齐国的大夫。做妻子的一般都希望自己的丈夫能干、出人头地,活得体面;男人有了成就,做妻子的也跟着风光。这应该说无可厚非,可怕的是,有些妻子逼迫着丈夫去做一些力所不及的事,纵容着丈夫去违法乱纪来满足自己的虚荣心,助长丈夫身上的一些毛病,任其胡作非为,如此往往招来祸端,害了丈夫,所以说"妻贤夫祸少"。

其二,"子孝何须父向前"、"子孝父心宽",子女孝顺,就不用父亲东奔西跑,可宽心地过太平的日子;子女脚踏实地地做人、孝顺父母,父母心里就会得到极大的安慰和满足。孔子认为,孝是一切道德的基础,是至善的美德。一个能侍奉双亲的孝子,平时要以最诚敬的心情去周到地照顾父母;任劳任怨地服侍父母,精心照料;不要让父母有任何的操心、操劳、奔波。当今社会,出现了"啃老族",其族群的基本特征是:或因挑肥拣瘦、就业挑剔,总找不到自己满意的工作;或嫌工作太累、收入太低,频频跳槽;或因心比天高、眼高手低,适应不了岗位要求。总之,比来比去,还不如在家过着饭来张口、衣来伸手的日子舒心。懒散久了，习惯成自然，也就心安理得，不以为忤。而被啃的父母们，只得日夜劳累为生活奔波，哪里谈得上"父心宽"！这是亟待改变的不正常状态，应教育孩子懂得"羊有跪乳之恩，鸦有反哺之义"。趁父母健在，好好孝敬他们，让他们快乐无忧地过日子，让我们的孝心结出最甜美的果实。

其三，"心好家门生贵子"，心肠善良的人家一般做事踏实、心态平和，这样有利于健康、长寿，也容易生育健康、活泼的子女。如果你留意的话，那些善良、正直的人，他们的脸上总是平静而快乐的、有幸福感的，而那些总是想着算计别人、跟别人计较、讽刺别人的人，脸上总是挂着阴暗的表情或堆着虚伪的笑容。善良的人乐观向上，他们把真、善、美演绎得如此真实明了；善良的人都是软心肠的人，他们都拥有一颗慈善的心。有时，善良是一种收获，因为你帮助别人，不亏负别人，内心就会获得一种舒畅与幸福；越是善良，你心胸越是豁达、快乐。从这个意义上说，"心好家门生贵子"是有一定道理的。

其四，"命好何须靠祖田"，意为命运好的人不依靠祖上留下的田地也会发达。先天的命运是定局，无法改变，但后天的成败、命运则可由人之力去转移。如美国的汽车大王福特，年轻时离家创业，父亲只给了他一块钱，他以这一块钱为资本，发愤图强，终于开创了福特汽车公司，闻名于世，改写了他自己的历史和汽车史。再如爱迪生发明了电灯，不仅使他个人成为全球各国尊敬的发明家，并且世界也因此而得到光明，免除黑暗的恐惧与不便。每一个人都有不同于别人的人生境遇，有时候看到别人的飞黄腾达，想想自己的不如意，就慨叹自己命运的乖舛，更甚者就怨天尤人，埋怨老天爷捉弄命运。其实，我们的命运并不是别人所能控制的，控制我们命运的力量是我们自己！为此，我们要保持正念、谨言慎行，培养高尚的道德观念，树立坚定正确的信仰，搞好周围上下的关系，严格遵守社会的法律规则。如此，我们不但不为命运所控制，而且还能够挑战命运，将乖舛的命运转变为美好的命运。

原文

记得少年骑竹马,看看又成白头翁。一回相见一回老,未必来生仍弟兄。一叶浮萍归大海,人生何处不相逢。

——[清]吴獬《一法通》

鉴赏

文中讲述了与孝悌有关的两个问题。首先,人生过得很快,少年时光一转眼就消失,随之老年晚景降临,才真正痛感岁月的无情。开头两句说:"记得少年骑竹马,看看又成白头翁。"骑竹马已是很古的儿童游戏了,儿童胯下夹一竹竿来回奔跑,以乘骑为戏,这在《后汉书》和《世说新语》上都有记载。一般而言,骑竹马的几乎全是男孩子,女孩子大多对此无兴趣。因有童年骑竹马的经历,故男性之间若少小相知,及长便称为"竹马之好"或"竹马之友"。如果儿时的玩伴能成为暮年陪在我们身边的白头翁,该是多么幸福的一件事情。而倘若是手足之情则更应该珍惜,因为"一回相见一回老,未必来生仍弟兄"。

南宋辛弃疾有词《丑奴儿》曰:"少年不识愁滋味,爱上层楼,爱上层楼,为赋新词强说愁。而今识尽愁滋味,欲说还休,欲说还休,却道天凉好个秋。"却原来,"老"与"愁"的感受有很多相似之处。少年愁白头,是矫情;老年搔白发,是无奈。人生苦短,当秉烛夜游、对酒当歌,这是纵欲者的借口;脸皮要厚,良心要黑,谋权攫利机不可失,这是贪婪者的企求。而真正的仁者,理当珍惜机会和时光,尽可能多地为社会做一些有益的事。

其次,"一叶浮萍归大海,人生何处不相逢"。浮萍即浮在水上的草本植物,生来无根,随水漂流,常比喻人的漂泊不定,往往以此形容年轻人刚踏入社会,涉世未深,犹如一叶浮萍在江湖中四处漂泊,有前程未卜的脆弱和茫然,但仍怀有一种美好的信念,如果有心或有缘分的话,即使漂流到大海,也会有相逢的时候。这是鼓励我们去奋斗呵!

原文

孝弟忠信,礼义廉耻。……羊有跪乳之恩,鸦有反哺之义。
——[清]吴獬《一法通》

鉴赏

延续上文,这节又讲述了与孝悌有关的两个问题。首先,"孝弟(悌)忠信,礼义廉耻"是孔子德育内容的全部精髓,也是人生的八德。孝,是孝顺父母,这是为人子女的本分,是报答父母养育之恩;悌,是兄弟姊妹之间的友爱,广而言之,对待朋友也要有兄弟姊妹之情,这样人和人之间才能消除矛盾、相互谦让;忠,是尽忠国家,这是国民的责任,就是要忠于祖国、忠于人民;信,是信用朋友,对朋友不可失信用,将来到社会服务时,必须要有恭恭敬敬的态度认真地去做,绝不敷衍了事;礼,是礼节,见到父母、师长要敬礼,见到客人要礼貌,这是一个人的道德修养的体现;义,是义气,即人应该有正义感,有见义勇为的精神,对朋友要有道义,大公无私,助人为乐;廉,是廉洁,不起贪求之心,养成大公无私的精神;耻,是羞耻,凡不合道理的事、违背良心的事情,绝对不做,人若无耻等于禽兽,知"耻"也是自尊自重。儒家学说倡导血亲人伦、现世事功、修身存养、道德理性,其中心思想是孝、悌、忠、信、礼、义、廉、耻,其核心是"仁"。儒家学说经历代统治者的推崇,以及孔子后学的传承和发展,使其对中国文化的发展起了决定性的作用,在中国文化的深层观念中,无不打着儒家思想的烙印。

其次,"羊有跪乳之恩,鸦有反哺之义"。小羊羔有跪下接受母乳

的感恩举动，小乌鸦有衔食喂母鸦的情义。据西汉儒学大师董仲舒的《春秋繁露·执贽》说："羔有角而不任，设备而不用，类好仁者；执之不鸣，杀之不谛（谛通啼），类死义者；羔食于其母，必跪而受之，类知礼者；故羊之为言犹祥欤！"意思是说，羊有角，却不抵触，有防敌预备却不用——仁；羊被捉，不哀叫，被杀也不啼鸣——义；羊羔吃奶，必跪着接受母亲的哺乳，就好像懂得礼一样——孝。滴水之恩当涌泉相报，"羊羔跪乳"，动物尚知道报答父母的养育之恩，人更应该做到。又据《本草纲目·禽三·慈乌》记载："慈乌：此鸟初生，母哺六十日，长则反哺六十日，可谓慈孝矣。"大意是说小乌鸦初生时，由老乌鸦哺养；小乌鸦长大以后，老乌鸦年老体衰或双目失明时，不能自己找食物，于是小乌鸦四处寻找食物，衔回来嘴对嘴地喂到母亲的口中，对老乌鸦进行反哺，回报母亲的养育之恩。在某种程度上，萦绕在人们心头的"反哺情结"，至今仍是维系社会及家庭走向和谐、温馨和安宁的重要力量。乌鸦，这种通体漆黑、面貌丑陋的小鸟，被我们人类称为不吉祥而遭到普遍厌恶，却拥有一种真正值得我们人类赞美的美德——养老、敬老。

小羊吃奶时是跪在地上的，它要这样来感谢养育之恩；小乌鸦会用反哺来感戴老乌鸦的恩义，动物长大后都能反过来"赡养"父母的行为，这不仅是动物界的美德，而且也是我们人类应该奉行的，做子女的更要懂得赡养父母、尽孝道。实践已经证明并将继续证明：知恩图报是做人的品德，一个品德低下的人，是做不好官、做不成大事的。只有懂得感恩，人间才会温情荡漾；学会感恩，世界才会多姿多彩；有了感恩，生活才会无比美好。

（张　邻）

明辨达理篇

原文

黄帝画野，始分都邑①；夏禹治水，初奠山川。宇宙之江山不改，古今之称谓各殊。北京原属幽燕，金台是其异号②。南京原为建业，金陵又是别名。浙江是武林之区，原为越国；江西是豫章之地，又曰吴皋③。福建省属闽中，湖广地名三楚④。东鲁西鲁，即山东山西之分；东粤西粤，乃广东广西之域。河南在华夏之中，故曰中州；陕西即长安之地，原为秦境。四川为西蜀，云南为古滇⑤。贵州省近蛮方，自古名为黔地⑥。东岳泰山，西岳华山，南岳衡山，北岳恒山，中岳嵩山，此为天下之五岳；饶州之鄱阳，岳州之青草，润州之丹阳，鄂州之洞庭，苏州之太湖，此为天下之五湖。

——［明］程允升《幼学琼林·地舆》

注释

①都邑：古代行政区划的名称，后以都邑指代城市。②金台：又称"燕台"、"黄金台"，相传战国时期，燕昭王为招贤纳士，筑建土台，上置黄金千两，礼聘天下名士。③武林：指今浙江省杭州市西边的武林山（灵隐山）；豫章：春秋楚地，后成为江西省的别称；吴皋：这里指吴国的边界，指代江西。④闽中：古代的郡名，辖区相当于今福建省和浙江省的部分地区；湖广：元朝曾置湖广行省，辖区相

当于今湖北省和湖南省；三楚：湖南、湖北旧属楚地，楚地分为东楚、西楚、南楚，合称"三楚"。⑤西蜀：三国时刘备建立蜀汉，简称"蜀"，因在中原以西，故称"西蜀"；滇：云南曾有古滇国，所以简称"滇"。⑥蛮：古代对南方各少数民族的泛称；黔地：秦时曾在贵州一带置黔中郡，故贵州又称"黔地"。

鉴赏

这是一节有关地舆知识的文字，从今天的学科分类来看，大致相当于地理一类。地舆的称法，在中国古代已经出现。《淮南子·原道训》曰："以地为舆，则无不载也。"地载万物，就像车舆可以承载东西一样，故称大地为地舆者。《汉书》等正史书籍中有"地理志"一栏，"画野分州"，设户口、物产、贡赋等门，大致与"地舆"的内容接近。南宋嘉定、宝庆年间问世一部地理总志《舆地纪胜》，有200卷之多。编撰者王象之（曾任江宁知县等职），他在《自序》中谓：此书"以郡之因革，见于篇首，而诸邑次之，郡之风俗又次之，其他如山川之英华，人物之奇杰，吏治之循良，方言之异闻，故老之传说，与夫诗章文翰之关于风土者，皆附见焉"。说明书中主要是节录当时各地方志、图经，对其中的山川、景物、碑刻、诗咏，一概收录，而略于沿革，以符合"纪胜"的要求。该书以"纪胜"为宗旨，专注于人文内容，这些在地理总志编纂体例上的创新，给后世以较大影响，为以后形成的"地舆"学科打下基础。程允升所处的明代，在地舆方面尚未形成专门的学科，所以他能在孩童教育中专设一章加以介绍，认为它是一门知识，自有其独到见解。

正如王象之所理解的那样，《幼学琼林》也以"收拾山河之精华"、"使骚人才士于寓目之顷，而山川俱若效奇于左右"（《舆地纪胜序》）为宗旨。所以文中内容多及人文，是一种人文地理的体现。这节文中首先介绍了自黄帝起的中国地域划分情况，提出我们所处的这块土地在黄帝时开始有华夏的称谓，以后又称为"中国"。所谓"黄帝画野"，是指传说中的黄帝时代，由于天下很大，百姓分散，难以管理，黄帝就画野分州，有百里之国万余。至于"夏禹治水"，相传在尧时期，洪水滔天，百姓困扰，尧命鲧治水，九年无功。后来舜代天子之责，将鲧流放到羽山，并起用鲧的儿子禹继续治水。禹不顾劳累，身先士卒，传说他为了治水三过家门而不入，最终采用疏导的策略，凿山导河，开挖沟渠，引导洪水流向大海，解决了水患。

接着介绍了国家首都的改变，先为北京，又有南京。这种说法皆以明代的情况为依据。因为在中国历代，所建都城有不少的变化。周文王建都镐京、秦始皇统一中国后建都咸阳，汉晋隋唐都曾建都于长安，而文中并未提及，也许是虑及学童年龄尚幼，故只将最为切近的知识传授，其他的历史沿革状况，只能待以后慢慢充实。

讲述了都城之后，又介绍了中国行政区划的状况。文中说到的浙江、江西、福建、山东、山西、广东、广西、河南、陕西、四川、云南、贵州等省，是以明代的行政区划为依据的。据史籍记载，明初曾沿袭蒙元的行省制，但后来深感不便，于是进行改革。1370年于各省设置一都卫，1375年改为都指挥使司。1376年改行省为承宣布政使司，但习惯上仍称"省"。1428年弃安南后，明朝在全国设置两京十三使司，分北中南三大块，以京师（北直隶）、陕西、山西、山东、河南为北五省；南京（南直隶）、浙江、江西、湖广、四川为中五省；广东、福建、广西、贵州、云南为南五省。明代的行政区划设置大体符合山川形便之处，而作者的陈述切合于当时的实际。文中指出，中国有特色的山和湖，即著名的五岳和五湖，分别为：东岳泰山、西岳华山、南岳衡山、北岳恒山、中岳嵩山；饶州的鄱阳湖、湘阴的青草湖、润州的丹阳湖、巴陵的洞庭湖、苏州的太湖。

《幼学琼林》的行文比较简洁、紧凑，然而发挥余地还是不小的。学童们通过对中国首都、各行政区划及著名大山湖泊的了解，对我国的地理状况有了一定的印象，虽然这种印象还是十分浅显的，但还是会有一种地大物博、历史积淀深厚的感受。所以从这一点来看,确实是起到了普及教育的作用。

原文

金城汤池,谓城池之巩固;砺山带河,乃封建之誓盟。帝都曰京师,故乡曰梓里。蓬莱弱水,惟飞仙可渡;方壶员峤,乃仙子所居。沧海桑田,谓世事之多变;河清海晏,兆天下之升平。

事先败而后成,曰失之东隅,收之桑榆;事将成而终止,曰为山九仞,功亏一篑。以蠡测海,喻人之见小;精卫衔石,比人之徒劳。跋涉谓行路艰难,康庄谓道路平坦。硗地曰不毛之地,美田曰膏腴之田。得物无所用,曰如获石田;为学已大成,曰诞登道岸。淄渑之滋味可辨,泾渭之清浊当分。

——[明]程允升《幼学琼林·地舆》

鉴赏

在上节讲述地舆概念的基础上,本节又提出了与地舆概念相关的人文认识。其中以成语为主,同时也掺杂一些熟语、特定名词的解释。如"金城汤池",意思是说城墙像是用金属筑就的,护城河里的水像是开水,比喻城市或工事的坚固无比、防守严密。"砺山带河",是说泰山小得像块磨刀石,黄河细得像条衣带,比喻时间久远,任何动荡也决不变心。《史记·高祖功臣侯者年表》记载,汉高祖分封功臣时曾盟誓说:"使河如带,泰山若厉,国以永宁,爰及苗裔。"这是祝功臣的分封国永久存在,国君则与他们立永久和好,以后常用在帝王的誓盟辞中。"沧海桑田"语本晋代葛洪《神仙传·王远》:"麻姑自说云:接待以来,已见东海三为桑田。"说的是传说中的神仙麻姑,已多次见到东海变为桑田,说明世事变迁很大,以及见证人的寿命很长。"河清海晏"中的"河清"是指黄河变清,传说黄河500年变清一次。《左传·襄公八年》曰:"《周诗》有之曰:'俟河之清,人寿几何?'"比喻圣人降临世间、官吏清廉爱民而出现的世事太平景象。这些借助地理概念形成的成语,常常出现于国家文件中,而这样的浅近解释能为学子将来理解世事、国情创造良好的条件。同时,这些对自然事物的分辨同样贯通着人情世故的成分,只有这样才能获得对它们的准确把握。

文中有的内容,还能起到教导孩童全方位地看待问题的作用。如"失之东隅,收之桑榆",比喻开始在这一方面失败了,最后在另一方面取得胜利。东隅:即太阳升起的地方;桑榆:桑树和榆树,这里指落日时所照之处。《后汉书·冯异传》载:东汉刘秀即位后,派冯异率军攻打赤眉军,因邓禹、邓弘不接受冯异的意见,连吃败仗,后冯异改变策略,终于在崤底大破赤眉军。事后光武帝刘秀写信慰劳冯异,其中有"始虽垂翅回溪,终能奋翼黾池,可谓失之东隅,收之桑榆"。"为山九仞,功亏一篑":比喻做事情只差最后一点没能完成。仞,古代七尺或八尺为一仞,九仞是个虚数,言其高;篑,盛土的筐。全句意为,堆九仞高的山,只缺一筐土而不能完成。"以蠡测海":比喻见识浅薄,对事物的观察和了解很片面。蠡,用贝壳做的瓢,用贝壳做的瓢来量海水,当然是以浅涉深。《汉书·东方朔传》载:"语曰:'以管窥天,以蠡测海,以莛撞钟。'岂能通其条贯,考其文理,发其音声哉!""精卫衔石":比喻意志坚决,或徒劳无功,文中是采用后面一种意思。据《山海经·北山经》载:相传远古时候,炎帝的女儿在东海游玩时淹死在海里,她的灵魂化作一只精卫鸟,到西山去衔木石,决心填平东海,此事意志可嘉但难以成功。"诞登道岸":比喻学问已经大有成就,语出《诗经·大雅·皇矣》。道岸,道路的尽头,这里指学问、真理的彼岸,此语后来常用于佛道两教悟通教义之处。"淄渑":指淄水和渑水,都流经山东。传说春秋时齐桓公的宠臣易牙,长于调

味，能够分辨出淄水和渑水的不同味道。"泾渭"：指泾河和渭河，都流经陕西，传说古时泾河的水清，渭河的水浊，两河在交汇处有一条明显的分界线。"淄渑之滋味可辨，泾渭之清浊当分"，这两句话把道理的通透与对自然界事物本性的深入把握联系在一起考虑，具有更大的说服力。

原文

心多过虑，何异杞人忧天；事不量力，不殊夸父追日。如夏日之可畏，是谓赵盾；如冬日之可爱，是谓赵衰。齐妇含冤，三年不雨；邹衍下狱，六月飞霜。父仇不共戴天，子道须当爱日。盛世黎民，嬉游于光天化日之下；太平天子，上召夫景星庆云之祥。……风从虎，云从龙，比君臣会合不偶。雨旸时若，系是休征；天地交泰，斯称盛世。

——［明］程允升《幼学琼林·天文》

鉴赏

与《幼学琼林·地理》篇一样，此节也是先讲天文知识，末端为与天文相关的典故，由此引出对人事的深入理解。

首先，有关天文知识及其与天文相关的典故。如"杞人忧天"，出自《列子·天瑞》："杞国有人，忧天地崩坠，身亡所寄，废寝食者。"后用以比喻不必要的忧虑。"夸父追日"的故事，载于《山海经·大荒北经·夸父追日》，其中说到"大荒之中，有山名曰成都载天"，山中有一位"珥两黄蛇、把两黄蛇"的夸父。夸父不量力，想追上太阳，结果"逮之于禺谷"、"将走大泽"，未至而死于此。这个类似于神话的故事，是用以比喻有宏大的志向或巨大的力量和气魄的人，以映照人类战胜自然的决心和雄心壮志。当然有时也可用以形容不自量力的人或所做的事情。

其次，由天文引出对人事的深入理解。"如夏日之可畏，是谓赵盾；如冬日之可爱，是谓赵衰。"文中赵盾为春秋时人，是赵衰的儿子。据《春秋左传·文公七年》载，赵衰是赵国国君的祖先，辅佐晋文公称霸的五贤士之一；赵盾为晋国卿大夫，杰出的政治家、战略指挥家。但是人们对他俩评价不一，认为赵衰像冬天的太阳那样可爱，而赵盾则像夏天的太阳那样可怕。"齐妇含冤"也说的是先秦时的事情。据说齐地孝妇窦氏被诬谋杀婆婆，太守处死了她，东海因此三年大旱不雨，后来新太守发现冤情，为她平反，大雨也跟着下起来。"六月飞霜"的主角邹衍是战国时人，知识渊博，对天文学颇有研究，故又被称为"谈天衍"。据说燕惠王因听信谗言把邹衍抓进监狱，他受冤枉而仰天大叫。当时正值盛夏六月，天降大风雪。燕王意识到邹衍的冤屈，就释放了他。唐代张说《狱箴》中记此事云："匹夫结愤，六月飞霜。"这些都是以天气的反常来反映世间行事的不公，以示天人之相通。

同时，文中将子女侍奉父母、珍惜时光称为"爱日"，将"天平天子"的出现衬托以"景星"、"庆云"（五色彩云）的出现，也具有天人一贯的意蕴。"风从虎，云从龙"，出自《周易·乾》："同声相应，同气相求。水流湿，火就燥。云从龙，风从虎。圣人作而万物睹。"比喻事物之间的相互感应。

原文

无言曰缄默，息怒曰霁威。……仇深曰切齿，人笑曰解颐。人微笑曰莞尔，掩口笑曰胡卢。大笑曰绝倒，众笑曰哄堂。……两不相入，谓之枘凿；两不相投，谓之冰炭。彼此不合曰龃龉，欲进不前曰趑趄。落落，不合之词；区区，自谦之语。竣者，作事已毕之谓；醵者，敛财饮食之名。赞襄其事，谓之玉成；分裂难完，谓之瓦解。事有低昂，曰轩轾；力相上下，曰颉颃。凭空起事,曰作俑;仍踵前弊,曰效尤。手口共作,曰拮据;不暇修容,曰鞅掌。手足并行,曰匍匐;俯首而思,曰低徊。明珠投暗,大屈才能;入室操戈,自相鱼肉。……班门弄斧,不知分量;岑楼齐末,不识高卑。势延莫遏,谓之滋蔓难图;包藏祸心,谓之人心叵测。作舍道旁,议论多而难成;一国三公,权柄分而不一。事有奇缘,曰三生有幸;事皆拂意,曰一事无成。

——[明]程允升《幼学琼林·人事》

鉴赏

这节虽然出自《幼学琼林》中的《人事》篇,但作者并未直接谈论人事的曲直和其中蕴含的道理,而是解释了许多人的表情内蕴。诸如"缄默",其中的"缄",原意为束扎器物的绳子,后引申为闭口;缄默:即指闭口不语。"霁威"的"霁",是指雨停止不下;霁威:是指老天停止了施威。这两个比喻都来自自然界所见及日常生活中所用,属于人之外的客体范围,而所推衍的则是关于人的表情的形容。此外,"仇深曰切齿,人笑曰解颐。人微笑曰莞尔,掩口笑曰胡卢。大笑曰绝倒,众笑曰哄堂",都是对人的表情的解读,引出的是对人的心理活动的提示。这些内容,对于成年人来说,似无解读之必要,但对于童蒙未开的孩子来说,却具有人情世故的启蒙意义。

人的表情有面部表情、语言声调表情、身体姿态表情等多种,其中面部是最有效的表情器官,中国古人很早就注意到这一方面,如《诗经》中有"巧笑倩兮,美目盼兮"等,孟子也说"胸中不正,则眸子眊焉"(《孟子·离娄上》)。他们都注意到表情在表达人们内心的思想感情、表达人的喜怒哀乐等方面的作用,所以是人们进入社会之后进行沟通的重要途径。面部表情中最明显的标志是笑,故文中很多内容涉及笑容的分析。面部表情的发展在根本上来源于价值关系的发展,人类面部表情的丰富性来源于人类价值关系的多样性和复杂性。现代心理学家曾总结过一个公式：感情的表达＝言语（7%）+声音（38%）+表情（55%）。表情之所以在其中所占比重这么大，是因为它能对人们所说的话起解释、澄清、纠正或强调的作用。可见其在人际沟通上的重要性。

"龃龉"、"枘凿"之说，出自战国楚宋玉《九辩》："圆凿而方枘兮，吾固知其鉏铻而难入。"中国古代人在用木料制作器具时，凿出的卯眼叫作凿，削成的榫头叫作枘，凿和枘的大小形状必须完全一致才能合适地装配起来，方形的榫头不能固定在圆形卯眼里，"圆凿而方枘"，有各不相容、配合不好的意思。"冰炭"之说，出自《韩非子·显学》"夫冰炭不同器而久，寒暑不兼时而至"句。比喻性质相反的事物不能相容。"鉏铻"即"龃龉"，是指牙齿上下对不上，上述文字形容，都是对意见不合、状态各不相容的比喻。趑趄（zī jū 资居），脚步不稳，行走困难，想前进又不敢前进，形容疑惧不决、犹豫观望。

不少词汇来自生活经验，如"瓦解"，是出于旧时制瓦，先把陶土制成圆筒形，分解为四，即成瓦，故以此现象来比喻事物的分裂、分离。"轩轾"之说，是因为古时的马车若做成前高后低称为"轩"，做成前低后高称为"轾"，而"轩轾"则为喻指高低轻重的调整。《诗经·小雅·六月》中有"戎车既安，如轾如轩"句，说的就是这个意思。"颉颃"，是形容鸟上下飞动的样子，《诗经·邶风·燕燕》中有"燕燕于飞，颉之颃之"句。后人用以比喻互相抗衡、不相上下的意思。"作俑"，指古代制造陪葬用的偶像，后指创始、首开先例，多用于贬义。"拮据"，语出《诗经·豳风·鸱鸮》"予手拮据"，原为鸟衔草筑巢，鸟足（手）劳累的意思。这与本文中"手口共作"的释义一致，现在泛指的缺少钱而境况窘迫的词义，当为其引申意思。"鞅掌"，语出《诗经·小雅·北山》的"或王事鞅掌"，意为事多繁忙而无暇修整仪容。这些都与人们观察到的自然界景象、人类所制作的器物有关。

它能在日常生活中被孩童所接触到，故以此为喻，能起到由具体到抽象、由浅近入深刻的效果。

文中还有一些词汇，也有着这样的特征，往往因其浅近易懂又释理分明，故在长年累月的运用中成为成语而流传下来。如"明珠投暗"，出自《史记·鲁仲连邹阳列传》："臣闻明月之珠，夜光之璧，以暗投人于道路，人无不按剑相眄者。何则？无因而至前也。"以此比喻珍贵之物落入不明其价值的人的手里，得不到赏识和珍爱，推及到人，则比喻有才能的人得不到重用或误入歧途。又如"入室操戈"，语出《后汉书·郑玄传》："时任城何休好《公羊》学，遂著《公羊墨守》、《左氏膏肓》、《穀梁废疾》。玄乃发《墨守》，针《膏肓》，起《废疾》。休见而叹曰：'康成入吾室，操吾矛，以伐我乎！'"是指到他的屋里去，拿起他的武器攻击他；用以比喻引用对方的论点反驳对方，因十分形象确切而流传至今。"班门弄斧"中的"班"是指鲁班，他是春秋后期鲁国著名的木匠。在鲁班门前舞弄斧子，比喻在行家面前卖弄本领、不自量力，当然也可用作自谦之词。唐代柳宗元《王氏伯仲唱和诗序》中即有："操斧于班、郢之门，斯强颜耳。"

这些词汇有着深厚的历史积淀，值得我们去好好体味。这样就把"极高明"的道理蕴于日常的"中庸"来体现了。

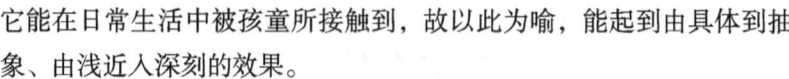

甘脆肥脓，命曰腐肠之药；羹藜含糗，难语太牢之滋。御食曰珍馐，白米曰玉粒。好酒曰青州从事，次酒曰平原督邮。鲁酒茅柴，皆为薄酒；龙团雀舌，尽是香茗。待人礼衰，曰醴酒不设；款客甚薄，曰脱粟相留。竹叶青，状元红，俱为美酒；葡萄绿，珍珠红，悉是香醪。五斗解酲，刘伶独溺于酒；两腋生风，卢仝偏嗜乎茶。茶曰酪奴，又曰瑞草；米曰白粲，又曰长腰。太羹玄酒,亦可荐馨;尘饭涂羹,焉能充饿。

——[明]程允升《幼学琼林·饮食》

鉴赏

  每个国家因其独特的地理位置与气候而有着不同的物产。中国幅员广大、物产丰富,而最有代表性的则是饮食文化。《幼学琼林·饮食》对这一方面的知识做出介绍,为青少年早早地上了相关的一课。文中开首即指出:"甘脆肥脓,命曰腐肠之药;羹藜含糗,难语太牢之滋。"即不管何种美味都不过是疗饥之物,而它的各种滋味又是举不胜举的。太牢:古代帝王祭祀社稷时,牛、羊、豕三牲全备为"太牢"。由于其中有各式的搭配方式及各种讲究,所以这种祭祀礼节,其实也是饮食文化。文中特意讲述酒的例子,以说明其中的种种区分与规矩。举出了"鲁酒茅柴"等酒号,来说明它的形态万千,色泽纷呈。在中国,酒是一种特殊的食品,早在上古时期,它就是祭祀等场合中的重要物品,用以表示一种礼仪、一种气氛、一种情趣、一种心境。所以它既属于物质的,又是融于人们精神生活之中不可缺少的东西。在几千年的文明历史中,中国众多的名酒不单给人以美的享受,而且给人以灵感的启示与力量的鼓舞,酒因此与文人、诗歌结下了不解之缘。历史上就有"五斗解酲,刘伶独溺于酒"之说,即西晋"竹林七贤"之一的刘伶,嗜酒如命,要喝五斗酒才能解除"酲"(chéng呈,喝醉酒神志不清),并在喝酒得意时写出好文章,如《酒德颂》等。

  不过在《幼学琼林》中,并没有在饮食文化中只提酒的作用,而是同时提到了茶的作用。"两腋生风,卢仝偏嗜乎茶。"即唐代诗人卢仝饮茶成癖,曾撰文《走笔谢孟谏议寄新茶》,赞茶说:"一碗喉吻润,两碗破孤闷。三碗搜枯肠,唯有文字五千卷。四碗发轻汗,平生不平事,尽向毛孔散。五碗肌骨清,六碗通仙灵。七碗吃不得也,唯觉两腋习习清风生。"

众所周知，中国是茶的故乡，英语中的China（中国），就是以"茶"的读音为基础的。作为中华文化中的重要组成部分，它的精神内涵是通过沏茶、赏茶、闻茶、饮茶、品茶等习惯，与中华的文化内涵、礼仪相结合，形成一种具有鲜明中国特征的文化现象，具有礼节性。以茶为祭，可祭天、地、神、佛，也可祭鬼魂，这就与丧葬习俗发生了密切的联系。上到皇宫贵族，下至庶民百姓，在祭祀中都离不开清香芬芳的茶叶。无论是汉族，还是少数民族，都在较大程度上保留着以茶祭祀祖宗神灵、用茶陪丧的古老风俗。与酒文化表现情感的变化多端、超脱旷达，使人忘却人世痛苦忧愁、在绝对自由的时空中尽情翱翔不同，茶能起到的是消除疲劳、促进新陈代谢，使人精神振奋、增强思维和记忆能力等作用。所以在汉代以后与佛道两教的修行也产生了联系。从文化角度而言，早在中国唐代就有了"茶道"这个词，把饮茶与"道"联系起来考虑。例如，唐代封演撰《封氏闻见记》云："又因鸿渐之论，广润色之，于是茶道大行。"唐代刘贞亮在饮茶十德中也明确提出："以茶可行道，以茶可雅志。"总体而言，茶道追求的是和、静、怡、真的境界。其中的"和"，源于《周易》中的"保合大和"，认为万物皆由阴阳两要素构成，阴阳协调，保全大和之元气以普利万物才是人间真道。陆羽在《茶经》中对此论述得很明白，指出：风炉用铁铸从"金"，放置在地上从"土"，炉中烧的木炭从"木"，木炭燃烧从"火"，风炉上煮的茶汤从"水"，煮茶的过程就是金、木、水、火、土五行相生相克并达到和谐平衡的过程，可见五行调和等理念是茶道的哲学基础。中国茶道是修身养性、追寻自我之道。静是中国茶道修习的必由途径。如何从小小的茶壶中去体悟宇宙的奥秘？如何从淡淡的茶汤中去品味人生？如何在茶事活动中明心见性？如何通过茶道的修习来澡雪精神、锻炼人格、超越自我？答案只有一个——静。无论什么人都可以在茶事活动中取得生理上的快感和精神上的畅适。参与中国茶道，可抚琴歌舞、可吟诗作画、可观月赏花、可论经对弈、可独对山水，亦可以翠娥捧瓯、可潜心读《易》、可置酒助兴。

儒生可"怡情悦性",羽士可"怡情养生",僧人可"怡然自得",其"怡"即和悦、愉快之意,中国茶道的这种怡悦性,使得它有极广泛的群众基础。同时,中国茶道在从事茶事时还很讲究"真",不仅包括茶应是真茶、真香、真味,环境最好是真山、真水,挂的字画最好是名家、名人的真迹,用的器具最好是真竹、真木、真陶、真瓷,还包含了对人有真心、敬客有真情、说话要真诚、心情要真闲。总之,茶事活动的每一个环节都要认真,每一个环节都要求真。爱护生命,珍惜声誉,让自己的身心更健康、更畅适,让自己的一生过得更真实,做到"日日是好日",这是中国茶道所追求的最高层次。

从饮食中窥见文化之底蕴,就在这样的酒道、茶道讲述中完成,而在这样的文化熏陶中成长起来的少年,无疑在其举手投足之间透露出中国传统文明的信息,这种对传统文明的传承是十分可贵的。

原文

山川之精英,每泄为至宝;乾坤之瑞气,恒结为奇珍。故玉足以庇嘉谷,明珠可以御火灾。鱼目岂可混珠,碔砆焉能乱玉。……宋人以燕石为玉,什袭缇巾之中;楚王以璞玉为石,两刖卞和之足。惠王之珠,光能照乘;和氏之璧,价重连城。……以小致大,谓之抛砖引玉;不知所贵,谓之买椟还珠。

——[明]程允升《幼学琼林·珍宝》

鉴赏

当孩童进入成人世界时,会碰到财富观念的问题,《幼学琼林·珍宝》篇及时在童蒙教育中加入了这方面的内容。作者以为"山川之精英,每泄为至宝;乾坤之瑞气,恒结为奇珍"。这些由山川、乾坤中的精英、瑞气凝结而成的东西就是我们财富中视为珍宝的由来。

这样的说法强调了财富是自然界的馈赠，那么自然就应当以感恩之情来看待它。与一般论及财富时多提及金银钱币的情况不同，作者主要关注的是珍珠和玉石。其中的珍珠，是海水或淡水中的贝类软体动物体内进入细小杂质时，外套膜受到刺激后分泌出的一种珍珠质（主要是碳酸钙）。当贝类物体将细小杂质层层包裹起来，逐渐形成小圆珠时，珍珠就成形了。珍珠颜色主要为白色、粉色及浅黄色，具珍珠光泽，其表面隐约闪烁着虹一样的晕彩珠光。颜色白润，皮光明亮，形状精圆，可做装饰或入药。

中国是世界上的珍珠古国，有关珍珠的记载可以追溯至公元前2200年。《尚书·禹贡》载有"淮夷宾珠"句，说的是4000年前的夏禹时代，中国人就在淮河中采集淡水珍珠作为贡品。在《周易》《诗经》等古籍中均能找到有关珍珠的记载。《格致镜原·妆台记》中记载了周文王用珍珠装饰发髻的史实。《战国策·秦策五》记"君之府藏珍珠宝玉"，可见中国珍珠饰用始于东周，自秦汉以后日渐普遍，它往往被看作尊贵的象征。

玉石是远古人们在选择石料制造工具的长达数万年的过程中，经筛选确认的具有社会性及珍宝性的一种特殊矿石。《说文解字》释玉为"石之美者"。《辞海》则将玉定义为"色泽丽润、质地细腻而且坚韧、工艺性能优良的天然矿物隐晶质（少数为非晶质）致密块状集合体"。中国是世界上开采和使用玉最早、最广泛的国家，古人认为玉有防妖避邪的作用，故用玉做杯、碗、碟等祭祀用具，带有不同寻常的宗教象征意义。由于玉具有柔韧性，并带有温润的色泽，所以人们对它进行雕刻，做成形态各异的工艺品和装饰品。另外，玉石富含人体所需的多种微量元素，如锌、铁、铜、锰、镁、钴、硒、铬、钛、锂、钙、钾、钠等，经常佩戴和使用玉器，对经络、血脉、皮肤等都有好处，能起到一定的保健作用。玉石的特殊分子结构能和人体细胞产生共振，从而达到改善血液循环、刺激细胞再生、提高酶活性、恢复生理功能等保健作用。

有史以来，珍珠一直象征着富有、美满、幸福和高贵。封建社会权贵用珍珠代表地位、权力、金钱和尊贵的身份，平民以珍珠象征幸福、平安和吉祥。而玉石则往往与天然之灵气相关联，人们认为玉之润可消除浮躁之心、玉之色可愉悦烦闷之心、玉之纯可净化污浊之心，所以玉文化是中国传统文化的一个重要组成部分。玉文化包含："宁为玉碎"的爱国民族气节，"化干戈为玉帛"的团结友爱风尚，"润泽以温"的无私奉献品德，"瑜不掩瑕"的清正廉洁气魄。这些思想在《幼学琼林》中得到了充分的体现，如文中的"玉足以庇嘉谷，珠可以御火灾"，所说的便是这方面的意思。而"鱼目混珠"、"和氏之璧"、"抛砖引玉"、"买椟还珠"等典故，就是对上述观念的多方位诠释。

"鱼目混珠"是指拿鱼眼睛冒充珍珠，比喻用假的冒充真的。唐代李善注引《雒书》曰："秦失金镜，鱼目入珠。"又引《韩诗外传》曰："白骨类象，鱼目似珠。"当是较早的出处。"碔砆焉能乱玉"，即碔砆（wǔ fū武夫）虽好，但却是似玉非玉的石头，怎能与玉相混淆！接着文中进一步阐述："宋人以燕石为玉，什袭缇巾之中。"其中的燕石，是指燕山所产的一种类似玉的石头，亦称"燕珉"；缇巾：橘红色的毛巾。《后汉书》卷四十八中有"宋愚夫亦宝燕石，缇缊十重"的话，说的是春秋时宋国有一个人将一块燕石当成宝贝捡回家里，把它用橘红色的毛巾层层叠叠地包裹起来，放在华贵的盒子里。当客人前来观看时，他端冕玄服以发宝，结果被客人笑话："此燕石也，与瓦甓不异。"后人用以比喻不足珍藏之物。这两个故事都是从反面衬托出珍珠、玉石所具有的珍贵价值。

"买椟还珠"，语出《韩非子·外储说左上》："楚人有卖其珠于郑者，为木兰之柜，熏以桂椒，缀以珠玉，饰以玫瑰，辑以羽翠，郑人买其椟而还其珠，此可谓善卖椟矣，未可谓善鬻珠也。"原意是买来珠宝而只留下漂亮的盒子，不要里面真正有价值的珠宝。后来常以此比喻没有眼光、取舍不当，甚至舍本逐末。"抛砖引玉"，出自《传灯录》。宋代释道原《景德传灯录·赵州东院从谂禅师》："大众晚参，师云：'今夜答话去也，有解问者出来。'时有一僧便出，礼拜。谂曰：'比来抛砖引玉，却引得个墼子（没有烧的砖坯）。"是指抛出砖去，引回玉来，比喻用自己不成熟的意见或作品引出别人更好的意见或更好的作品。其意与"买椟还珠"相近似，也是以玉与砖对举，提示玉的高贵。

"楚王以璞玉为石，两刖卞和之足。"事见《韩非子·和氏篇》，说的是东周时楚人卞和，有识玉之能，在荆山得到一玉璞，便去献给楚厉王。楚厉王找人鉴别，那人却鉴别不出它含有玉。于是卞和以欺君之罪而被斩断左足。后来楚武王熊通即位，卞和再次献玉，楚武王也同样找人进行鉴别，那人仍说是石头，结果卞和又被斩去了右足。后来楚文王熊赀即位，卞和抱着玉璞恸哭于荆山下，世人传说纷纷。楚文王得知后派人去询问原因，卞和说："宝玉而题之以石，贞士而名之以诳，此吾所以悲也。"楚文王于是招来玉工剖开玉璞进行验看，果然里面是天下无双的宝玉，他命良工雕琢成璧，人称"和氏璧"。这里将"玉"的识辨与人生命运连接在一起，并称颂了为"玉"而坚守的高贵人品。由珠玉而及文化，进而涉及对真伪的辨别、对人品的评价，在本节中得到了很好的展现，中国式的整体思维方式由此影响孩童。

原文

上古结绳记事，仓颉制字代绳。龙马负图，伏羲因画八卦；洛龟呈瑞，大禹因列九畴。历日是神农所为，甲子乃大挠所作。算数作于隶首，律吕造自伶伦。甲胄舟车，系轩辕之创始；权量衡度，亦轩辕之立规。伏羲氏造网罟，教佃渔以赡民用；唐太宗造册籍，编里甲以税田粮。兴贸易，制耒耜，皆由炎帝；造琴瑟，教嫁娶，乃是伏羲。冠冕衣裳，至黄帝而始备；桑麻蚕绩，自元妃而始兴。神农尝百草，医药有方；后稷播百谷，粒食攸赖。燧人氏钻木取火，烹饪初兴；有巢氏构木为巢，宫室始创。夏禹欲通神祇,因铸镛钟于郊庙;汉明尊崇佛教,始立寺观于中朝。周公作指南车,罗盘是其遗制;钱乐作浑天仪,历家始有所宗。育王得疾,因造无量宝塔。秦政防胡,特筑万里长城。叔孙通制立朝仪,魏曹丕秩序官品。周公独制礼乐,萧何造立律条。尧帝作围棋,以教丹朱;武王作象棋,以象战斗。文章取士,兴于赵宋;应制以诗,起于李唐。梨园子弟,乃唐明皇作始;《资治通鉴》,乃司马光所编。笔乃蒙恬所造,纸乃蔡伦所为。凡今人之利用,皆古圣之前民。

——[明]程允升《幼学琼林·制作》

鉴赏

文中讲述上古以来中国的发明创造,其中涉及钻木取火、农耕桑蚕、打猎捕鱼等生活技能,以及建造兵器、舟车、宫殿,创造文字、纸笔、八卦、九畴、历法、算数、律吕,发明指南车、浑天仪、罗盘,总结医术,建筑万里长城,乃至建立税赋等管理制度等等,包含了经济生活与文明发展的各个方面。作者认为凡是为今人之利用而做出贡献者,均可被视为"古圣之前民",这些人物在中国古代曾被称为"作者",《礼记·乐记》言:"作者之谓圣,述者之谓明。"即"作者"是当之无愧的"圣人",而后世的继承者只能称"贤明"者,可见其地位之高。

在历代中国官方学府中,有关"作者"的事迹还是可以见之于教材的,如造字的仓颉,画八卦的伏羲。据《吕氏春秋通诠·君守》载:仓颉传说为黄帝的史官。《荀子·解蔽》记:"故好书者众矣,而仓颉独传者,壹也。"认为仓颉是汉字的创造者,尊他为中华文字始祖。建于汉代的仓颉庙(在今陕西省)内有一块《仓圣鸟迹书碑》,黑色的石头上刻着28个古怪的符号,相传这就是仓颉当年所造象形文字的本形。这些鸟迹书由小的图形和画面组成,是世界上最早的象形文字。

伏羲相传是三皇之首、百王之先，目前甘肃省天水市建有伏羲庙。据说上古时期，孟津东部有一条图河与黄河相接，龙马负图出于此河，伏羲氏依龙马之图画出了乾、兑、离、震、巽、坎、艮、坤为内容的卦图，后人称为伏羲八卦图。这一中国最早的计数文字，是中国古文字的发端，结束了"结绳记事"的历史。八卦后来被星象学家用来占卜。《系辞下》记载伏羲的功业："古者包牺氏之王天下也，仰则观象于天，俯则观法于地。观鸟兽之文与地之宜，近取诸身，远取诸物，于是始作八卦，以通神明之德，以类万物之情。作结绳而为网罟，以佃以渔，盖取诸《离》。包牺氏没，神农氏作，……神农氏没，黄帝尧舜氏作，通其变，使民不倦，神而化之，使民宜之。"这段话影响甚大。

"列九畴"，即列"洪范九畴"，就是治国的规则。《尚书·洪范》篇中有这方面的记载，其中说周武王在建立了朝政之后向箕子讨教治国的大法。箕子告之以"洪范"九条，也称"洪范九畴"：第一条是讲"五行"，也就是如何分辨利用自然产物；第二条是"敬用五事"，讲做人做事的态度；第三条"农用八政"，即怎样对农业国家进行行政方面的有效管理；第四条"协用五纪"，指观察天文星象建立日历；第五条"建用皇极"，指如何建设国家机器；第六条"乂用三德"，就是国家管理者的道德指南；第七条"明用稽疑"，是遇到难题时如何解决，提供的方法有占卜和征集大家意见；第八条"念用庶徵"，指记录天气变化而判断农作物收入；第九条"向用五福，威用六极"，就是善恶劝导。据儒学后人说，后来周公制周礼，就是以这"洪范九畴"作为理论基础的。

神农尝百草、后稷播百谷、燧人氏钻木取火、有巢氏构木为巢等传说，曾在《史记》等史书中提到；建制历法、创造天干地支的历算方法、统一权量衡度、制作礼乐律吕等作用，在古书中也有提及，体现了后人对这些创造者功绩的认同。不过，指南车、浑天仪的制作，虽然托名于周公、钱乐等古人，仍不被后人所注意；至于制笔之蒙恬、造纸之蔡伦，则更不见了其该有的历史地位。究其原因，或许与孔子以后区分"劳心者"与"劳力者",并明确表示自己的教育建立在"仁"这样的道德原则上而非教学生"学稼"、"学圃"有关。确实,从先秦社会诸侯兴起、政权分立的情况看,社会迫切需要的是辅助朝政、构建社会相处原则的人才,孔子因此以"学而优则仕"为培养目标,是符合于当时社会实际的。但是随着社会政权的巩固、大一统国家政权的建立,是否全以此为社会人才培养的标准,是值得商榷的。就此而言,在儒学观念成为社会意识权威,以"修身、齐家、治国、平天下"为人才培养目标的明代,重新提出以"作者"为"圣人"的观念,具有突破传统思维模式的意义。

原文

医士业岐轩之术,称曰国手;地师习青乌之书,号曰堪舆。卢医、扁鹊,古之名医;郑虔、崔白,古之名画。晋郭璞得《青囊经》,故善卜筮地理;孙思邈得龙宫方,能医虎口龙鳞。善卜者,是君平、詹尹之流;善相者,即唐举、子卿之亚。推命之人即星士,绘图之士曰丹青。

——[明]程允升《幼学琼林·技艺》

鉴赏

中国社会的早期执政者都以耕读为主流,故对其他职业者在社会政治、经济等地位上均进行限制,所以当时讲社会身份分类,只以学派为依据,如《汉书·艺文志》中提出"九流",是以儒家、道家、阴阳家、法家、名家、墨家、纵横家、杂家、农家入流。后世有"三教九流"的说法,如宋代赵彦卫《云麓漫钞》卷六记:"(梁武帝)问三教九流及汉朝旧事,了如目前。"即在晋代时已有了"三教九流"的说法,当时的"三教",指的是儒教、道教、佛教;不过"九流"似还是指儒、道、法、墨、农等各家。而以后"九流"逐渐演变成对社会各行各业的区分，流传在民间的说法，有上九流，即指佛祖、神仙、皇帝、官吏、商人、种田人等；中九流，指举子、医生、风水先生、丹青画师、僧人、道士、琴棋师等；下九流，指巫、娼、剃头、戏子、小贩等。这些分类往往出现在民间戏剧唱本之中。自此而言，《幼学琼林·技艺》中涉及的医生、算卜、画师等职业中人，多为在社会上被视为依靠技艺谋生的中流阶层者。值得注意的是，作者以赞赏的口气来谈论他们的成就，可见他已超脱了传统观念的局限。

本节中有关引经据典之处，需要做一些讲解。第一句中所及的"岐轩之术"，是指中医学；其中的岐轩，是岐伯与轩辕的合称，岐伯为传说中的古代名医，相传曾与轩辕讨论医术并著成《黄帝内经》，所以后世称医药学和医术为"岐轩之术"。"国手"：一个国家中技能出众的人。"地师"：即风水先生，相地看风水者。"青乌之书"：相传汉代有青乌子精堪舆之术，著《相冢书》，后人奉以为祖。魏晋葛洪《抱朴子·极言》云："相地理则书青乌之说。"故后人称相地术为"青乌术"。"堪舆"：堪为高处，舆为低地，堪舆即"风水"，指住宅基地或坟地的形式；时人认为风水和人的祸福有关，故要对居住的宅地、墓茔的位置等加以相看。郑虔为唐代画家，与李白、杜甫为友，爱弹琴，善书画。崔白为北宋画家，擅画花竹、禽鸟，乃至山水、人物，尤工秋荷凫雁。郭璞为东晋文学家、训诂学家，好古文奇字，喜阴阳卜筮之术。《青囊经》，是有关天文卜筮的书，原题《九天玄女青囊海角经》，传为郭璞序。孙思邈为唐代医学家，著有《千金要方》、《千金翼方》，段成式《酉阳杂俎》记载他曾为虎拔去口中金钗、为龙点鳞医病。君平即严君平，西汉隐士，以占卜为业，一生不愿做官，为当时著名的文学家扬雄所敬仰。詹尹即郑詹尹，为战国时楚国的卜筮官之长（太卜）。唐举也作唐莒，战国时梁人，擅长相术。子卿为春秋时赵国相士，传为孔子看过相。亚：辈；星士：给人占卜算命的人；丹青：中国古代的绘画经常用朱红、青色，有时也泛指绘画艺术，民间则称画工是"丹青师傅"。

文中把善用岐黄之术的医师称为"国手",举出了卢医、扁鹊、孙思邈等名医的特殊技艺。认为精于天文卜筮是得到了《青囊经》的真传,称他们为"星士",把能够绘画的人称为"丹青"高手,这样就把过去被视为不务正业的人看作为技艺高手,对当时人们在职业规划、人生价值上的偏见做出了纠正。《幼学琼林·技艺》的这种认识,或许与作者受到明代市民社会的影响有所关系,中国社会至明代中叶小手工业生产已迅速发展,城市规模急剧扩展,市民意识也逐渐地影响扩大。作者程氏的这种发蒙教育,能使孩童在初受教育之时就对各行各业留下影响,一旦读书参加科举之路不顺,即可顺应现实需要重新择业,获得发挥自己知识才能的机会。清代吴敬梓的《儒林外史》中,曾言及当时人们受科举、礼教的荼毒,只以读书中举为能事的社会弊端,其中的老儒生范进在中举前虽然贫困潦倒仍不做事,只埋头于做八股文,而中举后一度喜极发疯,当官后竟认北宋苏轼为明代人,闹出大笑话,可见这种偏见对世人的毒害至深。若能如程氏那样追求真才实学、学以致用,将百行百业的制作者都视为"圣人",识得医师、工匠、画师乃至堪舆师的社会贡献,这样像范进之类人物便会不获其社会地位,社会风气也会得到很好的改变。

原文

如来释迦,即是牟尼,原系成佛之祖;老聃李耳,即是道君,乃为道教之宗。……和尚礼拜曰和南,道士礼拜曰稽首。……菩者普也,萨者济也,尊称神祇,故有菩萨之誉。……梁高僧谈经入妙,可使岩石点头,天花坠地;张虚靖炼丹既成,能令龙虎并伏,鸡犬俱升。藏世界于一粟,佛法何其大;贮乾坤于一壶,道法何其玄。

——[明]程允升《幼学琼林·释道鬼神》

鉴赏

　　本节讲述了流传于中国的佛道两教，这在正统的教育系统中比较少见。我们知道，中国古代的官方学府在夏商周三代时就已具备，西周时的大学学习诗书礼乐，小学则以数（算数）书（书法）为主。前者以德行教育为主，辅之以礼仪等规范习练；后者则教以实用性生活本领。由于中国的宗教并非是社会主流的意识形态，所以在实际生活中并没有得到重视。但《幼学琼林·释道鬼神》却在这方面打破了传统的框架，这或许与明代社会佛道两教已在社会上广泛传播有关，也是作者平民意识的体现。

　　由于中国主流推崇的是儒学，崇尚的是"修身、齐家、治国、平天下"，认为一个人的人生价值实现，在于融入社会、国家、家族的群体，成为其中的精英，这个观念对于大多数处于平凡生活状态中的平民百姓来说，带来的只能是个体的失灭、对自身存在价值的怀疑。而宗教所提倡的是众生的平等，是对个体生命的关注，为此在社会中下层拥有了广泛的信众。在中国，"宗教"二字合并起来使用是始于佛教术语，佛教以佛所说为"教"，佛的弟子所说为"宗"，"宗"为"教"的分派，二者合称为"宗教"，本来是指佛教中的教理，后来才泛指一切"对神道的信仰"为"宗教"。不过，"宗"和"教"二字在古代中国很早就有了今天的"宗教"含义。宗教在不同的文化背景中，存在不同的含义。宗教是对神明的信仰与崇敬，它有一套理论，是对宇宙存在的解释，所以拥有自身的信仰对象、教义系统及相关的仪式遵从。

　　作者的讲述也抓住了这方面的特征。开首介绍的是佛教的崇拜偶像"如来释迦"和道教信仰的宗主老子。这里所说的如来释迦，即释迦牟尼佛，或称佛陀，意为大彻大悟之人，民间信仰佛教的人尊为佛祖、如来佛祖等。老聃李耳，字伯阳，谥号聃，春秋末年楚国苦县历乡曲仁里（今河南省鹿邑县太清宫镇）人。曾做过周朝"守藏室之官"（管理藏书的官员），是中国伟大的哲学家和思想家，被道教尊为教祖。

道教是从中华民族传统文化的母体中孕育和成熟的、以"道"为最高信仰的具有中国民族文化特色的本土宗教，发端于轩辕黄帝祭祀天帝，理论集成于老子创作的《道德经》，正式形成于东汉张陵（34—156）建立天师道，即以黄帝为始祖、老子为道祖、张陵为教祖；其教义讲求渡世救人、长生成仙，进而追求体道和真的总目标下神学化、方术化。

宗教教义中有大量涉及对神灵权威敬畏的内容，作者也在文中有所体现。如他解释的菩萨即是一例：菩萨，梵语菩提萨埵的简称，意译为"觉有情"、"发大心的人"。菩萨的含意，还有开士、始士、高士、大士等等。开士者，以法开导众生之士；始士者，开始觉悟之士；高士者，高明之士；大士者，实践大乘佛法之士。这是自然力量和社会力量的约束性在人们心目中的反映，它使人们自觉不自觉地为自己或他人设置各种行为禁忌，并使自己和他人严格在自然规律和社会法则所限制的范围内活动。

文中还讲到了许多教派中人说法时的神奇情景，如梁朝高僧讲经时使得"岩石点头，天花飞坠"的故事。据史书记载，最初讲法无人去听，直到他坚持不懈讲到顽石点头，才引来众人，"石点头"说的就是此事。另有一位名叫云光的高僧，在今南京市中华门外石子冈设台讲经说法，讲到精彩处，感动了上天，天花纷纷坠落，入地化作五彩石子，"天雨花"说的就是这个故事。"一人得道鸡犬升天"的故事，据陈显远《汉中碑石》载，西汉居摄二年（公元7年），有一个名叫唐公房的人，在汉中郡（今陕西省安康市）衙做官。一天在城固（今陕西省城固县）许家庙老家遇到一位修仙得道的真人，他拜这位真人为师，并给师傅送去鲜美的甜瓜品尝，真人感其诚心，让他到婿谷口山上赐给其仙丹。公房服了仙丹后，能辨别鸟兽语言，行走如飞，数百里外郡府转眼即到，乡亲们和郡守都十分惊讶。汉中郡守老爷遂跟公房学道，始终不得其法，以为公房留有一手故意不教，欲加害于他，并命手下人去捉拿唐妻及子女。唐把这一情况告诉师父，真人说不必

惊慌，他有一种仙药服后即可飞天而去，逃离厄运。唐妻留恋房舍及禽畜，仙人又给房屋涂上仙药，全家人和禽畜都服了仙药，"须臾，有大风玄云来迎公房妻子，房屋、六畜，倏然与俱去"，于是"鸡鸣天空"、"狗吠云中"，这就是该碑记载的唐公房全家"白日升天"和"拔家飞升"的故事。这通有名的汉碑于1970年由城固调往西安，陈列在西安碑林博物馆第三展室。东汉王充《论衡·道虚》、北魏郦道元《水经注》、宋代欧阳修《欧阳文忠集》中，都载有类似的异闻。最后一句说到的"藏世界于一粟，佛力何其大；贮乾坤于一壶，道法何其玄"，体现了当时人们对宗教理想的虔诚以及对神灵审判的认同。它是自然法则、社会法律和社会道德规范对于人的行为活动的决定性在人们心目中所产生的反映，能使人自觉地运用自然法则、社会法律和社会道德规范来检查自己的错误、忏悔自己的恶行、忍受社会的压迫，从而自觉地服从社会利益的需要。这种虔诚和认同虽然有其不切实际的一面，但也有使人的行动在不自觉中服从于社会共同利益、树立人生价值目标的一面，所以在一定程度上能起到平衡、协调和解决个人利益与社会利益之间矛盾，使个人消减功利心态、获得精神寄托等方面的作用。

原文

　　麟为毛虫之长，虎乃兽中之王。麟凤龟龙，谓之四灵；犬豕与鸡，谓之三物。……鸡有五德，故称之曰德禽；雁性随阳，因名之曰阳鸟。

　　　　　　　　　　——［明］程允升《幼学琼林·鸟兽》

鉴赏

　　中国的童蒙教育虽然以德育为核心，但也不排斥对自然界生物的辨识。两千多年前的孔子曾说："多识于鸟兽草木之名。"(《论语·阳货》) 这句话的本意有二：一是便于对人们进行"诗教"，即审美教育。因为要识鸟兽草木，就要亲近自然、观察自然，进而受到大自然的净化和熏陶，使内心变得纯洁、丰富而富于美感。二是多识鸟兽草木的过程，也就是进行生态教育的过程。在这一个过程里，人不仅能了解物种的某些特征和规律，也知道了人所置身的生存环境原来是由众多物种共同营造的，进而对其他物种有了同情和爱护之心。

先秦著名经籍《诗经》中有许多关于动物的记载：如《关雎》里有水鸟"雎鸠"，《葛覃》里有鸣禽"黄鸟"，《螽斯》里是振羽鸣叫的小虫"螽斯"，《汝坟》里有鱼类"鲂鱼"，《麟之趾》则是传说中的瑞兽"麒麟"，《鹊巢》里是"喜鹊"、"斑鸠"，《采薇》里是"阜螽"、蝈蝈或纺织娘，《行露》里有鼠、雀，《野有死麕》里的麕是像鹿一样的小兽獐子，《驺虞》写了母猪、小猪，《燕燕》里是比翼而飞的燕子，《雄雉》里是鼓翼而飞的野鸡，《匏有苦叶》里有鸣叫的母野鸡和叫声好听的雁鹅，《北风》里"莫赤匪狐，莫黑匪乌"，让我们看到赤狐和乌鸦，《鹑之奔奔》中又是喜鹊、又是鹌鹑，《相鼠》以田鼠讽刺不知廉耻的人，《有狐》中是狐狸，《兔爰》里有郁郁不乐的兔子，等等。《诗经》中的"鸟兽草木"形象，既与民间百姓的生活经验密切相关，又能起到烘托主题等方面的作用。而这种发轫于《诗经》的以鸟兽草木为意象、托物言志的思维方式，不仅深深地影响着此后千百年来的历代诗人诗歌、文学创作，还深深刻印在我们民族文化思维的意识之中。所以对这些方面的认识教育，是获得传统文化知识的必要途径。

把动物作为专门知识介绍的论著，首见于宋代陆佃的《埤雅》，其为阐释经书《尔雅》而派生出来的作品。全书共20卷，前18卷分别为"释鱼"、"释兽"、"释鸟"、"释虫"、"释马"、"释木"和"释草"，此外还有"释天"两卷。共记动物185种、植物92种，内容不出博物学范畴。陆佃的著作不但有对动植物形态、分类方面的描述，而且也有对动植物行为特征、生态习性方面的描述。以后南宋史学家

郑樵在其《通志》二十略中特设《昆虫草木略》，以帮助人们在治学时识别"名物之状"。为此他在此《略》序中说："语言之理易推，名物之状难识。……五方之名本殊，万物之形不一。必广览动植，洞见幽潜，通鸟兽之情状，察草木之精神，然后参之载籍，明其品汇。故作《昆虫草木略》。"他明确感到了鸟兽草木之学的重要性，从而把它当作学术的一个重要方面，为后人构建知识系统做出了创造性的导向，这可能是《幼学琼林》设《鸟兽》篇的由来。不过郑樵此《略》中的动物仅及昆虫，且在文体上也是中规中矩，介绍也只及物体本身，而《幼学琼林·鸟兽》则拥有更多的人文色彩。

此文中讲述的"麟凤龟龙"四灵与"犬豕与鸡"三物，不是纯粹的自然物介绍，而是带有了民俗观念在内。将麟凤龟龙称为四灵的说法，见载于《礼记·礼运》："麟凤龟龙，谓之四灵。"古人以麟为兽类之首，凤为鸟类之王，龟为介类之长，龙为鳞类之尊，以此象征祥瑞、和谐、长寿、高贵，比喻稀有珍贵的东西，也比喻品格高尚、受人敬仰的人。"犬豕与鸡，谓之三物。"源出《诗经·小雅·何人斯》："出此三物，以诅尔斯。"毛传："三物，豕犬鸡也。民不相信则盟诅之，君以豕，臣以犬，民以鸡。"《左传·隐公十一年》也有类似的记载，王先谦《集注》说："'天子诸侯以牛豕，大夫以犬，庶人以鸡。'此于三物外增牛，合盟、诅之也。"即古人以"三物"为诅咒的方法。用法为以猪、狗、鸡来祭神，以诅咒对方，或许以此为贡品与其已为家庭豢养较易得到有关。

"鸡有五德"，出自汉代韩婴《韩诗外传》："鸡有五德：首戴冠，文也；足搏距，武也；敌敢斗，勇也；见食相呼，仁也；守夜不失，信也。"认为鸡之五德即：头戴冠帽，是文德；足后有距、有利爪，能斗，是武德；敌前敢拼，是勇德；有食物招呼同类，是仁德；守夜不失时、天明报晓，是信德。民间还将鸡视为吉祥物，说它可以避邪，还可以吃掉各种毒虫，为人类除害。鸡拥有与人类近似的各种道德品质，后人因此称其为"德禽"，想来也是出于教育人之需吧。"雁性随阳"，即大雁因其有随季节的变化而迁徙的特性，故有"阳雁"之称。早在《尚书·禹贡》中就有"彭蠡既猪，阳鸟攸居"的句子。唐代经学家孔颖达《传》曰："随阳之鸟，鸿雁之属。"即指此事。这些都是中国古人细心观察得到的知识，在本文中得到了很好的表达。

原文

无肠公子，螃蟹之名；绿衣使者，鹦鹉之号。狐假虎威，谓借势而为恶；养虎贻患，谓留祸之在身。犹豫多疑，喻人之不决；狼狈相倚，比人之颠连。胜负未分，不知鹿死谁手；基业易主，正如燕入他家。……画虎类犬，弄巧反拙。美恶不称，谓之狗尾续貂；贪图不足，谓之蛇欲吞象。祸去祸又至，曰前门拒虎，后门进狼；除凶不畏凶，曰不入虎穴，焉得虎子。鄙众趋利，曰群蚁附膻；谦己爱儿，曰老牛舐犊。无中生有，曰画蛇添足；进退两难，曰羝羊触藩。杯中蛇影，自起猜疑；塞翁失马，难分祸福。……黔驴之技，技止此耳；鼯鼠之技，技亦穷乎。强兼并者曰鲸吞，为小贼者曰狗盗。……随珠弹雀，谓得少而失多；投鼠忌器，恐因甲而害乙。事多曰猬集，利小曰蝇头。心惑似狐疑，人喜如雀跃。爱屋及乌，谓因此而惜彼；轻鸡爱鹜，谓舍此而图他。……马牛襟裾，骂人不识礼仪；沐猴而冠，笑人见不恢宏。羊质虎皮，讥其有文无实；守株待兔，言其守拙无能。

——［明］程允升《幼学琼林·鸟兽》

鉴赏

这节讲述的许多内容在民间流传广泛，在相关的记载里都能查到其出处。如将螃蟹称为"无肠公子"，出自魏晋葛洪《抱朴子·登涉》，比喻横行霸道又没有心肠的人物。以"绿衣使者"称呼鹦鹉，见于五代王仁裕的《开元天宝遗事·鹦鹉告事》：唐明皇时长安杨崇义的妻子刘氏和邻人李氏有了私情，密谋杀害杨崇义。杨氏养了鹦鹉常亲自喂它。一天杨崇义酒醉归来，刘氏和李氏趁机谋杀了他，把尸体埋到了枯井里。家里的童子和仆人都不知道这件事，只有鹦鹉看到了。杀完人后刘氏假装着急让童子、仆人到处寻找丈夫，并报了官。官府到杨家来寻找凶手时，架子上的鹦鹉忽然开口，说杀掉主人的是刘氏和李氏。于是官府将这两人捉去审问，果然道出实情。于是官府将两人依法处决，并把此事奏报了朝廷。唐明皇闻之称这鹦鹉能主持正义，于是将鹦鹉养在宫里，封为"绿衣使者"。这两个动物的名称虽然都源自其外形，然所透露的却是人际关系中是非善恶的辨别，能起到由表及里的效果。

　　文中还借用动物一个方面的特性作为发挥己见的支撑点，为表达议题所用。由于其表述的准确，也在传统文学作品中被大量的引用。例如"狐假虎威"，是中国古代著名的成语，说的是狐狸借老虎之威吓退百兽，比喻依仗别人的势力来恐吓他人。语出《战国策·楚策一》："虎求百兽而食之，得狐。狐曰：'子无敢食我也。天帝使我长百兽，今子食我，是逆天帝命也。子以我为不信，吾为子先行，子随我后，观百兽之见我而敢不走乎！'虎以为然，故遂与之行，兽见之皆走。虎不知兽畏己而走也，以为畏狐也。""养虎遗患"，语出《史记·项羽本纪》："楚兵罢食尽，此天亡楚之时也，不如因其机而遂取之。今释弗击，此所谓养虎自遗患也。"意思为留着老虎不除掉，就会成为后患，比喻纵容坏人坏事，留下后患。"犹豫多疑"之"犹"，本指选育良犬的漫长计划过程，转义为时间长且没有确定性；"豫"指大象伸展长鼻尝试取物，两者都与动物的习性有关，而联合起来则唯有"长时间把玩手中物品没有作出决定"的含义了。有时"犹豫"与"狐疑"相连而用，后者表示像狐狸一样多疑，那这个熟语与动物的关系就更近一些了。总之此词句为果断、果决、果敢、干脆的反义词。"狼狈为奸"，是说狼和狈一同出外伤害牲畜，狼用前腿，狈用后腿，既跑得快，又能爬高，比喻互相勾结干坏事。唐代段成式《酉阳杂俎》中有这方面的记载："故世言事乖者称狼狈。""鹿死谁手"为"逐鹿中原"的转义。鹿，指所要围捕的对象，或许是由于在原始社会时古地名"涿鹿"中鹿比较多，又有水，适合原始人打猎生活，为大家都想抢占之地。史载黄帝部落和蚩尤部落曾有"涿鹿之战"，后黄帝成为中原大地上的部落首领。故此语后用以比喻群雄并起，对帝位、政权的争夺。《史记·淮阴侯列传》有"秦失其鹿，天下共逐之"之句，说的是在秦王朝灭亡以后，诸侯对天下的争夺，后人便把这种争夺比做"逐鹿中原"。

同时，借动物喻理，已发展成广为人知的成语。因其形象生动、比喻确切而被广泛流传。例如"黔驴技穷"，出自唐代柳宗元《三戒·黔之驴》，说在贵州原先没有驴子，有好事者用船载了一条驴到那里。不知道怎么使用，只能放归山林。后有老虎见之，以为这庞然大物是"神灵"的降临，于是在听到驴子鸣叫时大惊失色。然而经过观察发现它只有踢腿的本领，于是曰："技止此耳！"因此扑上去咬断其喉咙，吃光了它的肉才离去。这是一个用来比喻有限的一点技能也被用完了的贬义词，现多用于讽刺一些虚有其表、外强中干、无德无才的人。"羊质虎皮"，出自汉代扬雄《法言·吾子》："羊质而虎皮，见草而说，见豺而战，忘其皮之虎矣。"羊虽然披上虎皮，仍喜食草而怕豺狼，本性无法改变，比喻外表装作强大而实际上仍很胆小。"杯中蛇影"，比喻因疑神疑鬼而引起恐惧，同"杯弓蛇影"。出自《晋书·乐广传》：说有个做官的人叫乐广，他的朋友一次在他家喝酒时看见酒杯里有一条青皮红花的小蛇在游动，当时十分不情愿地饮下了酒，此后就总觉得肚子里有条小蛇在乱蹿，想要呕吐，于是病重。乐广仔细分析原因，是墙上所挂青漆红纹雕弓投映在酒杯中所致。于是为朋友解除了疑惑，心病也因之消失。这也说明心病还须心药来医，有时人的疑惑不过是被假象所迷惑，属于自相惊扰、虚惊一场。

此外，还有"画虎类犬"、"狗尾续貂"、"画蛇添足"、"老牛舐犊"、"塞翁失马"、"鸡鸣狗盗"、"随珠弹雀"、"投鼠忌器"、"爱屋及乌"、"沐猴而冠"、"守株待兔"等等，这些借动物喻理的为人熟知的成语，《幼学琼林·鸟兽》引申介绍，不仅能使学童理解前人文意、增强对自然界生物的辨识，而且能学会作文炼句的方法。

原文

植物非一，故有万卉之名；谷物甚多，故有百谷之号。如茨如梁，谓禾稼之蕃；惟天惟乔，谓草木之茂。莲乃花中君子，海棠花内神仙。国色天香，乃牡丹之富贵；冰肌玉骨，乃梅萼之清奇。兰为王者之香，菊同隐逸之士。竹称君子，松号大夫。萱草可忘忧，屈轶能指佞。箟箈，竹之别号；木樨，桂之别名。明日黄花，过时之物；岁寒松柏，有节之称。樗栎乃无用之散材，楩楠胜大用之良木。玉版，笋之异号；蹲鸱，芋之别名。瓜田李下，事避嫌疑；秋菊春桃，时来尚早。……桃李不言，下自成蹊；道旁苦李，为人所弃。……蒲柳之姿，未秋先槁；姜桂之性，愈老愈辛。王者之兵，势如破竹；七雄之国，地若瓜分。……王母蟠桃，三千年开花，三千年结子，故人借以祝寿诞；上古大椿，八千岁为春，八千岁为秋，故人托以比严君。

——［明］程允升《幼学琼林·花木》

鉴赏

这里为孩童讲述了花木百谷，与前文介绍动物仅用"鸟兽"而没有大类的概括不同，此处用了"植物"这一种类的名称，不过从篇名《花木》来看，当时归"植物"为大类的观念尚未形成。自古以来，人类就已经对花草百谷等植物有了深入的认识，对它的喜爱见诸于各式书籍之中。中国人以植物寄托对自然界博大馈赠的感恩，传递对美好情感的感受。与前文中"天文"、"地舆"、"鸟兽"的书写方式相近似，本文中的植物讲述也是先关注其本身的名称、特征，然后是历史上对其借喻及其含义的引申，最后则是与之有关的历史典故，这些呈现出自然与人文的紧密结合。

　　首先，关于植物本身的名称、特征方面。"如茨如梁"，即指庄稼长得像屋顶一样高、像桥梁一样长，形容长势茂盛。语出《诗经·小雅·甫田》："曾孙之稼，如茨如梁。"茨，草房顶；梁，桥梁；蕃：茂盛。"惟夭惟乔"，语出《尚书·禹贡》："厥草惟夭，厥木惟乔。"指的是草木茂盛，树木高大。"樗栎乃无用之散材，梗楠胜大用之良木。"樗、栎：两种不材之木，喻无用之才，亦作自谦之辞。梗楠：古书上说的一种珍贵的木材，喻大用之良才。玉版：干笋；蹲鸱：芋的形状就像鸱鸟蹲坐，这些都是对植物性能及名称的解释。"花内神仙"，语出唐代贾耽的《花谱》，体现他对海棠花的尊崇。"国色天香"，原形容颜色和香气不同于一般花卉的牡丹花，后也形容女子的美丽。唐代李浚《摭异记》有"国色朝酣酒，天香夜染衣"句，是这种含义的运用。文中还有几句涉及梅、兰、竹、松，这在中国被人们称赞为"岁寒四友"，是美好品德的象征。这些解释有助于小读者对美好事物的理解。萱草，即俗语中的"黄花菜"，最早见之于《诗经·卫风·伯兮》："焉得谖草，言树之背。"谖草，即萱草，古人认为它通常种植于背阴之处，故可在北堂栽种。《博物志》载：萱草，食之令人好欢乐，忘忧思，故曰"忘忧草"，又有"疗愁"等名。由于北堂有代指母亲之意，故古时游子远行时，会先在北堂种萱草，希望减轻母亲对孩子的思念，忘却烦忧。屈轶：黄帝时即有的一种草，据说当奸佞的人来，草会指向于他，《博物志》有载。"明日黄花"，黄花，指菊花，宋代苏轼《九日次韵王巩》诗有"相逢不用忙归去，明日黄花蝶也愁"句，后以此喻过时的事物。这些内容有助于情感的寄托，故屡屡见之于抒情之诗篇。

其次，历史上对植物的借喻及其含义的引申，以至演变为成语。如"蒲柳之姿"，出自《晋书·殷浩列传》中"松柏之姿，经霜犹茂；蒲柳常质，望秋先零"。蒲柳即水杨树，枝叶易凋，以此比喻体质衰弱。"势如破竹"，形容作战或工作极其顺利，语出《晋书·杜预传》："今兵威已振，譬如破竹，数节之后，皆迎刃而解。""瓜田李下"，出自三国曹植《君子行》："君子防未然，不处嫌疑间，瓜田不纳履，李下不正冠。"后以"瓜田李下"指比较容易引起嫌疑、让人误会而又有理难辩的场合。"秋菊春桃"，在古诗中常常提及，如《神童诗》中即有"人在艳阳中，桃花映面红。年年二三月，底事笑春风"和"九日龙山饮，黄花笑逐臣"等句，以此表明时间早晚不同。"桃李不言，下自成蹊"，为古谚语，谓桃李成熟，人不期而至，树下自然踏成蹊径。后比喻为人真诚，自能感动他人。"道旁苦李"，事见《世说新语·雅量》：说的是晋代王戎7岁的时候，与伙伴们一起玩耍，看到路边李树上果实很多。小孩们抢着去摘，只有王戎认为路旁树上的李子还剩那么多，必是味苦所致，所以不去抢摘。事实果然如此，说明要懂得观察以把握事情的内在规律。

再次，有关植物的历史典故。如"王母蟠桃"，西王母是中国神话故事中的女仙首领，其形象在《汉武帝内传》、《山海经》和《穆天子传》等古籍中都有记载，蟠桃又是中国古代神话中常见的桃类食品。相传西王母在每年三月三日诞辰纪念日时，以蟠桃宴请众仙。她的蟠桃三千年一熟，人吃了体健身轻，成仙得道；更有六千年、九千年一熟的桃子，人吃了白日飞升、长生不老，甚至与天地、日月同寿，故在中国历史上蟠桃成为长寿的象征。"上古大椿"，语出《庄子·逍遥游》，说的是上古时有"大椿"之树寿命非常长久，按普通人的寿命来比较的话，它活上八千年才相当于人活的一年时间，后人用此话比喻父亲的长寿。这些故事，花木本身的含义已经淡化，有些说法也已脱离了它们原本的性质，而是通过想象对花木某种意蕴的夸大与伸展，由于其中寄托了人们的某种愿望，故也被人们所认同，在历史上留下其独特的风采。

原文

处乱世与太平时异，只一味节俭收敛，谦以下人，和以处众。生死路甚仄，只在寡欲与否耳。水到渠成，穷通自有定数。治家，舍节俭别无可经营。待人要宽和，世事要练习。四方衣冠之祸，惨不可言，虽是一时气数，亦是世家习于奢淫不道，有以召之。若积善之家，亦自有获全者。不可不早夜思其故也。忧贫言贫，便是不安分，为习俗所移处。孤寡极可念者，须勉力周恤。

——［明］吴麟徵《家诫要言》

鉴赏

文中所讲述的内容基本上环绕这两句话："生死路甚仄（狭窄），只在寡欲与否耳"、"待人要宽和，世事要练习"。从字面看不难理解，实质就是教导人们活在人世就要懂得人情世故。

讲到人情世故，中国人往往把这个词作为贬义的理解，如说"这家伙太世故了"便是骂人。中国文化一直在讲人情，所谓"人情"不是过年过节时提着一只火腿，前街送到后巷，左邻送到右舍，这只是情礼的象征；中国文化所讲的"人情"是指人与人之间的性情，也就是人与人之间融洽相处的感情。大千世界，芸芸众生之中不乏有很多有才华的人，他们可能是才高八斗、学富五车，但是他们之中，多数人一事无成，就是说，能够取得成功的人则是寥寥无几，有的甚至于一生都穷困潦倒，而许多并没有什么才华的人却能功成名就。这是为什么呢？究其原因，就是在人情世故处理上的差别。在某种程度上说，是否能够读懂人际交往的规则，并在交往中善于灵活应用，会在很大

程度上决定一个人的成败！

中国人是十分重视处世技巧的，就像钓鱼那样，你必须用鱼所喜好的食物为饵，才能把鱼钓到；尽管你本人可能会更多地喜欢其他东西，但是对于鱼来说，如果没有吸引力它是不会理睬你的。同样，生活中的强者之所以会成为强者，就是因为他在人际交往中，能够明确地知道对方脑子里在想什么，能够用生活中的规则来规范自己的言行，并在人际交往中根据对象的心理爱好来说话、行事，于是便比别人更能获得对方的认同，然后于波澜不惊中实现自己的人生目标。如果一个人不懂人情世故，那么从一开始就注定了他没有成功的可能，甚至是南辕北辙、白白浪费宝贵的时间和精力。因为他不懂人情世故，尽管也帮了别人不少的忙，却没有一个人愿意领情，相反地还在身边培养了不少敌人。而一个对人情世故运用纯熟的人，就往往能够迎来命运的转机。因为真正的聪明者做人做事会恰到好处、滴水不漏，不仅收获了实利，也落下了美名。

吴麟徵之所以在其《家诫要言》中反复提到处世的原则，其道理正在于此。

原文

鹬蚌相持，渔人得利。城门失火，殃及池鱼。人而无信，百事皆虚。……水至清则无鱼，人至察则无徒。……宁可正而不足，不可斜而有余。

——［清］周希陶《重订增广贤文·平韵》

鹪鹩巢林，不过一枝；鼹鼠饮河，不过满腹。……百病从口入，百祸从口出。……智者千虑，必有一失；愚者千虑，必有一得。千年田地八百主，田是主人人是客。良田不由心田置，产业变为冤业折。

——［清］周希陶《重订增广贤文·入韵》

鉴赏

本节选取的内容，比较浅显易懂，又在古典文学作品中常常出现，故在解读方面并没有太大的困难。这里主要向孩童讲述了做人的两方面经验。

首先，在待人接物方面要懂得宽容与理解、不要固执己见，并要多角度地看问题，即现今所说的辩证地看待问题。如"鹬蚌相持，渔人得利"的故事，载于《战国策·燕策二》，以蚌在张壳时受到鹬的叼啄，夹住鹬嘴与之互不相让，结果使渔翁捉住两者的寓言故事，提醒人们在与人争执中不要各不相让，提防第三者坐收其利。"城门失火，殃及池鱼"，语出北齐杜弼《檄梁文》，是说城门口着了火，因取水救火，就会殃及到池中的鱼缺水而死，比喻无辜被连累而遭受灾祸。"水至清无鱼"句，出自《汉书·东方朔传》："水至清则无鱼，人至察则无徒。"以水太清鱼无法生存的现象，告诫人们看问题不要过于严厉，指责人不要太过苛刻。"鹪鹩巢林，不过一枝"，语出《庄子·逍遥游》："鹪鹩巢于深林，不过一枝；偃鼠饮河，不过满腹。"说的是鹪鹩鸟在森林中筑巢，不过占用一枝之地足矣，何必要拥有整个森林？鼹鼠在河边饮水，也不过以喝饱肚子为限，何必要占有整个河流？贪婪实际上带不走任何不属于自己的东西，把欲望提得过高的人很难快乐，这是古今哲理中的定律。这些话语在行文安排方面有一特色值得注意，那就是往往以生物界发生的事情作比喻，来引出对问题的解释。

其次，文中内容与人们的日常生活经验有关。如"百病从口入，百祸从口出"，以对人体健康和对言论节制的关注为出发点，让孩童及早懂得防病防祸。"智者千虑，必有一失"，出自《旧唐书·宇文融传》："臣闻智者千虑，或有一失；愚夫千计，亦有一得。"指聪明人即使对问题深思熟虑，也难免出现差错，这是基于对人的思维能力局限认识而提出来的。"千年田地八百主，田是主人人是客"，即千年之中，同一块土地可能换过八百个主人，其实田才是真正的主人，为获

得土地折断腰杆、绞尽脑汁的人，反而是匆匆过客。不光是土地，凡世上物质都是如此，就算一块小小的玉饰，谁也不能保证能永远戴在同一人身上。在时间的洪流中，个人所掌握的财富都是暂时的。上述话语并不是单纯讲抽象的道理，而是从人们所身处的熟悉环境中寻找答案的思路，这样的启蒙教育无疑会起到事半功倍的效果。

原文

安分知足，休生抱怨，天不周全，地有缺欠。古分内外，礼别男女，不避嫌疑，招人言语。孝顺公婆，比如爷娘，随他宽窄，不要怨伤。事无大小，休自主张，公婆禀问，夫主商量。夫是你主，不可欺心，天若塌了，那里安身。相敬如宾，相成如友。

长者当让，尊者当敬，任他难为，只休使性。大伯小叔，小姑妯娌，你不让他，那个让你。看养婴儿，切戒饱暖，些须过失，就要束管。水火剪刀，高下跌磕，生冷果肉，小儿毒药。邻里亲戚，都要和气，性情温热，财物周济。手下之人，劳苦饥寒，知他念他，凡事从宽。门户常关，箱柜常锁，日日紧要，防盗防火。也要仔细，也要宽大，作事刻薄，坏心惹害。三婆二妇，休教入门，倡扬是非，惑乱人心。不积钱财，只积善行，儿孙若好，无钱何病。

——［明］吕得胜《女小儿语·女德》

鉴赏

《女小儿语》是为女孩明辨达理所写的启蒙读本，从今天的眼光来看，未免有许多不足之处，但从行文中看，还是能感受到对女孩子的启蒙作用，这里大致涉及四层意思。

其一，家庭地位及作用的教育。主要是对夫妇关系的提示，认为

"古分内外，礼别男女"、"夫是你主，不可欺心"，所以在家里要"安分知足，休生抱怨"。这些要求在男女平等的今天是不太合理也是难以做到的，不过文中还讲到了"相敬如宾，相成如友"的要求，这还是符合于男女平等的要求，也是现今社会所提倡的。

其二，处理家庭关系的教育。对于公婆，要做到"随他宽窄，不要怨伤"、"事无大小，休自主张"。对于大伯小叔、小姑妯娌等平辈，要做到"长者当让，尊者当敬，任他难为，只休使性"。这些要求虽然实行起来有难度，但也是符合"和为贵"的家庭相处原则的。此外，对待邻里亲戚以及手下之人，也要和睦相待、心襟宽宏，这些都是为家庭和睦做基础教育。

其三，承担养育下代的责任教育。其中除了做饭打扫之外，文中说到在看养婴儿时的各种防范事项，如"看养婴儿，切戒饱暖，些须过失，就要束管。水火剪刀，高下跌磕，生冷果肉，小儿毒药"，都是经验之谈，还是值得正面理解的。虽然这些要求出自"不孝有三，无后为大"的祖训，有其不合理处，但是从人类自然繁衍的角度来看，还是可以理解的。作者还认为，养育子女对于妇女自身来说也有实际的意义，故文末有"儿孙若好，无钱何病"的说法，这样的观点是有普世意义的。

其四，防范措施的教育。文中提到的要点在于"防盗防火"，为此要做到"门户常关，箱柜常锁"，不让"三婆二妇"进门。这里所说的三婆，是指师婆（女巫）、媒婆、卖婆（即牙婆，贩卖货物的妇女）；二妇是指娼妇和卖唱妇。作者认为这些人会把一些不良的观念及生活方式传递进来，使妇女的思想观念产生混乱，所以应当给予制止。在现实生活中确实也有这样的情况出现，如《水浒传》里的王婆，就是促成西门庆与潘金莲淫乱的中间人，所以对这类人提出防范也是有一定道理的。

在封建社会，女子的地位不高，也不能抛头露面地上学堂念书，有一本《女小儿语》阅读，也可略微填补在这方面教育的空白。

原文

朱雀桥边野草花，乌衣巷口夕阳斜。旧时王谢堂前燕，飞入寻常百姓家。

——《千家诗·乌衣巷》（刘禹锡）

鉴赏

这首《乌衣巷》诗体现了诗人借景寓情的写作方法，比较含蓄内敛，塑造了中国人的个性特征。作者刘禹锡，曾任太子宾客，世称"刘宾客"。他和柳宗元一同参与唐朝永贞年间短命的政治改革，结果一同贬谪远郡，顽强地生活下来，晚年回到洛阳，仍有"马思边草拳毛动"的豪气。此诗意为：朱雀桥边冷落荒凉，长满野草野花，乌衣巷口断壁残垣，正斜照着西面的夕阳。晋时王导、谢安两豪族家的堂前燕子，而今却飞入普通老百姓之家。这是一首怀古诗，凭吊东晋时南京秦淮河上朱雀桥和南岸的乌衣巷的繁华鼎盛，对照而今野草丛生的荒凉残照，感慨沧海桑田、人生多变。以燕栖旧巢唤起人们的想象，含而不露；以"野草花"、"夕阳斜"涂抹背景，美而不俗。语虽极浅，味却无限。诗人通过对朱雀桥边野草闲花蔓生，乌衣巷口一抹夕晖斜照，从前贵族堂前的燕子飞到寻常百姓家去筑巢垒窝等现象的描述，寄寓了胜景不常、世事变迁的深沉感慨。这里用借景寓情的方式，使本来十分寻常的景物，通过深沉的感慨寄寓，创造出一种蕴藉含蓄之美，使人读来余味无穷。

原文

应怜屐齿印苍苔，小扣柴扉久不开。春色满园关不住，一枝红杏出墙来。

——《千家诗·游园不值》(叶绍翁)

鉴赏

《游园不值》与上面的《乌衣巷》诗一样,也是通过借景寓情的写作方法,表达诗人的感触。作者叶绍翁为南宋诗人,属江湖派诗人。这首七言绝句,描写了作者游园不成,却看到红杏出墙的动人情景。诗的意思是:也许是院子里的主人爱惜青苔,怕我的木底鞋在上面留下脚印吧,轻轻地敲着柴门,但好久也没人来开门。满园子的春色是难以关住的,有一枝开得正旺的红杏伸到了墙外。这首诗不但表现了春天有着不能压抑的生机,而且流露出作者对春天的喜爱之情;描写出田园风光的幽静安逸、舒适惬意。同时,此诗还告诉人们一个道理:一切美好、充满生命的新鲜事物,必须按照客观规律发展,任何外力都无法阻挡。以这样的诗作为孩童学习的范本,能使他们通过对自然景象的体悟,得到对世事道理的领悟。

原文

童蒙未识宇宙内事,虽此身不识其所从来,况同胞同与者乎!法当从事物上起。予弱冠时业书馆,苦于初学聪明不开,为作《蒙求》一卷,教之以天高地下,万物散殊,人物之大原,人伦之大本;次及其饮食、衣服,切己日用处,使之先识其名,次通其义。积习既久,虽木石之愚者,亦豁然为之开明,然后知天地间无不可教之人。伊川程(颐,北宋教育家)先生曰:今日格一物,明日格一物,然后当脱然有贯通处。初学之学虽与大学之格物不同,然太极之冲漠无朕者,岂在万象森然之外哉!此之所教特先其近者小者,而所谓远者大者,亦不离乎此而已矣。

——［宋］方逢辰《名物蒙求·序》

鉴赏

中国古代的童蒙读本中，除了起到让孩童识字、了解历史、懂得人伦道德原则和礼仪规范等作用之外，还有一部分涉及宇宙自然方面的知识。在早期的《千字文》里，有"天地玄黄，宇宙洪荒。日月盈昃，辰宿列张。寒来暑往，秋收冬藏。闰余成岁，律吕调阳。云腾致雨，露结为霜"，说明了中国人生存于天地之间以了解宇宙自然为知识内容的观念。这种观念在历史的发展过程中逐渐得到完善，到了宋代便以方逢辰的《名物蒙求》这样一本专门介绍天地自然知识书籍的形式表现出来。此篇序言，较好地表达了他做此书的缘由。序言中说到作者在30岁中状元之前曾担任过学童的教员，当时感到学生学习时在领会上发生困难，于是考虑重新撰写一本《蒙求》，来适应学生的需要。

作者写作《蒙求》的思路是"先识其名，次通其义"，其识名的顺序是"天地万物"、"人物大原"、"人伦大本"和"饮食、衣服，切己日用处"，也就是说，这里的内容从过去的一味注重人伦而扩展及两头，上及宇宙自然界，下及饮食日用，以小孩子身边熟悉的东西教起，联系生活中接触的实际，确实比死记硬背经书教条来得更有意思，会使得学生打消厌学的情绪。

在中国古代向来有"道器"之分辨，人们认为"道"是一个最高的认识境界，它是形而上的本体，先天地之生的万物本原，一切事物永恒规律的代表。《周易·系辞》谓："形而上者谓之道，形而下者谓之器。"在两者关系中"道"即"形而上者"，是万物与人性之本原，是治理国事之本，因此是做学问的根本追求。与"道"相对的是"器"，是"形而下者"，是有形质的物质和实际生活中接触的东西。先秦孔子已经明确主张"君子谋道不谋食",讲究"安贫乐道",把"仁"这个探求人伦道德之规律,作为治学之根本。儒学在中国长期占据意识形态主流地位,使得其所倡导的"重道轻器"、"道本器末"原则得以延续。以致在后世出现把"道"与"器"割裂开来,只看到道高于器、统率器的一面,没有看到道寓于器、依赖于器的一面;只强调要重道,却没有反思道从何来;只讲要"以道御器",却不懂得具体的道也要产生于器、受器的实际效果检验等等的缺陷。这样就难免产生很大的片面性,如由于重道轻器,又把道仅仅理解为"大道理"和道德原则,于是造成只有搞政治、讲道德才是重道,而关心经济、研究科学技术等都与道无关的片面认识,因而导致了轻视科学技术、生产创新等,甚至说技艺是"小人"的事业,为君子所不齿,视之为"奇技淫巧"、"雕虫小技"。《礼记·王制》说:"凡执技以事上者……不与士齿"、"作淫声、异服、奇技、奇器以疑众,杀"。受这种观念的影响,科学技术研究在中国长期没有得到统治者应有的鼓励和重视,特别是自近代以来,根本就没有产生中国的现代科学、实验科学,这不能不说是一个极大的损失。

在这种观念的指导下,中国的孩童学习在认了些单个的"字"之后,就进入背《论语》、《孟子》等经书的阶段。一些涉世未深的孩子被要求直接求"道",难免会陷入"初学聪明不开"的苦恼。这种状况不要说是在宋代,甚至在明、清时期还在延续。清代小说《红楼梦》中的贾宝玉,在他上学时父亲贾政就吩咐:"只是先把《四书》一气讲明背熟,是最要紧的。"然而贾宝玉对这些"最要紧的东西"偏偏"怕读",以至"大半夹生"、"断不能背",于是常常被父亲视为"愚顽"、"不肖",甚至因此受到责打,这个形象也就是作者方逢辰所面对的学生状况。好在方氏已经意识到这些蒙学读本的不足,认为一下子就要求去读经书,理解其中过度抽象的"道",是强人所难。不要说是小孩子,就算是大人,对于大多数人来说其要求还是太高、太难了。从当时农业社会的实际出发,还不如从每天看得到的天地万物、日月星

辰、四时轮换等自然界的道理讲起,并辅之以百姓的日用常识,从这些方面加以贯穿、引申,倒是能够激发起孩童的学习兴趣,使他们获得深入浅出的教育机会。

文中的"今日格一物"句,语出北宋理学家程颢、程颐之口,原文为:"今日格一件,明日又格一件,积习既多,然后脱然自有贯通处。"(《程氏遗书》卷十八)此为解释儒学经典《大学》的重要语录。二程中的弟弟程颐以为,所谓"格物"是指穷究事物道理,致使自心知通天理。"凡眼前无非是物,物物皆有理。如火之所以热,水之所以寒,至于君臣父子间,皆是理。"(《程氏遗书》卷十九)这里把水火这样的具体物质与君臣父子的纲常伦理进行联系,认为它们之间的理是一以贯之的。以后为南宋朱熹所继承,成为理学中人的思想方法之一。朱熹提出:"是以《大学》始教,必使学者即凡天下之物,莫不因其已知之理而益穷之,以求至乎其极。至于用力之久,而一旦豁然贯通焉,则众物之表里精粗无不到,而吾心之全体大用无不明矣。此谓物格,此谓知之至也。"(《四书集注·大学章句》)同为南宋时人,在朱熹身后20年出生的方逢辰,对程朱的这些思想是记忆犹新的,他或许就是按照这样的思路,将所格之器物与道德伦理之道相通的认识加以活用,才在他所编写的《蒙求》书中,运用了以水火之理来贯通伦常之道的方式方法。

原文

天尊地卑,乾坤定住。轻清为天,重浊为地。丽乎天者,日月星辰。润以雨露,鼓以风霆。云维何兴?以水之升。雨维何降?以云之烝。阳为阴系,风旋飙回。阳为阴蓄,迸裂而雷。惟霁斯虹,惟震斯电,散为烟霞,凝为雹霰。日中则昃,月满则亏。往来进退,消息盈虚。时乎阳明,宇宙轩豁。白日青天,光风霁月。时乎阴浊,霾雾混茫。曦娥受瞳,彗孛生芒。是以圣人，抑阴崇阳。《诗》防霰雪，《易》戒冰霜。丽乎地者，山川岳渎。高平为原，窈深为谷。山脊曰冈，山足曰麓。邱言其高，阿言其曲。土山为阜，大阜为陵。岩崖岛屿，巘嶂岫岑。孤峰峭壁，绝峤平峦。凡此之类，皆名为山。滔滔者水，涓涓者泉。激为滩濑，深为潭渊。有涯有涘，有源有流。渡口为津，沙碛为洲。地泽陂塘，渚汀浦潋。坎井波涛，皆隶乎水。小路为径，通道为衢。闹则市井，静则郊墟。林囿范围，皆谓为园。畦畴垅亩，皆谓之田。高原下隰，西陌东阡。一耒之土，万民之天。尊为京都，卑为郡邑。高城深池，重关叠壁。洞蠡灭苗，崤函亡秦。险不如德，地不如人。中于天地，惟人最灵。耳目鼻口，具人之形。得其清者，圣人贤人。得其浊者，愚夫凡民。

　　天地之初，既有民物。苟无四时，何以作息？春生夏长，秋收冬藏。春为木德，盛于东方。草木甲坼，鸟兽孳育。人民在田，播种百谷。夏为火德，万物钦荣。人民在田，以籽以耘。金行于秋，万物敛揪。是为西成，无种不收。冬为水德，万物闭塞。三时务农，一时休息。四时之内，美景良辰。寒食禁火，元夕放灯。上巳流杯，清明插柳。端午蒲觞，重阳菊酒。七夕穿针，中秋赏桂。冬至书云，除夜守岁。

——［宋］方逢辰《名物蒙求》

鉴赏

　　此节遵循作者方逢辰在序言中所说的宗旨，对人们所处的自然世界做出描述。全文以四言诗句的形式来表达，其中有的内容与《周易》等有关，如"日中则昃，月满则亏。往来进退，消息盈虚"，出自《周易·丰卦》："日中则昃，月盈则食，天地盈虚，与时消息，而况于人乎，况于鬼神乎？"其义为太阳到了正午就要偏西，月亮盈满就要亏缺，可见其与经书间的关联。但从文字角度看，更多的部分来自于《淮南子》。如有关天地初开的阶段,《淮南子·天文训》描述为:"天坠未形,冯冯翼翼,洞洞灟灟,故曰太昭。道始于虚廓,虚廓生宇宙,宇宙生气。气有涯垠,清阳者薄靡而为天,重浊者凝滞而为地。清妙之合专易,重浊之凝竭难,故天先成而地后定。"从这里我们可以知道,天尊地卑的原因,是因为受到"道"的作用而形成的。而"轻清为天,重浊为地",说的是气在形成万物中的作用,也就是在"道始于虚廓,虚廓生宇宙,宇宙生气"之后,因气的"清阳者薄靡而为天,重浊者凝滞而为地",有了天地的区分。而关于天地通过气的阴阳变化,生成日月星辰、风雨雷电,也可通过阅读《淮南子·天文训》的文字得到解释:"天地之袭精为阴阳,阴阳之专精为四时,四时之散精为万物。积阳之热气生火,火气之精者为日;积阴之寒气为水,水气之精者为月。日月之淫为精者为星辰。天受日月星辰,地受水潦尘埃。""是故阳施阴化。天之偏气,怒者为风;地之含气,和者为雨。阴阳相薄,感而为雷,激而为霆,乱而为雾。阳气胜则散而为雨露,阴气盛则凝而为霜雪。"

在中国古代历来有着以道、元气、天地、阴阳为核心的宇宙论体系,《淮南子》中的上述话语是这种宇宙观念较为完整的体现。这种观念中没有用人格化的天或神来解释宇宙,而是用阴阳二气为基本理论形式,有着合理性的一面;但也有讲求阳动阴静、天尊地卑等的主观臆断成分,这与其配合于政治伦理观念的情况有关。这样的阴阳气化论对后世影响很大,如汉代天文学家张衡,曾在《浑天仪注》中明确提出了球形大地的思想,但在所著的《灵宪》篇中,仍服从这个"地体于阴,故平以静"的定论,这与他接受了传统的政治伦理思想有关系。本节在讲到天地阴阳、日月星辰等之后,又接着介绍了有关地貌的情况。其中涉及的有山水、城郊、田园中的各个组成部分及各种称呼方式。有的名称是连成年人都不太了解的,如有关山的称呼,除了有原谷冈麓、邱阿阜陵、孤峰峭壁、岩崖岛屿之外,还提到巇嶂岫岑、绝峤平峦,后者都是我们平时较少接触到的。其中的"巘"（yǎn 掩），出自郦道元的《三峡》，意思为极高的山峰。"嶂"，形容高险像屏障一样的山峰，如层峦叠嶂；"岫"，表示"光滑的山体"，也可以表示"光滑的山洞"或"光滑的山石"；"岑"，指小而高的山，或崖壁；"峤"，本义为山头圆曲，后泛指高而陡峭的山峰；"峦"，本义为小而尖的山，后泛指山脉，即相连的群山。关于水的称呼，也有泉、滩、濑、潭、渊、涯、涘、源、流、津、洲、泽、塘以及"渚汀浦潊"、"坎井波涛"等二十几种。另外关于城池田园的各种名称及其专属的含义，也是列举得十分清楚。孩童们通过这样的课本阅读，能获得在地理知识方面的较多信息。中国人主张学习的过程应当是"读万卷书，行万里路"，而《名物蒙求》的这些内容，对于这些孩子将来的"行万里路"有着极大的帮助，正印证了这个过程。

贯穿中国人"天人合一"的观念，作者在接下去的段落里讲到了"中于天地，惟人最灵"的话，此说与《周易》中的天地人三才观念十分合拍。作者还用一气贯通的思路来诠释人的区别，认为得到气之清者便能成圣成贤，而得气之浊者就成为凡夫俗子。这个思想也许与接受中国传统有关气质之性的观点有关。《淮南子》里有将清阳之气化而为天，重浊之气化而为地的说法，汉代医书《素问·阴阳应象大论》中运用这一思想，认为人体中也有清浊之气的不同，"清阳出上窍，浊阴出下窍；清阳发腠理，浊阴走五藏；清阳实四支，浊阴归六府"。意思是说，阳主气，气上升，故清阳（主要指呼吸之气）出于耳、目、口、鼻等上窍；阴主形，重浊下降，故浊阴（主要指大小便）出于前、后阴等下窍。北宋理学家则将此类观点运用于对人性的分析，如张载曾提出气质之性由于禀受阴阳之气的清浊不等而有善恶之分，禀其轻者为圣贤，禀其浊者为愚顽。《名物蒙求》的说法基本上与张载的意思比较接近。当然从今天的角度来看，以气质的清浊来定人性之差别是有不足之处的，但在当时以物质体本身来解释人性的由来，从而引出通过自身的努力来改变气质的思考，还是有其积极的因素

在内。

讲完天地的生成及其空间的呈现之后,作者又从时间的角度去勾勒人类所处的自然世界,指出其中运行着的四时变迁,以及四时更替与内蕴之五行、方位等的关系。其观点与中国传统文化中春季属木、盛于东方,夏季属火、位于南方,秋季属金、位于西方,冬季属水、位于北方的说法基本一致。

在做出上述陈述之后,作者又添加了一段有关中国重大节日的介绍,这些节日多半与四季节气有关,是人们配合以四季的气候特征做出的日常生活安排。"冬至书云",又称"冬至观云",是指古代观察天象以占吉凶并加以记录的做法。《左传·僖公五年》曰:"公既视朔,遂登观台以望,而书,礼也。凡分、至、启、闭,必书云物,为备故也。"是说在冬至的节气时,要登上观测台观望日月星辰的天空位置,以推测来年的气候情况。通过观察云的颜色推测来年的收成丰歉。这个仪式后来变成为一种集体活动,于是有了节庆的意味。另外诸如清明插柳、端午蒲觞、重阳观菊、中秋赏桂,都是配合季节的景色观赏行动,所以被作者称之为"美景良辰"。这里的关联有些跳跃性,但仍有阴阳对立与互动认识贯穿,同时又能给读者获得美的享受,无疑是一种寓教于乐、寓教于美的形式,体现出作者良好的教育理念。

原 文

太极既判,高下定位。轻清为天,重浊为地。中处者人,必主之君。三皇五帝,世质民淳。伏羲画卦,更造书契。炎帝神农,教民耒耜。黄帝轩辕,神化宜民。始垂衣裳,皇风愈惇。皇降而帝,少昊有作。颛顼继之,授于帝喾。唐帝曰尧,舍子丹朱。询事考言,让于有虞。舜德重华,乐曰韶舞。亦舍商均,让于大禹。惟此五帝,实官天下。

——[元]陈栎《历代蒙求》

鉴赏

自先秦时代开始，中国人就把自己的关注重点放到了社会领域，孔子《论语》中有关人对自身的思考、对人际关系的关注，得到普遍的推崇即是其中之明证。为此元代陈栎的《历代蒙求》，能成为青少年启蒙教科书也就顺理成章的了。值得注意的是，该书并没有一下子说到历史人物，而是以"太极既判，高下定位。轻清为天，重浊为地"开首，这种思路还是要从中国国人的天人相关思路上来理解。在中国的典籍《周易》、《老子》、《庄子》等书中，都传递着这样的信息，认为人与自然界本来是统一的、不能分离的。人类离开了自然界便没有生命，而自然界离开了人类，也没有其存在的意义。《周易》中以乾、坤二卦代表天、地，天地以发育生长万物为功能，所谓"万物资始"，是说明万物生命是由天而来的，天就是生命之源。地之厚能够"生物"，也能够"载物"，是一切生命得以存在的基础，而人也是万物中的一个组成部分，在这个意义上《周易》将天地比之为父母是有其道理的，至今我们还有"大地是人类的母亲"的说法，应当说就是这种观念的体现。

不过人作为自然界的一个组成部分，又有与其他万物不同的地方，这是因为人是有理性的，在自然界有其特殊的地位与作用。《周易》中的《系辞传》与《说卦传》都讲到"三材之道"，将天、地、人并立起来，视为"三材"，并将人放在天地之中的位置，这足以说明人的地位之重要。所谓"材"，不只是材质、材料，而且指才能。天有天之道，地有地之道，人不仅有人之道，而且还具有"成万物"的作用。这也就是人类发挥自身作用的地方。作者认为这种人的作用的发挥，通过君王的意志来表达，这就是"中处者人，必主之君"的意思。君主体现天地之道似从"伏羲画卦"开始。这层意思也能在《周易》等书中找到根据，《系辞下》云："古者包牺氏之王天下也，仰则观象于天，俯则观法于地，观鸟兽之文与地之宜，近取诸身，远取诸物，于是始作八卦。"包牺氏即伏羲，这里认为古之"圣人"作八卦，是在"仰观俯察"与"近取诸身，远取诸物"的过程中作成的，其实就是要通过"类万物"来实现人与"神明"的沟通，这里的"神明"就是指大自然。因此文中所说的"近取诸身"，不仅仅是纯粹的观察，而是与人自身的生命存在及其活动密切联系起来的，有着主观体验的成分。也就是说，从生命活动中体会到人与天地即自然的生命关系，而不是将自然界仅仅作为人之外的对象去观察而已。书契：即文字，作者认为伏羲对天地自然之道的体悟，是通过书契这样的文字表达出来，记载后流传于人世间，而有了文字才使历史记载成为可能。这样，他作为人文始祖的形象就此确立。

从文中看，如果"教民耒耜"（古代翻土的农具）意味着农耕文化出现的话，那么"始垂衣裳"、"乐曰韶舞"则表示着礼乐文明的发端。这样就使读者了解到人类文明的发展与人在实现天地之道过程中的自我完善，以及君王政权更替的发展状况，而要真正在历史行程中起到积极作用，就必须懂得天道，把握规律性的东西，在这种前提下论及的人道才有真实性可言。

原文

顽石之中，良玉隐焉；寒灰之中，星火寓焉。

——［清］金兰生《格言联璧·接物类》

鱼吞饵，蛾扑火，未得而先丧其身；猩醉体，蚊饱血，已得而随亡其躯；鹬食鱼，蜂酿蜜，虽得而不享其利。欲不除，似蛾扑灯，焚身乃止；贪不了，如猩嗜酒，鞭血方休。

飞蛾死于明火，故有奇智者，必有奇殃；游鱼死于芳纶，故有酷嗜者，必有酷毒。

理以心为用，心死于欲则理灭，如根株斩而本亦坏也；心以理为本，理被欲害则心亡，如水泉竭而河亦干也。鱼与水相合，不可离也，离水则鱼槁矣；形与气相合，不可离也，离气则形坏矣；心与理相合，不可离也，离理则心死矣。天理是清虚之物，清虚则灵，灵则活；人欲是渣滓之物，渣滓则蠢，蠢则死。

贪了世味的滋益，必招性分的损；讨了人事的便宜，必吃天道的亏。精工言语，于行事毫不相干；照管皮毛，与性灵有何关涉！荆棘满野，而望收嘉禾者愚；私念满胸，而欲求福应者悖。

——［清］金兰生《格言联璧·悖凶类》

鉴赏

《格言联璧》运用了收集、整理、创制对联的这种中华民族文化的独特形式，作为孩童教育的特殊手段，或许是因为这样的文字形式可以通过悬挂于门厅、堂屋等方式使人抬头可见，又容易时时更新，针对性强，故能在默诵之中起到潜移默化的作用，所以被人们深深喜爱。

好的对联还要注意到文字的对应，作为装饰艺术的一副楹联，要求整齐对仗，给人一种和谐对称之美。由于汉字具备实现整齐对仗的条件，它以个体方块形式而存在，整整齐齐，故在书写中能显得对称美观。一副标准的对联，总是由相互对仗的两部分所组成，前一部分称为"上联"，又叫"出句"、"对头"、"对公"；后一部分称为"下联"，又叫"对句"、"对尾"、"对母"，两部分成双成对。同样的客观对象和内容，楹联总是设法从两个方面、两个角度去观察和描述事物，并且努力把语言"整形"规范到二元的对称结构之中去。"鱼与水相合，不可离也，离水则鱼槁矣；形与气相合，不可离也，离气则形坏矣"，即是这样的例子。对联可用诗句的形式，也可以散文的形式出现。如本篇中的"顽石之中，良玉隐焉；寒灰之中，星火寓焉"等，为诗文的形式，而上文中提及的"鱼与水相合，不可离也，离水则鱼槁矣"等句，似与散文更为接近。

传统对联的形式相通、内容相连、声调相协、对仗相称。短小隽永者，一语天然，非俗手能为；长篇巨制者，则更是铺锦列绣、千汇万状，如同史诗，非大手笔不能作。本节的楹联基本上以两个短句为一组，但也有例外，如《格言联璧·悖凶类》中的"鱼吞饵，蛾扑火，未得而先丧其身；猩醉体，蚊饱血，已得而随亡其躯；鹬食鱼，蜂酿蜜，虽得而不享其利"，就是以三句为一组的了，类似的情况在其他篇章中也有出现，或许这是作者已经将文体向座右铭转变有关。另外，作为一个有主题的篇章，作者在每组对联之间还有内容上的承续。以《格言联璧·悖凶类》为例，便大致可分成三个层次。

第一层次，讲贪欲的害处。"鱼吞饵，蛾扑火"、"猩醉体，蚊饱血"，虽满足了私欲却难逃劫难；"鹬食鱼，蜂酿蜜"，虽得到而不享其利，说明贪欲的祸害。而这种贪念则与人的心思有关，所以若有奇智甚至更会招来奇殃。

第二层次，提出既然贪欲与人心有关，故要解除它的祸害，就应当在道理上有所认识。作者在这里谈了心、理、欲数者之间的关系，提出理以心为用，心以理为本，若被欲念牵着鼻子走就会使心死灭。因此要以天理占据人心，就能使心中充满清虚之物，而出于灵活状态，充塞人欲就会使心愚蠢死寂。

第三层次，进一步从天道、性分上讲道理，提出贪欲所招致的性分缺损和在天道上吃亏。最后是对做表面文章、精工言语而不务实际者的批评，提出就像"荆棘满野，而望收嘉禾"的愚者一样，"私念满胸，而欲求福应者"一定只能是事与愿违。

三个层次的意思前后呼应，内容层层递进，体现了作者很高的写作水平和思想修养。本节选取的文字，还有着以物喻事的特点，体现作者对自然界事物的关注。文中以吞饵之鱼、扑火之飞蛾、喝醉酒的猩猩、吸饱血的蚊子等来形容贪欲，都十分生动形象，令人印象深刻。

而以鱼与水的不可分离来说明形与气的关系，也使得有关形与气的形上问题得到了形象的解释。这种用身边具体事物来展现事理的方式，更具有启示性，对于尚对具体事物处于认知阶段的孩童来说，具有由浅入深、循循善诱的作用。

原文

　　事不可做尽，言不可道尽，势不可倚尽，福不可享尽。不可吃尽，不可穿尽，不可说尽；又要懂得，又要做得，又要耐得。……真圣贤，决非迂腐；真豪杰，断不粗疏。

——〔清〕金兰生《格言联璧·持躬类》

　　无心者公，无我者明。置其身于是非外，而后可以折是非之中；置其身于利害之外，而后可以观利害之变。……只人情世故熟了，甚么大事做不到？只天理人心合了，甚么好事做不成？只一事不留心，便有一事不得其理；只一物不留心，便有一物不得其所。事到手，且莫急，便要缓缓想；想得时，切莫缓，便要急急行。

——〔清〕金兰生《格言联璧·处事类》

　　言语之恶，莫大于造诬；行事之恶，莫大于苛刻；心术之恶，莫大于深险。谈人之善，泽于膏沐；暴人之恶，痛于戈矛。当厄之施，甘为时雨；伤心之语，毒于阴冰。

——〔清〕金兰生《格言联璧·悖凶类》

鉴赏

　　文中所选为《格言联璧》的《持躬类》、《处事类》和《悖凶类》三篇中的片段，都与作者对为人处世的深入理解有关。从内容看，大致涉及三个方面。

首先，处世之智慧，从应世的方式入手考虑。《处事类》中讲到的大多是这方面的内容，如"置其身于是非外，而后可以折是非之中；置其身于利害之外，而后可以观利害之变"，要求人在遇到事情的时候不妨用"隔"的方式，使自己与事情隔开一点距离，从旁观者的角度去审视、面对，这个做法类似于我们今天所说的"冷处理"办法，确实体现出应世的智慧。接着说到"只人情世故熟了，甚么大事做不到？只天理人心合了，甚么好事做不成"，也很有道理。这里有一个人情的积累问题，若平时与人为善，积累了交情，那么在遇到问题时，双方容易沟通；而若平时与人有些隔阂，那么事情出现后不免离心离德，想不到一起去。就是说，只要大家按照公认的道德标准去办事，那人们还是容易做到意见统一的，于是办事的成功率也相应地提高了。文中还讲到行事方式，有缓急得当、闲勤有度，应世态度为宽厚、缓平、兢然、坦然等等，都很值得体味，在今天仍有其启示意义。

其次，待人接物之要领，十分强调言谈举止中的谨慎。《悖凶类》中提到"言语之恶，莫大于造诬；行事之恶，莫大于苛刻；心术之恶，莫大于深险"。不管出于什么目的，都不能在言谈中对别人造诬，即使别人有错，"攻人之恶毋太严"，要顾及别人的承受能力，不然就是行事苛刻，这也是"恶"的一种表现。这样就把"与人为善"落实到具体表现之中。

再次，对富贵贫贱不同遭际的认识。作者还是以平安、谨慎为要，《持躬类》中提出"事不可做尽，言不可道尽，势不可倚尽，福不可享尽"，并指出"懂得"、"做得"、"耐得"的行事纲领，十分发人深省。运用于现代，可以理解为：人生在世会面对许多挑战与机遇，为此要敢于筹划，敢于向一切困难挑战；而在实践过程中，又必须周密安排，不能疏忽大意。计划安排得越周密，实施得就越稳妥，成功就越有保证。这也可以理解为文中所说的"真圣贤，决非迂腐；真豪杰，断不粗疏"的真意所在。

原文

休争闲气，日又平西。来之不善，去之亦易。人平不语，水平不流。得荣思辱，身安思危。羊羔虽美，众口难调。事要三思，免劳后悔。……道高龙虎伏，德重鬼神钦。人高谈今古，物高价出头。……人无千日好，花无百日红。……饶人不是痴，过后得便宜。量小非君子，无毒不丈夫。路遥知马力，日久见人心。长存君子道，须有称心时。雁飞不到处，人被名利牵。……运去黄金失色，时来铁也争光。……人见利而不见害，鱼见食而不见钩。……临崖勒马收缰晚，船到江心补漏迟。

——［南宋］佚名《名贤集》

鉴赏

这里所讲述的道理大致涉及的内容可分为三种：其一，对世事的辩证认识。如"得荣思辱，身安思危"、"来之不善，去之亦易"、"事要三思，免劳后悔"、"人高谈今古，物高价出头"等，即属此类。其二，要求人能放宽心胸，以德待人。如"道高龙虎伏，德重鬼神钦"、"饶人不是痴，过后得便宜"等，说的都是这个道理。其三，对负面行为的警戒。如"人见利而不见害，鱼见食而不见钩"、"雁飞不到处，人被名利牵"、"临崖勒马收缰晚，船到江心补漏迟"，等等。内容通俗易懂，体现出作者顾及孩童认知特征的一面。不过作者仍将此类内容冠之以"名贤"之书名，说明作者将这样的生活常理与儒家的至理相贯通，这也是将"极高明"与"道中庸"相互结合的思想观念的反映，是有着极好见识的。

值得注意的是，文中往往通过对自然界中具体事物的描述，来谈及世事的道理，体现出中国人的一种独特的叙述方式。几乎从先秦的文字开始，中国学者就采用了由景及人的联想方式，后人归纳《诗经》

的手法至少有赋、比、兴多种，其中的"赋"是指铺陈直叙，即是人把思想感情及其有关的事物平铺直叙地表达方式。这时的铺排将一连串内容紧密关联的景观物象、事态现象、人物形象和性格行为，按照一定的顺序组织起来，形成一个结构基本相同、语气基本一致的句群，起到加强语势以及渲染某种环境、气氛和情绪的作用。"比"，就是类比的手法，以彼物比此物。"兴"，先言他物以引起所咏之词。这些文学方法虽然表现形式有所不同，但都通过对生动、具体、鲜明、浅近的事物借喻，使读者获得形象生动的联想与想象，突出了事物（事情）的特征。本节中所用的就是这样的比赋方法，如"休争闲气，日又平西"、"人平不语，水平不流"即为一例。前句中的"日又平西"是指太阳每天升起又落下的自然现象，以此来说明每天会有一个新的开始，没有过不去的坎。所以对即使在生活中碰到了为难、生气的事情，也得往好处想，不必抱着极端的想法伤及情绪与身体，这是一种对事物所抱的积极心态，值得提倡。后句中的"水平不流"，也是一种辩证的认识所得。天下无不流之水，故人总会有所说道，所以对于人的各种说法当抱着理解的心态，从话语中寻找值得接受之处。对于自己而言，则要求尽可能地持平和的心态处世，不像鼓着风的海面似的搞得惊涛骇浪，令人大惊失色。此外，如"人无千日好，花无百日红"、"路遥知马力，日久见人心"、"运去黄金失色，时来铁也争光"，也是十分形象生动，至今已成为熟语，有的还被提炼成成语，被人们所传诵。

但是，文中有的句子随着时代的变化而产生语词释义方面的不同。如"量小非君子，无毒不丈夫"，原为"量小非君子，无度不丈夫"，是由两句寓意深刻的对联式谚语组成的，意思是心胸狭窄、缺乏度量的人，就不配作丈夫和君子。这里的"丈夫"，是指有远见卓识、胸怀宽广的"大丈夫"之意，"无度不丈夫"中的"度"和"量小非君子"中的"量"合起来恰成"度量"一词，其本意有如"宰相肚里可撑船"一词的意思。后来，"无度不丈夫"这句民谚在长期辗转流传中，以讹传讹，竟变成"无毒不丈夫"，成了行凶作恶或野心家、阴谋家思想行为的"理论根据"，并以此作为他们下毒手的信条，这类转义的现象也值得我们关注。

原文

水火土木金，五行须当识。相生生不穷，相克克不竭。古人说五金，金银铜铁锡。木乃火之父，水从金母出。坤土居中央，辰戌丑未列。阴阳生五行，根源是太极。太极本无名，所以为无极。极是极至名，万物从斯出。人为万物灵，理气乾坤一。太极在人身，性命由斯立。未生性即心，既生拘气质。以人合天心，养性最为急。

——［清］刘沅《蒙训》

鉴赏

文中大致讲述了中国传统的天道观，从其思想来看，与周敦颐的《太极图说》比较接近，也与南宋朱熹的天道观解释相一致。作者刘沅认为，从世界的本原来看，当以"太极"为根源。太极本无极，即它无名无形，但又是产生万物的根据。太极产生万物的过程是由阴阳之气的运动而来的。气分阴阳，两者对立而有动静之分，经过阴阳二气的相互作用，化生出水、火、土、木、金五行。五行之间有相生相克的关系，它们与方位、天干地支等有着内在的联系，于是在相互连接的运行中产生了万物。人是万物中的一个组成部分，是其中之最灵者。人拥有性命的两个核心要素，是太极在人身上的反映。人通过心即认识的作用来识得本性，由此带来气质上的变化，这样就达到了"以人合天心"的境界。整篇文字对朱熹以来的儒家天道观表述得十分完整。

作者在《蒙训》中加上了这样的内容，并较为成功地运用了浅近的诗歌形式，把深奥的天道观念表述得十分清楚，是一本少见的哲理蒙书。

(李似珍、李婷婷)

交友处世篇

原文

取善辅仁,皆资朋友;往来交际,迭为主宾。尔我同心,曰金兰;朋友相资,曰丽泽。东家曰东主,师傅曰西宾。父所交游,尊为父执;己所共事,谓之同袍。心志相孚为莫逆,老幼相交曰忘年。

——[明]程允升《幼学琼林·朋友宾主》

请人远归曰洗尘,携酒送行曰祖饯。犒仆夫,谓之旌使;演戏文,谓之俳优。

——[明]程允升《幼学琼林·人事》

鉴赏

俗话说"旅行要有伴,处世要相助"。孩童刚刚开始人生旅程时,就有蒙学名著《幼学琼林》来指导他们如何交友处世,这是完全必要的,也是非常及时的。中国素称文明古国、礼仪之邦,做家长的总希望自家的孩子待人接物讲文明、懂礼貌,人见人爱。文中琳琅满目的敬语谦词,会使人感到一阵阵古雅的气息扑面而来,感到自身穿越在中华民族古老文明的长河之中。这节主要讲述了交友的意义和朋友的来源与分类。

首先,交友的意义在于互相帮助。文中"取善辅仁,皆资朋友",

意思是取长补短，培养仁德，都离不开朋友。《论语·颜渊》中有"曾子曰：'君子以文会友，以友辅仁。'"曾子是说君子凭文章、学问来交朋友，靠朋友的交往来培养仁德。这就告诉我们："取善辅仁"是君子之交，目的在于互相帮助，在道德、学问两个层面共同提高。文中还说"朋友相资，曰丽泽"。《周易·兑卦》道："丽泽兑，君子以朋友讲习。"丽，犹连也；兑，是喜悦的意思。两个湖泊相连，水资源与生活资源共享，对双方而言皆大欢喜，比喻朋友间切磋学问，相得益彰。花靠叶衬，人靠人帮，"嘤其鸣矣，求其友声"（《诗经·小雅·伐木》）。

其次，在明白了交友的意义在于互相帮助之后，我们该到哪里去找朋友呢？文中提供了五条途径。

一是迎来送往交朋友。文中说："往来交际，迭为主宾。"即主人客人轮流做。"请人远归曰洗尘"，"有朋自远方来，不亦乐乎？"（《论语·学而》）主人的义务，是为远方来客"洗尘"。《通俗编·仪节》中有"凡公私值远人初至，或设饮，或馈物，谓之洗尘"。洗尘，也叫"接风"；客人若有随从，也要招待，这就是文中所说的"犒仆夫，谓之下程"。下程，就是犒赏仆人、下人，对他们也不能冷落，也是出于礼貌。对于贵客，在设宴时还要如文中所述："演戏文，谓之俳优。"俳优是古代从事音乐、舞蹈、说笑话的艺人，即请艺人演戏助兴。而请客人看戏是给予很大的面子，这是说迎来。至于送往，文中说："携酒送行曰祖饯。"众所周知，设酒食送行叫饯行，如饯别宴会，祖饯即饯行。《宋史·胡瑗传》载："以太常博士致仕，归老于家，诸生与朝士祖饯东门外。"如果你能出席迎来送往的热闹活动，是不难从中找到朋友的。

二是雇主与雇员交朋友。雇主与雇员如果不是冷冰冰的金钱交易，也可以发展成朋友关系。文中说："东家曰东主，师傅曰西宾。"古时主位在东，宾位在西，所以主人称东主，西宾也称"西席"，是旧时对家塾教师或幕友的敬称。幕友本来就是请来的朋友，或因受到主人赏识与器重成为朋友；家教先是教小孩，后来成为主人的朋友，或者重金礼聘朋友来当家教。其他行业雇主与雇员，依此类推也可成为朋友。

三是志同道合成朋友。文中说："尔我同心，曰金兰"，"心志相孚为莫逆"。金兰是交情深厚的朋友，语出《周易·系辞上》："二人同心，其利断金；同心之言，其臭如兰。"此处臭作气味解。后来金兰又引申为结拜兄弟，如义结金兰。两个朋友心意相同，就像锋利的刀刃削铁如泥；两人志同道合的语言，就像兰花的香气一样沁人心脾。"心志相孚"，就是互相信服；莫逆的意思是彼此心意相通，无所违逆。《庄子·大宗师》曰："四人相视而笑，莫逆于心，遂相与为友。"后称友情深厚、至好无嫌的朋友为莫逆之友。

四是同事变朋友。文中说："己所共事，谓之同袍。"同袍原指战友，《诗经·秦风·无衣》云："岂曰无衣，与子同袍。"谁说没有军装，与你穿着同样的战袍。引申为极有交情的朋友，后来又指同事。现在的同事很有可能穿着同一款式的工作服，同事相处久了，可以变成朋友。

五是忘年朋友。文中说："父所交游，尊为父执"，"老幼相交曰忘年"。父执是父亲的朋友，但父亲的朋友也可以成为儿子的朋友。年辈不相当而结为朋友称为忘年交。《南史·何逊传》云："弱冠，州举秀才，南乡范云见其对策，大相称赏，因结忘年交。"忘年交的出现，拓展了交朋友的选择范围。

原文

与人共语，曰少叙寒暄。

——［明］程允升《幼学琼林·岁时》

谢人寄书，曰辱承华翰；谢人致问，曰多蒙寄声。望人寄信，曰早赐玉音；谢人许物，曰已蒙金诺。具名帖，曰投刺；

发书函,曰开缄。思慕久,曰极切瞻韩;想望殷,曰久怀慕蔺。相识未真,曰半面之识;不期而会,曰邂逅之缘。登龙门,得参名士;瞻山斗,仰望高贤。一日三秋,言思慕之甚切;渴尘万斛,言想望之久殷。睽违教命,乃云鄙吝复萌;来往无凭,则曰萍踪靡定。……曾经会晤,曰向获承颜接辞;谢人指教,曰深蒙耳提面命。求人涵容,曰望包荒;求人吹嘘,曰望汲引。求人荐引,曰幸为先容;求人改文,曰望赐郢斫。借重鼎言,是托人言事;望移玉趾,是浼人亲行。多蒙推毂,谢人引荐之辞;望作领袖,托人倡首之说。言辞不爽,谓之金石语;乡党公论,谓之月旦评。

——［明］程允升《幼学琼林·人事》

鉴赏

找到了朋友不等于万事大吉,这节接着上文讲述了朋友间的措辞。首先,朋友间的友情要保鲜,不能不注意互相尊重,要讲究辞令。《幼学琼林》中提到的常用敬语,实际上是古代的文明礼貌用语,也是君子风范的体现。其内容包括如何求人、如何谢人,以及其他措辞。

如何求人?"望人寄信,曰早赐玉音。"玉音是对别人书信、言辞的敬称,如伫候玉音,说对方的语言贵重如玉,是金玉良言。南朝谢庄《月赋》云:"敬佩玉音,复之无斁。"意思是,我要恭恭敬敬地把您的金玉之言记在心里,反复吟味不倦。"求人涵容,曰望包荒。"包荒,语出《周易·泰卦》:"包荒,用冯河,不遐遗。"本来是指度量宽宏,对于徒步涉水而来的远方蛮荒之地的人也能容纳,后转作宽容解。"求人吹嘘,曰望汲引。"汲引,此处意为引荐,出自《汉书·刘向传》:"禹、稷与皋陶,传相汲引,不为比周。"出于公心的相互引荐,不是结党营私。"求人荐引,曰幸为先容。"先容,意为事先为人介绍、打招呼,《旧唐书·张行成传》云:"观古今用人,必因媒介;

若行成者，朕自举之，无先容也。""求人改文，曰望赐郢斫。"郢斫的故事见《庄子·徐无鬼》："郢人垩漫其鼻端，若蝇翼，使匠石斫之。匠石运斤成风，听而斫之，尽垩而鼻不伤，郢人立不失容。"这是说楚国国都郢有个人，捏泥不慎把一滴白泥溅到自己的鼻尖上，此白泥只有苍蝇翅膀那样大小。他请一位名叫匠石的人把白泥削掉，于是匠石抡起斧头，呼呼生风，只听风声响起斧头削下，那一小滴白泥不见了，而鼻子没有受到丝毫伤害，郢人站立原地纹丝不动、面不改色。"郢斫"现在大多改用斧正、斧政，都是请人修改文章的敬辞。"借重鼎言，是托人言事。"《史记·平原君虞卿列传》载："毛先生一至楚，而使赵重于九鼎大吕。毛先生以三寸之舌，强于百万之师。"九鼎、大吕是古代国家的宝器，"鼎言"形容一句话能起到重大的作用。毛先生就是"毛遂自荐"成语中的那个毛遂。"望移玉趾，是浼人亲行。"玉趾，是称人行走的敬辞，也称"玉步"；浼人，是请人的意思。"望作领袖，托人倡首之说。"即鼓励别人出来做表率。这里的"领袖"不是指国家、政党、社团最高的领导人，而是指为人表率的人；倡首，是发起人的意思。求人为自己办事，自己要谦恭有礼，不然人家不悦，也就不会尽心尽力了。

如何谢人？也有讲究。"谢人寄书，曰辱承华翰。"辱是谦词，犹言承蒙；华翰，是对他人来信的美称，也就是珍贵的信件。"谢人致问，曰多蒙寄声。"寄声，意为寄语、传话，也即转达口信。"谢人许物，曰已蒙金诺。"金诺，是信守不渝的诺言。对方答应给你东西但是还没有来得及给，你说"已蒙金诺"，对方就不好意思食言了。"谢人指教，曰深蒙耳提面命。"耳提面命，是说对人教诲恳切，不但当面告诉他，而且揪着他的耳朵叮嘱。"多蒙推毂，谢人引荐之辞。"推毂，是推车前进，比喻推荐人才，如《史记·魏其武安侯列传》载："推毂赵绾为御史大夫"。以上种种，可见谢人者也不可胸无点墨。

其次，除了求人、谢人，《幼学琼林》还提供了许多其他方面的敬语措辞。"与人共语，曰少叙寒暄。"寒暄，是问候起居的客套话，如《南唐书·孙忌传》载:"忌口吃,初与人接,不能道寒暄;坐定,辞辩锋起。""具名帖,曰投刺。"名帖,是古代的名片,赵翼《陔馀丛考》卷三十云:"古人通名,本用削木书字,汉时谓之谒,汉末谓之刺,汉以后则虽用纸,而仍相沿曰刺。"投刺,是投名片请谒。清代陈康祺《郎潜纪闻》卷五云:"明季士大夫投刺率称某某拜,开国犹然,近人多易以'顿首'二字。""发书函,曰开缄。"缄是书信,开缄是拆开书信的封口。"思慕久,曰极切瞻韩。"李白《与韩荆州书》云:"白闻天下谈士相聚而言曰:'生不用封万户侯,但愿一识韩荆州。'何令人之景慕,一至于此!"韩荆州即韩朝宗,唐玄宗开元年间任荆州大都督府长史。他喜欢提拔怀才不遇的人,深为当时读书人所仰慕。"想望殷,曰久怀慕蔺。"慕蔺,语出《史记·司马相如列传》:"相如既学,慕蔺相如之为人,更名相如。"后用为钦慕贤者的敬辞。"相识未真,曰半面之识。"半面之识又叫半面之旧,《后汉书·应奉传》注引谢承记载:应奉记忆力非常好,有个车匠曾在门中露半面看他,几十年后在路上见到那个车匠,应奉还认得并同他打招呼。后来把只见过一面已经记不太清楚的人称作"半面之识"。"不期而会,曰邂逅之缘。"没有约会,却意外相逢,称"邂逅之缘"。《诗经·郑风·野有蔓草》云:"邂逅相遇,适我愿兮。"即为此意。"登龙门,得参名士。"这是指有机会去参拜有名望的人,《后汉书·李膺传》载:"膺独持风裁,以声名自高,士有被其容接者,名为登龙门。""瞻山斗,仰望高贤。"即景仰钦慕德高望重的贤达。山斗是泰山、北斗的缩略语,古人把泰山尊为五岳之首,北斗星在群星中最为明亮,因而常用以比喻德高望重的人物,如《新唐书·韩愈传赞》曰:"自愈没,其言大行,学者仰之如泰山北斗。""一日三秋,言思慕之甚切。"一天没有见面,就如同隔了三年一样,形容思念之情相当殷切。"渴尘万斛,言想望之久殷。"这里比喻想念盼望时间长而深切。唐代卢仝拜访含曦上人没有见到,于是写了首《访含曦上人》诗:"三入寺,曦未来。辘轳无人井百尺,渴心归去生尘埃。"意为极想见您却没能如愿,这焦渴之心空对深井里的清水，回去后已干裂得满是尘埃了。斛等于十斗，"万斛"是极言尘埃之多。"暌违教命，乃云鄙吝复萌。"暌违是违背、离开的意思，鄙吝是庸俗的意思，即违背或离开了师长的教导，学生又变得庸俗了。"来往无凭，则曰萍踪靡定。"萍踪靡定，是说萍浮水面、漂泊不定。明代杨柔胜《玉环记·韦皋延宾》云："遭兵火数年狼狈，萍踪浪迹，此生无所依。"此句中的"萍踪"与上句中的"鄙吝"都是谦语。敬辞用在对方身上，谦语用在自己身上，切莫倒置；否则，一台正剧就变成闹剧，喜剧就化为悲剧了。"曾经会晤，曰向获承颜接辞。"承颜接辞，是见过面、说过话的敬辞。"言辞不爽，谓之金石语。"不爽，是不错、正确的意思；金石语亦作"金石之言"，如《隋唐演义》十一回曰："兄长金石之言，小弟当铭刻肺腑。"金石语用来比喻珍贵的忠告或教诲。"乡党公论，谓之月旦评。"乡党，即乡里乡亲；月旦，是每月初一，如《后汉书·许劭传》载："初，邵与靖（劭从兄）俱有高名，好共核论乡党人物，每月辄更其品题，故汝南俗有月旦评焉。"后因称品评人物为月旦评。以上敬辞和谦语，可供各位大朋友、小读者采纳，用来破译古代书信，用来编写古装影视剧，甚至偶尔用在手机短信中，是颇有文化意味的。

原文

可憎者，人情冷暖；可厌者，世态炎凉。
——［明］程允升《幼学琼林·岁时》
逢人说项斯，表扬善行；名下无虚士，果是贤人。
——［明］程允升《幼学琼林·人事》

鉴赏

在以上两节讲述了交友的意义、朋友的来源与分类，展示了朋友间大量敬辞，指出其使用的不同场合之后，《幼学琼林》还强调了交朋友的注意事项。

一要注意表扬为主。如"逢人说项斯，表扬善行；名下无虚士，果是贤人"。唐代项斯为杨敬之所器重，敬之赠诗有"平生不解藏人善，到处逢人说项斯"之句，后谓替人说好话为"说项"。交友处世，多说人家好话，不在背后说人坏话。当然，你所表扬的人必须名副其实，不能徒有虚名，切莫胡吹乱捧。《史记·游侠列传》云："名不虚立，士不虚附。"莫把"虚士"当名士。

二要警惕世态炎凉。如"可憎者，人情冷暖；可厌者，世态炎凉"。人的情义随着对方地位的变化而表现出冷淡或亲热。明代无名氏《渔樵闲话》云："所言者世道兴衰，人情冷暖，所笑者附势趋时，阿谀谄佞。"人情世故，奉承富贵，疏远贫贱，忽而亲热，忽而冷淡。宋代王楙《野客丛书·炎凉世态》云："炎凉世态，自古而然。廉颇为赵将，宾客尽至；及其免归，宾客尽去；后复为将，客又至。"世态炎凉，古今如此，不足为奇。常言道："逆境是友谊的试金石"，"患难见真友，困苦识知己"。自己权力一旦失去、金钱一旦散尽，假朋友纷纷离去，对此要有足够的心理准备。人情冷暖、世态炎凉，尽管可憎可厌，也要处之泰然、坦然、淡然，不要难过，不要悲伤，要奋发图强，从逆境中崛起，绝不自我放弃，这才是正确的处世态度。

原文

与善人交，如入芝兰之室，久而不闻其香。……肝胆相照，斯为腹心之友。……他山之石，可以攻玉。……频来无忌，乃云入幕之宾；不请自来，谓之不速之客。……投辖于井，汉陈遵留客之心诚。蔡邕倒屣以迎宾，周公握发而待士。陈蕃器重徐稚，下榻相延；孔子道遇程生，倾盖而语。伯牙绝弦失子期，更无知音之辈。……分金多与，鲍叔独知管仲之贫；绨袍垂爱，须贾深怜范叔之窘。要知主宾联以情,须尽东南之美;朋友合以义,当展切偲之诚。

——[明]程允升《幼学琼林·朋友宾主》

师友当以老成庄重、实心用功为良。

——[明]吴麟徵《家诫要言》

相逢好似初相识,到老终无怨恨心。平生不作皱眉事,世上应无切齿人。

——[清]周希陶《重订增广贤文·平韵》

鉴赏

谁是我的朋友,谁不是我的朋友,这是为人处世的一个重大问题。《荀子·大略》说:"匹夫不可以不慎取友。"也就是说要谨慎地选择朋友。选择朋友是有原则的,滥交朋友的人没有真朋友。而要想了解一个人,最好先了解他的朋友;只要知道你跟谁来往,就知道你是什么人;看你和谁在一起,就知道你的德行如何;你同坏人交朋友,好人就会与你保持距离。那么,什么样的朋友可以交?文中列举了十五种人。

一是善人。文中说:"与善人交,如入芝兰之室,久而不闻其香。"语出《孔子家语·六本》:"与善人居,如入芝兰之室,久而不闻其香,即与之化矣。"又《颜氏家训·慕贤》云:"是以与善人居,如入芝兰之室,久而自芳也。"意思是与好人交朋友,受到朋友的帮助,自己就随着好了,近朱者赤,近善者陶冶美德。玻璃与钻石相会,便有钻石的光辉;常人与善人接近,也同样变得善良。

二是赤诚相待者。文中说:"肝胆相照,斯为腹心之友。"肝胆相照,比喻坦诚相待。文天祥《与陈察院文龙书》曰:"所恃知己,肝胆相照。"腹心之友,是真诚的朋友。《左传·宣公十二年》说"敢布腹心",敢于表达内心的真诚。忠诚是友谊的桥梁,对你赤诚相待者,是你真诚的朋友。

三是外来贤才。文中说:"他山之石,可以攻玉。"借助别的山上的石头,可用来琢磨玉器,语出《诗经·小雅·鹤鸣》,意为别国的贤才可以作为本国的辅佐。与外来贤才交友,可开阔眼界、取长补短,预防学问方面"近亲繁殖"所造成的封闭式退化。

四是亲近者。文中说:"频来无忌,乃云入幕之宾。"语出《晋书·郗超传》:"谢安与王坦之尝诣(桓)温论事,温令超帐中卧听之。风动帐开,安笑曰:'郗生可谓入幕之宾矣!'"后称参与机要的幕僚或亲近的朋友为入幕之宾。由于来访次数比较频繁,有事情也不需要瞒着他;朋友来往越勤,友谊就会越深。

五是慕名而来者。文中说:"不请自来,谓之不速之客。"速是邀请的意思,不速之客指没有邀请而自己过来的客人,有可能是慕名而来的粉丝。《周易·需卦》云:"有不速之客三人来,敬之终吉。"即从不邀而来或慕名而来者中选择朋友,恭敬相待,终将获得吉祥。当然,也可能有不怀好意者闯入,来者不善,主人要察言观色,暗加防范。

六是热情好客者。文中说:"投辖于井,汉陈遵留客之心诚。"比喻主人留客心情的诚恳。据《汉书·游侠传》记载:"(陈)遵耆酒,每大饮,宾客满堂,辄关门,取客车辖投井中,虽有急,终不得去。"汉代陈遵与客饮聚,怕客人中途离去,不但把门关了,还把客人的车辖(马车上的关键部件)扔入井中,客人即使有急事也走不了,其留客之情十分真挚。可见招待朋友,不在于你用什么食物,而在你用怎么样的态度,你须拿出你的真诚。这样的朋友岂能不交?!

七是求贤若渴。文中说:"蔡邕倒屣以迎宾,周公握发而待士。"《三国志·魏书·王粲传》记载:"时(蔡)邕才学显著,贵重朝廷,常车骑填巷,宾客盈坐。闻粲在门,倒屣迎之。"蔡邕因急于迎接客人把鞋子穿倒了。《史记·鲁周公世家》记载:周公旦礼贤下士,勤于接待来客,甚至"一沐三捉发,一饭三吐哺"。即洗发时三次握着头发停下来不洗,吃饭时三次吐出咀嚼的食物去接待贤士。周公、蔡邕都是伯乐式的人物，与这样的人物交往，是人们求之不得的。

八是尊重人才者。文中说："陈蕃器重徐稚，下榻相延。"徐稚是东汉时期著名的高士贤人，却隐居不仕。陈蕃作豫章太守时，不接待宾客，只有徐稚来才接待，并为他特设一榻，徐稚去后，榻就悬而不用，事见《后汉书·徐稚传》。陈蕃选择朋友少而精，只有徐稚这样品学兼优者，才能得到陈蕃的破例接待。

九是不摆架子者。文中说："孔子道遇程生，倾盖而语。"孔子与程生两人在路上相遇，两个车盖稍稍倾斜，便于交谈，后常用此形容朋友相遇、亲切交谈的情景。《孔子家语·致思》载："孔子之郯，遭程子于途，倾盖而语终日，甚相亲。"显示了孔子平易近人、和蔼可亲，见了朋友很亲切、没有架子。孔子对自己的学生，也是平等地交谈、自由地讨论，相处如好友，深得学生们的敬爱。

十是知音。文中说："伯牙绝弦失子期，更无知音之辈。"《增广贤文》也说："酒逢知己饮，诗向会人吟。相识满天下，知心能几人？"伯牙善弹琴，弹到描写高山的曲调时，善于听琴的钟子期就说"善哉，峨峨兮若泰山"；弹到描写流水的曲调时，钟子期就说"善哉，洋洋兮若江河"；钟子期死后，伯牙不再弹琴，认为没有人比钟子期更能听懂他的琴音，事见《列子·汤问》。更精彩的故事读者可查阅明代冯梦龙的《警世通言·俞伯牙摔琴谢知音》，这里略引少许：伯牙得知钟子期去世，五内崩裂，泪如泉涌，昏厥于地。醒来即到坟前哭拜毕，弹琴一曲以祭知音，因感叹知音难遇，把琴在祭台石上摔得粉碎，从此再也不抚琴。知音是赏识自己特长的人，它与粉丝不同，粉丝带有一定的情绪化和盲目性，知音完全是理性化的行家里手。天涯海角觅知音，问九州大地，何处有知音？"欲将心事付瑶琴，知音少，弦断有谁听？"（岳飞《小重山》）知音是朋友中的极品，交朋友交到知音，胜过买彩票中亿元大奖，让我们一起来期待。

十一是济贫帮困者。文中说："分金多与，鲍叔独知管仲之贫；绨袍垂爱，须贾深怜范叔之窘。"据《史记·管晏列传》记载："管仲曰:'吾始困时,尝与鲍叔贾,分财利多自与,鲍叔不以我为贪,知我贫也。'"鲍叔与管仲一起经商,赚了钱总是管仲拿大头,鲍叔拿小头,因为当时管仲比较困难,需要照顾。《史记·范雎蔡泽列传》记载:魏国人范雎,曾作为中大夫须贾的随从一起出使齐国,因被误认为泄密,差点被魏相打死。范雎装死逃到秦国,化名张禄,后在秦国为相。魏国又派须贾出使秦国,范雎得知后,换上破衣服,步行到使节招待所见须贾。须贾一见大惊:"你原来没有死!现在做什么事啊?"范雎说:"做雇工。"须贾心里很难过,留范雎坐下饮酒吃菜,并叹了口气说:"没想到范叔贫寒到如此地步。"马上取出一件厚绸袍送给范雎。鲍叔、须贾对贫穷的朋友及时提供帮助,说明他们看重朋友胜过钱物,这样的朋友是十分可贵的,应设法多交。

十二是出类拔萃者。文中说:"要知主宾联以情,须尽东南之美。"王勃《滕王阁序》曰:"雄州雾列,俊彩星驰。台隍枕夷夏之交,宾主尽东南之美。"雄伟的州城在云雾中屹立,杰出的人才如流星般地飞驰;城池坐落在东南与中原一区的交接点上,宾客和主人都是东南的出类拔萃人物。报国为民的共同情怀把他们联结在一起,这样交友的机会实在难得。

十三是直言规劝者。什么是真正的朋友?是一路上用忠言帮助你的人。文中说:"朋友合以义,当展切偲之诚。"《论语·子路》载子路问:"怎样才可以称作士呢?"孔子曰:"切切偲偲,怡怡如也,可谓士矣。朋友切切偲偲,兄弟怡怡。"意思说:互相批评又能和睦相处,就可以称作士了。朋友之间互相批评,兄弟之间亲切和气。朋友们相聚,不能群居终日、言不及义。既然以义相合,就应该相互切磋、相互督促,开展诚心善意的批评,成为诤友。

十四是老成庄重者。文中说:"师友当以老成庄重、实心用功为良。""平生不作皱眉事,世上应无切齿人。"老成庄重者亦师亦友,实心用功,老练成熟,办事谨慎稳重,不出差错,不会让人家皱眉头,也不会让人家切齿痛恨。《宋史·种师中传》载:"师中老成持重,为时名将。"与这样的人交朋友，可以一百个放心。

十五是友情长久者。文中说："相逢好似初相识，到老终无怨恨心。"《论语·公冶长》云："子曰：'晏平仲善与人交，久而敬之。'"即春秋时期齐国大夫晏婴擅长与人交往，交往时间越久，越能相互尊重。有些人初交朋友时好得不得了，时间久了，敬意衰退，甚至产生怨恨之心，这么搞实在可惜。须知：新的东西最美好，老的朋友最可贵；石头变成宝石要经过无数岁月，毕生结交的朋友不应一旦疏远。交友交到老，世界更美好。

原文

与恶人交，如入鲍鱼之肆，久而不闻其臭。……意气不孚，谓之口头之交。彼此不合，谓之参商；尔我相仇，如同冰炭。民之失德，乾糇以愆。……醴酒不设，楚王戊待士之意怠。……管宁割席拒华歆，调非同志之人。

——[明]程允升《幼学琼林·朋友宾主》

若浮薄好动之徒，无益有损，断断不宜交也。

——[明]吴麟徵《家诫要言》

读书须用意，一字值千金。酒逢知己饮，诗向会人吟。相识满天下，知心能几人。

——[清]周希陶《重订增广贤文·平韵》

鉴赏

上文讲述了十五种值得交往的朋友，接着本节又指出了八种不宜交往的人。

一是恶人。文中说："与恶人交，如入鲍鱼之肆，久而不闻其臭。"语出《孔子家语·六本》："与不善人居，如入鲍鱼之肆，久而不闻其臭，亦与之化矣。"意思是与坏人交朋友，受到朋友的侵蚀，自己就随着坏了。近墨者黑，近恶者沾染恶习；当鸽子和乌鸦开始交往的时候，虽然它的羽毛仍然是白色，但是它的心却变黑了。

二是不服气者。文中说："意气不孚，谓之口头之交。"这里的意气，是指志趣性格。杜甫《赠王二十四侍御契四十韵》诗："由来意气合，直取性情真。"孚，是信服；意气不孚，是志趣性格不合、不服气，口头上的朋友不是志趣相同的朋友。当前"朋友"一词又有新的歧义，有时成了套近乎的口头语："朋友，你讲对不对？"甚至变成讽刺语："朋友，帮帮忙。"意思是你怎么能这样说呢？

三是不和睦者。文中说："彼此不合，谓之参商。"参、商二星此出彼没，不同时在天空中出现，以此比喻人分离后不能会面。杜甫《赠卫八处士》诗："人生不相见，动如参与商。"也比喻不和睦，如兄弟参商。强扭的瓜不甜，与不和睦者交不成朋友。

四是死对头。文中说："尔我相仇，如同冰炭。"冰炭比喻两种对立的事物，不能并存。《韩非子·显学》云："夫冰炭不同器而久，寒暑不兼时而至。"不共戴天的仇敌不是朋友。朋友来了有美酒，如仇人来了则分外眼红，迎接他的只能是猎枪。

五是无同情心者。文中说："民之失德，乾糇以愆。"语出《诗经·小雅·伐木》，意为人如果失去情义，一块干粮也会引起纠纷。乾糇即干粮。朋友在挨饿，有人有干粮吃不分给人家，有失朋友之义。跟这样无同情心的人交朋友，是不会有好处的。

六是轻视人才者。文中说："醴酒不设，楚王戊待士之意怠。"醴是甜酒，这是说楚王刘戊不再准备甜酒招待名士穆生，表现出怠慢人才的态度。据《汉书·楚元王传》记载：西汉楚元王刘交非常尊敬中大夫穆生等人，穆生不喜欢喝酒，楚元王每次特意为他设置甜酒。到了楚元王之子刘戊即位，开始也照样设置，后来渐渐淡忘了。穆生说："可以逝矣！醴酒不设，王之意怠，不去，楚人将钳我于市。"穆生认为甜酒不设，说明新王对人的礼敬渐渐减弱，赶快退避，否则必将自讨没趣。礼节上的怠慢是表面现象，骨子里是对人才的不尊重，这是令人难以容忍的。

七是读书不用功者。文中说："管宁割席拒华歆，调非同志之人。"据《世说新语·德行》记载：管宁与华歆少年时曾同坐在一张席子上读书，一次有人乘着漂亮的车子从门前经过，管宁目不斜视、照旧读书，而华歆则搁下书本出去观看。于是管宁将座席割断、分开来坐，并说："子非吾友也"。后来称朋友断交为"割席"。管宁认真看书学习，华歆读书心不在焉，又恋慕富贵，管宁只能与华歆割席绝交。《重订增广贤文》说："读书须用意，一字值千金。"管宁所读古代经书，文辞典雅，含义精妙，价值极高，以一字千金来评价，不算过誉；华歆不肯苦读，只想走捷径做高官，这种人只能立马绝交，一刻也不能拖延。

八是浮浪子弟。文中说："若浮薄好动之徒，无益有损，断断不宜交也。"浮夸、浅薄、惹是生非的衙内恶少、纨绔子弟，或官二代、富二代，穿一身名牌行头，掼派头，晒财富，比豪华，开着豪华车去上学者，这种人不宜交往。

蒙学名著对孩童讲了什么人可以交朋友、什么人不宜交往，所讲的故事与道理基本上是正确的，是有教育意义的。朋友是双向选择的，单相思不可能成为朋友，可能的朋友也不等于现实的朋友；对于不宜交往的人，可以进一步作原则性与灵活性的分析，事物在一定条件下会转化，原先的朋友可以反目成仇，原先的敌人可以化敌为友。这样的道理，孩童可能一时不能理解，待长大了自然会明白的。

原文

钱财如粪土，仁义值千金。流水下滩非有意，白云出岫本无心。当时若不登高望，谁信东流海洋深？路遥知马力，事久见人心。两人一般心，有钱堪买金；一人一般心，无钱堪买针。

相见易得好,久住难为人。……贫居闹市无人问,富在深山有远亲。谁人背后无人说,哪个人前不说人?有钱道真语,无钱语不真。不信但看筵中酒,杯杯先劝有钱人。闹里有钱,静处安身。来如风雨,去似微尘。

——佚名《增广贤文》

鉴赏

中国人非常钦佩仗义疏财、乐善好施的人。《水浒传》一百零八将,第一位是"呼保义"(又称"及时雨")宋江。你有困难"呼"他,他"保"证"及时"地"义"不容辞地帮助你。宋江这个人,文不如吴用,武不如武松,为什么坐上第一把交椅?就是因为他仗义疏财。汉代刘向《说苑·说丛》中有"财不如义高,势不如德尊"的文句,其意是说,钱财、权势都比不上道义的高尚和宝贵。这说明仗义疏财的观点,古已有之。《增广贤文》说:"钱财如粪土,仁义值千金。"后半句是说仗义,前半句是说疏财。问题在于《增广贤文》上的这句话在逻辑上说不通:"千金"属于"钱财",从"钱财如粪土"可推论出"千金如粪土";又因为"仁义值千金",所以"仁义如粪土"。从结论的荒谬可以追溯到前提的错误,钱财本身没有错,钱财可用来发展经济、保障民生。但是,《增广贤文》宣传交友处世要仗义疏财,这是正确的,所涉及的处世之道也是值得弘扬的。

其一,疏财处世的行为要出于自然,要像流水下河滩一样出于天性流露。故《增广贤文》说:"流水下滩非有意,白云出岫本无心。"慈善活动应当自觉自愿、自动自发,不能人为地作秀造势、沽名钓誉,因为自然流露的仁义是真仁义,刻意人为的仁义只是模拟的仁义。中国古代不乏自然流露的真仁义之人,如春秋时期陶朱公范蠡,他"三致千金"后,都把财富分给贫贱时结交的朋友和远房的叔伯兄弟;他理财致富——疏财——再理财致富——再疏财,理财是疏财的必要准备，疏财是理财的最佳结果。像这样有才有智、有财有德的人，值得千古颂扬。

其二，处世方式因人而异。《增广贤文》说："路遥知马力，事久见人心。"其意是说，走的路途远了，就知道马儿耐力的大小；人事相处久了，就可以看出一个人良心的好坏。有良心的人致富帮穷，如范蠡；无良心的人致富不济贫，如阳虎。阳虎是春秋时代鲁国季氏的家臣，他的典型信条是："为富不仁矣，为仁不富矣。"（《孟子·滕文公上》）意思是，要想发财致富就不能做好人，要想做好人就休想发财致富。可见阳虎是唯利是图、见利忘义者的典型代表。杜甫的"朱门酒肉臭，路有冻死骨"的名句，就是对为富不仁者的血泪控诉。

其三，人与人之间相处要有合作精神。《增广贤文》说："两人一般心，有钱堪买金；一人一般心，无钱堪买针。"这与俗话所说的"众人一条心，黄土变成金；一人一条心，穷断骨头筋"是同样道理。个人力量单薄，团队力量强大。团队的整体力量，要大于这个团队内所有个体力量的简单相加，因此团队中每个成员都要发扬团队精神，同心同德、同舟共济，以便取得更大的效益。同时，合作要长久。《增广贤文》说："相见易得好，久住难为人。"合作刚开始，双方相处很好，时间一久，产生矛盾，貌合神离，直到分道扬镳。唐代贺兰进明的诗句："人生结交在终始，莫以升沉中路分。"是说合作应当有始有终，不应该因为彼此间的际遇不同而半途分手。

其四，要正确对待世道的冷与热。《增广贤文》说："贫居闹市无人问，富在深山有远亲。"这是说，人穷了住在闹市也无人问津，而人富了即使住在深山也会有亲朋拜访，这表现了世俗的冷与热，作为当事人不应过多计较。与此相反的情况是："闹里有钱，静处安身。"热闹的地方人气旺，容易挣钱；而冷静之处不利挣钱，但有利于修身养性。同时，在世俗社会还会因其社会地位或是否有钱，出现另一种冷与热，即如《增广贤文》所说："有钱道真语，无钱语不真。不信但看筵中酒，杯杯先劝有钱人。"这就应了一句俗话："财大气粗，人微言

轻。"有钱人（或有权人）说假话也被当作真理，无钱人说真话也被当作谬误；有钱人戴银项链被认为是白金的，无钱人戴金戒指被认为是铜戒指；在酒筵上受人尊重、被敬酒的是有权、有钱之人，受冷落的是没权、没钱者，甚至能否参加酒筵还是问题。西晋鲁褒在《钱神论》中对钱财作了揭露和嘲讽："钱之所在，危可使安，死可使活。钱之所去，贵可使贱，生可使杀"，"死生无命，富贵在钱。"（《全晋文》卷一一三）这些对钱财拜物教的揭露鞭辟入里，能使人看清金钱社会的本质。

其五，为人处世不应该怕批评。《增广贤文》说："谁人背后无人说，哪个人前不说人？"此话意指背后议论别人是一种普遍的社会现象。我们主张开展积极的思想斗争，进行批评与自我批评，反对"当面不说，背后乱说"的自由主义，但是"人怕出名猪怕壮"，人一旦美名传颂，难免出现嚼舌头、泼脏水、吹阴风、点鬼火等情况，不明真相者也会跟着信谣、传谣。在这一紧急关头，自己应挺直腰杆，"任凭风浪起，稳坐钓鱼船"，走自己的路，让人家去说三道四。"根深不怕风摇动，树正何愁月影斜。"对于群众的批评，言者无罪，闻者足戒，有则改之，无则加勉；对于小人的攻击，可以不予理会。达·芬奇说得好："应当耐心听取他人的意见，认真考虑指责你的人是否有理。如果他有理，你就修正自己的错误，如果他理亏，只当没听见。若他是一个你所敬重的人，那么可以通过讨论，提出他不正确的地方。"（《论绘画》）这就叫大家风范。

原文

昨日花开今日谢，百年人有万年心。北邙荒冢无贫富，玉垒浮云变古今。幸名无德非佳兆，乱世多财是祸根。世事茫茫难自料，清风明月冷看人。劝君莫作守财虏，死去何曾带一文。……常将有日思无日，莫待无时想有时。守己不贪终是稳，利人所有定遭亏。美酒饮当微醉候,好花看到半开时。当路莫栽荆棘树,他年免挂子孙衣。望于天,必思己所为;望于人,必思己所施。

——［清］周希陶《重订增广贤文·平韵》

鉴赏

《重订增广贤文》接续《增广贤文》进一步讲述处世之道。其一,要懂得处世中还有人寿烦恼。文中说:"昨日花开今日谢,百年人有万年心。"《增广贤文》还说:"来如风雨,去似微尘。"花无长红,月无长圆;人生苦短,好景不长,人生百年,终有一死。想要再活一万年,终成虚话,如秦皇汉武求仙问药,都以失败告终。《红楼梦》中《好了歌》说:"世人都晓神仙好,只有金银忘不了!终朝只恨聚无多,及到多时眼闭了。"想到这里,悲不自胜。但这也可以理解,想当年这些人风风火火闯九州,干出了一番惊天动地的大事业,突然要他们在人生舞台上谢幕,如人间蒸发,"去似微尘",又似乎不太甘心。有些人悲观消极,转向醉死梦生的及时行乐;有些人积极进取,自强不息。曹操的《龟虽寿》慷慨高歌:"神龟虽寿,犹有竟时,腾蛇乘雾,终为土灰。老骥伏枥,志在千里;烈士暮年,壮心不已。盈缩之期,不但在天;养怡之福,可得永年。幸甚至哉,歌以咏志。"曹操对生命的自然规律有清醒的认识,对事业的追求永不停息,其乐观奋发的精神有一种震撼人心的巨大力量,使后代无数英雄为之倾倒。曹操的诗是一帖清醒剂,可供人寿烦恼者参照。

其二,人生处世虽有烦恼,但依然仗义疏财、乐此不疲,这是什么原因呢?处世疏财的理由之一是贫富同归。《重订增广贤文》说:"北邙荒冢无贫富,玉垒浮云变古今。"北邙是山名,在今河南省洛阳市北面,东汉和北魏的王侯公卿多葬于此。唐代王建《北邙行》云:"北邙山头少闲土,尽是洛阳人旧墓。"人,不管是穷人、富人,总是

要死的,而且死人不再有贫富差距的感觉。玉垒也是山名,在今四川省都江堰市西北,众峰丛拥。晋代左思《蜀都赋》有句"包玉垒以为宇",说玉垒山包在成都之后,像它的边墙。玉垒山云遮雾绕,风光依旧,但是今天的白云早已不是古代的白云了;物是人非,换了人间。既然贫富差距死后归零,富人在生前为何不把钱物分散给穷人呢?

处世疏财的理由之二是多财是祸。《重订增广贤文》说:"幸名无德非佳兆,乱世多财是祸根。"侥幸得来的名誉,无德无能而得非分之名,决非佳兆,所以要疏财积德,才配得上这份荣誉,说白了就是名人都应当参加慈善活动。富人树大招风,财多惹祸;财多显眼,容易遭人暗算。《老子·十二章》说:"难得之货令人行妨。"黄金珠宝,使人违法。《老子·十九章》还说:"弃利,盗贼无有。"放弃财物,盗贼就销声匿迹了。既然钱财多了,连命都保不住,身为富人,不能要钱不要命,不如把钱物分散给穷人。

处世疏财的理由之三是死不带去。《重订增广贤文》说:"世事茫茫难自料,清风明月冷看人。劝君莫作守财虏,死去何曾带一文。"俗话说:"天有不测风云,人有旦夕祸福。"自然界有旱灾、水灾、火山、地震、冰雹、蝗灾、台风、海啸、泥石流,人类社会有火灾、动乱、战争、瘟疫、疾病、饥荒、冤狱、罪犯、赌场、毒品、高利贷、安全事故、医疗事故等,稍有不慎即大难临头,遇到不可抗力则在劫难逃,不知别人会怎样、自己会怎样。"正叹他人命不长,那知自己归来丧?"(《红楼梦》第一回)人生无常,不如多做善事,仗义疏财。"清风明月"见苏轼《前赤壁赋》:"且夫天地之间,物各有主,苟非吾之所有,虽一毫而莫取。惟江上之清风,与山间之明月,耳得之而为声,目遇之而成色,取之无禁,用之不竭,是造物者之无尽藏也,而吾与子之所共适。"苏轼的意思是不能眼睛只盯住属于他人所有的有价之物,却忽视了身边不用花钱就可以共享的无价之宝——清风明月。你冷落了清风明月,清风明月也冷眼看着名利场里的梦中人——可怜的你。"守财虏"是什么样的人?巴尔扎克笔下的葛朗台即是。葛朗台

"视钱如命,一生都在积蓄钱财,为的是偷偷地欣赏"。葛朗台曾做过索木尔区区长,"在索木尔,无人不信葛朗台先生有一个私人金库,一个堆满金路易的密室,相信他半夜里瞧着一大堆黄澄澄的金子,内心的喜悦难以言表。"他有1700万法郎的财产,却是一个抠门的吝啬鬼,这就是"守财虏"。后来葛朗台死了,一文钱也没能带走。《老子·九章》说:"金玉满堂,莫之能守。"黄金白玉堆满厅堂,没有人能长久保有这些财富。死不带去,不如生前疏财。

其三,人生处世所获财产应有正当来源。《重订增广贤文》说:"守己不贪终是稳,利人所有定遭亏。"安分守己,不贪污受贿的人一生安稳;把他人的财物占为己有,一定会受到惩罚。《红楼梦》第二回有一副对联:"身后有余忘缩手,眼前无路想回头。"就算是千里做官为了吃穿,如今你吃穿"有余",为何贪心不足,大捞"横财",忘了缩手?到头来,马到悬崖收缰晚,船到江心补漏迟。《老子·四十四章》云:"多藏必厚亡。"过多的保藏财产一定会遭受巨大的损失,贪赃枉法必定遭到法律的制裁。

其四,人生在世挣钱与花费都应有限度。《重订增广贤文》说:"美酒饮当微醉候,好花看到半开时"、"常将有日思无日,莫待无时想有时。"美酒喝到微醉的时候就应当停杯不饮,好花在含苞欲放时最美丽,这是宋代邵雍在《安乐窝中吟》诗中所说。因为饮酒过量伤身,花开足了就要凋零,弓太满则折,月太满则亏,事物发展到了极限就会走向反面,所以老子说:"反者,道之动。"(《老子·四十章》)挣钱不必太多,到了一定的限度该知足了。《老子·四十六章》还说"祸莫大于不知足",如清代大贪官和珅家财煊赫,最后被抄家,全部财产归国库,人称:"和珅跌倒,嘉庆(皇帝)吃饱。"同时,花费也要有限度,"常将有日思无日,莫待无时想有时"。花费应该有计划,要细水长流,不能砸锅卖铁,把所有财产花光了,在"有日"没有"思无日",到了"无时"就后悔莫及。

其五,处世的天与人两面镜子。《重订增广贤文》说:"望于

天,必思己所为;望于人,必思己所施。"仰望苍天俯看众生,人在做,天在看。京剧《徐策跑城》唱词中有"湛湛青天不可欺",面对人民大众,每个人都应当想一想:"我为人民做了些什么?"仗义疏财者"仰不愧于天,俯不怍于人"(《孟子·尽心上》)。对照天与人两面镜子,反省自己的所作所为,只有问心无愧,才不枉来世上一趟。天与人两面镜子,实际上是一面镜子,即天意在于民心。《尚书·泰誓》说:"民之所欲,天必从之"、"天视自我民视,天听自我民听"。老百姓心中有杆秤。《老子·八十一章》说:"圣人不积"、"既以与人,己愈多"。圣人不积攒钱财,把自己的财物施舍给了穷人,自己的钱财少了,品德更加高尚了。依此类推,处世为人要多种花,少栽刺,这不仅有利于他人,也会留福于子孙,这就是《重订增广贤文》中所说:"当路莫栽荆棘树,他年免挂子孙衣。"荆棘树上的刺,不但会扎伤他人、也扎破子孙的衣裳。所以,处事要有善心,积德于人,也为子孙留一条后路。

原文

责人之心责己,恕己之心恕人。守口如瓶,防意如城。宁可负我,切莫负人。再三须重事,第一莫欺心。……有钱有酒多兄弟,急难何曾见一人?……力微休负重,言轻莫劝人。

——佚名《增广贤文》

鉴赏

《增广贤文》说:"责人之心责己,恕己之心恕人。"这是要求人们在交友处世方面应该严以律己,宽以待人,也就是儒家所说的"恕"。"恕"是儒家的伦理范畴,曾子曰:"夫子之道,忠恕而已矣。"(《论语·里仁》)朱熹《论语集注》说"推己之谓恕",恕就是推己及人，通俗地说就是将心比心，宽宥原谅，设身处地为别人着想，体会别人的心理。交友为什么要"恕"？因为金无足赤，人无完人，"水至清则无鱼，人至察则无徒"（《汉书·东方朔传》）。对人太苛刻，那就什么朋友也交不成了。对于严以律己、宽以待人详加论述的是唐代韩愈《原毁》："古之君子，其责己也重以周，其待人也轻以约。重以周，故不怠；轻以约，故人乐为善。"古代君子责备自己总是很重、很周全，要求很严格；对待别人很宽厚、很随和，毫不苛求。韩愈主张"严以律己，宽以待人"是正确的。

为了做到"严以律己"，我们应当注意些什么呢？文中为我们提供了不少有价值的意见，归纳起来有五条。

严以律己注意事项之一是：守口如瓶。《增广贤文》说："守口如瓶，防意如城。"意为严格遏止自己的发表欲，犹如守城防敌；闭口不说话，严守秘密。俗话说："病从口入，祸从口出。"在商场上有所谓"三不谈"：政治不谈，宗教不谈，他人隐私不谈。免得对方把你当作敌人、异教徒、仇人，影响生意不说，弄得不好惹是生非。在商言商，营业机密除外，至于国家机密、军事机密，公开场合更不能说，小心引来官司。《老子·一章》首句说："道可道，非常道。"即可以用语言表达的道理，就不是永恒的道理。"多言数穷，不如守中。"（《老子·五章》）河上公注："多言害身。口开舌举，必有祸患。""不如守德于中。"老子还说，"知者不言，言者不知。"（《老子·五十六章》）河上公注："知者贵行，不贵言也。""驷不及舌，多言多患。"一言既出，驷马难追，多说多错，少说为妙。

严以律己注意事项之二是：切莫负人。《增广贤文》说："宁可负我，切莫负人。"宁可别人对不起我，千万不要我对不起别人。《晋书·沮渠蒙逊载记》载有这样的故事：后凉战将罗仇，与其弟麹粥一起征战河南，在前军大败情况下，麹粥劝其兄罗仇说："当今主上荒唐骄纵，诸子朋党相倾，谗人侧目，现又遇兵败，必将受到猜疑，与其如此，不如率众向西平，另谋出路。"罗仇慷慨陈词："理如汝言，但吾家累世忠孝，为一方所归，宁人负我，无我负人。"不久他与部属都为"宁人负我，无我负人"而壮烈牺牲。罗仇宁可牺牲一万多条生命，也要"宁死不负人"，律己之严，催人泪下。与此相反的是《三国演义》第四回的故事：曹操谋刺董卓不成，逃亡途中路过中牟县，为关吏所获。县令陈宫敬重曹操，弃官与曹一同出走，路遇曹父结义兄弟吕伯奢，吕留曹、陈住宿并杀猪款待，自己去西村沽酒。曹操听到磨刀声起疑，连杀吕家男女八口。陈宫曰："孟德心多，误杀好人矣。"急出庄上马行不到二里，见吕伯奢沽酒归，曹操挥剑杀吕，陈宫大惊曰："适才误耳，今何为也？"曹操曰："伯奢到家，见杀死多人，安肯罢休，若率从来追，必遭其祸矣。"陈宫曰："知而故杀，大不义也。"曹操曰："宁教我负天下人，休教天下人负我。"陈宫默然，于夜宿旅店时悄然离去。故事中的曹操心狠手辣，草菅人命，令人寒心。《增广贤文》的说教无疑是站在正义的一边。

严以律己注意事项之三是：真心诚意。《增广贤文》说："再三须重事，第一莫欺心。"需要再三重视的是要真心诚意，不要明知不对还要欺骗自己。《中庸》有言："君子诚之为贵"，即君子总是把诚实看作人生最宝贵的东西。《大学》说："所谓诚其意者，毋自欺也。"真心诚意的人不会自欺欺人。什么是真心？明代李贽说："童心者，真心也。""夫童心者，绝假纯真，最初一念之本心也。若失却童心，便失却真心；失却真心，便失却真人。"(《焚书·童心说》)这种童心不是自欺欺人的，而是真诚的、天真纯朴的精神状态。只有像儿童那样纯朴的心，才算童心。等到人的年龄渐长，知道追名逐利，童心由此而丧失。李贽呼吁要始终保持童心。这里举一个童心的例子：山西省五台山上有一名禅师，收了一个3岁的小沙弥为徒。师徒在山顶修行，从不下山。十年后，禅师带徒弟下山。沙弥见牛马鸡狗都不认识，禅师指点着一一告诉徒弟。一会儿一位少女走过，沙弥惊问："这又是什么？"禅师怕他动凡心，正色告诉他："这是老虎。人要靠近它，必遭咬死，尸骨无存。"沙弥说："知道了。"晚间上山，禅师问："你今日在山下所见之物，有没有还在心上想着的？"沙弥回答："我什么东西都不想，只想那吃人的老虎。"（见清代袁枚《新齐谐·沙弥思老虎》）这里的少年沙弥保持着童心，老禅师却成了"欺心"。如果有一天沙弥知道了真相，今后他还会相信老禅师的话包括真话吗？

　　严以律己注意事项之四是：谨慎择友。《增广贤文》说："有钱有酒多兄弟，急难何曾见一人？"这是对酒肉朋友的批评，酒肉朋友指只在吃喝上交际的朋友。俗话说，酒肉朋友好找，患难之交难逢。以势交者，势尽则疏；以利合者，利尽则散。培根说过："当一个人面临危难的时候，如果他平生没有任何可信托的朋友，那么我只能告诉他一句话——他只能自认倒霉了！"（《人生论·论友谊》）不怪别人不够朋友，只怪自己交友不慎。不过，在一起大碗喝酒、大块吃肉的朋友，也可能是义字当先的朋友，如《水浒传》中的梁山好汉，他们虽是有酒有肉的兄弟，但也是急难时可以舍命相救的血性汉子，这就是同甘苦、共患难。而另一个外国民间故事，说的是两个朋友在森林里玩，遇到一头熊，其中一个人扔下朋友快速爬到树上去了，另一个人没有来得及爬树只好躺在地上装死。这两个人并非酒肉朋友，可见酒肉并不是划分真假朋友的标准。朋友在一起吃饭、喝酒也无伤大雅，关键是透过现象看本质，从结交中谨慎选择知心的朋友。

　　严以律己注意事项之五是：自知之明。《增广贤文》说："力微休负重，言轻莫劝人。"这是说人贵有自知之明，如果自己资历浅、实力不够，人微言轻、不足以服众，就不要出头说话，也不要承担重任。此话有一定的道理，但是并不全面。因为"人微"不等于"力微"，威望不足不等于不能承担重任，资历与威望正是在敢想、敢说、敢做的人生风雨的洗礼中形成的。如《三国演义》第五回中说，曹操兴师讨伐董卓，董卓派华雄迎敌。华雄连斩鲍信、祖茂、俞涉、潘凤，击败孙坚，诸侯尽皆失色。忽听得阶下一人大呼而出："小将愿往斩华雄头，献于帐下！"盟主袁绍问这是何人，有人介绍是平原县令手下马弓手关羽。袁术听说后大声喝道："汝欺吾众诸侯无大将耶？与我打出去！"关羽说："如不胜，请斩某头。"曹操教热酒一杯，关羽说："酒且斟下，某去便来。"出帐提刀，飞身上马。众诸侯听得关外鼓声大振，喊声大举，如天摧地塌，岳撼山崩，众皆失惊。正欲探听，鸾铃响起，马到中军，关云长手提华雄之头，掷于地上。摸着所斟之酒，其温尚存。人微言轻的关羽在危急关头挺身而出，温酒斩华雄，从此威震天下。这就说明关羽有自知之明，掂量双方实力后敢拿性命担保，最后取得决定性的胜局，此时人微言轻就不足为道了。

原文

虎身犹可近，人毒不堪亲。来说是非者，便是是非人。远水难救近火，远亲不如近邻。……人情似纸张张薄，世事如棋局局新。山中自有千年树，世上难逢百岁人。

——佚名《增广贤文》

咬牙封雍齿，计安众将之心；含泪斩丁公，法正叛臣之罪。

——［明］程允升《幼学琼林·身体》

鉴赏

接续上文"严以律己"，《增广贤文》以及《幼学琼林》又讲述讲述了"宽以待人"的内容。

宽以待人注意事项之一是：善待众生。《增广贤文》说："虎身犹可近，人毒不堪亲。"意为歹毒之人比老虎更可怕。《礼记·檀弓下》载：孔子路过泰山时，见有个妇人在墓前哭得很悲哀。孔子让学生子路去问情况，妇人说："从前我的公公被虎咬死，后来丈夫又死于虎，现在儿子又被虎咬死，我怎能不伤心。"孔子说："你为什么不离开这个地方呢？"妇人说："这里没有苛暴的政令。"孔子感叹地说："学生们记住，苛政比老虎还凶猛！"唐代柳宗元《捕蛇者说》讲的是苛政比毒蛇还要可怕，人们宁可与毒蛇、猛虎亲近，也要远离作恶的人。明代冯梦龙的《醒世恒言》卷五《大树坡义虎送亲》结束诗："但行刻薄人皆怨，能布恩施虎亦亲。奉劝人行方便事，得饶人处且饶人。"故事的教育意义转为动物是人类的朋友，你对老虎好，不去猎杀老虎，反而去解救老虎，老虎也会报恩。对老虎尚且如此，对人就更要善待了。

宽以待人注意事项之二是：不受挑拨。《增广贤文》说："来说是非者，便是是非人。"即来说谁是谁非的人，就是搬弄是非的小人。俗话说："是非终日有，不听自然无。""是非吹入凡人耳，万丈江河洗不清。"这里的"凡人"，是指不能明辨是非的人。是非近乎谣言，谣言止于智者，对谣言只能一只耳朵进、一只耳朵出，听而不闻，不能听到风就是雨，偏听偏信，错怪好人，也不能信谣传谣。莎士比亚悲剧《奥赛罗》，讲述了威尼斯主帅奥赛罗听信他的旗官伊阿古的造谣，怀疑他美丽的妻子苔丝狄蒙娜与他的副将凯西奥有奸情。怒火使他丧失了理智，亲手扼住妻子的咽喉杀死了她，后因真相大白、悔恨交加以剑自刎。如果他对"来说是非"的伊阿古有所警惕的话，悲剧就可以避免。

宽以待人注意事项之三是：体谅亲人。《增广贤文》说："远水难救近火，远亲不如近邻。"远处的水难以扑灭近处的大火，远方的亲戚不如附近的邻居能随时帮得上忙。从宽以待人的角度看问题，对远方的亲人要多一分理解、体谅，他们工作忙、路又远，有困难只能请邻居帮忙。孔子说："里仁为美。择不处仁，焉得知？"（《论语·里仁》）这里的"知"同"智"，即聪明。全句意为：人居住在充满仁德的地方，那是最好的。倘若不选择与仁德的邻居相处，怎么能说是聪明的做法呢？孔子认为选择近邻十分重要，选择与具有良好仁德的邻居朝夕相处，不但自己会及时得到帮助，家庭成员也会受到仁德之风的潜移默化。当然，对远离家乡的人来说，则应当常回家看看，给留守亲人尤其是老人、儿童以感情上的安慰，这是体谅亲人与关心亲人必要的双向努力。

宽以待人注意事项之四是：知世识人。《增广贤文》说："人情似纸张张薄，世事如棋局局新。"通常情况下，人情像纸一样非常薄，而世上的事情又像棋局一样变化莫测，所以我们在宽以待人的同时还要知世识人。例如战国时期军事家孙膑是孙武的后世子孙，少年时与庞涓一同跟鬼谷先生学习兵法。学成后，庞涓在魏国任大将军，他自认为才能赶不上孙膑，就秘密派人请孙膑到魏国来帮助自己。孙膑到魏国后，庞涓忌才私心膨胀，全然不顾同学情义，假造罪名，把孙膑处了断脚的刑罚，并在脸上刺字，想使他从此不能露面。孙膑逃到齐国，帮助齐国大将田忌赛马获胜，被推荐给齐王任军师。后用"围魏救赵"之计击败魏军，又用增兵减灶之计在马陵设伏，庞涓中计自杀。同学之情竟然像薄纸一样，世事如此，告诉人们对人情的期望值切莫过高。

宽以待人注意事项之五是：看破死生。《增广贤文》说："山中自有千年树，世上难逢百岁人。"山中千年的树有的是，但人间百岁以上的人却很少见，人的寿命远短于千年老树。既然人的寿命如此短暂，还有什么看不破的，还有什么不能宽容？个人的生命是短暂的，但人类的生命则要长得多，人类从远古走来，向未来走去。个人的生命一旦用来为人民服务，就融入了人类生命的滚滚长河，虽死犹生。

宽以待人注意事项之六是：宽中有严。《幼学琼林》说："咬牙封雍齿，计安众将之心；含泪斩丁公，法正叛臣之罪。"这是说汉高祖刘邦咬着牙齿、硬着头皮册封自己最憎恨的人雍齿为侯，目的是安抚众将不安之心；却含着眼泪杀掉在楚汉相争时救过自己命的丁公，明示惩罚叛臣的罪恶。雍齿的故事见《史记·留侯世家》和《汉书·高祖纪》：汉高祖刘邦封侯二十余人后，其余诸将不满，聚众私议，有谋反之意，于是问计于留侯张良。张良说："陛下起布衣以此属取天下；今陛下为天子，而所封皆萧（何）、曹（参）故人所亲爱，而所诛者皆生平所仇怨。今军吏计功，以天下不足遍封，此属畏陛下不能尽封，恐又见疑平生过失及诛，故即相聚谋反耳。""今急先封上平生所憎、群臣所共知之雍齿以示群臣，群臣见雍齿封，则人人自坚矣。"于是刘邦乃置酒封雍齿为什方侯。其他诸将皆喜曰："雍齿尚为侯，我属无患矣。"丁公的故事见《史记·季布栾布列传》：彭城之战中，项羽的将领丁公紧紧地追赶着刘邦。由于刘邦向丁公求告，遂得以逃脱。项羽被消灭后，丁公前去拜见刘邦。刘邦认为："丁公为项王臣不忠，使项王失天下者，乃丁公也。"于是把丁公斩首示众，并指出："使后世为人臣者，无效丁公！"刘邦对最憎恨的人、反对过自己的人要恕，不诛反而封侯，是因为恕比不恕好，不恕有可能引发叛乱；对救命恩人不但不恕，而且斩首，是因为不恕比恕好，恕了有可能部下效仿徇私。刘邦封雍齿的做法，是化敌为友的示范；斩丁公则是宽中有严，标树忠臣形象所需，同时也说明当叛徒两面不讨好，没有好下场。

原文

万事不由人计较，一生都是命安排。急行慢行，前程只有许多路。人间私语，天闻若雷。暗室亏心，神目如电。一毫之恶，劝人莫作。一毫之善，与人方便。亏人是祸，饶人是福。天网恢恢，报应甚速。圣贤言语，神钦鬼伏。人各有心，心各有见。口说不如身逢，耳闻不如目见。

——佚名《增广贤文》

鉴赏

刘少奇同志在一次讲演中说到，共产党员"即使在他个人独立工作、无人监督、有做各种坏事的可能的时候，他能够'慎独'，不做任何坏事"(《论共产党员的修养》)。"慎独"是儒家的用语，意思是：在个人独处的时候也要能谨慎遵守道德原则。《四书》中有两本书提到慎独：《中庸》说"故君子慎其独也"，《大学》中说"故君子必慎其独也"，可见慎独之重要。唐代李商隐《明神》一诗劝人慎独说："莫为无人欺一物,他时须虑石能言。"其意为:不要在没有人知道的地方干一件不好的事情,须知到了一定的时候,恐怕连石头也会出来揭发你呢!《增广贤文》作为向孩童普及儒家思想的蒙学名著,不能不谈慎独。从本节所录内容看,其所以要提倡慎独至少有四个原因。

其一,因为有鬼神,所以要慎独。《增广贤文》说:"人间私语,天闻若雷。暗室亏心,神目如电。"这就是人们常说的"人在做,天在看。"你在人世间说不可告人的秘密话,天神听得很明白;你在暗室中做见不得人的亏心事,天神看得很清楚。俗话说:为人不做亏心事,半夜敲门心不惊。做了亏心事,疑神疑鬼,担惊受怕,总有一天水落石出、真相大白。明代田汝成《西湖游览志余》卷四载:"秦桧之欲杀岳飞也,于东窗下与妻王氏谋之",不久"东窗事发"。秦桧夫妇的"亏心"、"私语",阎王爷早已一清二楚。

那么,世界上有没有鬼神?古代圣贤对鬼神是什么态度?孔子对鬼神有六种态度:一是存而不论:"未能事人,焉能事鬼?""未知生,焉知死?"(《论语·先进》)二是敬而远之:"敬鬼神而远之,可谓知矣。"(《论语·雍也》)三是将信将疑:"(禹)菲饮食而致孝乎鬼神。"(《论语·泰伯》)四是少说为妙:"子不语怪、力、乱、神。"(《论语·述而》)五是反对乱祭:"非其鬼而祭之,谄也。"(《论语·为政》)六是端正态度:"祭如在,祭神如神在"(《论语·八佾》)。由此可见,孔子对有没有鬼神的态度是既不肯定也不否定,含含糊糊,躲躲闪闪。他不像墨子,墨子明确肯定鬼神的存在。墨子说:"今若使天下之人,偕若信鬼神之能赏贤而罚暴也,则夫天下岂乱哉!"(《明鬼》下)这使人联想到当时一种"神道设教"的观点。《周易·观卦》云:"圣人以神道设教,而天下服矣。"打着鬼神的旗号来推销圣人的说教,老百姓比较容易信服。怪不得《增广贤文》说:"圣贤言语,神钦鬼伏。"圣贤的言论,神也钦佩,鬼也佩服,老百姓怎么能不听呢?圣贤让你慎独,鬼神监视着你的慎独,你怎么可能不慎独?

其二,因为有天命,所以要慎独。孔子对天命不是将信将疑,而是坚信不疑的。他的学生子夏说:"死生有命,富贵在天。"(《论语·颜渊》)他本人曾说:"不知命,无以为君子也"(《论语·尧曰》)、"五十而知天命"(《论语·为政》)、"畏天命"(《论语·季氏》)。子夏认为一个人的死生、富贵早已由天或命预先决定了,不是个人努力可以改变的。《增广贤文》所说的"万事不由人计较,一生都是命安排"与子夏的说法是一致的。民间还有"万般皆由命,半点不由人"的说法,可见天命观念在民间影响不小。孔子认为天命不但是个人死生祸福的主宰者,而且是自然界的最高主宰。孔子说:"天何言哉?四时行焉,百物生焉。"(《论语·阳货》)天一句话也不说,但它推动了四时的运行,百物的生长,天命是至高无上的万物的推动者。至于人生富贵的多少,更是天命的安排。《增广贤文》说:"急行慢行,前程只有许多路。"不管你快走慢走,也不管你用什么方法,渐渐地积累财富也好,快速致富也好,用不正当手段致富也好,用合法手段致富也好,命中注定你有多少财富就是有多少财富,不会多也不会少。这叫做:命里有时终须有,命里无时莫强求。鸡吃谷鸭吃壳,各人自有各人福。既然个人财富多少是命中注定的,你何必在独当一面、无人监督的时候违法乱纪、中饱私囊呢?等到退赔、罚款、没收以后,你还剩下多少呢?早知今日,何必当初呢?千万要慎独啊!

其三,因为有报应,所以要慎独。因果报应是佛教理论,《增广贤文》承袭此理论说:"亏人是祸,饶人是福。天网恢恢,报应甚速。"因为善有善报,恶有恶报,不是不报,时候未到,时候一到,一切皆报,所以《增广贤文》宣扬:"一毫之恶,劝人莫作。一毫之善,与人方便。"按照因果报应论,今世享福是因为前世行善,今世作恶会造成来世受苦。《增广贤文》说:"人各有心,心各有见。"每个人都有各不相同的心思与见解,但是"愚者千虑,必有一得;智者千虑,必有一失"。虽是笨人,种种考虑中总有一点可取之处,只要是"一毫之善",必有好报。聪明人对问题虽然缜密考虑,难免百密一疏,只要是"一毫之恶",必有恶报。"智者"尤其要慎独,不能做"亏人"的恶事。

"天网恢恢,报应甚速。"天网指天道,恢恢即广大,意为天道像个宽广的大网,看似稀疏,却决不会放过作恶的坏人,且报应很快。因果报应论对于劝人向善,是有一定的积极作用的,但是这种理论本身并不科学,而事实上报应论至今尚有市场,生生不绝。

其四,因为观其行,所以要慎独。有些人言行不一致,以马列主义要求别人,对自己实行享乐主义,如白天作反腐倡廉报告,晚上收受别人贿赂。对这些人,要听其言观其行。《增广贤文》说:"口说不如身逢,耳闻不如目见。"别人口说你耳闻,不如你身逢目见接近真实,即如《旧唐书·辛替否传》所说:"口说不如身逢,耳闻不如眼见。"《说苑·政理》也说:"夫耳闻之,不如目见之;目见之,不如足践之。"孔子也有这方面的教训,据《论语·公冶长》载:孔子的学生宰予白天睡觉,孔子见了很生气,说了句"朽木不可雕也,粪土之墙不可杇也"。这是非常严厉的批评,好像这个学生本质不好、不可救药一样。后来孔子觉得自己批评得过了头,感到宰予平时能说会道,于是改为从言行一致的角度说今后一定要"听其言而观其行"。提倡慎独并没有错,古人用观其行、有鬼神、有天命、有报应,来规劝人们在无人监督时不做坏事,也可谓苦口婆心。

原文

木受绳则直,人受谏则圣。良药苦口利于病,忠言逆耳利于行。……下情难于达上,君子不耻下问。

——[清]周希陶《重订增广贤文·去韵》

鉴赏

交友处世,不免会遇到"纳谏",即接受规劝的事,而既有纳谏者,则必有进谏者。进谏—纳谏:进谏成功;进谏—不纳:进谏失败。

"不纳",可称之为"零纳谏";如果把进谏者拉出去砍了,那叫"负纳谏"。纳谏的是明君,不纳的是昏君,砍人的是暴君;接受规劝的是聪明朋友,不接受规劝的是糊涂朋友,动手打人的不是朋友。在本节文中可以看到:纳谏者的纳谏理由,纳谏者的思想准备,纳谏者的错误态度,纳谏者的正确态度。现分述如下。

其一,纳谏者的纳谏理由。文中说:"木受绳则直,人受谏则圣。"语出《孔子家语·子路初见》:"人受谏则对,木受绳则直。"意为人能接受别人的直言劝告,就会成为圣贤,正像木材通过绳墨斧锯就会变直一样。公元前237年,秦王嬴政发觉替秦国兴修灌溉渠的韩国水工郑国是个间谍,其任务是用修渠来耗尽秦国国力,使秦国无力对韩用兵,于是接受宗室大臣的建议,下令逐客。李斯是楚国人,当时已为客卿,也在被逐之列。在被勒令出境的途中,李斯写了《谏逐客书》,指出对"客"要具体分析,不能采取"非秦者去,为客者逐"的政策,一概排斥。他用商鞅、范雎等外来的"客"对秦国作出巨大贡献的历史事实,说明如果凡是"客"都加以驱逐,那就等于帮助敌国,危害自己。同时,他阐明了在用人问题上只有"问可否"、"论曲直",实行"地无四方,民无异国"、"王者不却众庶",才能完成"跨海内、制诸侯",统一天下的大业。秦王纳谏,撤销逐客令,并任命李斯为廷尉。后来秦王统一了中国,成为"千古一帝"。

其二,纳谏者的思想准备。文中说:"良药苦口利于病,忠言逆耳利于行。"《孔子家语·六本》云:"良药苦于口而利于病,忠言逆于耳而利于行。"有益而尖锐的批评,虽然听起来不舒服,但对人有帮助,故纳谏者应有充分的思想准备。据《史记·留侯世家》记载:刘邦引兵击秦军大破之,直至咸阳,秦王子婴降沛公(刘邦)。沛公入秦宫,见重宝美女以千数,意欲留居之。樊哙谏沛公出舍,沛公不听。张良曰:"夫秦为无道,故沛公得至此。夫为天下除残贼,宜缟素为资。今始入秦,即安其乐,此所谓'助桀为虐'。且'忠言逆耳利于行,毒药苦口利于病',愿沛公听樊哙言。"这里"毒药"指攻毒的药

物。毛泽东于1962年1月30日在扩大的中共中央工作会议上说:"刘邦是在封建时代被历史（学）家称为'豁达大度，从谏如流'的英雄人物。刘邦同项羽打了好几年仗，结果刘邦胜了，项羽败了，不是偶然的"。

其三，纳谏者的错误态度。文中说:"下情难于达上。"据《国语·周语上》记载：周厉王很残暴，国都的人都指责他。召公告诉他:"人民不能忍受你的政令了。"厉王很生气，找来卫国巫者，派去监视指责他的人。只要卫巫报告谁在指责，就把谁杀掉。国都里的人都不敢说话了，熟人在路上相遇，只敢用眼睛交流。厉王高兴地告诉召公说:"我能够阻止人家在背后说我坏话，现在他们不敢说了。"召公说:"这是用暴力堵住人民的嘴巴，不让说话，比堵住河里的水不让它流还要危险。河水一旦决堤就会泛滥；同理，堵住人民的嘴巴，下情不能上达，谁还拥护你呢？"厉王不听，三年后国人暴动，把他赶下了台。

其四，纳谏者的正确态度。文中说:"君子不耻下问。"不以向地位、学问较自己低的人请教为可耻。君子不耻下问，君主应主动征求人民的谏言，这是正确的态度。邹忌婉言规劝齐威王纳谏，王曰:"善。"乃下令:"群臣吏民能面刺寡人之过者，受上赏；上书谏寡人者，受中赏；能谤议于市朝，闻寡人之耳者，受下赏。"令初下，群臣进谏，门庭若市；数月之后，时时而间进；期年之后，虽欲言，无可进者。燕、赵、韩、魏闻之，皆朝于齐。（见《战国策》）齐威王与周厉王在纳谏态度上大不相同，两人的命运也大不相同。

原文

家丑不可外传，流言切莫轻信。

——［清］周希陶《重订增广贤文·去韵》

接人要和中有介，处事要精中有果，认理要正中有通。在古人之后，议古人之失，则易；处古人之位，为古人之事，则难。

——［清］金兰生《格言联璧·学问类》

鉴赏

上文讲述了纳谏者的种种状况，本节接着对进谏者的保密守则、进谏依据和进谏艺术等进行提示。

其一，进谏者的保密守则。《重订增广贤文》说："家丑不可外传。"不要把自己内部见不得人的事张扬出去，以免造成不良影响。要考虑到内外有别，选择当众进谏或是个别进谏。一种意见认为，君主厌恶别人当众进谏，靠揭露君主的过失而因此出名，所以主张个别进谏。另一种意见认为"武死战，文死谏"，主张当众拼死进谏。韩愈在《争臣论》中则提出了与众不同的见解，认为：进去规劝君主，出来不使人知道，这是大臣宰相的事情。官职既名为谏议，实在应当有所作为来奉行他的职守，让天下的人和他们的后代，知道朝廷有直言敢谏的刚正臣子，天子有不滥赏赐和从谏如流的美名。也就是说：大臣宰相应该个别进谏，谏官应该当众进谏。韩愈任监察御史时，因关中旱饥，他上疏请免徭役赋税，指斥朝政，而被贬岭南，任阳山县令。后升官刑部侍郎，因上《论佛骨表》，谏阻唐宪宗"迎佛骨入大内"，触怒宪宗，几乎被定为死罪，经裴度等人说情，才贬为潮州刺史。在离开长安到达蓝田县时，侄孙韩湘一起同行。韩愈写下了《左迁至蓝关示侄孙湘》："一封朝奏九重天，夕贬潮州路八千。欲为圣明除弊事，肯将衰朽惜残年！云横秦岭家何在？雪拥蓝关马不前。知汝远来应有意，好收吾骨瘴江边。"他不是谏官，为什么要这样主动招贬呢？答案全在诗中了。

其二，进谏者的进谏依据。《重订增广贤文》说："流言切莫轻信"。说话要有根有据，不要以讹传讹，把本来不实的信息传开去，越传越离谱。据《吕氏春秋·察传》记述：宋国有一户人家姓丁，家中无井，每天都要派一个人外出打水回来使用。后来，他家打了一口井，不用派人到外面打水了，便告诉别人说："我家打井得一人。"有人听到这话，把它传了出去，说"丁家打井，得一个人。"都城里的人都这样说，传到国君耳中，国君觉得奇怪，便派人去问姓丁的。姓丁的回答："是得到一个人使唤（省下一个劳力），不是说在井里挖到一个人。"进谏者如果说的是类似的事情，还是免开尊口为妙。

其三，进谏者的外柔内刚。《格言联璧》说："接人要和中有介。"和是和气，介是原则，即进谏者要平和而有原则。据《新唐书·姚崇传》记载：唐玄宗想让姚崇出任宰相，姚崇很和气地提出十条意见：一是武则天执政以来，以严酷之法治天下，你能不能施行仁政？二是青海边关已无反复被扰的战乱，你能否不再派兵出击，贪图边功？三是对你所宠爱的亲信，你能不能制裁他们的不法行为？四是你能否不再让宦官参政？五是你能不能除租赋以外不收大臣公卿们自媚于上的礼物？六是你能不能禁止自己的亲朋聘任公职？七是你能不能以严肃的态度和应有的礼节对待大臣们？八是你能否允许大臣们触犯你的忌讳？九是你能否禁止营造佛寺道观？十是你能否汲取汉相王莽等乱天下的经验教训？这就是"和中有介"，如果你不能接受上述这十条意见，我也还是不当宰相为好。玄宗回答："朕能行之。"姚崇这才谢恩。毛泽东对此大为赞叹，批语道："如此简单明了的十条政治纲领，古今少见。"

其四，进谏者的语言艺术。《格言联璧》说："认理要正中有通。"进谏者待理要正直而通达，不能认死理。古代民谣说："直如弦，死道边；曲如钩，反封侯。"要原则性和灵活性相结合。进谏时，不要正面冲突，触怒对方；可采用旁敲侧击的方式出奇制胜。《初潭集》卷二十四记述："齐宣王为大室，大盖百亩，堂上三百户，以齐国之大，具之三年未能成，群臣莫敢谏者。香居问宣王曰：'荆王释先生之礼乐而为淫乐，敢问荆邦为有主乎？'王曰：'为无主。''敢问荆邦为有臣乎？'王曰：'为无臣。'香居曰：'今王为大室，三年不能成，而群臣莫敢谏，敢问王为有臣乎？'王曰：'为无臣。'香居曰：'臣请避矣。'趋而出。王曰：'香子留。何谏寡人之晚也！'"这就是说理"正中有通"、进谏成功的案例。

其五，进谏者的自知之明。《格言联璧》说："在古人之后，议古人之失，则易。"在事件发生之前，能作出正确的预见，很不容易；在事件发生之后，做事后诸葛亮，那是很容易的。列宁说："大家知道，在巴黎公社出现以前几个月，即1870年秋，马克思曾经警告巴黎工人说，推翻政府的尝试是一种硬拼的愚蠢举动。但是，1871年3月，当工人被迫进行决战，起义已经成为事实的时候，尽管当时有种种恶兆，马克思还是以欢欣鼓舞的心情来迎接无产阶级革命。马克思并没有用学究式的言论来非难'不合时宜的'运动，像臭名昭彰的俄国马克思主义叛徒普列汉诺夫那样。普列汉诺夫在1905年11月写了一些鼓舞工人农民进行斗争的文章，而在1905年12月（革命失败）以后，却以自由主义的论调大叫其'本来就用不着拿起武器'。"(《列宁选集》第三卷，第200—201页。）马克思是高水平的预言者，而普列汉诺夫则是"马后炮"的炮手。

其六，进谏者的设身处地。《格言联璧》说："处古人之位，为古人之事，则难。"进谏的困难，不在于口才，不在于分析问题的能力，也不在于勇气，而在于了解对方的思想，设身处地地考虑问题，使进谏者的意见符合纳谏者的要求。纳谏者求高名，进谏者却说以厚利，会被认为品格低下，受到抛弃或疏远；纳谏者求厚利，进谏者却说以高名，会被认为脱离实际，不会被录用。纳谏者暗地里求厚利而表面上求高名，进谏者如说以高名，就会表面上被录用而实际上被疏远；如说以厚利，就会在暗地里采用进谏者的主张而在公开场合鄙弃他。不一定是进谏者有意泄露机密，而是在言语中无意地触及到纳谏者心中隐匿的机密，这样进谏者就会惹祸。纳谏者表面上要做一件事，实际上想借此办成另一件事，进谏者洞若观火，就会招致危险。进谏者暗中策划好合于纳谏者心意的事，被第三方识破，纳谏者必然以为进谏者泄密，进谏者也会招致危险。同纳谏者感情还不深厚的时候，进谏者就尽其所知全盘托出，实行后有效也无奖赏；如行不通招致失败，进谏者会被怀疑而招致危险。纳谏者有过失，进谏者公开地说明正确的主张以指出其短处，就会招致危险。纳谏者想出一计，自以为得计，自以为有功，进谏者同样知道此计，就会招致危险。强勉纳谏者去干他所不能干的事，阻止他所不愿意停止的事，进谏者会招致危险。同君主谈论他的大臣，就会被认为是离间他和大臣的关系；同君主谈论他的亲近小臣，就会被认为侵犯君主的权势。谈论他所喜爱的人，就以为是在拉关系；谈论他所憎恶的人，又被认为是在试探他。简略地陈述，则被认为是胆小怕事，不敢尽言；放开畅谈，又被认为粗野傲慢不懂礼貌。这些进谏的难处不可不知。

　　以上两节之说也许可以成为自古到今第一部《进谏学实用培训课程大纲》。谁要是肯下功夫，用古今中外进谏实例充实于这份大纲，谁就能开创一门新学科，定名曰"谏学"，可能会与"红学"、"国学"、"蒙学"一样，成为夏天里的一把火。

原文

　　责人重而责己轻，弗与同谋共事；功归人而过归己，尽堪救患扶灾。……易变脸，薄福之人奚较；耐久朋，能容之士可宗。好与人争，滋培浅而前程有限；必求自反，蓄积厚而事业能伸。

——［宋］陈抟《心相编》

鉴赏

　　交友处世不能不"责己"，"责己轻"是对自己要求不严格，"责己重"是严格要求自己。《心相编》主张"责己重"，并对责己提出了六条参考意见。

其一，要让功揽过。文中说："功归人而过归己，尽堪救患扶灾。"把功劳让给别人，把过错归于自身，这样的高风亮节，谁不钦佩？这样的人可以领导人民抗击外敌入侵，也可以带领百姓战胜自然灾害。颜渊说："愿无伐善，无施劳。"(《论语·公冶长》)希望自己不要表扬自己的优点，不要夸大自己的功劳。孔子说："孟之反不伐，奔而殿。将入门，策其马曰：'非敢后也，马不进也。'"(《论语·雍也》)这是说鲁国大夫孟之反不居功自傲。有一次鲁国与齐国打仗，鲁军大败而撤退，孟之反留在队伍后面，抵挡齐军追击。快进城门时，鲁国军民向他欢呼，认为他勇于殿后掩护，功劳最大。可是他却用鞭子轻轻地抽了一下马，谦虚地说："不是我敢在最后面走，是我的马跑不快呀。"南宋抗金名将岳飞，每次打了胜仗要升官，总是推辞说："将士效力，飞何功之有？"(《续资治通鉴》卷一二四)这是"功归人"。商汤说："其尔万方有罪，在予一人；予一人有罪，无以尔万方。"(《尚书·商书·汤诰》)如果天下万方有罪，那罪就由我一人承担；如果我本人有罪，请不要牵连天下万方。周武王说："百姓有过，在予一人。"(《尚书·周书·泰誓中》)百姓如果有过错，罪过全算在我一个人身上。这是"过归己"。陈司败在陈国主管司法，他问孔子："鲁昭公知礼吗？"孔子说："他知礼。"孔子走出去后，陈司败问孔子的学生巫马期："我听说君子不袒护别人，难道孔子也袒护别人？鲁君从吴国娶了位夫人，那是同为姬姓的，按周礼同姓不通婚，为掩人耳目称她为吴孟子。鲁君如果算得上知礼，还有谁不知礼呢？"巫马期将此话转告孔子。孔子说："丘也幸，苟有过，人必知之。"(《论语·述而》)我孔丘真幸运，如果有错误，别人一定会指出来，让我知道。孔子在学生面前公开承认了自己的错误，并没有恼羞成怒。孔子还说："过则勿惮改。"(《论语·子罕》)有了错误不怕改正。把功劳归于别人，把过错归于自己，有错认错，知错必改。在交友处世中若能如此，那么此人的思想境界已处于圣贤级水平了。

其二，要宽容厚道。文中说："耐久朋，能容之士可宗。"能容之士，是指宽容厚道的人，其交友在时间上比较长久，成为善于交友的典范。如东汉时有个名叫荀巨伯的人，到很远的地方去探视友人的疾病。恰好此时胡人攻打友人所在之郡，友人对巨伯说："我这病好不了了，现在战乱，你回家去吧！"巨伯说："我远道而来探望你，怎能因战乱舍你而去，败义以求生。"胡人攻入城内对巨伯说："大军所到，一郡人都逃空了，你是何等样人，敢独自留下？"巨伯回答道："因为友人重病，不忍弃他而去。宁愿牺牲自己，来保全友人的性命。"胡人深受感动，说："我辈无义之人，而入有义之国！"于是立马退兵，一郡人都得以保全（《世说新语》）。"耐久"的朋友，可以生死相许。又如，马克思和恩格斯的关系"超过了古人关于人类友谊的一切最动人的传说"：马克思还没来得及把论述资本的巨著草稿整理完毕就逝世了（1883年），于是恩格斯就从事整理和出版《资本论》第二卷和第三卷的艰巨工作。1885年出版了第二卷，1894年出版了第三卷，"他对在世时的马克思无限热爱，对于死后的马克思无限敬仰。这位严峻的战士和严正的思想家，具有一颗深情挚爱的心。"（列宁：《弗里德里希·恩格斯》）伟大的友谊比寿命更长久，天长地久。

其三，要积厚流广。文中说："必求自反，蓄积厚而事业能伸。"什么叫"自反"？《礼记·学记》云："知不足，然后能自反也。"知道了自己的不足，然后才能反省自己，加以改进。"自反"之后，"不足"转为充足，也就是"蓄积厚"。《荀子·礼论》说："积厚者流泽广。"根基深厚了，影响自然广远，事业就能顺利进展了。《管子·形势解》说："海不辞水，故能成其大；山不辞土石，故能成其高；明主不厌人，故能成其众；士不厌学，故能成其圣。"量的积累可以引起质的飞跃。明代方孝孺《侯城杂诫》说："人之不幸莫过于自足，恒苦不足故足，自以为足故不足。"所以，火要空心，人要虚心；虚心使人进步，骄傲使人落后。你要不落后，就要"蓄积厚"。

其四，不要开脱自己。文中说："责人重而责己轻，弗与同谋共事。"因为对他人苛求、对自己迁就，其同事们就不愿再与他"同谋共事"。其实，责己轻就不该责人重，你不以身作则，谁买你账？孔子说："其身正，不令而行；其身不正，虽令不从。"（《论语·子路》）责己重，即使不下命令，部下也会执行；责己轻，即使下命令，部下也不会服从。孔子还说："不能正其身，如正人何？"（《论语·子路》）不能端正自身的行为，如何端正别人呢？！

其五，不要爱恶无常。文中说："易变脸，薄福之人奚较。"说翻脸就翻脸的人，没有福分，这种人惹不起、躲得起；也不用同他计较，干脆断交。孔子说："爱之欲其生，恶之欲其死。既欲其生，又欲其死，是惑也。"（《论语·颜渊》）一会儿喜欢某人，希望他长生不老；一会儿厌恶他，咒他早点死，这种变脸人真是令人迷惑的怪人。一会儿风和日丽，一会儿电闪雷鸣；一会儿江南花开，一会儿河东狮吼，谁受得了？春秋时代，卫国有个弥子瑕，得到卫灵公的宠爱。卫国法律规定：私驾国君座车的人要判处断足之刑。弥子瑕的母亲病了，有人当晚从小路跑来告诉弥子瑕，弥子瑕听了，二话没说，立即假冒卫灵公的命令，驾卫灵公的车回去了。卫灵公知道后，不但没有处罚弥子瑕，还称赞他："真孝顺啊！为了探望生病的母亲，连断足之罪都抛在脑后了。"又有一天，弥子瑕和卫灵公在果园里游玩，顺手摘了一个桃子，咬了一口觉得鲜美可口，就把剩下的半只桃子给卫灵公吃。卫灵公说："他多爱我啊！自己喜欢吃却舍不得吃，让我吃。"后来弥子瑕失宠，卫灵公说："这个家伙曾经假传命令驾走我的专车，还把啃不完的桃子叫我吃。"（《韩非子·说难》）这真是嘴巴两层皮，翻来翻去都有理。《论语·宪问》载："子言卫灵公之无道也。"孔子说卫灵公是个昏君，怪不得对弥子瑕如同川剧中变脸，一会儿红脸，一会儿又黑了。

其六，不要争胜斗强。文中说："好与人争，滋培浅而前程有限。"滋培浅，是指缺少教养，而儒家是反对争胜斗强的。孔子说"君子无所争"（《论语·八佾》），即君子没有什么可争的事情。相反，儒家提倡"让"。周太王有三个儿子，依次为泰伯、仲雍、季历，季历有儿子名昌（即周文王）贤能，太王想传位给季历，将来可再传给昌。泰伯知道后即与仲雍逃到荆蛮人烟稀少的地方去。孔子说："泰伯，其可谓至德也已矣！三以天下让，民无得而称焉。"（《论语·泰伯》）泰伯的品德可以说是极其高尚的，他多次将天下让给季历，老百姓不知如何来称赞他才好。泰伯庙在江苏无锡，至今香火不绝。儒家反对争、主张让，还因为争会造成动乱。孔子说："好勇疾贫，乱也。人而不仁，疾之已甚，乱也。"（《论语·泰伯》）如果一个人喜欢争斗逞勇且厌恶贫穷，是一种祸害，会引起作乱。孔子还说："好勇不好学，其蔽也乱。"（《论语·阳货》）爱勇敢却不爱学问，这种弊病就是捣乱闯祸。总之，孔子认为"好与人争"而不谦让就会引起动乱、扰乱全局、害己害人，这样的人"滋培浅而前程有限"，所以要严格要求自己，千万不要争胜斗强。

原文

少年飞扬浮动，颜子之限难过；壮岁冒昧昏迷，不惑之期怎免。喜怒不择轻重，一事无成；笑骂不审是非，知交断绝。

——［宋］陈抟《心相编》

鉴赏

接续上文，《心相编》对"责己重"又提出四条参考意见。

其一，不要飞扬跋扈。文中说："少年飞扬浮动，颜子之限难过。"这主要是针对青少年的，青少年如果轻浮急躁、骄横放肆、违法乱纪，恐怕连颜渊那样的短命也达不到。在《论语·雍也》与《论语·先进》中，孔子两次提到颜渊"不幸短命死矣"。后来，"颜子之限"就成了"短命"的委婉语。孔子反对自我放纵，主张自我约束，他说："以约失之者，鲜矣。"（《论语·里仁》）能自我约束的人极少有过失。但是，孔子从未说少年飞扬浮动会短命身亡，这可能是《心相编》作者对飞扬浮动的负面影响看得过重的缘故。

其二，不要鲁莽轻率。文中说："壮岁冒昧昏迷，不惑之期怎免。"壮年时期鲁莽轻率，活不过40岁。孔子对于勇敢并不是一概反对的，他说"勇者不惧"（《论语·宪问》），勇敢的人无所畏惧。他还主张在别人有危难的时候挺身而出，"见危授命"（《论语·宪问》）。但是，见危授命不等于鲁莽轻率。孔子说："暴虎冯河，死而无悔者，吾不与也。必也临事而惧，好谋而成者也。"（《论语·述而》）空手与老虎搏斗，徒步涉水过河，死了也不后悔的人，我是不与他共事的；与我共事的必须是临事能小心谨慎、善于谋划而能取得成功的人。有一次，学生宰我问孔子："有一个仁德的人，如果告诉他说'有人掉到井里去了'，他会跟着跳到井中去救人吗？"孔子说："为什么要这样做呢？你可以让他在井边设法救人，但不能让他陷入井中与井中人一起淹死；君子可以被人欺骗，但不能受别人愚弄。"（《论语·雍也》）仁德之人奋不顾身救人是对的，但要讲究方式方法，避免不必要的牺牲。总之，不要意气用事，为琐碎小事争斗；如果事关仁义大事，要见义勇为，但也要智勇双全，才能取得成功。

其三，不要喜怒失常。文中说："喜怒不择轻重，一事无成。"不应该欢喜和发怒不分场合、不择轻重地随心所欲，那样就会什么事情都做不成了。欢喜要看场合，人家家里办丧事，你笑嘻嘻地走过去说"恭喜恭喜"，会被人家当作精神病。这就叫欢喜"不择轻重"，把严肃的丧事办砸了。至于愤怒，培根《人生论·论愤怒》中说："可以愤怒，但不可含愤终日。""在将要动怒时，冷静地想想可能由此招致恶劣的后果。""无论在情绪上怎样愤怒，但在行动上却千万不能做出无可挽回的事来。"培根的话把发怒时应掌握的"轻重"适度表述得十分清楚。汉代韩婴说："患生于忿怒，祸起于纤微。"（《韩诗外传》卷九）其意是说，灾难的发生往往是由于冲动发怒而引起的，祸患的起因并不排斥细小的事态。由此可见，学会制怒，在交友处世中是多么的重要。

其四，不要笑骂随意。文中说："笑骂不审是非，知交断绝。"在事情没有弄清楚之前就嘲笑或痛骂别人，那么连知心朋友也会与你断绝往来。子夏说："君子敬而无失，与人恭而有礼。四海之内，皆兄弟也。"（《论语·颜渊》）君子只要做事认真负责，不出差错，对待别人恭敬有礼，那么天下的人都是你的兄弟了。交友必须恭敬有礼，不能认为反正是老朋友了，开开玩笑没关系，骂几句也没关系。须知：良言一句三冬暖，恶语伤人六月寒；树有皮，人有脸，君子不羞当面；忠厚不折本，刻薄不赚钱；和气修条路，骂人筑堵墙；相打无好拳，相骂无好言；喜时多失言，怒时多失理；棍子伤肉，恶语伤骨。子贡说"言不可不慎也"（《论语·子张》），这是对笑骂随意者的忠告。

原文

君子口里没乱道，不是人伦是世教。君子脚跟没乱行，不是规矩是准绳。君子胸中所常体，不是人情是天理。好面上炙个疤儿，一生带破；白衣上点些墨儿，一生带涴。

——［明］吕坤《续小儿语》

鉴赏

交友处世要慎思、慎言、慎行。《中庸》中有"慎思之"的要求，《礼记·缁衣》中，孔子要求人们"谨于言而慎于行"。

首先，关于慎思。《续小儿语》认为："君子胸中所常体，不是人情是天理。"君子心中经常思想体会的，不是人欲，而是天理。北宋理学家程颢、程颐兄弟提出："视听言动非理不为，即是礼，礼即是理也。不是天理，便是私欲，人虽有意于为善，亦是非礼。无人欲即皆天理。"(《二程遗书》卷十五）这就是说，合乎礼的就是天理，不合于礼的就是人欲。像作秀一样做好事也不合天理，不杂人欲的思想才合天理。南宋理学家朱熹说："人之一心，天理存则人欲亡，人欲胜则天理灭，未有天理人欲夹杂者"，"学者须是革尽人欲，复尽天理，方始是学"（《朱子语类》卷十三）。这就把天理和人欲置于完全对立而不可并存的地位。朱熹甚至说："圣人千言万语，只是教人存天理，灭人欲。"(《朱子语类》卷十二）认为在"存天理灭人欲"中包含了孔孟的全部学说。二程、朱熹等人的这种把天理抬到至高无上的地位、把人欲斩尽杀绝的学说，遭到了明清之际进步思想家的坚决批判。如明末清初思想家王夫之针锋相对地提出天理即在人欲之中，指出人欲是人们起码的正当的物质生活要求，你把人欲全灭了，等于把天理也灭了，那是非常不近人情的（《读四书大全说·梁惠王》）。清代的进步思想家戴震气愤地说："其所谓理者，同于酷吏之所谓法。酷吏以法杀人，后儒以理杀人。"(《与某书》）可见在天理人欲问题上，有两种完全对立的意见。《续小儿语》是站在程朱一边的，这很明显，也许作者对当时人欲横流看不惯、对某些伤天害理的社会现象心存不满，于是借用"存天理灭人欲"的流行口号，力求进行改变，并未想"以理杀人"。

其次，关于慎言。文中说："君子口里没乱道，不是人伦是世教。"君子口中不会胡说乱道，他们说的不是人伦关系准则就是传统礼教。所谓人伦，《孟子·滕文公上》云："使契为司徒，教以人伦：父子有亲，君臣有义，夫妇有别，长幼有叙，朋友有信。"所谓礼教，《礼记·经解》云："恭俭庄敬，礼教也。"君子给人的印象是满口仁义道德、忠孝节诚、信智勇严、礼廉耻敬。至于吃喝嫖赌、股市房价、帅哥美女、荤素段子则一律不谈，这就叫"非礼勿言"。孔子主张"慎言"，"子所雅言，《诗》、《书》、执礼，皆雅言也"（《论语·述而》），"子不语怪、力、乱、神"（《论语·述而》）。总之，孔子口里所说的，不是人伦就是世教；即使是正确的话，孔子也要"慎言"，主要是怕说了之后做不到，即"古者言之不出，耻躬之不逮也"（《论语·里仁》)。孔子还认为说话要看对象,"不可与言而与之言,失言。"(《论语·卫灵公》)慎言的最高阶段是"无言"。孔子说:"予欲无言","天何言哉? 四时行焉,百物生焉,天何言哉?"(《论语·阳货》)与孔子的"慎言"相似,老子主张"不言之教"(《老子》四十三章),因为"大音希声"(《老子》四十一章)、"多言数穷"(《老子》五章),多说多错,少说为妙,不说更妙。墨子也说"多言何益?"子禽问墨子:"多说话有好处吗?"墨子回答:"蛤蟆、青蛙、苍蝇白天黑夜不停地叫,叫得口干舌困,可是却没有人听它的。雄鸡在黎明时啼叫,天下惊醒。多说话有什么好处呢? 重要的是话要说得切合时机。"(《墨子·墨子后语》)

再次,关于慎行。文中说:"君子脚跟没乱行,不是规矩是准绳。"孔子主张"慎行"(《论语·为政》),提倡"非礼勿动"(《论语·颜渊》)。君子的一招一式、一举一动,都应成为人们学习的典范。"君子动而世为天下道,行而世为天下法。"(《中庸》)君子的举止,能世世代代成为天下人的准则;君子的行为,世世代代成为天下人的法度,也就是上文所说的"规矩"与"准绳"。"子谓子产有君子之道四焉:其行己也恭,其事上也敬,其养民也惠,其使民也义。"(《论语·公冶长》)那是子产的慎行。孔子本人"不逾矩"(《论语·为政》),不超越法度,规规矩矩,遵纪守法,那是孔子的慎行。后来,他被尊为万世师表,成为永远的学习榜样。《续小儿语》认为,行为不慎将会造成严重的后果,如同"好面上炙个疤儿,一生带破(破相);白衣上点些墨儿,一生带涴(wò握,污点)"。一失足成千古恨,再回头是百年身,造成终生遗憾。这种观点不能说它不正确,因为不慎行,确实有严重后果。问题在于一个人行为不慎犯了错误之后,他是在有生之年改正错误,还是只能毫无希望地把他的错误及其后果带进墓地。唐代吴兢说:"君子非无小过,君子小过,盖白玉之微瑕。"(《贞观政要·论公平》)清代钱大昕认为:"圣贤以改过为能,不以无过为贵。"(《十驾斋养新录·改过》)这样的观点看问题比较全面,给行为不慎犯了错误的人，指出了改正错误的正道。

原文

城阙辅三秦，风烟望五津。与君离别意，同是宦游人。海内存知己，天涯若比邻。无为在歧路，儿女共沾巾。
——《千家诗·送杜少府之任蜀州》（王勃）

鉴赏

交友处世，免不了要送别。这里所引《千家诗》中七首唐诗，内容基本上与送别有关。南朝江淹《别赋》以"黯然销魂者，唯别而已矣"开头，意为再没有比离别之苦更能使人凄惨伤心的了。江淹说："别虽一绪，事乃万族。"虽然同样是离别，却有种种不同的情况。他列举了七种离别：贵族别、剑客别、从军别、远离别、夫妻别、成仙别、情人别。结束语是："谁能摹暂离之状，写永诀之情者乎？"谁又能摹写出短别和永诀的情状呀！此言一出，无疑是发布一份征文比赛的通知，送别的优秀作品纷至沓来，令人眼花缭乱、目不暇给。"送别诗"经过《千家诗》编辑慧眼挑选，不是极品也是精品，可谓脍炙人口，历来传诵不衰。试将七首"送别诗"按诗意大致分为："即时送别"、"提前告别"、"迟来的送别"、"今昔合一送别"、"劝酒送别"、"赠剑送别"和"策马送别"。现分别鉴赏如下。

《送杜少府之任蜀州》系"即时送别"诗，是王勃为杜少府送行而写。杜少府与王勃两人同在长安为官，相识为友，后来杜少府因工作调动到四川蜀州去，离别之时王勃欣然命笔。"城阙辅三秦，风烟望五津"，是说蜀地与拱卫着首都长安的城垣与宫阙的三秦大地，相互辅依，山水相连，从那里能望见五大渡口的迷茫风烟。这里既点明了送别的地点，又表明了诗人遥望蜀地风烟、对友人的关切之情。"同是宦游人",是说我俩都不是长安本地人、而是在外做官的远离家乡之人,你现在从长安调往蜀州,是从一个暂住地调往另一个暂住地,没什么好难过的,这也是一种宽慰朋友的说法。"海内存知己,天涯若比邻",是千古名句。曹植《赠白马王彪》说:"丈夫志四海,万里犹比邻;恩爱苟不亏,在远分日亲。"王勃此句一出,曹植的诗句差不多被人忘却。"无为在歧路,儿女共沾巾",是说不需要在分手的时候,像小儿女一样抹眼泪。这首诗因告别人与被送别人处于同一时间点上,所以属于即时送别。

原文

烟笼寒水月笼沙,夜泊秦淮近酒家。商女不知亡国恨,隔江犹唱《后庭花》。

——《千家诗·泊秦淮》(杜牧)

鉴赏

杜牧的《泊秦淮》系"提前告别"诗,是描述诗人泊舟秦淮时所见、所闻、所感之诗。秦淮河系长江下游支流,横贯今江苏省南京市而流入长江,河两岸酒楼林立,以金粉之地闻名于世。"烟笼寒水月笼沙",是说烟雾笼罩着寒冷的河水,而朦胧的月光笼罩着沙岸,渲染出一派凄凉的气氛,诗人就是在这种环境中来到这里。"夜泊秦淮近酒家",夜晚舟船停泊在秦淮河边靠近酒店处,此句点出时间、地点、环境,并引出下文的诗人无限感慨。"商女不知亡国恨,隔江犹唱《后庭花》。"在酒楼卖唱的歌女不知道南朝陈亡国的历史教训,也感觉不到唐朝末年已经开始走向衰亡,河对岸不时传来亡国之君陈后主创作的乐曲《玉树后庭花》。此曲历来被视作亡国之音,诗人自然地由南朝陈亡国悲剧联想到民困国衰的现实,对江河日下的唐王朝前途充满了忧虑。歌女无知可以原谅，可是那些点歌的达官贵人听客，其厚颜无耻却令人深思。抗日救亡时期，沦陷区有一首流行歌曲《何日君再来》："好花不常开，好景不常在，愁堆解笑眉，泪洒相思带。今宵离别后，何日君再来？……人生难得几回醉，不欢更何待！"其醉生梦死之状，与《玉树后庭花》无异。聂耳为此拍案而起，愤怒地创作了《铁蹄下的歌女》，鼓舞人们奋起抗击侵略者。当年杜牧听到《玉树后庭花》，忧从中来；明日清晨我就要启程，可能明晨你们都睡着了，这里我提前说一声：别了，亡国之音的听客们！这就属于提前告别。

原文

昔人已乘黄鹤去，此地空余黄鹤楼。黄鹤一去不复返，白云千载空悠悠。晴川历历汉阳树，芳草萋萋鹦鹉洲。日暮乡关何处是？烟波江上使人愁。

——《千家诗·黄鹤楼》(崔颢)

鉴赏

崔颢的《黄鹤楼》系"迟来的送别"诗，为历代诗家所赞赏，宋代诗论家严羽评论："唐人七言律诗，当以崔颢《黄鹤楼》为第一。"(《沧浪诗话》)此诗头两句"昔人已乘黄鹤去，此地空余黄鹤楼"，写出了黄鹤楼命名的由来，并以神话传说为依据——相传古代仙人子安(或费文伟)，乘黄鹤过武昌黄鹤山上黄鹤楼(见《齐谐志》)。等到崔颢登临黄鹤楼时，"昔人"(仙人)早已离去，请接受千年后的我迟来的送别。"黄鹤一去不复返，白云千载空悠悠。"人去楼空，云自悠，江自流；仙人不来，他们的坐骑黄鹤自然也不来了。"晴川历历汉阳树，芳草萋萋鹦鹉洲。"传说中的仙人虚无飘渺，现实中的美景历历在目。《楚辞·招隐士》中有："王孙游兮不归，春草生兮萋萋。"沙洲草长，勾起诗人的乡愁。"日暮乡关何处是，烟波江上使人愁。"从慕仙到思乡，诗人的思绪从天上返回了地面。元代辛文房《唐才子传》记李白登黄鹤楼本欲赋诗，因见崔颢此作，为之敛手，说："眼前有景道不得，崔颢题诗在上头。"沈德潜在《唐诗别裁》卷十三评此诗为："意得象先，神行语外，纵笔写去，遂擅千古之奇。"直到1927年春季，34岁的毛泽东登上黄鹤楼，写下了《菩萨蛮·黄鹤楼》："茫茫九派流中国，沉沉一线穿南北。烟雨莽苍苍，龟蛇锁大江。黄鹤知何去？剩有游人处。把酒酹滔滔，心潮逐浪高！"改写了黄鹤楼诗词崔颢第一、李白敛手的记录。

原文

此地别燕丹，壮士发冲冠。昔时人已没，今日水犹寒。

——《千家诗·易水送别》（骆宾王）

鉴赏

《易水送别》系"今昔合一送别"诗，是骆宾王在当年燕太子丹送别荆轲之处与友人话别所作之诗。据《战国策·燕策》记载，战国末年荆轲为燕太子丹复仇，欲以匕首威逼秦王归还其侵占的诸侯土地。临别时，燕太子丹带领高渐离等随员穿丧服送到易水。高渐离奏起乐器，荆轲歌曰："风萧萧兮易水寒，壮士一去兮不复还。"歌声悲壮激越，"士皆瞋目，发尽上指冠。"这就是骆宾王诗中的前两句："此地别燕丹，壮士发冲冠。"后面两句"昔时人已没，今日水犹寒"，是说荆轲刺秦王没有成功已壮烈牺牲，但我今天来易水送别我的好友，看见易水的寒波，就好像听到了荆轲的歌声，想象他视死如归的情形，如同我在送别荆轲一样。在同一个地点，今昔的送别重合了，这属于今昔合一的送别。

原文

渭城朝雨浥轻尘，客舍青青柳色新。劝君更尽一杯酒，西出阳关无故人。

——《千家诗·渭城曲》（王维）

鉴赏

王维的《渭城曲》，又名《送元二使安西》，系劝酒送别诗，因将它谱入乐府后歌唱，成为当时极流行的歌曲。元二，姓元，兄弟排行第二；安西，在今新疆维吾尔自治区库车县附近。渭城在秦时为咸阳城、汉代改为渭城，在长安西北、渭河北岸。阳关故址，在今甘肃省敦煌县西南、玉门关之南。元二的出行路线是长安→渭城→阳关→安西。王维送行的路线是长安→渭城。"渭城朝雨浥轻尘，客舍青青柳色新。"早晨的及时雨把渭城地上的灰尘沾湿了，驿道不再尘土飞扬。雨水把客舍的青砖青瓦与驿道旁的柳叶冲洗得色彩鲜明。"劝君更尽一杯酒"，虽然在客舍内的宴席上"酒逢知己千杯少"，已经饮了不少，但我还是要走到客舍外再敬你一杯！因为"西出阳关无故人"，出了阳关就不再是盛唐风光，老朋友也见不到了，前路珍重，好自为之！读者若有兴趣，可把高适《别董大》与王维《渭城曲》作一对照："千里黄云白日曛，北风吹雁雪纷纷。莫愁前路无知己，天下谁人不识君？"每一句正好相反，是不是很有味道？

原文

游人五陵去，宝剑值千金。分手脱相赠，平生一片心。

——《千家诗·送朱大入秦》（孟浩然）

鉴赏

孟浩然的《送朱大入秦》系"赠剑送别"诗。表达的是：好友远游去长安，我佩戴着价值千金的宝剑为他送行。分手时解下来赠送给他，寄托着我平生建功立业的壮志豪情和一片盛情。朱大，名去非，兄弟排行老大。五陵，指汉朝五个皇帝的陵墓，即汉高祖的长陵、汉惠帝的安陵、汉景帝的阳陵、汉武帝的茂陵、汉昭帝的平陵，都在长安郊外，这里泛指长安。"鲜花送美女，宝剑赠英雄"，送别赠宝剑，表达了诗人对友人的高度评价与殷切期望。

原文

青山横北郭，白水绕东城。此地一为别，孤蓬万里征。浮云游子意，落日故人情。挥手自兹去，萧萧班马鸣。

——《千家诗·送友人》(李白)

鉴赏

李白的《送友人》系"策马送别"诗。首联"青山横北郭，白水绕东城"，以挥洒自如的笔墨描绘出一幅色彩鲜明、寥廓开朗的图景，点明诗人告别的地点和四周的环境：李白送友人到城外，然而两人仍然在马上并肩缓辔，不愿分离；远处的背景是，青青的山横亘在外城北面，白茫茫的河水绕着东城慢慢地流淌。"此地一为别，孤蓬万里征。"从这里分手之后，友人就会像蓬草一样，随风飘荡到万里之外去了。"浮云游子意，落日故人情。"诗人巧妙地用"浮云"、"落日"作比，来表明心意：天空的浮云飘忽不定，象征着友人行踪不定；远处的落日渐渐地靠近地平线，隐喻诗人对朋友依依惜别的心情。"挥手自兹去，萧萧班马鸣。"挥一挥手再见了，从此天各一方，那两匹马也似乎依依惜别，禁不住萧萧长鸣。马犹如此，人何以堪！李白策马送别之诗，写得感情深切而舒畅明快，多情而豁达，又无缠绵悱恻的哀伤情调，显示了诗人鬼斧神工的文笔。

原文

友道宜相敬，端人耐久交，知心千古事，怀诈岂英豪？劝善兼规过，良朋所以裁，倘然相戏骂，谁复劝规来？酒肉非朋友，须防入下流，时亲方正士，雅范自家求。交友尽贤良，芝兰室内藏，满身皆馥郁，不异芝兰香。

——［清］谢泰阶《小学诗·明论》

自昔良朋好友，原因道义成交。相规相劝赛同胞，终日谈忠谈孝。而今世道衰薄，诗歌酒肉称豪。一朝利尽便轻抛，不顾旁人耻笑。

——［清］宫南庄《醒世要言·朋友》

鉴赏

《小学诗》强调："交友尽贤良，芝兰室内藏，满身皆馥郁，不异芝兰香。""贤良"是指有德行、有才能的人。而与贤良相交，就像进入芝兰香室，久而不闻其香，即与之同化了。故中国历来提倡交友要交贤朋良友，这叫做君子之交；如果交了酒朋肉友、狐朋狗友，那就是小人之交。交了贤朋良友，满脸生辉；交了狐朋狗友，人皆侧目。那么，什么样的人称得上"贤良"呢？本节提出了判定贤良的七条标准，即相敬如宾、真诚不诈、方正雅范、道义成交、相规相劝、不入下流和重义轻利，只要不符合其中任何一条，即可判定不贤良。

其一，相敬如宾。《小学诗》说："友道宜相敬，端人耐久交。"孔子说："晏平仲善与人交，久而敬之。"（《论语·公冶长》）正人君子

交朋友、对朋友始终怀着敬意,友情比较耐久。程子曰:"人交久则敬衰;久而能敬,所以为善。"(朱熹集注《论语·里仁》)《礼记·曲礼上》云:"贤者狎而敬之,畏而爱之。"对贤者要亲近且尊敬,敬畏且爱戴。前文中的"季札挂剑"事例,说明季札对友人徐君的敬意,在徐君去世后仍然持久地保存着,这是十分可贵的。

其二,真诚不诈。《小学诗》中说:"知心千古事,怀诈岂英豪?"忠诚是友谊的桥梁,欺骗是友谊的敌人。如《晋书·嵇康列传》所载"嵇吕命驾"的故事:嵇康夏天在柳荫下打铁,吕安很佩服他,每当想念他就不远千里,立即坐马车去看望,嵇康见吕安来了,非常友好地款待他,一片真诚,千古流芳。与此相反,《三国演义》第十七回写曹操南征袁术,与袁术部下李丰等人相持于寿春。"却说曹兵十七万,日费粮食浩大,诸郡又荒旱,接济不及。操催军速战,李丰等闭门不出。操军相拒月余,粮食将尽,致书于孙策,借得粮米十万斛,不敷支散。管粮官任峻部下仓官王垕入禀操曰:'兵多粮少,当如之何?'操曰:'可将小斛散之,权且救一时之急。'垕曰:'兵士倘怨如何?'操曰:'吾自有策。'垕依命,以小斛分散。操暗使人各寨探听,无不嗟怨,皆言丞相欺众。操乃密召王垕入曰:'吾欲问汝借一物,以压众心,汝必勿吝。'垕曰:'丞相欲用何物?'操曰:'欲借汝头以示众耳。'垕大惊曰:'某实无罪!'操曰:'吾亦知汝无罪。但不杀汝,军必变矣。汝死后,汝妻子吾自养之。汝勿虑也。'垕再欲言时,操早呼刀斧手推出门外,一刀斩讫,悬头高竿,出榜晓示曰:'王垕故行小斛,盗窃官粮,谨按军法。'于是众怨始解。"曹操先以小斛欺众,再行借头示众,纯用诈术,岂是英雄豪杰所为?碰到这样的上司,活该部下倒霉。

其三,方正雅范。《小学诗》说:"时亲方正士,雅范自家求。"贤良与方正两个词经常连在一起组成"贤良方正",方正之士往往是守正不阿、正气凛然、刚强正直;雅范者则大度汪洋、器宇不凡,有名士风流、大家风范。对于方正之士要时常亲近,这样才能获益匪浅;而雅范要靠自身培养,所谓腹有诗书气自华。如清康熙年间有个人称"江南第一清官"的张伯行，他任总督巡抚时写有《禁止馈送檄》："一丝一粒，我之名节。一厘一毫，民之脂膏。宽一分，民受赐不止一分。取一文，我为人不值一文。谁云交际之常，廉耻实伤。倘非不义之财，此物何来？"(《清朝野史大观》卷五) 这就是方正之士的风采。

其四，道义成交。《醒世要言》说："自昔良朋好友，原因道义成交。"自古以来，道义是贤朋良友结交的基础。据《清朝野史大观》卷五记载：清雍正年间尚书隆科多有个幕友沈近思，此人为人正直，坚持道义，不讲情面。隆科多很专断，他的意见一出，别的幕友都不敢提不同意见，只有沈近思一人据理力争，争得隆科多发怒。过了一会隆科多忽然省悟，说："沈君是我的净友。我的幕友应当如此。"他把这件事报告给雍正皇帝，雍正立即破格提拔沈近思为太仆卿。净友也是道义之友。

其五，相规相劝。《醒世要言》说："相规相劝赛同胞，终日谈忠谈孝。"《小学诗》说："劝善兼规过，良朋所以裁，倘然相戏骂，谁复劝规来？"以忠孝节义等道德规范来劝善规过，贤良朋友对此义不容辞，被规劝的人也应知错必改，不可反唇相讥、恼羞成怒。如《晋书·周处列传》记载的"除三害"故事：周处是官二代，好驰骋田猎，不修细行，纵情肆欲。当地百姓把他与"南山白额猛兽"、"长桥下蛟"一起称为"三害"。后来周处听从陆云的规劝，翻然改进，脱胎换骨，弃旧图新。他官至新平太守、广汉太守、御史中丞，最后战死沙场，追赠为平西将军。一个官二代，听从规劝，知过即改，成为忠臣名将，可谓留取丹心照汗青。

其六，不入下流。《醒世要言》说："而今世道衰薄，诗歌酒肉称豪。"《小学诗》说："酒肉非朋友，须防入下流。"饮酒赋诗本身没错，如苏轼写下"明月几时有，把酒问青天"(《水调歌头》)，还发明了"东坡肉"这道杭州名菜，并不妨碍他一代文豪的名声。只有《红楼梦》中薛宝钗的哥哥薛蟠聚了一帮人吃酒作诗行令，说什么"女儿愁，绣房撺出个大马猴"、"一个蚊子哼哼哼"，"两个苍蝇嗡嗡嗡"，那才是下流。因此,"诗歌酒肉称豪"要看是什么人:李白、苏轼"诗歌酒肉称豪",是上品人物;薛蟠"诗歌酒肉称豪",就是下流。当然,文中提出"须防入下流",还是值得注意的。

其七,重义轻利。不能像《醒世要言》所说:"一朝利尽便轻抛,不顾旁人耻笑。"如《晋书·王敦列传》记载的"王敦倾室"故事:晋代王敦因贪恋女色,身体虚弱。他听从左右的劝谏,就打开室门,把家中金钱、美女发放了,解放家中全部婢妾,这种重义轻利的行为在当时很不寻常。与此相反,据《清朝野史大观》卷五记载:"虞山钱宗伯下世,其族人夙受卵翼者,妄意室中之藏,纠合无赖少年,嚣于宗伯爱妾所谓河东君者之室,诟厉万端,河东君自杀。"钱宗伯生前是尚书,在位时族人都来依草附木。一旦去世,族人就为遗产大闹,甚至逼死人命,这种忘义重利的行为令人寒心。

原文

求人须求大丈夫,济人须济急时无。渴时一滴如甘露,醉后添杯不如无。作事惟求心可以,待人先看我何如。

——[清]周希陶《重订增广贤文·平韵》

一正压百邪,少见必多怪。君子之交淡以成,小人之交甘以坏。视寝兴之早晚,知人家之兴败。

——[清]周希陶《重订增广贤文·去韵》

鉴赏

上面《小学诗》和《醒世要言》提出了判定贤良的七条标准,《重订增广贤文》又增补了五条判定贤良的标准,即救人急难、心安理得、以正压邪、淡泊相处和夙兴夜寐,只要不符合其中任何一条,也可判定不贤良。

其一，救人急难。《重订增广贤文》说："求人须求大丈夫，济人须济急时无。渴时一滴如甘露，醉后添杯不如无。"孔子说："君子周急不继富。"(《论语·雍也》)俗话说："救急不救穷"，"要雪中送炭，不要锦上添花。"据《清朝野史大观》卷五记载："张清恪公（张伯行）初官济宁道，值岁荒，倾家财运谷以赈，并载钱及棉衣数船，分给冻馁者。俄有旨赈济，公奉檄赈汶上、阳谷等县，以擅动仓谷数万石，将挂弹章。公上书申辩。其略曰：赈济奉恩旨，非擅动也。动仓谷以广皇仁，非邀誉也。饥民户口皆可考，非肥己也。使上有特恩，坐视各州县之流离死亡而不救，官有余粟，野有饿莩，本道之罪，其可逭乎？汉汲黯过河内以便宜发粟，武帝释之。今已擅动仓谷，题参理应顺受，第恐将来山东各官皆以为戒，视仓谷重、民命轻，害不可言矣。事得寝。此亦遭逢圣明（康熙），得行其志也。"救灾荒关系到老百姓生命，张伯行擅动官仓谷米，差点被查办，也是个大丈夫。他给人"渴时一滴"，不顾头上乌纱，历史也不会埋没他。

其二，心安理得。《重订增广贤文》说："作事惟求心可以，待人先看我何如。"自信事情做得合于正理，心里就会坦然无憾。做事要问心无愧，待人时应该"己所不欲，勿施于人"(《论语·颜渊》)。《清朝野史大观》卷六记载：乾隆南巡，李世杰搭上船岸跳板。当时雨后泥滑，乾隆登舟时打滑失足，李世杰马上将他扶住。督抚十万恐慌，将李世杰绑缚请命处置。乾隆笑着说："微员中有如此忠爱者。"命立擢知州，后官至四川、江南总督。皇帝上船时在跳板上滑倒，李世杰急忙扶住，当时他只是从心里觉得应立即上前救扶，其他的事没想那么多，诸如是否会冒犯惊驾，是否会加官晋爵，这就叫"作事惟求心可以"。我如果滑倒，不希望人家袖手，现在皇上滑倒，我也不能旁观，这叫"待人先看我何如"。

其三，以正压邪。《重订增广贤文》说："一正压百邪，少见必多怪。"《清朝野史大观》卷五记载：汤斌身为高官，家属不准吃鸡，不准穿新衣，部下想送件衣服、送双靴子给他都不敢。其一身正气、两

袖清风，感人至深，常人见了恐怕要少见多怪。汉代牟融《理惑论》记："谚云：'少所见，多所怪。睹骆驼，言马肿背。'"见骆驼说这匹马的背肿起来了。安娜·路易斯·斯特朗写《斯大林时代》时说，俄罗斯农民初次见到拖拉机以为是怪物，用石头扔它。如果见贪官司空见惯，见清官少见多怪，那就值得深思了。

其四，淡泊相处。《重订增广贤文》说："君子之交淡以成，小人之交甘以坏。"《礼记·表记》记：孔子说，"君子之接如水，小人之接如醴；君子淡以成，小人甘以坏"。君子之间的交往就像水一样淡薄，小人之间的交情却像甜酒一样浓厚；君子之间的交情尽管淡薄，但能相辅以成事，小人之间的交情尽管浓厚，但时间长了就会败坏。诸葛亮《诫子书》云："非淡泊无以明志，非宁静无以致远。"只有克服过高的物欲，才会有高尚的志趣、追求远大的理想，否则只是庸人俗物。

其五，夙兴夜寐。《重订增广贤文》说："视寝兴之早晚，知人家兴败。"早起晚睡的人家兴旺，晚起早睡的人家败落。中国人历来讲究勤劳，《诗经·卫风·氓》中就有"夙兴夜寐"（早起晚睡）的诗句；《晋书·简文帝纪》中有"昧旦晨兴"的说法，意为天还没有亮就起床了；《晋书·祖逖传》中说"闻鸡起舞"，听到鸡叫声就起来舞剑习武；《孟子·离娄下》有"夜以继日"之说，意为白天来不及，夜里继续做。时间是最公平合理的，它从不多给谁一份，勤劳者能叫时间留下串串的果实，懒惰者只能留予他们一头白发、两手空空。时间是一条金河，莫让它轻轻在你的指头溜过。时间能获得黄金，黄金买不到时间。今日事今日毕，切勿拖延到明天。抓住今天，才能不丢失明天。明代文嘉有《今日》诗："今日复今日，今日何其少！今日又不为，此事何时了？人生百年几今日，今日不为真可惜！若言姑待朝朝至，明朝又有明朝事。为君聊赋《今日》诗，努力请从今日始！"不惜寸阴于今日，必留遗憾于明天。文嘉还有《明日歌》："明日复明日，明日何其多！我生待明日，万事成蹉跎。世人若被明日累，春去秋来老将至。朝看水江流，暮看日西坠。百年明日能几何？请君听我《明日歌》。"

今日明日,一诗一歌,上口易懂好记,苦心劝世,功德无量。

原文

自家有好处,要掩藏几分,这是涵育以养深;别人不好处,要掩藏几分,这是浑厚以养大。

——[清]金兰生《格言联璧·存养类》

鉴赏

为人处世要胸怀宽广,文中称为包容,其含义是大度宽容。平时听到的"有容乃大"、"大肚能容,容天下难容之事",就是包容。

首先,自己虚怀若谷才能包容别人。文中说:"自家有好处,要掩藏几分,这是涵育以养深。"俗话说,真人不露相,人贵有自知之明,须知山外青山楼外楼,强中更遇强中手。道家讲求"大智若愚"、"大巧若拙"(《老子·四十五章》)关汉卿说:"屈高就下,降尊临卑。"(《单刀会》)司马迁说:"深藏若虚。"(《史记·老子韩非列传》)三国刘劭说:"善以不伐(夸耀)为大"。(《人物志》)总之,人不能自满。自满了,就装不下别人了,就谈不上包容了。胸怀像山谷那样深广,是包容别人的前提或者说先决条件。

其次,对别人的缺点要包容。文中说:"别人不好处,要掩藏几分,这是浑厚以养大。"为人要厚道,不要揭人伤疤。汉代崔瑗《座右铭》云:"毋道人之短,毋说己之长。"不要说人家的短处,不要说自己的长处。《礼记·曲礼上》:"爱而知其恶,憎而知其善。"爱一个人,也能同时看到他的缺点;憎恨一个人,也能同时看到他的优点。用当代的话说,看人要辩证地看、历史地看。他有"不好处",也有好处;过去不好,不等于现在不好、将来不好。金无足赤,人无完人。曹操《举贤勿拘品行令》云:"昔伊挚、傅说,出于贱人;管仲,桓公贼也，皆用之以兴。萧何、曹参县吏也，韩信、陈平负污辱之名，有见笑之耻，卒能成就王业，声著千载。吴起贪将，杀妻自信，散金求官，母死不归，然在魏，秦人不敢东向，在楚则三晋不敢南谋。"曹操历举大量历史事实说明，可以任用和提拔有缺点的人来治国带兵，显示了他与众不同的胸襟与气度。

原文

持身不可太皎洁，一切污辱垢秽，要茹纳得；处世不可太分明，一切贤愚好丑，要包容得。宇宙之大，何物不有？使择物而取之，安得别立宇宙，置此所舍之物？人心之广，何人不容？使择人而好之，安有别个人心，复容所恶之人？

——[清]金兰生《格言联璧·接物类》

鉴赏

本节与上文一样，也是向人们说教为人处世要胸怀宽广。首先，自身不能太清高。文中说："持身不可太皎洁，一切污辱垢秽，要茹纳得。"《后汉书·黄琼传》载："常闻语曰：'峣峣者易缺，皦皦者易污。'阳春之曲，和者必寡；盛名之下，其实难副。"过高的东西，容易受缺损；纯白的东西，容易被污染；阳春白雪的歌曲，能跟着唱的人很少。一个人名声太大，实际水平不一定名副其实。俗话说："好高人愈妒，过洁世同嫌。"一个人太清白了，反而会被妒忌者泼脏水。《史记·萧相国世家》载："客有说相国（萧何）曰：'君灭族不久矣。夫君位为相国，功第一，可复加哉？然君初入关中，得百姓心，十余年矣，皆附君，常复孳孳得民和。上所为数问君者，畏君倾动关中。今君胡不多买田地，贱贳（出租）贷以自污？上心乃安。'于是相国从其计，上乃大说。"封建时代，相国大得民心，功高震主，皇帝担忧，于是相国只好去做一些买田、出租等事，以示自己没有野心，这样皇帝就放心了。这是封建旧时代的悲哀。

其次，对所有的人都要包容。文中说："处世不可太分明，一切贤愚好丑，要包容得。"《汉书·东方朔传》云："水至清则无鱼，人至察则无徒。"俗话说，十根手指有长短，一母生九子，连娘十个样。这是说人与人不一样，从事物不同的观点看，人有"贤愚好丑"。丑人为什么要包容？三国时庞统、张松、诸葛亮夫人俱貌丑，但都是大才，岂可以貌取人？《吕氏春秋·去私》云："外举不避仇，内举不避子，祁黄羊可谓公矣。"祁黄羊对仇人都能包容，还有什么不能包容的？用现代的语言来说，团结一切可以团结的力量，甚至连末代皇帝溥仪都可以改造成为社会主义的新人。

再次，吾心宇宙大包容。文中说："宇宙之大，何物不有，使择物而取之，安得别立宇宙，置此所舍之物？人心之广，何人不容，使择人而好之，安有别个人心，复容所恶之人？"世界这么大，什么事物都有，只要选择自己所需要的东西，怎么能选择另外一个世界、放置自己所不要的东西呢？人心宽广，什么样的人都能包容，只要选择自己喜爱的人亲近，怎么能在此心之外，另外安一颗心来容纳自己厌恶的人？所以应该剖去胸中的荆棘，以便人我往来，是天下第一宽闲快活世界。处世不可选择太严，麒麟凤凰、虎豹蛇蝎，蕃衍并生、清浊并蕴。倘若清洗肠胃，尽去浊秽，只留清虚，反而影响健康。蔡元培先生在北大当校长时，兼收并蓄，人才济济：穿长袍马褂留辫子的有，西装革履的也有；讲国学可以，讲西学亦可，甚至讲马克思主义的也可。只要有才学，都能当教授，这就是包容。唐太宗说："吾为官择人，惟才是与。苟或不才，虽亲不用，襄邑王神符是也；如其有才，虽仇不弃，魏徵等是也。今日所举，非私亲也。"（《资治通鉴》一百九十四卷）唐太宗重用他的政敌魏徵，就是包容。袁绍讨伐曹操，请书记陈琳草檄，陈琳把曹操骂得狗血喷头，还骂了曹操的祖宗。后袁绍战败，陈琳被俘。曹操说，你骂我也就算了，干吗骂我祖宗？但他爱惜陈琳的文才，留用不疑。骆宾王写檄文骂武则天，武则天却说，这样的人才没推荐给我，是宰相的失职。这些都是了不起的包容。

原文

待富贵人，不难有礼而难有体；待贫贱人，不难有恩而难有礼。对愁人勿乐，对哭人勿笑，对失意人勿矜。

——［清］金兰生《格言联璧·接物类》

鉴赏

在交友处世的过程中，人们的行为可分为得体与失体：得体是言语有分寸，行动得当，恰如其分；失体是有失体面，不成体统。

首先，"待富贵人，不难有礼而难有体；待贫贱人，不难有恩而难有礼"。贫贱人对富贵人的"得体"在于"有礼无谄"。培根《人生论·论礼貌》说："表示一种赞同的时候，不要忘记略示还有所保留——以表明这种赞同并非阿谀而是经过思考。即使对很能干的人，也不可过于恭维，否则难免被你的嫉妒者看做拍马屁。"如果你在上司面前点头哈腰哈巴狗似地说："高！高！实在是高！"岂非成了电影《地道战》里的汉奸形象？而富贵人对贫贱的"得体"在于"有恩无骄"。施者要让受者有尊严，《墨子·贵义》记述：从前商汤将去见伊尹，派彭氏之子驾车，彭氏之子一面驾车一面问汤去哪里。汤说去见伊尹。彭氏之子说：伊尹是贱人，若君王想见他，下令把他召来，这样做对他已够恩赐的了。汤说：这不是你能明白的。比如现在这里有一种药，吃了能耳聪目明，那我必定高兴地把药强制吃下去。今天伊尹对我国之重要，就像良医妙药，你不想让我去见伊尹，这是你不希望我好。于是令彭氏之子下车，不让他驾车。商汤是圣君，他礼贤下士，登门拜访伊尹；而他的驾驶员彭氏之子不懂事，结果被炒鱿鱼。

今日社会也有贫富差距，如何相处才得体？那就要：富人得意不忘形，穷人失意不变形，大家做人按原形。特别是富人要注意，不要不得志时没人知道自己，得志时自己不知道自己，得志便猖狂。富人要惜人，穷人要惜己。按本色做人，按角色办事，按特色定位。

其次，"对愁人勿乐，对哭人勿笑，对失意人勿矜"。这种行为称为"得体"，否则就是"失体"。《史记·淮阴侯列传》记载：韩信还是平民时，家中很穷，常到下乡县南昌亭长家搭吃便饭，时间一长，亭长家对他白吃十分头疼，于是提前将饭吃完，等到开饭时间韩信去他家，饭已吃过了，也不另外给韩信做饭。韩信明白了，生气地离开，再也不来了。等到韩信被封为楚王衣锦还乡，把南昌亭长找来，给他一百个铜钱，数落他说："你是一个小人，做好事半途而废。"因此，对失意人勿矜。《三国演义》第五十回描述了"对哭人勿笑"的故事：曹操在赤壁大败而逃，一路上被吕蒙、凌统、甘宁、赵云、张飞杀得人仰马翻向荆州逃去，前边便是华容道。曹军人饥马困，焦头烂额，苦不堪言，号哭之声，于路不绝，曹操在马上忽然扬鞭大笑。众将问："丞相何故大笑？"曹操说："人皆言周瑜、诸葛亮足智多谋，依我观之，到底是无能之辈。若在此处伏一旅之师，我们都得俯首束手受缚了。"言未毕，一声炮响，关公提青龙刀，跨赤兔马，领五百校刀手，截住去路。曹军见了，亡魂丧胆，面面相觑。因此，对哭人勿笑。《三国演义》第四十八、四十九回又写到：周瑜引众将立于山顶，遥望江北水面。正观之际，忽狂风大作，江中波涛拍岸。一阵风过，刮起旗角于周瑜脸上拂过。瑜猛然想起一事在心，大叫一声，便往后倒下，口吐鲜血。诸将急救起时，却早不省人事。周瑜卧病发愁，孔明前来探望，笑曰："亮有一方，便教都督气顺。"瑜曰："愿先生赐教。"孔明索纸笔，屏退左右，密书十六字曰："欲破曹公，宜用火攻。万事俱备，只欠东风。"瑜见了，大惊，暗思孔明真神人也，早已知我心事，请教将用何药治之。孔明说："亮虽不才，借三日三夜东南大风，助都督用兵何如？"瑜闻言大喜，蹶然而起。因此，一般

来说对愁人勿乐，但诸葛孔明是位高人，他能使愁人转愁为喜，所以他先乐，愁人跟着乐。换了鲁肃则不能乐，也不敢乐。孔明虽乐，并不失体，因为他有十六字药方作后盾，还懂天气预报，知道何时东南风会来，否则他也乐不起来，那就"东风不与周郎便，铜雀春深锁二乔"。

原文

惠不在大，在乎当厄；怨不在多，在乎伤心。毋以小嫌疏至戚，毋以新怨忘旧恩。

——［清］金兰生《格言联璧·接物类》

鉴赏

这里接续上文，仍然讲述交友处世的得体与失体问题并论及其后果。首先，"惠不在大，在乎当厄；怨不在多，在乎伤心"。据《战国策·中山策》记载：春秋战国时期中山国国君有一次设宴招待群臣，羊肉羹上席时分给群臣，不知什么原因疏忽了宴会中的司马子期。此人没吃到羊肉羹，一怒之下离境出走，来到楚国，说动楚王讨伐中山国。中山国军队打不过楚军，中山君逃离中山国。这时有两名武士拿着武器紧紧地保卫着中山君。中山君问他们为什么奋不顾身保卫他，两名武士回答：在他们的父亲快要饿死的时候，多亏中山君给了他一壶稀饭保住了性命。中山君长叹一声说："给人家东西不是看给多给少，而是看是否救人急难；结怨不是看怨深怨浅，而是看是否令人伤心。我由于少分一怀羊羹而亡国，由于给人一壶稀饭而得到了两名忠诚卫士。"一壶稀饭救人一命，此事做得得体；一杯羊羹疏忽大臣，此事做得失体。一杯羊羹能值多少钱？但它关系到大臣的体面，特别是公众场合不分给他，等于当众羞辱他，难怪人家要愤而出走。当然，引楚军进攻中山国这一行为还是应当受到谴责的，毕竟是一杯羊羹，何必闹得这么大。今天的人们可从中山君的故事中吸取什么教训呢？比如社会财富的分配有时造成怨恨，这是因为平等的人们没有分到平等的东西，或不平等的人们多分了平等的东西，怎么不使人埋怨伤心，吃肉骂娘，这也是对执政水平的考验。

其次，"毋以小嫌疏至戚"。据清代《明斋小识》卷六记述：有富家兄弟二人为争财产打官司，审讯之前，一个绅士来谒见太守，送六千两银子，请袒护当哥哥的。大堂审案时，兄弟俩及那绅士都来了，太守说："你们是同胞手足，我虽是官长，到底还是外人，与其拿银子给我，还不如兄弟相让，如哥哥有理我把六千银子退给哥哥，如弟弟有理就受这银子；官司都可平息。"兄弟两人觉悟，跪在地上哭泣。太守又对绅士说："你是他家至戚，不好好劝导他们，反而上下其手，并且要陷我于不义。今后如果他兄弟两人再有什么争执，就惟你是问。"这位太守是老娘舅、大好人，他不受贿，反而平息官司，还宣传了"毋以小嫌疏至戚"的大道理。得体！

再次，"毋以新怨忘旧恩"。人不能过河拆桥、上楼撤梯；只因上岸身安稳，忘却从前落水时。《喻世明言·金玉奴棒打薄情郎》所述故事耐人寻味：穷书生莫稽，饥寒交迫，倒卧雪中，丐头金松之女玉奴用豆汁给莫充饥。金松归，问及莫稽身世，以玉奴嫁之。后莫稽应试得中，授县令，偕金松父女赴任，途中考虑到金玉奴出身卑微，将其推落江心并逐走金松。玉奴为巡按林润所救，收为义女，又寻回金松。林润到任后，莫稽拜见。林招莫入赘，莫欣然从命。洞房之夜，玉奴预伏仆婢。面数莫罪，持棒痛打。莫稽做人太不得体，"好了伤疤忘了疼，吃了果子忘了树"，忘恩负义，该打！

原文

善待乡邻亲族，一团和气为嘉。无端横逆且由他，久久凶人自化。……孤贫鳏寡更堪嗟，周助葬埋婚嫁。

——［清］宫南庄《醒世要言·睦邻》

饶人半著岂为低，省受许多闲气。……毕竟温柔占便宜，到处人称高义。

——［清］宫南庄《醒世要言·息争》

芝兰之生，杂于众草；凤凰所止，从以百鸟。……树树有皮，人人有脸，见人破绽，替人遮掩。直不自直，白不自白，见人冤枉，替人分别。

——［清］李西沤《老学究语》

鉴赏

交友处世，讲究和气。《醒世要言》说："善待乡邻亲族，一团和气为嘉。"一团和气，原指态度和气；后也指只讲情面，不讲原则，这里只作前一种解释。儒家主张"和"，但讲"和"并非不讲原则，儒家的"和"受到"礼"的节制。孔子的学生有子说："礼之用，和为贵。先王之道，斯为美，小大由之。有所不行，知和而和，不以礼节之，亦不可行也。"（《论语·学而》）礼的应用，以和为贵；先王之道，以和为美；小事大事，无不按和办理。直至近代，太平天国领袖洪秀全说："天下多男人，尽是兄弟之辈；天下多女子，尽是姊妹之群。"（《原道醒世训》）也提倡天下男女一团和气。从《醒世要言》和《老学究语》所节录的内容看，讲和气的条目可分为"六要十八莫"，本节侧重讲述"六要"。

一要逆来顺受。《醒世要言》说："无端横逆且由他，久久凶人自化。"遇到无礼的待遇，隐忍而不抗争，要和气地对待无礼的人。《史记·淮阴侯列传》记载了"胯下之辱"的故事：韩信早年在淮阴佩剑行走，卖肉少年有意要羞辱他，拦住韩信说："你虽佩带刀剑，但内心很怯懦。如你有胆量，就用刀剑把我刺死，否则你就从我胯下钻过去。"韩信见此状，就俯身从胯下钻了过去，看热闹的人都笑他胆怯。实际上钻裤裆也是为了忍辱负重，如果韩信当时一怒之下把那卖肉少年杀了，后来就不会有登坛拜将、击败项羽的伟业了。与此相反，《水浒传》第十二回"杨志卖刀"之事：杨志客居京都，盘缠使尽，只得把祖上留下的一口宝刀，拿到天汉州桥热闹处去卖。忽然来了个破落户泼皮牛二，对杨志百般刁难，并纠缠杨志以杀自己来试刀的锋利，杨志说："我与你无冤无仇，没理由杀你。"牛儿硬要抢刀又不给钱。杨志忍无可忍，杀了牛二，并到开封府自首。韩信与杨志都遭遇"无端横逆"，结果大不相同，可见逆来顺受有时很有必要。

二要济贫帮困。《醒世要言》说："孤贫鳏寡更堪嗟，周助葬埋婚嫁。"孔子说："人不独亲其亲，不独子其子，使老有所终，壮有所用，幼有所长，矜寡孤独废疾者，皆有所养。"（《礼记·礼运》）孟子说："老吾老，以及人之老；幼吾幼，以及人之幼：天下可运于掌。"（《孟子·梁惠王上》）墨子说："是以老而无妻子者，有所侍养以终其寿；幼弱孤童之无父母者，有所放依以长其身。"（《墨子·兼爱下》）诸子和高士都主张济贫帮困。太平天国《天朝田亩制度》规定："所有婚娶弥月喜事，俱用国库"，"鳏寡孤独废疾免役，皆颁国库以养"。可见自古至今，中国社会一直有济贫帮困的思想和行动，可以作为我们今天构建和谐社会的参考。

三要放人一马。《醒世要言》说："饶人半著岂为低，省受许多闲气。"下棋时让人半子，正说明棋手的棋艺高超。俗话说：得放手时须放手，可饶人处且饶人。处理问题不要过分纠缠，要适可而止。佛家劝化世人，吃一分亏，受无量福。明代李贽《初潭集》卷十八记载了"放人一马"的故事：有一个叫司马徽的颍川阳翟人，很大度。一次有个人认为司马徽家里饲养的猪是他走失的猪，司马徽不作任何辩解就把猪给了此人。后来这个人找到了自己的猪，就到司马徽家归还先前得到的猪，而司马徽"又厚辞谢之"。倘若为了猪争吵起来，势必大伤和气，"饶人半著岂为低，省受许多闲气"，贤者心中如明镜一般清楚。

四要和以处众。《老学究语》说:"芝兰之生,杂于众草;凤凰所止,从以百鸟。"灵芝和兰草的生活环境,是野草杂芜的地方;凤凰所止栖的地方,会跟来各种飞鸟的陪伴。俗语说:火车跑得快,全靠车头带;车头离开了车厢,还有什么用?汉代开国皇帝刘邦在总结为什么能战胜项羽时说:"夫运筹策帷帐之中,决胜于千里之外,吾不如子房(张良)。镇国家,抚百姓,给馈饷,不绝粮道,吾不如萧何。连百万之军,战必胜,攻必取,吾不如韩信。此三者,皆人杰也,吾能用之,此吾所以取天下也。项羽有一范增而不能用,此其所以为我擒也。"(《史记·高祖本纪》)可见对于芝兰、凤凰来说,众草、百鸟是不可缺少的。

五要替人遮错。《老学究语》说:"树树有皮,人人有脸,见人破绽,替人遮掩。"常言道"人要脸面树要皮",故看到别人的失误或漏洞,就应替人补台和遮掩。《三国演义》第三十回中有一则"替人遮错"的故事:曹操打败袁绍,获得全胜,将所得金银等赏给将士。于图书中检出书信一束,皆许都及军中诸人与袁绍暗通之书。左右建议:"可逐一点对姓名,收而杀之。"曹操说:"当时袁绍强大,我亦不能自保,况且他人乎?"于是下令尽焚之,更不再问。曹操的部下与敌人暗通书信,如果一一追究,势必死的死、逃的逃,弄得不好还会造成激变。一把火烧了书信,替人遮错,既往不咎,保证了队伍的团结与安定。

六要辨人冤枉。《老学究语》说:"直不自直,白不自白,见人冤枉,替人分别。"正直的人自己不会说自己正直,清白的人自己不会说自己清白,故遇见没有罪的人受冤枉,就应该替其辨明曲直、洗清罪名,这样才显出正直和高尚。昆曲《十五贯》很能说明此问题:青年女子苏戌娟的继父尤葫芦拿回十五贯钱,谎称是卖了女儿的身价,其实是他姐姐资助他开肉店的本钱。戌娟信以为真,便连夜逃走。隔壁住着赌徒娄阿鼠,见尤家门开着,就走进去,发现一大堆钱,就想偷些去用,不料将尤葫芦惊醒,搏斗中娄将尤杀死,并拿了钱出逃。邻居发现尤葫芦被杀，女儿也不见了，就去追赶。恰巧苏戌娟因问路与青年男子熊友兰在一起行走，就怀疑是苏、熊两人串通作案。熊友兰身上恰好有陶复朱送给他的十五贯钱。常州府理刑的过于执将苏、熊两人判了死罪，而新任苏州知府况钟勘察现场发现墙角有搏斗中散落的一枚铜钱，又来到常州扮作算卦先生，在给娄阿鼠拆字时，看出破绽，问明真情，为苏、熊两人平反。娄阿鼠搞得苏戌娟、熊友兰"直不自直，白不自白"，而况钟则是"见人冤枉，替人分别"，显示了他的高尚品质。

原文

口角与人解释，莫教送入官衙。

——［清］宫南庄《醒世要言·睦邻》

世上冤仇报复，终成一局残棋。……只为一朝小忿，看看家败人离。

——［清］宫南庄《醒世要言·息争》

莫倚才华傲物，莫将势力倾人。莫凭偏见废公评，莫记陈年宿恨。莫向暗中放箭，莫于沸后添薪。莫凭厚貌饰深情，莫更借刀泄忿。

——［清］宫南庄《醒世要言·处人》

莫挟沾沾之见，莫矜察察之明。莫因逆耳拒忠诚，莫听谀言巧谱。莫学豪家折福，莫从乐处戕生。莫因失意辍精勤，莫更逾闲败行。

——［清］宫南庄《醒世要言·省己》

小人休与结怨，亦莫与之作缘，声名怕为所损，还防事故牵连。

——［清］李西沤《老学究语》

鉴赏

上文讲述了"六要十八莫"中的"六要",本节侧重讲述"十八莫"。

一莫陷入官司。《醒世要言》说:"口角与人解释,莫叫送入官衙。"民间流传:官府衙门八字开,有理无钱莫进来;三年清知府,十万雪花银;大官帽两头翘,吃了原告吃被告;等等。一般人都认为即使打赢了官司,打点衙门上下的花费也不少,因此对官衙敬而远之。有一家财主,过新年三个女婿来拜年,财主要他们三人各说一句吉利话。大女婿说"今年好",二女婿说"晦气少",三女婿说"不得打官司"。财主很满意,叫管家写在横幅上,当时还没有标点符号,来了个客人,念道:"今年好晦气,少不得打官司。"财主气得半死。可见"打官司"是与"晦气"画等号的。同时这也告诉人们,"口角与人解释",尽量调解成功,打官司是完全可以避免的。

二莫冤冤相报。《醒世要言》说:"世上冤仇报复,终成一局残棋。"世上人与人之间冤冤相报,终将成为一局残棋。春秋时代的吴越争霸就包含了"冤仇报复":越王勾践的祖先是禹的后代,封于会稽,看守大禹陵。传到允常一代,与吴王阖庐发生争战。允常死,子勾践立。阖庐趁机伐越,吴军败于檇李,阖庐本人被射伤,临死要其子夫差报仇。夫差在夫椒打败越军,越王退守会稽,吴王追而围之。越王献美女宝器,吴王赦越,罢兵而归。勾践卧薪尝胆,十年后伐吴,夫差自杀。后来勾践的后代被楚所灭,楚又被秦并吞(见《史记·越王勾践世家》)。这就应了杨慎《临江仙》所说:"是非成败转头空,青山依旧在,几度夕阳红。"有道是:"百年事业三更梦,万里江山一局棋。"南京莫愁湖有个胜棋楼,据说是明太祖朱元璋与开国元勋徐达下棋输了,把楼赏赐给徐达。有个名叫范士义的人,题了一副对联:"烟雨湖山六朝梦,英雄儿女一枰棋。"帝王、高官尚且如此,平民百姓更不必"冤仇报复",有什么看不破的?

三莫因小失大。《醒世要言》说:"只为一朝小忿,看看家败人离。"何必因一点小矛盾,搞得家破人亡!明代话本《醒世恒言》第六卷有一诗:"得闭口时须闭口,得放手时须放手。若能放手和闭口,百岁安宁有八九。"《醒世恒言·一文钱小隙造奇冤》的故事很能说明"小忿惹大祸":景德镇窑户丘乙大之妻杨氏,拿一文钱叫14岁的儿子丘第儿到市上买辣椒,出门遇到邻居窑户刘三旺的13岁的儿子刘再旺,两个孩子没去买东西而去赌钱,丘第儿输了。杨氏知道后不骂自己的儿子,却去骂刘再旺,并用中指弯曲的尖角敲凿再旺的头顶。刘再旺母亲孙大娘得知,出来骂杨氏狗泼妇、狗淫妇,并揭发她偷情之事。丘乙大听到后要杨氏说清奸情,否则今夜吊死在刘家门口以表清白。杨氏失魂落魄错走到铁匠门口吊死,铁匠怕事移尸到酒店王公门口,酒店小二把尸体撇在河边。镇上大户朱常把尸体藏在船上,在与另一大户赵完因争田打群架时谎称杨氏是朱家管家卜才之妻被赵家打死,把尸体抬往赵家。赵家用棒槌打死60多岁的烧火老人丁文,又打死目击者田婆,也谎称丁、田两人系朱家上门闹事时打死。婺源县侯大尹升堂审案,结果是为了一文钱输赢,死了13条人命。结束语奉劝世人:"相争只为一文钱,小隙谁知奇祸连!劝汝舍财兼忍气,一生无事得安然。"这也正是蒙书用心良苦地劝人止忿之要点。

四莫恃才傲物。《醒世要言》说:"莫倚才华傲物。"不要自恃才高,傲视他人。《警世通言·李谪仙醉草吓蛮书》中的故事对此问题很有启发:话说李白赴长安应举,遇翰林学士贺知章,两人结为忘年交。贺知章写信给试官杨国忠太师、监视官高力士太尉,推荐李白。两人拆信后冷笑道:贺知章受了李白金银,却写封空书在我这里白讨人情。到考试那日,如有李白名字卷子,不问好歹,即时批落。李白第一个交卷,见到李白名字,杨国忠说:"这样书生,只好与我磨墨。"高力士道:"只好与我着袜脱靴。"喝令将李白赶出考场。忽一日朝廷接到番书一封,合朝大臣无一人能识。贺知章将李白推荐给皇上,天子钦赐李白进士及第。李白当众译出番书,并提议批答吓蛮书,也用番文书写。圣心大悦，拜李白为翰林学士。次日宣番使入朝，天子赐李白近御榻前坐锦墩草诏。李白奏道：乞陛下吩咐杨国忠给臣捧砚磨墨、高力士给臣脱靴结袜，臣意气始得自豪，举笔草诏，口代天言，方可不辱君命。天子准奏。李白彩笔挥洒，草就吓蛮书。番使归国，述于国王，国王大惊，从此年年进贡，岁岁来朝。高力士深恨脱靴之事，在杨贵妃面前说李白《清平调》中"可怜飞燕倚新妆"一句以飞燕比娘娘，此乃谤毁之语。因西汉成帝之后赵飞燕曾与燕赤凤私通，杨贵妃正与安禄山私通。贵妃怀恨在心，天天在玄宗面前说李白坏话。李白情知被高力士中伤，天子存疏远之意，于是告辞天子，云游天下。李白傲视杨国忠、高力士，最后受到打击报复。才高如李白尚且不可恃才傲物，其他人就更不用说了。

五莫仗势欺人。《醒世要言》说："莫将势力倾人。"即不要仗势欺人、压人、害人。《警世通言》第三卷说："你看如今有势力的，不做好事，往往任性使气，损人害人，如毒蛇猛兽，人不敢近。他见别人惧怕，没奈他何。意气扬扬，自以为得计，却不知八月潮头，也有平下来的时节。""当时夏桀、商纣，贵为天子，不免窜身于南巢，悬头于太白。那桀、纣有何罪过？也无非倚贵欺贱，恃强凌弱，总来不过是使势而已。假如桀、纣是个平民百姓，还造得许多恶业否？所以说'势不可使尽'"。有人说："有权不用，过期作废。"此言大谬。有权应当用于造福人民，岂可以权谋利、仗势欺人？历史有教训，为官者切莫忘记。

六莫偏见废公。《醒世要言》说："莫凭偏见废公评。"有偏见，就会妨害公平，甚至自食苦果。《初潭集》卷二十记述："张率年十六，作赋颂二十余首，虞讷见而诋之。率一旦焚毁，更为诗示之，托云沈约，讷便句句嗟称。率曰：'此吾作也。'讷惭而退。"世上竟有这种人，认为名人的作品都是佳作，凡夫的作品尽是垃圾，被张率用自己作品冒充名人之作进行作弄，使虞讷露出偏见、无知的嘴脸，也是活该。

七莫记宿恨。《醒世要言》说："莫记陈年宿恨。"据《史记·淮阴侯列传》记载：汉高祖五年，韩信被封为楚王后，回到当年落难之地，找到给他吃饭的漂母，赏赐千金。"召辱己之少年令出胯下者以为楚中尉。告诸将相曰：'此壮士也。方辱我时，我宁不能杀之邪？杀之无名，故忍而就于此。'"韩信对于曾经侮辱过自己的卖肉少年，并没有算旧账，反而给他安排职位，显示了大将的雅量。

八莫暗箭伤人。《醒世要言》说："莫向暗中放箭。"不要在暗中用阴险的手段伤害别人。《初潭集》卷二十五记述："子圉见孔子于商太宰，孔子出，子圉入，太宰曰：'吾已见孔子，则视子犹蚤虱之细者也。'子圉恐孔子贵于君也，因谓太宰曰：'君已见孔子，恐君亦将视子犹蚤虱也。吾今见于吾。'太宰因弗复见也。"子圉怕孔子被国君器重，暗中唤醒了商太宰的私心，把孔子排斥在国君的门外。

九莫火上浇油。《醒世要言》说："莫于沸后添薪。"不要火上浇油，使事态更加严重。《红楼梦》第三十三回"宝玉受笞"很能说明此问题：贾宝玉因与戏子琪官（蒋玉函）交厚，曾经互赠表记留念等事，被父亲贾政责问，受到训斥。此事还未结束，见贾环慌慌张张乱跑，贾政连忙喝住。贾环见父亲怒气勃勃，趁势说道："那边一个丫头跳井，怪吓人的，就跑过来了。"贾政吃惊，忙问缘故。贾环是赵姨娘所生，日常恨着宝玉正房所生，压着自己一头，日思倾轧。今见父亲询问，便悄然对贾政说："听人说，宝玉哥哥在太太房里，意欲强奸金钏儿，金钏儿不从，把她打了一顿，她就跳了井。"贾环无中生有、火上浇油，把贾政气得目瞪口呆——其实金钏儿跳井是因被王夫人骂，气不过才跳井自杀的。于是贾政命小厮们将宝玉按在凳上，举起大板死命地打，直打得由腿到臀，或青或紫或破。若非贾母赶到，宝玉小命休矣。这就叫贾环"沸后添薪"，宝玉屁股开花。

十莫口蜜腹剑。《醒世要言》说："莫凭厚貌饰深情。"不要装出忠厚面容，掩饰鬼蜮心肠。《藏书》卷五十九记述："卢杞恶太子太师颜真卿，欲出之。会李希烈逼东都，上问计于卢杞。对曰：'希烈年少骑将，恃功骄慢，诚得儒雅重臣，奉宣圣泽，为陈逆顺祸福，希烈必革心悔过，可不劳军旅而服。颜真卿三朝旧臣，忠直刚决，名重海内，人所信服。'上以为然，即令宣慰其军，卒为希烈贼害。"宰臣卢杞一直对太子太师颜真卿衔恨，唐德宗时李希烈叛乱，卢杞向皇上谗言派颜真卿去劝谕，结果被李希烈缢死。伟大的书法家颜真卿就这样被貌似忠厚的卢杞害死了。

十一莫借刀杀人。《醒世要言》说："莫更借刀泄忿。"不要借刀杀人以泄私忿。如《三国演义》第二十三回中所述借刀杀人的故事：祢衡裸衣击鼓骂曹操，曹操令祢衡往荆州为使，劝刘表来降。衡至荆州，虽颂德，实讥讽。刘表不喜，令去江夏见黄祖。有人问刘表："祢衡戏谑主公，何不杀之？"刘表曰："祢衡数辱曹操，操不杀者，恐失人望，故令作使于我，欲借我手杀之，使我受害贤之名也。吾今遣去见黄祖，使曹操知我有识。"众皆称善。黄祖与祢衡共饮皆醉，祖问衡曰："君在许都，有何人物？"衡曰："大儿孔文举（孔融），小儿杨德祖（杨修），除此二人，别无人物。"祖曰："似我何如？"衡曰："汝似庙中之神，虽受祭祀，恨无灵验。"祖大怒曰："汝以我为土木偶人耶？"遂斩之。刘表闻祢衡死，亦嗟呀不已，令葬于鹦鹉洲边。曹操知祢衡受害，笑曰："腐儒舌剑，反自杀矣。"这里有两人借刀杀人：曹操想借刘表的刀杀祢衡，被刘表识破；于是刘表借黄祖的刀杀祢衡，目的达到。此非黄祖杀之，而刘表杀之；亦非刘表杀之，而曹操杀之也。

十二莫沾沾自喜。《醒世要言》说："莫挟沾沾之见。"不要自以为是而沾沾自喜。《三国演义》第三十三回有这方面描述：许攸向曹操献策，烧了袁绍在乌巢的粮草辎重，又献策决漳河水淹冀州城，袁军大败。曹操统领众将入冀州城。将入城门，许攸纵马近前，以鞭指城门而呼操曰："阿瞒，汝不得我，安得入此门！"操大笑。众将闻言，俱怀不平。一日，许褚走马入东门，正迎许攸。攸唤褚曰："汝等无我，安能出入此门乎？"褚怒曰："吾等千生万死，身冒血战，夺得城池。汝安敢夸口！"攸骂曰："汝等皆匹夫耳，何足道哉！"褚大怒，拔剑杀攸，提头来见曹操，说："许攸如此无礼，某杀之矣。"操曰："子远与吾旧交，故相戏耳，何故杀之。"深责许褚，令厚葬许攸。其实许攸呼阿瞒时就该死了，骂虎痴那是真找死了。可为"挟沾沾之见"者戒。

十三莫聪明自误。《醒世要言》说："莫矜察察之明。"不要自尊自大、自夸其能，要学会大智若愚。卖弄聪明，有时会送命。《三国演义》第七十二回记述：刘备进攻汉中，曹操到汉中拒敌，折了夏侯渊，失了汉中，退守阳平关，又退扎斜谷界口。操屯兵日久，欲要进兵，又被马超拒守；欲收兵回，又恐被蜀兵耻笑，因此心中犹豫不决。恰好厨师进鸡汤，曹操见碗中有鸡肋，因而有感于怀。正沉吟间，夏侯惇入帐，禀请夜间口令。操随口说："鸡肋！"行军主簿杨修听到"鸡肋"二字，便自作聪明，认为鸡肋食之无味，弃之可惜，魏王不日将要退兵回归，教随行军士收拾行装，结果寨中将士无不准备归计。曹操得知大怒，说："你怎敢造谣，乱我军心！"喝刀斧手推杨修出帐外斩头，并将首级号令于辕门外。杨修死时，年34岁。杨修把心智用在揣摸曹操的心思上，犯下了当臣下的大忌，他不知收敛，变本加厉地卖弄自己的"察察之明"，结果咔嚓了脑袋，结束了自矜聪明的一生。郑板桥有书法题字"难得糊涂"，受到很多人喜欢，其中重要的原因是含有"莫矜察察之明"的深刻道理。

十四莫拒谏饰非。《醒世要言》说："莫因逆耳拒忠诚。"《孔子家语·六本》载孔子曰："良药苦于口而利于病，忠言逆于耳而利于行。"《初潭集》卷二十二记述："徐大理徐有功见武后将杀人，必据法廷争。尝与后反复，辞色愈厉，后大怒，令拽出斩之，犹回顾曰：'臣虽死，法终不可改。'至市临刑，得免，除名为庶人。如是再三，终不挫折。其子预选，有司皆曰：'徐公之子，岂可拘以常调乎！'"武则天并没有因为臣下的逆耳忠言而失去理智。

十五莫听信谮言。《醒世要言》说："莫听谀言巧谮。"不要听诬陷中伤的花言巧语。譖：诬陷。《初潭集》卷二十五记述："李林甫阴贼，谓李适之曰：'华山有金，采之可以富国，顾上未知。'适之信其言，为帝道之。帝以问林甫，林甫对曰：'臣知之旧矣。顾华山陛下本命，王气之舍，不可穿治，故不敢以闻。'"李林甫在李适之面前鼓动说，华山金矿开采可以富国；而在皇帝面前则说，开采此金矿会破坏帝王风水。于是皇帝以李林甫为忠，而薄李适之；皇帝听信了李林甫的"谀言巧譖"，李适之则成了李林甫的垫脚石。

十六莫乐极生悲。《醒世要言》说："莫学豪家折福，莫从乐处戕生。"不要学豪门挥霍浪费，不要为了取乐而残杀生灵。富豪的生活方式有害健康长寿，枚乘《七发》说：一般贵家子弟，住在深宫内院之中，内有保姆照料，外有师傅陪伴。饮食一定是淳美香嫩、肉肥酒浓；衣服一定是温暖轻细而且多，永远热得像夏天。这样，即使像金石那样坚强，也要受损，何况人的筋骨？所以说：放纵耳目的嗜欲、贪图肢体的安逸，就要妨碍血脉的和畅；出入都坐车子，就是瘫痪之兆；幽深和清凉的宫室，就是寒热病的媒介；妖姬美女，就是斫伤生命的斧子；美味的酒肉，是烂肠子的毒药。如此之状，即使请神医扁鹊来治疗，也无能为力。消灭肉体的病，首先需要消灭不健康的生活，《七发》的尖锐指责和深刻比喻本身就是一剂治疗乐极生悲的猛药，对后世的膏粱子弟都有普遍的教育意义。生活条件太好了，乐极生悲，身体反而垮了。

十七莫辍勤败行。《醒世要言》说："莫因失意辍精勤，莫更逾闲败行。"不要因失意而中止勤奋、放任自流，更不要无事生非、去干坏事。子夏说："大德不逾闲，小德出入可也。"(《论语·子张》)人在大节上不能超越一定的界限，在小节上略有点出入是可以的。子夏此话有问题，会成为人们犯生活错误的挡箭牌。正确的说法应是观人当观大节，自律也应拘小节。好在《醒世要言》大节小节一起抓，没有空子可钻。韩愈《进学解》云："业精于勤，荒于嬉。"学业、事业都是如此。人在失意时也不能忘记"业精于勤"，方能逆境成才。不能从此消极悲观,甚至越出道德法律界限,一失足成千古恨。《醒世通言》第十七卷中有"买臣担上书声"的故事:朱买臣是汉武帝时代人,家贫,好读书,砍柴卖薪为生,他挑着柴担,边赶路边背书,后官拜中大夫。人首先要不绝望,然后才有希望。

十八莫招惹小人。《老学究语》说:"小人休与结怨,亦莫与之作缘,声名怕为所损,还防事故牵连。"不要与品行卑下的小人结怨,也不要与他们结缘或拉关系,怕只怕声名被小人损坏,还须提防受其事故牵连。《论语·阳货》有言:"小人为难养也,近之则不孙,远之则怨。"《水浒传》第二十回和二十一回就描述了宋江结缘小人而受害的故事:宋江因仗义疏财,又叫及时雨。他面墨身矮,未曾有家小。一天他从县衙出来,见做媒的王婆指着阎婆说,这一家三口是从东京来的,流落在此,昨日阎公因害时疫死了,望押司可怜,送一具棺材。宋江听罢,让阎婆到县东陈三郎处取棺材,又送她十两银子。阎婆央求王婆做媒,愿将女儿婆惜嫁给宋江,作为报答。于是宋江就在县西巷内租了一所楼房,与婆惜住在一起。一日,宋江带同事张文远来家喝酒,婆惜见张文远眉清目秀、风流俊俏,勾搭成奸。宋江闻知,即不上门。却说梁山泊寨主晁盖暗派刘唐带信和一百两金子来报答宋江救命之恩,宋江看完信,只取了一条金子用信包了,装进随身携带的招文袋内,其余金子退回。送刘唐走后,宋江往回走,被阎婆缠住,拉回家里。宋江不慎,招文袋内信与金子落在婆惜手中。婆惜提出要依她三件事:一是任从婆惜改嫁张文远,二是一切家里资产归婆惜,三是晁盖送的一百两金子归婆惜。宋江全都依了,但是因金子退回、手头没有一百两金子,要等变卖家私才能交付。婆惜还不肯交信,提出一手交钱、一手交信,否则上公堂。宋江急了,抢招文袋,袋里掉出解衣刀,婆惜惊呼:"黑三郎杀人!"一言提醒宋江,杀了婆惜,于是宋江被迫出逃。宋江做尽好事,不幸被小人缠住"作缘",又被"牵连"进入人命官司。这说明蒙书提示正确:"小人休与结怨,亦莫与之作缘。"同时也说明,一团和气也是有界限的,不能因为和气而答应小人的所有要求，更不能与小人"作缘"，以致引火烧身，教训殊为深刻。

原文

居必择邻，交必良友。顺天者存，逆天者亡。得人一牛，还人一马。老实常在，脱空常败。……人无远虑，必有近忧。……结有德之邻，绝无义之友。……君子坦荡荡，小人常戚戚。见事知长短，人面识高低。……酒逢知己千杯少，话不投机半句多。……良言一句三冬暖，恶语伤人六月寒。

——［南宋］佚名《名贤集》

鉴赏

中国古代的孩童教学课本即蒙学著作有一个特点，它的服务对象是孩童，教材内容却成人化。它把成人如何适应社会的基本准则提前在孩童时代进行灌输，以便教育出品学兼优，又有文化又会做人的人才来。比如邻居之间如何和睦相处，本是成人交友处世的一个重要方面，但是蒙学课本《名贤集》为孩子们提供了不少这方面的经验之谈，包括择邻的必要性、择邻的标准，以及对待邻居的应有态度，这是令人深思的。

首先，关于择邻交友的必要性。《名贤集》有言："居必择邻，交必良友。"传说孟子的母亲因邻居不太理想搬了三次家，好让孟子免受不良环境的影响，这叫"孟母择邻"，或者叫"孟母三迁"。《论语·里仁》一开头，就是"子曰：'里仁为美。择不处仁，焉得知？'"即孔子说：居住在风俗仁厚的邻里中是一件美好的事情。选择风俗败坏的地方居住，哪里还算得上是聪明呢？孔子又说"危邦不入，乱邦不居"（《论语·泰伯》），也就是不要到局势紧张、秩序混乱的地区去居住。

孟子也说："居移气，养移体，大哉居乎！"（《孟子·尽心上》）居处改变气度，好比奉养改变体质，居处是多么重要啊！古代哲人的思考与平民百姓的生活经验是完全一致的：邻居好，赛金宝；行要好伴，住要好邻；多年邻居变成亲，人到难处邻里来。环境对人影响很大：挨着铁匠会打钉，挨着木匠会拉锯；跟着好人学好人，跟着巫婆学跳神。至于"交必良友"，孔子说：有益的朋友有三种，有害的朋友有三种。与正直的人、诚实的人、见闻广博的人交朋友，是有好处的；与虚浮的人、圆滑的人、巧嘴利舌的人交朋友，是有害的（《论语·季氏》）。这是孔子的择友标准，也适用于择邻和交友。

其次，择邻交友的总原则是："见事知长短，人面识高低。"也就是说，见邻居做事情的方式就知道他的优点缺点，见邻居的面部表情就知道他的素质是高是低。俗语说，人心不同，各如其面，闻言知人，听音知鸟。不知其人，不交朋友。对于邻居，应以远是非、慎交为先。在择邻交友的总原则之下，《名贤集》又提供了六条具体的择邻标准。

第一条，"顺天者存，逆天者亡"。这是孟子说的话，语见《孟子·离娄上》。朱熹集注说："天者，理势之当然也。"另外，《孟子·万章上》又引用了《尚书·泰誓》："天视自我民视，天听自我民听。"朱熹集注说："天无形，其视听皆从于民之视听。"天意在于民心。这样，顺天者就是坚持真理、顺应历史潮流而动、不违背民心的人。择邻交友应当选择顺天者。

第二条，"老实常在，脱空常败"。这里的"老实"是指老老实实、既勤劳又节俭的人，"脱空"是指夸夸其谈、弄虚作假的人。《名贤集》中"人无远虑，必有近忧"就明示，若没有深远的谋划，必定会出现即将到来的忧愁。老实人有远虑，脱空人必有近忧；寒天不冻勤织女，荒年不饿苦耕人。老实人细水长流，吃穿不愁；脱空人寅吃卯粮，前吃后空。如今天的"月光族"，每月收入未等下个月发工资就都用光，于是东借西挪，有些人有借有还、再借不难；有些人把好心人当傻瓜，借了再借，没完没了，不胜其烦；一旦不借，忘恩负义，

反目成仇。所以择邻交友应当选择老实人。

第三条,"结有德之邻,绝无义之友"。《论语·里仁》中孔子说:"君子喻于义,小人喻于利。"君子明白的是大义,小人懂得的是私利。俗话说,酒肉朋友好找,患难之交难逢。对于酒朋肉友、狐朋狗友,尽快绝交。择邻交友应当选择有德之人。

第四条,"君子坦荡荡,小人常戚戚"。君子总是胸怀坦荡、心地纯洁、心胸宽广,小人总是忧愁悲伤。君子胸怀坦荡,所以笑口常开,青春常在;与君子相处,如沐春风。小人欲多伤神,财多累身,浊富多忧;与小人相处,一人向隅,举桌不欢。一颗牙齿痛,满口不安宁;一家有事,四邻不安。所以,择邻交友应当选择胸怀坦荡的人。

第五条,"酒逢知己千杯少,话不投机半句多"。孔子说:"可与言而不与之言,失人;不可言而与之言,失言。知者不失人,亦不失言。"(《论语·卫灵公》)面对可说的人不说,就会失去可信任的人;面对不该说的人说了不该说的话,就是失口。有智慧的人既不会失去可信任的人,也不会失口。孔子的学生子游说:"朋友数,斯疏矣。"(《论语·里仁》)对待朋友劝告次数过多,就会被朋友疏远;劝朋友向善,朋友听不进去,你就不必再说了。酒逢知己,同声相应,同气相求,说不完的知心话。所以,择邻交友应当选择知己的人。

第六条,"良言一句三冬暖,恶语伤人六月寒"。《论语·颜渊》中孔子说:"攻其恶,无攻人之恶。"意思是检查自己的过错,不去指责别人的过错。至于泼妇骂街,用恶毒的语言去诬蔑攻击他人,那就更加错误了。人应当说话和气,与人为善。利人之言,暖如布帛;伤人之言,痛如刀割;利刀割肤创犹合,恶语伤人恨难消。所以,择邻交友应当选择说话和气的人。

原文

但行好事,莫问前程。与人方便,自己方便。善与人交,久而敬之。……常存克己心，法度要谨守。

——［南宋］佚名《名贤集》

鉴赏

上文已讲述了择邻的必要性和择邻的标准，本节重点则是关于对待邻居和交友的应有态度，《名贤集》提出了四种态度。

第一种，"但行好事，莫问前程"的态度。这是一种助人为乐，做好事不求回报的态度。孔子说："君子成人之美。"(《论语·颜渊》)君子要成全别人的好事，该帮忙时就帮忙。越剧《柳毅传书》唱词中有"施恩图报非君子"，也提倡做好事不求回报。不仅如此，君子所同情、所要帮助的对象，不局限于过去的熟人，对于原先不认识的邻居、朋友，也应持一回生、二回熟的态度，及时提供帮助。

第二种，"与人方便，自己方便"的态度。给他人带来方便，今后对自己也方便。曾子说："出乎尔者，反乎尔者也。"(《孟子·梁惠王下》)意思是你怎样对待他人，他人将照样回报你。后来的引申义指言行前后矛盾、反复无常，即成语出尔反尔，这里不去说它。对于给自己带来方便的人，也应该"得人一牛，还人一马"。这同《诗·大雅·抑》中"投我以桃，报之以李"意思相同，比喻朋友、邻居间互通有无，送礼还礼友好往来。

第三种，"善与人交，久而敬之"的态度。语出《论语·公冶长》："子曰：'晏平仲善与人交，久而敬之。'"晏平仲擅长与人交往，交往愈久，别人愈尊敬他。别人尊敬他，说明他也尊敬别人，不像有些人开始相互尊敬，后来乱开玩笑，弄得不欢而散。俗话说：若要人敬我，我必先敬人；人敬我一尺，我敬人一丈。所以邻居之间、朋友之间应当互相尊重，只有好处没有坏处。

第四种，"常存克己心，法度要谨守"的态度。《论语·颜渊》载：颜渊向孔子请教说："请问实行仁的具体细目。"孔子说："非礼勿

视,非礼勿听,非礼勿言,非礼勿动。"即不合于礼的事不看,不合于礼的话不听,不合于礼的话不说,不合于礼的事不做。这里的礼,包括礼制和法度。俗话说:惧法朝朝乐,欺公日日忧,祸不入慎家之门。谁要以身试法,必将大祸临头。在邻居相处时,一定要以邻为睦,不能以邻为壑,把困难、灾祸转嫁给邻居。

居必择邻的观点,常被房产商作为楼盘促销手段。例如上海有一家房产商把某楼盘的双号楼层都平价卖给复旦大学教授,然后打出"与复旦教授为邻"的大字横幅、把单号楼层按市场价卖给顾客,这一销售策略获得了圆满成功,结果是皆大欢喜。可见居必择邻的古老观念,在市场经济中还能重放异彩。在居必择邻与正确交友这一问题上,从本节所述可以体会到,哲人名言与民间智慧相映生辉,令人目不暇接,获益匪浅。

(楼燕春)

举止仪态篇

原文

好生议论，曰摇唇鼓舌；共话衷肠，曰促膝谈心。怒发冲冠，蔺相如之英气勃勃；炙手可热，唐崔铉之贵势炎炎。

——［明］程允升《幼学琼林·身体》

鉴赏

这里讲述了人的四种举止仪态。一是"好生议论"。喜好发表议论，从事游说或煽动，搬弄是非，叫做"摇唇鼓舌"。摇唇鼓舌，亦作"鼓舌摇唇"、"鼓唇摇舌"，出自《庄子·盗跖》："（尔）不耕而食，不织而衣，摇唇鼓舌，擅生是非。"春秋战国时期，天下纷争，群雄四起。孔子带着他的弟子们周游列国，宣传其仁义之道。庄子对孔子进行了尖锐的批评，他在《盗跖》这篇文章里，以编造的盗跖故事来攻击孔子。跖指着孔子讥笑道："这人就是鲁国的巧伪人孔丘，他不耕而食，不织而衣，全凭'摇唇鼓舌'，擅生是非，以迷惑天下的君主，使天下的学士忘其求学之根本，而一心巴望侥幸于君主能封侯显贵。"

二是"共话衷肠"。彼此坐得很靠近，互相倾诉内心情意，把各人的心事毫无掩饰的说出来，就叫促膝谈心。唐代田颖《揽云台记》云："即有友人，不过十余知音之侣，来则促膝谈心，率皆圣贤之道，不敢稍涉异言。"古时人席地而坐，或坐在床上，两人对坐时，膝盖靠

近,叫做促膝,此为形容亲密地交谈心里话。

三是"怒发冲冠"。这涉及了战国时期赵国人蔺相如的故事,事见《史记·廉颇蔺相如列传》。蔺相如,原是赵国宦官头目缪贤的家臣。公元前283年,赵惠文王得到世上稀有的宝玉"和氏璧",秦昭王闻讯后,派遣使者送信给赵惠文王,表示愿意拿秦国的15座城邑来换取这块宝玉。赵王得到信后,心想如果把和氏璧送给秦国,恐怕秦国不会真用15座城邑来交换,白白地受到欺骗;如果不给,秦强赵弱,又怕秦国借口出兵攻打赵国,觉得左右为难。此时,缪贤将智勇双全的蔺相如推荐给赵王。经过考察、商讨,于是赵王任命蔺相如为使臣,带着和氏璧前往秦国。秦昭王在章台(秦宫名,今陕西省西安市)接见了蔺相如,并从蔺手中接过玉璧,非常高兴,却绝口不提以城换璧之事。蔺相如早有防备,对秦王说:"这块宝玉虽然很好,就是有点小毛病,让我指给大王看。"秦王听后,就把玉璧交给他。蔺接过玉璧,迅速后退几步,身子靠着柱子,愤怒得连头发都快竖起来,义正词严地痛斥秦王仗着势力强大,想用几句空话来骗取宝玉的目的。并指出:"如果大王一定要逼迫我,我情愿把自己的脑袋和这块宝玉在柱子上撞个粉碎。"蔺相如怒发冲冠、无所畏惧,与秦王当庭据理力争、大义凛然、机智周旋,终于使秦王有所顾忌,不仅没有让赵国受到屈辱,最终将宝玉完整地带回赵国,即"完璧归赵"。这也是蔺相如挺身维护国家尊严的事迹。

四是"炙手可热"。此为唐代崔铉的"贵势炎炎"故事。据《旧唐书》和《新唐书》中的《崔铉传》载:崔铉于唐武宗会昌初期入朝,"凡三岁至宰相"。他做事独断专行,不喜欢其他宰辅居其右,结果被罢知政事,出为陕虢观察使。宣宗大中三年(849年)四月,崔铉再次担任宰相,任用亲信郑鲁、杨绍复、段瑰、薛蒙等参与议政,权势盛极一时,气焰咄咄逼人,京师当时都流传说:"郑杨段薛,炙手可热;欲得命通,鲁绍瑰蒙。"就是说崔铉的权贵气焰很盛、炙手可热。在现代汉语中,"炙手可热"是一个使用频率极高的成语,多用其来形容某些人或事物非常热门、抢手、走红、受欢迎、为大众关注等。而追根溯源,"炙手可热"原本是一个贬义色彩十分鲜明的词,意指崔铉的权势使人不敢接近。

原文

貌虽瘦而天下肥,唐玄宗之自谓;口有蜜而腹有剑,李林甫之为人。

——[明]程允升《幼学琼林·身体》

鉴赏

本文讲述的两种举止仪态,与上文相比似乎更偏重内在的表现。首先,"貌虽瘦而天下肥"。唐玄宗说:我的形貌虽然显得瘦弱,然而天下的百姓却富足了。据《资治通鉴》卷二一三等记载,唐玄宗深知纳谏的作用,故刚直不阿的宰相韩休敢于规劝玄宗。唐玄宗稍有过失,就担心被韩休知道后提意见。有一次唐玄宗对镜自览,看到自己脸庞消瘦,便有点闷闷不乐。有人就趁机挑拨道:"自从韩休当宰相以来,老是挑您的毛病,弄得您心情不好,人也消瘦了,为什么不把韩休贬逐,改用萧嵩为相呢?"唐玄宗深知留用韩休这样的大臣对国家有好处,因此感叹道:"吾貌虽瘦,天下必肥。萧嵩为相,凡事唯唯诺诺,从不提出自己的见解,我总是夜不能寐,惟恐事情办不好;韩休为相,诸事力争,我睡觉很踏实,使用韩休,我是为了社稷,不是为了自己。"唐玄宗李隆基登基之始,废寝忘食,勇于纳谏,知错即改,励精图治,短短13年就赢来了大唐帝国的"开元盛世"。杜甫曾在《忆昔》诗中描绘道:"忆昔开元全盛日,小邑犹藏万家室,稻米流脂粟米白,公私仓廪俱丰实。"后来唐玄宗迷恋杨贵妃,重用杨国忠,导致了安史之乱,不少官员在声色犬马、心旷神怡中发了福,但大唐天下的百姓便一下子变得"瘦骨嶙嶙"了。唐玄宗初"俭"终"奢",初"瘦"终

"肥"，不仅是封建时代皇帝的个人悲剧，也反映了历代封建王朝从兴到衰的必然规律。由此可见，帝王"瘦"之于"肥"，百姓"肥"之于"瘦"，相互之间蕴含了深刻的辩证关系。

其次，"口有蜜而腹有剑"，指唐朝大奸臣李林甫之为人。据《资治通鉴》卷二一五记载："李林甫为相，凡才望功业出己右及为上所厚、势位将逼己者，必百计去之；尤忌文学之士，或阳与之善，啖以甘言而阴陷之。世谓李林甫'口有蜜，腹有剑'。"李林甫的出名并不是因为他治国有方、有德有才，而是他专权用事，玩弄"口蜜腹剑"的伎俩，以达到自己独揽政权的目的。当时朝中人都异口同声说："李公虽面有笑容，而肚中铸剑也。"即李林甫在外貌上表现出与人很友好、非常合作的态度，嘴里说尽所有好听的、善意的话，可是实际上完全相反，竟是一个非常狡猾阴险、用尽坏主意、像无形之剑那样去害人的口蜜腹剑之人。他虽然可以得逞奸谋于一时，日子久了，人们就会发现他的伪善本质。故"口蜜腹剑"不但是一句流传较广的成语，而且可作为交友的警戒格言。

原文

西子捧心，愈见增妍；丑妇效颦，弄巧反拙。慧眼始知道骨，肉眼不识贤人。婢膝奴颜，谄容可厌；胁肩谄笑，媚态难堪。

——[明]程允升《幼学琼林·身体》

鉴赏

文中又讲述了人的五种举止仪态和相应的后果。一是"西子捧心"，二是"丑妇效颦"（即"东施效颦"）。颦（pín 频）：皱眉。西子即春秋时代越国的美女西施，偶然心疼，皱着眉头，用手捧着心口，没想到此举更增添她的娇柔之美。同村的丑妇东施见而仿效，本想要弄聪明以博人爱，结果反而更丑、更惹人厌。《庄子·天运》云："西施病心而矉其里，其里之丑人见而美之，归亦捧心而矉其里。其里之富人见之，坚闭门而不出；贫人见之，挈妻子而去之走。彼知矉美而不知矉之所以美，惜乎！"矉通颦，此事告诉我们，世界上的事物是千差万别的，矛盾具有特殊性，只有具体问题具体分析，才能正确认识事物和解决问题。由于不对具体问题进行具体分析，试图用千篇一律的办法解决不同的矛盾，结果事与愿违，达不到目的。无论做什么事，如果不从客观实际出发，盲目模仿别人，甚至会弄巧成拙得到相反的结果，"东施效颦"即是典型实例。

三是"慧眼始知道骨"。道骨，指修道者的气质，这里指超逸不凡气质的人。只有慧眼才能识透他人超逸不凡的气质、才能洞见一切，而肉眼（一般人）是不可能甄别贤德之人的。慧眼又称"灵眼"，其来源于印度教湿婆神的巨大慧眼，可以洞察人世间的一切。佛家有"五眼"之说：肉眼、天眼、慧眼、法眼、佛眼。《维摩经·入不二法门品》云："实见者尚不见实，何况非实。所以者何？非肉眼所见，慧眼乃能见。而此慧眼，无见无不见。"

四是"婢膝奴颜"。婢女的膝，常常下跪；奴才的脸，满面谄媚相，那种巴结、讨好的样子令人厌恶。婢膝奴颜，也称"奴颜婢膝"，唐代陆龟蒙的《江湖散人歌》云："奴颜婢膝真乞丐，反以正直为狂痴。"即形容人的表情和动作奴才相十足，低三下四，拍马讨好，卑鄙无耻。据《宋史·陈仲微列传》记载，南宋军队与入侵的元兵交战，宋朝兵力不足，因此总是打败仗，国家面临着灭亡的危机。但是昏庸的宋朝皇帝却仍然只顾享乐，而宰相贾似道则隐瞒敌情，大臣陈仲微知道情况十分严重，便告诉皇帝说："高宗在位时，君臣都十分昏庸，敌人攻打进来时，那些人向敌人屈膝投降，就像奴才一样满脸堆笑、像婢女一样跪下求饶，我们应该引以为戒啊！"可是昏庸的宋君根本不放在心上，后来南宋就灭亡了。这就是奴颜婢膝的可悲下场。

五是"胁肩谄笑"。耸起双肩装出恭谨、奉承的笑容，令人难以

忍受。《孟子·滕文公下》记曾子之言："胁肩谄笑，病于夏畦。"夏畦，是说夏天在田间劳动；夏天烈日当空，在田间劳动是很辛苦的。但"胁肩谄笑"的卑劣姿态，在正直不阿的人看来，却比夏畦还要难受，所以叫做"病于夏畦"。而向权贵献媚、曲意奉迎的"胁肩谄笑"不但可耻，而且正如曾子所说的比烈日当空在田间劳动的"病于夏畦"更难堪。"媚态"，自古以来就为社会舆论所鄙视和谴责。鲁迅一生对"媚态"的猫显示了强烈的憎恶，在反对封建专制主义的斗争中，鲁迅藉此揭露当时绅士们种种的"跳踉丑态"，以表达他坚忍不拔的社会批判精神。

无论是"婢膝奴颜"，还是"胁肩谄笑"，都是形容卑躬屈膝谄媚奉承的奴才相。一个人要学会平等待人，应有自己做人的底线和原则。贫穷的人，如果见到有钱有势的人就露出一副点头哈腰、奉承拍马的卑贱神态，是可悲可耻的；而富贵的人如果遇到贫穷的人，就露出不可一世、傲视对方的神情，其人格也是最令人鄙视的。我们要用正确的心态来看待人生和人生的变化。

原文

《大学》首重夫明新，小子莫先于应对。其容固宜有度，出言尤贵有章。

——［明］程允升《幼学琼林·人事》

冠称元服，衣曰身章。……布衣即白丁之谓，青衿乃生员之称。……上服曰衣，下服曰裳；衣前曰襟，衣后曰裾。

——［明］程允升《幼学琼林·衣服》

鉴赏

这一节讲述了举止仪态中的仪容、言语和穿戴的礼仪规范。首先引述儒家经典《大学》说事。《大学》为"初学入德之门也",以弘扬人性中光明正大的品德为目的。文中开头两句要阐明的道理是,要使自己明白一切事理,并且使人们日新月异地达到至善的境界;而小孩学礼仪,先要学会应对的话语和礼节。接着指出:"其容固宜有度,出言尤贵有章。"即人的仪容举止本该适宜有度、符合礼仪规范,说话言语尤其贵在有条理、合章法。《礼记·玉藻》云:"(君子之容)足容重,手容恭,目容端,口容止,声容静,头容直,气容肃,立容德,色容庄。"说的是:足的仪容要稳重、手的仪容要恭敬、眼的仪容要不邪视、口的仪容要不妄言、声的仪容要不粗厉、头的仪容要不偏斜,以及呼吸平静、站立时显出有德行修养的样子和面色庄矜。这说明传统中国一直对于仪容举止以及应对和说话言语的举止很重视。其实,出言就是一种应对,得体与否,于人情与事情都有重大影响。

其次,文中讲述举止仪态的穿戴常识。冠是帽子,因戴在头上,而头为元首,所以冠称为"元服"。《汉书·昭帝纪》载:"(元凤)四年春正月丁亥,帝加元服。"颜师古注:"元,首也。冠者,首之所著,故曰元服。"衣是穿在身上的,并以文采礼服标明身份的贵贱等级,所以称为"身章"。《左传·闵公二年》云:"衣,身之章也。"身,身份;章,标记。古代以日、月、星辰、龙、蟒、鸟、兽等图文作为等级标志的礼服叫"章服",有十二章、九章、七章、五章、三章之分。

布衣即白丁,白丁是对平民或没有功名之人的称呼。《史记·李斯列传》云"夫斯乃上蔡布衣",刘禹锡《陋室铭》曰"谈笑有鸿儒,往来无白丁",都是这个意思。青衿乃是生员、秀才的名称。衿同襟,《诗·郑风·子衿》云:"青青子衿,悠悠我心。"毛传:"青衿,青领也,学子之所服。"生员,科举时代在太学等处学习者的统称。

上身的服装叫做"衣",下身的服装叫做"裳";衣的前幅称做"襟",后幅称做"裾"。《释名·释衣服》云:"凡服上曰衣,衣,依也,人所依以庇寒暑也;下曰裳,裳,障也,所以自障蔽也。""襟,禁也,交于前,所以禁御风寒也。"中国古代服饰制度的建立,起于先

秦时期。根据有关文献记载，在先秦时期就建立了相对完善的服饰制度，中原华夏族服饰的特点是上衣下裳，宽衣博带；下身穿的裳实际是裙，而不是裤，这对以后各个朝代的服饰产生了较大的影响。

原文

在家不会迎宾客，出门方知少主人。黄金无假，阿魏无真①。客来主不顾，应恐是痴人。

——佚名《增广贤文》

注释

①阿魏：药名，产于天竺、波斯等地。因物稀价昂，很难找到，加之多数人没见过，所以过去药店里的阿魏大多是假货。

鉴赏

在家之际不能礼遇款待上门的客人，当自己出门在外时，才知道缺少别人的照顾。这启示人们：善待别人就是善待自己！人与人之间的关系是互相的，他人的喜怒哀乐终究也会影响到我们，与人方便也是与己方便，帮助别人其实也是在帮助我们自己。曾经有这样一个真实的故事：一天夜晚，一对年迈夫妇走进了一家宾馆准备投宿，然而宾馆却已经客满、没有空房了。看到老夫妇疲惫的神情，当班的宾馆服务员想方设法调剂出一个房间，说："也许此房未必能让你们满意，但我只能做到这样了。"第二天，当老夫妇到前台结账时，服务员却对他们说："不用付款了，我仅仅是把自己的房间借给你们住了一晚。祝你们旅途愉快！"老夫妇十分感动地说："孩子，你是我见过的最好的宾馆经营人。"服务员笑了笑，送老夫妇出门，转身接着忙自己的工作，很快把这件事情忘记了。突然有一天，服务员收到一封信，里面是一张赴纽约的单程机票并附有简短留言,聘请他任新职。于是,他乘飞机来到纽约,按信中所标明的路线来到一个地方,抬头一看,一座金碧辉煌的大酒店耸立在他的眼前。原来,那个夜晚,他所接待的是一个有着亿万资产的富翁和他的妻子。富翁为这个服务员买下这座酒店,深信他一定会管理好它。这就是全球赫赫有名的希尔顿饭店首任经理的传奇故事。可见你热情诚恳地去对待别人,别人也会热情诚恳地来对待你。反之,客人来了,你不闻不问,那么你肯定不会有"良宾",而你连"良宾"都不关心照顾,那你就是一个痴人。

　　只有善待他人,你才能把自己融入人群,获得友谊、信任、谅解和支持;只有善待他人,你才能调整失衡的心态,解脱孤独的灵魂,走出无助的困境;只有善待他人,你才能在人生的道路上,拥有充满快乐的感觉,走向充满希望的未来。有句话说得好:"幸福并不取决于财富、权力和容貌,而是取决于你和周围人的相处。"也就是说:"授人玫瑰,手留余香。"让我们都去体会一下这余香带给自己的快乐吧!

原文

　　贫不卖书留子读,老犹栽竹与人看。不作风波于世上,但留清白在人间。勿因群疑而阻独见,勿任己意而废人言。

　　——[清]周希陶《重订增广贤文·平韵》

鉴赏

　　"贫不卖书留子读,老犹栽竹与人看。"这是清代书画家郑板桥的书斋联。意思表明:要为子孙着想、为旁人造福,前人种树,后人乘凉,道出了老一辈为子孙后代着想的良苦用心。据传说,竹子的生长与北极星座之气有关。堂前、窗前广栽竹林,会给主人带来好运,子孙繁衍,家族兴旺,健康长寿。竹子又有虚心、劲节、自强不息、不

娇不艳、不媚不俗的秉性，所以历代不少文人"寓意于物"，都酷爱竹林。如东晋的王子猷，寄居空宅中，便令种竹，说"何可一日无此君"。唐代杜甫也说："平生憩息地，必栽数竿竹。"宋代苏东坡所在苏府，更是"门前万竿竹，堂上四库书"。清代郑板桥则几乎一生都沉浸在书山和竹丛之中，即使经济困难到卖字画为生的地步，也丝毫不减爱书、爱竹的志趣。有书为伴，与竹为邻，这也是良好的养心养生的内外环境。

与此同时，人一生不求光辉可以，但一定要"留清白在人间"。人可以劳劳碌碌的过一生，不求名声，只为平凡；也可以轰轰烈烈地干一番事业，让自己成名，甚至成为别人的偶像。但自己的人生，一定要清白，宁可以平凡换清白，不能以特殊换肮脏。明代于谦的《石灰吟》诗云："千锤万凿出深山，烈火焚烧若等闲。粉身碎骨身全不怕，要留清白在人间。"就是这个意思，甚至于粉身碎骨也不怕，只求把自己的清白留在世界上。古往今来，为身清廉的意义和贪婪的后果数不胜数，无数事例都有深刻的教训，我们应该从中受到启迪。

由此应有"勿因群疑而阻独见，勿任己意而废人言"的气魄，即不要因为大多数人都疑惑就放弃个人的独特见解，也不要因为个人好恶固执己见而忽视别人的忠实良言。事物总是相对的，什么事一旦过度便变质。人固然要有从善如流的习惯，但决不是人云亦云，所谓"千人盲目一人明，众人皆醉我独醒"，有时真理还在少数人手中，该坚持的原则决不可动摇。因为时代总是青睐那些"勿因群疑而阻独见"的勇敢的探索者。正是因为有了这些勇敢的探索者，科学的文明才从无到有、从低级走向高级，给世界带来进步。当然，有时自己的见解也未必正确，那时就要本着谦虚的态度多听听别人的话，"勿任己意而废人言"。特别是决策人不要一意孤行、不采纳别人的正确意见，兼听则明，这样最后的决策才可能正确、有见地。

原文

忙中多错事，醉后吐真言。……好言一句三冬暖，话不投机六月寒。

——［清］周希陶《重订增广贤文·平韵》

鉴赏

在举止仪态方面，"忙中多错事，醉后吐真言"。在慌张忙乱中因考虑不周而容易产生差错，喝醉酒之后很可能将内心的真话吐露出来。《弟子规》中有"事勿忙，忙多错"之句，典型的事例是，有一位农民天还没亮就去赶集，路上遇到熟人劝他休息，他不休息。可是走得太累了，一不小心踩到石子就跌倒了，梨也掉了一地。等捡好梨后，集市都已经散了，这也就是"忙中多错事"。所以在做事前，要想清楚先做什么、后做什么，然后按照顺序一步一步去完成，不能因为着急而匆匆忙忙地去做事，那样很容易做不好或出差错。清代名臣曾国藩说："凡遇事须安详和缓以处之，若一慌忙，便恐有错，盖天下何事不从忙中错了。故从容安详，为处事第一法。"历来都有关于忙中出错的说法：好事不在忙中取，万事尽在忙中错；忙人做不得好事，忙中出乱；事快三分错，慢工出细活；事急则变，事缓则圆等等，不一而足。而"醉后吐真言"，也是表达了凡事要适可而止的意思。中国各地出土了大量的酒器，说明中国人很早就懂得喝酒。为什么要喝酒？对于人来说，喝酒便于交流感情，更能反映人的本真。许多人、特别是男人，就是靠酒交上"志同道合"的朋友，所谓"酒逢知己千杯少"。酒有时是一种好东西，你可以借酒说话、借酒作诗、借酒作文；酒也是一种工具，人与酒结下了不解之缘，中国几千年的酒文化，博大而精深。适当喝酒本身对身体也是有好处的，但是酒喝多，人就会控制不住自己，然后很自然地流露出自己的本性。人往往在喝醉的时候喜欢说话，

因为此时血液循环加快，处在亢奋或兴奋的状态，说出的话大多数是不经过大脑思考的，直接脱口而出的，基本说的都是真的实话，或平常敢怒不敢言的人和事，所以会"酒后吐真言"！总之，酒后吐真言是因为乙醇麻醉大脑中枢神经所致，往往轻度兴奋时吐的是"假"真言，中度及重度兴奋时吐的才是"真"真言。

"好言一句三冬暖，话不投机六月寒。"语言是有温度的，一句好言善语、同情理解的话，就能给人很大安慰，增添勇气，就能把温暖传递到人的内心深处，使人觉得即使处于寒冷的冬季也感到温暖。这既是化解矛盾的催化剂，也是跨越鸿沟的桥梁，更是抚平伤口的良药；而一句不合时宜的话，就如一把利剑，刺伤人们脆弱的心灵，使人觉得即使在暑夏六月，也感到心灰意冷。在现实生活和实际工作中，我们常会碰到这类情况：一句诚实、有礼貌的语言，可止息一场不愉快的争吵；一句粗野污秽的话，可导致双方发生摩擦、引起轩然大波。可见，说话是一种智慧，说话是一门艺术，语言的威力不可小视。常言道："衣服要干净，语言要文明。"这是告诉人们要说文明话。健康的语言是文雅朴实、优美动听的，它起到促进团结、激励人奋进、改善人与人之间关系的积极作用；粗野污秽的语言是令人讨厌的，它会破坏团结、败坏社会风气、腐蚀人们的灵魂。

原文

风息时，休起浪；岸到处，便离船。隐恶扬善，谨行慎言。自处超然，处人蔼然。得意欿然，失意泰然。老当益壮，穷且益坚。
——［清］周希陶《重订增广贤文·平韵》

鉴赏

首句比喻做人要善于把握分寸、不要节外生枝：没有风浪时就不要惹是生非，到了岸边时就自然下船。君子应该趋利避祸，这样不会在"风平"的时候再去掀起"浪头"（惹是生非），到了岸边就要下船（以防船翻），强调淡泊名利，洁身自好。它告诉我们这样一条辩证原理：世界上任何事物的存在都不是孤立的，都是与周围的其他事物相关联的，这些事物有着互相依赖、互相制约的关系，也即风和浪是有着非常密切的联系，有风就必定有浪，风平就会浪静；同时，风的大小又直接影响着浪的大小。

"隐恶扬善，谨行慎言。"《礼记·中庸》云："舜好问而好察迩言，隐恶而扬善。"即孔子说：舜可真是具有大智慧的人啊！他喜欢向人问问题，又善于分析别人浅近话语里的含义，隐藏人家的坏处，宣扬人的好处。中国古代非常强调隐恶扬善，隐恶扬善是圣人的警言，原因是人与人并没有根本差距，不好的行为知道太多就很难控制自己的恶念；而善恶本身就是一念之间，好人与坏人并没有太远的距离。中国古代首先强调的是做人，目的是让人向善的一面发展。要做到隐恶扬善，更得有博大的胸襟和宽容的气度。而所谓"谨行慎言"，就是做事说话要小心谨慎，老子说"美言可以市尊"，但它也是危险的，弄不好会因言招祸，所以"智者不言"。同在春秋战国诞生的儒道两家出于对弟子的关心，都主张"慎言"。因此，说话小心些，为人谨慎些，使自己置身于进可攻、退可守的有利位置，牢牢地把握人生的主动权，无疑是有益的。

同样，一个人单独生活的时候，要"自处超然"，要有"宁静而致远"的心态，这是人生的一种至高境界。遇到各种各样困难和不如意的事情时仍能以豁达的态度对待之，始终保持积极健康的态度，让心灵充分舒展；在闲寂之时，要耐得寂寞，排遣孤独，心平气和地干自己想干的事，不浮躁，不敷衍，把时光打发得充实有趣，不让空虚无聊占据心田。而所谓"处人蔼然"，就是与人为善、宽仁大度。平时待人接物，做到平易近人、诚恳谦和，给人以亲近信任的感觉。既能够听取正面的话语，也能够听取不同意见；具有博大的胸襟和宽容的气度，要用平和之心善待周围所有的人，无论富贵还是贫穷，无论健

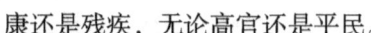

康还是残疾，无论高官还是平民。

当然，春风得意时要看得很平淡、平静，不如意时要心态平和、泰然处之，即"得意欿然，失意泰然"。欿（kǎn砍）然，即淡然、不自满。老子说过"淡兮其若海"，意思是志得意满的时候，更应该保持虚静恬淡、无思无欲的心境，具有怡然自得的神态。反之，失意的时候，应泰然处之。要做到这样，就必须心胸宽广，不以物喜，不以己悲，积蓄能量，把握时机，以更加饱满的热情和不懈努力，迎接否极泰来的时刻。

"老当益壮，穷且益坚。"这是人们常用的名句。《后汉书·马援传》云："丈夫为志，穷当益坚，老当益壮。"东汉名将马援，从小就胸怀大志，希望去边疆发展畜牧业。马援长大以后，当了扶风郡的督邮（汉代各郡的重要属吏）。有一次，郡太守派他送犯人到长安。半路上，他觉得犯人怪可怜的，不忍心把他送去受刑，就把他放走了。自己也只好丢了官，逃亡到北朝郡躲起来。这时恰好赶上大赦，以前的事不再追究。于是，他安心地搞起畜牧业和农业生产，不到几年工夫，马援成了一个大畜牧主。但是，他对富裕生活并不满足，把自己积攒的财产，都分送给他的兄弟、朋友。他说："一个人做个守财奴，太没有意思了。"他常对朋友说："做个大丈夫，总要'穷当益坚，老当益壮'才行"。就是说，越穷困，志向越要坚定；越年老，志气越要壮盛。后来，马援成了东汉有名的将领，为光武帝立下了很多战功。唐代王勃在《滕王阁序》中进一步发挥说："老当益壮，宁移白首之心；穷且益坚，不坠青云之志。"有德君子就应安贫乐道，通达之人要深知自己的命运。"失意"之时，不失青云之志；身处困境，而不甘沉沦；即使到了老年，也应壮心不已。这才是积极向上的人生态度。

原文

枯木逢春犹再发，人无两度再少年。少而寡欲颜常好，老不求官梦亦闲。

——［清］周希陶《重订增广贤文·平韵》

鉴赏

文中的"枯木逢春犹再发，人无两度再少年"，强调了人生短暂，青少年时代的黄金岁月尤其短暂而珍贵，而人不可能像树木那样逢春再发新芽，人的青春一去不再回来，这是残酷的事实。这告诫年轻人，要珍惜大好时光，好好学习。所谓"少壮不努力，老大徒伤悲！"这是汉朝《长歌行》对时间作的最生动的诠释。

而"少而寡欲颜常好，老不求官梦亦闲"，则是说年轻时能清静寡欲，那么他的容颜就常久保持良好；年老时能不求做官，那么他连做梦也会显得悠闲。春秋时期，鲁国的闵子骞拜孔子为师，这个脸色蜡黄干枯、神情委顿的弟子没有给老师留下什么好印象。谁知一年后，孔子再见到他，一时都没认出来。眼前的闵子骞脸色红润，气宇轩昂，是一个仪表堂堂的汉子！孔子是顶级好学之人，忙问其故，闵子骞毫不保守地说：弟子没遇见老师前，看见达官贵人坐在华丽高大的车上，彩带飘飞，随从前呼后拥，就心生羡慕，吃不好睡不好，脸色自然不好。自从受了老师教化，专注诗书，学习做人之策，心境平和，觉出人生的快乐，再也没什么烦恼忧愁了。读书可养颜，有这段流传两千多年的史实为证。人要经受得住金钱、权位的诱惑，防止无止境地追逐，经受得住社会上各种不良风气的诱惑，调整好心态，珍惜自己的岗位，甘于清淡，敢于吃苦，习惯于过平常生活，就能青春永驻、生活清闲、安度晚年。

原文

心者貌之根，审心而善恶自见；行者心之发，观行而祸福可知。出纳不公平,难得儿孙长育;语言多反覆,应知心腹无依。

——[宋]陈抟《心相编》

鉴赏

心地是相貌的根本,审察一个人的相貌表现,就可以了解他心地的善恶;行为是心性的外在表现,观察一个人的行为,就可以知道他的祸福吉凶。世间吉凶祸福,在常人看来是扑朔迷离,而真正有传统文化修养的大师们,却通过"相貌"、"行为"能深谙其中道理,懂得其中规律。"心者貌之根,审心而善恶自见",谈了善与恶的关系;"行者心之发,观行而祸福可知",谈了祸与福的关系。两句话讲了心行、善恶、祸福这六个字的因果关系。故此才有孟子"性善"与荀子"性恶"之争。如果再细分,心是心,性是性。心属于知的范畴,又名曰后天;性为先天大道,又称性天。心性并称是因为没有性,心无所生;离开心,性也无从表现。但在主从关系上,性是管心的,心又能影响到性。所以一个人的相貌,不过是他心念与心性的外在表现而已,有什么样的心性就有什么样的相貌,这是谈到的心与貌的关系。心既是指人的心念、思想活动,行自然就是指人的行为举止、言语动作。行为科学表明,善恶描述心行的动机,祸福则是心行产生的结果。从心理学的角度来说,每个人的面相都反映着其相对应的身体和心理的状态,比如一个身体健康、身心愉悦的人,其通常在相学中都天庭饱满、红光满面、神采奕奕。相反,一个身体有病,或苦恼忧愁的人通常愁云密布、眉头紧锁,其多半是很难有顺心的事。如林黛玉,遇到点事就往不好的地方想,长久如此,气不舒、血不畅、营无养、卫无充、五脏不调、六神无主,如此身体状况,脸上青黄黑瘦、暗淡无光,表情也常是蹙成一团、双目无神、半死不活,让人一见就郁闷,起码不舒服。元代杂剧《老君堂》里有一句戏词:"算什么命,问什么卜,欺人是祸,饶人是福。"所以说观行而祸福可知,看一个人的行为,他将来能得到什么样的果报,是福还是祸,就非常清楚了。

"出纳不公平,难得儿孙长育;语言多反覆,应知心腹无依。"说话不公道,或者在钱财上不公平、占人便宜,这样的人很难子孙绕膝;说话没有信用的人,当然没有知心朋友可依靠。"出纳"有两种解释:相学中指口,五官中"口为出纳官","出纳不公平"也就是讲话口不应心、口是心非;其次,出纳是出入、取与的意思,在古代指升、斗、斛、秤等计量工具。做买卖的用灌了水银的杆秤,缺斤减两,坑蒙顾客,这种靠坑蒙拐骗发家致富的人,本人得到的果报不祥,还可能累及子孙。《三世因果文》中说:"雷打火烧为何因,大秤小斗不公平。"用狠话教人出纳一定要公平。

"语言多反覆",有几层意思:一是说过的话、发过的誓愿不兑现,说话不算数,不讲诚信。这种人的后果是没有知心朋友,孤家寡人一个,晚景很凄凉。为什么呢?朋友之道在五常之德中占一个"信"字,信是友道之德,人无信而不立,自然是心腹无依。二是人前说一套,人后说一套,挑拨是非。俗话说:"会做人的两头瞒,不会做人的两头舌。"两头舌就是拨弄是非,犯了做人行道的四大根本戒律——"杀盗淫妄"中的"妄语"。人的口为出纳官,相学上非常注重,因为口为言语之门、是非之关、饮食之官、心之外户,故观察口业,可以测断一个人的穷通荣辱。口业是最容易犯的,所谓"舌头板子压死人"。因为人有主导思想、有自由意识,可以自己主宰自己,可以做善事,也可以做恶事,全看自己的心行。其中言语的行为最重要,佛家的"五戒十善"中口戒就占了四条,所以口业不可不慎,口德不能缺少。

原文

举止不失其常,非贵亦须大富,寿可知矣;喜怒不形于色,

成名还立大功，奸亦右之。

——［宋］陈抟《心相编》

鉴赏

首句"举止不失其常，非贵亦须大富，寿可知矣"，即面对荣辱得失，言行举止保持常态，不是大贵就是大富，也会长寿。孔子说过，有的人是"宠辱若惊，得之若惊，失之若惊"。怎么样才能做到荣辱、得失不惊呢？在收获成功、荣誉、权势的时候，或在遭遇失败、失去名利之际，应能举止从容，看透名利，以平常心面对，这对于走正义之路至为重要，关键要有崇高的生活目标和人生理想，有同世俗的偏见和腐朽的人生观断然决裂的勇气和行为。汉初大将韩信，青年时曾遭受过胯下之辱，而他接受侮辱、转化侮辱，在内心深处形成一种激发的力量：好好努力、奋斗、争气，将来一定要出人头地，一定要功成名就。这样的屈辱成了推进他走向成功的力量。后来他在汉高祖刘邦领导下，被授予大权，掌握三军。大权在握，韩信不辱使命，成就了伟业。但因功高震主、权大震君，刘邦又褫夺了他的兵权。这是典型的忍辱成就功业，但后来又死于功业的事例。在高位、得宠之时，心灵状态要往下放；获得荣誉或升迁的时候，一定要保持冷静，居安思危，谨慎避祸，要有一颗平常心。顺境和逆境、成功和失败，是生命历程中相连的链条：有成功，肯定有失败；有顺境，肯定有逆境；有升迁，也可能有降级。这些问题看清以后，就可以宠辱不惊，对万事万物抱一颗平常心，你的心灵就平静了。智慧之剑斩断烦恼，才能引导心灵走向一个更高境界。

至于"喜怒不形于色，成名还立大功，奸亦右之"，是指两种人：一种是城府很深，不轻易流露喜怒情绪者，这种人往往能够成大名、立大功，可以说都是了不起的人，如战国时期赵国的蔺相如不与廉颇计较，才有后来的"将相和"以及赵国的稳定。另一种是极坏的人，比如唐朝的李义府，笑里藏刀，就令人害怕了；而唐朝的李林甫，就是有名的"口蜜腹剑"，城府也很深。这些小人很可怕，你当时得罪了他，他暂时不跟你计较，以后再报复你。生活中最好有识人之明，远离这些小人。

原文

一切言动，都要安详，十差九错，只为慌张。沉静立身，从容说话，不要轻薄，惹人笑骂。先学耐烦，快休使气，性躁心粗，一生不济。

——［明］吕得胜《小儿语》

鉴赏

在这一节中，每四句讲述一个主题内容，表明作者在举止仪态方面向孩童教导的要点。其一，"一切言动，都要安详，十差九错，只为慌张"。这是告诫人们：说话办事要沉着稳重、从容不迫，才能考虑周详、不出漏洞；慌慌张张，则难免挂一漏万，甚至破绽百出，结果把事情办砸了。这中间不单有经验的因素，更重要的是修养和气质。历史上著名的"诸葛亮大摆空城计"，就是一个典型事例。三国之际，诸葛亮兵败街亭之后，司马懿率大队人马，迅疾兵临西城门下，当时蜀军主力均在外未归。形势紧急，大家都一筹莫展，因为根本无法在短时间内调回大军，诸葛亮冷静地分析了双方的形势，如果硬拼，蜀军寡不敌众，必败无疑，只有出其不意，才有可能挽回败局。于是，诸葛亮把身边为数不多的将士，派出城外埋伏，等待伏击司马懿；然后命几个老兵打扫街道，而自己则安坐在城楼抚琴观景，装出轻松自如、满不在乎的样子。司马懿领兵到达西城墙下，看到诸葛亮神情自若的样子，急令撤军，途中突然受到西蜀伏兵的袭击，损失惨重。后来，司马懿才知道中了诸葛亮的空城计，大叹诸葛亮的聪明，也很佩服他临危不乱、沉着冷静、处事不惊慌的本领。所以说，一切言语行动要平静安详，说话要不快不慢、平平和和，才能做成大事、有所成就。

其二，"沉静立身，从容说话，不要轻薄，惹人笑骂"。立身之本对于人生，犹如水之源，源远则流长；犹如树之根，根深则叶茂，本固则枝荣。我们在沉静当中观察各种事物、悠闲之处面对繁复世事，才能获得超尘脱俗的趣味；动中能取静，忙处可偷闲，就是安身立命的功夫。当心渐渐趋于安定平和时，身体也会更加舒缓，精神放松，身心柔和、安康。言行举止上更要注意端庄得体、庄重敦厚，不要显露出不正经的样子，切忌放荡、轻佻、浮薄，以免遭到大家的耻笑。北宋著名文学家苏东坡就因一时没有尊重别人而受到了深刻教训。有一次，苏东坡去拜访佛印禅师，佛印禅师带他一同到寺庙参禅打坐。苏轼静坐一阵，突然转身问佛印禅师："你现在看我是什么？"佛印禅师淡然一笑说："你还是先说说你看到的我是什么吧！"苏轼得意洋洋地说："用我的天眼看，大师是团牛粪。"佛印禅师没有恼怒，而是一如既往平静地说："用我的天眼看，先生你是如来。"苏东坡内心窃喜，兴冲冲地回到家，得意地将这件事告诉了妹妹苏小妹，并说今天终于让佛印落了下风。苏小妹天资聪颖，她听了一阵大笑，说："哥哥，这回你可输惨了！修行得道之人，一切外在事物都是自己内心的投射。内心是牛粪的人看别人是牛粪，内心是如来的人看别人才是如来。"苏轼听罢，深觉惭愧，更加佩服起佛印禅师来。大家都渴望被人喜欢、受人尊敬、受人崇拜，这是人类的本性，但只有付出才会有回报，所以要想获得他人的尊重，必须先学会尊重他人，这是做人起码的道理。

其三，"先学耐烦，快休使气，性躁心粗，一生不济"。古人说："忍一时之气，免百日之忧。"不要在无端的争闹面前逞能耐、意气用事，因这不仅于事无补，反而适得其反。汉初大将韩信，年少时喜欢随身佩剑出游。一天，遇到一个杀猪的少年向他挑衅说："你也不小了,还总带着剑,说明很胆小。你若拿剑敢刺我,就算你厉害,如果不敢刺,就从我的胯下钻过去。"韩信忍住火气,从那人的胯下爬了过去。围观的人都笑话韩信,说他是胆小鬼。后来,韩信投靠汉高祖刘邦,战功显赫,被封为楚王。他把当年羞辱他的那个人召来,任命他为中尉,并跟手下诸将说:"这个人是勇士,当初侮辱我,我为什么没有杀了他呢?那是因为当时我没有意气用事,如今把他留在这里也时时提醒我继续保持忍耐。"现在有些人,对不良习气已经习以为常,明知发脾气、意气用事不好,就是掌控不了自己的情绪;而做不到心平气和,就容易惹是生非,纵然一时忍下来,内心还是会不痛快的,如何排解不良情绪呢?在这方面应该好好向韩信学习。

原文

能有几句,见人胡讲,洪钟无声,满瓶不响。自家过失,不消遮掩,遮掩不得,又添一短。无心之失,说开罢手,一差半错,哪个没有。

——[明]吕得胜《小儿语》

鉴赏

本节接续上文,仍是《小儿语》对孩童说教举止仪态方面的事项。其一,"能有几句,见人胡讲,洪钟无声,满瓶不响"。一个人能有多少学问,看见人就胡吹乱说?洪钟平时都是默默无声的,半瓶水晃得响,而满瓶的水反而没有声音。从前,一个楚丘人得了一个形状像马的古物,造得十分精致,颈脖与尾巴俱全,只是背部有个洞。楚丘人不知此为何物,就到处打听,此时一个魏人听说这事,就自告奋勇地来到了楚丘人家里鉴赏这个古物。他探究了一番,然后慢条斯理地说:"古代有犀牛形状的酒杯,也有大象形状的酒杯,这个东西应是马形酒杯。"楚丘人一听大喜，于是每当设宴款待贵客时，就拿出来盛酒。一天，仇山人偶然经过楚丘人家，正好魏人也在，看到他用这个东西盛酒，便惊愕地说："你从什么地方得到的这个东西？这是尿壶呀！怎么可以用来做酒器呢？"自充行家的魏人听了这话，脸一下子红到了耳朵根，羞惭得无地自容。在现实生活中，越是不学无术的人越喜欢夸夸其谈，就好比半瓶水晃得叮当作响。所以不懂不能装懂，更不能胡说八道，否则会闹出贻笑大方的结果。

其二，"自家过失，不消遮掩，遮掩不得，又添一短"。自己的过失，不必遮遮掩掩的，一旦遮掩揭穿，反倒又加上一条过失。有这样一个故事：田稷是战国时齐国的宰相，做事认真负责，深得齐王信任。齐王任命他统领百官，总揽政务。于是，有人给他行贿，希望获得好处。一天，田稷手下的一名官员给他送来黄金百锭，这在当时是个诱人的大数目，面对这么多金子，他内心争斗了一番，实在难以抵挡这种诱惑，还是收下了。母亲看到田稷拿回家这么多金子，惊讶万分，忙问金子的来由。田稷是个孝子，不想欺瞒母亲，于是就将受贿一事告诉了母亲。母亲听完后怒气冲天，教训他说："为官就应该清正廉洁，不能见钱眼开，而且应该注重自己的道德修养，要有高尚的行为，不该收受不义之财。"田稷受到母亲严厉的训斥，感到十分羞愧和自责，急忙原数归还了金子，随后又主动跑到齐王面前去请罪。田稷勇于退贿，并且没有对齐王隐瞒自己的过失，反而很勇敢地承认错误，这是需要勇气的。一旦有错，就要敢于承认，立刻改正，否则错上加错，将后悔莫及。

其三，"无心之失，说开罢手，一差半错，哪个没有"。别人无心犯下的过错，能说清楚就尽量放过人家；无论是谁都难以避免犯个一差半错的！宋神宗年间，王安石在神宗的支持下推行变法。苏东坡因为讪谤朝政，被外贬为黄州团练副使。过了一些日子，宋神宗想念苏东坡的才识过人，就想召他回京。一时的言语失误，谁都难免，只要不是捏造是非、有意将事情扩大，都是可以原谅的。

原文

宁好认错，休要说谎，教人识破，谁肯作养。要成好人，须寻好友，引酵若酸，哪得甜酒。与人讲话，看人面色，意不相投，不须强说。

——［明］吕得胜《小儿语》

鉴赏

延续前面两节内容，作者仍在举止仪态方面对孩童进行指导。其一，"宁好认错，休要说谎，教人识破，谁肯作养"。犯下错误宁可勇于认错，也不要用谎言来掩饰，因为一旦被别人识破，还会有谁来原谅你呢？有个"北人食菱"的故事很能说明此问题：从前有个北方人，他一直居住在北方，突然有一天皇帝派他到南方去做官，他担心人生地疏，唯恐做错事或说错话而被人耻笑。北方人怀着忐忑不安的心情来到了南方，到任这天，官衙同僚十分热情，设宴为他接风。大家知道他是初次来南方，估计他平时很少吃到南方特产，所以在酒席上特别准备了一盘菱角请他品尝。北方人一看，从未见过，也不知道该如何吃，但他又不好意思请教，只好硬了硬头皮，随手拿了一只菱角，壳也不剥，一闭眼囫囵就吞进嘴里。他一边嚼一边说："不错，味道很好。"有位同僚见了忙说："吃菱角是要先把壳剥掉，壳是不能吃的。"北方人却死要面子，硬充内行，笑了笑，指着菱角说："我当然知道大家都是这样吃的。可我这种吃法是有我的道理的，你们想知道么？"一位同僚说道："愿闻其详。"北方人接着说："这菱角壳虽然嚼着发硬不好吃，可是它却有一定的药效，那就是它可以清热解毒。这几天舟车劳累，路上饮食不好，觉得有些上火，于是我连壳一起吃，就是为了清热解毒。"同僚听后都觉得新鲜，表示自己都是第一次听到菱角还有这样的用处。北方人见第一招已把别人蒙住了，心中自然有些得意。

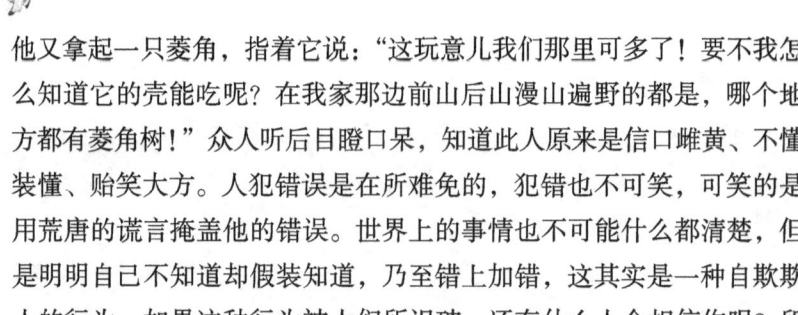

他又拿起一只菱角,指着它说:"这玩意儿我们那里可多了!要不我怎么知道它的壳能吃呢?在我家那边前山后山漫山遍野的都是,哪个地方都有菱角树!"众人听后目瞪口呆,知道此人原来是信口雌黄、不懂装懂、贻笑大方。人犯错误是在所难免的,犯错也不可笑,可笑的是用荒唐的谎言掩盖他的错误。世界上的事情也不可能什么都清楚,但是明明自己不知道却假装知道,乃至错上加错,这其实是一种自欺欺人的行为;如果这种行为被人们所识破,还有什么人会相信你呢?所以我们做人一定要诚实,否则就会犯下更大的错误。

其二,"要成好人,须寻好友,引酵若酸,哪得甜酒"。要想成为一个好人,必须寻找好的朋友;就像酿酒一样,如果用发酸的酵子来做酒,不可能酿出甜酒来。所谓"近朱者赤,近墨者黑",所以交友要交好友,勿交损友。《论语·里仁》说:"见贤思齐焉。"如果一个人周围都是一些品德高尚的人,那么这个人也会受到影响,会加倍努力,去赶超他们。好的朋友会从思想上启迪你、提高你,完善你的品格,使你日渐走上健康的人生道路,在你遭遇困难的时候,他又会真诚地帮助你。而损友如毒草,靠近者必受其害,会带你误入歧途,甚至带你去干坏事,毁掉你的一生,当你真正遇到困难需要帮助的时候,他却会背叛你,弃你而去。损友不可交,宁缺勿滥。

其三,"与人讲话,看人面色,意不相投,不须强说"。在说话方面,与人讲话,要学会察言观色,如果彼此的意见不能统一,就不必勉强再说下去。察言,是认识人的关键。一个人的言辞能透露出他的品格、性格,因此领会弦外之音是"察言"的关键所在。观色,就如"看云识天气",从对方的表情、面相、打扮、动作,以及看似不经意的行为,敏锐细致地观察,可在第一时间掌握对方的意图,了解对方的内心世界,从而随机应变,做出正确的反应。淳于髡(kūn昆)是战国时期齐国著名的思想家,他以博学多才、善于辩论著称,尤其善长察言观色,分析人的内心世界。淳于髡曾经两次被人推荐给梁惠王,梁惠王屏蔽左右,独自一人召见淳于髡,但淳于髡却闭口不言。梁惠王很不高兴，责备推荐人。于是推荐人对此进行了解，淳于髡说："我第一次见惠王，惠王的心思并不在听我讲话，而是尽快听我说完好办其他的事。后来又一次见惠王，惠王的心思在听音乐上，所以我什么也不想说。"推荐人将此话转告给惠王，惠王大惊说："淳于先生真是神人！上次有人献了一匹马给我，我急着去试骑。第二次见淳于先生，刚巧有人献歌。这两次寡人虽然让旁人退下，但心思却在马和歌上。"终于在淳于髡第三次相会时，见惠王全神贯注，便与之认真交谈二日三夜，一点倦意也没有，提出了许多重要的建议。正是因为淳于髡能了解人的思想活动，善于察言观色，所以言必有中。同样，意趣不相投，也就是志不同道不合，互相不理解，说了也白说，也产生不了共鸣。

原文

口要常漱，手要常洗。避人之物，藏在背里。脚手头脸，女人四强，身子不顾，人笑爹娘。妇女妆束，清修雅淡，只在贤德，不在打扮；不良之妇，穿金戴银，不如贤女，荆钗布裙。偷眼瞧人，偷声低唱，又惹是非，又不贵相。衣服整齐，茶饭洁净，污浊邋遢，猪狗之性。

——［明］吕得胜《女小儿语·女容》

鉴赏

这一节是针对女孩日常举止提出"女容"方面的具体要求。其一，"口要常漱"，是说作为女孩，口腔要保持清洁，嘴里有异味，总是不好，故应养成漱口和刷牙的习惯。除了及时刷牙以外，还要注意在公众场合少吃大蒜，免得口腔异味令人不爽，如一定要吃，与人对话应当保持一定距离，或嚼些口香糖消除异味。

其二，"手要常洗"，这是必须养成的良好习惯。手是人拿取物品和工具的媒介，经常会被沾染上许多细菌，也会被弄脏，所以为了保持清洁和预防疾病，手要常洗。试想，一位女子，其他方面都很注意，但是手老是脏的，指甲下常有污垢，人们就会觉得她是一个不讲卫生、不干净的懒女人，至少在女容方面有缺陷。

其三，"避人之物，藏在背里"。女人都会有不想让人看到的隐私，具体到女容来说，如内衣、胸罩、月经用品等不宜让外人看到的女人用品，应当存放在不易察觉的地方，而更换这些用品时更要注意避人，这也是女容的基本要求。

其四，"脚手头脸，女人四强，身子不顾，人笑爹娘"。女人四强为脚、手、头、脸。为什么叫四强呢？因为这些地方是展现和代表女人魅力的重要之处。怎样展现女人四强呢？一是注意清洁干净，无异味；二是不要过分修饰，否则物极必反。一般来说，面部以微饰淡雅为佳，忌用浓厚的粉妆。头，主要指头发的发型、发味，应当根据所处环境、年龄、职业、社会地位来决定，那些不合时宜的发型是很难彰显个人魅力的；头发以无汗渍味为好。手，一是要干净；二是指甲不宜过长或过短，长则容易伤损，短则容易损伤骨气；三是要想装饰指甲，也以淡雅为好。脚的保养要求和手基本相同，还要加上无臭味这个重点。如果一个女人连自己的身体形象都不注意，那么外人会嘲笑其父母对自己的女儿没有进行起码的教育。

其五，"妇女妆束，清修雅淡，只在贤德，不在打扮；不良之妇，穿金戴银，不如贤女，荆钗布裙"。得体妇女的基本妆束形象，应以清修而淡雅为宜。从德和仪来看，贤德在先，打扮次之。那些没有贤德却有奢欲的妇女，被称为不良之妇，虽然穿金戴银，也不会给自己增添什么光辉，反而让人觉得充满了铜臭气。这样的人，仍然不如那些穿着粗布葛裙的贤惠妇女，所以关键不在显富而在贤德。至于"衣服整齐，茶饭洁净"，这是对女子起码的要求。否则"污浊邋遢，猪狗之性"，倘若邋里邋遢，与猪狗之类有什么不同呢？

其六,"偷眼瞧人,偷声低唱,又惹是非,又不贵相"。作为女孩,养成"偷眼瞧人,偷声低唱"的习惯,是不好的,因为"又惹是非,又不贵相"。一般来说,看人要正眼相看,而"偷眼"(斜着眼睛)看人,总有几分窥测心在驱使,属于不正当的举动,至少没气派,让人觉得不舒服,既容易招惹是非,也使形象变差。

原文

笑休高声,说要低语,下气小心,才是妇女。房中说话,常要小心,旁人听去,惹笑生嗔。母家夫前,休学语言,讲不明白,落个不贤。休要搬舌,休要翻嘴,招对出来,又羞又悔。只夸人长,休说人短,人向你说,只听休管。

——[明]吕得胜《女小儿语·女言》

鉴赏

这里是针对女孩日常举止提出"女言"方面的具体要求。其一,"笑休高声,说要低语,下气小心,才是妇女"。教导女孩不要高声大笑,说话时要轻声细语,因为只有态度恭顺、平心静气,才是妇女应有的基本气质;作为一个女人,对人宜面带微笑,忌讳高声大笑,因大笑不雅,不应在大庭广众的场合出现。而女子对人说话宜悄声细语,以人家听得清楚便可,忌讳高声言语;讲话高声,犹如樵夫喊山,没有什么规矩而言,女子尤其不宜。

其二,"房中说话,常要小心,旁人听去,惹笑生嗔"。旧时妇女应注意,在房间中与丈夫说话不可放肆,要小心翼翼,否则隔墙有耳,给旁人听到,会遭人耻笑、惹来是非。因为夫妻之间,一旦到了自己屋子里,少不得有"私房话",言语嬉笑、放肆在所难免,这虽是常情,但给他人听到,总是不雅。

其三,"母家夫前,休学语言,讲不明白,落个不贤。休要搬舌,休要翻嘴,招对出来,又羞又悔"。在娘家或丈夫面前,不要搬话,如果说不清楚,引发矛盾,那就是不贤之举了。更不能搬弄是非,也不要与人吵嘴,"搬舌"一旦被大家识破,就会无地自容。女人说话最忌讳的有两个方面:一是通过话语来挑拨是非,多嘴多舌、喜欢说长道短的女人,自古以来就被称之为"长舌之妇",令人反感和厌恶;二是狗熊脾气,经常与人发生口角或争吵,这样的女人不但被人认为没有涵养,而且很难有人缘,也难以在外做人。所以,作为女人,应该注意只夸奖别人的优点、好的地方,不去说人家的缺点、不好的地方,而别人与你说长道短,最好的应对策略是只听不说,不参与评论,更不该多管那些身外的闲事。

《女小儿语》中《女容》、《女言》讲述了作为一个女孩从小应该在言行举止方面注意的一些问题,指出女孩的容颜是仪表外观上的事情,而贤德是外观仪表的灵魂所在,位在礼仪之首。今天看来,这些对于女孩的容貌品德等的论述,依然有参考价值。

原文

云想衣裳花想容,春风拂槛露华浓。若非群玉山头见,会向瑶台月下逢。

——《千家诗·清平调》(李白)

鉴赏

这是唐代诗仙李白的《清平调》三首中的一首,为诗人供奉翰林时所作。当时唐玄宗与杨贵妃在宫苑观赏牡丹花,宫中最著名的乐师李龟年看到皇帝与杨贵妃兴趣盎然,便令他那班梨园弟子拿出乐器,准备奏乐起舞为皇上与贵妃助兴,唐玄宗却说:"赏名花,对爱妃,哪能还老听这些陈词旧曲呢?"于是急召翰林学士李白进宫,以贵妃赏牡丹为题材作新乐章。李白略作思索,便下笔如飞,在金花笺上写了三首《清平调》送上,唐玄宗看了十分满意,当即便令配曲,梨园弟子奏起丝竹,李龟年展喉而歌,杨贵妃拿着玻璃七宝杯,倒上西凉州进贡的葡萄美酒,边饮酒边赏歌,不觉喜上眉梢,唐玄宗一见愈发兴起,忍不住也亲自吹起玉笛来助兴,每到一首曲终之际,都要延长乐曲,重复演奏,尽兴方止。杨贵妃饮罢美酒,听完妙曲,遂款款下拜,向唐玄宗深表谢意。这段出自《杨太真外传》的传奇故事,也许有不少夸张、虚构的成分,但不容置疑的是,既能够得到当事人的喜爱,又受到后人一致好评的作品,恐怕非李白这三首《清平调》莫属了。

　　李白这次突然奉命作诗,能准确把握所要写的特定题材,即紧紧抓住唐玄宗当时的特殊心理,从"赏名花,对爱妃"这一特定的角度切入,使得全诗不论在立意谋篇上,还是在修辞手法上,都显得非常得体,又游刃有余。要在短时间创作中想得如此周全完备,绝不是一件轻而易举的事,换了别人,恐怕也只有写出一般的应景文字交差而已。所以说构思奇特、立意独到、坐等可待、文思敏捷,正是《清平调》诗最主要的,也是常人望尘莫及的难能可贵之处。这三首诗,以其中的第一首最为出色。

　　首句"云想衣裳花想容",句中两个"想"字,可以说是看到云而想到衣裳,看到花而想到容貌,也可以说把衣裳想象为云,把容貌想象为花,这样交互参差、化实为虚、虚实结合、花团锦簇,把当时唐玄宗最为得意的"名花"与"贵妃"非常巧妙地联系起来。天上的彩云,犹如杨贵妃的霓裳羽衣一般雍容华贵,而娇艳无比的牡丹花,簇拥着她那丰满美丽的玉容。盛开的牡丹和美艳的贵妃,正所谓是"国色天香",被李白用短短的七个字、一行诗,天衣无缝地融合在一起,令人遐想联翩,妙不可言。

　　第二句"春风拂槛露华浓",承接上句,大笔渲染了在明媚的春风中、亭槛下,美丽的牡丹花在晶莹的露水中显得更加艳冶,也同时

以"风"、"露"来暗喻唐玄宗对杨贵妃的宠幸,使得杨贵妃的花容月貌更加光彩照人。

第三、四句"若非群玉山头见,会向瑶台月下逢",虽说仍是比喻手法,但却从眼前实景推向远景,由现实主义的写实变成浪漫主义的想象,对准了天上仙境——群玉山,那是西天王母娘娘所居之处,据说山上多产美玉,因以为名;而瑶台,传说在昆仑山上,也是王母娘娘的仙宫。"若非"、"会向",诗人故作选择,意实肯定:这样超绝人寰的美貌女子,恐怕只有在上天仙境才能见到。群玉山、瑶台、月色,清一色素淡的字眼,映衬艳丽的花容月貌,使人自然联想到白玉般的人儿,又像一朵温馨的牡丹花。与此同时,诗人又不露痕迹,把杨妃比作天女下凡,真是精妙至极。

李白的这首诗,语语浓艳,字字流葩,而最突出的是将花与人浑融在一起写,又似在写花光,又似在写人面。人、物交融,言在此而意在彼。读这首诗,如觉春风满纸、花光满眼、人面迷离,不须什么刻画而自然使人觉得这是牡丹,是美人玉色,而不是别的,无怪当时就深为唐玄宗所赞赏。

原文

水光潋滟晴方好,山色空蒙雨亦奇。欲把西湖比西子,淡妆浓抹总相宜。

——《千家诗·饮湖上初晴后雨》(苏轼)

鉴赏

北宋大文豪苏轼于宋神宗熙宁四年至七年(1071—1074)在杭州任通判期间,曾写下大量赞美西湖景物的诗篇,而此诗是最脍炙人口的一首。从诗歌的题目可以得知,这一天,苏轼和朋友泛舟西湖,游玩宴乐，开始的时候，天气晴朗，阳光明媚，令人心旷神怡；不一会工夫，晴转阴天，下起了蒙蒙细雨。晴和雨两种截然不同的风光，更加激发了苏轼的诗兴。在善于领略自然美景的苏轼眼中，西湖的远景近景、山景水景、晴姿雨态，都是美好奇妙的。于是苏轼欣然命笔，写了《饮湖上初晴后雨》之诗。

首句"水光潋滟晴方好"，用浓墨重笔描写了西湖在晴空万里下的景色：在灿烂的阳光照耀下，阵阵清风拂来，只见整个西湖水面水波荡漾，闪烁着粼粼的波光，美丽无比。次句"山色空蒙雨亦奇"，以水墨画的笔触，描写了西湖雨天的景色：在绵绵不断的雨幕笼罩下，西湖周围的群山，烟雾缭绕，迷迷茫茫，朦朦胧胧，若有若无，若幻若真，奇妙之极。这两句用白描和对比的方法，概括了西湖在不同气候条件下所呈现的不同美态。前者描写晴天的湖光，后者赞美雨天的山色，两句从彩色的艳丽到黑白的朦胧、从灿烂的晴天到阴沉的雨幕，大色块地将彩色与黑白两种强烈的视觉情景进行反差对比，对西湖景观迷人、动态的面貌作了翔实、准确地立体描绘。这是当日游览西湖时"先晴后雨"的实景感受，也是他多次游玩西湖所积累的深切感受的凝聚、升华，由此才可能对西湖景观作出如此完美的全景式的三维构架表述。

顿时，苏轼思如泉涌，心灵与美景融会，写出了"欲把西湖比西子，淡妆浓抹总相宜"的千古绝唱。这里苏轼不写西湖局部美景，而是以貌取神，抓住西湖整体神韵，与西子（西施）的美貌类比，利用绝世佳人西施的美丽，描绘了西湖景观的独特风光，给人留下了许多想象空间；以美女来比喻美景，绝对新奇巧妙而又极富浪漫主义色彩，这正是神来之笔！苏轼妙笔生花，十分巧妙地将西湖比拟为美女西施，不仅是因为二者同在浙江地区，同有一个"西"字，同样具有婀娜多姿的娇媚柔和之美，更主要的是她们都具有国色天香、物华天宝的天赋美好姿质。西湖、西施，都无须借助附加物，不必依靠人为的修饰打扮，总是随时都能展现其美丽的自然风姿。苏轼的这个绝妙

比喻，得到后世的公认，从此"西子湖"就成了西湖的别称。南宋陈善的《扪虱新语》说："要识西子，但看西湖。要识西湖，但看此诗。"古人评说这首诗是吟咏杭州西湖景色的极品，"可谓前无古人，后无来者"，应该是恰如其分的评价。千百年来，这首诗不断流传，被人们反复咏唱，为西湖的景色增添了无比亮丽的光彩。

原文

寿王议鼎，杜林驳尧。西施捧心，孙寿折腰。

——［唐］李瀚《蒙求》

鉴赏

据《汉书·吾丘寿王传》记载：汉武帝在汾阴（今山西省万荣县）得到一尊宝鼎，文武百官都说这是周朝的宝鼎，认为这是天赐宝物，应当看作是吉兆，并上朝祝贺。只有吾丘寿王说那不是周鼎，而是汉朝的宝鼎。汉武帝随即招来寿王，怒气冲天地说："群臣都说是周鼎，惟独你说不是，你说出道理来可以原谅，否则只有死路一条。"寿王答道："臣下怎么会没有说法！周文王、周武王和周公等治理国家，兴盛无比，得到上天的恩惠，此鼎出现在周，就叫周鼎。秦始皇统一天下，派人去找此鼎，一直没有找到。直到当今盛世才出现，这是上天赏赐给汉朝的，所以当称为汉鼎，而不是周鼎。"汉武帝听罢非常高兴，赏赐寿王黄金十斤。这就是"寿王议鼎"的典故。原来鼎在古代是政权的象征，如"问鼎"一词，意为图谋王位。寿王称其为汉鼎，象征汉朝政权巩固，汉武帝自然十分得意。后来"寿王议鼎"作为赞人才识卓异，能够审时度势、迎合上司的典故。

"杜林驳尧"中的杜林，是东汉时期的通儒，光武帝时官至大司空。群臣讨论祭祀制度，大家都认为应该祭祀尧帝，但杜林认为汉朝的建立与尧帝无关,应该祭祀天地。杜林驳尧,是说杜林胆识过人,在朝廷上议论政事,与其他各位大臣的意见不同,力排众意,最终光武帝听从了杜林的建议。

"西施捧心",典出《庄子·天运》。西施是春秋后期越国美女,由于有心痛的毛病,每次犯病时她都皱着眉头,捂着心口,缓步前行,人们管这姿势叫"西施捧心",虽说是病态,但看起来更加娇媚动人。邻村丑女东施见了也学着西施的样子走路,人们见了,觉得东施更加丑陋难看,纷纷避开她。大美女西施的病态美是一种身心情感的自然流露,所以显得楚楚动人,别具风格;而丑女东施是刻意模仿的,显得矫揉造作,丑上加丑,自己根本就没搞清楚西施的病态之所以美丽动人的缘由,以丑陋学美好而愈显其丑。说明在这个世界上,有些适合别人的事情,自己不一定适合,我们不能盲目模仿别人,那样的结果可能会适得其反。

"孙寿折腰",典出《后汉书·梁冀传》:"(孙)寿色美而善为妖态,作愁眉、啼妆、堕马髻、折腰步、龋齿笑,以为媚惑。寿性钳忌,能制御冀,冀甚宠惮之。"东汉权臣梁冀的妻子孙寿,容貌美丽又善于打扮,但经常装腔作势,其中最突出的是"折腰步",唐代李贤注引《风俗通》云:"折腰步者,足不体任。"这位悍妇有五种妖态:一是"愁眉",把眉毛画得细而曲折,显出一副愁容;二是"啼妆",在眼睛下面化妆,显出一副哭过后的楚楚动人;三是"堕马髻",把发髻偏在一边,以示懒散、放荡,好像刚从马背上摔下来的样子;四是"龋齿笑",笑起来好像牙痛,只能遮遮掩掩地浅笑,不能放声大笑;五是"折腰步",此为孙寿最下功夫的妖态,即走路时让胯部夸张地左右扭动,身姿好像失去平衡感,如风摆柳,扭捏作态,装出腰肢细得好像要折断的样子,左右脚踩在两脚间的直线上,曲线的诱惑在身体摇晃中让人想入非非。这些扮相是有史以来最楚楚"可怜"的,形容女子容貌体态妖艳迷人。孙寿这种"可怜相"的打扮,使得男人不得不由怜生爱。自此,中国女子普遍盈盈不堪一握,眼角眉梢羞怯不自持,柔弱慵懒得像只波斯猫，让男性萌生一种想保护、想怜爱的冲动。男性是一种需要用别人的弱小才能反衬自己强大的生物。哪怕你的纤纤玉手像赵飞燕、像孙寿一样，杀过无数的人，抢过无数的钱，也一定要表现得娇羞无力，风一刮就飘走。可惜孙寿的这些矫揉造作、妖艳迷人的容貌也并不能使她逃脱问罪的命运，因孙寿与梁冀的贪暴过甚，在汉桓帝追查时，夫妻双双畏罪自杀。

原文

立必平视，勿俯勿仰，勿左右顾，身勿偏向。侍于亲长，立必在旁，敬候意旨，不得匆忙。亲友聚谈，旁立听言，不得忘形，立于中间。

——［民国］周秉清《养蒙便读·立》

鉴赏

这一节讲述举止仪态方面对站立的要求。一是"立必平视，勿俯勿仰，勿左右顾，身勿偏向"，即站立时一定要保持眼睛平视，身体不可前后晃动，眼睛不可东张西望，身体不可侧斜。"站有站相，坐有坐相"，这是我们从小就从长辈那里得来并以此要求后辈遵守的教诲。这一举止传承了数千年，成为中华民族礼仪中的一个重要组成部分。最早记载站姿和坐姿规矩的文献资料是《礼记·曲礼》，较为详细地提出了要站得直、坐得正，符合尊卑长幼的秩序，如"游毋倨，立毋跛，坐毋箕，寝毋伏"，即走路不要显出傲慢的样子，站着不要偏用一脚而歪斜，坐着不要伸开双腿像簸箕，睡觉不能趴着；"坐不中席，行不中道，立不中门"，即餐饮之际不坐中间，走路之时不占中道，站立之际不堵门中。秦汉时期迎来儒学研究的一个高峰，对礼容的研究更为详尽具体。著名的长沙王太傅贾谊所著《新书·容经》中，系统阐述了站相、坐相、行相。站姿为：正好冠带，面朝前方，头不歪斜，眼不乱瞄，两肩平衡，上臂伸直，双手抱掌，两脚直立，间隔二寸。也就是说，从头到脚要有整体的表现。总之，站立是人最基本的姿势，是一种静态的美。中国历代对站姿和坐姿都十分重视，将其视为个人修养以及展示良好素质的一项重要内容。经过数千年的演变，虽然这种古老的礼仪已经发生了很大变化，但中华传统礼仪那种端严谨慎之风，依然流传至今，成为我们这个民族世代相传的宝贵财富。

二是"侍于亲长，立必在旁，敬候意旨，不得匆忙"，即在父母亲等长辈面前侍候，必须站立在他们旁边，恭敬地等候他们的吩咐，不可心躁、没有耐性。俗话说得好："百善孝为先。"要想成为有作为的人，首先要做品行高尚的人，而孝养双亲是必修课。一个人，如果对给予自己生命、辛勤哺育自己恩重如山的父母都不知道报答、不知孝敬，那就丧失了做人该有的良心，那是没有道德可言的。中国有一句古话："子欲养而亲不待"，就是说：儿女想孝敬父母，可是父母都快死了，等不了了。所以父母亲在时不孝敬，等他们去世了又后悔莫及，那还有什么用呢？孝敬父母长辈应从小事做起，从点点滴滴做起。

三是"亲友聚谈，旁立听言，不得忘形，立于中间"。亲友聚会是现代社会交往中很常见的一种形式，而对于亲戚朋友来说，这种社交活动是极为难得的机会，聚会时大多会互诉衷肠、兴高采烈。为了能够让亲友在聚会中畅所欲言，我们需要注意一些基本的礼节，也同样要求所有的参与者举止得体，作为个人切忌喧宾夺主、哗众取宠、忘乎所以，以及穿插来回、立在众人中间，破坏大家谈话交流的情趣。

原文

行路勿疾，身正态徐，亲长若呼，却当疾趋。与人同行，须知左右，尊卑长幼，序其先后。

——［民国］周秉清《养蒙便读·行》

鉴赏

　　这里讲述了举止仪态方面的行走要求。一是"行路勿疾,身正态徐,亲长若呼,却当疾趋"。走路不要太快,摆正身体姿态缓缓而行,若父母长辈有所召唤,就应当快步前来,不可耽搁。中国古代关于走路留下了许多规矩,并对走路的动作分辨得很细。如《释名》说:"两脚进曰行,徐行曰步,疾行曰趋,疾趋曰走。奔,变也,有急变奔赴之也。"即两脚正常速度走路称为"行",慢走称为"步",快走称为"趋","走"相当于现在的跑。《释名》以"变"释奔,说"有急变奔赴之也",描绘了奔的特点——拼命地跑。《曲礼》明确规定:"遭先生于道,趋而进","先生与之言则对,不与之言则趋而退"。趋进、趋退是对"先生"的尊敬。从历史文献中可以看出,其总的原则是在尊者、长者面前要"趋",尤其是在君王的面前,"趋"更是不可少的。哪怕是在战火纷飞的战场上,"趋"的礼节也是不可少的。《左传·成公十六年》:"郤至三遇楚子之卒,见楚子,必下,免胄而趋风。"晋楚交战,郤至见到敌国国君还要致敬,这是符合春秋时代的惯例的。他致敬的方式一共三个:下车、免胄、趋风。所谓"趋风",即疾趋如风。见到长者、尊者或者听到他们的吩咐使唤,往前紧走几步,快跑上前,这本是发自内心的尊敬,无论古代还是现代,都是值得传承和提倡的。

　　二是"与人同行,须知左右,尊卑长幼,序其先后"。与人一起走路,应该知道前后的分别,要按照年长者和年幼者之间的先后尊卑,来决定走前走后的序列。中国地大物博,历史悠久,自古受儒教影响颇深,讲究长幼有序、尊卑有分、君臣有别。《礼记·乐记》云:"所以官序贵贱各得其宜也,所以示后世有尊卑长幼之序也。""长幼有序"是一种非常美好的伦常关系,但如今的孩子有几个能有"长幼尊卑"的意识?不管饮食,或是就座、行走,都是应该长者优先、晚辈随后,可如今不少人往往忽视这点,什么事情都迁就小孩,这是完全错误的,也是孩子成长中的不利因素，传承和弘扬"长幼有序"、"长幼尊卑"的伦常关系很有必要，因为这是中华文化的优良传统。在家庭中做到兄弟和睦，出门在外就懂得长幼有序。年长者，以自己的经验和阅历帮助、扶助年轻者；年轻者，敬重长者，虚心请教，同样会获得长者的尊重和提携，这样在前进中就能事半而功倍。

原文

顺理为先，行不背首，义在是焉。行不趋私，义即克全，外圆内方，即义即权。

——[民国]周秉清《养蒙便读·修德》

鉴赏

修德与举止仪态也有密切关联，修德中的"义"应该是内在的举止仪态。首先，"顺理为先，行不背首，义在是焉"。顺理，就是凡事要顺乎形势，依乎规律。《韩诗外传》卷七云："正直者顺道而行，顺理而言，公平无私，不为安肆志，不为危激行。"《朱子语类》卷八也曰："'虚心顺理'，学者当守此四字。"顺理首先要明白事理，不固执己见，要懂得事物的道理，顺应事物发展的规律，要顺势而为，这是取得必胜的外部条件；同时要顺天应人、借力发挥，如果是领导者，更要做一个正直的人，做规则的守护者、秩序的维护者，努力做到"顺道而行"、"顺理而言"、"公平无私"，取得被领导者最大限度的认同。顺理还要成章，做到有条理、不紊乱。唐代名相房玄龄说："顺理而举易为力，背时而动难为功。"做任何事都要顺应客观情况的变化，才能事半功倍；如果背离这一原则，就很难获得成功。而所谓的"义"，是中国古代一种含义极广的道德范畴，本指公正、合理而应当做的。子曰："义者，宜也"，"君子义以为上"。如果

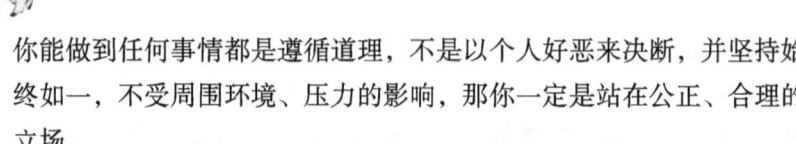

你能做到任何事情都是遵循道理,不是以个人好恶来决断,并坚持始终如一,不受周围环境、压力的影响,那你一定是站在公正、合理的立场。

其次,"外圆内方"。方为做人之本,圆为处世之道,是指为人处世圆通豁达,内心有固守的准则。"方圆"之说源于中国古代的钱币,一枚铜钱,外圆内方,朴实无华,但古代先贤却从这小小钱币中悟出许多道理。《淮南子·主术训》云:"智欲员(圆)而行欲方。""智圆行方"被古人当做境界极高的人生道德和智慧,即做人应当方圆并用,该方则方,该圆则圆。真正的"方圆"之人是大智慧与大容忍的结合体,有勇猛斗士的威力,有沉静蕴慧的平和;真正的"方圆"之人能对大喜悦与大悲哀泰然不惊;真正的"方圆"之人,行动时干练、不为感情所左右,退避时能审时度势、全身而退,且能抓住最佳机会东山再起;真正的"方圆"之人,没有失败,面对挫折与逆境以沉默积蓄力量。总之,运用好"方圆"之理,一定能够无往不胜、所向披靡。

原文

虚怀接物,受宠若惊,敬愚如佛,智岂无遗,愚有一得,骄矜召祸,谦能获益。

——[民国]周秉清《养蒙便读·修德》

鉴赏

修德中的"谦",与上文中"义"一样,也应该是内在的举止仪态。首先,"虚怀接物"是谦虚的表现,是一种美德,也是进取和成功的必要前提。我们想要获得进步的前提就是要谦虚地看待自己,充分了解自己的局限性。当别人做得比你好的时候,要敢于承认自己的不足,要学会赞扬别人,给人真诚的感觉。待人接物以"虚怀若谷"的姿态，也显示出自己心胸开阔，能容纳别人。老子《道德经》第十五章云："豫兮若冬涉川，犹兮若畏四邻，俨兮其若容，涣兮若冰之将释，敦兮其若朴，旷兮其若谷，混兮其若浊。"圣人的胸怀好像天地间的风箱，又好似山间的低谷，无边无际，他们对自己从没有过自满，所以才能取得辉煌的成就。而"受宠若惊"，则因为得到意外宠爱或赏识而高兴、惊喜。《老子》第十三章曰："得之若惊，失之若惊，是谓宠辱若惊。"一个人在受到升迁奖赏等荣宠的时候，千万不要得意忘形、忘乎所以，而是应该有不堪重负、若惊若惧的想法，唯恐自己德薄功浅，远远没有达到值得庆幸的程度，唯恐这些荣誉和地位得不到长久的保持。所以说，受宠若惊，是压力更是动力，推动你一直向前。

其次，对待大智若愚的人要像对待佛祖那样敬重，即使是真正愚笨的人，也应想到"愚者千虑，必有一得"，也要"敬愚如佛"，这样才会显示出自己的智慧。我们有些所谓聪明人，就是见机行事，知道该如何利用身边的一切为我所用，而所谓的愚笨者，却是工作扎实、对人真诚、不会利用身边的有利环境，于是聪明人不但不喜欢和愚笨者交朋友，更多的时候欺负他们、笑话他们，其实不管是聪明人还是愚笨者，彼此都有可以学习的地方。"智岂无遗，愚有一得"，实际上就是"智者千虑，必有一失；愚者千虑，必有一得"的意思，出自《史记·淮阴侯列传》。这里包含了一种朴素的辩证法思想，说明任何事物都是一分为二的，再聪明的人也不应该骄傲，聪明之人不可能永远聪明，也会有失误、糊涂的时候，只有正确对待失误，才能将失误降低到最少。反之，看似愚笨、糊涂的人，他也有聪明的时候，只要加强学习、多加考虑，就会有所收获。况且，还有大智若愚之说，大智之人不仅才智很高，而且在日常生活中不处处显露自己的锋芒，做人低调、厚积薄发，有着海纳百川的境界和强者求己的心态，这都是十分可贵的品质。而与其相反的就是骄矜，即骄傲专横、傲慢无礼、自尊自大、自以为是，这样的人在历史上和现实生活中还是不少的，其结果往往是众叛亲离、功败垂成。比如三国时期文武全才的关羽，有胆有谋、德才兼备、骁勇善战，然而其辉煌一生中，却有着非常明显的骄矜性格。关羽因缺乏自知之明、刚愎自用、自恋骄矜，给他的人际关系带来了覆灭性祸害，最终败走麦城，落得身首异处的下场。"谦能获益"即"满招损，谦受益"、"虚心使人进步，骄傲使人落后"。唐代大诗人白居易每做好一首诗，总是先念给老妇人听，然后再反复修改，直到她们听了拍手称好，才算定稿。他虚心求教于人民，使他的诗通俗易懂，在民间广为流传、为人称颂。成功来自谦虚，获益也来自谦虚，个人如此，国家和民族也是如此，只有认清自己的现状，虚心向别的国家和民族学习，取其精华，剔其糟粕，国家才能振兴，民族才能强盛。

原文

竭忠尽孝谓之人，治国经邦谓之学，安危定变谓之才，经天纬地谓之文，霁月光风谓之度①，万物一体谓之仁。

以圣贤之道教人易，以圣贤之道治己难；以圣贤之道出口易，以圣贤之道躬行难；以圣贤之道奋始易，以圣贤之道克终难。

——［清］金兰生《格言联璧·学问类》

注释

①霁月光风：意为雨后的明月、天朗气清时的和风，这里比喻人的品格高尚、胸襟开阔。

鉴赏

这一节重点讲述了两个主题，即如何做到真才实学、如何才能言行一致？

首先，能尽心竭力做到忠诚孝敬，才能称之为真正的人；能治理国家，使之太平、安定，才称得上有学问；能平息危难动乱，才能称之为人才；能规划天地、治理天下，才能称之为经世之才；能心胸坦荡，光明磊落，才能称之为君子风度；能包容世间万物，才能称之为仁德之心。如果我们没有忠孝的态度，那就丧失了做人的起码资格和品质。我们读书、做学问，是为了更好地管理国家、为民造福，而不是口若悬河、夸夸其谈、颠倒黑白、逃避责任，缺乏承担的勇气，使得社会风气愈来愈堕落。一个人有没有胆识才华，是要看遇到危难关头，能否处乱不惊、临危不乱，而不是仅仅炫耀才华。真正有才华的人，能够化解危机，能够扭转家庭、社会的矛盾。宋代陈亮《谢罗尚书启》云："霁月光风，终然洒落。"意为只有"霁月光风"，才是真正的品格高尚、胸襟开阔，并能够爱护家人、爱护人类、爱护大自然，甚至能够"亲亲而仁民，仁民而爱物"。也只有我们善待万物，地球才能和谐、才能平衡。

其次，按照圣贤的道理教导别人很容易，但按照圣贤所讲的道理约束自己却是不容易的事；将圣贤的道理挂在嘴上很容易，而按照圣贤的道理去加以实践却很难；遵循圣贤的道理开始奋斗很容易，但是坚持到底却很难。这些道理明确告诉我们，圣贤的学问强调言行一致，做仁义之事，必有仁义之心。圣贤绝不是主张口头上的理论，而是强调将道理与实践相结合，行仁政必本于德性。那些专门以圣贤的理论教导别人而自己却不能实施，学问与实践不能统一，不懂得提高完善自己的道德品性而只会管教别人，这样的人不能取信于人，难以在社会上立足，也不会取得太大的成就。

原文

无根本底气节，如酒汉殴人，醉时勇，醒来退消，无分毫气力；无学问底识见，如庖人炀灶，面前明，背后左右，无一些照顾。

——［清］金兰生《格言联璧·学问类》

鉴赏

气节在外表现为人的形象，在内表现为人的品行，是形象和品行的有机统一，也属举止仪态的范畴。首先，"无根本底气节，如酒汉殴人，醉时勇，醒来退消，无分毫气力"。没有根本的气节，就好像醉汉喝醉酒打人，酒醉时很勇敢，酒醒后勇气全消，没有一点力气。气节是人的志气和节操，是中华民族优秀传统文化的重要组成部分，也是中华民族自古以来就十分推崇的道德标准。孔子有"志气也，无求生以害仁，有杀身成仁"之说，认为人的气节比人的生命还重要、还宝贵。孟子还提出："居天下之广居，立天下之正位，行天下之大道，得志，与民由之；不得志，独行其道。富贵不能淫，贫贱不能移，威武不能屈，此之谓大丈夫。"（《孟子·滕文公下》）孟子所说的"大丈夫"精神就是人们所说的气节。一个人讲气节，就会心系民族、心系事业，就会志向远大、行为端正、注意名节、一身正气、两袖清风。纵观中国历史，那些能够万古流芳、青史留名的都是些视节操如泰山、出污泥而不染的仁人志士。人没有气节，就如醉汉，只有一时之勇，实质是一个懦夫。在命运的颠沛中，很容易看出一个人的气节。秦末的陈胜、吴广均为饥寒交迫的"瓮牖绳枢之子"，虽常年与人佣耕，但又胸怀"鸿鹄之志"，无时不在渴望着一个有意义的"富贵"人生。即使遭到周围人的嘲笑，他也只是怅然叹息："嗟呼！燕雀安知鸿鹄之志哉？"而事情的发展倒恰好证明，因为陈胜胸怀"鸿鹄之志"，后来才可能在戍途中鼓动戍卒"斩木为兵，揭竿为旗"，"伐无道，诛暴秦"，向以秦二世胡亥为代表的封建帝王发起第一次改朝换代的全面进攻。虽然他们在举义后不久相继牺牲，但却表现出"壮士不死则已，死即举大名"的气节，从而永垂青史。

其次,"无学问底识见,如庖人炀灶,面前明,背后左右,无一些照顾"。没有入木三分的学问,就好像厨师在炉灶前面烧火,面前光亮而背后和两边却是一片黑暗,也就是说没有掌握正确反映客观事物的系统知识,那么你的见识只能是片面有限的。同样,光凭知道的事情多还不能算学问,必须把知道的事情消化整理为系统的"知识",才能称之为"学问"。多知多学,博闻强记,自成系统,又能够灵活运用,这就叫"才学兼备"。但对更高层次的真正追求学问的人来说,有才、有学还不够,更重要的是"有识",即有"识见"、有发明、有创新。值得注意的是,"识见"应该建立在"有学"和"有才"的基础之上。无学无才,却急功近利,非要追求"识见",那只能是自欺欺人的好吹嘘之人,即"饶舌者"。很多人羡慕鲁迅杂文深刻老辣、有识见,岂知鲁迅有几十年的才学积累的基础,才将杂文写得炉火纯青、如刀剑般锋利。因此,完整的学问应该包括才、学、识几部分,而为了获得才、学、识,又需要德、义、勇等几项人品素质,这是很有道理的。

原文

何思何虑?居心当如止水;勿助勿忘,为学当如流水。心不欲杂,杂则神荡而不收;心不欲劳,劳则神疲而不入。心慎杂欲,则有余灵;目慎杂观,则有余明。

——[清]金兰生《格言联璧·学问类》

鉴赏

如何对待欲望,它在一定程度上反映出一个人的行为举止和思想境界。首先,"何思何虑?居心当如止水;勿助勿忘,为学当如流水"。就是说:为何要有那么多思虑?心境应当平静如水、毫无杂念,不求冒进也不忘记;学习应当如流水一般永无止境。其中"止水"和"流

水",分别比喻世人对"居心"和"为学"应具有的正确态度,可谓生动入理,渗透着对人生的思考,不失为修身养性之箴言。人立天地间,吸天地灵气,食五谷杂粮,必然有七情六欲。作为健全的人有正常的欲望并没有什么不好。鲁迅曾说:不满的车轮可以载着不满的人类向前飞奔。人如果什么欲望都没有了,岂不意味着生命的止息?人类社会也就失去了前进的动力。但凡事皆有度,欲过为私,纵欲为害,节欲为善。奉行"人为财死、鸟为食亡"的信条,一辈子只追逐个人的欲望,那样的人生意义何在?唯有把个人的追求同社会的进步、人民的需要结合起来,才显出生命的价值,才不会枉走人间一趟。因此,欲望有高低之分、雅俗之别,如何对待欲望,它在一定程度上反映出一个人的行为举止和思想境界。现今世界五彩缤纷、无奇不有,所谓"居心当如止水",就是面对当前种种诱惑,应该常怀一分清醒、保持一分操节、固守一分宁静,做到心静如水、心如止水,不要让物欲横流,以致泛滥开来,冲毁了人性,冲垮了人伦,冲走了良知,待到铸成大错或身陷囹圄才幡然悔悟,已为时过晚了。当然,一个人要拒绝诱惑,使得"居心"如"止水",是相当不易的,只有拥有远大理想和坚定信念,才能抑制非分的欲望。而学习有益于屏除陋习、增长见识、开拓视野、重塑人格,能够给单薄的人生增添丰厚的阅历,使平淡的岁月焕发绚丽的色彩。

其次,"心不欲杂,杂则神荡而不收;心不欲劳,劳则神疲而不入。心慎杂欲,则有余灵;目慎杂观,则有余明"。即一个人内心摒除杂念则自然头脑会变得清明起来,人心一旦杂乱涣散,受到外界的各种诱惑,用心不能专一,就会被拖入犯罪的泥坑。如今,随着改革开放的深化、社会主义市场经济体制的逐步建立,中国正进入一个巨大的社会转型期和新的战略机遇期。各种价值观念、利益取向、生活方式相互渗透、相互激荡,令人目不暇接、不知所措。故不论工作还是研习学问要适度,如果用功过头、心力交瘁、疲乏不堪,也会适得其反。应该在劳作之后闭目静坐、养其神气,这样就使得心如鱼在水中轻松悠扬，才能享受真正的快乐。当然，还要注意摒除内心不纯正的欲望，这样就会有无尽的聪明智慧；注意避免五花八门现象的干扰，就会长久保持目光清澈、锐利。一个人要戒除不好的欲望，主要还是靠自己的意志力和抑制力，只要有决心，不为环境所诱惑，不管什么样的邪念都能从心中驱除出去。反之，各种欲望越高，烦恼就越多，这样的人做事时总是不能专心致志，易受他人影响，稍有外界的干扰就不能继续自己的方向。无论学习还是工作，心无杂念是一种很高的境界，需要长期的修养磨练。因此，做人要设法清空自己的私心杂念，否则不可能专心致志。古人说："心欲其时时结聚，结聚则聪明生。"也就是说，人的思想要常常集中在某一个正确方面，才会产生源源不断的智慧。

原文

君子之心不胜其小，而器量涵盖一世；小人之心不胜其大，而志意拘守一隅。怒是猛虎，欲是深渊。忿如火，不遏则燎原；欲如水，不遏则滔天。惩忿如摧山，窒欲如填壑；惩忿如救火，窒欲如防水。心一松散，万事不可收拾；心一疏忽，万事不入耳目；心一执著，万事不得自然。一念疏忽是错起头，一念决裂是错到底。

——［清］金兰生《格言联璧·存养类》

鉴赏

君子一生欲念极少，但才识、度量宏大，涵盖一切；而小人需求极多，思想、志向狭隘，局限自己。孔子的修身之原则，就是君子要有"厚德载物"的胸怀，心胸开阔，豁达大度，宽以待人；容人所不能容，忍人所不能忍，处人所不能处。一个人如果没有宏大的气量，

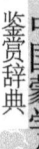

就无法成就大事业，凡是能够做成大事业的人，总是胸襟旷达、宽怀大度。所以，君子应时时提醒自己，做到小利不争、小忿不发、远离纷争，与人和睦相处。失意之时，要学会一个"忍"字，不争一时之短长。常言道：有容乃大，以宽容的心态对待家人、同事、朋友，乃至擦肩而过的行人；以平淡的心态对待发生在自己身边的事情，不以一己之私去衡量事情的好坏。而小人所图谋的无非就是有利于自己，导致欲望无穷的大，每天深陷其中，难以自拔，一天到晚闷闷不乐。加上在利欲面前，斤斤计较，一点都不想吃亏，固执于眼前得失、与人争斗，这样怎么可能有远大的抱负和理想。

在为人的性格上应切记："怒是猛虎，欲是深渊。忿如火，不遏则燎原；欲如水，不遏则滔天。"发怒似猛虎伤人，欲求如深渊难填。愤怒像火，不加遏制则会变成燎原之势烧掉一切；贪欲似水，不加遏制会变成滔天大水淹没一切。所以我们不要轻易发怒，因为既伤人又伤己，乃至彻底失去理智，导致不可挽救的恶果。同样，也不要贪得无厌，儒家认为养生莫过于养心，其要点是心不为外物所转，因为怒伤肝、喜伤心、思伤脾、忧伤肺、恐伤肾，故养心莫过于寡欲。而压抑怒气需要有像推倒大山般的坚定意志和力量，阻断贪念欲望需要有如填平沟壑般的坚强毅力；压抑怒气需要有像救火般的迅疾行动，阻断贪念欲望需要有如防治洪水般的急切出手。

心一旦松懈懒散，就什么事情也都做不成；心一旦粗疏忽略，就什么事情也都无法看到、听到；人心一旦固执己见，就无法得到人的自然本性和自然情感。思想松懈、行动懒散是每个人尤其是年轻人的第一杀手。认识到思想上庸、懒、散、贪对工作的影响和危害，就应该亡羊补牢。一个人的成长，关键在于其心灵的成长；成功者与失败者的最大差别就在于他们有着不同的心。一个念头的疏忽大意，就是产生错误的开始；一有想法就来作定夺，肯定一错到底。成功，是每个人都梦寐以求的；失败，每个人都避之唯恐不及。当我们看到成功者运筹帷幄、意气风发之时，也应当看到他们身上灼灼闪光的优秀品质，应当看到他们取得成功所经历的坎坷；当我们在分析自己的失败时，不要以为那仅仅是一时的疏忽大意，正是因为一念之差，正是在细节、心态、品格、情绪、说话、行动等诸多方面存在不足，才使我们与成功失之交臂，从而导致必然的失败。关键的关键，遇到事情，决不轻易就作出决断，深思熟虑，反复斟酌，集思广益，才会立于不败之地。

原文

大事难事看担当，逆境顺境看襟度；临喜临怒看涵养，群行群止看识见。

——［清］金兰生《格言联璧·存养类》

鉴赏

面临大事和难事时，可以看出一个人担当责任的能力；处于顺境或逆境时，可以看出一个人的胸怀和度量；遇到喜怒之事时，可以看出一个人的涵养；从与人相处的行为举止，则可以看出一个人对事物的见解和认识。所以，从以下表现可以看出一个人的修养和举止仪态。

其一，"大事难事看担当"，勇于担当责任的人，大多具有高深的修养和品性，无论是顺境或逆境，都有博大的胸怀和气度，显示出"任凭风吹浪打，胜似闲庭信步"的英雄气度。如果一个人在艰难危险的关键时刻能挺身而出，或者在紧要关头能承担重任，那么肯定会成为大家的精神支柱，也往往会被大家所信赖和拥戴。事有大小难易，人有巧拙、贤愚，每个人都有每个人的担当。这种担当或是情感上的，或是行为上的；或为自己、为亲友、为他人，或为家庭、为集体、为社会。具体而言，"一人做事一人当"，是普通百姓对敢于担当的率直快意的表达；"天下兴亡，匹夫有责"，是仁人志士丹心报国、敢于担

当的责任意识;"穷且益坚,不坠青云之志",是有志者身处困境时敢于担当意念的袒露;"做一个负责任的大国"、"维护世界和平,促进共同发展",是一个国家和民族敢于担当、致力国际事务的庄严承诺。在现实生活中,人们往往把敢于担当与责任、良心、价值、奉献、牺牲、勇气和才干等方面的思考联系在一起,赋予"担当"以丰富的内涵。它既代表着"在其位、谋其政、成其事"的履职、尽责态度,也体现了"先天下之忧而忧,后天下之乐而乐"的宽广胸怀;它既代表着"知其难为而为之"的执著精神,也体现着"明知山有虎,偏向虎山行"的无畏勇气。"疾风知劲草,烈火炼真金",考验一个人不是看他平时怎么说,而要看在急难险重、大是大非面前怎么做,只有在关键时刻,一个人的举止才真正体现其品德、信仰和忠诚。

其二,"逆境顺境看襟度"也是同理,要把一个人放在某种环境里,看其胸襟和气魄。人和事无非是顺和逆,人们往往适宜于在顺境中生存,因为风平浪静很难一目了然其胸襟和气魄;但在逆境中完全不同,需要一个人显示胆识、意志、毅力、胸襟等,是一种综合能力的磨炼和考验。一个有胸襟气度的人,在身处逆境的时候不会怨天尤人,因为在其眼里,世间的事情从来都不会是一帆风顺的,也不可能十全十美,所以他会把逆境当成是生活必经之路,从而会付出自己的努力。要渡过逆境只能靠自己不懈的努力,当然它的前提是要有大无畏的气概,要有屡败屡战、愈挫愈勇的精神,要在黑暗中看到光明、在暂时失败中看到希望。

其三,"临喜临怒看涵养",喜和怒是人类感情中最敏感的东西,它最容易使人的心理动摇而失去正确的判断力。一旦有佞臣谄媚,皇帝龙颜大喜,便会赐以重赏,甚至是半壁江山;忠臣犯颜直谏,真言逆于龙耳,龙颜大怒,便要杀头,干下许多蠢事。刘备一怒而伐吴,坑害了蜀中将士;周瑜一怒丢性命,千古遗憾;吴三桂一怒为红颜,招来骂名。可见人的情绪变化,常常会影响事业的成与败,只有喜怒不形于色的人,才能保持清醒的头脑、把握事态的发展,正确地作出判断，不流于俗见，少一些从众心理，在群体中显示自己的远见卓识。

其四，"群行群止看识见"，一个人在群体中的言行举止，正表露出此人的识见，而识见是日积月累的结果，是对人世间的是与非、黑与白、善与恶、美与丑、香与臭、恩与仇、好与坏、长与远的透彻理解，而看得清楚的人，就会有识见。但人各有不同，有人识见长远，有人目光短浅，有人智慧诙谐，有人愚不可及，有人目光深远，有人鼠目寸光，而真正有识见的人，心中自然有其独到的准则，决不会盲目追随他人，否则就只能成为随大流、没主见、人云亦云、毫无判断能力的凡人，那是不会有什么出息的。

原文

轻当矫之以重，浮当矫之以实，褊当矫之以宽，执当矫之以圆，傲当矫之以谦，肆当矫之以谨。

——[清]金兰生《格言联璧·存养类》

鉴赏

接续上文，《格言联璧·存养类》对轻、浮、偏、执、傲、肆、奢、忍、贪、私、放言、好动、粗率、躁急、怠惰、刚暴、浅露、溪刻等不良举止仪态提出纠正的方法，这对孩童的健康成长大有裨益。现逐一鉴赏如下。

关于轻、浮："轻当矫之以重，浮当矫之以实。"轻佻者往往感情用事，率性而为，其人品和知识都较差，做什么事都不会顾及他人的感受，不但自我，还很自私。浮躁心理是影响人进步的一道障碍，内心浮躁的人会四处碰壁，不但成就不了大事，反而会影响心智。当前社会，有些人急于求成，看到别人取得成就，自己就静不下心来，挖空心思地寻求各种成功的捷径。因此，他们往往耐不住寂寞，总想一步登天，可结果却事与愿违，屡遭失败。不管从事什么职业，都不能浮躁，应以稳重、踏实的态度对轻佻、浮躁进行矫正。而稳重是处世大度、为人沉稳的成熟表现，不管现实对他是否公正，坦然面对，理智办事，适当听从合理的建议，这种人必然战无不胜、攻无不克。

关于褊、执："褊当矫之以宽，执当矫之以圆。"褊狭应以宽容矫正，做人应该宽容，宽大才有气度，才能不计较、不追究。英国《不列颠百科全书》中有关于宽容的定义：即允许别人自由行动或判断；耐心而毫无偏见地容忍与自己的观点或公认的观点不一致的意见。宽容，并不是对臣服者的恩赐与关怀，不仅仅是对闪失者的宽恕，而是对"求同存异"与"和而不同"的容忍和与之平等共存。世界是多元的，多元的世界会有不同的民族、文化和声音，能够接纳和包容不同于自我的多元形式和内容，是人类文明和智慧的表现。能够做到容纳人间各种文化、智慧、理念、判断、行为、秉性、习俗，甚至一时的偏离、失误和差错，就可以广集朋友、化敌为友，社会得以和谐，世界得以和平，大家都能安居乐业。同时，固执应以圆润矫正，做人不要固执，处事应该圆润，只有掌握了圆润的技巧才能无往不利，外圆内方是一种微妙的、高超的处事艺术。

关于傲、肆："傲当矫之以谦，肆当矫之以谨。"傲慢应以谦虚矫正，不要在你的智慧中夹杂着傲慢，也不要使你的谦虚心缺乏智慧。智慧是一种内敛的聪明，聪明外露就不是智慧，而是傲慢。自以为是，骄傲自大，看不起人，对于他人，不管是不如自己的，或超过自己的，乃至与自己程度相当的，都表现为轻慢态度，必然会造成不能与人和睦共处的苦恼。人必须把心中的傲慢放下，才可能发展出宽容、忍辱和尊重别人的谦和，从而建立圆融的人际关系。要想与别人友好相处，把事情做成，最好以一种低姿态出现在大家面前，表现得谦虚、平和、朴实、憨厚等，使对方感到自己受人尊重，这样你无形中就获得了别人的好感。你谦虚时显得对方高大；你朴实和气，他就愿与你相处，认为你亲切可靠；你恭敬顺从，他的指挥欲得到满足，认为与你配合很默契、很合得来；你愚笨，他就愿意帮助你，这种心理状态对你非常有利。反之，如果你以高姿态出现，处处咄咄逼人，对方心里感到有压力、会紧张，甚至产生一种逆反心理，相互之间的和谐关系就难以形成。同时，放肆应以谨慎矫正，那些行为放肆的人，会经常忌恨言行谨慎的人，因为这些人使他不自在，使他的放肆行为有了对照，会令大家反感。是得意忘形、放肆为人，还是淡泊人生、谨慎从事？倘若是前者，即使他登上峰顶也会跌至谷底；若是后者，那就会取得永远不败的成就。

原文

奢当矫之以俭，忍当矫之以慈，贪当矫之以廉，私当矫之以公。

——［清］金兰生《格言联璧·存养类》

鉴赏

接续上文，关于奢、忍："奢当矫之以俭，忍当矫之以慈。"奢侈应以节俭矫正，《左传·庄公二十四年》云："俭，德之共也；侈，恶之大也。"勤俭就是勤劳节俭，包括努力工作和节约用度两个重要方面。中国自古就以勤俭作为修身治家的美德，《左传》引古语说："民生在勤，勤则不匮。"《墨子》还有"俭节则昌，淫佚则亡"之论。古人认为能否做到勤俭，是关系到生存败亡的大事，不可轻视。在现代社会，经济增长和物质消费观念虽然发生很大变化，但勤俭作为一种美德，还是大力提倡的。古人常言："由俭入奢易，由奢入俭难。"即从节俭变得奢侈容易，从奢侈转到节俭很难，强调要自觉保持节俭，防止奢侈，含有自勉、警世之意。唐代大诗人李商隐在总结唐朝由盛

转衰的历史教训时写下警世名言:"历览前贤国与家,成由勤俭败由奢。"回顾中华民族几千年的发展历史,"成由勤俭败由奢"的例子不胜枚举,如太平天国天王洪秀全,在革命初期,纪律严明,实行"人无私财"、"有饭同吃"的圣库制度。诸王也"敝衣草履,徒步相从",过着与广大将士大体平等的艰苦生活。上下团结,情同骨肉,故能成燎原之势,在短短的两年多时间里,攻占南方六省,并定都南京。但定都南京后,太平军领导人没能吸取李自成农民军失败的教训,被暂时的胜利冲昏了头脑,骄奢淫逸、腐朽糜烂的生活达到无所不用其极的程度。据史料记载,天王洪秀全有金制王冠一顶、重八斤,金制项链一串、重八斤,金车一部,所用器具几乎全部是纯金制成,其帝王生活的威仪和气派无与伦比。天王如此,大小官吏争相效仿,在穿戴装饰上追求华丽奢侈,互相争奇斗艳,奢侈至极。如此状况,岂有不衰败的道理?与此同时,还要懂得残忍应以慈爱矫正,从小就应该培养孩子的爱心。纠正孩子的残忍行为,关键在于家人必须拿出充分的时间和足够的爱,与孩子建立健康、美好的情感,使孩子体会到家人对自己的关心、爱护,感受到父母的慈爱。应避免用严厉的管教、体罚来对待孩子。对于那些由于好奇心和求知欲而引发的残忍行为,应常带孩子去参观自然博物馆,收集和制作动物标本,并结合标本给孩子讲解有关的知识,把孩子的好奇心和求知欲引导到正确的轨道上来。

关于贪、私:"贪当矫之以廉,私当矫之以公。"贪心应以廉洁矫正,钱财容易使人贪婪,美色容易使人沉溺,名誉容易使人骄傲,权势容易使人专横,一个人如果不能恪守廉洁的情操,难免落入各种危险的陷阱。贪心的人总想把什么都弄到手,结果什么都失掉了;贪心的人常犯这山望着那山高的毛病,甚至变得欲壑难填。贪心是一切罪恶的根源,一旦欲望失控,贪得无厌,就会不择手段地满足自己的欲望,胆大妄为,终将自食恶果。廉洁,就是不贪心、不奢侈、不因私害公;廉洁就是讲诚信、讲正气、讲艰苦奋斗。中华民族廉洁文化源远流长,从屈原的"朕幼清以清廉兮,身服义尔未沫",到东汉王逸的"不受曰廉,不污曰洁",再到明朝于谦的"清风两袖朝天去,免得闾阎话短长",都体现了中国传统文化对廉洁的推崇。我们理应弘扬清正廉洁的传统美德,提倡廉洁自律、清白做人。而自私则应以公心矫正,应该承认人都是自私的,但是又必须限制每个人的自私本性,不能让私欲膨胀到侵害别人的利益。唯有公心的人,才能有公正的行为,包公顶住巨大的压力斩杀陈世美,就是因为他有一颗明镜般的公心。公心,就是指一个人对他人利益、对群体公共利益的重视和责任感。伴随着社会的发展和进步,人们逐渐认识到,为了更好地满足自己的长远和整体利益,必须兼顾他人的利益,这就产生了所谓的道德观念和公心观念。公共利益需要每个公民的悉心维护,因此身为公民,要不断增强维护公共利益的自觉性、主动性和责任感。

原文

放言当矫之以缄默,好动当矫之以镇静,粗率当矫之以细密,躁急当矫之以和缓。

——[清]金兰生《格言联璧·存养类》

鉴赏

接续上文,关于放言、好动:"放言当矫之以缄默,好动当矫之以镇静。"多话应以缄默矫正,虽说不至于"祸从口出"、"言多必失",但至少言多烦人、言多累己。真正有智慧的人不用多说,只须多聆听别人说,这样既是对别人的尊重,又能够从别人的言谈中获得信息、汲取营养,何乐而不为呢?保持缄默,通常是最聪明的策略;人们过于依赖语言的功能,却忘了沉默的力量。常言道:言语是银,沉默是金。缄默有时又是最严厉的批评,故智者寡言。君子话简而实,小人

话杂而虚。不必说而说,这是多说,多说要招怨;不当说而说,这是瞎说,瞎说要惹祸。我们因说话所树立的敌人,远比因做事所结交的朋友要得多。此外,好动应以镇静矫正。特别是孩子,总是显得顽皮好动,整天活蹦乱跳,不知疲倦。对于各个年龄段的孩子的好动,可以采取不同的方法加以矫正:1～2岁的孩子,可以采用数数的方法训练孩子。让孩子坐在椅子上,要求他安静地听你数数,先从1数到5,如果孩子能做到,你给予鼓掌和拥抱的表扬,然后让他自由活动一会儿,再做下一次训练。第二次可以从1数到10,如此慢慢地延长孩子坐得住的时间,以此类推。当孩子到2～3岁时,使用计时器或闹钟,让孩子比赛,看谁能安静地坐到钟响,做不到就输了。4～6岁的孩子可以玩我们常见的"捉迷藏"游戏,藏着的孩子实际上需要控制自己安静不动,否则将被抓住或犯规。这种游戏可以训练孩子的意志能力,能很好调动孩子的积极性。这类活动都可以使孩子在活动量充足的过程中,不致因"发疯"而失控,动中有静,相得益彰。

关于粗率、躁急:"粗率当矫之以细密,躁急当矫之以和缓。"粗率应以细密矫正,无论在生活还是在学习中,人们对"粗率"都有过体会,并因此而受到损失。比如学生在考试时因粗心而导致会做的题目答错,轻则影响得分,重则影响升学。粗率会养成习惯,一旦形成习惯,就不好改变了。如果对"粗率"认识不足的话,甚至会出现更糟糕、更令人后悔的事情;倘若不幸"粗率"成为你个性的一部分的话,成功的可能性必然会大打折扣。与粗率相近的是急躁,急躁应以和缓矫正。遇事急躁,缺乏耐心,沉不住气,这是一种不良的情绪。诗人萨迪说过:"事业常成于坚忍,毁于急躁。"的确如此,急躁常使我们不能冷静地审视客观条件而任意行事,其结果往往是事倍功半,甚至事与愿违、欲速则不达。要养成冷静慎重、三思而行的习惯,光靠"急"是解决不了问题的,反而易将事情弄糟。生活中,当我们遇到一些棘手的问题,怎么办?越是难处理的事情,越应该冷静慎重,也就是说,越是遇到棘手的事情,我们越要表现出不着急、不烦躁，缓和地、周密地处理好这些出乎意料的问题，才能取得理想的效果。

原文

怠惰当矫之以精勤，刚暴当矫之以温柔，浅露当矫之以沉潜，溪刻当矫之以浑厚。

——［清］金兰生《格言联璧·存养类》

鉴赏

接续上文，关于怠惰、刚暴："怠惰当矫之以精勤，刚暴当矫之以温柔。"怠惰应以精勤矫正，一个有作为的人，应勤于躬行，十分注重磨砺和培养个人的品行与意志；既要对事业高瞻远瞩，又要细致入微，从点滴做起，善于从"精勤"入手，有意识地自加检束、自我施压、以勤督行，而不好高骛远、志大才疏、放任自我。否则，便会眼高手低、怠惰成性、一事无成。因此，要成就一番大事，必须精进不息、自律自励、摈除怠惰。唐代文豪韩愈在《进学解》中说"业精于勤荒于嬉"，意为学业由于勤奋而精通，却荒废在嬉惰中。事业的成功在于精勤不息，古往今来，多少成功人士都是如此。同时，刚暴应以温柔矫正。《老子·七十八章》对"柔弱胜刚强"作了精粹的阐述："天下莫柔弱于水，而攻坚强者莫之能胜，以其无以易之。弱之胜强，柔之胜刚，天下莫不知，莫能行。"即天下万物没有比水柔弱的，然而任何能攻克坚强的东西，都没有能胜过它的，它是任何别的东西不能替代的。弱的胜过强的，柔的胜过刚的，这道理天下无人不知，但往往不能实行。一个聪明人懂得以柔制刚，比那些只会逞匹夫之勇的人更胜一等。刚强过硬，则既伤人又伤己，所以要改掉刚暴的脾气，以温柔的言行来处理人际间的关系，就能取得事半功倍的效果。

关于浅露、溪刻："浅露当矫之以沉潜，溪刻当矫之以浑厚。"浅露应以沉着矫正，虚浮不切实际的夸张或炫耀自己，给人云里雾里、做事不踏实的感觉。我们需要的是为人沉着与冷静，此为一个人成熟与稳重的标志，也是一种状态、一种精神境界。很多人，由于不具备这样的精神，从而导致失败或者给人生留下浅露的痕迹；也有很多人，具备了这一点，于是创造了一个个人间奇迹。沉着的心态是要靠积累的，少儿时代不谙世事的时候，肯定会毛手毛脚。随着年龄的增长，虽然逐渐懂事，但是还会因为没见过世面显得不成熟。走上工作岗位后，悉心观察了同事、朋友的行为，总结别人的经验和知识，才逐渐养成观察和思考的习惯、积累处理和解决问题的能力，久而久之，有了良好的习惯，具备了沉着的心态，就能够冷静地面对一些事件。所谓"溪刻"，即苛刻、刻薄；刻薄应以宽厚矫正。刻薄的人事无大小，处心积虑，为了一己利益，处处刁难别人。刻薄如同烂心的苹果，由里到外，先是内心浮躁、脆弱、狭隘、偏激，最后就表现为刻薄。刻薄表面是攻击，实际上是虚弱的表现，因此，刻薄者是挺可怜的，损人不利己，烦人且自扰。与刻薄相对应的是宽厚，生活就像一面镜子，你笑它也笑，你哭它也哭，善待别人就是善待自己。越是强者，越宽厚；越是幸福的人，越能欣赏、悦纳别人的优点。没有包容、欣赏的心，其实是不快乐的。我们生活的集体是由许多个人组成的，为了使集体和谐、团结，每个人都能在集体中愉快的生活，应当从小学会待人宽厚，不计较小事，与人为善，与他人和睦相处。

总而言之，上述警句能帮助人们认识到事物的本质和危害，提出对应的补救措施，是一种穿透迷障的智慧和清醒剂，它警醒人们应积极发挥主观能动性，对自己心灵及其举止行为进行适当的纠错和救失，不要为利益所役。这些警句也是对人性的深刻洞察，体现了"因地制宜，因材施教，从实际出发，具体情况具体对待"的正确思想，是很有价值的警句格言。

原文

见人背语,勿倾耳窃听。入人私室,勿侧目旁观。到人案头,勿信手乱翻。不蹈无人之室,不入有事之门,不处藏物之所。

——[清]金兰生《格言联璧·接物类》

形之正,不求影之直而影自直;声之平,不求响之和而响自和;德之崇,不求名之远而名自远。

——[清]金兰生《格言联璧·惠吉类》

鉴赏

这一节具体讲述举止仪态方面应该注意的问题。其一,"见人背语,勿倾耳窃听"。看到别人避开自己说话,不要去竖耳偷听。在人际交往中,礼仪往往是衡量一个人文明程度的准绳。它不仅反映着一个人的交际技巧与应变能力,而且反映着一个人的气质风度、阅历见识、道德情操、精神风貌。"见人背语"就要知趣,"勿倾耳窃听",否则不仅会影响别人说话,而且是不礼貌的行为。这也许是日常生活中一件不经意的小事、一个生活中的小插曲,却反映了应该如何去尊重别人的大问题。难怪有人说:生活无小事,处处皆教育。我们只有从细处入手,做到润物细无声,才能显示出自己的文明程度。

其二,"入人私室,勿侧目旁观"。即使是受到邀请,来到别人的私密空间,诸如书房、卧室,也应注意切勿左顾右盼、四处端详,或是给出一些不经思考的评价。任何人都不喜欢私家领地被评头论足,况且是朋友或同事。人与人之间的相处就像两只互相取暖的刺猬,近了刺痛,远了少暖,必须调节距离,互相磨合,才能达到一个理想的状况。但不管怎样调节,始终记得,保持应有的尊重和礼貌。

其三,"到人案头,勿信手乱翻"。来到别人的书桌或办公桌前,

不要随便翻动他人物品,更不可随意翻阅他人信件和日记等。私人信件是社会交往中的一项正常活动,人们在通信中,往往谈及个人私事,这属于人身权利范围,别人无权侵犯。私看别人信件会给有关人士在精神上造成痛苦,在经济上造成损失,严重的还会破坏家庭幸福。乱翻乱看,既是对主人的不尊重,又容易损害主人的利益,这种不道德的行为应予以制止。在人与人交往中,尊重他人,不侵犯他人合法权益,不干涉他人私生活,不侵犯别人的隐私,都是尊重他人、礼貌待人的举止行为。赫尔岑说:"生活里最重要的是礼貌,它比最高的智慧,比一切学识都重要。"

其四,"不蹈无人之室,不入有事之门,不处藏物之所"。未经允许不要进入他人房间,也不要随意进入有是非的地方,更不要停留在别人贮藏财物的地方,这是文明礼貌的表现。古人常提醒:"瓜田不纳履,李下不整冠。"为了避免惹是生非,到别人家里做客应该注意什么呢? 一是到人家门口,要先敲门,待对方同意后再进去,即使很要好的同学、邻居或朋友,这也是起码的礼貌。二是敲门声要适度,过重、过急会把人家吓一跳,以为出了什么事情;当然也不要过轻,这样人家可能听不见。三是进入女性的宿舍或家里,应先问一声:"可以进来吗?"这不仅是交往中不可缺少的礼仪,也体现了对人的尊重。同样,更不能贸然进入没有人在的房间,以免引起不必要的误会乃至纠纷。

其五,"形之正,不求影之直而影自直"。身体正直,影子也自然不会歪斜。以形正影不斜比喻人品正直则言行不至偏颇,也就是说,一个人不需要强求别人怎么看你,不要怕人家说三道四,只要自己行为端正,只要问心无愧,那别人看你自然是好的,所谓"身正不怕影子斜","不做亏心事,不怕鬼敲门",说的就是这个意思。这就要求人应该自觉地从一开始就"正身",以"正心"、"自得",以德正己,这是一种主动进取的办法。无论是别人在眼前或者自己单独的时候,都不要做一点卑劣的事情:最要紧的是自尊。心正则形正、则为人正直,正直的人,能够在现实生活中做到自重、自省、自警、自励,是一个保持正直的心灵、挺直腰板、办事公正、为人刚正不阿，为国家、为人民利益大踏步向前走的人。同样，"声之平，不求响之和而响自和；德之崇，不求名之远而名自远"。名声好，不求他人附和，名声自然远扬；道德崇高，不求声名远播，自然众所周知。正直的人会从内心里散发出来一股正气，给人一种正气凛然的感觉。这股正气使人变得更加的自信，对于社会所信奉的道德标准和行为标准也会严格遵守。《左传·禧公二十八年》云："有德不可敌。"纵观历代贤人志士，可以得出一个结论：大德者必有大智，大德大智者必有大勇，而有勇无智则是匹夫，有勇无德则为莽汉。所以，古书才有"有德不可敌"的说法。

原文

富贵贫贱，总难称意，知足即为称意；山水花竹，无恒主人，得闲便是主人。要足何时足，知足便足；求闲不得闲，偷闲即闲。知足常足，终身不辱；知止常止，终身不耻。

——［清］金兰生《格言联璧·惠吉类》

鉴赏

"富贵贫贱，总难称意，知足即为称意；山水花竹，无恒主人，得闲便是主人。"这是清代大学士张英悬挂在草堂上教诫家人的对联。其所说的虽然比较通俗，却是至理名言。"天下佳山胜水，名花美竹无限，大约富贵人役于名利，贫贱人累于饥寒，总无闲情及此。惟付之浩叹耳。"(《聪训斋语》) 首句说到知足和不知足，富贵的和贫穷的人总是都令人难以称心如意，但是不论你是富贵也好，贫贱也好，只要你内心知足你就会感到满意和快乐。其实，幸福一直都在我们身边，只是我们被欲望之火吞噬了纯真，都忙于追寻着那闪烁芬芳遥不可及的奢华，从而忽视了就在身边触手可及的幸福。因此，人生处世一方面要讲究"积极进取",另一方面也要注意"知足常乐"。科学的人生处世态度其实就是这两个方面的辩证统一,无论过分强调哪一个方面都是不足取的。下联利用反衬手法,说到山水花竹等自然美景,没有恒久的主人,谁有空闲,谁就可以去观赏,领略其妙趣,只有"得闲"者才能成为山水花竹的"主人"。《浮生六记·养生记道》云:"能知足,能得闲,斯为自得其乐,斯为善于摄生也。"这副对联教人在生活和物质享受上要随遇而安,无求过美,也无须妄自菲薄。人的需求是无止境的,满足感是相对的。"知足者常足也,不知足者无足也。"(《抱朴子·知止》)何时才能得到满足呢?能适可而止,知道满足便是足。正如英国作家豪厄尔所云:"适可而止是最大的财富。"

　　同样,要懂得"求闲不得闲,偷闲即闲"的道理。一个人活在世上,不可能不忙,也不得不忙。然而,人生又不可没有休闲,不可不懂休闲。没有闲暇的人生就像永远拉紧的弦、从不加油的车,必然会出问题。当然,终日游手好闲、无所事事固然是浪费生命;但对春花秋月、良辰美景毫无亲近感和喜悦感,又何尝会热爱生活、懂得人生的乐趣?休闲与生命是不可分割的,休闲本身就是生命延续的一部分,也是养生内容的重要部分。宋代程颢《春日偶成》曰:"云淡风轻近午天,傍花随柳过前川,时人不识余心乐,将谓偷闲学少年。"想必程颢也是一位忙人,但为了提高生命质量,也注意忙中偷闲。

　　"知足常足,终身不辱。知止常止,终身不耻。"确实,知道满足的人会常常感到满足,一生都不会因欲望太强烈而陷入窘境;知道做事适可而止的人,常能有所节制,一辈子都不会招致被动。这就教育人们要调整好心态,防止人性贪婪的弱点,任何时候都要把握好度,只有这样才能从容应对,享受快乐人生。人生快乐与否,在于你对人生所持有的态度。有时候,知足确实是一种美德,最起码知足者内心愉快,活得开心踏实,而贪恋不仅不会让你得到更多,反让你失去最初拥有的东西。《老子·四十四章》曰:"知足不辱,知止不殆,可以长久。"因此,人不仅要有良好的道德修养、完美的人格魅力,还要筑牢自律的思想防线。知足是已经得到满足后的精神反刍；知止则是获取过程中的主动放弃。知足是不贪，知止是不随。《大学》云："知止而后有定，定而后能静，静而后能安，安而后能虑，虑而后能得。"可见知止然后才能知足。人的贪欲是个无底洞，"得陇望蜀"是普通人的心理常态，能够"得陇"而拒绝"望蜀"，没有大胸怀绝对做不到。人们之所以既不容易"知足"，更难以"知止"，其缘由概因一个"利"字的诱惑。有一副对联说："身后有路忘缩手，眼前无路想回头。"这是对那些既不"知足"更不"知止"者陷于窘境的极好描述。一个"忘"字，尽在妙处：忘了人生的要义，忘了"既得"的后果，忘了"足"的现状，忘了"止"的理智。古往今来，多少人葬送在欲壑之中！世界上任何事物都有个极限，做人不知收敛，得寸进尺，一味争名逐利，凶险和灾祸会随之降临。对待人生追求要始终抱着适可而止的态度，特别在生活上保持低调，就会"知止而静"，这个道德命题需要每个人认真思考和实践。

原文

人无可疑，而我疑之，疑鬼鬼现，疑贼贼随。……肝气易动，心气难平，肝木心火，自焚其身。

——［清］李西沤《老学究语》

鉴赏

"人无可疑，而我疑之，疑鬼鬼现，疑贼贼随。"别人本来没什么可怀疑的地方，而自己却硬要怀疑，疑神疑鬼的结果是鬼找到了你，怀疑别人都是贼的结果是真正的贼就会盯上你。在现实生活中，有些人往往无端怀疑别人，喜欢以自己主观的感觉来作为衡量判断别人的标准，主观意识太强，常常会造成对人的错误认识，并由此带来诸多人际关系的不快和误会，甚至招致激烈的摩擦，最终害人又害己。这和"邻人偷斧"的寓言故事一样：很久以前，一个樵夫丢了斧子，他左思右想丢斧的经过，于是就想到了邻居的小孩，因为那小孩是唯一一个经过他家的人。他就观察那个小孩的言谈举止，真是越看越像，甚至认定那小孩就是偷斧子的人。可是几天后却在自家的房间内找到了那把斧子，这时再仔细看邻居小孩的一举一动、一言一行，就连笑的神态也不像是偷斧子的样子了。这都是心魔在作怪的结果，只有心静如水，才能万邪不侵。怀疑、猜忌、不信任这种负面的人际关系会产生出最消极的力量，而且也会严重影响两个人之间正常的相处，破坏和谐稳定的氛围。我们要怎样才能摆脱瞎猜疑呢？即应建立人与人之间相互信任的观念，不管发生什么事都要相信对方，先从自身找原因。拥有信任情怀的人就像浓茶一样让朋友回味无穷，朋友、邻里之间的信任会使相互之间的关系更加完善、更加和谐。

同理，"肝气易动，心气难平，肝木心火，自焚其身"。作为普通人，遇上恼怒之事往往会伤及肝气，容易上火、激动，肝火一上心情就难以平静。肝在中医五行中属木，主藏血，管疏泄；而心属火，主神明，充血脉，一旦肝心失衡，肝助心火自焚其身，就会损害自己的身体。所以，凡事要心平气和，加强修养，这样与己、与人都有好处。

原文

人贫志短，马瘦毛长。人心似铁，官法如炉。

——［南宋］佚名《名贤集》

鉴赏

本节是从人的外表来分析人的内在本质，对孩童由表入内观察事物有一定的指导作用。首先，"人贫志短，马瘦毛长"。比喻一些人遭遇穷困处境，就会精神不振、胸无大志；而瘦马到了冬天因体肉单薄难以御寒，便会长出长长的体毛来御寒。"人穷志短"的情况大约有两种：一种是所谓"帮闲"，专门以阿谀奉承为能事，依附于权贵富豪，凭着巧言令色、狐假虎威混饭吃；一旦其依附的主子失去权势，便立马翻脸，为新的主子出力，极尽坑蒙拐骗之能事，只要有好处，下跪、掌嘴、自嘲、自虐等什么都能做。另一种便是"流氓"，偷鸡摸狗、巧取豪夺，没有丝毫志气，甚至不敢占山为王。这两种人，要么苟且偷生，要么偶尔得志便飞扬跋扈，但结局都很悲惨，令人可怜、可恨、可鄙。在中国漫长的历史中，应该说这类人并不鲜见。而我们提倡的是"人穷志不短"，中国历史上有名的"凿壁偷光"故事，就是最好的典型。西汉时候，有个农家的孩子叫匡衡，他小时候很想读书，可是因为家里穷，没钱上学。后来，他跟一个亲戚学认字，才有了看书的能力。匡衡买不起书，只好借书来读。当时书是非常贵重的，有书的人不肯轻易借给别人，匡衡利用农忙时节，给有钱的人家打短工，不要工钱，只求人家借书给他看。为了加快借还速度，只得利用晚上的时间看书，在买不起灯油的情况下，他见邻居家有灯光，便把墙缝挖大一些，凑着透进来的光线读起书来，这便是著名的"凿壁偷光"。匡衡就是这样从小立志，刻苦地学习，靠着这种精神，他终于成为一个很有学问、很有出息的人。所以说，人即使贫穷也应该抱有不凡的志向。不怕人穷，就怕志短；消极对待困境，没有远大志向，是不可能改变贫穷状况的。俗话说，"贫贱不能移"，人穷志短并不是穷在兜里而是穷在志气！

其次，"人心似铁，官法如炉"。即使人心顽固得像铁一样坚硬，国家法律也能如火炉一样熔化它。人心是不是像铁那样坚硬呢？那只不过是形容。俗话说，"人心都是肉长的"，可见世上真正铁石心肠之人并不多见。有人固然以人心似铁而可喜，这是因为人们都希望当官的在名利面前不为所动、在权势面前不为所惑、在美色面前不为所迷。但也有人为人心不是铁而感到高兴，因为善良的人们总是希望人人都富有一颗同情之心、恻隐之心、悲天悯人之心、大爱无疆之心、公平正义之心。人的内心是不是真的似铁般刚硬,还需要在高温的火炉中去检验,在血与泪中去经受考验,在情与法中去亲身试验。如果真要加以甄别,也许只有国家法律的"法炉"是最有效果的。国家法律如炉火般无情,容不得任何瑕疵。人心似铁不是铁,官法如炉才是炉。

原文

凡人不可貌相,海水不可斗量。

——[清]吴獬《一法通》

鉴赏

这句话是说评价一个人不能仅凭外貌来判断,因为外在表象往往与其内在真相有着很大的差别,如果以貌取人,往往会错过很多人才。例如,19世纪法国文坛巨匠巴尔扎克,其相貌奇丑,人们说他像一只企鹅、一个雪人、一堆煤、一个怪胎或不成形的幼体动物;即使一些善良的人也认为他"哲理过多,造型不足"。但是他所创作的《人间喜剧》,被称为法国社会的"百科全书";他的91部小说,写了2400多个人物,是一幅活生生地展示19世纪上半叶法国社会生活的绚丽画卷。中国古代,诸葛亮的夫人长相丑陋,但是品格清奇,富有才学。反之,孔子学生子羽,相貌虽好而行为却与此不相称,《韩非子·显学》载:"澹台子羽,君子之容也,仲尼几而取之,与处久而行不称其貌。……故孔子曰:'以容取人乎,失之子羽!'"孔子事后做自我批评:以相貌来取人,我在子羽身上出了差错。《鬼谷子相辨微芒》曰:"执形而论相,管中窥豹也。不离形,不拘法,视于无形,听于无声,其相之善者也。"所以看人、用人要通过慎重的考察、了解,不要轻率地从外表上去判断,只有充分了解,才能得出正确的见解。"凡人不可貌相"告诉我们：人们生活在这个世界上，有的贫穷、低微、丑陋，有的富有、高贵、美丽，但是无论怎样，成功都是要靠人的努力奋斗，而不是单纯靠美丽来取得的。至于紧接此句之后的"海水不可斗量"，是说不可用一己微薄之力去称量浩瀚大海，不要用自己狭隘的眼光、思路去考量所有的事情，事物及其变化比你想象的要复杂得多。《淮南子·泰族训》云："太山不可丈尺也，江海不可斗斛也。"这告诫我们：你的智商和能力都是有限的，不要自作聪明、自以为是，否则你会受挫、受困、受骗、受伤。

（张　邻）

诚信德行篇

原文

松柏节操,美其寿元之耐久;桑榆晚景,自谦老景之无多。
——[明]程允升《幼学琼林·老幼寿诞》

不为米折腰,陶渊明不拜吏胥。
——[明]程允升《幼学琼林·身体》

鉴赏

为老人祝寿,想要赞美老人家长寿的生命力持久地发生作用,可以用什么样的祝词贺语呢?如果用"寿比南山",那就太常见了。《幼学琼林》上说,可以用"松柏节操"。其实,这四个字不仅用语新颖,而且含义丰富。"松柏节操"在赞美老人家长寿的同时,还赞美了老人家的节操,一举而两得。寿星老人听到了,一定非常开心,同时要自谦几句。如何自谦呢?说"哪里哪里"、"岂敢岂敢"似乎都不妥当,难道非要说自己不长寿、无节操吗?那肯定是不行的。大大咧咧地把贺词心安理得地全盘照收,也不符合中华民族谦逊的美德。《幼学琼林》上说,可以用"桑榆晚景"。这一谦语确实用得很好,请想象一下,夕阳映照在家乡住宅周边的桑树和榆树上,好一幅宁静安详的黄昏图画。比喻老人家也进入安享晚年的阶段。老人家想说的话,尽在"桑榆晚景"四个字中了。

《幼学琼林》把"松柏节操"与"桑榆晚景"联系在一起，由来已久。《论语·子罕》中就有"岁寒，然后知松柏之后凋也"的说法，比喻有坚贞节操的人经得起严峻的考验。《晋书·陶潜传》记载东晋时彭泽县令陶渊明听说上级派督察属县政绩的官吏——督邮来县，因看不惯督邮一路上狐假虎威、作威作福、索贿受贿、鱼肉百姓的罪恶行径，他既不愿为虎作伥，与督邮勾结在一起欺压百姓，又没能像《三国演义》中的张飞一样鞭打督邮出一口恶气，而是长叹一声"吾不能为五斗米折腰，拳拳事乡里小儿邪！"就辞官归隐，亲自参加田间耕种，去过一种淡泊名利、安贫乐道、"采菊东篱下，悠然见南山"的生活，再也不受当时官场潜规则的羁绊。这充分反映了陶渊明的"松柏节操"。陶渊明辞官归隐时年仅41岁，可见松柏节操也适用于中年人。也有例子说明松柏节操适用于年轻人，如《沙家浜》中的新四军18位年轻伤病员，他们就是"要学那泰山顶上一青松"的光辉榜样。

松柏节操之所以适用于老年、中年、青年，是因为松柏具有三种精神：一是松柏的挺立精神，二是松柏的原则精神，三是松柏的长青精神。松柏的挺立精神有歌曲为证："革命人永远是年轻，他好比大松树冬夏常青。他不怕风吹雨打，他不怕天寒地冻，他不摇也不动，永远挺立在山巅。"松柏的原则精神，是与柳树对比而言的。陶铸的散文《松树的风格》中用松树象征原则性，用柳树象征灵活性。陶铸认为做工作在不违反原则性的基础上，也可融入适当的灵活性，他运用辩证思维把松树的精神描述得更加丰满完整。松柏的长青精神，是比喻有节操的人洁身自爱、守身如玉，经得起一生的考验。一位伟人说的"一个人做点好事并不难，难的是一辈子做好事、不做坏事"，指的就是这种长青精神。可见"松柏节操"从古到今，穿越时空，常说常新，其中包含的道德精神在不同社会制度下由于具有普遍性而历久弥新。

《幼学琼林》把"松柏节操"与"桑榆晚景"对举，是因为两者之间有内在的因果联系。人的一生因为有"节操"而有幸福的"晚景"。"松柏节操"与"桑榆晚景"不是两条永不相交的平行线。因此，

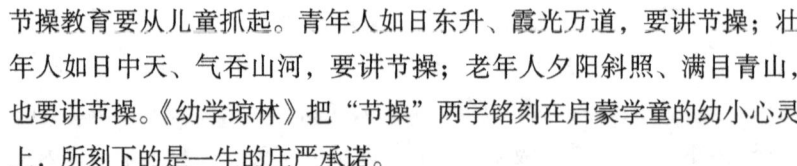

节操教育要从儿童抓起。青年人如日东升、霞光万道,要讲节操;壮年人如日中天、气吞山河,要讲节操;老年人夕阳斜照、满目青山,也要讲节操。《幼学琼林》把"节操"两字铭刻在启蒙学童的幼小心灵上,所刻下的是一生的庄严承诺。

原文

命之修短有数,人之富贵在天。惟君子安贫,达人知命。贯朽粟陈,称羡财多之谓;紫标黄榜,封记钱库之名。贪爱钱物,谓之钱愚;好置田宅,谓之地癖。守钱虏,讥蓄财而不散;落魄夫,谓失业之无依。……贫士之肠习藜苋,富人之口厌膏粱。石崇以蜡代薪,王恺以饴沃釜。范丹土灶生蛙,破甑生尘;曾子捉襟见肘,纳履决踵,贫不胜言;韦庄数米而炊,称薪而爨,俭有可鄙。总之饱德之士,不愿膏粱;闻誉之施,奚图文绣?

——[明]程允升《幼学琼林·贫富》

鉴赏

在孩童启蒙读本中,为什么要编入如此多的论贫富的语句呢?这是因为孩童不是出身在富人家庭,就是出身在穷人家庭。孩童一出世就无法回避贫富问题,因此如何面对贫富就成为孩童道德教育的重要内容之一。本节中讲了中国古代社会贫富两极分化的不合理现象,分析了形成贫富差别的原因,指出了对待贫富的应有态度。

文中对比了富豪与贫士的生活状态,说家境贫寒的读书人吃野菜成了习惯,而富人则美味可口的饭菜都觉得生腻。如《晋书》等史书记载西晋石崇与王恺斗富的故事:这两个西晋官僚贵族,对百姓巧取豪夺,生活奢靡腐化,经常争豪斗富。两人都用尽最鲜艳华丽的东西来装饰车马、服装。石崇家里烧饭做菜,用蜡烛代替柴草,王恺家则用糖水洗锅子。晋武帝是王恺的外甥,曾经把一棵二尺来高的珊瑚树送给王恺。王恺把珊瑚树拿来向石崇炫耀,石崇拿搔痒的工具把它敲碎了。王恺感到惋惜,石崇就叫手下的人把家里的珊瑚树全都拿出来,三尺、四尺高的就有六七棵,树干、枝条挺拔,举世无双,色彩鲜艳,光彩夺目,像王恺拥有的那种珊瑚树就更多了。王恺看了,自感失落。这些无聊的攀比简直是暴殄天物。

与此相对照的是范丹与曾子的窘境。范丹(一作范冉),东汉陈留人,字史云,是经学家马融的弟子,通五经。桓帝时任命他为莱芜长,不就。他的生活极度贫苦。《后汉书》列其传记,说他"结草室而居",即住在草棚里,十分简陋。有时没有粮食吃,但仍神色自如,没有愁苦的样子。乡里编了歌谣云:"甑中生尘范史云,釜中生鱼范莱芜。"明代文人程允升据此语谓其"土灶生蛙,破甑生尘"。说因为无米下锅,冷灶台里竟然有青蛙在活蹦乱跳,比原句显得更加生动诙谐。文中又写曾子没有新衣服穿,《庄子·让王》记载这位孔子的弟子曾参,在卫国的时候十年添不成一件衣服,身上穿着都破敝不堪了,头上的帽子断了系带,掖一下衣襟露出了胳膊肘,提一下鞋子又露出了脚后跟。《幼学琼林》引此典故来形容他的贫寒窘迫。可见贫富两者差别之大,当然这样的揭示是符合实情的,体现了作者对社会矛盾理解至深。

不过作者在分析形成贫富差别的原因时,只用了一句"命之修短有数,人之富贵在天"。这里的"命"是指生命,"修短"意为长短,"数"是命运。此句的意思就是"死生有命,富贵在天"(《论语·颜渊》)。这种"天命说"源自于科学不发达年代人们的迷信观念,以后也曾被利用来作为政治上愚弄百姓的依据,故在中国历史上流行的时间很长。为此不少进步的思想家对它进行过批判。如战国时的荀况,在《天论》篇中提出"大天而思之,孰与物蓄而制之!从天而颂之,孰与制天命而用之!"意思是,与其把天看得非常伟大而思慕它,何不

把天当作物类来蓄养而控制它!与其顺从天而歌颂它,何不掌握自然变化的规律而利用它!这样的观点也被汉代王充、唐代柳宗元、宋代王安石、张载,清代王夫之等学者继承与发展。相对而言,程允升的观点有其落后的一面,但是其在《幼学琼林》中提出对待贫富差别应当持有的态度,有其积极意义,表现在以下四个层面:

其一,君子对于自己,要有安于贫穷的态度。文中提出的是"君子安贫,达人知命"。这里的"君子",是指有道德有学问的人;"达人",据《论语·颜渊》可知,是正直而有信义、谦让而有名望、德才兼备而无往不利的人。当然《幼学琼林》中所说的达人也许没有如此复杂,可能是指有豁达的襟怀、通情达理、万事看得开的人。总之,过去的君子要安分守己地过贫困生活,甚至到了不耻贫穷的程度。孔子曾经说:"士志于道而耻恶衣恶食者,未足与议也。"(《论语·里仁》)只有不耻于粗衣淡饭的人,才是孔子心目中的有道之士,才能被孔子视之为同道。作者程允升继承了孔子的观念,提出"重德不重富"的思想,也就是说一个人德高望重,就不愿意享用美味佳肴;一个人名声显赫,就不必穿华丽的服装。这话从今天的角度来看,未免有矫枉过正之嫌。

其二,君子对于他人的贫穷,应有同情的态度。"落魄夫,谓失业之无依。"有条件的话,可以救济他,或帮助他再就业。

其三,讥笑富人的态度。在程允升等人看来,有钱的人往往有贪爱之癖。他们死守钱财,唯利是图,其实十分愚蠢。这些做法往往是招惹祸害的根源。

其四,不要过分吝啬的态度。本文中说到五代词人韦庄生活中的节俭,甚至到了"数米而炊,称薪而爨(cuàn 窜,烧火)"的地步。虽说勤俭节约是美德,但是做得过分甚至到了吝啬的地步,就不是好事情了。

这四层意思的总宗旨是"安贫而嘲富",这与孔子的"求富而不忧贫"还是有很大的不同。孔子认为:"富与贵,是人之所欲也,不以其道得之，不处也。"(《论语·里仁》)意思是喜欢富贵厌恶贫穷是人的本性，孔子不反对人们用正当的方式脱贫致富。孔子还主张治理国家以富民为先。回答弟子冉有治国方略时提出，首先是使收成丰庶，接着是脱贫致富，加之以教化民众，才能成功。可见他对求富的行为是相当肯定的。不过孔子又认为富贵之求要根据情况的不同而有所分别。"邦有道，贫且贱焉，耻也；邦无道，富且贵焉，耻也。"(《论语·泰伯》)在治世不应当贫贱，而在乱世不应当富贵，因为乱世社会矛盾激烈，不顾百姓的安危自顾自求富，会引起民众的怨恨情绪，故应当以"贫而乐，富而好礼"(《论语·学而》)的方法来对待。而在治世不思进取、安于贫贱的生活方式则不值得提倡，因为这只是懒人的借口。这样的说法似乎持有了一种辩证分析的思想方法，较之程氏的一味嘲富来得更为合理。为什么时代在前进，而人们的观点却反而有所后退呢？这可能与儒学发展到后期，越来越失去其民众意愿的代表性，走到束缚人们思想的方面去有关。因此，我们在认识贫富关系问题时，还是值得回到孔子那里，用他的"道"即道德作为行为衡量标准的观点，作为我们思考贫富问题的出发点。孔子曾说自己："饭疏食，饮水，曲肱而枕之，乐亦在其中矣。不义而富且贵，于我如浮云。"(《论语·述而》)就是说他会安于粗茶淡饭、席地而眠的生活，只要这种生活合于道义就乐此不疲；背弃道义获得的富贵荣华，如浮云般地不值一顾。用孔子自己的话来说，就是"谋道不谋食"、"忧道不忧贫"的行为标准。这种思想在今天仍然有其现实意义。

原文

有福伤财，无福伤己。差之毫厘，失之千里。若登高必自卑，若涉远必自迩。……墙有缝，壁有耳。好事不出门，恶事传千里。贼是小人，智过君子。君子固穷，小人穷斯滥矣。

——佚名《增广贤文》

鉴赏

人们都希望自己的孩子健康成长，成为对社会有益的人，没有人希望自己的孩子将来做坏事、吃官司的。那么，人为什么不能做坏事？人是怎样变坏的？如何防止人变坏？作为蒙学名著之一的《增广贤文》，用短小精悍、寓意精辟的语言，总结了多方面的人生经验，为启蒙教育提供了形象生动的教材。

首先，人为什么不能做坏事？若在光天化日、众目睽睽下做坏事，必定激起众怒，落得"老鼠过街，人人喊打"的可耻下场。如果是在暗地里做坏事，也会留下蛛丝马迹，所谓纸包不住火，狐狸藏不住尾巴，鬼怪见不得太阳，总有一天水落石出、真相大白。《管子·君臣下》载："墙有耳者，微谋外泄之谓也。"即《增广贤文》所言"墙有缝，壁有耳"，是说室内密谋做坏事，墙外有人听见，秘密外泄。南宋秦桧夫妇阴谋陷害岳飞，最后东窗事发，遗臭万年。做坏事难免要暴露，因此坏事做不得。另外，做坏事的人名声不好。"好事不出门，恶事行千里"，这句话出自宋代释道原的《景德传灯录》，原是佛教禅宗惩恶劝善的一句偈言，通俗易懂。目的是鼓励大家多做好事，坚决不做坏事，不要弄得高山上倒马桶——臭名远扬。再有，人一旦做了坏事，一失足成千古恨，再回头是百年身，"差之毫厘，失之千里"，一念之差，造成的恶果不可收拾。同时，做坏事对自己也有百害而无一利，"有福伤财，无福伤己"。如果你是个有福之人，腰缠万贯，一旦犯罪，被罚没收财产，倾家荡产，那就叫做"伤财"，福气变成了晦气。如果你原先就是个身无分文者，又犯了罪，只好进监狱，失去人身自由，那就叫做"伤己"。谁敢以身试法，必将自食其果。

其次，人是怎样变坏的？《增广贤文》认为，一是不安贫穷，二是聪明过头，三是没有理想。"君子固穷，小人穷斯滥矣"（《论语·卫灵公》），这是孔子的话。意思是君子能够固守其穷，小人一旦贫穷就会为所欲为、为非作歹了。把不安贫穷作为犯罪原因之一，是儒家的基本观点。孔子这样说，孟子也是如此。孟子说："无恒产而有恒心者，惟士为能。若民，则无恒产，因无恒心。苟无恒心，放辟邪侈，无不为已。"只有读书人在没有固定的财产时还能保持常有的善心，而一般人那就会放荡胡来，无恶不作。因此，孟子主张以"制民之产"的政策来消除犯罪（《孟子·梁惠王上》），也就是用最低生活保障让百姓当良民。这里需要指出的是，如果孔子所说的君子是指有高贵道德品质的人，小人是指道德品质低下的人，那么孔子所说的"君子固穷，小人穷斯滥"，还可被认为有其正确的一面。那种政治地位高、经济实力强的伪君子、真小人违法乱纪的事例，我们也见识了不少，如果像孟子那样把小人泛指劳动人民，那么我们不能不说这种观点也包含着封建统治者对农民起义的偏见。当然，对于那些把聪明才智用到做坏事上的人，我们要大喝一声："机关算尽太聪明，反误了卿卿性命"，让他们迷途知返。人之所以变坏，还因为没有理想。"人无远虑，必有近忧。"（《论语·卫灵公》）一个人没有长远的打算，就一定会有眼前的忧虑。"远虑"，就是远大理想；有远大理想的人，在理想的指引下一步一个脚印地向着人生的理想目标前进。没有理想等于没有灵魂，就会愚昧糊涂、目光短浅，难免犯错误，做坏事而有"近忧"。

原文

贫穷自在，富贵多忧。不以我为德，反以我为仇。宁向直中取，不可曲中求。人无远虑，必有近忧。知我者谓我心忧，不知我者谓我何求？

——佚名《增广贤文》

鉴赏

上文讲述了人为什么不能做坏事，人是怎样变坏的，本节接着

说教如何防止人变坏。本节《增广贤文》的内容可以理解为提出了五条对策：一是为人正直，二是警钟长鸣，三是不做坏事，四是不怕误解，五是多做好事。认为做到了这五条对策，就可以防止人变坏。至于"贫穷自在，富贵多忧"的说法，也是从另一个侧面告诉人们，富贵人家也有其难处，例如内部的财产争斗、外部的虎视眈眈，日夜担惊受怕，不如穷人"赤条条来去无牵挂"，自由自在。在提倡为人正直方面，《增广贤文》引用了西周初年辅佐武王伐纣的功臣姜太公说过的话。据说姜子牙年老穷困，在渭水边上钓鱼。他用的是直钩（严格地说不是钩），不用香饵之食，且离水面三尺。旁人见了说，这样是钓不到鱼的。于是姜子牙回答"宁可直中取，不可曲中求"。意为人要正直、走正道、靠真本事，不走歪门邪道。此人此言传开后，传入周西伯（即周文王）耳中。求贤若渴的西伯以打猎为名出行，"果遇太公于渭水之阳，与语大说（悦）……载与俱归，立为师"（《史记·齐太公世家》）。周西伯以打猎为名，目的是寻找贤臣；姜太公以钓鱼为名，目的是寻找明君。风云际会，各称心怀。留下"宁可直中取，不可曲中求"的名言，成为防止人变坏的一句良言。《增广贤文》认为要用忧患意识来防止人变坏，做到警钟长鸣。

　　至于"知我者谓我心忧，不知我者谓我何求？"原是《诗经·王风·黍离》中一位诗人因时世变迁所引起的忧思。这种忧思又不被人理解，众人皆醉唯我独醒，谁能告诉我人类的前途与命运何在呢？文中把这种忧思引申到担心人欲横流、人心叵测，希望有越来越多的人投身到防止世风日下的行列中去，筑起一道阻挡人变坏的防火墙。要防止人变坏，光担忧是没有用的。关键在于自己不做坏事，并且劝阻别人不做坏事，做到"为人不做亏心事，半夜敲门心不惊"的地步和境界。反之，做了坏事则会怕人上门算账，如惊弓之鸟，丧魂落魄，寝食难安。有些人"不以我为德，反以我为仇"，用怨恨来报答恩惠。《礼记·表记》载："以德报怨，则宽身之仁也；以怨报德，则刑戮之民也。"唐代李德裕《小人论》云："世所谓小人者，便辟巧佞，翻覆难信，此小人之常态，不足惧也。以怨报德，此其甚者也。"对于这种以怨报德的人，《增广贤文》的作者认为不必在意，劝人为善本来就要坚定立场，不怕误解。对于自己则要严格要求，从我做起，从今日做起，从小事做起，提高道德水准，这好比"若登高必自卑，若涉远必自迩"。《中庸》有言："君子之道，辟如行远，必自迩；辟如登高，必自卑。"你要去远方，必定从出发地开始，由近而远；你要登山顶，必定从山脚下开始，由低而高。你要成为君子，必须多做好事、不做坏事，经历长期的考验。

《增广贤文》试图分析人变坏的原因与防止人变坏的对策，在其朴素的语言中闪耀着人生智慧的光芒。当然在今天看来，这些看法还停留在道德层面，尚未深入到法律范畴，可能在此书刊印的年代，民间还没有普法教育，所以今人是不必去苛求前人的。我们只能对前人教育儿童健康成长的良苦用心与苦口婆心，表示深深的钦佩。

原文

许人一物，千金不移。一言既出，驷马难追。

——［清］周希陶《重订增广贤文·平韵》

进步便思退步，著手先图放手。不嫌刻鹄类鹜，只怕画虎成狗。

——［清］周希陶《重订增广贤文·上韵》

鉴赏

"进"与"退"在语言文字学上是反义词，在哲学上是对立的统一，是一对矛盾的两个方面。既然如此，它们在一定的条件下可以互相转化。具有朴素辩证法观念的古代思想家早就意识到这一点，他们的进退观对于古代的官员乃至普通民众有着深刻的影响。这种进退观

甚至深入到《重订增广贤文》这一蒙学名著中,作为孩童品德教育的一个重要方面。"思退",就是这种进退观的具体体现。什么叫"思退"?《重订增广贤文》说:"进步便思退步,著手先图放手。"好比军事上把进攻与退守纳入整体考虑,打得赢便打,打不赢就撤退,保存有生力量。《老子·六十九章》说:"用兵有言:吾不敢为主而为客,不敢进寸而退尺。"老子兵法与孙子兵法不同:孙子先发制人,制人而不制于人;老子不主张先发,宁愿后发制人,两者各有千秋。撇开军事学不说,在读书人的仕途生涯中,"进"是指到朝廷去做官,"退"是指退处江湖、隐居民间。宋代范仲淹《岳阳楼记》"是进亦忧,退亦忧"中的进退,就是做官与辞官。《老子·九章》说:"功遂身退,天之道。"大功告成、声名显赫的时候,就急流勇退,是遵循自然规律的表现。《后汉书·盖勋列传》也说:"功遂身退,岂不快乎!"说明老子的思退观很有影响。唐代李白的《登金陵冶城西北谢安墩》怀古诗结尾:"功成拂衣去,归入武陵源。"武陵源即桃花源,李白的思想也是与老子相通的。至于"著手"(即着手)与"放手"是"进"与"退"的另一种表述,同样主张说话办事要事先留下可以回旋的余地。俗话说:"得饶人处且饶人,得放手时须放手;留些余地待他人,退后一步天地宽。"

《重订增广贤文》中还说:"许人一物,千金不移。一言既出,驷马难追。"这里的"一诺千金"典出《史记·季布栾布列传》:"得黄金百,不如得季布一诺。"形容季布的信用程度极高,说到做到,决不含糊。"一言既出,驷马难追",形容话一说出口,无法再收回,说话要算数,《论语·颜渊》中的"驷不及舌"就是这个意思。《论语·里仁》说"古者言之不出,耻躬之不逮也",《论语·宪问》说"君子耻其言而过其行",都认为许下的诺言如果根本办不到,雷声大,雨点小,成为说话的巨人、行动的矮子,是一桩很没面子、令人害羞的事情。至于《重订增广贤文》中的"不嫌刻鹄类鹜,只怕画虎成狗",则是怕许下诺言后结果把事情办得太离谱,与原先设想的面目全非,令人哭笑不得。"刻鹄成鹜"出自《后汉书·马援传》"所谓刻鹄不成，尚类鹜者也"，即雕刻一只天鹅没有成功，不过还有些近似，有点像野鸭，如果这样也就算了，大体上还能过得去，怕的是画虎成狗，相差太大。"所谓画虎不成反类狗者也"，那就指把事情搞得一团糟。许下诺言泡了汤，既浪费了人力、物力、财力，又浪费了宝贵的时间，留下了笑柄。总之，在说话办事之前，一定要想好退路，留下充分的余地，所以要"思退"。

原文

狗不嫌家贫，儿不嫌母丑。勿贪意外之财，勿饮过量之酒。……责善勿过高，当思其可从；攻恶勿太严，要使其可受。享现在之福如点灯，随点则随灭；培将来之福如添油，愈添则愈久。

——[清]周希陶《重订增广贤文·上韵》

鉴赏

前面谈了什么叫"思退"，这里接着讲述怎么才算"思退"。《重订增广贤文》提出了三条建议：一是不要过分，二是保留退路，三是长期打算。不要过分，比如"勿贪意外之财，勿饮过量之酒"。关于勿贪意外之财，《老子·十九章》提出"少私寡欲"，即人应当减少私欲。《老子·四十六章》说"祸莫大于不知足，咎莫大于欲得"，没有什么灾祸比不知满足更大了，没有什么过错比贪得无厌更大了。《老子·六十四章》还说，"不贵难得之货"，即不热衷于那些难以得到的珍宝以妨碍人的品行修养，因为"多藏必厚亡"(《老子·四十四章》)。关于勿饮过量之酒，是因为酒醉伤身，酒后失态失言。管仲曾对齐桓公说："臣闻酒入舌出，舌出者言失。"(《说苑·敬慎》) 酒一入口话就

多，言多必失要警惕。不要过分又指："责善勿过高，当思其可从；攻恶勿太严，要使其可受。"即劝人从善、要求别人学习好人好事，标准不能太高，要想想别人是不是顺从；批评人家的缺点，火力不能太猛，要使人家愿意接受。《老子·二十九章》说"圣人去甚，去奢，去泰"，强调圣人戒除走极端、说大话、太过分。在批评他人方面，孔子主张"无攻人之恶"（《论语·颜渊》）、"薄责于人"（《论语·卫灵公》），即不过分指责别人的过错，责备别人不要太严。老子主张"圣人处无为之事，行不言之教"（《老子·二章》），认为圣人遵循无为的方针，实行无言的教化。今天我们如果觉得必须要批评别人，也应分清这是敌我矛盾还是人民内部矛盾，对同志，要从团结的愿望出发，和风细雨、惩前毖后、治病救人，决不能残酷斗争、无情打击、无限上纲、把人一棍子打死。真理前跨一步就会变成谬误，故话不可说尽，事不可做绝。总之，说话做事不要过分，这才算"思退"。

保留退路包含"狗不嫌家贫，儿不嫌母丑"。家，哪怕是贫家、草窝，但它是一个人在社会上奋斗的出发点，也是前进中遇到问题可以回归的最温馨的退路，以及中途的加油站和避风港。金窝银窝，不如自家的草窝，贫家亦可依恋，狗尚如此，何况人乎？老家是根本，是梦牵魂绕的地方，树高千丈总有根，水流千里总有源。老家有老娘，哪怕是丑娘，一样有伟大无私的爱；貌丑却心善，一样可爱。吃尽滋味盐好，走遍天下娘好；儿行千里母担忧，最亲莫如母子。常回家看看，与母亲说说知心话，不能一年土、二年洋、三年不认爹和娘。《老子·八十章》说："安其居，乐其俗。"在老家的贫屋里，也有安宁和快乐。

《重订增广贤文》还告诉人们，做人要有长期打算："享现在之福如点灯，随点则随灭；培将来之福如添油，愈添则愈久。"这里用点灯与添油的通俗比喻，说明享福和培福的辩证关系。今人点灯是因为前人添了油，所以今人点灯也不能忘记为后人添油。如果没有长期打算，"忽喇喇如大厦倾，昏惨惨似灯将尽"，再大的家业也会败尽，那就是《老子·五十八章》所说的"福兮，祸之所伏"，幸福里面隐伏着灾祸。

面对当今人类社会大规模使用煤炭、石油、天然气等不可再生能源所带来的资源日益枯竭、环境不断恶化的严峻形势，人们越来越意识到，不能吃祖先饭、断子孙路，也就是不能光"点灯"不"添油"。添油就是要开发利用风能、太阳能、海洋能、地热能等新能源和可再生能源，促进经济社会的可持续发展，达到社会和谐、人民幸福的目的，为子孙后代留下一条光明的后路。这就是长期打算，而不是短期行为。

有人问，《重订增广贤文》中的思退观对今天"好好学习，天天向上"的少年儿童，对"勇于进取"的青年有没有消极影响？回答是，只要正确处理好进与退这一对矛盾的两个方面，既要思进，又要思退，可进可退，可攻可守，该攻则攻，该守则守，运用自如，相得益彰，就可避免消极影响，做自己人生道路上的主人。

原文

本事不济，休说运气，运气未来，急练本事。和气致祥，厚德载福，乖戾刻薄，理穷势蹙。……人能辱我，我不较他，平心静气，人奈我何？物能诱我，我不恋他，清心寡欲，物奈我何？命能制我，我不斗他，谨身节用，命奈我何？……酒过度者伤肺，色过度者伤肾。

——［清］天谷老人《小儿语补》

有无安分守己，勤俭本当为先。凡事存心忍耐，谦和尽让从宽。

——佚名《六言杂字》

鉴赏

和谐是中国传统美德的重要部分，这一点从清代的蒙学名著《小儿语补》中，我们也会有不少惊喜的发现。从该书中，我们可以看到和气致祥的治家方式："和气致祥，厚德载福，乖戾刻薄，理穷势蹙。"从正反两个方面说明了家庭和睦、邻里和睦的重要性。"和气致祥"是说待人态度温和可以招来吉祥，该语出自《汉书·楚元王传附刘向》："由此观之，和气致祥，乖气致异。祥多者其国安，异众者其国危。天地之常经，古今之通义也。"这里甚至把和气多还是乖气（不合情理之气）多，强调到事关诸侯国安危的高度。这倒不能说它夸张，众所周知中国人民解放军的"三大纪律八项注意"中，第一条"注意"就是"说话和气"。"说话和气"成为解放军克敌制胜的法宝之一。不但老百姓衷心拥护，连俘虏兵也心悦诚服。"和气"在团结人民、瓦解敌军中发挥了威力无穷的作用。大家也知道经商者常说"和气生财"，待人和善可以招财进宝，这确实是经验之谈。那"和气"用在处理家庭与邻里关系上，自然是一派祥和、其乐融融了。"厚德载福"是说有厚德者能多受福，语出《国语·晋语六》："吾闻之，唯厚德者能受多福，无德而服者众，必自伤也。"无德的人却有许多人服侍他，最后必定伤害到自己。因为脾气乖戾、语言刻薄的人会理屈词穷、处境不妙。这就叫做"乖戾刻薄，理穷势蹙"。

　　和气之人是怎么样的人呢？和气之人是安分守己的人。《六言杂字》说："有无安分守己，勤俭本当为先。"安分守己是安守本分、规矩老实的意思。《喻世明言》卷三六述："如今再说一个富家，安分守己，并不惹是生非。"富人要安分守己，勤俭为先，要跟人家比种田，不跟人家比过年。好看不过素打扮，好吃不过家常饭。节约好似燕衔泥，浪费犹如河决堤。兴家如同针挑土，败家如同浪淘沙。穷人富人，各守本分，穷人不仇富，富人不欺贫，自然没有争执，没有敌视，一团和气，就愉悦安详了。安分守己的人能够正确理解"本事"与"运气"的关系："本事不济，休说运气，运气未来，急练本事。"机遇永远青睐有准备的人，练好本事去迎接运气的到来。孔子说："君子病无能焉，不病人之不己知也。"（《论语·卫灵公》）"不患人之不己知，患其不能也。"（《论语·宪问》）说的就是同样的意思。人穷不要紧，安分守己，和气待人，急练本事，运气会来的。和气之人是清心寡欲的人。"物能诱我，我不恋他，清心寡欲，物奈我何？"清心寡欲的人不贪恋物质享受，不会因物质利益冲突与他人争得死去活来。一定会和气待人，仗义疏财。不会利欲熏心，拜倒在物质财富的脚下。"清心寡欲"语见宋代朱熹《皇极辨》："愿陛下远便佞，疏近习，清心寡欲，以临事变。此兴事造业之根本。"皇帝身边难免有一些弄臣，专以声色犬马引诱皇帝不理朝政。朱熹请求皇上清心寡欲、疏远弄臣，来迎接可能发生的事变，认为这是事业兴旺发达的根本。这就告诉人们，从皇帝到平民，都要清心寡欲，抵制物质享受、花花世界的诱惑。

"酒过度者伤肺，色过度者伤肾。"酒色过度不仅荒废事业，而且伤及自己的身体健康。枚乘《七发》中有"皓齿娥眉，命曰伐性之斧；甘脆肥脓，命曰腐肠之药"的名句，也是劝楚太子不要酒色过度。《元史·释老传》有言："问长生久视之道，则告以清心寡欲为要。"清心寡欲，长生之道；酒色过度，性命难保。"谨身"是防止伤亡、保障人身安全的重要手段。有道是"身体发肤受之父母，不可毁伤"，"知命者不立于危墙之下"，不到有安全隐患的地方去，不参与持械斗殴，避开肢体冲突，这样就不会死于非命了。《小儿语补》中说："命能制我，我不斗他，谨身节用，命奈我何？""节用"是说节省开支，杜绝浪费，这样就不会冻饿致死了。整句话的意思是：人的寿命受到天命的限制，我无法与天命抗争，但是我谨身节用，天命也不能让我死于非命。这里需要说明的是，天命论是一种错误的观点，相信天命论就没有革命，也就没有改革了。正确的观点是在尊重客观规律的前提下发挥主观能动性，主动地站出来掌握命运、改变命运。

从《小儿语补》中我们可以看到"和光同尘"的处世态度。和光同尘就是不露锋芒、与世混同、与世无争，又有点随波逐流，它是道家的观点。《老子·四章》云："和其光，同其尘。"《晋书·宣帝纪》中的"和光同尘，与时舒卷"，也是受到老子的影响。与道家不同的是，儒家提出"和而不同"的思想，如《论语·子路》曰："君子和而不同，小人同而不和。"主张和睦相处，不盲从苟同，弥补了道家的不足。"和光同尘"与"和而不同"有着"不争"的共同点，而要做到"不争"，首先就要忍耐。《六言杂字》中说"凡事存心忍耐，谦和尽让从宽。"《小儿语补》中说："人能辱我，我不较他，平心静气，人奈我何？""不怕你识不破，只怕你忍不过。"忍耐有两种：一种是面对侮辱时的忍耐，例如韩信贫寒时，被泼皮拦住，要他从裤裆下钻过去。韩信忍耐了，便从泼皮胯下爬过去了。如果当初韩信不忍耐，与泼皮打斗惹上官司，以后怎能建功立业？另一种忍耐是面对利益冲突时的退让，"六尺巷"的传说就是一例。开始甲乙两家为中间隔着篱笆改砌围墙各不相让，后来听从劝告，两家各自后退三尺砌墙，中间因此留出了一条六尺巷，成就一段佳话。这就是"谦和尽让从宽"的处世态度。俗话说：祸不入慎家之门，吃亏不致死人；三思有益，一忍为高；他仇我不仇，冤家即罢休。忍耐是识大体、顾大局的体现。孔子说："小不忍，则乱大谋。"（《论语·卫灵公》）说明中华民族倡导忍耐由来已久，这些至今还有借鉴意义。

原文

地缺东南，天缺西北，人要满心，如何满得？……动真气者伤肝，贪横财者伤命。不怕你识不破，只怕你忍不过，不怕你嘴不硬，只怕你心不定。……心地宽厚，多福多寿。坏了这心，害了自身，害了儿孙。愚人边莫用计，穷人前莫使势。莫与劳人加担，莫与饥人争饭。

——［清］天谷老人《小儿语补》

鉴赏

说到忍耐，并不是强压怒气，而是平心静气、心情平和、态度平静。清代纪昀《阅微草堂笔记·如是我闻四》述："遇意外之横逆，平心静气，或有解时。"平心静气，有时可以化解危机。这就是说，要做到"不争"，还要提倡"心定"。《小儿语补》中说："不怕你嘴不硬，只怕你心不定。""动真气者伤肝，贪横财者伤命。"要心定，不要嘴硬。口角纷争，发展到拳脚相加，伤人伤己又何必？！不要生气，生出病来无人替。横财莫贪，横财收益巨大，风险也巨大，岂能要钱不要命，为十倍的利润去冒上绞架的风险？人不能贪得无厌，不能有"满心"，妄图满足自己的全部愿望，就像《渔夫与金鱼》的故事中那个贪心的老太婆一样。《小儿语补》中说："地缺东南，天缺西北，人要满心，如何满得？"这里的"地缺东南，天缺西北"，讲的是《淮南子·天文训》中的一段神话："昔者共工与颛顼争为帝，怒而触不周之山。天柱折，地维绝。天倾西北，故日月星辰移焉。地不满东南，故水潦尘埃归焉。"天与地且不能完满无缺，人的欲壑难填，想要什么就有什么怎么可能？你就是世界首富，也不可能囊括全世界的财富。贪欲与权势欲膨胀到极点，就会引发战争，致使伏尸遍野，血流成河。人类应牢记两次世界大战的惨祸，和为贵，永不争战，各自建设幸福的家园。

从《小儿语补》中，我们还可以看到和衷共济的博爱情怀。社会上有富人，也有穷人、愚人、劳人、饥人，后四种人是社会的弱势群体，对他们应慈悲为怀，大力发展慈善事业，扶贫帮困，帮助穷人脱贫致富。《小儿语补》说得好："愚人边莫用计，穷人前莫使势。莫与劳人加担，莫与饥人争饭。"愚人是智力有障碍的人，社会要对他们多一份关爱；如果连愚人的钱财也要去算计，那就天理难容。旧社会，财主柜里金银多，穷人枕边泪珠多；富人四季穿衣，穷人衣穿四季；富人一席酒，穷汉半年粮。种田的吃米糠，卖盐的喝淡汤，卖鞋的赤脚立，卖帽的光着头。"贫不可欺，富不可恃。"穷人可怜，富人反而仗势欺人，穷人总有一天要奋起反抗。"坐轿不知抬轿苦，饱汉不知饿汉饥。"切莫加重劳动者的负担，满负荷变成超负荷。须知在负重到极

限的骆驼背上再加一根稻草，也能压垮整匹骆驼。对劳动者应该让其劳逸结合，一张一弛，安排好休息与休假，切莫无限制地强令加班，造成过劳死。对于身无分文、饥饿难挨的人，应当给予帮助，最好是安排一个工作岗位，包吃包住，这样就能同心协力、和衷共济。

《小儿语补》说："心地宽厚，多福多寿。坏了这心，害了自身，害了儿孙。"真是苦口婆心，恳切耐心地再三劝告，就是石头人听了也会感动。让那些在富民政策下先富起来的人群，多一点博爱情怀来回馈社会吧！只要人人都献出一点爱，这世界就会变得更美好。儒家对于和衷共济是很赞赏的，《论语·雍也》载："子贡曰：'如有博施于民而能济众，何如？可谓仁乎？'子曰：'何事于仁，必也圣乎！尧舜其犹病诸！'"即子贡问："假如有人广泛地给百姓以好处和救济，这个人怎么样呢？能称得上仁人吗？"孔子回答："不仅是仁人，还必定是个圣人啊！尧舜还恐怕做不到这一点呢！"我们今天来提倡和衷共济，是要把《论语》和《小儿语补》中的"假如"变为现实。把改革的成果让全体人民共享，是今天以人为本、立党为公、执政为民的各级领导干部的神圣使命。

原文

习女德，要和平，女人第一要安贞。父母跟前要孝顺，姊妹伙里莫相争。父母教训切休强，姊妹吃穿心要公。……油盐柴米当爱惜，针线棉花莫看轻。……但有错处即认错，总（纵）有能时莫夸能。……谨女言，要从容。……姊妹言语要和平。

——［清］贺瑞麟《女儿经》

鉴赏

中国封建社会提倡"三从四德"，所谓"三从"：女子未嫁从父，既嫁从夫，夫死从子；所谓"四德"：妇德、妇言、妇容、妇功。"三从四德"是封建礼教束缚妇女的道德规范，现今已经无人理会。胡适曾经描述过他那个时代社会上出现的"新三从四得"，即男子的三从四得。"三从"：太太出门要跟从，太太命令要听从，太太说错要盲从；"四得"：太太生日要记得，太太化妆要等得，太太花钱要舍得，太太打骂要忍得。说明社会已经不是大男子主义的一统天下了。尽管在落后地区和落后人群中大男子主义的残余依然存在，但是女士优先、女权主义的观念也随着欧风美雨传输进来。当然，男人太窝囊了，女子骑在男人头上耍泼，也有违男女平等的初衷。《女儿经》是通俗化的"三从四德"蒙学名著，考虑到当时女子识字不多，这种通俗化已经到了口语化的地步，即使文盲也能听懂、背诵。不过透过这些浅显的语言，我们还是能看出其内在的儒学背景。

儒家是讲求妇容、妇德和妇言的。《诗·周南·关雎》云："关关雎鸠，在河之洲。窈窕淑女，君子好逑。"关关和鸣的雎鸠，相伴在河中的水洲。文静美好的女子，是君子的好配偶。《论语·八佾》中记载，孔子认为《关雎》这首诗，欢乐而不放荡，哀思而不悲伤，对窈窕淑女很有好感。同篇中还记录孔子对《诗·卫风·硕人》中那位巧笑美目的女子的赞美，说她"巧笑倩兮，美目盼兮，素以为绚兮"，惊为天人。不过，他们更讲求的是妇容、妇德和妇言。《论语·阳货》记："子曰：'唯女子与小人为难养也，近之则不孙，远之则怨。'"把女子与小人相提并论，认为他们在处世中缺乏分寸感，关系亲近了会无礼以待，疏远后又产生怨恨，所以应当有所管束。《女儿经》蒙书便是在这种思想指导下产生出来的，本节选用的文句，涉及妇容、妇德和妇言方面，主要可归纳为"八要"。

一要和平。"习女德，要和平"，实行女德，首先要心平气和。宋代苏辙《既醉备五福论》云："醉而愈恭，和而有礼，心和气平，无悖逆暴戾之气干于其间。"和平的人和颜悦色、温柔和睦，是女德的第一要义。

二要安贞,即坚守贞节。封建礼教要求女子不失身、不改嫁,在贞洁方面没有污点,遇到强暴要宁死不屈。执政者还为贞洁女子立贞节牌坊加以表彰。在那个时代,男子可以三妻四妾,女子必须从一而终,男女是不平等的。

三要孝顺。孝顺是指尽心奉养父母,顺从父母意志。儒家对孝顺要求很高,不局限于奉养。首先对父母要和颜悦色,要给父母好脸色看。《论语·为政》中说到"色难",孔子解释道:"子女侍奉父母,难的是和颜悦色,其次是孝顺结合。"因为提供饮食起居的条件,是人对生命体所持有的态度,而对父母只有物质上的供养而没有尊重,那还是没有达到孝顺的标准。当然在古代也有过分强调小辈对长辈顺从品性的一面,他们认为这样的人格培养能防止社会上犯上作乱现象的出现。我们今天讲孝道,主要是从体贴老人心理、使之精神愉悦的角度来理解;所提倡的孝敬父母,是在生活上有所照顾,心理上加以呵护,让老人减少孤独感,而不是只在经济上作出补贴。

四要心公。文中的"姊妹吃穿心要公",即要求公心对待、不斤斤计较。谦让是中国人提倡的美德之一,自然也成为《女儿经》中对女子的要求。

五要爱惜。"油盐柴米当爱惜,针线棉花莫看轻。"先秦时墨家提倡"节用",道家老子将"俭"列为其"三宝"之一,说"俭故能广"(《老子·六十七章》),至今为人们所津津乐道。俗话说:"精打细算,有吃有穿","俭吃有剩,俭穿有新","吃不穷,穿不穷,不会打算一世穷","不当家,不知柴米贵","算了再用常有余,用了再算后悔迟"。在"男主外,女主内"的分工模式下,《女儿经》要求女子勤俭持家是很自然的。

六要认错。"但有错处即认错。"《论语·公冶长》录孔子"吾未见能见其过而内自讼者"的话,说明能发现自己的过错并在内心自我责备的人是难能可贵的。人非圣贤,怎么能没有过错?只要知错能改,而不文过饰非,就是莫大的"善"。《论语·子张》中说,君子的过错,就像"日月之食"那样,人人都能看到,而不加掩饰,更使人们见识到其改正错误的勇气，故值得敬仰。

七要从容。"谨女言，要从容"，说的是女言方面的要求。女子说话文雅安详、温柔和顺、镇定自然、不慌不忙，是一种风度，也是一种品德的展示。孔子说："侍于君子有三愆：言未及之而言，谓之躁；言及之而不言，谓之隐；未见颜色而言，谓之瞽。"（《论语·季氏》）即孔子认为陪着君子说话容易出现三种过失：没有轮到自己说时就先说了，这是急躁；该自己说话时却不说，这叫做隐瞒；不察言观色就轻率开口，这叫瞎子。所以要从容，以免犯以上过失。

八要团结。"姊妹言语要和平"，儒家主张"友于兄弟"，依此类推姊妹间也要团结。家和万事兴，姊妹不和外人欺。一根筷子容易断，十根筷子硬如铁。众人一条心，黄土变成金。在当时多子女家庭中，兄弟姐妹间的团结很显重要。现在都是独生子女，这种重要性则要通过社会群体间的互助得到实现。

原文

时常说话莫高声。磨牙斗嘴非为好，口快舌尖不算能。莫要半晌说闲话，莫要无故冒搔风。父母使唤休强嘴，……但遇面生莫开口，休要轻易冒答应。家中总（纵）有不平话，低声莫叫外人听。

——［清］贺瑞麟《女儿经》

四月清和雨乍晴，南山当户转分明。更无柳絮因风起，惟有葵花向日倾。

——《千家诗·客中初夏》（司马光）

鉴赏

上一节讲述了涉及妇容、妇德和妇言方面的"八要"，接着《女

儿经》等又提示女子不能违反的事项，主要可归纳为"十二莫"。

一莫相争。"姊妹伙里莫相争"，也就是"姊妹吃穿心要公"、"姊妹言语要和平"。要团结友爱，不要斤斤计较窝里斗。

二莫倔强。"父母教训切休强"，也就是"但有错处即认错"。

三莫夸能。"总（纵）有能时莫夸能。"嘴巧不如手巧，好把式不在于嘴会说，爱叫的猫抓不住老鼠。天不言自高，地不语自厚。子曰："天何言哉？四时行焉，百物生焉，天何言哉！"（《论语·阳货》）老天爷并不王婆卖瓜，自卖自夸，女孩子何必自夸其能呢？

四莫高声。"时常说话莫高声。"现在国际友人对中国游客在公共场所大声说话比较反感，认为是素质低下的表现。尤其是两三个女子在一起，高声谈笑、旁若无人，成为噪声污染，令人白眼。这种做法在《女儿经》中是反对的。

五莫斗嘴。"磨牙斗嘴非为好，口快舌尖不算能。"有些人骂人不打草稿，脱口而出，也不经过大脑思考，越说越没有好话。只知逞口舌之辩，其实是尖酸刻薄、有失厚道，成为孔子所批评的"巧言乱德"（《论语·卫灵公》），所以《女儿经》反对斗嘴。

六莫闲话。"莫要半晌说闲话。"《论语·卫灵公》记："子曰：'群居终日，言不及义，好行小慧，难矣哉！'"即整天聚在一起不说有道理的话，卖弄小聪明，没出息！俗话说："白日莫闲过，青春不再来。"当前醉心于电脑聊天的女孩，值得反思一下。

七莫搔风。"莫要无故冒搔风"，即不要无缘无故地搔首弄姿，因卖弄风骚会惹来是非。这是要求女孩子自尊自重。

八莫强嘴。"父母使唤休强嘴。"孔子把利嘴善辩的人称为"佞者"，还说那样会"御人以口给，屡憎于人"（《论语·公冶长》）。巧舌如簧地同别人争辩，常常令人讨厌，更不用说对父母了。

九莫开口。"但遇面生莫开口"，不要随便同陌生人交谈，尤其要警惕不怀好意的三姑六婆，勾引教唆女子变坏。交浅不可言深，苍蝇不叮无缝的鸡蛋；篱笆扎得紧，野狗钻不进。这是女孩子自我保护的方式之一。

十莫答应。"休要轻易冒答应",即不要轻易承诺。孔子说:"君子耻其言而过其行。"(《论语·宪问》)即要以承诺超过自己能力的事为耻。《论语·颜渊》中还说"驷不及舌",意为一言既出,驷马难追,说大话不易兑现。不能光打雷不下雨,惹人笑话。

十一莫外传。"家中总(纵)有不平话,低声莫叫外人听。"不平则鸣,情有可原,但是内外有别,家丑不可外扬,以免造成不良影响。现代社会风气已有所改变,不再讲"父为子隐,子为父隐",但是顾及亲情的事情,尽可能由家人协商解决的原则还是对的。

十二莫随风。《千家诗》中的《客中初夏》四言诗,是宋代司马光客居洛阳时的因景抒怀。他在诗中借景比喻,说自己不会像柳絮随风般地人云亦云,附和他人;而会像葵花一样忠于自己的原则。这种提倡应有自己的主见、不随风摇摆的看法,也可以作为女子做人的准则去坚持。

原文

娶妇休论色,也休论嫁妆,惟须贤惠女,好与过时光。择婿只宜贤,切休索聘钱,女儿身所靠,一误到何年?婚嫁宜从俭,愚人外面装,惹将明者笑,何算是排场?

——[清]谢泰阶《小学诗·明论》

鉴赏

这是古人对成年人娶妇、择婿、婚嫁的基本原则,而蒙学课本在孩童时就进行灌输,使他们从小树立正确的婚嫁观,应该说还是做得必要而及时的。

先说娶妇。《小学诗》中"娶妇休论色,也休论嫁妆,惟须贤惠女，好与过时光"这四句诗明白如话，然而在其浅显易懂的话语后面，深藏着儒家思想特色。儒家历来主张娶妻不娶色，只求贤德、不求声色。孔门弟子子夏曾经提出"贤贤，易色"（《论语·学而》），意思是尊重贤人，不重女色。当然这很难做到，连孔子都感叹"吾未见好德如好色者也"（《论语·子罕》）。据《史记·孔子世家》记载，此语发自其在周游列国到卫国时，针对的是卫灵公与夫人同乘第一辆车，安排自己到第二辆车。后来孔子为此断然离开了卫国。男子"娶妇休论色"，反过来女子也不能只是以色事人，用美色来侍奉丈夫。以色事人者，色衰则爱绝；以色事人者，能得几时好？这也是经验之谈。对于嫁妆，儒家也不会看得很重。儒家提倡的是一种"贫而乐"的生活方式。孔子在赞扬他最得意的弟子颜回时说："贤哉，回也！一箪食，一瓢饮，在陋巷。人不堪其忧，回也不改其乐。贤哉，回也！"（《论语·雍也》）像颜回这样于艰苦生活中不改变快乐的人，要娶媳妇也不会把容貌、嫁妆放在第一位的。孔子对于大禹治水故事中的禹"菲饮食"、"恶衣服"、"卑宫室"（《论语·泰伯》），即在衣食住行条件很差的情况下尽心尽力兴修水利的品行佩服不已，孟子也说"宝珠玉者，殃必及身"，故他提出"养心莫善于寡欲"（《孟子·尽心下》），修身养心没有比降低物质欲望更重要的了。因此在儒家看来，嫁妆差些、少些不是问题，"惟须贤惠女，好与过时光"。《后汉书·列女传》中记载一个贤惠女子的故事：她是河南乐羊子的妻子，姓名已不得而知了。羊子曾在路上捡到被人遗落的一块金饼，回来交给妻子，其妻曰："我听说志士不饮盗泉之水，廉者不受嗟来之食。"虽然饮食涉及人的生存，但若被"盗"名玷污，或丧失人的尊严，则宁愿放弃。现在羊子的行为是"拾遗求利"，对人的品行来说，无疑是更大的污点。羊子听后十分惭愧，于是把金饼丢回旷野，到远方拜师学习。以后他在妻子"夫子积学当日知其所亡，以就懿德"的勉励下，终于学有所成，成为品德高尚、学识渊博的有用之才。人们认为他的成功与妻子的帮助很有关系。

再说择婿，《小学诗》中择婿与娶妇的标准是统一的。"择婿只宜贤，切休索聘钱，女儿身所靠，一误到何年？"也突出了一个"贤"字。也就是人"贤"是唯一标准，有钱无钱并不要紧。俗话说，会选的选儿郎，不会选的选家当。财富只能装饰房子，幸福不在于金钱。《论语·公冶长》中有孔子择婿的故事："子谓公冶长，'可妻也。虽在缧绁之中，非其罪也。'以其子妻之。"孔子择婿择贤，哪怕吃过冤枉官司也不在乎，不以一时之荣辱取人。同篇中还提到一位名叫南容的学生，崇尚道德，处事谨慎。孔子认为其既贤良又聪明，对他很满意，于是为自己的侄女做媒嫁给了他。这些做法为后世留下了不朽佳话。而在民间则传说着相反的事例，如《西厢记》、《梁山伯与祝英台》、《红楼梦》等戏文、小说里的爱情悲剧，往往因青年男女与以名利地位为择婿标准的长辈发生冲突而引起。当我们看戏剧、小说时都能认识到祝员外、贾政等人的问题，但在现实生活中却又不知不觉地犯同样的错误。目前不少电视台有择偶节目，往往强调相貌身材、薪水职位、学历才艺，唯独对道德品质关注较少。难道在红尘万丈中我们被横流之物欲所左右，而忘了自古以来道德选择的重要性了吗？这不能不使人感到忧虑和惋惜。

最后说婚嫁。《小学诗》说："婚嫁宜从俭，愚人外面装，惹将明者笑，何算是排场？"这里主张婚嫁仪式从简、婚嫁开支从俭，不要追求虚荣、讲究门面排场。排场是没有底的，装门面的是笨蛋，只能引起聪明人发笑。婚礼从俭是儒家的一贯主张。孔子说："礼，与其奢也，宁俭。"(《论语·八佾》)节俭是一种美德，奢侈是一种恶习。东西方的观点在这个问题上是一致的。爱因斯坦说过："人们努力追求的庸俗的目标——财产、虚荣、奢侈的生活，我总觉得都是可鄙的。"他还说：不管时代的潮流和社会的风尚怎样，人总可以凭着自己的高贵品质，超脱时代和社会，走自己正确的道路。现在不少人为了房子、汽车、电子设备而奔波、追逐、竞争，似乎成了这个时代的时髦。但是也还有不少人，不追求这些物质的东西，而追求理想和真理，得到了内心的自由和安宁。经历过法西斯统治黑暗时代的爱因斯坦，早已

看透物质享受追求的肤浅,而把从事物理学探究作为人生目标,所以他的话反映出他对人生意义的理解与把握。可惜如今我们许多青年人未能对前人的提醒有真正的理解,社会上的商业机构正是利用这些年轻人的虚荣心、从俗心理和攀比心理,以一条龙服务方式引导新婚青年挥金如土,把新郎新娘耍得团团转,事后老板躲在角落里数着百元大钞窃笑不已。茫茫人海,有几个看得破的!有人说,结婚只有一次,入乡随俗吧!须知这种入乡随俗是越随越俗。此时我们打开《小学诗》,看看我们的前人在娶妇、择婿、婚嫁问题上的高见,对照如今某些人的低俗,应当感到汗颜。

原文

留心能积德,明去暗中添。……阴德积多多。

——[清]谢泰阶《小学诗·敬身》

鉴赏

积德是中华民族的优良传统。《荀子·劝学》中说"积土成山,风雨兴焉。积水成渊,蛟龙生焉。积善成德,而神明自得,圣心备焉"。一个人坚持做好事,养成高尚的品德,就会逐渐具备了圣人的思想。荀子认为只要积德,任何人都可以成为圣人,故"涂之人可以为禹"(《荀子·性恶》)。《小学诗》中关于积德的语句,也是这种思想的体现。本节关于积德大致涉及了积德的态度和积德的好处两个方面。

首先,积德的态度。《小学诗》说"留心能积德",这是说要把注意力放在积德上,积德要主动、自觉、全心全意。要事事、处处、时时注意积德。另外,要日积月累。《荀子·劝学》说:"不积跬步,无以至千里;不积小流,无以成江海。骐骥一跃,不能十步;驽马十驾,功在不舍。"即不是一步步地前进,就不能达到千里之远。劣马天天坚持不懈，也有追赶上良马的可能。同样，人的道德品行通过量的积累，也可以实现质的飞跃。"留心""积累"，是积德应有的态度。

其次，积德的好处。一是积德累仁：积德的人也在积累仁义，《小学诗》说积德是"明去暗中添"。从表面上看，积德的人减少了财物；从根本上看，积德的人增添了仁义，在道德上有了收获和提高。《荀子·礼论》说："积厚者流泽广，积薄者流泽狭也。"意思是说，根基深厚的人影响广远，根基不深的人影响面较小；一个人积德到了德高望重的程度，他的美名一定四海传扬。二是必有余庆：《小学诗》说"阴德积多多"，按照传统的说法，积德的人家必有后福。《易·坤》云："积善之家，必有余庆。"这种说法从劝人积德方面去看，在客观上有其积极意义。我们今天的积德行善，不能仅停留于积累"后福"，而要以无私、高尚为目标，进入完善的道德新境界。

原文

善事诸般好，无如救命先。保婴能积会，功德大无边。急难人人有，伤心可奈何，此时为解救。

——［清］谢泰阶《小学诗·敬身》

当权须要积德，莫贪无义银钱。有恩须当酬报，受害莫要结冤。

——佚名《六言杂字》

鉴赏

上文讲述了积德的态度和积德的好处，《小学诗》与《六言杂字》接着对积德的方式进行说教。归纳起来大致有五种：一是当权积德。《六言杂字》要求"当权须要积德，莫贪无义银钱"。古时有清官，"两袖清风，一身正气"，"当官不为民做主，不如回家卖红薯"，都是这种

行为的写照。当然也有贪官，如清代的和珅。也有假清官，所谓"三年清知府，十万雪花银"，即是此谓。贪官当权崇拜厚黑学，脸皮厚，心肠黑，把索贿受贿当作潜规则。故民间有"衙门八字开，有理无钱莫进来"的说法。新社会严惩贪官，正气抬头，广大干部成了人民的公仆，权为民所用，出现了焦裕禄、孔繁森等"为官一任、造福一方"的好干部。但是也有极少数当权者把"有权不用、过期作废"作为信条，搞"大盖帽，两头翘，吃了原告吃被告"、"酒肉穿肠过，原则一边丢"的事情，直到发展为收受巨额贿赂，成为大贪污犯。对这种人要大喝一声"当权须要积德，莫贪无义银钱"，正告他们必须悬崖勒马，不要飞蛾扑火烧自身。

二是救命为先。《小学诗》说"善事诸般好，无如救命先"。做各种各样的好事都是积德，但是任何好事都比不上救他人性命。俗话说："救人一命，胜造七级浮屠。"救他人性命，胜过捐资为寺庙建造一座七层高的宝塔，功德无量。相反，见死不救，见到他人面临死亡威胁而不去援救，那还算是人吗？

三是保婴积德。《小学诗》说"保婴能积会，功德大无边"。旧社会有人家境贫寒，养不活小孩，或重男轻女抛弃女婴，把婴儿遗弃在家境较好的人家门前。善心人见了，心中不忍，就像孟子所说的"恻隐之心，人皆有之"(《孟子·告子上》)，出于同情心而收养婴儿，或者送到育婴堂等专收弃婴的机构，把那婴儿的命保住了，这也是功德无边的积德行为。

四是救苦救难。《小学诗》说"急难人人有，伤心可奈何，此时为解救"。它首先是指在发生诸如地震、洪水、火灾、泥石流、海难等重大灾情时，要捐款、捐物，有条件的亲临现场，救民于水深火热之中，不顾惜个人安危。另外还指在平时救困扶危，救济扶助处于困顿危难中的人。如捐钱建造希望小学，捐钱给孤老、残疾人以及得了重病无力医治的人等，都是积德行为。至于医护工作者救死扶伤，拒收红包，更是医德所在。

五是以德报怨。这就是《六言杂字》中所说的"有恩须当酬报，受害莫要结冤"。《论语·宪问》记："或曰：'以德报怨，何如？'子曰：'何以报德？以直报怨，以德报德。'"孔子主张用公平正直来回报怨恨，以恩德来回报恩德。君子虽然不念旧恶，但也不必过分压抑自己的感受，一定要以恩德报怨恨，当然也不能像小人那样忘恩负义，甚至做出以怨报德的事情。

原文

郭巨将坑，董永自卖。

——［唐］李瀚《蒙求》

十一曰廉，勿盗一芥，让乃德美，贪为心害，名誉丧亡，家衰国败，非义勿取，铭为心戒。……十三曰诚，戒毋自欺，意恶必去，自慊为归。为善尽力，发憾无遗，不愧不怍，乃德之基。十四曰恕，体谅为心，已恶勿施，不能当矜，犯非有意，误会偶生，自然息怒，自能容人。

——［民国］周秉清《养蒙便读·修德》

鉴赏

诚信关系到公民文明和社会文明的程度，每一位公民和整个社会，应以诚实守信为荣，以见利忘义为耻。具体地说，就是要将诚实守信作为每个人的行为准则，作为立人之本、成事之基，在学校生活、家庭生活、职业生活、社会生活中自觉做到恪守诚信，抵制和反对唯利是图、弄虚作假、背信弃义、不讲信誉等思想和行为。

本节是《养蒙便读》第十九章《修德》篇中有关诚信、德行的内容。诚信当从诚说起，其中包括诚的意义、诚的要求，以及"廉"和"恕"。因为一个诚心诚意的好人，必定是一个廉洁自重的人，也是一个胸怀宽广的人。文中提出诚"乃德之基"，诚心诚意是道德的基础

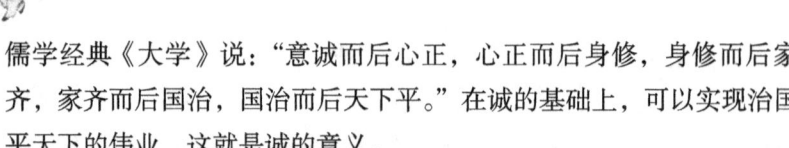

儒学经典《大学》说:"意诚而后心正,心正而后身修,身修而后家齐,家齐而后国治,国治而后天下平。"在诚的基础上,可以实现治国平天下的伟业,这就是诚的意义。

对于诚,《养蒙便读》提出了四条要求:一是"戒毋自欺",将不要欺骗自己成为一个戒条。《大学》中说"所谓诚其意者,毋自欺也",又说"故君子必慎其独也"。就是说君子在独自一个人没有别人监督的情况下,也不会有不良的行为和思想,比如廉洁的人就是这种慎其独不自欺的诚实的人。《养蒙便读》对廉的要求是"勿盗一芥",对他人的财物,哪怕只有芥菜籽这样小的一粒也不能偷盗,更不用说其他了,为何要求如此严格?因为千里之堤溃于蚁穴,小偷小摸发展下去也可能变成巨贪。同时,"见小利则大事不成"(《论语·子路》),孔子认为贪小利的人办不成大事,贪小失大。对廉的另一要求是"非义勿取,铭为心戒",不取不义之财,时刻铭记心中作为戒条。廉的对立面是贪,对贪的危害性,《养蒙便读》分析得相当正确:"让乃德美,贪为心害,名誉丧亡,家衰国败。"拒收不义之财是一种美德,贪污是对良心的损害,使人颜面丢尽,使国家衰败甚至灭亡。

对诚的要求之二是"意恶必去,自慊为归"。必须打消心中的不良念头,直到自己满意为止。什么叫"自慊"?《大学》中说:"如恶恶臭,如好好色,此之谓自谦。"谦,通慊,即对于不良念头要如同讨厌臭味一样,对于善良想法要如同喜欢美色一样,这就叫自慊。而所谓打消心中的不良念头,也包括"害人之心不可有",将心比心,不计较别人的过错,这就是"恕"。《养蒙便读》说"恕"是:"体谅为心,己恶勿施。"即设身处地为他人着想,己所不欲,勿施于人。此外,文中还提出"不能当矜",意思是说如果不能在内心宽恕他人,也要慎重对待,不要在行动上伤害他人。至于"犯非有意,误会偶生",对于无意中冒犯自己偶尔发生的误会该怎么办呢?应该"自然息怒,自能容人"。海阔能容百江水,宰相肚里好撑船,恕是孔子学说的重要内容,曾子曾经说过:"夫子之道,忠恕而已矣。"(《论语·里仁》)

对诚的要求之三是"为善尽力，发憾无遗"。要尽心尽力地做好事，不要留下哪怕一丝头发那样的遗憾。这里举唐代李瀚《蒙求》中的两个例子："郭巨将坑，董永自卖。"郭巨是晋代人，家境贫穷，他对母亲很孝顺，传说他妻子生了一个男孩，他恐怕分掉母亲的食物，与妻子商量好要活埋儿子，正在凿地挖坑，掘出一个坛子，内有黄金，并有一张纸条，上面写着："孝子郭巨，黄金一釜，以用赐汝。"（《搜神记》卷十一）董永是文学故事人物，传说董永非常孝顺父亲，父亲去世，董永无钱葬父，就自卖为奴，以供丧事费用。后与天上七仙女结为夫妇，七仙女十天内织缣百匹，使他得以偿债赎身。其事《搜神记》有记载，为民间流行故事，黄梅戏《天仙配》说的就是这个故事。尽孝尽到活埋儿子、卖身为奴的地步，真是尽心到了极点，但在我们今天看来，郭巨的做法是欠妥的，怎么能为了延续母亲的生命去毁另一个幼小的生命呢？如果没有掘到黄金，孩子岂非死路一条！这真是令人毛骨悚然的悲惨故事。鲁迅小时候听了这个故事后，老是担心自己被父亲在哪一天活埋，幼小的心灵受到严重的创伤，后来在《朝花夕拾·二十四孝图》里对编这种故事提出异议。

对诚的要求之四是"不愧不怍"，即没有令人惭愧的思想和行为，问心无愧。例如做生意要以诚为本，诚招天下客，问心无愧地赚钱，不赚黑心钱、昧心钱。可惜如今生意人对这一点重视不够，甚至为赚钱做出丧尽天良的事情，例如奶粉里掺三聚氰胺，猪肉里放瘦肉精，咸鸭蛋里注苏丹红等，因此诚字一旦丢弃，什么坏事都能做出来。《养蒙便读》提出的"不愧不怍"，至今仍是治理危及食品安全等不法行为的一剂良药。

原文

苏武持节，郑众不拜。

——［唐］李瀚《蒙求》

第九曰信，语贵有实，行必践言，辞无妄发，一诺不苟，而况赏罚？可格鬼神，可孚万国。……二十曰公，公则民悦，学衡持平，与众守法。不偏不倚，勿隐勿欺，如日普照，如天无私。

——［民国］周秉清《养蒙便读·修德》

自古皆有死，民无信不立。

——［南宋］佚名《名贤集》

鉴赏

上文谈及诚信之诚，这里则接着讲述诚信之信，而信字可分为政府之信与君子之信。先说政府之信。《名贤集》说"自古皆有死，民无信不立。"典出《论语·颜渊》，原文意思是：子贡向老师讨教如何执政，孔子说："使粮食充足，使军备充足，百姓对政府信任。"子贡说："如果迫不得已，要在三项中去掉一项，先去掉哪一项呢？"孔子说："先去掉军备。"子贡说："如果再迫不得已，要在余下的两项中去掉一项，再去掉哪一项呢？"孔子说："再去掉粮食。自古以来谁都免不了一死，如果百姓不信任政府，政府便维持不住了。"这就是说，不论古今，百姓对政府的信任比军备、粮食还要重要。《养蒙便读》在讲"信"的时候强调了"赏罚"分明，但是明生于公，政府的公信力离不开一个"公"字。"公"一要"如天无私"；二要"与众守法"，即王子犯法与庶民同罪，法律面前人人平等；三要"学衡持平"，如同秤一样公平、公正；四要"不偏不倚"，宋代朱熹《中庸集注》载："中者，不偏不倚，无过不及之名。"原指儒家中庸之道，现指不偏袒任何一方；五要公开，如《养蒙便读》所说"勿隐勿欺，如日普照"，政府采取阳光政策，正大光明；政府公正了，百姓就高兴，"公则民悦"，政府之信就确立起来了。

再说君子之信。孔子说，君子"信以成之"（《论语·卫灵公》），即君子是靠守信而获得成功的；孔子还说，"信则人任焉"（《论语·阳货》），即守信就会得到别人的信任，这就是说信对于君子的重要性。关于君子之信，有三个要求：一是"语贵有实，行必践言"，这也就是《论语·子路》所言："言必信，行必果。"即说话一定要守信用，行为一定要坚决果断。二是"辞无妄发，一诺不苟"，也就是不随便承诺，一诺千金。《史记·季布栾布列传》云："得黄金百，不如得季布一诺。"这是列举信用度极高的承诺。孔子还主张对人要"听其言而观其行"（《论语·公冶长》），"君子耻其言而过其行"（《论语·宪问》），即听到一个人口头承诺之后，还要看看他行动上有没有兑现，君子羞耻于说了过头话实际上做不到。三是"可格鬼神，可孚万国"，可以感天动地，使天下人都信服。《蒙求》中有"苏武持节，郑众不拜"两个例子。"苏武持节"，事见《汉书·李广苏建传》，记载汉武帝派苏武为使者持节出使匈奴，单于派人劝苏武归降匈奴，苏武不从，单于就让他去放羊。苏武忍着饥寒，持节放羊，十九年之后才得以返回中原，苏武的气节使天下人都佩服不已。"郑众不拜"，事见《后汉书·郑范陈贾张列传》："显宗遣（郑）众持节使匈奴。众至北庭，虏欲令拜，众不为屈。单于大怒，围守闭之，不与水火，欲胁服众。众拔刀自誓，单于恐而止，乃更发使随众还京师。"这里需要说明的是大汉使节不拜蛮邦之君是当时的规矩，一旦下拜等于投降，有损大汉威严。苏武和郑众两位使者做到了孔子所说的"使于四方，不辱君命"（《论语·子路》），维护了国家的尊严。为什么苏武和郑众能够做到这一点呢？因为他们心中装有君子之"信"，故能做到"富贵不能淫，贫贱不能移，威武不能屈"（《孟子·滕文公下》）。历史经验值得注意，这些诚信方面的优良品质，在当今社会很值得弘扬。

原文

青山只会明今古，绿水何曾洗是非？……善恶到头终有报，只争来早与来迟。蒿里隐着灵芝草，淤泥隐着紫金盆。劝君莫做亏心事，古往今来放过谁？

——［南宋］佚名《名贤集》

鉴赏

　　人之初其本性是善是恶，自古以来争论不休，正如蒙学名著《名贤集》所说："青山只会明今古，绿水何曾洗是非？"巍巍青山常在，阅尽了多少古今争议；悠悠绿水长流，洗不清一个是非曲直。孔子只提出"性相近也，习相远也"(《论语·阳货》)。人的天性本来是相近的，因为习惯不同而逐渐使他们的差距远了。由于孔子只说人的本性的远近，而没有对这个"相近"的本性究竟是善是恶明确表态，这就造成了性善性恶的长期争议。在《孟子·告子上》中，记载了四种不同的人性说：第一，性无善无不善说；第二，可以为善、可以为不善说；第三，有性善、有性不善说；第四，性善说。告子是第一派，孟子是第四派，第二派接近于告子的人性说，第三派动摇于孟子和告子之间。后来荀子提出"人之性恶，其善者伪也"(《荀子·性恶》)，即人的本性是恶的、善是后天人为的。荀子的性恶论与孟子的性善论针锋相对，而西汉董仲舒在《春秋繁露·实性》中提出"性三品说"。

　　董仲舒把人性分为三类：一类情欲很少，不教而能善的，叫做"圣人之性"；另一类情欲多，虽教也难能为善、只能为恶的，叫做"斗筲之性"；还有一类是虽有情欲，但可以为善可以为恶的，叫做"中民之性"。董仲舒似乎想把孟子、荀子、告子的见解调和起来，实际上是调而不和，他用"分类的人性"偷换了"统一的人性"的概念，说的不是一回事，他的说法也成了唐代韩愈性三品说的由来（见《韩昌黎集·原性》）。到了南宋，朱熹则把人的本性区分为"天命之性"和"气质之性"(《语类》卷四)，他之所以这样区分是为了结束性善性恶的争论。朱熹认为，孟子主张性善，是指天命之性而言，但是孟子不知道人还有气质之性，因而不能很好地解释人性善、恶从何来的问题；荀子主张性恶、韩愈主张性三品等等，都是指气质之性而言，他们不知天命之性是善的，所以他们对人性的解释也不完备。朱熹觉得自己把孟子、荀子分隔在上下两个不同层面上，使他俩争不起来，故洋洋自得地说："诸子之说泯矣。"但是且慢，朱熹的论证为：理是至善的，天命之性是理，所以天命之性也是至善的。这一大前提本身有待于证明，靠它推出的结论是不可靠的。实际上朱熹未能真正解决性善性恶的争议，"青山只会明今古，绿水何曾洗是非"的状况实际还在继续。

在人性的善恶问题上，中国古代思想家们争论得不可开交，然而在人应当积善这一点上，他们的意见倒是完全一致的。荀子主张"积善而不息"（《荀子·性恶》）、"积善成德"（《荀子·劝学》）；曾子说："大学之道，……在止于至善。"（《大学》）学校培养学生的目标在于培养出品德无比高尚的人（至善），至善当然要靠一点点地积少成多。《大学》还说："楚国无以为宝，惟善以为宝。"积善比积累金银财宝重要得多。子思在《中庸》中说："择善而固执之。"对于积善的行为，要持久地坚持下去。中国古代思想家一致提倡的积善，确实培养出不少"至善"的人物，甚至在恶劣的逆境中也是如此。《名贤集》中"蒿里隐着灵芝草，淤泥隐着紫金盆"说的就是这种情况。虽说环境与教育对人很重要，但是环境也可以由人来改变，恶人的后代也可能是善人。传说中舜的父亲品德不好，但这并不妨害舜成为圣人。北宋的周敦颐《爱莲说》中以"莲之出淤泥而不染"，暗喻人之处污浊而能洁身自好。《名贤集》用灵芝草、紫金盆来鼓励人们身处不良环境不能自暴自弃，这是有其积极作用的，劝善总是有益世道人心的。劝善的另一个常用方式是因果报应。自佛教传入中国之后，这一点显得非常突出。《名贤集》说："善恶到头终有报，只争来早与来迟。"这就是说，善有善报，恶有恶报，不是不报，时候未到，时候一到，一切都报。南宋抗金名将岳飞被秦桧以"莫须有"的罪名杀害在风波亭上，而此后在

杭州美丽的西湖旁，岳飞受到人民的敬仰，秦桧夫妇的铸铁像则跪在地上，受到人们的唾弃。这就叫善人流芳百世、恶人遗臭万年，所以《名贤集》中说："劝君莫做亏心事，古往今来放过谁？"

善恶问题，不仅成年人感兴趣，孩童也感兴趣。尤其是幼童在看动画片时老是爱问："这是好人还是坏人？"我们何不因势利导，用健康的文艺作品帮助孩童从小树立正确的善恶观呢？

原文

古今来许多世家，无非积德；天地间第一人品，还是读书。读书即未成名，究竟人高品雅；修德不期获报，自然梦稳心安。为善最乐，读书便佳。……聪明用于正路，愈聪明愈好，而文学功名益成其美；聪明用于邪路，愈聪明愈谬，而文学功名适济其奸。

——［清］金兰生《格言联璧·学问类》

鉴赏

人们都希望自己的孩子聪明，孩子们也希望被夸奖为聪明。然而聪明一词，却有好多讲究。蒙学名著《格言联璧》中关于聪明的格言，犹如散落的珍珠熠熠生辉，令人赞叹不已。如果我们用逻辑思维来分析这些格言之间的内在联系，就可以用一根线把这些珍珠贯穿起来，编写出如下的解读程序：聪明要走正路→正路要靠修德→修德要靠人品→人品要靠读书→读书可求性道→读书要有事功→事功以行为本。这里先对前项进行鉴赏。

其一，聪明要走正路。文中说："聪明用于正路，愈聪明愈好，而文学功名益成其美；聪明用于邪路，愈聪明愈谬，而文学功名适济其奸。"聪明一词的原义是听得清楚、看得明白，后来指智力发达、记忆和理解力强。聪明可以使好人更好，也可使坏人更坏，关键在于走正路还是走邪路。《论语·子张》的"君子学以致其道"，就是要求君子的聪明用来走正道，完成治国平天下的事业。《大学》还说："心正而后身修，身修而后家齐，家齐而后国治，国治而后天下平。"说得更具体，即心正路正的人，自然是越聪明越好，对事业的帮助也越大，如诸葛亮、狄仁杰、司马光都是聪明又走正路的人，"文学功名益成其美"。与此相反，唐代的礼部尚书李林甫口蜜腹剑，北宋的太师蔡京大兴土木、残害人民，南宋的宰相秦桧主张向金称臣纳币、杀害名将岳飞，明代武英殿大学士严嵩私吞军饷、废弛武备、杀害异己，清代军机大臣和珅结党营私、卖官纳贿，这些人都是聪明而走上邪路，他们身居高位、阴险狡诈、颠倒黑白、祸国殃民、罪恶累累、罄竹难书，于是"文学功名适济其奸"。

其二，正路要靠修德。文中说："古今来许多世家，无非积德。"品德高尚的人，必然会走正路。俗话说："积德之家，必有余庆。"良好的门风将代代相传，成为"世家"。《老子·五十九章》说："重积德，则无不克。"注重积德，走在正道上，则无往而不胜。"修德不期获报，自然梦稳心安"，做好事不是为了名誉，也不要求报答，"为善最乐"，帮助他人是世间最快乐的事。《中庸》有"君子无入而不自得焉"，君子无论处于什么境地都安然自得，白天如此，夜晚也如此，因为他是一个助人为乐的有道德的人。

其三，修德要靠人品。《格言联璧》中谈到修德，也谈到人品，说明修德与人品紧密相关。周国平《人与永恒》书中有一段分析修德与人品的话："人品与才分不可截然分开。人品不仅有好坏优劣之分，而且有高低宽窄之分，后者与才分有关。才分大致规定了一个人为善为恶的风格和容量。有德无才者，其善多为小善，谓之平庸。无德无才者，其恶多为小恶，谓之猥琐。有才有德者，其善多为大善，谓之高尚。有才无德者，其恶多为大恶，谓之邪恶。"这就是说，修德要靠人品。人品好而且才分高，那就积德多，为善大，如诸葛亮，谓之高尚；相反，人品坏而且才分高，那就作恶多，罪行大，如秦桧，谓之邪恶。

其四，人品要靠读书。文中说："天地间第一人品，还是读书。读书即未成名，究竟人高品雅。""为善最乐，读书便佳。"孔子在论述人品与读书的关系时，说了六点意见："好仁不好学，其蔽也愚；好知不好学，其蔽也荡；好信不好学，其蔽也贼；好直不好学，其蔽也绞；好勇不好学，其蔽也乱；好刚不好学，其蔽也狂。"(《论语·阳货》)也就是说，爱好仁德却不爱好读书，它的弊病是使人变得愚笨；爱好智慧却不爱好读书，它的弊病是放纵无度；爱好诚信却不爱好读书，它的弊病是容易受骗；爱好直率却不爱好读书，它的弊病是不通情达理；爱好勇敢却不爱好读书，它的弊病是容易惹祸；爱好刚强却不爱好读书，它的弊病是狂妄自大。人不读书，人品会起变化，优点会转化为缺点。可见读书是多么重要。读书会使人品和气质高贵典雅，所谓"腹有诗书气自华"。英国哲学家培根《人生论·论读书》中说，"读史使人明智，读诗使人聪慧，学习数学使人精密，物理学使人深刻，伦理学使人高尚，逻辑修辞使人善辩。总之，知识能塑造人的性格。"孔子和培根从正反两面进行论述，两位思想家殊途同归，共同说明了读书使人品高雅的观点。当今世界，尊重知识、尊重人才已成为社会共识，越来越多的人认识到：知识创造财富，读书改变人生，学问成就事业，科学铸造辉煌。人们知道读书好、好读书、读好书，开卷有益，读书便佳，在知识的海洋中畅游冲浪，逐步养成高雅的人品，走人生的正道。

原文

战虽有阵，而勇为本；丧虽有礼，而哀为本；士虽有学，而行为本。……舍事功更无学问，求性道不外文章。

——［清］金兰生《格言联璧·学问类》

鉴赏

前文讲述了聪明要走正路、正路要靠修德、修德要靠人品和人品要靠读书，本节接着鉴赏读书可求性道、读书要有事功和事功以行为本。

其一，读书可求性道。性与道对于今天的读者是两个陌生的名词，而在《中庸》有解释："天命之谓性，率性之谓道，修道之谓教。"上天赋予的叫做性，符合天性的叫做道，培养道德的叫做教。《论语·公冶长》载："子贡曰：'夫子之文章，可得而闻也；夫子之言性与天道，不可得而闻也。'"即子贡说：老师传授的诗书礼乐方面的知识，我们可以听到；老师有关人的本性和天道的论述，我们平时听不到，今日如愿以偿了。但是究竟什么是性，什么是道，《论语》没有说，《中庸》没说清。《格言联璧》中提出的"求性道不外文章"，倒是给读者提供了一条研究的线索。性道就在古代圣贤的文章之中，而不在文章之外，只要认真读这些文章，就可破解孔子对子贡所讲的人的本性和天道的秘传。

其二，读书要有事功。《论语·述而》中孔子说："文，莫吾犹人也。躬行君子，则吾未之有得。"即从文化知识方面来说，我大概与别人差不多；在身体力行方面做君子，那我还没有达到。孔子承认自己在事功方面是欠缺的，没有建功立业。《中庸》要求："博学之，审问之，慎思之，明辨之，笃行之。"即广泛地学习，详细地提问，缜密地思考，明晰地辨别，切实地行动。读书最后要落实在行动上，也就是说要建功立业。《格言联璧》强调"舍事功更无学问"，那是把事功作为检验学问的标准，学而不用等于没有学。孔子做不到的，孔子的学生应该做到。

其三，事功以行为本。事功并不是说出来的，而是干出来的。俗话说：空谈误国，实干兴邦；坐而言，不如起而行；一步实际行动，胜过一打纲领；喊破嗓子，不如甩开膀子。孔子说"君子欲讷于言而

敏于行"(《论语·里仁》),君子说话必须谨慎郑重,做事应该勤奋敏捷。《格言联璧》中"士虽有学,而行为本",更是明确指出了在知行的关系上,行比知重要,行是根本。文中为说明如何以行为本,举了战争与丧礼两个例子:一个是"战虽有阵,而勇为本"。战阵中如何布阵,兵法书上有,靠学习就能掌握,可用于自己布阵,或识破对方布的是什么阵。但是要破阵、取得战争的胜利,将士们必须有压倒敌军的大无畏胆略和气概,以及奋勇杀敌的行动,这就是《论语·子罕》中孔子所说的"勇者不惧",两军相逢勇者胜。实战中的勇敢比兵书上的阵法更重要,是胜利之本。另一个例子是"丧虽有礼,而哀为本"。举行丧礼应避免流于形式、装模作样,要在行动上体现出自内心的悲哀,即《论语·子张》所说的"丧思哀"。在这方面,孔子还有身教,《论语·先进》载:"颜渊死,子哭之恸。"孔子对颜渊之死极悲伤,大哭;孔子说:"丧,与其易也,宁戚。""临丧不哀,吾何以观之哉!"(《论语·八佾》)即办丧事,与其熟习仪式,不如内心真正悲哀;出席丧礼却不悲哀,我是看不下去的。

这里应指出的是,《格言联璧》中的聪明、正路、修德、人品、读书、事功,这六个方面是紧密联系,不可分割的。为了论述的方便,我们取出其中的两项,分析其间的内在联系,但是这两项与其他四项的联系依然存在,读者必须有整体观念,才不至于陷入片面性和绝对化。

原文

海阔从鱼跃,天空任鸟飞,非大丈夫不能如此度量!振衣千仞冈,濯足万里流,非大丈夫不能有此气节!珠藏泽自媚,玉韫山含辉,非大丈夫不能有此蕴藉!月到梧桐上,风来杨柳边,非大丈夫不能有此襟怀!处草野之日,不可将此身看得小;居廊庙之日,不可将此身看得大。……上士忘名,中士立名,下士窃名。上士闭心，中士闭口，下士闭门。

——［清］金兰生《格言联璧·持躬类》

鉴赏

古时候孩童受了启蒙教育后继续深造，慢慢地成为介于大夫和庶民之间的阶层——士。士还可以细分为上士、中士和下士。关于士的划分标准，古往今来，并没有统一的说法。《老子·四十一章》说："上士闻道，勤而行之；中士闻道，若存若亡；下士闻道，大笑之，不笑不足以为道。"即上等之士听了大道，就努力去实行它；中等之士听了大道，有时记住了，有时又忘记了；下等之士听了大道，认为迂腐、不切实际而大笑起来，若不大笑那就不能算是大道。而孔子对士的理解，可从《论语·子路》中子贡与孔子的对话得知。子贡问："怎样才算是一个士？"孔子说："能用羞耻之心约束自己的行为，出使外邦，能很好地完成君主的使命，这就可以称作士了。"子贡又问："请问次一等是什么呢？"孔子说："宗族称赞他孝顺父母，家乡人称赞他尊敬长者。"子贡又说："敢问再次一等的是什么呢？"孔子说："说话必须守信用，做事必须果断，这是浅薄固执的平民百姓！不过也可以算是再次一等的士了。"子贡问："现在执政的那些人怎么样？"孔子说："唉！这些器量狭小的人，哪里值得一提啊！"可见孔子把士分为四等，而老子则把士分为三等。老子是用对大道的态度来划分士，孔子则用忠、孝、信、器量来划分，由于对问题的视角不一样，划分的结果也大不相同。现在我们看到的《格言联璧》，提出了"三名三闭"的划分标准，那就是"上士忘名，中士立名，下士窃名。上士闭心，中士闭口，下士闭门"。上士把名誉放在脑后，中士扬名声、显父母、光耀门第，下士盗名窃誉；上士无欲无求，中士慎于言谈，下士关门称大王。

为什么"上士忘名"呢？孔子说："古之学者为己，今之学者为人。"(《论语·宪问》)古代的读书人读书为了提高自己，现今的读书

人读书是为了教训别人。提高自己不是为了出名,这就是上士;教训别人是盗名窃誉,属于下士。《孟子·尽心上》说:君子"上下与天地同流",天地的运行不是为了名,君子与天地一样也不是为了名,而是"赞天地之化育,则可以与天地参矣"。人与天地并立为三,一起演化,这是何等壮观!还要虚名干什么呢?!这就是上士的思想境界,而下士的思想境界不过是动物世界。为什么"上士闭心"呢?孟子说"养心莫善于寡欲"(《孟子·尽心下》),老子说"圣人无常心"(《老子·四十九章》),上士清心寡欲、没有私欲,关闭了私欲之心,才能进入天地境界。"中士闭口"是指"恂恂如也,似不能言者"(《论语·乡党》)。温和恭顺,好像不会说话的样子,实际是慎言,不是装哑巴。

《格言联璧》不仅提出了士的三级划分标准,还具体地描述了上士、中士、下士的不同表现,这里先对上士进行鉴赏。上士被称为大丈夫,孟子对大丈夫有过定义:"居天下之广居,立天下之正位,行天下之大道;得志与民由之,不得志独行其道。富贵不能淫,贫贱不能移,威武不能屈:此之谓大丈夫。"(《孟子·滕文公下》)大丈夫具有一种"浩然之气"、"至大至刚"、"塞于天地之间",孟子的话反映了上士治国平天下的豪迈气概,然而《格言联璧》中的上士却是一种飘然出世的隐士风采;《孟子》中的上士是救世献身的,《格言联璧》中的上士是避世隐居的。试看:"海阔从鱼跃,天空任鸟飞,非大丈夫不能如此度量!"这是一种冲破牢笼的自由的思想,上士心里有装得下整个宇宙的度量。在如此自由的环境里如此地生活,上士可以充分施展才能,并能毫无顾忌地实施抱负,这是一种美好的理想。再看:"振衣千仞冈,濯足万里流,非大丈夫不能有此气节!"这是一种独立的精神,表达了他们并非为攀龙附凤、沉迷功名之人;身穿布衣,走出京师繁华之地,追随古代贤人高士,投向雄伟广阔的天地,在数千尺高山上振衣,在万里长河中洗足,以除去世俗尘污,这就是上士超脱的生活和应有的气节!再看:"珠藏泽自媚,玉韫山含辉,非大丈夫不能有此蕴藉！"此句表达了上士有大才并不显露的含蓄风格。大湖因藏有珍珠而更加美丽，大山因藏有良玉而更加苍翠，上士的蕴藉犹如珠玉藏于山泽一样！再看："月到梧桐上，风来杨柳边，非大丈夫不能有此襟怀！"这是一种听其自然的襟怀。此句出自宋代邵雍的《月到梧桐上吟》，邵雍受道家的影响，认为月亮不是故意到梧桐树上，晚风也不是故意来到杨柳树边，一切都是自然发生的。正如《老子·五十一章》所说"莫之命而常自然"，并没有谁下命令，可是万物总是顺其自然地运行着，所以上士应当顺应自然、顺势而为。最后，"处草野之日，不可将此身看得小；居廊庙之日，不可将此身看得大"，这是上士的自知之明。宋代范仲淹《岳阳楼记》说：古仁人之心"居庙堂之高则忧其民，处江湖之远则忧其君"，做官时不要自高自大，退隐后不要自暴自弃。度量、气节、蕴藉、襟怀、自知之明，这五个方面给我们描述了上士的大致形象。

原文

要得富贵福泽，天主张，由不得我；要做贤人君子，我主张，由不得天。富以能施为德，贫以无求为德，贵以下人为德，贱以忘势为德。……好讦人者身必危，自甘为愚，适成其保身之智；好自夸者人多笑，自舞其智，适见其欺人之愚。

——［清］金兰生《格言联璧·持躬类》

鉴赏

前面讲述了上士，本文接着鉴赏中士和下士。那么，中士的具体形象是什么样呢？《格言联璧》说："要得富贵福泽，天主张，由不得我；要做贤人君子，我主张，由不得天。富以能施为德，贫以无求为德，贵以下人为德，贱以忘势为德。"也就是说，中士把做贤人君子作为人生第一追求，而把富贵福泽放在第二位。如果富贵了，不要忘记贫苦百姓；如果不能富贵，也要安贫乐道。《论语·颜渊》说："死生有命，富贵在天。"生死都由命运主宰，荣华富贵也是上天安排。所以中士努力做贤人君子，而把富贵交给老天去安排。《大学》说："财聚则民散，财散则民聚。"你搜刮百姓财产，百姓就离开你；你接济贫困的百姓，百姓就聚集在你周围。《大学》还说："仁者以财发身，不仁以身发财。"好人散财而得民心从而发展了自身，坏人拼命发财而害了自身，所以中士如果富有了，不要忘记把财富分给贫苦百姓共享。《老子·六十六章》说："江海所以能为百谷王者，以其善下之。"千百条小河之所以归入江海，是因为大江大海的所处地位比小河低。《老子·六十八章》又说："善用人者，为之下。"善于用人的人，态度谦逊、甘居人下。所以中士做了官，能礼贤下士，决不趾高气扬、目中无人。《论语·学而》说："君子食无求饱，居无求安"，"贫而无谄"，即君子处于贫困地位时并不追求改善物质生活条件，也不去巴结有财有势的人。所以中士富贵不癫狂，贫贱不失志。这就是中士的大致形象。

下士的具体形象又是什么样呢？《格言联璧》说："好讦人者身必危，自甘为愚，适成其保身之智；好自夸者人多笑，自舞其智，适见其欺人之愚。"这里的"讦"是指斥责别人的过失，揭发别人的阴私。下士喜欢攻击他人，夸奖自己，看自己是一朵花，看别人是豆腐渣。老子很讨厌那种喜欢攻击他人的人，他说"强梁者不得其死"，横行霸道的人不得好死；孔子也说"血气方刚，戒之在斗"（《论语·季氏》），提醒人们不要去攻击他人，否则搬起石头砸自己的脚，反而害了自己。《诗·大雅·烝民》云："既明且哲，以保其身。"这里的明哲保身，不是指为了个人得失而丧失原则的庸俗处世态度，而是指那些明达事理、洞见时势的人，善于择安避危、保全自身。下士不懂这一点，所以处境很危险，但是下士并不知道自己已经身处险境。下士的另一个缺点是喜欢自夸，《老子·二十四章》说："自伐者无功，自矜者不长。"自吹自擂的人，有功劳也没人承认；自高自大的人，不能做民众首领。老百姓对于喜欢自夸的人也很讨厌，编了好多通俗的话语来讽刺这种人，如"臭鸭蛋，自称赞"，"自丑不觉，人丑笑煞"，"乌鸦笑猪黑，自黑不觉得"，"王婆卖瓜，自卖自夸"，"牛不知角弯，马不知脸长"，"丈八台灯，照远不照近"，"只讲过五关，不讲走麦城"，等等。总之，下士缺乏自知之明，自以为聪明，实际上很愚蠢。这就是下士的大致形象。

探讨清代《格言联璧》中的上士、中士和下士的划分，对今天的读者有什么现实意义呢？回答是肯定的。因为今天的学生及其家长，往往只知道学士、硕士和博士，不知道下士、中士和上士。社会上也只重学历文凭，忽视学生人品。这种情形如果长期不改变，我们有可能培养出学位上的博士兼人品上的下士，这种人身居要职，危害性决不可低估。所以我们要把学位上的学士、硕士和博士，都培养成人品上的上士。只有这样，国家的前途才会更加美好，人民的生活也才会更加幸福。

原文

一个好汉三个帮，一个篱笆三个桩。……贫贱之交不可忘，糟糠之妻不下堂。……甘罗十二为秦相，太公八十遇文王。……大风吹倒梧桐树，自有旁人道短长。

——［清］吴獬《一法通》

鉴赏

孩童们今天在课堂上书声琅琅，明天会成为社会的栋梁。一旦到了社会上，不是成为别人的下级，就是成为别人的上级，或者既是某甲的下级又是某乙的上级。蒙学名著《一法通》用寓意精辟、耐人寻

味的语言形式,全面地介绍了正确处理上下级关系的可贵经验,具体包括上级需要好部下、上级如何选择部下、下级如何成为好部下,以及上下级团结的意义四个方面。这里先鉴赏前两项。

首先,上级为什么需要好部下?《一法通》用"一个好汉三个帮,一个篱笆三个桩"说明团队的需要。此话比喻任何人做成一件事都要有其他人的帮助,可引申为任何上级都离不开部下的帮助,用今天的话来说就是团队需要。《老子·三十九章》说:"贵以贱为本,高以下为基。"尊贵以卑贱为根本,崇高以低下为基础,好的部下就是上级的根本和基础。《荀子·君道》说:"人主不可以独也。卿相辅佐,人主之基杖也,不可不早具也。故人主必将有卿相辅佐足任者然后可,其德音足以镇抚百姓,其知虑足以应待万变然后可,夫是之谓国具。"所以说,君主不能孤独无援。卿相辅佐,就像君王走路所离不开的鞋子和手杖一样,不可不早日具备。君主必须有名副其实的卿相辅佐才行,他们的声望足以安民心,他们的智谋足以应对局势的千变万化才行,这就叫做国家的干才。荀子的话说明了君主在平时也离不开德才兼备的好部下。俗话说:"红花虽好,也要绿叶扶持","一块砖头砌不成墙,一根木头盖不成房","一人拾柴火不旺,众人拾柴火焰高","星多天空亮,人多智慧广"。这些充满民间智慧的语言形象生动地说明了"个人智慧有限,团队威力无穷"。它们和老子、荀子等古代思想家的论述一起,成为对《一法通》中"一个好汉三个帮"的最好的注释。

其次,上级如何选部下呢?《一法通》提供了三条经验。第一条,从贫贱之交中选部下,这就是"贫贱之知不可忘,糟糠之妻不下堂"。这话出自《后汉书·宋弘传》。《史记·陈涉世家》中有陈胜种地时对农友们说的"苟富贵,无相忘",假如谁将来富贵了,不要忘记贫贱时的朋友;《史记·高祖本纪》也记载了刘邦在争夺天下时如何依靠萧何、曹参、樊哙等贫贱之交。贫贱之交彼此知根知底、容易沟通。再说贫贱之交往往具有基层工作或战斗的经验,而这都是高官的必备素质。"大海藏珍宝,民间出英豪。"从贫贱之交选拔部下,不失为一条好经验。

第二条经验，选拔部下没有年龄限制，典型事例就是"甘罗十二为秦相，太公八十遇文王"。甘罗的故事见于《史记·樗里子甘茂列传》：甘罗是秦相甘茂之孙，十二岁时做秦相吕不韦家臣。吕不韦企图攻打赵国，以扩大燕国献给他的河间封地。甘罗自请出使赵国，不费一兵一卒说服赵王割五城给秦国，因功任为上卿。姜太公吕尚的故事见于《史记·齐太公世家》。《荀子·君道》中对此有精彩的评论："夫文王非无贵戚也，非无子弟也，非无便嬖也，倜然乃举太公于州人而用之，岂私之也哉！"周文王并不是没有亲戚、子弟和亲近的人，但他却从渔民中把姜太公选拔出来而委以重任，这哪里是对他有私呢？是因为有亲族关系吗？周文王姓姬，而太公姓姜。是因为有老交情吗？他们素不相识。是因为长相好吗？那人已经高龄，满口的牙齿都脱落了。然而任用他为国师，是因为文王想要建立良好的政治制度，宣扬自己的美名，施恩惠于天下，单靠自己是不行的。在当时除了姜太公外没有可选用的，所以选拔他而委以重任。于是良好的政治制度果然建立起来了，美名果然传播于四方，统一了天下，姜太公属于《老子·四十一章》所说的"大器晚成"。同样的例子还有战国时赵国的老将廉颇、三国时蜀将黄忠等人。总之，人老智多，树老根多；姜是老的辣，醋是陈的酸；老将出马，一个顶俩。至于小将，有三国时吴国的周瑜、陆逊、隋唐时代的罗成。小卒子过河能吃车马炮，有志不在年高；秤砣虽小压千斤，初生牛犊不怕虎。因此，选拔部下不能受年龄限制。

第三条经验，选拔特殊人才要力排众议，不怕旁人说三道四。"大风吹倒梧桐树，自有旁人道短长。"没关系，走自己的路，让别人去说吧！"谁人背后无人说，哪个人前不说人？"是非终日有，不听自然无；"两岸猿声啼不住，轻舟已过万重山。"《荀子·君道》说："今人主有六患：使贤者为之，则与不肖者规之；使知者虑之，则与愚者论之；使修士行之，则与污邪之人疑之。虽欲成功，得乎哉！"意思是

现在做君主的有个六大祸患：让贤能的人去做事，却同水平差的人去谋划；让有智能的人去考虑，却同愚蠢的人去议论；让品德高尚的人去实行，却同品德恶劣的人去疑惑。这样想要成功，可能吗？特殊人才就好比"梧桐树"，那些"旁人"总是希望刮一阵大风"吹倒"它，以便他们来"道短长"，贤明的上级对此应不予理睬。曹操《求贤令》中说："若必廉士而后可用，则齐桓其何以霸世？今天下得无有被褐怀玉而钓于渭滨者乎？又得无有盗嫂受金而未遇无知者乎？二三子其佐我明扬仄陋，唯才是举，吾得而用之。"意思是如果必须是大家称好的"廉士"才可任用，那么齐桓公怎能称霸一世呢？现在天下有没有像姜子牙那样身穿粗布衣服而怀藏韬略的渭水边上钓鱼人呢？又有没有像陈平那样蒙受"盗嫂受金"（与嫂子关系暧昧并收受贿赂）的恶名、还有没有遇到像魏无知那样的推荐者呢？大家要帮助我发现并提拔被埋没的人才，只要有才干就推荐上来，让我能够任用他们。曹操雄才大略，求贤若渴，他就懂得金无足赤、人无完人之理，对于人才他不会求全责备，更不怕"旁人道短长"，这样才能够不拘一格、唯才是举。曹操为选择特殊人才，作出了令后人钦佩的表率。

原文

取得经来唐三藏，惹出祸来行者当。……所恨年年压金线，为他人作嫁衣裳。不是一番寒彻骨，怎见梅花扑鼻香。……嘴唇两块皮，说话有改移。在家不欺人，出外无人欺。

——［清］吴獬《一法通》

鉴赏

前面讲述了上级需要好部下和上级如何选择部下，本文接着鉴赏下级如何成为好部下，以及上下级团结的意义。

首先，下级如何成为好部下？《一法通》提出了四条标准：第一条标准是经风雨、见世面的经历："不是一番寒彻骨，怎见梅花扑鼻香。"此句出自唐代黄蘖禅师的《上堂开示颂》，意思是不经过磨难和锻炼，就得不到理想的成果。《孟子·告子下》说："天将降大任于是人也，必先苦其心志，劳其筋骨，饿其体肤，空乏其身，行拂乱其所为，所以动心忍性，曾（增）益其所不能。"就是说上天要这些人担任重大历史使命，必定先磨砺他们的意志，劳累他们的筋骨，使他们又饿又累，让他们在挫折中得到锻炼，这样他们的内心就会变得无比坚强，能力也大为增加。孟子的这番话指出了只有吃得起苦、经得起风浪的人才能挑得起重担，成为合格的好部下。俗话说："不走万里路，哪来铁脚板"，"不挑千斤担，哪来铁肩膀"，"不喝几口海水，练不成好水手"，"疾风知劲草，烈火见真金，困难显英雄"。做一个好部下，一定要有不怕艰苦的思想准备。

第二条标准是甘做铺路石子的精神："取得经来唐三藏，惹出祸来行者当。"此出自吴承恩的小说《西游记》。话说神猴孙悟空受观音菩萨委托，保护唐僧去西天取经，一路上遭遇许多妖怪，都要吃唐僧肉。唐僧肉眼凡胎，看不透妖怪的诡计，时常上当受骗；孙悟空火眼金睛，识破妖怪的阴谋，与妖怪斗智斗勇，多次救出唐僧，终于取得真经，回归东土大唐。人们都说唐僧取经，没有说孙悟空取经；孙悟空把一切功劳归于唐僧，吃苦受难的事情独自承当，成为中国人民喜闻乐见的好部下。《老子·七十六章》中说："强大处下，柔弱处上。"本领高强的孙悟空甘居手无缚鸡之力、只会念经的唐僧之下，且毫无怨言，真是难能可贵。他做到了《荀子·君道》中"其待上也，忠顺而不懈"的要求。这种自己出了力、好处别人得，吃苦在前、享乐在后做铺路石子的精神，至今还熠熠生辉。

第三条标准是要有对他人奉献的品质："所恨年年压金线，为他人作嫁衣裳。"此诗句出自唐代秦韬玉的《贫女》诗，原意是一位未出嫁的贫穷女子每天压线刺绣，辛辛苦苦为别人做出嫁的衣裳，它的

引申义是终年屈居下僚的贫士,为上司办文办事、案牍劳形的伤感。这里需要指出的是,虽然社会上确有不公的现象,但是由于社会分工的不同,总有人要为他人作嫁衣裳的。甚至在商品经济占统治地位的社会里,每个人都在为他人作嫁衣裳,所以这没有什么可抱怨的。所"乐"年年压金线,为他人作嫁衣裳,才能成为好部下。

第四条标准是下级服从上级的纪律:上级很有可能如《一法通》所说"嘴唇两块皮,说话有改移",朝令夕改。当官的动动嘴,当差的跑断腿,这也是没有办法。孟子说,"欲为臣,尽臣道。"(《孟子·离娄上》)自古以来就是如此,至今也没有听说下级可以不服从上级的。

其次,上下级团结的意义。《一法通》说:"在家不欺人,出外无人欺。"这不仅适用于一家人家,也适用于一个社会团体、适用于一个国家。虽然牙齿和舌头有时也会相咬,但是不需要窝里斗。家不和,外人欺,兄弟不和旁人欺,自己人内部不团结,就会被别人欺负,这是常理。对于国家而言,孔子说"国君好仁,天下无敌"(《孟子·离娄上》)。什么叫仁?仁者爱人,国家上下一心,团结一致,试看天下谁能敌?!

(辛　勤、辛志海)

"分类鉴赏"引书简介

"分类鉴赏"共为八类：一、勤学惜时篇，二、修身励志篇，三、爱众从善篇，四、敬老尊师篇，五、明辨达理篇，六、交友处世篇，七、举止仪态篇，八、诚信德行篇。其所引用蒙学名著31种、32部，即：1.《幼学琼林》、2.《家诫要言》、3.《增广贤文》、4.《重订增广贤文》、5.《心相编》、6.《小儿语》、7.《续小儿语》、8.《小儿语补》、9.《女小儿语》、10.《女儿经》、11.《女论语》、12.《闺训千字文》、13.《千家诗》、14.《小学诗》、15.《蒙求》、16.《名物蒙求》、17.《历代蒙求》、18.《养蒙便读》、19.《格言联璧》、20.《五字鉴》、21.《六言杂字》、22.《四言杂字》、23.《醒世要言》、24.《老学究语》、25.《二十四孝》、26.《劝孝篇》(二部)、27.《劝孝歌》、28.《劝报亲恩篇》、29.《名贤集》、30.《一法通》、31.《蒙训》，现简介如下。

1.《幼学琼林》

《幼学琼林》是蒙学名著中流行较广、影响较大的历史文化常识启蒙读物。原名为《幼学须知》，又称《成语考》《故事寻源》。明代学者、西昌人程登吉（字允升）撰写，也有人认为作者是明景泰年间的进士邱睿。至清代由学者邹圣脉作增补，并更名为《幼学故事琼林》。全书共分四卷、三十三类，按内容分类编排，诸如天文、地舆、岁时、夫妇、师生、婚姻、人事、器用、科第、技艺等，涵盖了天文地理、历史人物、典章制度、文事科第、伦理道德、风俗人情、婚姻家庭、生老病死、衣食住行、技艺制作、宫室珍宝、鸟兽花木、神话

传说等各个方面的知识与典故，几乎囊括了过去人们日常生活中较常用的知识与词汇，蕴含了丰富的中华传统文化，如同一部微型的百科全书。人称"读过《幼学》会看书"、"读了《幼学》走天下"。该书采用对偶句式，句子有四言、五言、七言等，文字简练、对仗工整、合辙押韵，还有许多警句、格言，读起来琅琅上口，易于诵读，便于记忆，因此旧时是私塾中童蒙必读的课本，至今仍然传诵不绝。当然，书中也有一些属于封建时代的观点，对于现代人来说难以认同。

2.《家诫要言》

《家诫要言》是明代进士吴麟徵（字圣生）撰写的一本蒙学经典。"家诫"、"家训"最早可追溯到西周时期周公旦告诫儿子伯禽的诰辞，自此绵延数千年，博大精深，在中国传统文化中地位彰显。自汉初起，家诫、家训著作逐渐丰富多彩起来，这些著作记录了许多治家教子的名言警句，成为"修身"、"齐家"的范本。有些家诫直接以"家诫"为题，实多为后人编书时所加，如三国王肃、唐代姚崇、宋代欧阳修等都有"家诫"；有些不以"家诫"为名，但也是典型的家诫，如马援《诫兄子严、敦书》、诸葛亮《诫子书》等。本书主要阐述修身立志、交友求学等内容，包含许多治家处世的质朴哲理和有益启示，很多文句可以作为格言来看，为较好的蒙学普及读本。作者吴麟徵官至太常少卿，李自成农民起义军攻打北京，他值守西直门，城破自杀而死，其事迹《明史》有传。《家诫要言》是其居官时用来寄训子弟的书，由其子吴蕃昌摘录其语，辑为一帙，所谓"要言"。由于经过加工润饰，因而语句整齐，并多两两相对，便于记诵。

3.《增广贤文》

《增广贤文》，全称《增广昔时贤文》，简称《增广》。所谓"增广"即"增智慧，广见闻"。开首说："昔时贤文，诲汝谆谆。集韵增广，多见多闻。观今宜鉴古，无古不成今。"意思是过去流传下来的文字里，有着先辈的教诲，这些教诲来自于他们长期生活中的经验积累。作者撰写此书是要将那些文字汇集起来，通过借鉴古人的教诲来获得对今人言行的指导。所以此书也称《昔时贤文》、《古今贤文》。作者不详，因书名最早见于明代万历年间的戏曲《牡丹亭》，据此推知该书最迟写成于明代万历年间，后来经过明、清两代文人的不断增补，才改成现在这个模样。全书以韵文的形式，将格言、民谚、妙语、佳句连缀成篇，三言、四言、五言、六言、七言交错而出，灵活多变，读起来抑扬顿挫、琅琅上口，从而突破了传统蒙学读物一种句式贯穿始终的基本格式，使语句更接近于口语，易于人们接受；又集儒、释、道各家的观点讲述了对人际关系、生活命运、处世方法、礼仪道德、读书学习等方面的看法，书中的精辟语句是对中国人处世经验、智慧和原则的总结，具有很强的说服力，这些内容不仅孩童喜欢，连成年人也乐于阅读，以至于其中许多格言至今仍广为流传，常被人们挂在嘴边，这正是传统文化的力量所在，可以说这是《增广贤文》深入民间的重要原因，故历来有"《贤文》一篇，古谚三千"、"读了《增广》会说话"之誉。

4.《重订增广贤文》

《增广贤文》有多种版本，其中最好的版本是清代学者周希陶所重订的本子，即《重订增广贤文》。周希陶是同治年间的教书先生，深谙百姓心理，不仅增加了内容，还对《增广贤文》中一些负面的词语作了删节，诸如"欺老莫欺少"等，并按平、上、去、入声调韵律，把书划分成四个部分，这样就更便于诵读、引人入胜，且质量也大为提高。全书的写作方式是有韵律的格言谚语与文献佳句相结合，其内容主要讲人生哲学、为人处世的道理。该书的讲述拓展了《增广贤文》的观念，即不仅有儒家情怀、释家理论、道家思想，还有世俗看法。篇幅较原本显著增加，这样就把有些道理的说明与解释展开阐述。从行文来看，条理性明显增强，有的说法较之前代明显有了新的解悟。

所以,到了民国,它已成为全国妇孺皆知的流行读物,其影响力并不低于儒家的经书。当然,由于作者所处时代的局限,书中仍存在一些糟粕和不适于今天时代的内容,如"明知山有虎,莫向虎山行",明显宣传屈服于困难的懦夫思想,这些我们在阅读全文时应加以注意。

5.《心相编》

《心相编》是以"心者貌之根,审心而善恶自见;行者心之发,观行而祸福可知"为纲,阐明"心相"的理论与实践。书中用处世待人之格言,劝人"知其善而守之,锦上添花;知其恶而弗为,祸转为福"。用以对照修心、防非止恶、择交观人、亲贤拒佞。这是一部为人处世、待人接物、修身持家、明理悟道,乃至养生摄生、益寿延年的上佳读物,也是一部心理辅导专业书。作者相传是宋初著名的理学家陈抟(字图南),他继承了汉代以来的象数学传统,并把黄老清静无为思想、道教修炼方术和儒家修养、佛教禅观会归一流,对宋代理学有较大影响,后人称其为"陈抟老祖"、希夷祖师等,也是传统神秘文化中富有传奇色彩的一代宗师,故有人怀疑此书是明、清时人托名而作。虽疑为托名之作,但仍不失为修心、积德、造命的有益读物。

6.《小儿语》

《小儿语》由明代著名学者吕得胜(号近溪)所撰,他很关心孩童的教育工作,主张正确教育、引导孩童学习文化知识。当时民间流传一些儿歌,如"东屋点灯西屋亮"之类,他认为这些儿歌对孩童固然无害,但对品德修养和后来的发展并没有什么好处,于是编写新儿歌,用来代替旧儿歌,是以撰成此书。其撰书宗旨是:"以立身要务,谐之音声,如其鄙俚,使童子乐闻而易晓焉,名曰小儿语。是欢呼嬉笑之间,莫非义理身心之学。"全书选取流行的格言、俚语,编撰成整齐而有韵律的警句,分四言、六言、杂言,用浅近的白话语言讲述孩童应遵循的品德修养、行为规范、传统伦理,富有积极的意义。故此书问世后，很受欢迎，影响很大。当然，由于时代局限，书中还有一些现今看来不可取的内容，如"事不干己，分毫休理"等，在阅读全文时应鉴别对待。

7.《续小儿语》

《续小儿语》由明代思想家吕坤（字叔简）所撰。其父亲吕得胜撰写《小儿语》后感到意犹未尽，吕坤承其父意，便写了《续小儿语》。此书体例与《小儿语》相同，仍分四言、六言、杂言三部分，不过在去文就俗、口语化上不及《小儿语》，内容方面更成人化了。吕坤自称"不儒不道不禅，亦儒亦道亦禅"，而实质以儒为本，故书中大力宣传中庸之道，主张做一切事情都不要过分。所叙述的也完全不是孩童之事，而是大人的处世经验和处世哲学，目的是把这些经验和哲学灌输于孩童，使他们从小就遵守着去做。其中不少富于哲理的阐述，至今仍有价值。

8.《小儿语补》

《小儿语补》是继《小儿语》、《续小儿语》之后，又感意犹未尽而撰写的蒙学读本。从书名到内容，都可看出是为补吕氏父子之书而作，所以义例相同、语体相近。作者为天谷老人，生平不详，可能是清代兴化僧人。书中很多内容颇有教育意义，如"手中一碗白饭，农夫许多血汗"、"人生在世，方便第一，力到便行，错过可惜"等等。

9.《女小儿语》

《女小儿语》是一部专为女小儿而编撰的蒙学读本，目的是规范女孩们的日常行为，使之成为未来的贤妻良母、孝女节妇，故对她们的德、容、言、行等方方面面都提出了具体要求。作者为明代学者吕得胜，为了使孩童乐闻易读，他尽量适应儿童的水平和兴趣，用白话、俗语的文字编出了整齐押韵、琅琅上口的读物，从而创立了一种新的

儿童歌谣。由于其内容浅显易懂、亲切可读，再加上都是关于人情世事的格言警句，所以受到人们的高度评价。清代学者陈宏谋评论此书说："警醒透露，无一字不近人情，无一字不合正理，其言似浅，其意实深。闺训之切要，无有过于此者。"当然，其中仍有不少消极的所谓道德规范，在今天已明显属于糟粕，读者应批判地阅读。

10.《女儿经》

《女儿经》大约成书于明代，但版本较多，作者不详，至清代中叶经学者贺麟瑞编订，较之此前已流行的版本有了很大的改进，使之面目焕然一新。确切地说，贺麟瑞只不过借用了广为流传的《女儿经》的名义而已，故也有人称此书为《改良女儿经》。该书是中国古代对女子进行思想道德教育的教材，也是一本女子行为规范的集大成之书，对于培养女子良好的言行，使之成为淑女，有很好的参考价值。由于时代的局限性，里面夹杂了不少封建社会对女子的压迫说教，如三从四德、男尊女卑等；但排除那些糟粕，大多数内容还是值得肯定和赞扬的，比如在为人、处事、治家等方面，提倡敬老爱幼、勤俭节约、珍惜粮食、讲究卫生、严于律己、宽以待人、举止得体、注意礼貌等，这些在当今社会仍是值得学习和提倡的。该书以俗语、格言为主，押韵对仗，读之琅琅上口，因而甚为普及，一些老年妇女至今仍能背出其中的重要内容。

11.《女论语》

《女论语》是唐代贞元年间才女宋若莘（《旧唐书》作宋若华），仿《论语》所撰写的一部女子训诫蒙书，其妹宋若昭作注释。全书共十二章，分别为立身章、学作章、学礼章、早起章、事父母章、事舅姑章、事夫章、训男女章、管家章、待客章、和柔章、守节章。每一章都详细规定了古代女子的言行举止和持家处世之理，其中包含了三个方面的内容：一是直接陈述正面规范，告诉人们应该做什么，怎样的行为才符合礼教要求；二是明确禁止的规则，告诫人们不应该做什么；三是列出违背规范的后果及惩罚，诸如责骂、遣告、报应等。中国古代从孔孟"妇人从人者也"等言论开始，到西汉刘向《列女传》、东汉班昭《女诫》、晋代《女史箴》、明代《闺范》、清代《教女遗规》，古代社会对妇女行为进行规范的文章不胜枚举，而《女论语》更是直接承袭了《论语》之名，并从内容到形式均受到佛教的较大影响，由此开创了唐代以后女训道德教化与内心惩罚相结合的先河，促进了女训思想的拓展和实用，最终使得以儒家女性道德观为核心的女训在社会中下层中得到广泛普及。

12.《闺训千字文》

《闺训千字文》就是《女千字文》，两者原文相同，只是个别字有更改和个别语句有颠倒。旧时女子居住的地方称"闺阁"，故闺训也就是对女子的训诫。自南朝《千字文》问世后，各种别本和续本层出不穷，如宋代胡寅的《叙古千字文》、元代许衡的《稽古千字文》等，《闺训千字文》也属于此类型，但它是专门向女子传授封建伦理道德的启蒙读物，目的是教诲女子由少及壮、自始至终，使之"靡不具备"。该书利用了《千字文》四字一句，共一千个字的固定文体，讲述女教的内容。古代社会认为："男正位乎外，女正位乎内，男女正天地之大义也，男教故重，而女教亦未可轻。"女子遵循《闺训千字文》和《女儿经》的前提是，男有受《三字经》、《千字文》、《弟子规》等的教导。也就是说，娶个好媳妇的前提是自身修养要好，反之亦然。由于辗转抄传，坊间刊刻又不署名，故它的作者和撰写年代，已无从查考。

13.《千家诗》

《千家诗》是明清时期成为定本的带有启蒙性质的诗歌选本，它荟萃了唐、宋、五代、明时期的名家名篇，题材多样，涉及山水田园、赠友送别、思乡怀人、吊古伤今、咏物题画、侍宴应制等多方面，较

为广泛地反映了古代社会的现实。诗的文体为七言、五言绝句或律诗，篇幅较短，内容形象性较强，相对通俗易懂，故在民间流传非常广泛，影响也非常深远。《千家诗》虽然号称千家，实际只录有 122 家，选诗仅 226 首。按朝代分：唐代 65 家、宋代 52 家、五代 1 家、明代 2 家，无从查考年代的无名氏作者 2 家。其中选诗最多的是杜甫，共 25 首；其次是李白，共 9 首。尽管《千家诗》不足千家，但这个书名则被广泛采用，诸如清代有《国朝千家诗》、《续千家诗》，民国时期有《醒世千家诗》，当代又有《当代江苏千家诗》、《中国现代千家诗》、《中日友好千家诗》、《外国千家诗》等，不一而足，蔚为大观。

14.《小学诗》

《小学诗》是由清代学者谢泰阶编撰的孩童启蒙教材，谢氏曾读宋代大学者朱熹的《小学》，认为它道理中肯、语沁人心，有感而作此书。全书依《小学》一书的篇卷次第，分为立教、明伦和敬身，这实际上是《小学》内篇的内容。行文采取五字一句，每四句为一段，整齐押韵，颇便诵读。所用语言则力求通俗、易懂。书中有很多关于养成、进退、洒扫、处世、立身等内容，用一、二首诗讲明其中道理，而关于道德贞操的内容，却有 5 首之多，由此使人们对中国传统文化中"万恶淫为首"的道德理念留下深刻印象。此书融理于情、融典故于白话，故更能为孩童所接受。作者曾用此书教导自己的学生，期于启发助学性灵，并因此影响到社会，时人称扬"语语刻挚，有功于世道人心"。虽是溢美之词，但它对传播和普及朱熹的《小学》，也确实起到了一定的作用。

15.《蒙求》

《蒙求》是唐代诗人李翰编撰的以介绍掌故和各科知识为主要内容的蒙学名著。掌故在传统蒙学读物中一直占有很重的分量，而此书则是集大成之作。因为李翰首创《蒙求》，故世人都称"李氏蒙求"，在社会上广为流传，以至"举世诵之"。后来人们纷纷摹仿，产生了众多的以"蒙求"为名的读物，如《名物蒙求》、《历代蒙求》、《广蒙求》、《叙古蒙求》、《春秋蒙求》、《左氏蒙求》、《十七史蒙求》、《南北史蒙求》、《三国蒙求》、《唐蒙求》、《宋蒙求》等等，于是"蒙求"在长期的封建教学中形成了一种体裁。全书都用四言韵文，每四个字是一个主谓结构的短句，共有596句，每句都讲一个掌故，且上下两句成为对偶。全书所讲的大部分是历史人物故事，也有一些传说人物故事，其中有表现某种可取言行的，有带有激励劝勉意味的，也有文学上脍炙人口的轶闻，不少文句成为后来《三字经》、《龙文鞭影》、《幼学琼林》取材的来源。其共同特点是整齐押韵，便于诵读，既达到了识字的目的，同时又增长了孩童的知识，为下一步教学打下了良好的基础。当然，文中难免有一些宣扬封建思想意识的东西，但与其他蒙书相比，该书还是属于取材较好、境界较高的一种。

16.《名物蒙求》

《名物蒙求》是上述"蒙求"类书的扩展，不过内容偏重于"名物"，即重点阐述自然和社会的各种名物知识，介绍事物的名号及其貌象声色。作者方逢辰（字君锡）是南宋淳祐年间状元，累官兵部侍郎、国史修撰，后因不满权贵当朝，辞官回乡，授徒讲学，著书立说。该书犹如一本中国名物知识方面的百科小辞典，包含天文、地理、山川、园圃、城邑、伦理、职官、林木、花草、鸟兽、农事、时令、饮食、服饰、居室、器用的名称以及与之有关的成语典故，不仅内容全面、广而不繁、切于日用，而且为四言叶韵、通顺易懂，便于童蒙学习，在古代教学中是值得称道的常识教材。

17.《历代蒙求》

《历代蒙求》也是"蒙求"系列的一种，只是内容偏重于历史。

作者为元代学者陈栎，在家乡教书时为童蒙而撰此书。全书用四字韵语的形式，简述从开天辟地到元代的历朝兴衰，每个朝代皆述其开国与亡国之君，再提及其间有作为的皇帝，扼要地介绍了中国历史的梗概，不繁不紊，简而有要，易于掌握，是一部较好的童蒙读物。有人总结该书的特点：一是讲述历史人物和事件，不追求全面，而是能够突出其特质，有时还将历史人物和流行的风俗结合起来，以增加孩童阅读的兴趣；二是把历史教学与识字教学、伦理道德教育紧密而巧妙地糅合在一起，避免了历史知识教学目标的单一化；三是在编写形式上，充分考虑孩童学习喜欢大声朗读的习惯，采用对偶句式，并且押韵，读来顺口，听来悦耳，既易于记诵，又能提高孩童的兴趣，还能增强其作诗、对仗、押韵的语文能力，可谓一举多得，值得借鉴和参考。

18.《养蒙便读》

《养蒙便读》是民国初期学者周秉清撰写的蒙学著作。周氏认为，清朝末年以来，"养蒙"之书几乎没有好的读本，不是不合时宜，就是不适合孩童诵读，或者不宜学习而只可浏览。为此作者网罗经史、权衡古今，最大限度地利用前代蒙学著作的成果，容纳了民国初期的政治和道德伦理之类的内容，编撰了这部蒙学读物。全书分为十九章，即立、行、坐、卧、言语、饮食、衣履、读书、习字、卫生、事亲、友爱、事长、夫妇、交友、服务、改过、立志、修德。从内容看，该书字斟句酌，措辞较为严谨，对传统的伦理道德做出概括，并加入了佛学的内容。例如文中讲述"仁之至者"，不再是"成圣成贤"，而是"即圣即佛"，也就是圣佛的结合体；从所列的"从善"条目来看，除儒家常言的仁、义、礼、智、信外，还提出了慈、宽、忍、施、慧等的要求。体现了作者著书的目的：概括了新旧学说，折衷了古今道德，在时代进步中实现对传统观念的改造。

19.《格言联璧》

《格言联璧》是"集先贤警策身心之语句，垂后人之良范，条分缕析，情给理明"的蒙学名著。作者是清代学者金缨（字兰生），选录其所辑《觉觉录》中浅近的格言，按儒家《大学》、《中庸》之道，以"诚意"、"正心"、"格物"、"致知"、"修身"、"齐家"、"治国"、"平天下"等主要内容为框架，再以"金科玉律之言、作暮鼓晨钟之警"，按当时人们阅读的习惯把书分为十大类，即：学问类、存养类、持躬类、摄生（附）、敦品类、处事类、接物类、齐家类、从政类、惠吉类、悖凶类。从个人、家庭到社会、国家，凡所应有，无所不有。该书说理之切、举事之赅、择辞之精、成篇之简，皆萃古今。每一条事理内涵丰富、广博精微，言有尽而意无穷，先哲的聪明智慧和无限期望尽在联珠妙语之中。一书在手，揣摩研读，细心体会，必能驾驭人生，游刃有余，既能修身齐家，又能报效社会，不失为难得的济世良药、人生指南，因而其问世后即为宫廷收藏，流传民间，远播海外，成为影响深远、读者众多、历久不衰的蒙学读本。

20.《五字鉴》

《五字鉴》原名《鉴略妥注》、《鉴略》，是一部流传较广的纪传体历史启蒙读本，因为是像诗歌一样的"五字一句"韵体文章，所以称"五字鉴"。作者是明代大学士李廷机（字尔张），他根据中国古史资料所撰写，全书按时代顺序，对中国上自远古、下至元明的历史进行了简明扼要的阐述，可以说这是一部专述中国社会政治历史发展的启蒙教材。该书并于正史之外广泛吸纳了神话传说和社会上流传的遗闻轶事，且行文言简意赅、叙事条理分明，易读易记，赢得了旧时读书人的喜爱，也适合孩童阅读记忆，成为蒙馆中与《三字经》等蒙学名著并列的教科书。当然，如同其他封建时代的史书一样，书中也存在不少封建正统观念、封建宗法思想和封建性糟粕；同时还存在一些史实差错，如《西汉记》中称汉昭帝"七岁登帝阙，……政事

皆自决",实际上当时的政事皆决于霍光,这些在阅读全文时应加以注意。

21.《六言杂字》

《六言杂字》是中国古代孩童启蒙的识字读本。六字为句,汇辑各类常用字,从生产生活、民俗婚嫁、衣食住行到养殖种植、工商手艺、器皿家什等,讲得很全面,且词句通俗、言简义丰、理明辞达,并编成韵语,使之琅琅上口,以便记诵,足以显示编撰者渊博的学识、较高的文学素质和良苦的用心,可惜作者至今无法考查。该书版本较杂,各版内容多少不一,但大致都是环绕家常生活的常用字,因其实用价值高,在民间流传颇广。

22.《四言杂字》

《四言杂字》与《六言杂字》一样,也系中国古代孩童启蒙的识字读本。只是四字为句,仍以韵语编成,隔句押韵。该书涉及生活的各个领域,集中了日常生活的常用字,诸如婚丧嫁娶、居家度日等,甚至连官制典章、刑法制度也有介绍,内容十分庞杂,可以说是一部日常生计的百科袖珍书,颇具实用价值。此书以往多为民间手抄本,故作者佚名。清代至民国期间,老一辈人没有进正规学校读书,就靠这本书作启蒙课本识字和学习文化。

23.《醒世要言》

《醒世要言》是一部内容广泛、影响较大的古代蒙学名著,由清代名儒宫南庄以《西江月》词的形式编撰而成。从内容看属于青少年和成年人的道德行为规范的读本,全书包括祖宗、事亲、兄弟、夫妇、朋友、教子、传家、睦邻、立品、修身、正心、诚意、淫欲、息争、方便、戒贪、医药、技艺、安贫、惜字、训言、残酷、赌博、节饮、戒瘾、居官、幕友、官差、处人、省己、改过等31个方面,也即

31首内容丰富的《西江月》词，其中大部分内容今天看来仍有借鉴作用。诸如在"正心"一节中，告诫人们不要去迷信那些异端邪教，不要去听其胡言乱语，指出那些装神弄鬼者都是谋财害命之徒；在"技艺"一节中，告诫人们一定要有真才实学，靠真本事吃饭，指出靠投机取巧赚钱者是不能长久的。当然，由于该书是封建时代的产物，难免有不合时宜的内容夹杂其间，如在"立品"一节中，认为"士乃四民之首"，即认为读书人列在士、农、工、商四民之首，也就是"万般皆下品，唯有读书高"，明显打有那个时代的烙印，故在阅读全文时应该注意批判吸收。

24.《老学究语》

《老学究语》系清代教育家李惺（号西沤）仿效吕得胜、吕坤父子的《小儿语》《续小儿语》而撰写的蒙学著作，依吕书之例，沿吕书之意，只是名号上不再用"小儿"之类，而是以其自称的"老学究"而命名。全书以当时的通俗语言向少年儿童深入浅出地讲述许多人生道理，是一本阐述人情世故的通俗读物，由四言、六言和杂言三个部分组成；以"礼"发端，围绕世俗生活的方方面面展开探究，奉劝世人洁身自好、乐善好施等。诸如教育少年做人应该谦虚谨慎、有礼貌，应该心胸宽广、光明磊落，做事要有恒心、学习要勤奋，待人要宽、律己要严，要树立为国家做一番事业、为百姓谋福利的远大抱负，等等，用现今的观点来看，对于少年儿童还是大有益处的。当然，文中讲的如"天理"、"良心"、"忠孝"、"节义"等道理，虽无大错，但也明显地打上封建思想的烙印、受着时代的局限，为此阅读全文时应持分析的态度。

25.《二十四孝》

《二十四孝》全名《全相二十四孝诗选》，为中国古代宣扬儒家思想及孝道的蒙学读物。相传是元代学者郭居敬（字义祖）编撰（有说

是其弟郭守正或郭居业编撰），全书讲述了虞舜、老莱子、郯子、仲由、曾参、闵损、汉文帝、蔡顺、郭巨、董永、丁兰、姜诗、陆绩、黄香、江革、王裒、孟宗、王祥、杨香、吴猛、庾黔娄、唐夫人、黄庭坚、朱寿昌等历代24个孝子在不同环境、不同遭遇下行孝的故事，其大多取材于西汉经学家刘向编辑的《孝子传》，也有部分取材于《艺文类聚》、《太平御览》等古籍。该书从解读古代家喻户晓的儒学经典《孝经》入手，配以民间流传颇广的"二十四孝"故事，力求使读者在轻松阅读中，去芜存精，正确领略传统孝文化的积极意义与思想真谛。"孝"是儒家伦理思想的核心，是千百年来中国社会维系家庭关系的道德准则，是中华民族的传统美德，也是中华民族传统文化之精髓，自《二十四孝》问世后，成了广为宣传孝道的通俗教材。此后，又有人刊行《二十四孝图诗》、《女二十四孝图》等，都流传甚广；在传统的木雕、砖雕和刺绣上，也常见这类故事的图案。当然，《二十四孝》故事中，也有宣扬封建愚孝的情节，甚至到了荒诞离奇的地步，这些在阅读全书时应予摈弃。

26.《劝孝篇》（两部）

《劝孝篇》，顾名思义就是劝人行孝的蒙学读物。一个"孝"字可以齐家、治国、平天下；人生一世善为本，一个孝字传天下。因为"孝"在古代处于伦理道德和社会规范的核心地位，又因尊老养老的实际所需，故人们十分重视孝道的宣传和教育，自然这方面的论著也较多，仅《劝孝篇》同名之书就有好多版本，且大多为佚名之作。本书选用了两部《劝孝篇》，一部是唐代学者王刚所撰，另一部为质量较高的佚名之作。前者为五言排律，历数父母爱子之情、抚子之苦，以及子女应对父母尽孝的道理，其言通俗，其意深刻，情之所钟，使人感动。后者为七言诗篇，作者及其所处时代均不得而知，但文中情恳意切，语虽浅俚而理深沉，令人百读不厌而感受不断，其对人们行孝的促进作用不言而喻。

27.《劝孝歌》

《劝孝歌》与上述《劝孝篇》相似，都是劝人行孝的蒙学读物，只是它可以作为歌词进行歌唱。该书版本较多，仅清代就有学者朱柏庐、王中书、徐熙等人撰写的同名《劝孝歌》作品，本书选用王中书之作。全书以极大的耐心，摆事实，讲道理，循循善诱，教导做儿女的要孝敬父母、友爱兄弟，具有很强的说服力和感染力，曾广泛流传，影响较大，被作为当时的"蒙养必读"。该书由于受时代和作者立场的局限，文中有一些不健康的内容，尽管如此，但在那时的农村出版此书，有其积极的一面。因为当时农村凋敝，农民生活较困苦，要去买昂贵的铅印的洋课本给孩子读是力所不及的，在这种严重缺书的情况下，当时民众十分欢迎此书，且此书通俗易懂、歌词押韵、易于记忆，确系一本理想的启蒙课本。

28.《劝报亲恩篇》

《劝报亲恩篇》与《劝孝篇》、《劝孝歌》有异曲同工之妙，作者无可查考。通读《劝孝歌》后，不得不为作者细腻的语言与独到的笔触所叹服，再结合《劝报亲恩篇》诵读，更是心潮起伏、催人泪下。我们的父母是多么的艰辛与不易！是多么的慈爱与善良！是多么的坚强与勇敢！是多么的伟大与高尚！全书大力宣传孝敬父母、友爱兄弟的文明美德，深得人们的共鸣。故此书流传广泛，影响颇大。尽管文中有一些封建糟粕，相信读者能批判地阅读。

29.《名贤集》

《名贤集》是中国古代对孩童进行伦理道德教育的蒙学名著，具体作者不详，从内容上分析，为南宋以后儒家学者编撰，它不是出自一人之手，很可能是多人或几代人的共同创作。全书汇集了孔子、孟子以来历代名人贤士的嘉言善行，以及民间流传的为人处世、待人接物、治学修德等方面的格言、警句、谚语等，从中加以选择提炼编纂

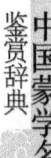

而成，句式对偶整齐，字数不拘，有四言、五言、六言、七言，读来顺口，浅显易懂、便于记诵，以弥补古圣先贤经典深奥之不足，从而达到对大众教化的目的，其中不乏洞察世事、启人心智之句，故不少内容至今还流传在人们的言论中，也有被传统戏曲编入唱词、念白之中，流传广泛，影响很大。现在看来，该书仍具有知识和修养方面的参考价值，读来也会颇受教益。当然，由于受时代的局限，书中既有精华，也有少量糟粕，诸如有些内容属封建说教，有些还渗透了佛、道两教的因果报应等思想，这在阅读全文时，应细加甄别，以便剔除其糟粕、汲取其精华。

30.《一法通》

《一法通》是晚清进士、教育家吴獬编撰的一部内容博大的私塾启蒙读物，是对先前蒙书的传承与发展，也是蒙书的集大成者。其书名取自《庄子·天地篇》："通于一而万事毕。"即《法华经》所说："一法藏万法，万法藏一法，万法即一法，一法通万法。"用当今的话可理解为：一个道理或一件事物完全弄明白后，可以举一反三，其相关的道理或事物就会触类旁通、迎刃而解。作者收集了民间流传的俗谚、格言、掌故，以及村野农夫、私塾学究、妇孺僧道等各种人物的口头散话、土话、俏皮话、官场套话等，历时十几个寒暑，把所抄录的多达几大竹篓的稿纸，加以整理、按韵归类，最后编纂成书。全书分为三卷，约4万字，分类为十八韵，其内容十分驳杂，涉及方方面面，上至天文，下至地理，儒释道共录，雅谑俗兼收。如俗的方面有"吃萝卜，打倒屁"，"盐菜走了风，臭了一条冲"等；而"雪地鸦行，素练横拖千点墨"，"霞天雁过，锦笺斜写数行书"等，又雅到极致，可以说讲述十分精当。据说毛泽东少年时即熟读此书，受其影响乃至一生。故有人说："读了《增广》会说话，读了《幼学》知天下，读了《一法通》既能'会说话'，又能'知天下'"。

31.《蒙训》

《蒙训》是以儒学元典精神为根本，融道入儒、会通禅佛而编撰的启蒙读物。作者刘沅为清代学者，是历史上少有的被人奉为教主的学问大家，他认为《三字经》等虽然简明、流传很广，但以"求名"为指导思想，难免舍本求末，有乖圣人发蒙"养正"，为了弘扬格物、致知、诚意、正心、修身等至大道理，对子孙后代启蒙立训，于77岁高龄时编撰了这本蒙学著作。该书强调子孙要牢牢记住"民为本"——"民命系天心，时时要儆惕。从古多圣人，万民都关切"。而礼敬贤德，必将获得教益。在列述中国历史时还插入适当的评论，诸如"培养尚可风，文武多贤杰。表表文文山，从容全大节"。在鸦片战争爆发、中国人民遭受外国强盗入侵掠夺时，宣传民族英雄文天祥，给中华民族的子孙们树立堪作表率的人物形象。全书在提倡孩童学习修身养性的同时，还提醒学子不要偏激沉湎，指出"心正而身修，风雅无人及。若但务淫夸，悖道伤天德"。该书最后总结性地归纳：学而时习之，必须博学、审问、慎思、明辨，取其精华，去其糟粕，做到"多见与多闻，是非当择别"。可谓言之谆谆、情之切切。

（劳　谐）

中国蒙学名著鉴赏辞典

附录：韵语蒙书

龙文鞭影（附二集）

［明］萧良有撰　杨臣诤增订
［清］李晖吉　徐瓒续

书籍简介：

《龙文鞭影》原名《蒙养故事》，为明代有神童之誉的学者萧良有编撰，后经安徽私塾先生杨臣诤增补修订，改名《龙文鞭影》。所谓"龙文"，《汉书·西域传赞》云："蒲梢、龙文、鱼目、汗血之马充于黄门。"即指古时的骏马、千里马，无须鞭打、只要见到鞭影就会疾驰而进，其寓意为读了这本书可使青少年尽快掌握各种知识，成为"龙文"一样的千里马。全书四字一句，共2068句（其中《龙文鞭影二集》为1006句），计8272字，逐联押韵，词性相同，平仄相间，朗读时抑扬顿挫、琅琅上口，且上下两句对偶，各讲一个典故。书中所述上自三皇五帝，下至唐、宋各代，涉及政治、军事、文艺、儒林、习俗、风尚、德行、伦理、方术等，内容广博，文辞雅致，取材于二十四史人物典故，同时又从诸子、古代神话、小说、笔记等书中广泛辑录故事，包括中国历史上许多政治家、军事家、文学家、艺术家、科学家、教育家等各种名人的轶闻趣事；共收录了孟母断机、毛遂自荐、荆轲刺秦、鹬蚌相争、董永卖身等2000多个典故，文字简练扼要，而能阐明故事梗概，故它既是一部内容丰富的知识性、趣味性读物，又是一部实用的文史工具书、典故大全，以及了解中国历史的良好教材。此书按韵编排，是一本重要的蒙学名著，数百年来风行海内，历久不衰，成为颇受欢迎的童蒙课本，并对《幼学琼林》起到了催生作用，影响很大。后来，又有清代学者李晖吉、徐瓒，仿照《龙文鞭影》的体例，合编了一部《龙文鞭影二集》，这里一并辑录于后。需要说明的是，书中各卷里的一东、二冬、三江等，都是韵目，就像是目录一样，下面有相同的韵脚，以"一东"为例："粗成四字，诲尔童蒙；经书暇日，子史须通；重华大孝，武穆精忠"，其中蒙、通、忠的韵脚与东相同。熟读此书，写诗填词运用韵律、平仄就有了坚实的基础。

龙文鞭影卷一

一东

粗成四字，诲尔童蒙；经书暇日，子史须通；重华大孝，武穆精忠；尧眉八彩，舜目重瞳；商王祷雨，汉祖歌风；秀巡河北，策据江东；太宗怀鹞，桓典乘骢；嘉宾赋雪，圣祖吟虹；邺仙秋水，宣圣春风；恺崇斗富，浑瓒争功；王伦使虏，魏绛和戎；恂留河内，何守关中；曾除丁谓，皓折贾充；田骄贫贱，赵别雌雄；王戎简要，裴楷清通；子尼名士，少逸神童；巨伯高谊，许叔阴功；代雨李靖，止雹王崇；和凝衣钵，仁杰药笼；义伦清节，展获和风；占风令尹，辩日儿童；敝履东郭，粗服张融；卢杞除患，彭宠言功；放歌渔者，鼓枻诗翁；韦文朱武，阳孝尊忠；倚闾贾母，投阁扬雄；梁姬值虎，冯后当熊；罗敷陌上，通德宫中。

二冬

汉称七制，唐羡三宗；昊卿断舌，高祖伤胸；魏公切直，师德宽容；祢衡一鹗，路斯九龙；纯仁助麦，丁固梦松；韩琦芍药，李固芙蓉；乐羊七载，方朔三冬；郊祁并第，谭尚相攻；陶违雾豹，韩比云龙；洗儿妃子，校士昭容；彩鸾书韵，琴操参宗。

三江

古帝凤阁，刺史鸡窗；亡秦胡亥，兴汉刘邦；戴生独步，许子无双；柳眠汉苑，枫落吴江；鱼山警植，鹿门隐庞；浩从床匿，崧避杖撞；刘诗瓿覆，韩文鼎扛；愿归盘谷，杨忆石淙；弩名克敌，城筑受降；韦曲杜曲，梦窗草窗；灵征乌狗，诗祸花龙；嘉贞丝幔，鲁直彩缸。

四支

王良策马，傅说骑箕；伏羲画卦，宣父删诗；高逢白帝，禹梦玄彝；寅陈七策，光进五规；鲁恭三异，杨震四知；邓攸弃子，郭巨埋儿；公瑾嫁婢，处道还姬；允诛董卓，玠杀王夔；石虔矫捷，朱亥雄奇；平叔傅粉，弘治凝脂；伯俞泣杖，墨翟悲丝；能文曹植，善辩张仪；温公警枕，董子下帷；会书张旭，善画王维；周兄无慧，济叔不痴；杜畿国士，郭泰人师；伊川传易，觉范论诗；董昭救蚁，毛宝放龟；乘风宗悫，立雪杨时；阮籍青眼，马良白眉；韩子孤愤，梁鸿五噫；钱昆嗜蟹，崔谌乞麋；隐之卖犬，井伯烹雌；枚皋敏捷，司马淹迟；祖莹称圣，潘岳诚奇；紫芝眉宇，思曼风姿；毓会窃饮，谌纪成糜；韩康卖药，周术茹芝；刘公殿虎，庄子涂龟；唐举善相，扁鹊名医；韩琦焚疏，贾岛祭诗；康侯训侄，良弼课儿；颜狂莫及，山器难知；懒残煨芋，李泌烧梨；干楗杨沛，焦饭陈遗；文舒戒子，安石求师；防年不减，严武称奇；邓云艾艾，周曰期期；周师猿鹄，梁相鹓鸥；临洮大汉，琼崖小儿；东阳巧对，汝锡奇诗；启期三乐，藏用五知；堕甑叔达，发瓮钟离；一钱诛吏，半臂怜姬；王胡索食，罗友乞祠；召父杜母，雍友杨师；直言解发，京兆画眉；美姬工笛，老婢吹篪。

五微

敬叔受饷，吴祜遗衣；淳于窃笑，司马微讥；子房辟谷，公信采薇；卜商闻过，伯玉知非；仕治远志，伯约当归；商安鹑服，章泣牛衣；蔡陈善谑，王葛交饥；陶公运甓，孟母断机。

六鱼

少帝坐膝，太子牵裾；卫懿好鹤，鲁隐观鱼；蔡伦造纸，刘向校书；朱云折槛，禽息击车；耿恭拜井，郑国穿渠；国华取印，添丁抹书；细侯竹马，宗孟银鱼；管宁割席，和峤专车；渭阳袁湛，宅相魏舒；永和拥卷，次道藏书；镇周赠帛，虡子驱车；廷尉罗雀，学士焚鱼；冥鉴季达，预识卢储；宋均渡虎，李白乘驴；仓颉造字，虞卿著书；班姬辞辇，冯诞同舆。

七虞

西山精卫，东海麻姑；楚英信佛，秦政坑儒；曹公多智，颜子非愚；伍员覆楚，勾践灭吴；君谟龙片，王肃酪奴；蔡衡辨凤，义府题乌；苏秦刺股，李勣焚须；介诚狂直，端不糊涂；关西孔子，江左夷吾；赵抃携鹤，张翰思鲈；李佳国士，聂悃田夫；善讴王豹，直笔董狐；赵鼎倔强，朱穆专愚；张侯化石，孟守还珠；毛遂脱颖，终军弃繻；佐卿化鹤，次仲为乌；韦述杞梓，卢植楷模；士衡黄耳，子寿飞奴；直笔吴竞，公议袁枢；陈胜辍锸，介子弃觚；谢名蝴蝶，郑号鹧鸪；戴和书简，郑侠呈图；瑕丘卖药，邺令投巫；冰山右相，铜臭司徒；武陵渔父，闽越樵夫；渔人鹬蚌，田父逸卢；郑家诗婢，郗氏文奴。

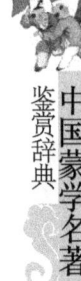

龙文鞭影卷二

八齐

子晋牧豕，仙翁祝鸡；武王归马，裴度还犀；重耳霸晋，小白兴齐；景公禳慧，窦俨占奎；卓敬冯虎，西巴释麑；信陵捕鹞，祖逖闻鸡；赵苞弃母，吴起杀妻；陈平多辙，李广成蹊；烈裔刻虎，温峤燃犀；梁公驯雀，茅容割鸡。

九佳

禹钧五桂，王祐三槐；同心向秀，肖貌伯偕；袁闳土室，羊侃水斋；敬之说好，郭讷言佳；陈瑾责己，阮籍咏怀。

十灰

初平起石，左慈掷杯；名高麟阁，功显云台；朱熹正学，苏轼奇才；渊明赏菊，和靖观梅；鸡黍张范，胶漆陈雷；耿弇北道，僧孺西台；建封受贶，孝基还财；准题华岳，绰赋天台；穆生决去，贾郁重来；台乌成兆，屏雀为媒；平仲无术，安道多才；杨亿鹤蜕，窦武蛇胎；湘妃泣竹，鉏麑触槐；阳雍五璧，温峤一台。

十一真

孔门十哲，殷室三仁；晏能处己，鸿耻因人；文翁教士，朱邑爱民；太公钓渭，伊尹耕莘；皋惟团力，泌仅献身；丧邦黄皓，误国章悖；鞅更秦法，普读鲁论；吕诛华士，孔戮闻人；暴胜持斧，张纲埋轮；孙非识面，韦岂呈身，令公请税，长孺输缣；白州刺史，绛县老人；景行莲幕，谨选花裀；郗超造宅，季雅买邻；寿昌寻母，董永卖身；建安七子，大历十人；香山诗价，孙济酤缣；令严孙武，法变张巡；更衣范冉，广被孟仁；笔床茶灶，羽扇纶巾；灌夫使酒，刘四骂人；以牛易马，改氏为民；圹先表圣，灯候沈彬。

十二文

谢敷处士，宋景贤君；景宗险韵，刘煇奇文；袁安卧雪，仁杰望云；貌疏宰相，腹负将军；梁亭窃灌，曾囿误耘；张巡军令，陈琳檄文；羊殖益上，宁越弥勤；蔡邕倒屣，卫瓘披云；巨山龟息，遵彦龙文。

十三元

傲倪昭谏，茂异简言；金书梦珏，纱护卜藩；童恢捕虎，古冶持鼋；何奇韩信，香化陈元；徐干中论，扬雄法言；力称乌获，勇尚孟贲；八龙荀氏，五豸唐门；张瞻炊臼，庄周鼓盆；疏脱士简，博奥文元；敏修未娶，陈峤初婚；长公思过，定国平冤；陈遵投辖，魏勃扫门；孙琁织屦，阮咸曝裈；晦堂无隐，沩山不言。

十四寒

庄生蝴蝶，吕祖邯郸；谢安折屐，贡禹弹冠；颓容王导，浚杀曲端；休那题碣，叔邵凭棺；如龙诸葛，似鬼曹瞒；爽欣御李，白愿识韩；黔娄布被，优孟衣冠；长歌宁戚，鼾睡陈抟；曾参务益，庞德遗安；穆亲杵臼，商化芝兰；葛洪负笈，高凤持竿；释之结袜，子夏更冠；直言唐介，雅量刘宽；捋须何点，捉鼻谢安；张华龙鲊，闵贡猪肝；渊材五恨，郭奕三叹；弘景作相，延祖弃官；二疏供帐，四皓衣冠；曼卿豪饮，廉颇雄餐；长康三绝，元方二难；曾辞温饱，城忍饥寒；买臣怀绶，逢萌挂冠；循良伏湛，儒雅倪宽；欧母画荻，柳母和丸；韩屏题叶，燕姞梦兰；漂母进食，浣妇分餐。

十五删

令威华表，杜宇西山；范增举玦，羊祜探环；沈昭狂瘦，冯道痴顽；陈蕃下榻，郅恽拒关；雪夜擒蔡，灯夕平蛮；郭家金穴，邓氏铜山；比干受策，杨宝掌环；晏婴能俭，苏轼为悭；堂开洛水，社结香山；腊花齐放，春桂同攀。

龙文鞭影卷三

一先

飞凫叶令，驾鹤缑仙；刘晨采药，茂叔观莲；阳公麾日，武乙射天；唐宗三鉴，刘宠一钱；叔武守国，李牧备边；少翁致鬼，栾大求仙；彧臣曹操，猛相苻坚；汉家三杰，晋室七贤；居易识字，童乌预玄；黄琬对日，秦宓论天；元龙湖海，司马山川；操诛吕布，朘杀庞涓；羽救巨鹿，准策澶渊；应融丸药，阎敞还钱；范居让水，吴饮贪泉；薛逢赢马，刘胜寒蝉；捉刀曹操，拂矢贾坚；晦肯负国，质愿亲贤；罗友逢鬼，潘谷称仙；茂弘練服，子敬青毡；王奇雁字，韩浦鸳笺；安之画地，德裕筹边；平原十日，苏章二天；徐勉风月，弃疾云烟；舜钦斗酒，法主蒲鞭；绕朝赠策，苻卤投鞭；豫让吞炭，苏武餐毡；金台招士，玉署贮贤；宋臣宗泽，汉使张骞；胡姬人种，名妓书仙。

二萧

藤王蛱蝶，摩诘芭蕉；却衣师道，投笔班超；冯官五代，季相三朝；刘蕡下第，卢肇夺标；陵甘降虏，蠋耻臣昭；隆贫晒腹，潜懒折腰；韦绶蜀锦，元载鲛绡；捧檄毛义，绝裾温峤；郑虔贮柿，怀素种蕉；延祖鹤立，茂弘龙超。悬鱼羊续，留犊时苗；贵妃捧砚，弄玉吹箫。

三肴

栾巴救火，许逊除蛟；诗穷五际，易布三爻；清时安石，奇计居鄡；湖循莺脰，泉访虎跑；近游束晳，诡术尸佼；翱狂晞发，嵇懒转胞；西溪晏咏，北陇孔嘲；民皆字郑，羌愿姓包；骑鹏沈晦，射鸭孟郊；戴颙鼓吹，贾岛推敲。

四豪

禹承虞舜，说相殷高；韩侯敝袴，张禄绨袍；相如题柱，韩愈焚膏；捐生纪信，争死孔褒；孔璋文伯，梦得诗豪；马援矍铄，巢父清高；伯伦鸡肋，超宗凤毛；服虔赁作，车胤重劳；张仪折竹，任末燃蒿；贺循冰玉，公瑾醇醪；庞公休畅，刘子高操；季札挂剑，吕虔赠刀；来护卓荦，梁竦矜高；壮心处仲，操行陈陶；子荆爽迈，孝伯清操；李订六逸，石与三豪；郑弘还箭，元兴成刀；刘殷七业，何点三高。

五歌

二使入蜀，五老游河；孙登坐啸，谭峭行歌；汉王封齿，齐主烹阿；丁兰刻木，王质烂柯；霍光忠厚，黄霸宽和；桓谭非谶，王商止讹；隐翁龚胜，刺客荆轲；老人结草，饿夫倒戈；弈宽李讷，碑赚孙何；子猷啸咏，斯立吟哦；奕世貂珥，闾里鸣珂；昺辍丝竹，哀废蓼莪；箕陈五福，华祝三多。

六麻

万石秦氏，三戟崔家；退之驱鳄，叔敖埋蛇；虞诩易服，道济量沙；伋辞馈肉，琼却饷瓜；祭遵俎豆，柴绍琵琶；法常评酒，鸿渐论茶；陶怡松菊，田乐烟霞；孟邺九穗，郑珏一麻；颜回练马，乐广杯蛇；罗珦持节，王播笼纱；能言李泌，敢谏香车；韩愈辟佛，傅奕除邪；春藏足垢，邕嗜疮痂；薛笺成彩，江笔生花；班昭汉史，蔡琰胡笳；凤凰律吕，鹦鹉琵琶；渡传桃叶，村名杏花。

七阳

　　君起盘古，人使亚当；明皇化萼，灵运池塘；神威翼德，义勇云长；羿雄射日，衍愤飞霜；王祥求鲤，叔向埋羊；亮方管乐，勒比高光。世南书监，晁错智囊；昌囚羑里，收遁首阳；轼攻正叔，浚沮李纲；降金刘豫，顺房邦昌；瑜烧赤壁，轼谪黄冈；马融绛帐，李贺锦囊；曼迁营葬，脂习临丧；仁裕诗窖，刘式墨庄；刘琨啸月，伯奇履霜；塞翁失马，臧谷亡羊；寇公枯竹，召伯甘棠；匡衡凿壁，孙敬悬梁；衣芦闵损，扇枕黄香；婴扶赵武，籍杀怀王；魏徵妩媚，阮籍猖狂；雕龙刘勰，憨骥应场；御车泰豆，习射纪昌；异人彦博，男子天祥；忠贞古弼，奇节任棠；何晏谈易，郭象注庄；卧游宗子，坐隐王郎；盗酒毕卓，割肉东方；李膺破柱，卫瓘抚床；营军细柳，校猎长杨；忠武具莫，德玉居丧；敖曹雄异，元发疏狂；寇却列簿，吕置夹囊；彦升白简，元鲁青箱；孔融了了，黄宪汪汪；僧岩不测，赵壹非常；沈思好客，颜驹为郎；申屠松屋，魏野草堂；戴渊西洛，祖逖南塘；倾城妲己，嫁虏王嫱；贵妃桃髻，公主梅妆；吉了思汉，供奉忠唐。

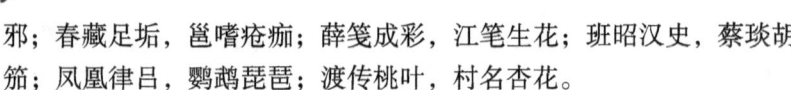

龙文鞭影卷四

八庚

　　萧收图籍，孔惜繁缨；卞庄刺虎，李白骑鲸；王戎支骨，李密陈情；相如完璧，廉颇负荆；从龙介子，飞雁苏卿；忠臣洪皓，义士田横；李平鳞甲，苟变干城；景文饮鸩，茅焦伏烹；许丞耳重，丁掾目盲；佣书德润，卖卜君平；马当王勃，牛诸袁宏；谭天邹衍，稽古桓荣；岐曾贩饼，平得分羹；卧床逸少，升座延明；王勃心织，贾逵舌耕；悬河郭子，缓颊郦生；书成凤尾，画点龙睛；功臣图阁，学士登瀛；卢携貌丑，卫玠神清；非熊再世，圆泽三生；安期东渡，潘岳西征；志和耽钓，宗仪辍耕；卫鞅行诈，羊祜推诚；林宗倾粥，文季争羹；茂贞苛税，阳城缓征；北山学士，南郭先生；文人鹏举，名士道衡；灌园陈定，为圃苏卿；融赋沧海，祖咏彭城；温公万卷，沈约四声；许询胜具，谢客游情；不齐宰单，子推相荆；仲淹复姓，潘阆藏名；烹茶秀实，漉酒渊明；善酿白堕，纵饮公荣；仪狄造酒，德裕调羹；印屏王氏，前席贾生。

九青

经传御史，偈赠提刑；士安正字，次仲谈经；咸遵祖腊，宽识天星；景焕垂戒，班固勒铭；能诗杜甫，嗜酒刘伶；张绰剪蝶，车胤囊萤；鹡鸰学语，鹦鹉诵经。

十蒸

公远玩月，法喜观灯；燕投张说，凤集徐陵；献之书练，夏竦题绫；安石执拗，味道模棱；韩仇良复，汉纪备存；存鲁端木，救赵信陵；邵雍识乱，陵母知兴。

十一尤

琴高赤鲤，李耳青牛；明皇羯鼓，炀帝龙舟；羲叔正夏，宋玉悲秋；才压元白，气吞曹刘；信擒梦泽，翻徙交州；曹参辅汉，周勃安刘；太初日月，季野春秋；公超成市，长孺为楼；楚邱始壮，田豫乞休；向长损益，韩愈斗牛；珊除酿部，玄拜隐侯；公孙东阁，庞统

南州；袁耽掷帽，仁杰携裘；子将月旦，安国阳秋；德舆西掖，庾亮南楼；梁吟傀儡，庄梦髑髅；孟称清发，殷号风流；见讥子敬，犯忌杨修；荀息累卵，王基载舟；沙鸥可狎，蕉鹿难求；黄联池上，杨咏楼头；曹兵迅速，李使迟留；孔明流马，田单火牛；五侯奇膳，九婢珍馐；光安耕钓，方慕巢由；适嵇命驾，访戴操舟；篆推史籀，隶善钟繇；邵瓜五色，李橘千头；芳留玉带，琳卜金瓯；孙阳识马，丙吉问牛；盖忘苏隙，聂报严仇；公艺百忍，孙昉四休；钱塘驿邸，燕子楼头。

十二侵

苏耽橘井，董奉杏林；汉宣读令，夏禹惜阴；蒙恬造笔，太昊制琴；敬微谢馈，明善辞金；睢阳嚼齿，金藏披心；固言柳汁，玄德桑阴；姜桂敦复，松柏世林；杜预传癖，刘峻书淫；钟会窃剑，不疑盗金；桓伊弄笛，子昂碎琴；琴张礼意，苏轼文心；公权隐谏，蕴古详箴；广平作赋，何逊行吟；荆山泣玉，梦穴唾金；孟嘉落帽，宋玉披襟；沫经三败，获被七擒；易牙调味，钟子聆音；令狐冰语，司马琴心；灭明毁璧，庞蕴投金；左思三赋，程颐四箴。

十三覃

陶母截发，姜后脱簪；达摩面壁，弥勒同龛；龙逢极谏，王衍清谈；青威漠北，彬下江南；遐福郭令，上寿童参；郗愔启箧，殷羡投函；禹偶敏赡，鲁直沉酣；师徒布算，姑妇手谈。

十四盐

风仪李揆，骨相吕岩；魏牟尺缣，裴度千缣；孺子磨镜，麟士织帘；华歆逃难，叔子避嫌；盗知李涉，虏惧仲淹；尾生岂信，仲子非廉；由餐藜藿，禺贩鱼盐；五湖范蠡，三径陶潜；徐邈通介，崔郾宽严；易操守剑，归罪遗缣。

十五咸

深情子野,神识阮咸;公孙白纻,司马青衫;狄梁被谮,杨亿蒙谗;布重一诺,金慎三缄;彦升非少,仲举不凡;古人万亿,不尽兹函。

龙文鞭影二集上卷

一东

篇承古度,集续汉冲;搜罗子史,诱掖儿童;明锐韩愈,完粹李侗;清呼一叶,德颂二冯;谅辅祷雨,陈茂诃风;四如给事,三旨相公;怀橘陆绩,辨李王戎;盗琶黑黑,记曲红红;管略画地,殷浩书空;欧公白耳,窦子赤瞳;裂服张咏,挂帻易雄;良将五鸽,廉宦一骢;浚沮武穆,敞短文忠;汉王颂露,魏帝逼虹;啖饼刘晏,抵肉李充;饬儿还棋,促侄贩葱;睪通异弩,混填神弓;张湛诈善,机氾学恭;狎客江总,弄臣邓通;秀才胆大,府尹声雄;女遗螺壳,生寄鹅笼;从难王达,捽恶杨忠;不疑盗嫂,伯鱼挝翁;丕曜佯哑,杜微诈聋;杨嗷四畏,刘慨三同;覆镜郭璞,咒杯柳融;赌姬严续,斩妓石崇;试子夷简,弹婿敏中;传诗辕固,通易吕蒙;黎邱奇鬼,枣阳怪童;王烹云母,柳遇雨工。

二冬

爱信乐正,诲让德容;扣镮道辅,备椟刚峰;郭璞活马,思邈医龙;恢屈孙盛,云折充宗;蔡占白鼠,丁卜黄蜂;桓悲杨柳,石主芙

蓉；直言高适，善辩张松；荐羊致富，画虎卫凶；张霭拾齿，钱唐祖胸；投河丐子，触石菜佣；梁媛高行，阮女乏容；唾盘成鲤；喷饭为蜂；对水蠢吏，献日憨农；气相王锷，魂摄李邕；读疏宣庙，埋帖太宗；师旷骏马，张华痴龙。

三江

柳清第一，任智无双；浩然遭放，药嵩避撞；樊英嗽水，吴猛渡江；不忠徐勋，亏孝刘邦；元振丝幔，山谷彩缸；苏颋吹灶，无垢倚窗；疏氏改束，严姓冒庞。

四支

友谅献麦，孝标进芝；拥炉修史，击钵催诗；秦桧十客，佁胄四姬；对策刘显，隶事王摛；蒙正非执，伯鱼有私；伴仆留正，诈睡羲之；怀清巴妇，行义桓蓥；得得和尚，何何尊师；登山羊祜，临江曹丕；将军禳鬼，都护怖儿；贵妃剪发，莹娘修眉；普惜国法，通定朝仪；库狄杖吏，东昏畏妃；众歌裴侠，民爱贾逵；相公分媼，皇别父儿；樊哙排闼，栖楚叩墀；羲之书儿，信本观碑；主司头脑，学士肚皮；汉王尊鼎，宋后卜棋；安石授扇，长倩馈丝；食鬼尺郭，擘妖钟馗；问字载酒，借书还瓻；王莽买婢，程松献姬；秉三不惑，洽五无欺；登床常侍，避甓主司；守珪置酒，汝霖围棋；赞宁命薄，李广数奇；扬雄吐凤，刘赞吞龟；妻唾冯邈，母杖尧咨；韩驱五鬼，柳骂三尸；觞酒木妓，踏曲杖尼；陆云笑疾，李益妒痴；书帖敬德，拜剑审知；鬻书戒子，质史斥儿。

五微

上官马瘦，卜式羊肥；嫉恶伯厚，奖善元晖；老媪泣乐，稚子钱韦；头闲触怒，手重贻讥；麻面赵孟，缺唇雄飞；纸驴张果，木马段晖；深源万拜，子显一挥；玩之躞屧，江湛浣衣；道济掷帻，有功掩扉；卧云师复，玩月知微；钩书蝇字，实卖牛衣；景宗思猎，唐帝罢围。

六鱼

青钱学士，白衣尚书；似道斗蟋，秦桧进鱼；推衣思革，裹饭子舆；碎车道穆，行酒朱虚；仲彧牧豕，世忠跨驴；莱妻弃畚，鲍妇挽车；獐头元载，熊背专诸；关澥钓鳖，李章移鱼；隋帝引镜，梁主焚书；先见献可，远识太初。

七虞

陆家双璧，王氏三珠；何存信后，成匡固孤；梅香窦臭，滕屠郑酤；楚野辩女，鲁国义姑；救帝诚意，负主秀夫；嵇康灭烛，元长掷符；仲涂烹仆，孝寿杖奴；魏舒领袖，边让襜褕；袁绍横揖，孙堪缓趋；季龙沉璧，继善种珠；巩申放雀，胡广饲猪；隐之双鹤，萧放二乌；张咏守蜀，况钟治苏；驯鸡纪涺，刻凤公输；何称学海，朱号书厨；尘甑范冉，蜡屐阮孚；三言苏轼，廿字郇模；白马张湛，苍鹰郅都；秦王击缶，齐君投壶；沥觞仁轨，覆舟尧夫；文渊薏苡，长房茱萸；束晳辨简，蒋乂诵图。

八齐

截耳胡女，剔目房妻；敦治忤楚，郤克聘齐；任请防水，尊欲填堤；三爵刘表，一篦轩輗；达道赋犬，龙友颂鸡；阴妻怀刃，代妃摩笄；子野买妾，明复娶妻；起宗削柳，文正断齑；崔剖瘤雀，褚医腹鸡；夸父追日，文子击霓；悲感徐广，叹叱薛奎；文忠奏事，武穆降乩。

九佳

翳丑王莽，用短李楷；钱镠铁券，袁琪金牌；戮卒公弼，斩吏乖崖；仲元拾叶，侯瑾燃柴；屈到嗜芰，克渊梦槐；四友题署，三畏名斋；甄后蛇髻，潘妃鸾钗；祖珽偷爵，仁凯窃鞋。

十灰

　　味道贺雪，仲冕吟雷；染髭天泽，剃眉渊材；文德啮被，景让擎杯；孙山答友，苗振绷孩；万卷杜镐，千轴柳开；衣颁魏击，祃示彦回；致一发解，无言抢魁；鸟名希有，虫号怪哉；亚夫讨箸，齐邱画灰；魏主求智，吴人卖呆；四乳都督，三耳秀才；武帝探策，太祖祝杯；融无第宅，准乏楼居。

十一真

　　诚正元晦，忠信居仁；范缜辟佛，吕璹讼神；状元崇嘏，学士若莘；箸锡宋璟，袍赐全斌；诙谐郑繁，质讷刘均；撰书皇后，争矢贵嫔；三语为掾，一字拔人；袖给掩鼻，段乐沉身；老媪投牒，小吏污神；简当祖禹，精博景珍；裹巾辱吏，赐绢羞臣；澹泉进履，子敬赠困；颜峻建第，杨玢让邻；刺称触触，图唤真真；思称巧丙，性笑迂辛；藩王举手，县尉回身；鼓棹张禹，投杯李纶；唾图妃子，饮鸩夫人；赐绢胡质，却布黎淳；民争杜衍，盗降耿纯。

十二文

　　龙褒趁韵，良孙盗文；象林桂父，金陵茅君；纯仁忠恕，傅翔清勤；钱镠骨法，陶侃手纹；四铁御史，百纸参军；惟吉不肖，殷羡无勋；袁韶佛子，孔奂神君；智永瘗笔，刘蜕埋文；扼吭立信，啮指雰云；陶谷易眼，吴雷割筋；赵妃广袖，马后练裙；殷怖闻蚁，沈怒驱蚊；轼折辽使，婴辱楚君；伶人谑史，参军诮殷；镇恶将种，马璘祖勋；武借碧玉，杜索紫云；房重司马，敌畏长孙；独孤侧帽，茂德露裈。

十三元

　　伴食宰相，渴睡状元；扪膝汝砺，叹足昌言；崔琦忤冀，周颙訾敦；之亨放鲤，韦丹赎鼋；乳母守义，庶女衔冤；匿表钦若，说易朝恩；红线盗盒，石碏求幡；赚帖萧翼，窃画桓元；同甫斩马，齐贤啖豚；清言卫玠，俚语柳浑；管通鹊语，王察蚊言；饷车刘翊，沉刀郭翻；弱使强虏，愈挫逆藩；及之由窦，孝绪凿垣；痴人破瓮，拙妇凿裈；忠义刘氏，孝悌李门；笔涂赵普，火炙陈暄；曳履危素，抚枕桓温；姊拒广孝，母逐怀恩；煮石鲍靓，呼钱葛玄；陆贾新语，杜牧罪言。

十四寒

孙权斫案，刘概拍栏；王晞辞职，徐勣就官；亡羊王育，驱雀顾欢；麒麟杜广，鹳雀裴宽；射子羊侃，斩叔曲端；刘夸茉莉，陈诩牡丹；周新冷面，钱颐铁肝；与可画竹，思肖题兰；李傅晶斧，姚涞玉丸；表圣坠笏，清虚挂冠；李邕六绝，袁嵩五难；袁粲啸咏，宏景盘桓；钧弹常侍，铭捽内官；李巽席帽，穆之金盘；大言桃豹，异志郭丹；斩蛟赵昱，剪马高欢。

十五删

秦王水殿，隋主火山；廉公号孟，谢子称颜；王衍三窟，逢吉八关；范宣受绢，周访投环；陶公限饮，陆生分餐；周启师圣，罗学龟山；肉啖来贼，尸暴侯奸；傅霖别咏，若水饯班；冀妻妖态，宣后强颜；园名独乐，亭号半闲。

龙文鞭影二集下卷

一先

文帝好学，理宗思贤；窃书逸少，悟字九渊；张巡赚箭，狄青钉

钱；五经扫地，一疏回天；詈贼惜惜，谢客怜怜；击蛇刘裕，藏龟苻坚；刽子贡父，屠伯延年；枯骨袁术，强项董宣；水浇醉吏，火煅颠仙；苏蕙织锦，蔡琰辨弦；畏风满奋，斗雷孤延；程主讲席，孙侍经筵；士瞻百袴，阮孚一钱；钱起神句，马绎仙联；林宗和靖，闵祖子骞；索诗苏轼，诵易薛瑄；元昊缄鸰，守约捕蝉；煮龟元逊，烹狐茂先；扣赘佛印，摩顶守坚。

二萧

受蒜闵贡，弃蔬鲍焦；杵臼似鼠，义府称猫；行雨忠政，唤雷迁韶；丁谓符谶，陶安应谣；嗣宗毁庙，君谟修桥；叔隗季隗，大乔小乔；三狗魏室，五彪明朝；出妻大逊，逐妇班超；陆绩载石，廖凝挈瓢；窝名安乐，馆号逍遥；宣咏孤雁，骈贯双雕；宏霸指染，敬容背焦；道士画鹤，丈人承蜩；投书丁谓，碎牒王韶；孝卿退水，钱镠射潮；徽宗封马，武后怯猫；治河三策，颁国六条。

三肴

痴翁廷直，狂士仲交；苍体若瓠，沉口如匏；篆吞一卷，易饮三爻；崔家共宅，刘氏一庖；毕称颇牧，刘比吕包；一婆致诮，三公解嘲；楚王吞蛭，李子射蛟；冶鸟咄咄，黠鼠聱聱。

四豪

刘器品范，张貌韦皋；狂词王直，壮歌袁绹；褚渊励节，宋弘秉操；刘沔双烛，王濬三刀；之才觅虱，子瞻嗜蚝；赵祖斫笠，楚子投醪；长康翳柳，禄山咏桃；焚券收债，书扇偿逋；神酬玉枕，鬼赠珠袍；君谟啮镞，吕锜伏弢；铳建珠殿，琛作银槽；除毒异剑，警恶奇刀；焚车阮裕，饷砚蒯鳌；版镌苕玉，印渍桂膏；梅传植菜，邢峙谏蒿；封绫秀实，悬丝山涛；孟宗吐饭，姚馥啜糟。

五歌

鬼怖螃蟹，民拜骆驼；子龙息鼓，遇春挺戈；辞璧崔挺，委珠子阿；乞师荀灌，托佣小娥；邵谒遭扑，李广被诃；东桑跨鹤，少君乘骡；方叔下第，毅夫登科；断鞫郭宪，碎衣陈禾；晋将茗瘕，唐相酒魔；指盗鸜鸽，证杀鹦鹉；景公治海，顺帝挑河；边名菩萨，包号阎罗。

六麻

李藩批敕，阳城裂麻；安期食枣，徐光乞瓜；三后梁氏，八相萧家；汉姬人彘，辽主帝羓；吴祐返责，缪彤自挝；画狮光宝，绘马子华；方朔献草，单父种花；令孜称父，怀贞号耷；张果蝙蝠，杨戬虾蟆；面壁王述，堕榻裴遐；字询杜杜，帖误枇杷；狄青天使，王德夜叉；商论乔梓，敷辨梨楂；仙童取露，真妃餐霞；龟蒙斗鸭，渊材禁蛇；李崇俭约，王济豪奢；投枣报栗，除棘还瓜；祐辨鲮鲤，朔识驺牙；羊琇酿酒，德裕试茶。

七阳

牢不及帝，斗耻趋王；慈母公义，神父叔阳；高辛嫁犬，单于配狼；和尚竖指，佛图涤肠；疗足元晦，医臂云长；弼给弱马，宇栋瘦羊；武襄面涅，汾阳额光；崇圣太祖，尊师明皇；代赎端第，荣赐达坊；光逢玉尺，季长绣囊；工佞思止，巧诈子扬；郭亮营葬，庞涓临丧；太祖岸帻，高帝踞床；高却献妇，杜辞选倡；唾砚仁轨，索帖元章；击瓮君实，斩丝高洋；侍中口臭，太尉足香；刃婢张后，杀妾齐姜；写经应用，题榜仲将；晓人张猛，真相王商；充隐皇甫，诈忠张汤；象慨矮屋，群夸美庄；武帝碎枕，太祖毁床；贺诗投溷，萧字陷墙；弹棉宰相，缩葱侍郎；泽奇武穆，白救汾阳；百口保滉，十族诛方；伯宗药箭，彦章铁枪；明皇放蝶，武帝驾羊；王澄逃杖，陈平食糠；庚轻义浩，高重杜房；白嫌负贺，谥耻伐梁；荆妃孕铁，王女产囊；读勃明帝，改陂唐王；散豆赚婢，掷巾渡郎。

八庚

　　卖卜季主，行乞董京；汉如敌国，勋若长城；卖散文子，负局先生；牛宏爱弟，刘珊恭兄；高允矫矫，徐宣铮铮；刘非求媚，范岂徇名；浩叹羊祜，狂笑晏婴；孔觊辞米，王班埋羹；相殿联榜，王校同庚；三史安道，六经九成；裴侠独立，樊哙横行；遭勤扶掖，皞略送迎；社因王罢，县为颜更；范滂投版，安期推枰；读卷王沔，改韵冯京；示儿康节，责子渊明；射奸沈鍊，刺仇景清；临濑木魅，武都山精；赵效犬吠，王好驴鸣；十策师亮，三事国桢；周处改行，孙忤更名；昭帝蛟鲊，章庙龙羹；国忠香阁，武肃锦城。

九青

　　子寿秀整，文靖端凝；韩心王室，张志朝廷；长房骑杖，冷谦隐瓶；道宗被殴，黥布就刑；张名三箧，朱号五经；尊君尧舜，拟帝桓灵；福请抑霍，咏乞斩丁；景山甘雨，子骏福星；韩亿索杖，陈咸触屏；彦彬座语，翼道囷铭；平公墨墨，仁宗惺惺。

十蒸

　　魏侯冒雨，汉帝渡冰；弭盗公亮，纵囚元膺；撤关胡厉，闭门氾腾；分痛灼艾，疗疾觅藤；碎碑陈敏，夺剑张陵；翁巧掷剑，囚工蹑绳；安石须虱，平叔鼻蝇；大器苏轼，伟度王曾；改姓陶谷，讳名田登；宋陷仁肇，汉间范增；献章主静，良佐去矜；指口谢朏，掐鼻王澄；虞拟裴度，晟慕魏征。

十一尤

　　让韩独步，放苏出头；对铭希镜，释碑延休；宋人投马，张氏祝鸠；晏幽飓躁，谷食难收；仁贵虓将，仲康虎侯；张守挞虎，顾令

判牛；反赠熙载，辞饷穆修；媚臣誉树，奸相斫榴；高祖蛛庙，武王蜂舟；明皇还带，武帝焚裘；李祐胆落，赵岘汗流；痛妃筚篥，悼夫箜篌；子厚僦舍，邦昌登楼；引经断狱，弈棋判囚；说梦鹦鹉，雪愤猕猴；崔比王谢，昱拟巢由；筑扑秦帝，琴撞魏侯；沉读论语，青诵春秋；筹赈戴浩，均赋韩休；骆驼诮画，蛱蝶讥收；敬德夺槊，阿馀得矛；杜佑驾驷，刘焕乘牛；卢三改注，范一笔勾；观察鹘眼，参政鱼头。

十二侵

刘铁疑酒，蔡邕骇琴；愚人怖玉，贪夫攫金；云奇折臂，濮真剖心；昼责邹浩，辅折余深；王子辞李，谢生拜相；彭城两到，江东三岑；仁贵免胄，马燧披襟；无已拥被，柳恽摇琴；丈人抱瓮，老媪磨针；劝课龚遂，署考唐临；元章石癖，佺之水淫；珙相道衍，彻说淮阴；盗书杨玠，摸碑子钦；韩陈四事，李献六箴；婢呼如愿，妓号称心；宇文哭绰，司马拜林；王省伐鼓，邝露抱琴；妖畏仁杰，鬼迓韩擒；扑河金铉，哭庙刘谌。

十三覃

胡广柔媚，童伯贪婪；颛帝三子，女溃六男；卫母抚雉，蜀女化蚕；罗威饲犊，卓茂解骖；王梦罗汉，帝谒伽蓝；寅三可惜，嵇七不堪；劲嵩继盛，弹桧澹庵；奏琶令则，鼓琴桓谭；解厄严四，为祟宗三；明皇貌瘦，忠臣肉甘；两马相骂，二犬对谈；毛仲嫁女，张德生男。

十四盐

颜嗔谢笑，丙宽魏严；垂诫泓石，警睡投签；八州陶侃，六阙杨炎；卖诗万顷，吞纸朱詹；恚贺公鲁，辞吊思谦；顾飏赠褶，刘晏携帘；礼贤希宪，傲客王恬；李晟绣帽，鲍永皂襜；呈章刘瑾，坠刺崔遆；配亨拗相，入祀权庵；刘弘一纸，保安千缣；显达中目，兀术剃髯。

十五咸

盗畏来整，虏劫浑瑊；茂宏举扇，良器书衫；存勖三矢，陶侃一函；甘宁锦缆，长康布帆；远语无妄，衡志超凡；居翰改诏，子瞻换衔；乐羊被谤，巁之蒙谗；修责若讷，俨诘游岩；俟编仄韵，再续斯函。

（劳谐辑校并简介）

声律启蒙

[清]
车万育 撰

书籍简介：

　　《声律启蒙》是一本深入浅出谈论诗歌韵律、训练孩童掌握对偶技巧和声韵格律的启蒙教材，也是青少年学诗的入门读物。作者车万育是康熙年间进士，授官户部给事中，至性纯笃，学问赅博。所撰之书为弘扬诗词文化起到了普及作用。诗词和对联是中国古代重要的文学形式，两千多年来一直薪火相传，至今仍具有强大的生命力。在古代，自私塾的幼童起，就开始这种文学修养的训练，对声调、音律、格律等都有严格的要求，故一些声律方面的著作也应运而生，而车万育的作品则是其中较有代表性的一种。全书分为上下卷，按韵分编，包罗天文、地理、花木、鸟兽、人物、器物等的虚实应对。从单字对到双字对、三字对、五字对、七字对再到十一字对，层层属对，声韵协调，琅琅上口，从中得到语音、词汇、修辞的训练。特别是文中除了对仗工整、用词优美、平仄和谐、义理健康外，还融进了神话传说、历史故事，以及常见的典故和俗话等有趣的内容，便于在诵读中对中国古典诗词的押韵、平仄、对仗三个最重要的特点产生潜移默化的感性认识，为以后在学作诗歌和对联时打好了扎实的基础。这类读物，在启蒙读物中独具一格，故能经久不衰、广泛流传。

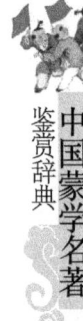

声律启蒙上卷

一东

　　云对雨，雪对风，晚照对晴空。来鸿对去燕，宿鸟对鸣虫。三尺剑，六钧弓，岭北对江东。人间清暑殿，天上广寒宫。两岸晓烟杨柳绿，一园春雨杏花红。两鬓风霜，途次早行之客；一蓑烟雨，溪边晚钓之翁。

　　沿对革，异对同，白叟对黄童。江风对海雾，牧子对渔翁。颜巷陋，阮途穷，冀北对辽东。池中濯足水，门外打头风。梁帝讲经同泰寺，汉皇置酒未央宫。尘虑萦心，懒抚七弦绿绮；霜华满鬓，羞看百炼青铜。

　　贫对富，塞对通。野叟对溪童。鬓皤对眉绿，齿皓对唇红。天浩浩，日融融，佩剑对弯弓。半溪流水绿，千树落花红。野渡燕穿杨柳雨，芳池鱼戏芰荷风。女子眉纤，额下现一弯新月；男儿气壮，胸中吐万丈长虹。

二冬

　　春对夏，秋对冬，暮鼓对晨钟。观山对玩水，绿竹对苍松。冯妇虎，叶公龙，舞蝶对鸣蛩。衔泥双紫燕，课密几黄蜂。春日园中莺恰恰，秋天塞外雁雍雍。秦岭云横，迢递八千远路；巫山雨洗，嵯峨十二危峰。

　　明对暗，淡对浓，上智对中庸。镜奁对衣笥，野杵对村舂。花灼烁，草蒙茸，九夏对三冬。台高名戏马，斋小号蟠龙。手擘蟹螯从毕卓，身披鹤氅自王恭。五老峰高，秀插云霄如玉笔；三姑石大，响传风雨若金镛。

仁对义，让对恭，禹舜对羲农。雪花对云叶，芍药对芙蓉。陈后主，汉中宗，绣虎对雕龙。柳塘风淡淡，花圃月浓浓。春日正宜朝看蝶，秋风那更夜闻蛩。战士邀功，必借干戈成勇武；逸民适志，须凭诗酒养疏慵。

三江

楼对阁，户对窗，巨海对长江。蓉裳对蕙帐，玉斝对银釭。青布幔，碧油幢，宝剑对金缸。忠心安社稷，利口覆家邦。世祖中兴延马武，桀王失道杀龙逄。秋雨潇潇，漫烂黄花都满径；春风袅袅，扶疏绿竹正盈窗。

旌对旆，盖对幢，故国对他邦。千山对万水，九泽对三江。山岌岌，水淙淙，鼓振对钟撞。清风生酒舍，白月照书窗。阵上倒戈辛纣战，道旁系剑子婴降。夏日池塘，出没浴波鸥对对；春风帘幕，往来营垒燕双双。

铢对两，只对双，华岳对湘江。朝车对禁鼓，宿火对寒釭。青琐闼，碧纱窗，汉社对周邦。笙箫鸣细细，钟鼓响摐摐。主簿栖鸾名有览，治中展骥姓惟庞。苏武牧羊，雪屡餐于北海；庄周活鲋，水必决于西江。

四支

茶对酒，赋对诗，燕子对莺儿。栽花对种竹，落絮对游丝。四目颉，一足夔，鸲鹆对鹭鸶。半池红菡萏，一架白荼蘼。几阵秋风能应候，一犁春雨甚知时。智伯恩深，国士吞变形之炭；羊公德大，邑人竖堕泪之碑。

行对止，速对迟，舞剑对围棋。花笺对草字，竹简对毛锥。汾水鼎，岘山碑，虎豹对熊罴。花开红锦绣，水漾碧琉璃。去妇因探邻舍枣，出妻为种后园葵。笛韵和谐，仙管恰从云里降；橹声咿轧，渔舟

正向雪中移。

戈对甲，鼓对旗，紫燕对黄鹂。梅酸对李苦，青眼对白眉。三弄笛，一围棋，雨打对风吹。海棠春睡早，杨柳昼眠迟。张骏曾为槐树赋，杜陵不作海堂诗。晋士特奇，可比一斑之豹；唐儒博识，堪为五总之龟。

五微

来对往，密对稀，燕舞对莺飞。风清对月朗，露重对烟微。霜菊瘦，雨梅肥，客路对渔矶。晚霞舒锦绣，朝露缀珠玑。夏暑客思欹石枕，秋寒妇念寄边衣。春水才深，青草岸边渔父去；夕阳半落，绿莎原上牧童归。

宽对猛，是对非，服美对乘肥。珊瑚对玳瑁，锦绣对珠玑。桃灼灼，柳依依，绿暗对红稀。窗前莺并语，帘外燕双飞。汉致太平三尺剑，周臻大定一戎衣。吟成赏月之诗，只愁月堕；斟满送春之酒，惟憾春归。

声对色，饱对饥，虎节对龙旗。杨花对桂叶，白简对朱衣。尨也吠，燕于飞，荡荡对巍巍。春暄资日气，秋冷借霜威。出使振威冯奉世，治民异等尹翁归。燕我弟兄，载咏棣棠铧铧；命伊将帅，为歌杨柳依依。

六鱼

无对有，实对虚，作赋对观书。绿窗对朱户，宝马对香车。伯乐马，浩然驴，弋雁对求鱼。分金齐鲍叔，奉璧蔺相如。掷地金声孙绰赋，回文锦字窦滔书。未遇殷宗，胥靡困傅岩之筑；既逢周后，太公舍渭水之渔。

终对始，疾对徐，短褐对华裾。六朝对三国，天禄对石渠。千字策，八行书，有若对相如。花残无戏蝶，藻密有潜鱼。落叶舞风高复下，小荷浮水卷还舒。爱见人长，共服宣尼休假盖；恐彰己吝，谁知阮裕竟焚车。

麟对凤，鳌对鱼，内史对中书。犁锄对耒耜，畎浍对郊墟。犀角带，象牙梳，驷马对安车。青衣能报赦，黄耳解传书。庭畔有人持短剑，门前无客曳长裾。波浪拍船，骇舟人之水宿；峰峦绕舍，乐隐者之山居。

七虞

金对玉，宝对珠，玉兔对金乌。孤舟对短棹，一雁对双凫。横醉眼，捻吟须，李白对杨朱。秋霜多过雁，夜月有啼乌。日暖园林花易赏，雪寒村舍酒难沽。人处岭南，善探巨象口中齿；客居江右，偶夺骊龙颔下珠。

贤对圣，智对愚，傅粉对施朱。名缰对利锁，挈榼对提壶。鸠哺子，燕调雏，石帐对郇厨。烟轻笼岸柳，风急撼庭梧。鹳眼一方端石砚，龙涎三炷博山垆。曲沼鱼多，可使渔人结网；平田兔少，漫劳耕者守株。

秦对赵，越对吴，钓客对耕夫。箕裘对杖履，杞梓对桑榆。天欲晓，日将晡，狡兔对妖狐。读书甘刺股，煮粥惜焚须。韩信武能平四海，左思文足赋三都。嘉遁幽人，适志竹篱茅舍；胜游公子，玩情柳陌花衢。

八齐

岩对岫，涧对溪，远岸对危堤。鹤长对凫短，水雁对山鸡。星拱北，月流西，汉露对汤霓。桃林牛已放，虞坂马长嘶。叔侄去官闻广受，弟兄让国有夷齐。三月春浓，芍药丛中蝴蝶舞；五更天晓，海棠枝上子规啼。

云对雨，水对泥，白璧对玄圭。献瓜对投李，禁鼓对征鼙。徐稚榻，鲁班梯，凤翥对鸾栖。有官清似水，无客醉如泥。截发惟闻陶侃母，断机只有乐羊妻。秋望佳人，目送楼头千里雁；早行远客，梦惊

枕上五更鸡。

熊对虎，象对犀，霹雳对虹霓。杜鹃对孔雀，桂岭对梅溪。萧史凤，宋宗鸡，远近对高低。水寒鱼不跃，林茂鸟频栖。杨柳和烟彭泽县，桃花流水武陵溪。公子追欢，闲骤玉骢游绮陌；佳人倦绣，闷欹珊枕掩香闺。

九佳

河对海，汉对淮，赤岸对朱崖。鹭飞对鱼跃，宝钿对金钗。鱼圉圉，鸟喈喈，草履对芒鞋。古贤尝笃厚，时辈喜诙谐。孟训文公谈性善，颜师孔子问心斋。缓抚琴弦，像流莺而并语；斜排筝柱。类过雁之相挨。

丰对俭，等对差，布袄对荆钗。雁行对鱼阵，榆塞对兰崖。挑荠女，采莲娃，菊径对苔阶。诗成六义备，乐奏八音谐。造律吏哀秦法酷，知音人说郑声哇。天欲飞霜，塞上有鸿行已过；云将作雨，庭前多蚁阵先排。

城对市，巷对街，破屋对空阶。桃枝对桂叶，砌蚓对墙蜗。梅可望，橘堪怀，季路对高柴。花藏沽酒市，竹映读书斋。马首不容孤竹扣，车轮终就洛阳埋。朝宰锦衣，贵束乌犀之带；宫人宝髻，宜簪白燕之钗。

十灰

增对损，闭对开，碧草对苍苔。书签对笔架，两曜对三台。周召虎，宋桓魋，阆苑对蓬莱。熏风生殿阁，皓月照楼台。却马汉文思罢献，吞蝗唐太冀移灾。照耀八荒，赫赫丽天秋日；震惊百里，轰轰出地春雷。

沙对水，火对灰，雨雪对风雷。书淫对传癖，水浒对岩隈。歌旧曲，酿新醅，舞馆对歌台。春棠经雨放，秋菊傲霜开。作酒固难忘曲蘖，调羹必要用盐梅。月满庚楼，据胡床而可玩；花开唐苑，轰羯鼓以奚催。

休对咎，福对灾，象箸对犀杯。宫花对御柳，峻阁对高台。花蓓蕾，草根荄，剔藓对剜苔。雨前庭蚁闹，霜后阵鸿哀。元亮南窗今日傲，孙弘东阁几时开。平展青茵，野外茸茸软草；高张翠幄，庭前郁郁凉槐。

十一真

邪对正，假对真，獬豸对麒麟。韩卢对苏雁，陆橘对庄椿。韩五鬼，李三人，北魏对西秦。蝉鸣哀暮夏，莺啭怨残春。野烧焰腾红烁烁，溪流波皱碧粼粼。行无踪，居无庐，颂成酒德；动有时，藏有节，论著钱神。

哀对乐，富对贫，好友对嘉宾。弹琴对结绶，白日对青春。金翡翠，玉麒麟，虎爪对龙鳞。柳塘生细浪，花径起香尘。闲爱登山穿谢屐，醉思漉酒脱陶巾。雪冷霜严，倚槛松筠同傲岁；日迟风暖，满园花柳各争春。

香对火，炭对薪，日观对天津。禅心对道眼，野妇对宫嫔。仁无敌，德有邻，万石对千钧。滔滔三峡水，冉冉一溪冰。充国功名当画阁，子张言行贵书绅。笃志诗书，思入圣贤绝域；忘情官爵，羞沾名利纤尘。

十二文

家对国，武对文，四辅对三军。九经对三史，菊馥对兰芬。歌北鄙，咏南薰，迩听对遥闻。召公周太保，李广汉将军。闻化蜀民皆草偃，争权晋土已瓜分。巫峡夜深，猿啸苦哀巴地月；衡峰秋早，雁飞高贴楚天云。

欹对正，见对闻，偃武对修文。羊车对鹤驾，朝旭对晚曛。花有艳，竹成文，马燧对羊欣。山中梁宰相，树下汉将军。施帐解围嘉道韫，当垆沽酒叹文君。好景有期，北岭几枝梅似雪；丰年先兆，西郊千顷稼如云。

尧对舜，夏对殷，蔡惠对刘蕡。山明对水秀，五典对三坟。唐李杜，晋机云，事父对忠君。雨晴鸠唤妇，霜冷雁呼群。酒量洪深周仆射，诗才俊逸鲍参军。鸟翼长随，凤兮洵众禽长；狐威不假，虎也真百兽尊。

十三元

幽对显，寂对喧，柳岸对桃源。莺朋对燕友，早暮对寒暄。鱼跃沼，鹤乘轩，醉胆对吟魂。轻尘生范甑，积雪拥袁门。缕缕轻烟芳草渡，丝丝微雨杏花村。诣阙王通，献太平十二策；出关老子，著道德五千言。

儿对女，子对孙，药圃对花村。高楼对邃阁，赤豹对玄猿。妃子骑，夫人轩，旷野对平原。匏巴能鼓瑟，伯氏善吹埙。馥馥早梅思驿使，萋萋芳草怨王孙。秋夕月明，苏子黄冈游赤壁；春朝花发，石家金谷启芳园。

歌对舞，德对恩，犬马对鸡豚。龙池对凤沼，雨骤对云屯。刘向阁，李膺门，唳鹤对啼猿。柳摇春白昼，梅弄月黄昏。岁冷松筠皆有节，春喧桃李本无言。噪晚齐蝉，岁岁秋来泣恨；啼宵蜀鸟，年年春去伤魂。

十四寒

多对少，易对难，虎踞对龙蟠。龙舟对凤辇，白鹤对青鸾。风淅淅，露汙汙，绣毂对雕鞍。鱼游荷叶沼，鹭立蓼花滩。有酒阮貂奚用解，无鱼冯铗必须弹。丁固梦松，柯叶忽然生腹上；文郎画竹，枝梢倏尔长毫端。

寒对暑，湿对干，鲁隐对齐桓。寒毡对暖席，夜饮对晨餐。叔子带，仲由冠，郏鄏对邯郸。嘉禾忧夏旱，衰柳耐秋寒。杨柳绿遮元亮宅，杏花红映仲尼坛。江水流长，环绕似青罗带；海蟾轮满，澄明如白玉盘。

横对竖，窄对宽，黑志对弹丸。朱帘对画栋，彩槛对雕栏。春既老，夜将阑，百辟对千官。怀仁称足足，抱义美般般。好马君王曾市骨，食猪处士仅思肝。世仰双仙，元礼舟中携郭泰，人称连璧，夏侯车上并潘安。

十五删

兴对废，附对攀，露草对霜菅。歌廉对借寇，习孔对希颜。山垒垒，水潺潺，奉璧对探镮。礼由公旦作，诗本仲尼删。驴困客方经灞水，鸡鸣人已出函关。几夜霜飞，已有苍鸿辞北塞；数朝雾暗，岂无玄豹隐南山。

犹对尚，侈对悭，雾鬓对烟鬟。莺啼对鹊噪，独鹤对双鹇。黄牛峡，金马山，结草对衔环。昆山惟玉集，合浦有珠还。阮籍旧能为眼白，老莱新爱着衣斑。栖迟避世人，草衣木食；窈窕倾城女，云鬓花颜。

姚对宋，柳对颜，赏善对惩奸。愁中对梦里，巧慧对痴顽。孔北海，谢东山，使越对征蛮。淫声闻濮上，离曲听阳关。骁将袍披仁贵白，小儿衣着老莱斑。茅舍无人，难却尘埃生榻上；竹亭有客，尚留风月在窗间。

声律启蒙下卷

一先

晴对雨，地对天，天地对山川。山川对草木，赤壁对青田。郑鄌

鼎，武城弦，木笔对苔钱。金城三月柳，玉井九秋莲。何处春朝风景好，谁家秋夜月华圆。珠缀花梢，千点蔷薇香露；练横树杪，几丝杨柳残烟。

前对后，后对先，众丑对孤妍。莺簧对蝶板，虎穴对龙渊。击石磬，观韦编，鼠目对鸢肩。春园花柳地，秋沼芰荷天。白羽频挥闲客坐，乌纱半坠醉翁眠。野店几家，羊角风摇沽酒斾；长川一带，鸭头波泛卖鱼船。

离对坎，震对乾，一日对千年。尧天对舜日，蜀水对秦川。苏武节，郑虔毡，涧壑对林泉。挥戈能退日，持管莫窥天。寒食芳辰花烂熳，中秋佳节月婵娟。梦里荣华，飘忽枕中之客，壶中日月，安闲市上之仙。

二萧

恭对慢，吝对骄，水远对山遥。松轩对竹槛，雪赋对风谣。乘五马，贯双雕，烛灭对香消。明蟾常彻夜，骤雨不终朝。楼阁天凉风飒飒，关河地隔雨潇潇。几点鹭鸶，日暮常飞红蓼岸；一双鸂鶒，春朝频泛绿杨桥。

开对落，暗对昭，赵瑟对虞韶。轺车对驿骑，锦绣对琼瑶。羞攘臂，懒折腰，范甑对颜瓢。寒天鸳帐酒，夜月凤台箫。舞女腰肢杨柳软，佳人颜貌海棠娇。豪客寻春，南陌草青香阵阵；闲人避暑，东堂蕉绿影摇摇。

班对马，董对晁，夏昼对春宵。雷声对电影，麦穗对禾苗。八千路，廿四桥，总角对垂髫。露桃匀嫩脸，风柳舞纤腰。贾谊赋成伤鵩鸟，周公诗就托鸱鸮。幽寺寻僧，逸兴岂知俄尔尽；长亭送客，离魂不觉黯然消。

三肴

风对雅，象对爻，巨蟒对长蛟。天文对地理，蟋蟀对螵蛸。龙夭矫，虎咆哮，北学对东胶。筑台须垒土，成屋必诛茅。潘岳不忘秋兴赋，边韶常被昼眠嘲。抚养群黎，已见国家隆治；滋生万物，方知天地泰交。

蛇对虺，蜃对蛟，麟薮对鹊巢。风声对月色，麦穗对桑苞。何妥难，子云嘲，楚甸对商郊。五音惟耳听，万虑在心包。葛被汤征因仇饷，楚遭齐伐责包茅。高矣若天，洵是圣人大道；淡而如水，实为君子神交。

牛对马，犬对猫，旨酒对嘉肴。桃红对柳绿，竹叶对松梢。藜杖叟，布衣樵，北野对东郊。白驹形皎皎，黄鸟语交交。花圃春残无客到，柴门夜永有僧敲。墙畔佳人，飘扬竞把秋千舞；楼前公子，笑语争将蹴鞠抛。

四豪

琴对瑟，剑对刀，地迥对天高。峨冠对博带，紫绶对绯袍。煎异茗，酌香醪，虎兕对猿猱。武夫攻骑射，野妇务蚕缫。秋雨一川淇澳竹，春风两岸武陵桃。螺髻青浓，楼外晚山千仞；鸭头绿腻，溪中春水半篙。

刑对赏，贬对褒，破斧对征袍。梧桐对橘柚，枳棘对蓬蒿。雷焕剑，吕虔刀，橄榄对葡萄。一椽书舍小，百尺酒楼高。李白能诗时秉笔，刘伶爱酒每铺糟。礼别尊卑，拱北众星常灿灿；势分高下，朝东万水自滔滔。

瓜对果，李对桃，犬子对羊羔。春分对夏至，谷水对山涛。双凤翼，九牛毛，主逸对臣劳。水流无限阔，山耸有余高。雨打村童新牧笠，尘生边将旧征袍。俊士居官，荣引鹓鸿之序；忠臣报国，誓殚犬马之劳。

五歌

山对水，海对河，雪竹对烟萝。新欢对旧恨，痛饮对高歌。琴再

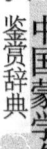

抚,剑重磨,媚柳对枯荷。荷盘从雨洗,柳线任风搓。饮酒岂知欹醉帽,观棋不觉烂樵柯。山寺清幽,直踞千寻云岭;江楼宏敞,遥临万顷烟波。

繁对简,少对多,里咏对途歌。宦情对旅况,银鹿对铜驼。刺史鸭,将军鹅,玉律对金科。古堤垂罅柳,曲沼长新荷。命驾吕因思叔夜,引车蔺为避廉颇。千尺水帘,今古无人能手卷;一轮月镜,乾坤何匠用功磨。

霜对露,浪对波,径菊对池荷。酒阑对歌罢,日暖对风和。梁父咏,楚狂歌,放鹤对观鹅。史才推永叔,刀笔仰萧何。种橘犹嫌千树少,寄梅谁信一枝多。林下风生,黄发村童推牧笠;江头日出,皓眉溪叟晒渔蓑。

六麻

松对柏,缕对麻,蚁阵对蜂衙。颙鳞对白鹭,冻雀对昏鸦,白堕酒,碧沉茶,品笛对吹笳。秋凉梧堕叶,春暖杏开花。雨长苔痕侵壁砌,月移梅影上窗纱。飒飒秋风,度城头之筚篥;迟迟晚照,动江上之琵琶。

优对劣,凸对凹,翠竹对黄花。松杉对杞梓,菽麦对桑麻。山不断,水无涯,煮酒对烹茶。鱼游池面水,鹭立岸头沙。百亩风翻陶令秫,一畦雨熟邵平瓜。闲捧竹根,饮李白一壶之酒;偶擎桐叶,啜卢同七碗之茶。

吴对楚,蜀对巴,落日对流霞。酒钱对诗债,柏叶对松花。驰驿骑,泛仙槎,碧玉对丹砂。设桥偏送笋,开道竟还瓜。楚国大夫沉汨水,洛阳才子谪长沙。书箧琴囊,乃士流活计;药炉茶鼎,实闲客生涯。

七阳

高对下,短对长,柳影对花香。词人对赋客,五帝对三王。深院落，小池塘，晚眺对晨妆。绛霄唐帝殿，绿野晋公堂。寒集谢庄衣上雪，秋添潘岳鬓边霜。人浴兰汤，事不忘于端午；客斟菊酒，兴常记于重阳。

尧对舜，禹对汤，晋宋对隋唐。奇花对异卉，夏日对秋霜。八叉手，九回肠，地久对天长。一堤杨柳绿，三径菊花黄。闻鼓塞兵方战斗，听钟宫女正梳妆。春饮方归，纱帽半淹邻舍酒；早朝初退，衮衣微惹御炉香。

荀对孟，老对庄，鞞柳对垂杨。仙宫对梵宇，小阁对长廊。风月窟，水云乡，蟋蟀对螳螂。暖烟香霭霭，寒烛影煌煌。伍子欲酬渔父剑，韩生尝窃贾公香。三月韶光，常忆花明柳媚；一年好景，难忘橘绿橙黄。

八庚

深对浅，重对轻，有影对无声。蜂腰对蝶翅，宿醉对余醒。天北缺，日东生，独卧对同行。寒冰三尺厚，秋月十分明。万卷书容闲客览，一樽酒待故人倾。心侈唐玄，厌看霓裳之曲；意骄陈主，饱闻玉树之赓。

虚对实，送对迎，后甲对先庚。鼓琴对舍瑟，搏虎对骑鲸。金叵罗，玉玎玲，玉宇对金茎。花间双粉蝶，柳内几黄莺。贫里每甘藜藿味，醉中厌听管弦声。肠断秋闺，凉吹已侵重被冷；梦惊晓枕，残蟾犹照半窗明。

渔对猎，钓对耕，玉振对金声。雉城对雁塞，柳枭对葵倾。吹玉笛，弄银笙，阮杖对桓筝。墨呼松处士，纸号楮先生。露浥好花潘岳县，风搓细柳亚夫营。抚动琴弦，遽觉座中风雨至；哦成诗句，应知窗外鬼神惊。

九青

红对紫，白对青，渔火对禅灯。唐诗对汉史，释典对仙经。龟曳尾，鹤梳翎，月榭对风亭。一轮秋夜月，几点晓天星。晋士只知山简醉，楚人谁识屈原醒。绣倦佳人，慵把鸳鸯文作枕；呪毫画者，思将孔雀写为屏。

行对坐，醉对醒，佩紫对纡青。棋枰对笔架，雨雪对雷霆。狂蛱蝶，小蜻蜓，水岸对沙汀。天台孙绰赋，剑阁孟阳铭。传信子卿千里雁，照书车胤一囊萤。冉冉白云，夜半高遮千里月；澄澄碧水，宵中寒映一天星。

书对史，传对经，鹦鹉对鹡鸰。黄茅对白荻，绿草对青萍。风绕铎，雨淋铃，水阁对山亭。渚莲千朵白，岸柳两行青。汉代宫中生秀柞，尧时阶畔长祥蓂。一枰决胜，棋子分黑白；半幅通灵，画色间丹青。

十蒸

新对旧，降对升，白犬对苍鹰。葛巾对藜杖，涧水对池冰。张兔网，挂鱼罾，燕雀对鹏鹍。炉中煎药火，窗下读书灯。织锦逐梭成舞凤，画屏误笔作飞蝇。宴客刘公，座上满斟三雅爵；迎仙汉帝，宫中高插九光灯。

儒对士，佛对僧，面友对心朋。春残对夏老，夜寝对晨兴。千里马，九霄鹏，霞蔚对云蒸。寒堆阴岭雪，春泮水池冰。亚父愤生撞玉斗，周公誓死作金縢。将军元晖，莫怪人讥为饿虎；侍中卢昶，难逃世号作饥鹰。

规对矩，墨对绳，独步时同登。吟哦对讽咏，访友对寻僧。风绕屋，水裹陵，紫鹄对苍鹰。鸟寒惊夜月，鱼暖上春冰。扬子口中飞白凤，何郎鼻上集青蝇。巨鲤跃池，翻几重之密藻；颠猿饮涧，挂百尺之垂藤。

十一尤

荣对辱，喜对忧，夜宴对春游。燕关对楚水，蜀犬对吴牛。茶敌睡，酒消愁，青眼对白头。马迁修史记，孔子作春秋。适兴子猷常泛棹，思归王粲强登楼。窗下佳人，妆罢重将金插鬓；筵前舞妓，曲终还要锦缠头。

唇对齿，角对头，策马对骑牛。毫尖对笔底，绮阁对雕楼。杨柳岸，荻芦洲，语燕对啼鸠。客乘金络马，人泛木兰舟。绿野耕夫春举耟，碧池渔父晚垂钩。波浪千层，喜见蛟龙得水；云霄万里，惊看雕鹗横秋。

庵对寺，殿对楼，酒艇对渔舟。金龙对彩凤，獬豸对童牛。王郎帽，苏子裘，四季对三秋。峰峦扶地秀，江汉接天流。一湾绿水渔村小，万里青山佛寺幽。龙马呈河，羲皇阐微而画卦；神龟出洛，禹王取法以陈畴。

十二侵

眉对目，口对心，锦瑟对瑶琴。晓耕对寒钓，晚笛对秋砧。松郁郁，竹森森，闵损对曾参。秦王亲击缶，虞帝自挥琴。三献卞和尝泣玉，四知杨震固辞金。寂寂秋朝，庭叶因霜摧嫩色；沉沉春夜，砌花随月转清阴。

前对后，古对今，野兽对山禽。犍牛对牝马，水浅对山深。曾点瑟，戴逵琴，璞玉对浑金。艳红花弄色，浓绿柳敷阴。不雨汤王方剪爪，有风楚子正披襟。书生惜壮岁韶华，寸阴尺璧；游子爱良宵光景，一刻千金。

丝对竹，剑对琴，素志对丹心。千愁对一醉，虎啸对龙吟。子罕玉，不疑金，往古对来今。天寒邹吹律，岁旱傅为霖。渠说子规为帝魄，侬知孔雀是家禽。屈子沉江，处处舟中争系粽；牛郎渡渚，家家台上竞穿针。

十三覃

千对百，两对三，地北对天南。佛堂对仙洞，道院对禅庵。山泼

黛，水浮蓝，雪岭对云潭。凤飞方翙翙，虎视已眈眈。窗下书生时讽咏，筵前酒客日耽酣。白草满郊，秋日牧征人之马；绿桑盈亩，春时供农妇之蚕。

将对欲，可对堪，德被对恩覃。权衡对尺度，雪寺对云庵。安邑枣，洞庭柑，不愧对无惭。魏徵能直谏，王衍善清谈。紫梨摘去从山北，丹荔传来自海南。攘鸡非君子所为，但当月一；养狙是山公之智，止用朝三。

中对外，北对南，贝母对宜男。移山对浚井，谏苦对言甘。千取百，二为三，魏尚对周堪。海门翻夕浪，山市拥晴岚。新缔直投公子纻，旧交犹脱馆人骖。文在淹通，已叹冰兮寒过水；永和博雅，可知青者胜于蓝。

十四盐

悲对乐，爱对嫌，玉兔对银蟾。醉侯对诗史，眼底对眉尖。风飘飘，雨绵绵，李苦对瓜甜。画堂施锦帐，酒市舞青帘。横槊赋诗传孟德，引壶酌酒尚陶潜。两曜迭明，日东生而月西出；五行式序，水下润而火上炎。

如对似，减对添，绣幕对朱帘。探珠对献玉，鹭立对鱼潜。玉屑饭，水晶盐，手剑对腰镰。燕巢依邃阁，蛛网挂虚檐。夺槊至三唐敬德，栾棋第一晋王恬。南浦客归，湛湛春波千顷净；西楼人悄，弯弯夜月一钩纤。

逢对遇，仰对瞻，市井对闾阎。投簪对结绶，握发对掀髯。张绣幕，卷珠帘，石碏对江淹。宵征方肃肃，夜饮已厌厌。心褊小人长戚戚，礼多君子屡谦谦。美刺殊文，备三百五篇诗咏；吉凶异画，变六十四卦爻占。

十五咸

清对浊，苦对咸，一启对三缄。烟蓑对雨笠，月榜对风帆。莺睍睆，燕呢喃，柳杞对松杉。情深悲素扇，泪痛湿青衫。汉室既能分四姓，周朝何用叛三监。破的而探牛心，豪矜王济；竖竿以挂犊鼻，贫笑阮咸。

能对否，圣对贤，卫瓘对浑瑊。雀罗对鱼网，翠巘对苍崖。红罗帐，白布衫，笔格对书函。蕊香蜂竞采，泥软燕争衔。凶孽誓清闻祖逖，王家能乂有巫咸。溪叟新居，渔舍清幽临水岸；山僧久隐，梵宫寂寞倚云岩。

冠对带，帽对衫，议鲠对言谗。行舟对御马，俗弊对民岩。鼠且硕，兔多毚，史册对书缄。塞城闻奏角，江浦认归帆。河水一源形弥弥，泰山万仞势岩岩。郑为武公，赋缁衣而美德；周因巷伯，歌贝锦以伤谗。

（乔亦丽辑校并简介）

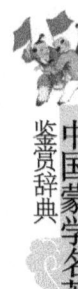

笠翁对韵

[清]

李渔撰

书籍简介：

《笠翁对韵》是训练孩童作诗对句、掌握声韵格律的优秀蒙学著作，也是人们学习写诗作词、熟悉对仗用韵、组织词语的入门启蒙读物。作者是清初著名戏曲家李渔，号笠翁，仿照《声律启蒙》写成，故称《笠翁对韵》。这两部书不仅话语简单、声调和谐、节奏响亮，而且对初学者提供了五大帮助：一是写作旧体诗词时，指导选择一些什么韵脚，什么字眼属于同一韵部，应该如何押韵；二是教你懂得什么叫对仗，如何对仗；三是帮你知道什么叫平声、什么叫仄声，平仄规律如何运用到诗句之中；四是罗列了许多不常见但也应该认识的字与词；五是包含了许多典故、历史故事。而懂得前三点，实际就掌握了写作诗词的最基本的知识；两书都按韵分编，内容广泛，包罗天文地理、花木鸟兽、人物器物等虚实应对。《笠翁对韵》主要是通过精彩的例句来介绍诗歌的对仗技巧和声韵知识，所以又叫"对韵"。全书分为上下两卷，共90段，每段三言4句、五言6句、七言2句、十一言2句、计78字，总数7020字，按30个韵部编排。该书音韵铿锵、节奏明快、声韵协调、对仗工整、语感强烈，经常诵读可以进一步了解中国悠久的历史，受到灿烂文化的熏陶，得到语音、词汇、修辞等方面的训练，达到"熟读唐诗三百首，不会做诗也会吟"的理想效果。当然，它也有不足的地方，即由于内容较深奥、典故较多，影响了初学者的理解。

笠翁对韵上卷

一东

　　天对地，雨对风，大陆对长空。山花对海树，赤日对苍穹。雷隐隐，雾蒙蒙，日下对天中。风高秋月白，雨霁晚霞红。牛女二星河左右，参商两曜斗西东。十月塞边，飒飒寒霜惊戍旅；三冬江上，漫漫朔雪冷渔翁。

　　河对汉，绿对红，雨伯对雷公。烟楼对雪洞，月殿对天宫。云叆叇，日曈朦，腊屐对渔篷。过天星似箭，吐魂月如弓。驿旅客逢梅子雨，池亭人挹藕花风。茅店村前，皓月坠林鸡唱韵；板桥路上，青霜锁道马行踪。

　　山对海，华对嵩，四岳对三公。宫花对禁柳，塞雁对江龙。清暑殿，广寒宫，拾翠对题红。庄周梦化蝶，吕望兆飞熊。北牖当风停夏扇，南帘曝日省冬烘。鹤舞楼头，玉笛弄残仙子月；凤翔台上，紫箫吹断美人风。

二冬

　　晨对午，夏对冬，下饷对高春。青春对白昼，古柏对苍松。垂钓客，荷锄翁，仙鹤对神龙。凤冠珠闪烁，螭带玉玲珑。三元及第才千顷，一品当朝禄万钟。花萼楼前，仙李盘根调国脉；沉香亭畔，娇杨擅宠起边风。

　　清对淡，薄对浓，暮鼓对晨钟。山茶对石菊，烟锁对云封。金菡苔，玉芙蓉，绿绮对青锋。早汤先宿酒，晚食继朝饔。唐库金钱能化蝶，延津宝剑会成龙。巫峡浪传，云雨荒唐神女庙；岱宗遥望，儿孙罗列丈人峰。

繁对简，叠对重，意懒对心慵。仙翁对释伴，道范对儒宗。花灼灼，草茸茸，浪蝶对狂蜂。数竿君子竹，五树大夫松。高皇灭项凭三杰，虞帝承尧殛四凶。内苑佳人，满地风光愁不尽；边关过客，连天烟草憾无穷。

三江

奇对偶，只对双，大海对长江。金盘对玉盏，宝烛对银釭。朱漆槛，碧纱窗，舞调对歌腔。兴汉推马武，谏夏著龙逄。四收列国群王伏，三筑高城众敌降。跨凤登台，潇洒仙姬秦弄玉；斩蛇当道，英雄天子汉刘邦。

颜对貌，像对庞，步辇对徒杠。停针对搁竺，意懒对心降。灯闪闪，月幢幢，揽辔对飞舡。柳堤驰骏马，花院吠村尨。酒量微酡琼杏颊，香尘没印玉莲双。诗写丹枫，韩女幽怀流御水；泪弹斑竹，舜妃遗憾积湘江。

四支

泉对石，干对枝，吹竹对弹丝。山亭对水榭，鹦鹉对鸬鹚。五色笔，十香词，泼墨对传卮。神奇韩干画，雄浑李陵诗。几处花街新夺锦，有人香径淡凝脂。万里烽烟，战士边头争宝塞；一犁膏雨，农夫村外尽乘时。

菹对醢，赋对诗，点漆对描脂。瑶簪对珠履，剑客对琴师。沽酒价，买山资，国色对仙姿。晚霞明似锦，春雨细如丝。柳绊长堤千万树，花横野寺两三枝。紫盖黄旗，天象预占江左地；青袍白马，童谣终应寿阳儿。

箴对赞，缶对卮，萤炤对蚕丝。轻裾对长袖，瑞草对灵芝。流涕策，断肠诗，喉舌对腰肢。云中熊虎将，天上凤凰儿。禹庙千年垂橘柚，尧阶三尺覆茅茨。湘竹含烟，腰下轻纱笼玳瑁；海棠经雨，脸边清泪湿胭脂。

争对让，望对思，野葛对山栀。仙风对道骨，天造对人为。专诸剑，博浪椎，经纬对干支。位尊民物主，德重帝王师。望切不妨人去远，心忙无奈马行迟。金屋闭来，赋乞茂林题柱笔；玉楼成后，记须昌谷负囊词。

五微

贤对圣，是对非，觉奥对参微。鱼书对雁字，草舍对柴扉。鸡晓唱，雉朝飞，红瘦对绿肥。举杯邀月饮，骑马踏花归。黄盖能成赤壁捷，陈平善解白登危。太白书堂，瀑泉垂地三千尺；孔明祀庙，老柏参天四十围。

戈对甲，幄对帷，荡荡对巍巍。严滩对邵圃，靖菊对夷薇。占鸿渐，采凤飞，虎榜对龙旗。心中罗锦绣，口内吐珠玑。宽宏豁达高皇量，叱咤喑哑霸王威。灭项兴刘，狡兔尽时走狗死；连吴拒魏，貔貅屯处卧龙归。

衰对盛，密对稀，祭服对朝衣。鸡窗对雁塔，秋榜对春闱。乌衣巷，燕子矶，久别对初归。天姿真窈窕，圣德实光辉。蟠桃紫阙来金母，岭荔红尘进玉妃。霸主军营，亚父丹心撞玉斗；长安酒市，谪仙狂兴换银龟。

六鱼

羹对饭，柳对榆，短袖对长裾。鸡冠对凤尾，芍药对芙蕖。周有若，汉相如，玉屋对匡庐。月明山寺远，风细水亭虚。壮士腰间三尺剑，男儿腹内五车书。疏影暗香，和靖孤山梅蕊放；轻阴清昼，渊明旧宅柳条舒。

吾对汝，尔对余，选授对升除。书箱对药柜，耒耜对耰锄。参虽

鲁，回不愚，阀阅对阎闾。诸侯千乘国，命妇七香车。穿云采药闻仙人，踏雪寻梅策蹇驴。玉兔金乌，二气精灵为日月；洛龟河马，五行生克在图书。

　　欹对正，密对疏，囊橐对苞苴。罗浮对壶峤，水曲对山纡。骖鹤驾，待鸾舆，桀溺对长沮。搏虎卞庄子，当熊冯婕妤。南阳高士吟梁父，西蜀才人赋子虚。三径风光，白石黄花供杖履；五湖烟景，青山绿水在樵渔。

七虞

　　红对白，有对无，布谷对提壶。毛锥对羽扇，天阙对皇都。谢蝴蝶，郑鹧鸪，蹈海对归湖。花肥春雨润，竹瘦晚风疏。麦饭豆糜终创汉，莼羹鲈脍竟归吴。琴调轻弹，杨柳月中潜去听；酒旗斜挂，杏花村里共来沽。

　　罗对绮，茗对蔬，柏秀对松枯。中元对上巳，返璧对还珠。云梦泽，洞庭湖，玉烛对冰壶。苍头犀角带，绿鬓象牙梳。松阴白鹤声相应，镜里青鸾影不孤。竹户半开，对牖不知人在否；柴门深闭，停车还有客来无。

　　宾对主，婢对奴，宝鸭对金凫。升堂对入室，鼓瑟对投壶。砚合璧，颂联珠，提瓮对当垆。仰高红日尽，望远白云孤。歆向秘书窥二酉，机云芳誉动三吴。祖饯三杯，老去常斟花下酒；荒田五亩，归来独荷月中锄。

　　君对父，魏对吴，北岳对西湖。菜蔬对茶饭，苣藤对菖蒲。梅花数，竹叶符，廷议对山呼。两都班固赋，八阵孔明图。田庆紫荆堂下茂，王裒青柏墓前枯。出塞中郎，羝有乳时归汉室；质秦太子，马生角日返燕都。

八齐

　　鸾对凤，犬对鸡，塞北对关西。长生对益智，老幼对旄倪。颁竹策，剪桐圭，剥枣对蒸梨。绵腰如弱柳，嫩手似柔荑。狡兔能穿三穴隐，鹪鹩权借一枝栖。角里先生，策杖垂绅扶少主；于陵仲子，辟垆织履赖贤妻。

鸣对吠，泛对栖，燕语对莺啼。珊瑚对玛瑙，琥珀对玻璃。绛县老，伯州梨，测蠡对然犀。榆槐堪作荫，桃李自成蹊。投巫救女西门豹，赁浣逢妻百里奚。阙里门墙，陋巷规模原不陋；隋堤基址，迷楼踪迹亦全迷。

越对赵，楚对齐，柳岸对桃溪。纱窗对绣户，画阁对香闺。修月斧，上天梯，蠮螉对虹霓。行乐游春囿，工谀病夏畦。李广不封空射虎，魏明得立为存麑。按辔徐行，细柳功成劳王敬；闻声稍卧，临泾名震止儿啼。

九佳

门对户，陌对街，枝叶对根荄。斗鸡对挥麈，凤髻对鸾钗。登楚岫，渡秦淮，子犯对夫差。石鼎龙头缩，银筝雁翅排。百年诗礼延余庆，万里风云入壮怀。能辨明伦，死矣野哉悲季路；不由径窦，生乎愚也有高柴。

冠对履，袜对鞋，海角对天涯。鸡人对虎旅，六市对三街。陈俎豆，戏堆埋，皎皎对皑皑。贤相聚东阁，良明集小斋。梦里山川书越绝，枕边风月记齐谐。三径萧疏，彭泽高风怡五柳；六朝华贵，琅琊佳气种三槐。

勤对俭，巧对乖，水榭对山斋。冰桃对雪藕，漏箭对更牌。寒翠袖，贵荆钗，慷慨对诙谐。竹径风声籁，花溪月影筛。携囊佳句随时贮，荷锸沉酣到处埋。江海孤踪，云浪风涛惊旅梦；乡关万里，烟峦云树切归怀。

杞对梓，桧对楷，水泊对山崖。舞裙对歌袖，玉陛对瑶阶。风入袂，月盈怀，虎兕对狼豺。马融堂上帐，羊侃水中斋。北面黉宫宜拾芥，东巡岱岳定燔柴。锦缆春江，横笛洞箫通碧落；华灯夜月，遗簪

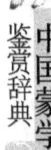

堕翠遍香街。

十灰

春对夏,喜对哀,大手对长才。风清对月朗,地阔对天开。游阆苑,醉蓬莱,七政对三台。青龙壶老杖,白燕玉人钗。香风十里望仙阁,明月一天思子台。玉橘冰桃,王母几因求道降;莲舟藜杖,真人原为读书来。

朝对暮,去对来,庶矣对康哉。马肝对鸡肋,杏眼对桃腮。佳兴适,好怀开,朔雪对春雷。云移鸦鹊观,日晒凤凰台。河边淑气迎芳草,林下轻风待落梅。柳媚花明,燕语莺声浑是笑;松号柏舞,猿啼鹤唳总成哀。

忠对信,博对赅,忖度对疑猜。香消对烛暗,鹊喜对蛩哀。金花报,玉镜台,倒斝对衔杯。岩巅横老树,石磴覆苍苔。雪满山中高士卧,月明林下美人来。绿柳沿堤,皆因苏子来时种;碧桃满观,尽是刘郎去后栽。

十一真

莲对菊,凤对麟,浊富对清贫。渔庄对佛舍,松盖对花茵。萝月叟,葛天民,国宝对家珍。草迎金埒马,花醉玉楼人。巢燕三春尝唤友,塞鸿八月始来宾。古往今来,谁见泰山曾作砺;天长地久,人传沧海几扬尘。

兄对弟,吏对民,父子对君臣。勾丁对甫甲,赴卯对同寅。折桂客,簪花人,四皓对三仁。王乔云外舄,郭泰雨中巾。人交好友求三益,士有贤妻备五伦。文教南宣,武帝平蛮开百越;义旗西指,韩侯扶汉卷三秦。

申对午,侃对訚,阿魏对茵陈。楚兰对湘芷,碧柳对青筠。花馥馥,叶蓁蓁,粉颈对朱唇。曹公奸似鬼,尧帝智如神。南阮才郎差北富,东邻丑女效西颦。色艳北堂,草号忘忧忧甚事;香浓南国,花名含笑笑何人。

十二文

忧对喜，戚对欣，五典对三坟。佛经对仙语，夏耨对春耘。烹早韭，剪春芹，暮雨对朝云。竹间斜白接，花下醉红裙。掌握灵符五岳篆，腰悬宝剑七星纹。金锁未开，上相趋听宫漏永；珠帘半卷，群僚仰对御炉熏。

词对赋，懒对勤，类聚对群分。鸾箫对凤笛，带草对香芸。燕许笔，韩柳文，旧话对新闻。赫赫周南仲，翩翩晋右军。六国说成苏子贵，两京收复郭公勋。汉阙陈书，侃侃忠言推贾谊；唐廷对策，岩岩直谏有刘贲。

言对笑，绩对勋，鹿豕对羊羵。星冠对月扇，把袂对书裙。汤事葛，说兴殷，萝月对松云。西池青鸟使，北塞黑鸦军。文武成康为一代，魏吴蜀汉定三分。桂苑秋宵，明月三杯邀曲客；松亭夏日，熏风一曲奏桐君。

十三元

卑对长，季对昆，永巷对长门。山亭对水阁，旅舍对军屯。杨子渡，谢公墩，德重对年尊。承乾对出震，叠坎对重坤。志士报君思犬马，仁王养老察鸡豚。远水平沙，有客泛舟桃叶渡；斜风细雨，何人携榼杏花村。

君对相，祖对孙，夕照对朝曛。兰台对桂殿，海岛对山村。碑堕泪，赋招魂，报怨对怀恩。陵埋金吐气，田种玉生根。相府珠帘垂白昼，边城画角对黄昏。枫叶半山，秋去烟霞堪倚杖；梨花满地，夜来风雨不开门。

十四寒

家对国，治对安，地主对天官。坎男对离女，周诰对殷盘。三三暖，九九寒，杜撰对包弹。古壁蛩声匝，闲亭鹤影单。燕出帘边春寂寂，莺闻枕上漏珊珊。池柳烟飘，日夕郎归青锁闼；砌花雨过，月明

人倚玉栏杆。

肥对瘦,窄对宽,黄犬对青鸾。指环对腰带,洗钵对投竿。诛佞剑,进贤冠,画栋对雕栏。双垂白玉箸,九转紫金丹。陕右棠高怀召伯,河南花满忆潘安。陌上芳春,弱柳当风披彩线;池中清晓,碧荷承露捧珠盘。

行对卧,听对看,鹿洞对鱼滩。蛟腾对豹变,虎踞对龙蟠。风凛凛,雪漫漫,手辣对心酸。莺莺对燕燕,小小对端端。蓝水远从千涧落,玉山高并两峰寒。至圣不凡,嬉戏六龄陈俎豆;老莱大孝,承欢七衮舞斑斓。

十五删

林对坞,岭对峦,昼永对春闲。谋深对望重,任大对投艰。裙袅袅,佩珊珊,守塞对当关。密云千里合,新月一钩弯。叔宝君臣皆纵逸,重华父母是嚚顽。名动帝畿,西蜀三苏来日下;壮游京洛,东吴二陆起云间。

临对仿,吝对悭,讨逆对平蛮。忠肝对义胆,雾鬓对云鬟。埋笔冢,烂柯山,月貌对天颜。龙潜终得跃,鸟倦亦知还。陇树飞来鹦鹉绿,池筠密处鹧鸪斑。秋露横江,苏子月明游赤壁;冻雪迷岭,韩公雪拥过蓝关。

——— 笠翁对韵下卷 ———

一先

寒对暑,日对年,蹴鞠对秋千。丹山对碧水,淡雨对覃烟。歌宛转，貌婵娟，雪鼓对云笙。荒芦栖南雁，疏柳噪秋蝉。洗耳尚逢高士笑，折腰肯受小儿怜。郭泰泛舟，折角半垂梅子雨；山涛骑马，接䍦倒看杏花天。

轻对重，肥对坚，碧玉对青钱。郊寒对岛瘦，酒圣对诗仙。依玉树，步金莲，凿井对耕田。杜甫清宵立，边韶白昼眠。豪饮客吞波底月，酣游人醉水中天。斗草青郊，几行宝马嘶金勒；看花紫陌，千里香车拥翠钿。

吟对咏，授对传，乐矣对凄然。风鹏对雪雁，董杏对周莲。春九十，岁三千，钟鼓对管弦。入山逢宰相，无事即神仙。霞映武陵桃淡淡，烟荒隋堤柳绵绵。七碗月团，啜罢清风生腋下；三杯云液，饮余红雨晕腮边。

中对外，后对先，树下对花前。玉柱对金屋，叠嶂对平川。孙子策，祖生鞭，盛席对华筵。解醉知茶力，消愁识酒权。丝剪芰荷开冻沼，锦妆凫雁泛温泉。帝女衔石，海中遗魄为精卫；蜀王叫月，枝上游魂化杜鹃。

二萧

琴对管，斧对瓢，水怪对花妖。秋声对春色，白縑对红绡。臣五代，事三朝，斗柄对弓腰。醉客歌金缕，佳人品玉箫。风定落花闲不扫，霜余残叶湿难烧。千载兴周，尚父一竿投渭水；百年霸越，钱王万弩射江潮。

荣对悴，夕对朝，露地对云霄。商彝对周鼎，殷濩对虞韶。樊素口，小蛮腰，六诏对三苗。朝天车奕奕，出塞马萧萧。公子幽兰重泛舸，王孙芳草正联镳。潘岳高怀，曾向秋天吟蟋蟀；王维清兴，尝于雪夜画芭蕉。

耕对读，牧对樵，琥珀对琼瑶。兔毫对鸿爪，桂楫对兰桡。鱼潜藻，鹿藏蕉，水远对山遥。湘灵能鼓瑟，嬴女解吹箫。雪点寒梅横小院，风吹弱柳覆平桥。月牖通宵，绛蜡罢时光不减；风帘当昼，雕盘

停后篆难消。

三肴

诗对礼,卦对爻,燕引对莺调。晨钟对暮鼓,野馔对山肴。雉方乳,鹊始巢,猛虎对神獒。疏星浮荇叶,皓月上松梢。为邦自古推瑚琏,从政于今愧斗筲。管鲍相知,能交忘形胶漆友;蔺廉有隙,终对刎颈死生交。

歌对舞,笑对嘲,耳语对神交。焉鸟对亥豕,獭髓对鸾胶。宜久敬,莫轻抛,一气对同胞。祭遵甘布被,张禄念绨袍。花径风来逢客访,柴扉月到有僧敲。夜雨园中,一颗不雕王子柰;秋风江上,三重曾卷杜公茅。

衙对舍,廪对庖,玉磬对金铙。竹林对梅岭,起凤对腾蛟。鲛绡帐,兽锦袍,露果对风梢。扬州输橘柚,荆土贡菁茅。断蛇埋地称孙叔,渡蚁作桥识宋郊。好梦难成,蛩响阶前偏唧唧;良朋远到,鸡声窗外正嘐嘐。

四豪

茭对茨,荻对蒿,山麓对江皋。莺簧对蝶板,麦浪对松涛。骐骥足,凤凰毛,美誉对嘉褒。文人窥蠹简,学士书兔毫。马援南征载薏苡,张骞西使进葡萄。辩口悬河,万语千言常亹亹;词源倒峡,连篇累牍自滔滔。

梅对杏,李对桃,械朴对旌旄。酒仙对诗史,德泽对恩膏。悬一榻,梦三刀,拙逸对贵劳。玉堂花烛绕,金殿月轮高。孤山看鹤盘云下,蜀道闻猿向月号。万事从人,有花有酒应自乐;百年皆客,一丘一壑尽吾豪。

台对省,署对曹,分袂对同袍。鸣琴对击剑,返辙对回艚。良借箸,操提刀,香茗对醇醪。滴泉归海大,篑土积山高。石室客来煎雀舌,画堂宾至饮羊羔。被谪贾生,湘水凄凉吟鵩鸟;遭谗屈子,江潭憔悴著离骚。

五歌

微对巨，少对多，直干对平柯。蜂媒对蝶使，雨笠对烟蓑。眉淡扫，面微酡，妙舞对清歌。轻衫裁夏葛，薄袂剪春罗。将相兼行唐李靖，霸王杂用汉萧何。月本阴精，岂有羿妻曾窃药；星为夜宿，浪传织女漫投梭。

慈对善，虐对苛，缥缈对婆娑。长杨对细柳，嫩蕊对寒莎。追风马，挽日戈，玉液对金波。紫诏衔丹凤，黄庭换白鹅。画阁江城梅作调，兰舟野渡竹为歌。门外雪飞，错认空中飘柳絮；岩边瀑响，误疑天半落银河。

松对竹，荇对荷，薜荔对藤萝。梯云对步月，樵唱对渔歌。升鼎雉，听经鹅，北海对东坡。吴郎哀废宅，邵子乐行窝。丽水良金皆待冶，昆山美玉总须磨。雨过皇州，琉璃色灿华清瓦；风来帝苑，荷芰香飘太液波。

笼对槛，巢对窝，及第对登科。冰清对玉润，地利对人和。韩擒虎，荣驾鹅，青女对素娥。破头朱泚笏，折齿谢鲲梭。留客酒杯应恨少，动人诗句不须多。绿野凝烟，但听村前双牧笛；沧江积雪，惟看滩上一渔蓑。

六麻

清对浊，美对嘉，鄙吝对矜夸。花须对柳眼，屋角对檐牙。志和宅，博望槎，秋实对春华。乾炉烹白雪，坤鼎炼丹砂。深宵望冷沙场月，边塞听残野戍笳。满院松风，钟声隐隐为僧舍；半窗花月，锡影依依是道家。

雷对电，雾对霞，蚁阵对蜂衙。寄梅对怀橘，酿酒对烹茶。宜男草，益母花，杨柳对蒹葭。班姬辞帝辇，蔡琰泣胡笳。舞榭歌楼千万尺，竹篱茅舍两三家。珊枕半床，月明时梦飞塞外；银筝一奏，花落

处人在天涯。

圆对缺，正对斜，笑语对咨嗟。沈腰对潘鬓，孟笋对卢茶。百舌鸟，两头蛇，帝里对仙家。尧仁敷率土，舜德被流沙。桥上授书曾纳履，壁间题句已笼纱。远塞迢迢，露碛风沙何可极；长沙渺渺，雪涛烟浪信无涯。

疏对密，朴对华，义鹘对慈鸦。鹤群对雁阵，白苎对黄麻。读三到，吟八叉，肃静对喧哗。围棋兼把钓，沉李并浮瓜。羽客片时能煮石，狐禅千劫似蒸沙。党尉粗豪，金帐笼香斟美酒；陶生清逸，银铛融雪啜团茶。

七阳

台对阁，沼对塘，朝雨对夕阳。游人对隐士，谢女对秋娘。三寸舌，九回肠，玉液对琼浆。秦皇照胆镜，徐肇返魂香。青萍夜啸芙蓉匣，黄卷时摊薜荔床。元亨利贞，天地一机成化育；仁义礼智，圣贤千古立纲常。

红对白，绿对黄，昼永对更长。龙飞对凤舞，锦缆对牙樯。云弁使，雪衣娘，故国对他乡。雄文能徙鳄，艳曲为求凰。九日高峰惊落帽，暮春曲水喜流觞。僧占名山，云绕茂林藏古殿；客栖胜地，风飘落叶响空廊。

衰对壮，弱对强，艳饰对新妆。御龙对司马，破竹对穿杨。读班马，识求羊，水色对山光。仙棋藏绿橘，客枕梦黄粱。池草入诗因有梦，海棠带恨为无香。风起画堂，帘箔影翻青荇沼；月斜金井，辘轳声度碧梧墙。

臣对子，帝对王，日月对风霜。乌台对紫府，雪牖对云房。香山社，昼锦堂，蔀屋对岩廊。芬椒涂内壁，文杏饰高梁。贫女幸分东壁影，幽心高卧北窗凉。绣阁探春，丽日半笼青镜色；水亭醉夏，熏风常透碧筒香。

八庚

形对貌,色对声,夏邑对周京。江云对涧树,玉磬对银筝。人老老,我卿卿,晓燕对春莺。玄霜春玉杵,白露贮金茎。贾客君山秋弄笛,仙人缑岭夜吹笙。帝业独兴,尽道汉高能用将;父书空读,谁言赵括善知兵。

功对业,性对情,月上对云行。乘龙对附骥,阆苑对蓬瀛。春秋笔,月旦评,东作对西成。隋珠光照乘,和璧价连城。三箭三人唐将勇,一琴一鹤赵公清。汉帝求贤,诏访严滩逢故旧;宋廷优老,年尊洛社重耆英。

昏对旦,晦对明,久雨对新晴。蓼湾对花港,竹友对梅兄。黄石叟,丹丘生,犬吠对鸡鸣。暮山云外断,新水月中平。半榻清风宜午梦,一犁好雨趁春耕。王旦登庸,误我十年迟作相;刘蕡不第,愧他多士早成名。

九青

庚对甲,巳对丁,魏阙对彤庭。梅妻对鹤子,珠箔对银屏。鸳浴沼,鹭飞汀,鸿雁对鹡鸰。人间寿者相,天上老人星。八月好修攀桂斧,三春须系护花铃。江阁凭临,一水净连天际碧;石栏闲倚,群山秀向雨余青。

危对乱,泰对宁,纳陛对趋庭。金盘对玉箸,泛梗对浮萍。群玉圃,众芳亭,旧典对新型。骑牛闲读史,牧豕自横经。秋首田中禾颖重,春余园内菜花馨。旅次凄凉,塞月江风皆惨淡;筵前欢笑,燕歌赵舞独娉婷。

十蒸

苹对蓼,莔对菱,雁弋对鱼罾。齐纨对鲁绮,蜀绵对吴绫。星渐没,日初升,九聘对三征。萧何曾作吏,贾岛昔为僧。贤人视履循规矩,大匠挥斤校准绳。野渡春风,人喜乘潮移酒舫;江天暮雨,客愁

隔岸对渔灯。

　　谈对吐，谓对称，冉闵对颜曾。侯嬴对伯嚭，祖逖对孙登。抛白纻，宴红绫，胜友对良朋。争名如逐鹿，谋利似趋蝇。仁杰姨惭周不仕，王陵母识汉方兴。句写穷愁，浣花寄迹传工部；诗吟变乱，凝碧伤心叹右丞。

十一尤

　　荣对辱，喜对忧，缱绻对绸缪。吴娃对越女，野马对沙鸥。茶解渴，酒消愁，白眼对苍头。马迁修史记，孔子作春秋。莘野耕夫闲举耜，渭滨渔父晚垂钩。龙马游河，羲帝因图而画卦；神龟出洛，禹王取法以明畴。

　　冠对履，舄对裘，院小对庭幽。面墙对膝地，错智对良筹。孤嶂耸，大江流，芳泽对圆丘。花潭来越唱，柳屿起吴讴。莺懒燕忙三月雨，蛩摧蝉退一天秋。钟子听琴，荒径入林山寂寂；谪仙捉月，洪涛接岸水悠悠。

　　鱼对鸟，鹬对鸠，翠馆对红楼。七贤对三友，爱日对悲秋。虎类狗，蚁如牛，列辟对诸侯。陈唱临春乐，隋歌清夜游。空中事业麒麟阁，地下文章鹦鹉洲。旷野平原，猎士马蹄轻似箭；斜风细雨，牧童牛背稳如舟。

十二侵

　　歌对曲，啸对吟，往古对来今。山头对水面，远浦对遥岑。勤三上，惜寸阴，茂树对平林。卞和三献玉，杨震四知金。青皇风暖催芳草，白帝城高急暮砧。绣虎雕龙，才子窗前挥彩笔；描鸾刺凤，佳人帘下度金针。

　　登对眺，涉对临，瑞雪对甘霖。主欢对民乐，交浅对言深。耻三战，乐七擒，顾曲对知音。大车行槛槛，驷马聚骎骎。紫电青虹腾剑气，高山流水识琴心。屈子怀君，极浦吟风悲泽畔；王郎忆友，扁舟卧雪访山阴。

十三覃

宫对阙，座对龛，水北对天南。蜃楼对蚁郡，伟论对高谈。遵杞梓，树楩楠，得一对函三。八宝珊瑚枕，双珠玳瑁簪。萧王待士心惟赤，卢相欺君面独蓝。贾岛诗狂，手拟敲门行处想；张颠草圣，头能濡墨写时酣。

闻对见，解对谙，三橘对双柑。黄童对白叟，静女对奇男。秋七七，径三三，海色对山岚。鸾声何哕哕，虎视正眈眈。仪封疆吏知尼父，函谷关人识老聃。江相归池，止水自盟真是止；吴公作宰，贪泉虽饮亦何贪。

十四盐

宽对猛，冷对炎，清直对尊严。云头对雨脚，鹤发对龙髯。风台谏，肃堂廉，保泰对鸣谦。五湖归范蠡，三径隐陶潜。一剑成功堪佩印，百钱满卦便垂帘。浊酒停杯，容我半酣愁际饮；好花傍座，看他微笑悟时拈。

连对断，减对添，淡泊对安恬。回头对极目，水底对山尖。腰袅袅，手纤纤，凤卜对鸾占。开田多种粟，煮海尽成盐。居同九世张公艺，恩给千人范仲淹。箫弄凤来，秦女有缘能跨羽；鼎成龙去，轩臣无计得攀髯。

人对己，爱对嫌，举止对观瞻。四知对三语，义正对辞严。勤雪案，课风檐，漏箭对书笺。文繁归獭祭，体艳别香奁。昨夜题梅更一字，早春来燕卷重帘。诗以史名，愁里悲歌怀杜甫；笔经人索，梦中显晦老江淹。

十五咸

栽对植，剃对芟，二伯对三监。朝臣对国老，职事对官衔。鹿麛

麌，兔毚毚，启牍对开缄。绿杨莺睍睆，红杏燕呢喃。半篱白酒娱陶令，一枕黄粱度吕岩。九夏炎飙，长日风亭留客骑；三冬寒冽，漫天雪浪驻征帆。

梧对杞，柏对杉，夏濩对韶咸。洞澶对溱洧，巩洛对崤函。藏书洞，避诏岩，脱俗对超凡。贤人羞献媚，正士嫉工谗。霸越谋臣推少伯，佐唐藩将重浑瑊。邺下狂生，羯鼓三挝羞锦袄；江州司马，琵琶一曲湿青衫。

袍对笏，履对衫，匹马对孤帆。琢磨对雕镂，刻划对镌镵。星北拱，日西衔，卮漏对鼎馋。江边生桂若，海外树都咸。但得恢恢存利刃，何须咄咄达空函。彩凤知音，乐典后夔须九奏；金人守口，圣如尼父亦三缄。

（景珠辑校并简介）

训蒙骈句

[明]
司守谦

书籍简介：

　　《训蒙骈句》与《声律启蒙》《笠翁对韵》一样，是孩童的声韵格律启蒙读物。由明代史称"天才超逸，下笔万言"的学者司守谦撰写。所谓骈句，即骈偶句、对仗句。古时两马并驾为骈，两人并处为偶，意谓两两相对，以偶句为主构成字数相等的上下联，其词语相适、平仄相对，用这种形式写成的诗文，称作骈体。从单字到多字的层层属对，对仗工整，语言优美，意境迷人，读起来如唱歌般琅琅上口，这样对童蒙进行骈句训练，既容易学习和记忆，又为作文做诗建立起扎实的根基。全书分为上下两卷，共90段，总数5400字，由三言、四言、五言、七言、十一言的五对骈句组成一段，每韵三段，按30个韵部顺次编排，也包罗天文地理、花木鸟兽、人物器物等虚实应对，当可为写诗作联之基础，爱好诗文者，若能熟读背诵，在作诗、对联时便可信手拈来，对写文章增加文采也大有裨益。这类读物，因独具一格，故经久不衰，得以广泛流传。

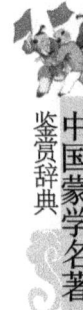

训蒙骈句上卷

一东

天转北,日升东。东风淡淡,晓日蒙蒙。野桥霜正滑,江路雪初融。报国忠臣心秉赤,伤春美女脸消红。孟轲成儒,早藉三迁慈母力;曾参得道,终由一贯圣人功。

清暑殿,广寒宫。诗推杜甫,赋拟扬雄。人情冷暖异,世态炎凉同。丝坠槐虫飘帐幔,竹压花蝶护房栊。高士游来,屐齿印开苔径绿;状元归去,马蹄踏破杏泥红。

龙泉剑,乌号弓。春傩逐疫,社酒祈丰。笛奏龙吟水,箫吹凤啸桐。江面渔舟浮一叶,楼台谯鼓报三通。时当五更,庶尹拱朝天阙外;漏过半夜,几人歌舞月明中。

二冬

君子竹,大夫松。偷香粉蝶,采蜜黄蜂。风定荷香细,日高花影重。大庾岭头梅灿烂,姑苏台足草蒙茸。跃马游人,苑内观花夸景美;操豚野老,田间拜社祝年丰。

冯妇虎,叶公龙。鱼沉雁杳,燕懒莺慵。依依河畔柳,郁郁涧边松。天成阆苑三千界,云锁巫山十二峰。骚客游归,双袖微沾花气湿;渔郎钓罢,一舟闲系柳阴浓。

催春鸟,噪秋蛩。郭荣叩马,卫献射鸿。玉盘红缕润,金瓮绿醅浓。对雪谁家吟柳絮,披风何处采芙蓉。芳满春园,红杏有颜清露洗;

雨过秋谷，玄关无锁白云封。

三江

　　花盈槛，酒满缸。颓垣败壁，净几明窗。兰开香九畹，枫落冷吴江。山路芳尘飞黯黯，石桥流水响淙淙。退笔成冢，右军书秃三千管；建旗入境，安石门排十六舠。

　　斟玉斝，剔银釭。起风石燕，吠日山龙。春染千门柳，秋澄万顷江。酒力能将愁阵破，茶香可使睡魔降。北苑春回，一路花香随著屐；西湖水满，六桥柳影照飞舟。

　　吹牧笛，泛渔舟。严陵真隐，纪信诈降。冬雷惊渭亩，春水泛湘江。庭院日晴黄鸟并，江湖浪阔白鸥双。十八拍笳，蔡琰悠吹于北塞；三五株柳，陶潜啸傲在南窗。

四支

　　梅破蕊，柳垂丝。荷香十里，麦穗两歧。剥橙香透甲，尝稻气翻匙。紫陌游人摇玉勒，画堂酒客醉金卮。云锁巫山，墨翰饱滋天外笔；池涵列宿，玉盘乱布水中棋。

　　三都赋，七步诗。班超投笔，王质观棋。月照富春渚，雷轰荐福碑。堤柳拖烟迷翡翠，海棠经雨湿胭脂。豪富石崇，邀客不空金谷盏；风流山简，驻军常醉习家池。

　　戈倒握，笛横吹。阮籍青眼，马良白眉。雨阑流水急，风定落花迟。衰柳经风飞病叶，枯梅得月照寒枝。适意高人，斜卷玉帘通燕子；陶情侠客，闲抛金弹打莺儿。

五微

　　城矗矗，殿巍巍。纫兰楚客，泣竹湘妃。客伤南浦草，人采北山薇。竹笋生长擎玳瑁，石榴绽破露珠玑。能语能言，鹦鹉啭音劳舌底；有经有纬，蜘蛛结网费心机。

吹暖律，捣寒衣。风翻翠幕，月照朱帏。夜长更漏远，昼永篆香微。村墟犬已经霜瘦，篱落鸡因啄粟肥。碧幌老翁，柳边时睨游鱼走；雪衣仙女，花底长陪舞蝶嬉。

虹晚现，露朝晞。荷擎翠盖，柳脱棉衣。窗阔山城小，楼高雨雪微。林中百鸟调莺唱，月下孤鸿带影飞。老圃秋高，满院掀黄开菊径；芳庭春草，两歧铺绿上柴扉。

六鱼

花脸露，柳眉舒。两行雁字，一纸鱼书。日晴燕语滑，天阔雁行疏。弄笛小儿横跨犊，吟诗骚客倒骑驴。谢世幽人，紫艳葡萄千日酒；入京才子，白藤画匣万言书。

居有屋，出无车。乘舟范蠡，题柱相如。稻花连陇亩，梧叶满阶除。梅弹随风掠过鸟，月钩沉水骇游鱼。醉卧瓮旁，放达情怀毕吏部；行吟泽畔，枯憔面色楚三闾。

鹰搏兔，鹭窥鱼。林修茂竹，地种嘉蔬。兰风清枕簟，梅竹润琴书。僧舍何人吹短笛，王门有客曳长裾。江燕引雏，花外怯风飞复落；山云含雨，天边蔽日卷还舒。

七虞

金谷景，辋川图。十洲三岛，四陬五湖。篆香浮宝鼎，漏箭响铜壶。老丈灌园新抱瓮，文君卖酒自当垆。豫让报仇，吞炭漆身思灭赵；越王怀恨，卧薪尝胆欲平吴。

云里鹤，日中乌。来宾雁序，傍母鸡雏。夜月琴三弄，春风酒一壶。菊盏带霜盛碎玉，荷盘翻露泻明珠。关外戍臣，两鬓经霜羁远塞；江干渔父，一蓑烟雨钓平湖。

云母石，水晶珠。陆绩怀橘，史丹伏蒲。儿童骑竹马，旅客忆莼鲈。一水尽含飞阁动，百花半映古槎枯。庶尹趋朝，玉笋班中鸣鸾佩；群娇绣阁，石榴花下斗菖蒲。

八齐

金鲤跃，玉骢嘶。朝阳丹凤，报晓黄鸡。夜月鸟忙唤，春风莺乱啼。园中新笋半成竹，路上花落尽点泥。蛮柳眠低，小弱腰肢遭雨苦；海棠睡起，半娇体态被春迷。

敲拍板，唱铜鞮。赋名鹦鹉，诗咏凫鹥。峡猿啼夜月，巢鸟掠春泥。涸鲋喜得庄周活，良马欣逢伯乐嘶。烟锁溪头，平树绿杨浮翡翠；月沉海底，一泓清水映玻璃。

题粉壁，护丹梯。桑麻接壤，桃李成蹊。渔家收暮网，军垒动宵鼙。一呕扬子归蛙室，三笑渊明过虎溪。碎梦悠扬，乱逐落花飞上下；闲魂飘泊，直随流水绕东西。

九佳

蒙白氎，裹青鞋。雷轰天地，风扫雾霾。葡萄来汉苑，蓂荚生尧阶。含愁班女题纨扇，行乐王维赴鹿砦。帝里繁华，巷满莺花添锦路；仙家静寂，云穿虬树锁丹崖。

乌犀带，白玉钗。金章璞绶，布袜芒鞋。桂花飘户牖，柳影上庭阶。花酒一园供宴乐，云山千里称吟怀。月到天心，远近楼台均照耀；雪堆山顶，高低蹊路尽沉埋。

云竹锦，水松牌。茶抽蓓蕾，酒熟茅柴。莺梭随柳织，雁字叠云排。袖里风光循竹径，襟前雨意罩兰阶。风刮长途，卷起芳尘迷道路；雪融巫峡，添来新水满江淮。

十灰

巡五岳，望三台。绿橙是叟，红叶为媒。寒深银粟起，醉重玉山颓。树杪风停声未息，花梢月上影成堆。篱下菊开，陶令对花时一醉；庭前枣熟，杜陵上树日千回。

培晚菊，探寒梅。出墙红杏，夹道绿槐。朱陈联戚党，刘阮到天台。解冻暖风医病草，及时甘雨润枯荄。蜂采菜花，脚带黄金飞不起；

雀争梅蕊，口衔白玉叫难开。

栽五柳，植三槐。咸思青箬，渴望绿梅。斋成劳咄喏，诗就作敲推。捉月骚人凌波浪，乘云仙子上蓬莱。灯点木油，红日光中消冻雪；弓弹绵絮，白云堆里响晴雷。

十一真

吴孟子，楚春申。春风态度，秋水精神。窗目笼纱纸，炉头倒葛巾。吴札多情曾挂剑，张纲有志独埋轮。公子朝歌，檀板缓催金缕曲；王孙夜饮，丝绦长系玉壶春。

金孔雀，玉麒麟。蟋蟀噪晚，鹧鸪鸣春。壁蚤惊怨妇，村犬吠行人。渔唱悠悠清水澈，樵歌杳杳碧苔新。秋色萧条，万树凋零山瘦削；春情淡荡，百花妆点草精神。

将军帽，进士巾。孔门十哲，殷室三仁。读书探圣道，嗜酒露天真。戏水游鱼萦过客，隔花啼鸟唤行人。落地杨花，乱逐东风随马足；掀天桃浪，缓乘春雨化龙麟。

十二文

茶已熟，酒初醺。西堂梦草，南涧采芹。烂霞成五色，瑞雪积三分。子美诗成能泣鬼，相如赋就自超群。贪醉青莲，采石矶头捞皓月；思亲仁杰，太行山顶望孤云。

徐孺子，信陵君。文章太守，韬略将军。踏山寻妙药，锄地种香芸。灯尽不挑垂暗芯，炉灰重拨尚余薰。金殿昼长，隐隐漏壶花外转；锦江夜静，悠悠渔笛月中闻。

巫峡月，楚岫云。灯光灿烂，酒气氤氲。蜂趋红杏蕊，鹤踏碧苔纹。清露临晨凉似洗，火云当午热如焚。情重志坚，鸳阁腐衣韩烈妇；才高兴发，龙山落帽孟参军。

十三元

桃叶渡，杏花村。衔芦征雁，接箭老猿。晓径牛羊践，晴檐燕雀暄。水獭祭鱼知报本，山乌哺母不忘恩。曳杖高人，园菊径边寻故旧；荷锄野老，海棠花下戏儿孙。

碧鸡庙，金马门。金杯玉斗，龙勺牺樽。庆云遮玉殿，甘露滴铜盆。闭户袁安甘卧雪，下帷董子不窥园。廉范临民，慈惠群歌来何暮；于公治狱，清勤共羡死无冤。

鸦聚阵，鹗飞骞。画龙破壁，爱鹤乘轩。疏泉流地脉，移石动云根。芍药披红翻古砌，薜萝行绿上颓垣。秋冷吴江，青枫叶落飘前渚；日斜彭泽，白蓼花飞过远村。

十四寒

蒲葵扇，竹箨冠。旌旗闪闪，环佩珊珊。烟花潘岳县，夜月严陵滩。衣袂障风金缕细，剑锋横雪玉鞘寒。柳絮因风，数点频黏银阀阅；梨花带雨，一枝斜倚玉阑干。

烧兽炭，烹龙团。孟宗哭竹，燕姞梦兰。松枯遭雨苦，花瘦怕风寒。辨礼阅公辞昌歜，逞威介子斩楼兰。纵侈王孙，长向花前酣美酒；避嫌君子，不从李下整危冠。

挥玉勒，跨金鞍。范增撞斗，贡禹弹冠。琴弦弹别鹤，镜匣掩孤鸾。冰泮楚江舟举易，尘蒙蜀道客行难。大地阳回，淑气催梅传信息；长天昼永，好风敲竹报平安。

十五删

山叠叠，水潺潺。珠还合浦，玉出昆山。明星千点灿，新月一钩弯。夜饮主宾联蝉座，早朝文武列鹭班。杵臼程婴，义立孤儿存赵祚；沛公项羽，计谋孺子夺秦关。

蛇报主，雀衔环。虎头燕颔，鹤发龙颜。水流分燕尾，山秀拥螺鬟。梁帝讲经同泰寺，严光垂钓富春山。返哺慈乌，夜月枝头啼哑哑；迁乔好鸟，春风花底语关关。

铜壶阁，玉门关。闹中取静，忙里偷闲。一川巫峡水，九曲武夷山。端石砚生鸲鹆眼，博山炉起鹧鸪斑。避世道人，饮露餐霞消俗态；倾城美女，凝脂抹粉出娇颜。

训蒙骈句下卷

一先

清冷节，艳阳天。樽前歌舞，花里管弦。高松栖瑞鹤，病柳咽寒蝉。处处插秧梅坞雨，家家缫蚕竹篱烟。秋色方升，泚水风霜悲唳鹤；春风欲暮，蜀山花木怨啼鹃。

红杏雨，绿杨烟。庭花一梦，禁柳三眠。砚冷冰团结，帘疏月影穿。隐士不荒三径菊，美人常采一溪莲。鏖战将军，一道甲光衔雪亮；凯歌士卒，千群马色截云鲜。

君臣药，子母钱。刻符制鬼，铸鼎升仙。烛奴燃豹髓，剑客舞龙泉。竹笋双生稚犊角，蕨芽突出小儿拳。枕上怀人，梦断还思倾国色；庭前饯客，酒阑更赠绕朝鞭。

二萧

红芍药，绿芭蕉。杏花冉冉，枫叶萧萧。云开山见面，雪化竹伸腰。武士战争披铁甲，美人歌舞堕金翘。怀古不忘，岂在汤盘并周鼎；读书最乐，何分曾瑟与颜瓢。

裁兽锦，剪鲛绡。耕云野老，卧雪山寮。珠帘昼半卷，银烛夜高烧。驰骤乌骓能致远，缗蛮黄鸟识迁乔。学士参禅，座内合当留玉带；谪仙爱饮，樽前不惜解金貂。

乘五马，贯双雕。闲看妓舞，细听童谣。庄龟山刻节，渡蚁竹编桥。穿花白蝶双飞急，藏叶黄鹂百啭娇。日丽苑林，点点梅妆宋主额；风扬宫院，纤纤柳舞楚娥腰。

三肴

闲博弈，喜诙嘲。太公渭水，伊尹莘郊。葵开猩血染，笋出虎皮包。阶下苔生遮蚁穴，溪边柳发蔽莺巢。才子嬉游，顿觉花香随马足；玉人歌舞，不知月影转花梢。

飞羽檄，续鸾胶。林留宿鸟，渊发潜蛟。寻芳来曲径，拾翠到平郊。唱彻不将诗板击，醉来还把酒壶敲。春暖泥融，燕语风光浮草际；夜清云散，鹃啼月色映花梢。

挑野菜，荐山肴。筑台垒土，结屋诛茅。鹤随鸡共立，鸠与鹊争巢。运际君臣鱼得水，交深朋友漆投胶。攻苦书郎，不敢光阴容易掷；耐勤绣女，漫将春色等闲抛。

四豪

偿酒债，纵诗豪。烹茶啜菽，枕曲籍糟。篱芳红木槿，架袅紫葡萄。远障雨余岚气重，半天云净月轮高。蛩入残秋，画阁相偕吹蚓笛；鸡鸣半夜，函关曾度窃狐袍。

春鸟唱，晚蝉嘈。傍帘飞雀，升木教猱。尘氛沾马足，风力鼓鸿毛。上表陈情传李密，投诗免役说任涛。螺髻青浓，野外晚山垂万仞；鸭头绿腻，溪中春水长三篙。

乘宝马，掣金鳌。九宫八卦，三略六韬。笼鹅王逸少，相马九方皋。窗下援琴弹古调，樽前剪烛读离骚。罢官情闲，陶氏门前栽五柳；除士计妙，齐公庭内赐双桃。

五歌

雷霹雳，雨滂沱。穿苔竹笋，缠树藤萝。两山排翠闼，一水带青

罗。蛛网挂檐惊过雀，萤灯照户误飞蛾。雨过池塘，到处青蛙鸣碧草；晴看陂泽，有时白鸟浴红荷。

歌婉转，语婆娑。乾坤转毂，日月飞梭。村童携草笠，溪叟晒渔蓑。须贾赠袍怜范叔，相如引驾避廉颇。野寺日高，无事老僧眠正稳；池亭月上，遣怀骚客咏偏多。

裁细葛，剪香罗。闲中啸傲，醉里吟哦。野云归晚岫，江月滚秋波。山岭云横妆凤髻，沙堤雨滴露蜂窝。樵子采鲜，树拥松麟如欲活；渔郎照影，江浮菱镜不须磨。

六麻

梁上燕，井中蛙。守株待兔，打草惊蛇。断猿号绝壑，归雁落平沙。檐前蛛网开三面，户外蜂房列两衙。夹道古槐，剩放午阴遮客路；穿篱新笋，乱分春意撩人家。

茶绽蕊，草萌芽。傍花随柳，沉李浮瓜。山人牧芋栗，野老种桑麻。舴艋渔郎歌款乃，秋千绣女笑喧哗。春去如何，已见飞残堤柳絮；夜来多少，不知开遍海棠花。

黏角黍，饭胡麻。披风戴月，饮露餐霞。时酌新丰酒，初尝阳羡茶。珠履三千光错落，金钗十二影欹斜。诸葛行军，落落轮前挥羽扇；昭君出塞，忽忽马上拨琵琶。

七阳

黄金殿，白玉堂。朱楼绣阁，画栋雕梁。玉琴横净几，珍簟展方床。梅碧正迎江岸雨，橘黄须借洞庭霜。割麦山人，紧束黄云青满担；插秧野老，细分春雨绿成行。

开祖帐，踞胡床。弹丝品竹，劝酒称觞。樵歌来绿野，渔笛起沧浪。唤雨斑鸠喉舌冷，宿花蛱蝶梦魂香。天诏初传，仙女锦衣持虎节；大兵未出，将军绣衮压龙骧。

麟应瑞，凤呈祥。蝠争昼夜，燕渺炎凉。夜月梧桐院，春风桃李墙。淼淼溪流分燕尾，迢迢山路绕羊肠。唐穆性贪，库内青钱化作蝶；初平术妙，山中白石变成羊。

八庚

霞散绮，雪飞琼。虹消雨霁，斗转星横。月移花改影，风动竹生声。岭外云霞花下月，湖边烟雨柳梢晴。旸谷日华，仪凤羽毛新灿烂；洞庭浪暖，化龙头角独峥嵘。

占凤偶，结鸥盟。开笼放鹤，跨海斩鲸。刘伶成酒癖，李白擅才名。月明何处衣砧响，风细谁家玉笛横。援笔祢衡，江夏裁成鹦鹉赋；吹箫弄玉，笛楼巧作凤凰声。

炊麦饭，忆莼羹。搜肠茗叶，适口香粳。啼鸟惊春梦，鸣鸡促晓行。孟尝门下三千客，小范胸中百万兵。韦固良缘，旅舍殷勤逢月老；裴航佳偶，蓝桥邂逅遇云英。

九青

宣紫诏，拜黄庭。凫飞北阙，鸿抟南溟。蟠桃千岁熟，丹桂九秋馨，曳杖寻僧来古寺，提壶饯客到长亭。水面游鱼，冲散浮萍千点绿；冈头过马，踏开芳草一痕青。

观稷稼，验尧蓂。庄周梦蝶，车胤囊萤。水浪风翻白，山薛雨掠青。汉水雨余龟曳尾，华山月冷鹤梳翎。鲁阳倒戈，薄暮指回三舍日；渔父泛棹，清霄摇动一湖星。

千顷稻，一池萍。露冻石乳，风撞花铃。山随帆影转，水被石矶停。云迷石洞花眉碧，日晒金城柳眼青。唤友黄鹂，声逐暖风飘院落；失群乌雁，影随寒月下江汀。

十蒸

霜凛冽，日炎蒸。金乌西坠，玉兔东升。潭清潦水尽，山紫碎花凝。林泉偶坐堪留客，竹院相逢却话僧。苏轼神驰，祛橐附床投黠鼠；

王思心急，停毫拔剑追飞蝇。

裁蜀锦，织吴绫。儒传一贯，释悟三乘。月殿凌空入，云梯逐步登。鹏达云程天万里，龙翻禹穴浪千层。鹓列鹭班，裊裊仙台朝玉辇；龙蟠虎踞，巍巍帝阙起金陵。

沽酒帜，读书灯。菖蒲九节，莪术三棱。烦蒸如坐甑，极冷似怀冰。西堂梦草谢灵运，远地思莼张季鹰。山妇供厨，旋斫生柴炊野菜；舟翁泛艇，轻摇画桨采河菱。

十一尤

凌烟阁，得月楼。筑台拜将，投笔封侯。碧苔生陋巷，红叶出御沟。天际虹梁和雨断，江边渔网带烟收。唱晓灵鸡，两翅拍斜茅店月；排云孤鹤，一声唳落海天秋。

青兜铠，白狐裘。焚琴煮鹤，卖剑买牛。疾风吹雨脚，新月挂云头。月落洲留沙上雁，云飞水宿浪中鸥。庠序闲人，茗碗香炉对古史；江湖散客，笔床茶灶载扁舟。

鸳鸯浦，鹦鹉洲。天寒鸦聚，水暖鱼游。张良诚事汉，王粲愿依刘。对雪佳人吹凤管，御寒公子拥狐裘。春宴佳宾，雅酌琼浆宽酒量；夜吟骚客，闲收花露润诗喉。

十二侵

青萍剑，绿绮琴。书天木笔，刺水秧针。卞和三献玉，杨震四知金。墙内杏花红出色，门前桑柘绿成阴。元亮归来，新竹旧松多逸趣；子期去后，高山流水少知音。

松郁郁，竹森森。孤峰绝壑，远水遥岑。桓伊三弄笛，虞舜五弦琴。淑气渐催莺出谷，夕阳忙促鸟投林。武将承恩，面带霜威辞凤阙；使臣奉诏，口传天语到鸡林。

回俗驾，涤尘襟。鱼穿荷影，雉伏桑阴。月寒花溅泪，风冽鸟惊心。泳絮才姬挥妙笔，寄衣戍妇捣寒砧。雍伯成婚，一函尽献园中璧；秋胡戏妇，两袖轻携桑下金。

十三覃

锄嫩笋，切香柑。阳奇阴偶，朝四暮三。冬冰铺冷沼，秋月浸寒潭。雁逐夕阳投塞北，鸿拖秋色下江南。海水将潮，花底黄蜂衙已罢；山云欲雨，阶前白蚁战方酣。

听蜀鸟，养吴蚕。谢安高卧，王衍清谈。春暖群芳丽，秋清万象涵。庞德遗安来陇上，曹彬示病下江南。风起寒江，密雪乱堆渔父笠；月斜古路，闲云深护老僧庵。

花待女，草宜男。龙车凤辇，鹤驾鸾骖。风筛淇澳竹，霜熟洞庭柑。苑上王孙游未返，花前公子醉方酣。野店行人，霜高睡短鸡偏促；穷途过客，雪滑泥长马不堪。

十四盐

风料峭，雨帘纤。夜愁种种，春思厌厌。水痕霜后没，山色雨中添。姑去尽留云母粉，客来只醉水晶盐。月转书楼，莲漏数声催晓箭；风生绣阁，檀香一缕透香帘。

蜗篆壁，雀驯檐。一端锦绮，三尺素缣。骄阳红烁石，密雪白堆盐。清霜冷透鸳鸯瓦，落月斜穿翡翠帘。舞剑孙娘，佩声袅袅知腰软；辨琴蔡女，弦韵悠悠觉指纤。

摇画扇，卷珠帘。九重蜡炬，万轴牙签。落花狂蝶绕，飞絮游蜂粘。看经老子头斜秃，刺绣佳人指露肩。秋老风寒，乱飘红叶落山路；夜深雪急，故伴绿梅穿户檐。

十五咸

红罗帐，黑石函。琴横徽轸，乐奏英咸。花香蜂竞采，泥暖燕争衔。塞上寒霜迟寄袄，江头斜日促归帆。陇上梅开，寄赠故人犹可折；阶前草长，丁宁童子不须芟。

飘舞袖，脱征衫。风清月白，河淡海咸。断碑凝土蚀，古镜被尘缄。凛凛清霜寒橘柚，蒙蒙细雨暗松杉。供韭林宗，夜向灯前冒雨剪；

思莼张翰,归来江上挂风帆。

樊迟圃,傅说岩。一川花柳,千里松杉。云峰形突兀,石壁势岩巉。野店黄鸡声喔喔,屋梁紫燕语喃喃。炉上酒香,对月几回频举盏;案前书满,临风一笑却开缄。

(劳谐辑校并简介)

后　记

　　上海辞书出版社的"鉴赏辞典"系列，是数十年来的品牌佳作，自问世以来深受广大读者的喜爱。近年来在与时俱进、再创辉煌的思想指导下，又提出了新的选题和内容，使这一品牌更上一层楼。其中拟出版《中国蒙学名著鉴赏辞典》一书，因我曾撰写过《中国家训精华》和《中国孝道精华》两书，在蒙学方面略有积累和研究，为此该社史地编辑室王圣良主任邀我承担此书，我自然义不容辞，欣然接受。因为当时我正与华东师范大学的老教授们合作研究和撰写有关"尧文化发祥地"的学术课题（成书后已由上海人民出版社出版）；又因不时要去美国探望儿子和孙辈，在尽享天伦之乐时，把所接任务挤到一旁，加之无职称评定和考核的压力，由此一年多仍未动笔。为了不误先前承诺，加紧撰书步伐，尽快保质保量地完成该书撰稿任务，于是我邀请在蒙学方面有一定研究，并出版过《中华文化典籍精华读物系列》之《蒙学选读》、《五经选读》两书的作者李似珍和吴洁英加盟，她俩是高校有高级职称和有博士、硕士学位的教师，承蒙不弃，欣然接受共同撰书的任务。我们经过多次反复研讨，最后决定采用"条块结合"的办法进行撰写，并确定"全文鉴赏"的名著篇目、选定"分类鉴赏"的具体类目，分工进行撰稿。为加快撰写速度，李似珍、吴洁英两位老师还帮我约稿华东师范大学等单位对蒙学有所研究的同事和学生，进行集体创作；我也约请了交通大学教授张邻博士等有关学者参加撰稿。在"众人拾柴火焰高"的态势下，这本书终于玉汝于成，奉献在广大读者面前。全书由我统稿改定，倘有问题当由我一人承担，如有成就则是集体智慧使然。

最后值得一提的是，王圣良主任不仅对本书的诞生起了谋划促进作用，而且在辞典体例和鉴赏特色方面提供了不少有价值的意见，全体作者由衷地向其表示诚挚的感谢。

谢宝耿

2014年冬于上海康衢大楼

图书在版编目(CIP)数据

中国蒙学名著鉴赏辞典/谢宝耿等主编.—上海：
上海辞书出版社,2015.1
　　ISBN 978-7-5326-4150-5

Ⅰ.①中… Ⅱ.①谢… Ⅲ.①古汉语-启蒙读物-词典 Ⅳ.①P194.1-61

中国版本图书馆 CIP 数据核字(2014)第 076961 号

中国蒙学名著鉴赏辞典
谢宝耿　主编　李似珍　吴洁英　副主编
责任编辑/刘　琼　封面设计/杨钟玮

上海世纪出版股份有限公司
辞书出版社出版
中国图书进出口上海公司　发行

2015 年 1 月第 1 版

ISBN 978-7-5326-4150-5/B·258

www.ingramcontent.com/pod-product-compliance
Lightning Source LLC
Chambersburg PA
CBHW052038290426
44111CB00011B/1548